简说

西周史

唐封叶 —— 著

华文出版社
SINO-CULTURE PRESS

图书在版编目（CIP）数据

简说西周史 / 唐封叶著. -- 北京：华文出版社，2019.6
ISBN 978-7-5075-5078-8

Ⅰ.①简… Ⅱ.①唐… Ⅲ.①中国历史—西周时代 Ⅳ.①K224

中国版本图书馆CIP数据核字（2019）第023236号

简说西周史
JIANSHUO XIZHOU SHI

著　　者：	唐封叶
责任编辑：	张　轶
出版发行：	华文出版社
社　　址：	北京市西城区广安门外大街305号8区2号楼
邮政编码：	100055
网　　址：	http://www.hwcbs.com.cn
投稿信箱：	hwcbs@126.com
电　　话：	总　编　室 010-58336239　发　行　部 010-58336267　58336238
	责任编辑 010-58336195
经　　销：	新华书店
印　　刷：	固安县保利达印务有限公司
开　　本：	710×960　1/16
印　　张：	30.5
字　　数：	506千字
版　　次：	2019年6月第1版
印　　次：	2019年6月第1次印刷
书　　号：	ISBN 978-7-5075-5078-8
定　　价：	65.00元

版权所有　侵权必究

写在卷首的话

　　后稷和商契真的拥有共同的爸爸帝喾吗？太王为何要把大位传给孙子姬昌？纣王为何要征东夷？姜太公真是大器晚成的励志"凤凰男"吗？纣王怎么会把姬昌放出羑里城？历史上真的有"孟津观兵"这档子事吗？武王伐纣是"纣卒易向"还是"血流漂杵"？周公摄政是怎么一回事？叛乱的武庚是谁杀死的？"公、侯、伯、子、男"最初到底是什么意思？周朝在南土分封的支柱性同姓封国是哪个国家？昭王南征不返跟芈姓楚国有关系吗？穆王西游有何神奇经历？懿王元年"天再旦"是什么天文景象？西方的秦人真是东夷的后代吗？为何说周厉王其实是武功赫赫的"烈王"？周幽王真的干过"烽火戏诸侯"这样的蠢事吗？周平王和周携王最初谁被诸侯认为是正统？平王东迁到底在何时……

　　读完这本书，你对西周历史一定会有更多更新的认识。

自 序
preface

国学大师王国维说过一句名言："中国政治与文化之变革，莫剧于殷、周之际。"虽然通过新的考古资料证明，王大师这句话有点儿夸张，但西周王朝确实是中国历史上一个极其突出和重要的朝代，这是如假包换的事实。古人有云，"殷人尊神事鬼，周人敬天尚德"。正是西周王朝，把中国从商代重神、重巫的神权政治拉到"重德保民"的道路上来，从而形成华夏独特的德治传统、礼乐文化和民族心理，奠定了中国文明的走向，使之迥异于日本、西欧等其他文明。

可惜的是，现在在网络上，中国历朝历代，从东周列国一直到宋元明清，都有大把的人在写，不少朝代都被写了数遍乃至写烂了，但是专门写西周史的却少之又少。偶见有人写，要么是简单地把《史记》等传统史书翻译成"明月体"，对里面的神话传说部分、已经被证实是错误的说法照翻不误，也不辨析；要么就自己随意添油加醋，瞎编历史情节和细节，写成"小说"。究其原因，无外乎是传世西周文献十分简略匮乏，很多史事都是简单的流水账，甚至一些历史大事都失载或记载得一鳞半爪，且自相矛盾之处甚多，所以人们要么简单翻译了事，要么靠瞎编来进行充实，毕竟情节丰富的"故事"更容易吸引眼球。

网络上的通俗西周史内容太随意、不靠谱，那专业的西周史书籍总是考据严谨了吧？可是现在已经出版的专业西周史也有两个问题：一、这些书多是按照政治、经济、文化、军事等方面分类来写，文辞也较艰涩，可读性差；二、这些书基本成文于几十年前，引用的考古资料相对陈旧，故而内容需要补充，不少说法和结论也已经过时。

其实，近年来我国出土了大量带铭文的商周青铜器和先秦简帛书，商末和西周这段历史的史料相比古代已经大大丰富，一些错误的传统说法已可以正式纠正，很多千古之谜也基本被揭开，可惜这些最新成果却大都只刊登在专业历史期刊上，不为普罗大众所知。

所以，本人想写成这样一种西周史：一、相比专业历史书，它的文字是相对平易通俗的；二、相对网络历史书，它引用史料和考证是较严谨的；三、它能把近年最新的考古资料都运用其中。

一句话，本人希望能够用最新考古资料，把原本粗疏朦胧但影响中华走向的这段西周历史填补得更加丰满，并结合可靠的传世文献，构筑出一部内容较全面、史料较新颖的通俗西周史，让大家了解一个更真实的西周，进而把清中华文明的脉络。

当然，"理想很丰满，现实很骨感"。西周史的传统文献和新材料解读起来都很困难艰涩，涉及的领域太广，本人又并非历史科班出身，文史知识有限，所以如有错误、漏洞，还望大家批评指正。

唐封叶

2019年3月

目 录
Contents

- 01 后稷出世——一个弃婴的扑朔迷离的故事 / 001
- 02 从不窋"窜于戎狄间"到公刘建国 / 008
- 03 太王迁岐 / 011
- 04 太伯奔吴,真是"让国义举"吗? / 016
- 05 商朝概况及先周与商朝的关系(上) / 022
- 06 商朝概况及先周与商朝的关系(下) / 027
- 07 季历开疆 / 033
- 08 武乙的武功和他的"射天"闹剧 / 036
- 09 文丁杀季历 / 041
- 10 姬昌复仇与韬光养晦 / 044
- 11 纣王宠佞臣 / 051
- 12 纣王伐东夷及背后的隐秘 / 059
- 13 姬昌为何被囚羑里? / 064
- 14 纣王——失败的改革者 / 068

- ◎ 15　纣王释放姬昌的真相 / 075
- ◎ 16　西伯修德 / 080
- ◎ 17　吕尚的两副面孔（上）/ 084
- ◎ 18　吕尚的两副面孔（下）/ 088
- ◎ 19　文王因何"受命称王"？/ 094
- ◎ 20　文王伐九国（上）/ 101
- ◎ 21　文王伐九国（下）/ 106
- ◎ 22　文王经略南土 / 113
- ◎ 23　文王之死——寿终正寝还是死于非命？/ 117
- ◎ 24　扑朔迷离的"武王伐黎" / 123
- ◎ 25　子虚乌有的"孟津观兵" / 130
- ◎ 26　还原"武王伐纣"的历程 / 136
- ◎ 27　兵临牧野，前歌后舞 / 145
- ◎ 28　牧野大战——"纣卒易向"还是"血流漂杵" / 149
- ◎ 29　纣王拥玉自焚，武王平定四方 / 156
- ◎ 30　武王恩威并施，"宅兹中国" / 161
- ◎ 31　武王告庙祭祖，分封天下 / 171
- ◎ 32　武王的忧思 / 175
- ◎ 33　箕子与"洪范九畴" / 178
- ◎ 34　武王崩逝 / 182
- ◎ 35　周公摄政到底有无称"王"？/ 186
- ◎ 36　流言四起，周公居东 / 191
- ◎ 37　周公归朝，东方叛乱 / 197

- 38 《大诰》——周公的东征动员令 / 201
- 39 破管、蔡，诛禄父 / 204
- 40 攻灭奄国 / 210
- 41 平定东方 / 214
- 42 周公旦的第二次大分封及其内在奥妙 / 219
- 43 西周时代的爵位与五服制 / 225
- 44 周天子制约诸侯的手段 / 234
- 45 东都"成周城"的落成 / 293
- 46 中华文化基调的奠定——周公制礼作乐 / 298
- 47 成周盛会和分陕而治 / 305
- 48 "元圣"周公的谢幕 / 309
- 49 中国历史上第一个盛世——成康之治 / 313
- 50 康王后期的武功 / 321
- 51 昭王南征的对象是谁？ / 326
- 52 还原昭王两次南征的历程 / 333
- 53 试解昭王"南征不复"的谜团 / 338
- 54 穆王中兴 / 343
- 55 穆天子开启的奇异之旅 / 348
- 56 穆天子见西王母 / 352
- 57 传世文献与西周金文中的"徐偃王之乱" / 361
- 58 穆王中原巡行，祭公临终遗命 / 366
- 59 "涂山之会"与穆王作《吕刑》 / 372

- ◎ 60 平淡中孕育大变化的恭王时代 / 377
- ◎ 61 异象之下的懿王衰世 / 385
- ◎ 62 孝王封"秦" / 389
- ◎ 63 夷王下堂见诸侯 / 397
- ◎ 64 厉王原来是"烈王" / 402
- ◎ 65 厉王的"专利"与"弭谤" / 412
- ◎ 66 "国人暴动"与"共和行政"的真相 / 418
- ◎ 67 宣王求治与"不籍千亩" / 425
- ◎ 68 宣王北征玁狁 / 430
- ◎ 69 宣王时期的东征与南征 / 434
- ◎ 70 "成周大会"与"宣王中兴" / 440
- ◎ 71 宣王的离奇之死 / 444
- ◎ 72 有关褒姒的神秘传说 / 450
- ◎ 73 周幽王失国——烽火何曾戏诸侯？ / 456
- ◎ 74 平王成为"正统君王"背后的曲折历程 / 462

参考文献 / 469

先周和西周的君王世系

1后稷—2不窋（zhú）—3鞠—4公刘—5庆节—6皇仆—7差弗—8毁隃—9公非—10高圉—11亚圉—12公叔祖类—13公亶父（太王）—14季历—15文王—16武王（1）—17成王（2）—18康王（3）—19昭王（4）—20穆王（5）—21恭王（6）—22懿王（7）—23孝王（8）—24夷王（9）—25厉王（10）—26宣王（11）—27幽王（12）—28携王（不被承认）—29平王（13）

◎01 后稷出世——一个弃婴的扑朔迷离的故事

要说西周王朝的历史,自然得刨根问底,从那"小邦周"即周族的来历说起,因为上古时的一个小国其实就是一个小部族。

周族的始祖,自古以来各种史书众口一词,认为是五帝时期著名的农业劳动模范"后稷"。按《史记·周本纪》的记载,劳模后稷的身份非常高贵:他的"父亲"是五帝之一的帝喾,母亲则是帝喾的元妃即正室——有邰(tái)氏部落之女姜嫄。

有人可能会奇怪,你为何给父亲俩字加上引号呢?因为《史记》转脸又说,这帝喾其实并不是后稷遗传学上的父亲,说白了,他不是后稷的亲爸。这是怎么回事呢?原来史书说姜嫄虽然嫁了人,但玩心未泯,一次出去野逛,看见了一些大脚怪的脚印,就去踩着玩,估计是想比比自己的脚和大脚怪的脚有多大悬殊吧。谁知这一踩,她突然下腹"感应",有了身孕。十个月后,姜嫄就生下了后稷。因此按《史记》的意思,后稷虽然是帝喾名义上的儿子,但实际上却跟帝喾没有半毛钱的血缘关系。

姜嫄生了个跟帝王老公没关系的孩子,自然也吓得不轻,就想把他扔了。谁知她把这婴儿丢在小巷里,牛马都避着走不敢踩;想丢在树林中,正好有一堆人在伐木不好下手;丢在结冰的水渠上吧,居然有飞禽用羽翼呵护这个婴儿。姜嫄觉得太神奇,就把儿子捡回来继续抚养。因为最初打算丢弃,所以她给这婴儿起了个名字叫"弃"。接下来,史书就大讲特讲弃这孩子如何天赋异禀、胸有大志——其实就是讲他从小爱种各种庄稼,而且种得如何如何的好。咱们今天生活在这个发达的现代社会,天天吃得营养丰富,可能不觉得种地种粮食算什么本事,可是在几千年前近乎原始的时代,农业能让靠采集、渔猎为生、时常吃了上顿没下顿的先民们过上稳定的生活,意义十分重大。种粮高手,可是当时重要的技术人才。所以传说依靠这个才能,弃长大了以后就被尧帝选为农业老师。后来舜帝继位,又赐予他"后稷"的称号,并把他封在他母亲的娘家"邰"(今陕西武功县,一说晋南)这个地方。

那"后稷"这个称号是啥意思呢?原来"后稷"称号中的"稷",本身就是一种农作物,一般认为是粟;而后稷的"后"字,可不是"先后"的"后"("先后"的"后"的繁体字是"後"),而是指"君主"的意思。大家熟知射日的那个"后羿",他名字中的"后",也是"君主"的意思。那么"后稷"一词,显然就是"庄稼之王"之意。庄稼之王的农活能不好吗?而且周人的"周"字,甲骨文写法为"田"字里面加很多小"点",就像一块划好的田地,地里面长满了庄稼。显然,"周人"就是种田农夫之意。他们的始祖后稷,自然也必须是农活干得最好的人了。后来周人发达,建立了周朝之后,就隆重祭祀始祖后稷,奉之为农神。后世我们中国人用"社稷"一词作为国家的代称,就是因为国家要祭祀社神(土地神后土)和农神,而这一传统,就是从周朝传下来的。

不过传统史书上记载的上古史,都是夹杂着大量神话传说的。古人可以把神话传说混在历史里一起写,我们现代人却不能不加辨析地照抄了事。大家看了《史记》中记载的后稷故事,肯定都明白,其中那个姜嫄感孕而生的荒诞桥段显然是神话,任谁也不会当真。不过笔者还要告诉大家的是,其实后稷的母亲姜嫄是帝喾"元妃"这身份也是信不得的。因为据《史记》以及《大戴礼记·帝系》《世本》等古书记载,帝喾除娶了后稷母亲姜嫄这个"元妃"并有了后稷这个名义上的儿子外,还娶了三个"次妃"即小妃子,生下了另外三个大人物儿子:

娶了有娀(sōng)氏之女简狄,生下了商王族始祖"契"(xiè);

娶了陈锋氏之女庆都,生了上古唐朝(陶唐氏)的君主、五帝之一的尧帝;

娶了娵訾(jū zī)氏之女常仪,生下了上古帝王帝挚(少昊)。

按这种说法,周人始祖后稷、商人的始祖契、五帝之一的唐尧以及上古帝王帝挚,都是帝喾家的四兄弟。不但如此,传说中建立夏朝的大禹,《史记·五帝本纪》说他是黄帝的五世玄孙(黄帝—昌意—颛顼—鲧—大禹),而帝喾则是黄帝的曾孙(黄帝—玄嚣—蟜极—帝喾),那说明大禹也是帝喾的堂侄。您看看,照这种说法,唐、夏、商、周四代的始祖包括帝挚,就都成了帝喾家的子侄了(当然也都是黄帝的后代）。这样的事儿，您信吗？尤其商人以玄鸟为图腾，是源自东北方的民族（"玄"即代表北方、鸟是东方人的图腾），显然与发祥于西北部的周人是两个方向。通过考古检测商代古墓中的商人遗骸和周人遗骸，也可以发现商人属于"古东北类型"，而周人属于"古西北类型"。要说这两族是出自一个祖宗，真是有点儿让人怀疑。这种四代同源的说法，自然是不可信的。在此，我们还要说到中国的上古神话传说。

话说中国上古时的各个部族，其实都有本部族信奉的最高神或自己的始祖神。如周人的后稷，商人的契，东夷集团的太昊（太皞）、少昊（少皞）、伯益等，楚人的祝融……他们的这些神，这些始祖，本来都是独立互不牵扯的。因为各部族的发展有早有晚，所以他们的这些神和始祖应该也不是一个时代的。但到了商周尤其是春秋战国以后，随着各国兼并、政权日趋大一统，以及各部族逐渐融合成为华夏民族，处于这种时代大背景下的人们，就把原先各部族分别传说的神或始祖都编到一块去了，把神话传说"历史化"，编成了一个所谓的"上古帝王将相神话谱系"。在这个谱系中，某些在上古或后世地位与影响较大的部族的神或始祖，就成了"三皇五帝"，而另一些在上古或后世地位与影响较小的部族的神或始祖，就成了他们的臣子。其实上古时代部族林立，哪有什么后世帝王臣子井然有序的朝廷存在？这个谱系中还有一个主线，那就是原本出现很晚（东周出现）的天神黄帝，成为这个谱系中很多上古部族的共同人间始祖。不过因为编的人很多，这些人又尊崇自己所在国家、地区、部族的上古神或始祖，所以编出的"上古帝王将相神话谱系"的版本也有很多，于是就出现了各种不同甚至互相抵触的说法。比如上面提到的帝挚，也即少昊，《世本》等书说他是黄帝之子，可《孔子家语》等书却说他是黄帝的爸爸，《史记》等书又说他是黄帝的五世玄孙，乱得不能再乱。由此可见，虽说上古神话传说中可能包含着某些历史的真相，但我们决不能因此就直接把这些神话传说当成真实的历史来看。当然，这种后出的"上古帝王将相神话谱系"虽不真实，但它的形成，客观上又更进一步促进了民族融合和大一统政权的诞生，从这点来说也有一定积极意义，不能全盘否定。

周人记述自己始祖后稷降生的史诗《诗经·大雅·生民》篇，也能证明后稷与帝喾其实并没有什么关系。据考证，《生民》篇的写成时代相当早，至少在西周早期。它关于姜嫄和后稷的记述，是传世史料中最早的。该诗中也有姜嫄踩了上帝的大脚印之后感应怀孕生下弃的桥段，但并不相同，且最关键的是，这首诗里只字未提帝喾，当然更没有说姜嫄是帝喾的老婆。显然在周人最早的始祖神话中，后稷是"无父而生"的人。早期周人自己叙述自己祖宗事迹的史诗，肯定不会弄错。这证明后稷最初只是周人传说中的始祖或始祖神，完全不在所谓的"上古帝王将相神话谱系"中。所谓帝喾是后稷名义上的爹的故事，是东周之后的人在构建"上古帝王将相神话谱系"时，在"无夫的姜嫄踩大脚怪脚印生子"的基础上画蛇添足式加上的，其目的显然是为了抬高周人始祖后稷的身价。后稷"只知其母，不知其父"，反映当时周人正处在从母系社会向父系社会转变的过程中。历史上的后稷，应该是周族进入父系时代后第一个男性始祖，或周族进入父系时代后第一个有丰功伟绩、值得后世纪念的男性。

不过还有个问题有人可能会问，那就是东周以后的人们在构建"上古帝王将相神话谱系"时，为什么会把周人始祖后稷、商人始祖契这些古代传说中的帝王都归到帝喾的门内，说成是帝喾的儿子呢？古人虽然是编故事，但编故事也是要有点儿由头。这其实就和帝喾的原型有关。帝喾实际上并不是一个上古真实存在过的"人"，它的原型其实就是商人心中的"上帝"神、"宁宙"神，也即《山海经》中无所不在、无所不能的自然神"帝俊"，还有人考证他应该也就是天神"黄帝"。古时有一种在圆形的坛上祭天的礼仪，也就是"祭昊天于圜（yuán）丘"的"禘（dì）礼"，如今北京的天坛公园里仍然保存着明清帝王祭天的"圜丘"。商人和周人在"禘礼"中，都把帝喾当作"昊天"来祭祀。然而在古代，古人也把祭祀始祖的礼仪叫作"禘礼"。可能就是这个原因，后人于是就把商周"祭天禘礼"与"祭祖禘礼"混淆，误以为帝喾是商人、周人的共同始祖，进而编出商契和后稷都是帝喾儿子的神话。而且说周人的始祖后稷是帝喾"元妃"生的，商人的始祖契是帝喾"次妃"生的，这种说法显然是周人在占商人的便宜（有"我周人是嫡出，你商人是庶出"之意），自然是进入周朝以后由周人一方编出来的。

古人在构筑"上古帝王将相神话谱系"的时候，因为随意搭配，还造成一个明显的漏洞。上面说了，传统说法认为后稷活动是在五帝时期。但是《国语·周语下》记载，"自后稷之始基靖民，十五王而文（王）始平之"，也就是说，周人从后稷到周文王才经历了十五位君主。从传说中的五帝时期到商末周文王时期，足有一千多年，难道周人每位族长或君主的在位时间都有六七十年？要知道，据西晋人从战国时魏国贵族墓中挖出的史书《竹书纪年》记载，夏代从禹到桀有君王十四世十七王，商朝从成汤到纣王有君王十七世二十九王，夏商合计有三十一世四十六王。难道说周族的十五位族长或君主的在位总时间，能赶得上夏商三十一世四十六位君主？这显然是不可能的。

这么大的一个漏洞，早就有古人看出来。为了调和这个矛盾，古代就有史家们跳出来解释说，周人始祖后稷和史书上说的周人第二代首领不窋（zhú）之间，其实不是传统认定的父子关系，而是始祖与第N代孙子之间的关系；也就是说，后稷与不窋之间有若干代周人首领的名字失传或缺失了。比如有人就指出，《山海经·大荒西经》中提到后稷的弟弟台玺、台玺的儿子叔均也都做过周族君长，但这二位却显然没有被列入周人君长的世系表。还有史学家说，因为舜帝封弃为"后稷"，所以弃的后代在夏朝几百年间就一直沿用这个"官名"，因此"后稷"这一个词其实代表几十个周人先祖，而不是一个弃。这两种说法，其实都是一个意思，就是说后稷到不窋之间，甚至不窋之后的各代周人君主之间，有若干代周人首领的名字失传了，所以才造成夏商时期夏商共有四十六王而周人只有十五位王的假象。

周人的先祖世系中，有人被遗漏了，这应该是事实。但说夏朝时期所有的周人先祖都称"后稷"，那就有些勉强了。其实我们前面早分析过，上古时代各部族的发展有早有晚、有快有慢，各部族信奉的神或始祖，本就不可能都处于同一时代。把各部族的神或始祖都说成是三皇五帝时期的"人"，只不过是东周时期民族融合后编《上古帝王将相谱系》时编在一起的。所以还有一种可能，那就是后稷其实并不是传说中五帝时期的人。按周人平均每代族长或君主的在位时间为三十年来算，往前推十几二十代人的时间（史书记载的十五先公再加遗漏的几位先公），也许后稷的真实生活年代只是在夏朝末年或商朝初年。史书是胜利者书写的，周人发迹建立大周朝之后，为了自抬身价，所以就把自己始祖后稷的时代提前了，以证明自己始祖的地位能与唐、夏、商始祖的地位比肩。这种说法可能更接近真实的历史。

不过后稷到底是传说中的五帝时期人还是夏末商初人，大家不是专业历史学家，也不用在这一点上过于推敲。我们现在只要知道，周人心目中的始祖或始祖神是后稷，其母姓姜叫姜嫄（显示周人和姜姓部族关系很深），他大约是三千五百至四千年前西北地区（陕西或山西）的一个部族首领，后稷的特长或说"神技"是善于种庄稼，因此后世他又被周人尊为农神，就可以了。

链接

小知识：介绍中国上古史，就不能不提一本极其重要的古代史书——《竹书纪年》，这本书又分为《古本竹书纪年》和《今本竹书纪年》两个版本。因为本书后面将一次又一次地引用《竹书纪年》的内容，所以有必要说说它的来历。

《竹书纪年》是古代"考古学"的一项伟大成就。话说西晋晋武帝太康年间，汲郡（今河南汲县）有一个叫不（biāo）准的盗墓贼，盗挖了一座战国时期的魏国大墓。这座大墓的主人，有的说是魏襄王，也有人说是魏安僖王，现代史学家多认为是魏国的一位史官。这座大墓里面，除了青铜钟、鼎等各种珍宝，还埋有数十车用战国古文写的竹简书和帛书。当然这个不准是个没文化的盗墓贼，只认财宝，不把竹简书和帛书当回事儿。他在昏暗的墓里看不清东西时，就顺手拿起竹简点燃当火把照明，折断、烧掉了不少记载珍贵文献的竹简，然后盗鼎而去。好在这个盗墓贼很快被当地官府抓获了，当地官府的书吏一看古墓里有那么多古书，敏锐感觉到其中的巨大价值，立即收拢起来，上交朝廷。晋武帝于是命令当时的著名学者荀勖（xù）、束皙、和峤等人去整理这些珍贵的古代文献。荀勖、束皙、和峤等人博学多才，把这些用战国古文所写的散乱残缺的竹简整理成七十五篇（卷）文章，并转写成了西晋通行的隶书。这七十五篇文章，内容庞杂，有《易经》《琐语》等占卜解梦书，有《缴书》这样教人射鸟的书，也有《图诗》这样的图画书，以及《周食田法》《论楚事》等杂书，当然还有不少历史方面的书籍。在历史类书籍中，有十二卷是属于纪年体史书，类似传世的鲁国史书《春秋》，记载上起五帝、下到战国晚期的两千多年历史。这十二卷纪年体的史书本没有名字，后来被整理者起名为《纪年》。因这《纪年》是写在竹简上并出土于汲郡古墓中，所以又名《竹书纪年》或《汲冢纪年》。《竹书纪年》写作于战国晚期，据认为出自魏国史官的手笔，比太史公的《史记》早了两百年，而且躲过秦始皇焚书之火的摧残，保留了很多珍贵的中华上古史，所以价值无法估量。

有人可能又会问，那这《竹书纪年》怎么又分为《古本竹书纪年》和《今本竹书纪年》两个版本呢？原来《竹书纪年》上面的记载，很多不符合传统的说法，尤其不符合儒家的正统史观，如《竹书纪年》说夏代的时间多于商代，舜武力逼迫尧让位给他，太甲杀伊尹，等等，因此受到一些正统儒家学者的抵制，传习的人不多。再加上唐末五代，战火频仍，导致这部记载很多珍贵史料的出土文献到北宋的时候居然失传了。不过至明代嘉靖年间，一个两卷本的《竹书纪年》突然又横空出世，重返人间。但是人们发现，重新出世的《竹书纪年》，好像有些问题。比如，按晋代人记载，《竹书纪年》记载东周以后的史事时，最初是用的晋国纪年，三家分晋后又用魏国纪年，但明代重出的《竹书纪年》，用的却都是周天子纪年。尤其重要的是，明代以后重出的《竹书纪年》，很多条目内容与晋唐以来书籍所征引的《竹书纪年》条目不同。到了清代以后，经过很多学者反复考证，多数人认为明代新出的两卷本《竹书纪年》不是西晋整理的《竹书纪年》原本，而是好事者辑录自古至明代的各种靠谱或不靠谱史书资料而编造的"伪书"。

近现代很多历史大家，为寻求晋代《竹书纪年》的原貌，试着辑录自晋朝至宋代的古书中所摘引过的原本《竹书纪年》零散文句，像缝掇"百衲衣"一样，又辑成一本《竹书纪年》，通称《古本竹书纪年》。为了区别，现在人们就把明代出现的那个版本的伪《竹书纪年》称为《今本竹书纪年》。所以出于严谨的考虑，本书一般引用《古本竹书纪年》上的史料。不过《今本竹书纪年》虽证实是伪书，但也是元明文人辑录各种古文献加上年月凑成，亦有一定的史料价值，所以本书仍会适量引用一些本人认为有一定价值的《今本竹书纪年》条目内容。但要强调的是，《今本竹书纪年》上的很多史事虽然取自颇多古籍，但是不少条目前的年月却是被擅自加上的，所以我们千万不要把它上面的很多年月太当真。

◎02
从不窋"窜于戎狄间"到公刘建国

前面提到过,传统史书上一般说,后稷(弃)之后的周人第二代领袖是他的儿子不窋(zhú),也写作"不窟"。当然我们也介绍过,也有史家有不同意见,认为弃和不窋其实不是爷俩,他们之间有很多周人君长的名字被漏记了。在这里咱先不管不窋到底是弃的儿子,还是第多少代孙子,只说说这不窋在史书上有什么事迹。其实关于不窋,史书上基本就一句话,意思是夏朝衰落时,朝廷不再重视农业,因此不窋失去农官的职位,也不在后稷(弃)受封居住的"邰"地混了,自己跑到戎狄之间去了。不过他也不敢荒废自己的祖业——农业,不忘天天钻研提高,一代代传承,所以没有辱没了祖宗。(《国语·周语上·祭公谏穆王征犬戎》)

显然,不窋的事迹很简单明了,唯一的问题是,不窋"窜"的"戎狄之间"到底是现在的什么地方?不过这问题早期史书都没细说。后来唐太宗第四子魏王李泰编的《括地志》和其他地理书籍,认为不窋是跑到现在的甘肃庆阳一带。可是唐代与不窋所处的时代相隔近两千年,先秦、两汉时候都没人知道不窋具体跑到哪儿去了,唐人是从哪里得来的消息呢?这实在不得不令人怀疑,只能聊备一说吧。现代不少主张后稷(弃)所居的"邰"地在晋南的史家,则认为不窋所"窜"的"戎狄之间"也在山西境内。

当然,还有人根据不窋的名字对他的事迹做了些有趣的猜测:"不",古代也通"丕";"窋",我们前面介绍过,也写作"窟"。所以"不窋"就是"丕窟",也就是大窟的意思。所以有人猜想,这周人的首领不窋,可能还是古时一位挖窑洞的高手。

接下来周人有记载的第三代君主,是不窋的儿子鞠。史书上只留下了他的名字,没留下任何事迹。倒是不窋的孙子公刘，史书上对他着墨不少。

公刘的事迹，除了继续周人的祖业——发展农业外，最重要的就是带着周族人从"戎狄之间"迁徙到"豳"（又写作"邠"，传统认为在今陕西彬县）这个地方。《诗经·大雅·公刘》篇对此有详细记载：周人在公刘的带领下，装满路上所需的干粮，携带着弓箭干戈，跋山涉水，一路寻觅合适的居地。当他们来到了一个有着丰富水源、依傍山冈的广袤富庶原野时，公刘大为满意，经过他亲自勘察地理环境，周人最终定居于此。这就是豳地。

《诗经》接着描述，公刘带领族人来到豳地后，首先修筑宗庙、杀猪祭神，然后整治田地，并建立了"三单"的军队。这个"三单"，很可能就是类似后世"满洲八旗"那样军政合一的组织。这表明，此时的周人已经从部族状态向早期国家形态迈进。

周人在豳地建立新的都邑之后，安居乐业，事业发展欣欣向荣，老百姓都来投奔公刘。所以太史公马迁对"公刘迁豳"评价极高，称赞说："周道之兴，自此始。"

在《诗经·大雅·公刘》篇里，还提到一个词——京师。诗曰："笃公刘，逝彼百泉。瞻彼溥原，乃陟南冈。乃觏（gòu，遇见）于京，京师之野。"这是中国古代文献中第一次出现"京师"这个词，就是指公刘新建的这个都邑。所谓京，甲骨文中写作"畗"，它和甲骨文中"高"的写法基本一样，仿佛一个高大的台子上有座房子，也就是上古流行的高台建筑之意。这里的"京"，显然是指周人在豳地的宗庙宫殿群。话说从夏商周三代直到汉魏期间，中国人用木头筑楼的技术还不过关，统治者和贵族为了防御需要以及显示权威，喜欢在夯土高台上建宗庙和宫殿。"师"字，繁体写为"師"，甲骨文里写作"𠂤"，好像一个小丘陵，卜辞里多借指军队或军队单位（军队的意思可能是从在小丘陵上驻军得来的）。因此"京师"，就是既有高大宫殿建筑群、又有军队护卫的地方。中国人称首都为"京师"，就是从公刘迁豳开始的。西周后期的诗篇《诗经·大雅·民劳》即云："惠此京师，以绥四国。"不过我们也千万别把公刘时的周人"京师"想得多么富丽堂皇，实际上这个时候（夏末商初），中国人的建筑还都是版筑的土坯墙，屋顶盖的全是茅草，也就是所谓的"茅茨土阶"，即便是包括夏商大国在内的王家宗庙宫室也不例外。可见那时的条件还是极为艰苦的。如果你了解上古的真实生活情况，恐怕即使让你穿越到上古去当国君贵族，你也不乐意。

第五代周人君主，是公刘的儿子庆节。《史记》说庆节的时候，周人在豳地正式建国,"周部族"终于升级为"小邦周"。不过从周人先君的称呼来看,庆节的父亲"公刘"是周人先君称呼中第一个带"公"字的,这个"公"应该就是"公侯"的"公"。也就是说,"公刘"的本名只是叫"刘",因为他第一个称"公",或者后世周人尊他为周族的第一个"公",所以他才有了"公刘"的称呼。故而从称呼看,周人从部族变成国家,很可能不是太史公所说的庆节在位时期,而是公刘在位时期。

庆节之后,从皇仆、差弗、毁隃,一直到公非、高圉、亚圉、公叔祖类,这一连七代周人君主,史书上又是只有人名,没有记载他们的任何事迹。史书中提到的下一位既有名字也有很多事迹的周人伟大君主,就是公叔祖类的儿子公亶父了。

◎03 太王迁岐

周人第十三代君主,《诗经》和《史记》中称之为"古公亶父(dǎn fǔ)"。这称呼听起来有些怪怪的,其实"古"就是"古代"的意思,"公"代表他是国君之意,"亶父"则是他的名或字("父"又作"甫",是古代对男子的美称)。所以严格说,这位周人先公应该称作"公亶父",表示"古代"之意的"古"字应该拿掉。《诗经》中称"古公亶父"是为了凑足四字一韵,太史公却不察,不但错称人家为"古公亶父",还愣是简称人家为"古公",这就有些不该了。后来周人得了天下,追封祖宗为"王",于是"公亶父"又升级被叫作"大王亶父"。上古"大""太"两字不分,都是一个字(都是"大"字),因此"大王亶父"也被后世写作"太王亶父",简称"太王"。如果说大家不清楚太王生活的具体年代,那我告诉您他就是周文王的爷爷,大家应该就能了解个大概了。

太王的一个重要事迹和公刘类似,就是带领族人迁徙到一个更好的地方,即从"豳"(又作"邠")地迁徙到"岐邑"。这"岐邑"又称"岐周""岐阳""岐下",也就是明代神魔小说《封神演义》里常提到的"西岐",即今天陕西省宝鸡市岐山县和扶风县一带。自20世纪70年代以来,考古学家在岐山县、扶风县接壤附近发现了二十平方公里的先周和西周遗址,其中包括大型宫殿、宗庙遗址,手工作坊遗址,周人墓地,并出土了大批西周青铜器,证明这里就是周人的龙兴之地岐邑无误。

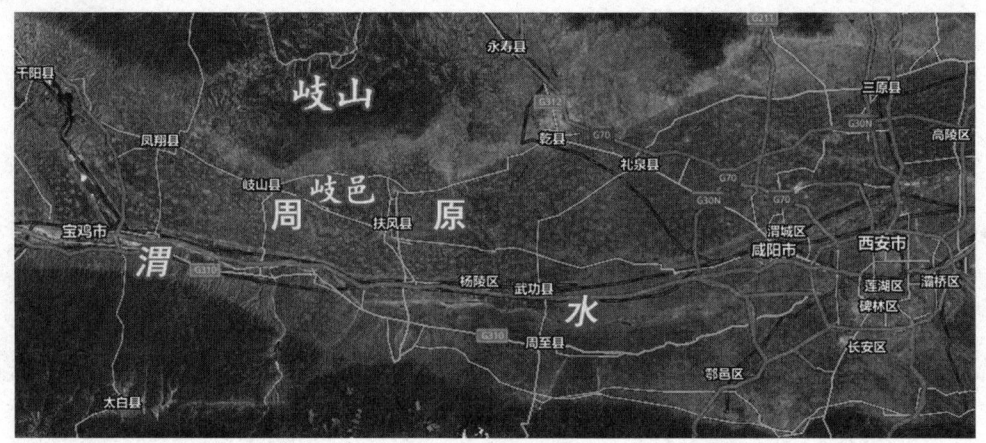

周原位置图

不过既然公刘迁豳后,周人的小日子过得不错,太王为什么又要从豳地搬家呢?很多古籍,如《孟子》《庄子》《吕氏春秋·审为》《淮南子·道应》都记载了一个大同小异的故事:

太王这人非常仁义,发扬了后稷、公刘的功业(应该主要还是说他种地种得好吧),而且品德高尚,周族人都很拥戴他。但是可恶的野蛮人戎狄(一说具体为犬戎)却不断地来骚扰豳地。太王爱好和平,不喜欢打打杀杀的,就送给他们财物想委曲求全、避免战祸,但是这些野蛮人却蹬鼻子上脸,还要周人的命根子——土地。豳地的人怒了,都要跟狄人拼命。众志成城,按理该开打了吧?可太王却说:"要大家为我打仗送命,我实在于心不忍,还是我自己走吧。至于你们,做谁的臣子不是做呢?"太王于是带了一些自己的亲信,偷偷离开豳地,一路跋涉,迁徙到了岐山脚下。豳地的老百姓见太王为他们的安全居然能舍弃君位,都感动得痛哭流涕:"这真是个世间罕有的仁义人啊!"于是大家纷纷扶老携幼一路跟进,尾随太王来到岐山南麓。甚至其他地方的不少老百姓,听说了太王的仁义,也纷纷前来投奔。

看到这里,诸位看官是不是隐约想起一个人来?对了,那就是《三国演义》里的刘备刘皇叔。古籍中这样描写太王,当然是为了颂扬他的仁义。但现代人读起来,是不是总觉得有一丝博名声的感觉?说周人被狄人威胁而迁徙,这个原因可能是真的。但是太王说的那番话,带有十足的后世"儒家味道",明显就有点儿穿越了。再说当时的社会，还是处于部族时代，所谓国家不过就是大点儿的、文化先进点儿的部族。当时每个人都是部族人（普通部族成员或族长），每个人都要依靠部族生存，因而对本部族的认同感是很强的。这和秦汉以后，朝廷委派的流水的官员与地方百姓之间的关系是不可同日而语的。那会儿一个部族首领，如何会轻易说出放弃部族族人的话呢？部族族人又怎么会甘心轻易接受异族统治呢？要说太王是对自己族人玩"欲擒故纵"的把戏，应该也犯不着吧？所以太王的那番话，显然是后世春秋战国时代的人编的，为的是把太王塑造成一个儒家君王的形象。但是这种塑造有点儿太过了，就像鲁迅先生评《三国演义》写人的手法："欲显刘备之长厚而似伪，状诸葛之智而近妖。"

在《诗经》里也有一篇诗专门提到太王迁岐的故事，那就是《大雅·緜（同棉）》。不过这篇史诗只是记载了太王带领族人迁到岐山这件事，并没有明讲太王为什么要从豳地迁出，当然更没有记述太王的那些"仁义"之语。显然，《緜》这首诗创作的时代，还没有编出"太王为了族人安危、宁愿自己不当君长"的儒家化的仁义故事。不过《緜》这首诗的后面提到一句"混夷駾（tuì，马惊）矣，维其喙矣"，翻译成白话文，就是说太王迁到岐山之下后，"混夷"这敌对势力就被吓退，跑得气喘吁吁了。也许《诗经》是用这种隐晦的形式，说明自己祖先太王当初迁出已经居住多代人的豳地，确实是被戎狄野蛮人逼迫的吧。（祖先曾被人威逼得背井离乡的糗事，后世周人当然耻于讲明了。）

那太王带领族人离开豳地后，为什么选择岐山南麓这个后来被称为"岐邑"的地方定居呢？

我们前面说过，太王是被戎狄侵逼，才被迫背井离乡的，所以周人寻找新家，肯定要找一个有利于防御的安全地方。岐邑北面是山势险峻的天然屏障岐山，南面是滚滚渭河，北方的戎狄难以入侵，南面如果有敌人也不容易过来，从军事上看自然是块易于防守的较理想地方。

其次，周人或者其他任何部族寻找发展之地，肯定要找土地肥沃、富有水源的地方，而岐山以南，渭水以北，东起现在的武功县漆水，西到凤翔汧（qiān）水（现写作千河），当时正是一块南北宽二十多公里，东西长七十多公里的广阔肥沃平原。《大雅·緜》一诗中称这块平原为"周原"，这也是传世古籍里首次提到"周原"一词。

据气象学家分析，商周之际正处于气候学上所谓的"仰韶温暖期"的末段，气候要比今天温暖，那时的这块陕西大平原，温度比现在要高摄氏两度左右。而且不似唐宋以后植被遭到破坏、水土流失情况严重，导致现在沟壑众多、支离破碎，当时的周原广袤平坦、水系纵横、植被茂密、动物成群，是块不可多得的适于人类居住和发展农牧业的好地方。《大雅·緜》一诗中甚至说，这里土地肥沃得流油，连长出的苦菜都是带甜味的（"周原膴膴，堇荼如饴"）。有土如此，太王当然没理由再另觅他处。（几百年后的秦人也是占据了周原这块地方，才逐渐兴旺发达起来的。）

《大雅·緜》接着介绍，太王迁岐后，带领族人开辟田野，整修田亩，发展农业，建立民居。同时他还命司徒和司空建造宫室和社庙。诗中描写，"乃立皋门，皋门有伉（kàng）；乃立应门，应门将将（qiāng qiāng）"，意思是周人宫城的皋门和应门修筑得十分高大庄严。这不是诗人夸张，周人到岐邑后的建筑水平确实有了很大提高。1976年，考古学家在岐山县凤雏村发现的商末周初大型宫殿遗址中发现了少量的瓦片。前面我们在介绍公刘迁豳的时候提到，夏商时代连王室的宫殿都还是"茅茨土阶"，也就是草顶土墙，而1976年那次周原出土的少量瓦片，可能是中国发现的最早的瓦片。这说明那时的贵族宫室，已经开始在屋顶的重要位置少量加瓦了。自此，中国的建筑史翻开了一个新的篇章。

不过在此我们还要订正《史记》上的一个错误。《史记·周本纪》说，太王在岐山下营造的有"城郭室屋"。根据考古发掘，宫室房屋在周原遗址是确实存在的；《大雅·緜》所说的皋门和应门，宫城或宫墙也是存在的。但在周原遗址中，却没有发现商末、周初时期的"郭"（外城）。2013年，考古学家虽在周原遗址发现了东西长约一千五百一十米、南北宽约六百四十米的大型城墙，但其时代却为西周晚期。也就是说，太王迁岐的时候，并没有在岐邑修筑外郭城墙，而且此后近三百年间，岐邑都是一座没有外郭城墙的不设防城市。

周原不愧是水草丰茂之地。在定居后的岁月里，周人的老本行——农业生产蒸蒸日上，畜牧业也十分兴旺。1976年考古学者在周原遗址的一个制骨作坊里简单挖掘，就出土了牛、马、羊、猪等动物的骨头一万多公斤。生产发展，人口自然增长，周国的国力也逐渐充实强大，再不是当年那个戎狄想欺负就欺负的弱小国家了。后世周人认为"太王迁岐"是周族历史的重要转折点，是他们走向兴盛的开始，十分推崇太王,因此追封他为周人第一位王。《诗经·鲁颂·闷宫》甚至说,"后稷之孙,实维大王,居岐之阳,实始翦商",把太王说成是周人最早开始进行翦商大业的君主。这种说法当然太夸张,是姬家子孙的溢美之词,毕竟在豳地时周人实力还弱小到被狄人欺负得背井离乡,就算到岐山后势力开始壮大,和商朝还是毫无可比性,太王不可能脑子发热,一下子就冒出灭掉大国商朝的想法。但是太王来到土地广阔肥美、战略相对安全的岐山下,为周人的发展找到一块风水宝地,奠定了未来兴盛的基础,被周人认为是首位"圣王",则是毋庸置疑的。

　　本节的最后,我们再来说说"周人""周国"的得名时间。上面刚讲过,《诗经·大雅·緜》一诗在传世古籍里首次提到"周原"一词。因此自古以来史家都说,这周人、周国的"周",就是太王带领族人迁到岐山下的"周原"而得名的。其实古人是没见过甲骨文的。近现代考古发现,比公亶父(太王)早百年的商王武丁时期的卜辞里,就已经有"周""周方"的记载了。

　　显然,周人没到岐山周原的时候,就已经叫"周人"了。我们在本书第一节曾介绍过,甲骨文里"周"字写作囲,就像划好的田界里长着很多庄稼。所以周人是因其特长得名"周",而非因地名。相反,地名"周原",才是因为周人而得名——周人居住在哪块原野,他们自己和其他部族就称那块地方为"周原"。岐山"周原"绝非第一个被命名为"周原"的地方,应该是周人迁到岐山南麓的这块平原后,把原居住地的地名"周原"又带到新地方而已。这种情况在中外历史上也都常见。众所周知,美国有座著名城市叫"纽约",英文写作New York,就是最初到北美的英国York郡人把York的名字又带到新大陆,只不过前边加个"新(New)"字。美国城市波士顿,也是这样的情况,波士顿本是英国英格兰东部林肯郡的一座城镇,这里的英国人移民到新大陆之后,就把"波士顿"的名字也带了过来。现在大家提到"波士顿"就想到美国城市,殊不知英国也有一个波士顿,而且这才是原版。

◎04
太伯奔吴,真是"让国义举"吗?

上一节我们讲过,太王对周人的一大贡献是带着周人从豳地迁居到土地肥美、战略环境相对安全、发展空间广阔的岐山。太王的另一个重要贡献,则是和老婆太姜一起(注意可见周人与姜姓部族的通婚关系),生了三个有名的儿子,也就是太伯、虞仲(仲雍)和季历(王季)这哥仨。

太伯和虞仲,可能很多人听说过,尤其是现在苏南苏锡常一带的吴地人,对这两个名字特别熟悉。因为据传统史书记载,太伯和虞仲就是江南吴国的开国始祖(苏锡常一带是春秋后期吴国的核心区域),最为人称道的事迹则是"让国"的"至德之举"。

史书称,太王家的三兄弟中,数老三季历最贤德。季历娶了一个叫太任的贤惠媳妇,给太王生了个孙子(即后来大名鼎鼎的周文王),而且天降瑞兆。刚出生的小婴儿,能有什么瑞兆呢?史书上语焉不详。不过《淮南子·修务训》上曾说,文王是长了四个乳房的。这用现在的医学术语说,好像叫长了副乳,是病。但在古人看来,可能觉得这象征着生殖力强、预示族人兴旺吧。于是太王非常高兴,就给这个宝贝孙子起名叫"昌",还说:"我们周族日后必当兴起,大概就应在昌身上吧!"因为喜欢这个孙子昌,太王就想让他以后能继承君位,而要昌日后继位,那他爸爸季历也得先成君主才行。所以太王就有了立季历为太子以便昌最终能坐上周君宝座的心思。

传统史书接着说,太伯和虞仲这哥俩也是孝顺孩子、老实人,一见这情景,为了成全父亲,咱就让贤吧,于是一起逃走了。据说太伯和虞仲从陕西西部的岐山,一口气向东南逃出两千多里远,跑到当时还是蛮荒之地的江南,靠感化当地人建立起一个新国家——吴国。于是太伯也因此被后人尊称为"吴太伯",而后来太伯无子,他百年之后，君位就由弟弟虞仲继承，于是虞仲就成为吴国第二代国君。

不过，太伯和虞仲这哥俩，能在三千多年前交通极其不便、并且隔着商朝这大国和林立的小国的情况下，一口气跑到江南那么远并建国，是件十分令人怀疑的事情。现代考古发现也不支持"太伯、虞仲江南立国"的传统说法。现代考古学者在传统史书所说的太伯之都即今无锡梅里一带进行挖掘后，发现出土的遗物多是西周的，商末周初的遗存几乎没有。

所以综合当时情势和现代考古发现来看，太伯、虞仲直接跑到江南建国一事，应该是后世吴国迁到江南后才在东周时期兴起的传说，并非真实的历史。鉴于当时的政治背景和客观条件（交通与周人实力），这哥俩最初建立的吴国，必然不会离陕西岐山太远。

太伯、虞仲最初所奔的"吴"，既然不在如今的江南，那应该是在哪里呢？

一些史家认为，太伯、虞仲所奔的"吴"，就是今天陕西陇县西南的吴山一带。但西晋时与《竹书纪年》一起从战国魏国古墓出土的古代文献《穆天子传》却说："大王亶父之始作西土（指初迁岐邑），封其元子吴太伯于东吴。"显然，按《穆天子传》的说法，吴国是在岐山以东，那么岐邑以西的陇县吴山，在方位上就不对。所以陇县吴山为太伯、虞仲所奔地的说法应该是不成立的。

史学大家杨宽、王玉哲等人则考证说，最初的吴国其实就是后来春秋时期的山西虞国（古文中"吴""虞"相通），即今山西平陆县。能证明这种观点的文献记载如下：第一，据《左传·僖公五年》，春秋中期晋国向虞国借道讨伐虢国，虞国大夫宫之奇力劝虞君拒绝时，曾回忆本国来历说："大伯、虞仲，大王之昭也；大伯不从，是以不嗣。（太伯虞仲是太王的儿子，太伯不从太王，因此没有继承君位。）"显然宫之奇认为，太伯、虞仲就是本国虞国的先公。第二，《逸周书·世俘解》也说，武王伐纣成功后，回到周国祖庙，曾经祭祀"太王、太伯、王季、虞公、文王、（伯）邑考"等六位先祖，这六位先祖中的"虞公"显然就是虞仲（仲雍）。虞仲（仲雍）既然被称为"虞公"，那他自然就是虞国的君主。这再次证明，山西平陆的虞国，就是太伯、虞仲（仲雍）所奔之"吴"。

有人说，这不对啊，因为按《史记·吴太伯世家》的说法，平陆的虞国是武王伐纣后与江南吴国打通了联系，因而把当时吴国君主周章（仲雍的重孙子）的弟弟虞仲又分封到山西所建的啊！其实《史记》的这种说法，整个把事情弄反了。真实的历史应该是先有山西虞国，后来又分出一个支系江南吴国，而不是先有江南吴国，又分出一个支系山西虞国。首先从地方远近讲，周人自然是先封一个离周人本土近的国家，再分出一个支系到远离周人本土的地方建国，没道理反过来。其次，20世纪50年代的考古，也能证明是先有山西虞国，后有江南吴国。

话说1954年，有农民在今天江苏长江南岸的镇江丹徒发现了一件一般被认为是周康王时期的青铜器——宜侯夨（zè）簋。该簋记载了周康王将"虞侯夨"改封到宜国的史事。很多史学家考证后认为，古代宜、吴音近相通，这镇江附近的"宜国"，应该就是东周时期吴国的前身。所以东周时期的江南吴国，大约是周康王时期才从山西虞国分出去的一个分支国。

有人可能会问，既然太伯、虞仲所奔的"吴"，不是传统史书所说的江南，而是山西平陆的虞国，那太伯、虞仲出奔的原因，是传统史书所说的"为成全侄子昌而自愿让国"吗？

历史大家杨宽接着分析说，"太伯奔虞"应该是太王的精心战略布局，也即说太王让太伯、虞仲到山西去立国，是为兴周灭商布置的前进基地。但是笔者觉得，这种说法显然太高看太王了。我们知道，太王迁岐其实就是因为周人早年实力弱小，所以才被戎狄侵逼得背井离乡，不得不重新寻找部族谋生发展之地（所谓"太王仁义让出豳地"的故事不过是后人为太王遮羞的说辞而已）。当时太王连戎狄都对付不了，在他仓皇迁徙的途中或刚找到新家园后，怎么能有灭掉天下霸主即那个庞然大物商朝的想法？一个人连普通拳师都打不过时，能有击败拳坛世界冠军的豪情壮志？就算太王在水土丰美的岐邑发展一二十年，周人的实力大增，也只是相对在豳地来说的，太王去世前应该也难有灭商兴周的想法。要知道后来武王灭商，发生在太王迁岐的近百年后，太王怎么可能会想到有朝一日自己会有个重孙子灭掉了令人畏惧的大商朝？所以杨宽先生"太王精心战略布局分封吴太伯"的说法，笔者难以认同。

杨宽先生此处的这种想法，其实也是人们（包括笔者）研究历史常犯的一个毛病，那就是按照后来的历史结局，来逆推当时历史人物的心态、想法或动机。就如同有些人看到司马家后来篡夺了曹魏天下，就把司马懿当成一贯阴险狡诈、图谋篡位的小人一样。其实要不是曹家几代皇帝短命，哪里有司马懿什么事儿？司马懿虽不是善

04 太伯奔吴,真是"让国义举"吗?

茬,但他最初出仕时,应该只不过是想在乱世中保全自身和家族而已,他在曹操、曹丕和曹睿手下干的时候,肯定还没有而且也不会有什么不臣之心。后来的事情只是走一步看一步,恰巧碰到某一天时机到了。再比如1644年清朝入关夺了天下,但是往前推不到三十年,努尔哈赤在1616年起兵时,能想到会有这一天吗?努尔哈赤起兵时,想到能成功霸占东北,估计就够他乐呵的了。就算是古今杰出的政治家,往往也很难预料数十年后的事情,太王又怎么可能会预料到百年后周人取代商朝的结局?又怎么会为灭商兴周提前做"战略布局"?

有人问了,既然你说这也不是,那也不是,那太伯、虞仲到底为什么离开父亲太王,跑到吴(虞)地建国呢?解释这个问题笔者也没有什么过硬的文献或考古证据,下面说的也只是个人的一种猜测:我们知道周人受到戎狄威胁从豳地迁出时,本来前途未卜,并没有具体的目标和方向。出于"不把鸡蛋放在一个篮子里"的思考,可能他们从豳地出走时就选择了兵分两路——太王带了年纪尚小的小儿子季历和大部分族人走一路,太伯和虞仲这两位成年兄弟带领少部分族人走另一路。分成两路走的好处显而易见,假如有一路没找到"乐土"或者中途遇敌覆没了,还有另一路做"备份",周人不至于全族灭亡。我们知道,最终太王和季历是辗转走到了岐山脚下,而太伯和虞仲可能从豳地走出后误打误撞,走到了今天山西的平陆县,也即上古时代的虞地。最初到达各自的落脚地时,两路周人应该并不知道对方走到了哪里;后来逐渐联系上之后,太伯、虞仲说不定也不想再劳苦奔波西进去找父亲和三弟了,于是就在山西平陆"自立门户"。毕竟当时的周国其实只是个大点儿的部族,太伯估计也不那么在意这周君之位,再说他"自立门户"之后照样也算是"一国之君"了。太王知道后,也就承认了大儿子、二儿子的分家举动,毕竟不承认也没办法。后世周人就把太王的这种"承认分家"美誉为"分封",于是有了《穆天子传》中"大王亶父之始作西土,封其元子吴太伯于东吴"的记载。

在此,笔者不妨再多讲讲本人对吴国历史的推测:太王去世后,季历和文王先后继位,在他们进军东方的过程中,多得山西虞国的帮助。太王迁岐近百年之后,武王伐纣成功,正式以天子名义封当时的虞国国君为"诸侯"。紧接着,武王崩逝、"三监"叛乱、周公东征,周人将势力推进到东方。按宜侯夨簋记载,周康王时,为了加强对东南方向的统治,康王又从山西虞国分出一个分支,在今天江苏镇江丹徒一带立国，国号为"宜"，又作"吴"，这就是后世的江南吴国。因为吴国之君也是太伯、虞仲的后代，再加上上古史料匮乏，于是西周后期或东周初期逐渐就有了太伯、虞仲直接奔到江南吴地建国的传说。到了孔子所处的春秋时期，因为当时礼崩乐坏，天下大争，"弑君三十六、亡国五十二"，孔子出于"正人心""止纷争"的目的，大力颂扬太伯的"让国至德"。到汉初，太史公出于同样目的，将"太伯让国奔吴"的传说载入《史记》，并把《吴太伯世家》列为世家第一。孔子和太史公不一定不知道"太伯建吴"的其他版本说法，只不过"一切历史都是当代史"，他们最终还是选择"相信"符合自己理想的那种"让国"的版本，以实现自己"教化世人"的目的。我们不能说孔子和太史公错了，但是今天我们研究历史，已经不需要再以"教化"为目的，而是应该探索历史的真相。

回过来再说太王为什么要传位给三儿子季历。其实说了上面这么多，这个问题已经很简单了。因为按照笔者"周人兵分两路从豳地迁出"的猜想，太王的三个儿子，只有小儿子季历跟着太王一起到了岐山，那么太王迁岐后立世子，也就只有立身边的季历了。

话说太王迁岐后既然把季历立为世子，作为父亲，他就要好好栽培这个"储君"。除了历练季历的能力外，太王还为他结了门好亲，也即给他找了个好老婆——后来文王的母亲太任。西汉《列女传》说太任端庄有德，怀文王时，她"目不视恶色，耳不听淫音，口不出敖言"。当然我们在此想详说的不是太任的"德行"，而是她背后的家世。

说起这太任，那可是颇有来头。《诗经·大雅·大明》有云："挚仲氏任，自彼殷商。"原来季历的老婆太任，是任姓挚国的二女儿（"仲"即老二的意思）。任姓，是传说中夏代车正奚仲的后代。任姓虽是东夷之后，但是很早和商朝的关系就很好。据《左传·定公元年》载，任姓的薛国君主仲虺（huī）曾经担任过商汤的左相；宋代的《古今姓氏书辩证》又云，仲虺的后代臣扈、祖己先后在商王太戊、武丁时担任商朝大臣。挚国，就是仲虺的一个名叫"成"的子孙建立的。挚国在商朝时是王朝的畿内诸侯，一些史书说它位于今天河南平舆县。不过平舆很有可能只是周代时挚国的位置，因为平舆距离商人都城安阳殷墟较远，已经出了商朝王畿圈了。至于商代挚国在哪儿，我们现在已经无考了。不过这个问题不重要，我们也无须纠结。我们想强调的是，当时迁到岐山后的周族，作为中原人眼中的西北边鄙之人，能和商王畿内任姓挚国通婚，显然是"高攀"了。挚国虽然并不属商王族，但是作为商王畿内颇有权势的贵族，他们在政治、经济、文化、科技方面，可比周人先进得多。当时的小邦周和商朝挚国联姻，对于提升周国的政治影响力和学习先进文明，自然是大有益处。太王作为一个父亲、作为一位国君，显然是用心良苦、眼光长远，要知道以前姬姓周人基本都是跟西部的姜姓部族通婚的。当然另一方面，挚国当时肯跟周国结为姻亲，也可看出周人迁到岐山后经过多年发展，实力和影响力确实有不少增长。

有人可能会问，那个时候，周人与殷商就已经有联系了？很多人想必会接着问，周人是何时与殷商建立关系的？周人与殷商又是怎么样的关系呢？下节，我们就将讲讲商周关系，尤其是介绍一下商朝的概况，让大家了解一下当时的"国际形势"到底如何。

◎05 商朝概况及先周与商朝的关系（上）

在说先周和商朝的关系之前，咱们其实有必要先来简单了解一下商朝的历史和概况。因为只有这样，才能明白那时的周人处在一个怎样的"天下"之中。

据《史记》记载，商朝的始祖是一个叫"契"（xiè）的部族首领，他的母亲有娀（sōng）氏之女简狄是帝喾的次妃。与后稷不是帝喾的亲儿子而是其母踩大脚怪脚印怀上的说法一样，《史记》又说这契其实也不是帝喾的亲生儿子，而是简狄吞了一枚天上掉下来的燕子蛋，然后受孕生下来的。这就是所谓的"天命玄鸟，降而生商"的传说。

当然我们最初在讲周人始祖后稷的出身时就分析过，古书中关于帝喾娶了四个妃子、分别生了周人始祖后稷、商人始祖契、五帝之一的唐尧以及上古帝王帝挚这四个儿子的故事，完全是后人附会编造的。帝喾本是商人心中的"上帝"神、"宇宙"神，商人在举行祭天的"禘礼"中祭祀他，但他显然并不是契的父亲。在商人最初的始祖神话里，其实也只有简狄吞燕子蛋怀孕生下契的说法，并没有帝喾啥事。也就是说，商人始祖契也和周人始祖后稷一样，是个"没有爹"的孩子，这同样反映了商契时代的商人，可能正处在从母系氏族向父系氏族转变的阶段，所以只知其母不知其父。当然古代各部族、各国家的社会发展程度不一样，同是从母系氏族向父系氏族转化，但商契的时代，应该远远早于后稷的时代，因为商人的文明化显然远早于周人。

历史上商族人的起源地和最早活动区域在中原的东北方向，具体来说也就是现在的河北地区或东北地区。不过因为早期商人的经济形态尚处在游牧和"刀耕火种"的游耕阶段，所以他们的部族一直迁徙不断，几百年间大概迁了有七个地方。到了公元前1600年前后的夏朝末年,契的第十四代孙成汤(又名大乙、金文里多写为成唐)又带领族人迁居到中原"亳"这个地方。关于商汤所居的中原"亳"地最初在哪里,自古众说纷纭,传统认为在河南商丘,但笔者更倾向于在河南省东北部的内黄、濮阳一带的说法。这时本是"七十里"小国的商国,在成汤的英明领导下,逐渐东征西讨强大起来。而此时立国于豫西、晋南地区,以伊洛盆地的斟鄩(据说即河南偃师二里头遗址)为都城的夏朝,在末代君主夏桀的昏聩统治下,日益没落。最后成汤于今天山西运城市附近的"鸣条之战"中彻底击败了夏桀,并把夏桀流放到南巢(今安徽巢湖)。从此,商人取代夏人成为中原霸主,商国也升级成为"商朝"。

当时的小商国为什么能打败大夏朝呢?传统史书上当然都是从夏桀暴虐、商汤修仁政,以及商汤派大臣伊尹到夏朝内部做间谍等方面来说的。不过真实的历史上,商人击败夏人,可能是由于其掌握着当时最新的"战争技术"。

据先秦古籍《世本·作篇》记载,商人早在契的孙子相土时期,就已经由部族首领相土发明了用马来拉车的驾车方式,史称"相土作乘马"。这个记载是否真实虽然不好说,但至少考古证实,安阳殷墟中就已经挖出两马拉车的车马坑,这是目前我国发现的时代最早的车马坑,而被很多人认为是夏朝都城"斟鄩"遗址的河南偃师二里头遗址中,不但未发现车马坑,连马的骨头都没发现一块,只发现了几道1.2米轮距可能是人拉车的车辙痕迹。其实不单是在二里头遗址,在殷墟以前的中国各地文化遗址中,也极少发现马骨。这意味什么呢?这就表明:一、夏朝人虽然有了轮车,但还没有马,自然也未掌握马拉车技术(可见夏代"奚仲造车"的传说是不可信的);二、商人可能是中原最先拥有马并掌握了马拉战车技术的民族。当然,因为马拉战车是当时的最新技术,所以商朝军队也是以步兵为主,马拉战车只是少量使用。但就是这样,在与敌方作战时商人也足以取得相当技术优势,尤其是心理优势。在这里我们可以想象一下,在三千多年前的中原古战场上,商人武士威风凛凛地驾着两匹马拉的战车(考古证明殷墟车马坑里还没有四匹马拉的战车),猛冲其他国家、部族的纯步兵方阵,那简直就如猛虎入羊群,无疑是大屠杀。这可能就是商人能够灭夏、征服周边异族,并称霸中原、建立庞大王朝的原因。而且诡异的是,殷墟车马坑里的车马,一开始出现就是一副成熟的样子,好像传说中的老子,从娘胎里一生出来就是老头的模样。这表明商人的马车技术应该不是自己一点点从无到有、从简单到复杂发展起来的，而是借鉴别人比较成熟的技术。那么商人的马拉战车技术到底是从哪里学来的呢？现在世界上一般认为马拉车技术起源于东欧的南俄罗斯草原或西亚，因为在这两个地方都发现了距今约四千年的车马坑遗迹或表现马拉车的壁画、雕像，马车在这两地实际出现的时间应该比发现的车马坑遗迹和艺术作品还要更早一些。所以商人几乎突然冒出来的马拉战车技术，应该就是源自上述地区。来自中原东北方向的商人却比中国西北民族率先使用战车的事实，证明了东欧南部和西亚的战车技术显然并不是直接从新疆、甘肃这一条西北通道传到中原的，很可能是先通过蒙古高原东传到现在的蒙古国东部和中国东北一带，然后再由当时生活在那里的商人带入中原的。事实如果真的如我们猜想的这样，那么起源于东北方向、掌握马车技术的商人统治中原，应该就是最早版本的"北方游牧民族入主中原"了。

殷墟车马坑中的双马战车

商汤在灭夏后，为震慑夏人，西进迁都到"西亳"。一些史学家认为，20世纪50年代在今天河南偃师县西两公里处发现的"偃师商城遗址"，就是商汤灭夏后所居的"西亳"。此后几百年，商朝都城又因为政治军事重心迁移、贵族内乱等原因，先后迁到隞（今河南郑州）、相（今河南内黄）、刑（今河北邢台）、奄（今山东曲阜）等四个地方。直到公元前1300年前后，商王盘庚迁都到今天的河南安阳殷墟，商朝的都城才固定下来。（当然当时的"殷墟"还不是废墟，我们为了方便，才提前几千年称它"殷墟"。）因此古人说"商人屡迁，前八后五"，就是说商人灭夏前迁都八次，灭夏后迁都五次。过去史家都说，因为今天的河南安阳在盘庚时叫作"殷"地，所以商朝自此又名"殷商"，或单称"殷"。但近现代历史大家经过研究甲骨文，发现这种说法是不对的，因为甲骨文中商人一直自称"商"，从不自称"殷"。所以"殷"这种说法其实是别人对商朝的称呼，周人就是以"殷"称呼商朝的。但是和一些人想象的不一样，"殷"不是周人对商朝的贬称，而是"尊称"。因为在古代，"殷"有"盛""大"的意思，周人称商朝为"殷"，实际就是"大国"的意思，这是与周人自称"小邦周"相对应的。

　　提到一个王朝，我们一般要介绍它的"版图"。商朝的疆域，大致可以分为两部分：一是被称为"内服"或"王畿"的区域，这个区域基本由商王直接控制（当然王畿内也有一些畿内封国），是一个基本成片成面的地区。二是被称为"外服"的区域，它由隶属、臣服于商朝的众多小国组成。这些臣属商朝的国家，少部分是商王朝直接分封子弟功臣建立的诸侯国，更多的则是因为军事压力等原因降服商朝的原有方国或部族。商朝的外服区域就像王畿外面的一个"环状带"，围在王畿外面一圈。不过大家不要以为这个"环状带"是"实心"的，其实里面还有与商朝敌对或不臣服商朝的方国，它们与臣服商朝的诸侯国、方国混在一起，呈犬牙交错的状态。如果再说细一点儿，上古时代地广人稀，除了肯臣服和不肯臣服商朝的方国外，还有很多无人居住的空白地带。史书载，一直到春秋后期，中原郑国和宋国之间，都还有六块无主空地，商代可想而知。

　　也就是说，上古时代，由于人口稀疏，生产力低下，交

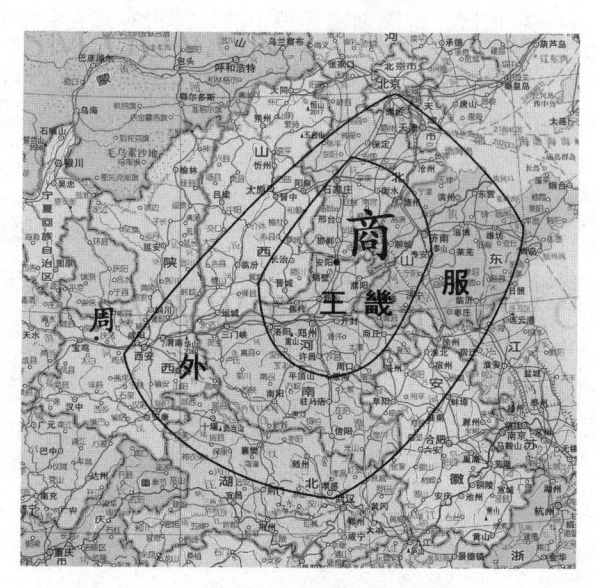

商代王畿、外服示意图

025

通原始落后，一个王朝的版图，还不像近现代国家一样有明确的边境线，边境线内的所有土地都归属这个政权或国家所有。上古时期的王朝的疆土，实际上是由核心（都城）附近的一小片，外加周边的一些点、块构成的，全国还不能连成一个整片。其实不但商朝的疆域可以用上图表示，周代的疆域也可以用上图表示。商代和周代都是"复合制"国家，只不过后来的周代由于政治上分封制的成熟、人口的繁衍和交通的进步，对诸侯国的控制力度更高一点儿，对土地的利用更多一些而已。

说完了商朝的"疆域"概念，大家想必要问，商朝到底多大呢？这个问题很复杂，因为商朝存在五六百年之久，疆域即内外服一直随着国力强弱而不断变化，尤其是外服中那些臣服商朝的方国，相当部分都是叛服无常的。我们这里就只讲商朝后期的疆域情况。商王朝后期的"王畿"或"内服"的地区，根据史书记载和考古鉴定，大概北到今河北定州、曲阳一带，东到今山东泰安、泗水一带，南到今河南淮阳、郾城一带，西到今山西翼城、洪洞、灵石一带。不过商朝外服地区有多大，因为与敌对势力犬牙交错，而且臣服商朝的方国很多都叛服无常，我们却很难准确勾勒出，只能说大概北到现在京津一带，南到现在汉水上游、武汉一带，东到今山东潍河流域，西到今渭河平原一带，这个区域内很多诸侯国和方国都是商朝的臣属国。

所以有的人说商朝很大，有的人说商朝很小，其实就看你怎么算。单算商朝控制的王畿地区，范围确实是很小的，还没有现在一个河南省大。但是加上外服区域，商朝就很辽阔了，大了几乎两倍有余。但是我们一再强调的是，你看到的王畿这个圈和外服外圈之间的环状地区，并不都是商朝的属国，这个圈内有大量不臣服商王朝的方国，只有这个环状地带内臣服商朝的那部分国家，才算在外服之内。而且即使这个环状带内臣服的方国，很多也是时降时叛，故而外服极不稳定。所以很多史书把商朝的疆域描述得多么辽阔也是不对的，其实里面水分极大。

◎06 商朝概况及先周与商朝的关系（下）

讲了商朝疆域后，咱们顺便再讲一下商王和商代诸侯、方国首领的称呼。

首先说商王的名号。商代帝王正式名号都是由一个天干用字（甲、乙、丙、丁、午、己、庚、辛、壬、癸）和另外一个（极少两个）表示区别的字组成。表示区别的字在前，天干字在后，如大乙（成汤）、盘庚、武丁、武乙、文武丁、帝乙等，史学界一般称这样的称呼为"日名"。商王称号中的这个天干字是啥意思，说法很多。不过可以肯定的是，在上古，干支是用来纪日而不是纪年的。所以史学家们，有的说商王"日名"中的那个天干字代表他的生日，也有的说代表这个商王的死日。但是后来我们会讲到，商纣王是甲子日死的，但他的"日名"被称作"帝辛"，所以"死日"的说法肯定不对。现在又有一种新说法，说那代表商王下葬升天之日，可能比较符合历史原意。商王名号中那个表示区别的字，有的好像表示辈分、排行如太甲、小甲、仲丁、祖庚中的"大""小""仲""祖"等，有的则有点类似后世的谥号字如武丁、康丁、武乙、文丁等名号中的"武""康""文"等。总之，商王的"日名"应是死后才有的称呼，要是哪部影视剧里叫活着的商王为"盘庚""武丁""武乙"，那就如电视剧《康熙王朝》里斯琴高娃自称"我孝庄"一样贻笑大方了。最后要多说一句的是，虽然商代帝王都以"日名"来称呼，但是"日名"却并不是商王的专属称呼，殷人文化圈的各级贵族死后也有"日名"。

据甲骨文和早期文献《尚书》记载，商王之下的外服诸侯有"侯、甸、男、卫、子、伯"等爵位或者称号。不过这些爵位或称号，当时还没有体现出明显的等级差别。前面的侯、甸、男、卫，最初实际上都是商朝的官员，他们的名称原是指其具体负责的事务。"侯"在甲骨文中写作㑴，像一支箭射到箭靶上。"侯"的本意就是射箭的箭靶子，进而又引申为善于射箭的人。商代最初的"侯"，是指派到王畿之外为商王担任"斥候"（侦察）任务的武官。"甸"，甲骨文中写作"田"，是商王派到新征服地区或外服方国内为他管理新开辟的田地的农业官员。"男"，又写作"任"，是为商王管理税赋的官员。"卫"，则是商王派出去负责边境保卫的武官。他们这些官员本是王朝的派出官员，只不过后来派出久了"地方化"了，就变成外服诸侯的称呼，进而成为爵位。这就像明代的"巡抚"一样，本是朝廷临时派遣的巡查钦差，驻地方久了就变成地方官员（相当于省长）了。成为外服封号后，商王又拿这些封号去分封一些臣服商朝的地方方国的首领。周人的首领称作"周侯"，就是这么来的。"子"，最初是王室贵族子弟之意，后来他们这种身份的人分封到外服，就以"子"相称。最后说这"伯"，甲骨文卜辞里又称"方伯"，上古无唇齿音，"方""邦"同音（读bāng），"方伯"即"邦伯"，是商朝对臣服或敌对的方国君主的通用称呼（而非商末和周代所谓"一方诸侯之长"的意思），所以说它涵盖的范围是最广的。在商代由商王册封的诸侯中，以侯和甸的爵称最多，所以甲骨文中提到诸侯们，往往用"多侯""多甸"这样的说法。

　　三千多年前的商朝，不但是一个拥有最新军事技术——马拉战车技术的军事大国，也是一个众所周知的文化科技经济大国，有成熟系统的文字——甲骨文、精美的青铜器、发达的农业和商业等。当然，如果穿越到商朝，恐怕还有一点会让大家震撼甚至是颤抖，那就是他们烦琐的祭祀活动以及血腥的祭祀方式。商人信上帝，信各路神灵，当然更奉行祖先崇拜。他们无论做什么事，大到战争、建城邑，小到鸟叫、刮风，都要求神问卜，看预示什么，问该怎么应对，所以留下了数量众多的卜辞。在商人的眼里，压根没有我们现在中国人熟悉的"德"的观念，在他们看来，什么都比不上遵从神意重要。到商末时，商人把先公先王周祭一遍要花将近一年的时间，几乎每天必祭，因此从那时开始一年也叫"一祀"。尤其他们祭祀神灵和祖先，以及举行奠基礼、铸器开工礼等各种仪式的时候，每次都要大量杀牲畜和人（包括女人和小孩），或者是砍头、活埋、割杀、腰斩，或者是肢解、焚烧、沉水、蒸煮、剖腹抽肠，极其惨烈吓人。考古学家在安阳殷墟的王陵区发现的祭祀坑达两千两百多座。在殷墟祭祀坑里，一次用人牲几十人至上百人很常见，最多的一次达三百三十九人（卜辞、卜问中有用千人祭祀的记录），用牲畜的数量更是几十几百很普遍。商人贵族死后还盛行杀人殉葬，一般中型墓葬有一到数个人殉，大型墓葬则有数十人甚至上百人。所以现在如果有作家敢写当今的美女穿越到商朝，大家可以直接在后面添一句话就能让这作品结束了——美女偶观商人祭典或葬礼，受惊而卒。

有人可能要急了，别那么多废话，赶快说说先周与商朝的关系啊。别急，这就开始。

在文献上，关于周人和商朝的最早"联系"，就是我们先前说过的那个传说，即周人始祖后稷和商人始祖契有一个名义上的共同爸爸——帝喾。但我们也分析过，这绝不可能是真的历史。

文献上除了这个商契和后稷都是帝喾的儿子这种"联系"外，还有商朝曾册封周人几位首领为"侯"的记载。《今本竹书纪年》云：

祖乙十五年，命邠侯高圉。

盘庚十九年，命邠侯亚圉。

祖甲十三年，命邠侯组绀（即公叔祖类）。

很多人可能闹不清祖乙、盘庚、祖甲这些商王都是哪个时期的，所以咱们还是看一下《史记》中的商王世系表：

汤（1）—太丁（未即位而死）—外丙（2）—中壬（3）—太甲（4）—沃丁（5）—太庚（6）—小甲（7）—雍己（8）—太戊（9）—仲丁（10）—外壬（11）—河亶甲（12）—祖乙（13）—祖辛（14）—沃甲（15）—祖丁（16）—南庚（17）—阳甲（18）—盘庚（19）—小辛（20）—小乙（21）—武丁（22）—祖庚（23）—祖甲（24）—廪辛（25）—康丁（26）—武乙（27）—文丁（28）—帝乙（29）—帝辛（30）[1]

但一对比商王世系，我们就会发现《今本竹书纪年》的记载存在严重问题。我们前面排过周人先公先王世系表，知道周人先公高圉、亚圉、组绀（公叔祖类）是祖孙三代。按《今本竹书纪年》所说，这三代三位周人先公的在位时间，居然相当于商朝从祖乙到祖甲六代十二位商王的时间，显然是不可能的。所以就如同我先前说过的，

---

[1] 注：《古本竹书纪年》说商代有二十九王，可能没有计入第二十五王廪辛，因为殷墟甲骨文周祭卜辞中无廪辛，可能他并未真正继位。

对于《今本竹书纪年》中的年代记载，咱千万不能当真。也许商王确实曾册封周人先公为侯，但时间有待商榷，《今本竹书纪年》中商王册封周人先公的时间绝对是有错误的。

前面说过，"侯"本是商王派出负责巡边、镇边的武官称呼，后来逐渐演变为诸侯的爵称。如果真如《今本竹书纪年》所述，商朝曾册封周人首领为"侯"，则表明当时的周人已经臣服于商人并被纳入商朝的外服体系了。这里商王封周人先公为"邠侯"，应是因为当时周人已经迁居到豳地（还未到岐山周原），豳又作邠，所以有这种称号。说完了文献，我们再来看看更可靠的考古资料——甲骨文。殷墟里最早提到"周"的卜辞，是商王武丁时期。因此，周与商发生联系和产生交集，最晚应该在商王武丁时期。话说这商王武丁是商朝第二十二位君主，是盘庚迁殷后的第四位君主。夏商周断代工程认为，武丁在位时间大约是公元前1250年至公元前1192年，在位达五十九年。按传统史书记载，武丁是商朝的一个"圣君"，他在位时商朝国力达到极盛，对外战争不断，是个谁不服他就打谁的主儿，所以他死后的"日名"中有个"武"字。但是商人的强盛，对周人来说显然不是什么好事。

商王武丁时期的甲骨文卜辞里，多次提到周，主要就是记载商人对周的讨伐，诸如"令多子族从犬侯璞(扑)周"等。不过，同样还是在武丁时期的甲骨文里，又有一些商王关心周国收成的卜辞。并且武丁的后妃里，还有一个叫"妇周"的，也就是来自周的妇人的意思。显然武丁后期，周人被商朝打得臣服了，要向商人纳贡交粮，还要向商王进献美女。可能有人会问，那武丁时期的周人君主是谁呢？很遗憾，这个古文献里和考古资料中都没有提及，不过我们也可以推算一下。史书一般说，周君公亶父（太王）迁岐在商王武乙初年，那么公亶父应该与武乙同辈但年龄略大。武丁是武乙的曾祖父，与武丁同时代的周君，自然就应该是公亶父的曾祖父，也即高圉。

殷墟武丁时期卜辞：周方弗其有（祸）

现在，我们就可以大致梳理一下先周与商的政治关系：自夏朝末年，不窋跑到戎狄之间，周人一直是天高皇帝远没人管的自由部族。公刘迁豳（晋南或陕西彬县）、庆节立国后，他们又过了几代人的好日子。大概到第十代周君高圉在位时，周人的好日子到了头——他们碰上了商朝著名的"圣君"即奉行"对外扩张"政策的商王武丁。武丁向西方扩张势力，出兵讨伐"不奉臣节"的周人。以庄稼种得好著称的周人，自然不是拥有新式马车战术的商人的对手，被打败打服了，被迫臣服于商人脚下。这次周人臣服，就丧失了独立地位，成了商王朝众多异姓诸侯国的一员，这也就是甲骨文卜辞中出现"周侯"一词的原因。臣服后的周人要为商王纳贡，乃至贡献美女。因此，殷墟才会有商王关心周地收成的卜辞，武丁的后宫里也才会有名为"妇周"的妃子。当然，除此以外，按照当时的惯例，周人还背上了出兵随商军征战的义务。想来周人应该也不满足于这样被商朝控制的局面。公亶父之所以从豳地向西迁移到岐山之南的周原，除了戎狄"侵逼"这个原因外，恐怕还有摆脱商人压迫束缚的想法。

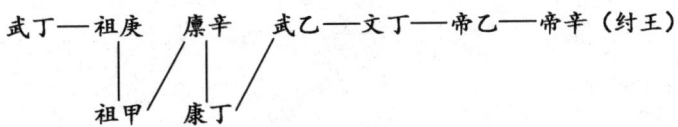

商代后期商王与周君关系对应图

（注：商王上下排列表示为兄弟关系）

不过，凡事都是两方面的。当时的商朝，不但武力强大，还是当时中国境内拥有最辉煌文化科技的大国。所以在"丧权辱国"外，周人通过和这个"大邑商"建立密切联系，也学习到了很多先进文化和科技。据考古发现，周人的陶器、青铜器在发展过程中，都有模仿商代陶器、青铜器的痕迹。周人显然应该还通过与商朝的战争以及交往，得到了战马，学习先进的车战技术，提高了自己的武力水平。《诗经·大雅·緜》中叙述公亶父（太王）从豳地迁徙到岐邑时，就提到"古公亶父，来朝走马"，显然周人在公亶父的时候，就已经有马车了。最后，周人的文字全盘接受了商朝的甲骨文。20世纪70年代在陕西周原发现了很多先周的甲骨文，其文字的写法和商人一样，可以说就是商代甲骨的"低级模仿版"。这些周原甲骨的形成时期被考古学家判定是周文王时期，所以周人学会写字的具体时间，可能要晚至后来的文王时期。

当然，商朝对待各方国，除了"打"这种硬手段，还有胡萝卜式的软手段，其中一种就是通婚。商朝挚国贵族之女挚仲嫁给公亶父的三公子季历（嫁到姬家后称"太任"），也许就是商朝笼络周人的手段之一。

◎07 季历开疆

介绍完商朝的概况和商周前期关系，本节我们转回头继续讲周人到岐山后的发展。

传统史书说太王（公亶父）因为觉着三儿子季历贤德，也更喜欢季历家天生异象的孙子昌（周文王），想隔代以后让昌做周国国君，所以立了本不该继承王位的三儿子季历做了太子。当然我们也分析了，这种说法应该是后世周人为神化周文王而编出来的。太王之所以立季历，应该是因为当初周人受戎狄侵逼从豳地出走时，季历的两位哥哥太伯、虞仲带领部分族人另走一路到了山西平陆，没有跟太王到岐山的缘故。这不，大哥太伯和二哥虞仲既然另建了吴国（虞国），太王百年之后，季历就顺利继位了。按《今本竹书纪年》的说法，太王去世、季历接位的那年是商王武乙二十一年。

《史记》说这季历继位以后，"修古公遗道，笃于行义，诸侯顺之"。你没看错，这十几个字就是太史公对季历一生的全部记载。

要说季历跟父亲一样，重视农业、善于笼络人心，应该是真的；不过如果你以为季历真如司马迁所写的那样，是个儒家君子式的君主，所以才招致诸侯归顺，那就大错特错了。因为按西晋时出土的战国史书《竹书纪年》的记载，季历的主要事迹，全是他如何为周人向四方征讨、开疆拓土。也就是说，《竹书》中的季历和《史记》中的季历完全是两个人，《史记》中的季历是"以德服人"，而《竹书》中的季历则是"以力服人"，谁不服他他就打谁，简直就是一位"地区小霸王"！这显然与他父亲被狄人赶着跑的窝囊形象完全不同。

《今本竹书纪年》说，季历继位后第三年即商王武乙二十四年，他就打了人生的第一大仗，讨伐位于今天陕西咸阳市东北的程国。话说这程国位于关中腹地，扼守

033

着周人东进的要道，战略位置十分重要。周人要想以后向东方扩张，非拔除这枚钉子不可，所以程国才成为季历刀下的第一个牺牲品。据《逸周书·史记解》记载，当时的程国，君主滥赏爵位，大臣贵族争相搜刮百姓，内部矛盾重重，正给了季历可乘之机。季历指挥周军东征，周军和程军在程国西北方的毕地激战，最终周军取胜并攻占程国。

第二个倒霉在季历手里的，是当时岐山北方的义渠国（今甘肃庆阳）。仍据《逸周书·史记解》记载，那时的义渠国国君分别跟两位夫人生了两位王子，两位王子都很得义渠君宠爱。义渠君年老得病后，大臣们分为两派，各拥护一家王子争权夺利，国政因此混乱不堪。《今本竹书纪年》说，季历又敏锐地抓住机会，于商王武乙三十年，挥军向北征伐义渠人，俘虏了他们的君主凯旋。当然，这时义渠国还没有像程国那样亡国，只是臣服于周国。因为看过电视剧《芈月传》的人都知道，义渠国后来是在芈月（秦宣太后）当政时期才亡于秦国的，现在离义渠国的亡国显然还早着哩。

牛刀小试，季历无往而不利。这些胜利，自然也让季历扩大了地盘，虏获了财物人口，尝尽了甜头。季历为啥这么热衷扩张呢？其实这个很好理解，上古时期本就是个"弱肉强食"的时代，你不打人，人便打你。可能就是小时候被戎狄欺负得背井离乡的凄惨经历，让季历决心以后一定要做一个强者。当然父亲太王在岐山下二十年的"生聚教训"，也给了季历足够的资本。太史公把季历写成一个儒家式仁义君主，不知道是因为经过秦火使他手中确实没有太多有关季历的史料，还是因为真实的季历不符合太史公的"仁政观"，所以他弃季历的那些"武功"而不取。

《古本竹书纪年》说四年后也即商王武乙三十四年，季历赴殷商都城朝见商王武乙，武乙赏赐他土地三十里，以及玉十双、马八匹。武乙为啥要赏赐季历呢？当时周国是商王朝之下的属国，季历东征西讨，想必口头上也是打着为商王服务、"尊王攘夷"的名义。武乙封赏季历，自然是想借此笼络季历，让他以后能继续为自己所用，帮商朝对付同样骚扰商人的西北戎狄。但自古以来，君王对力量强大的臣子一向是放心不下的。周君季历既有能力又有"野心"，而且势力大增，武乙在封赏他的同时，心中难免也起了提防之心。

尝到甜头还被商王"鼓励"的季历，此后当然没有停住开拓的脚步。《古本竹书纪年》称商王武乙三十五年，季历又出兵讨伐"西落鬼戎"。大家肯定会觉得这"西落鬼戎"的名称好古怪，想知道他们到底是指些什么人。多数史家认为，这"鬼戎"应该跟甲骨文和文献中的"鬼方"是一家子。殷墟一期和四期（即盘庚、小辛、小乙时期和商末帝乙、纣王时期）的甲骨文中，多有"鬼方"的记载，记录其作为商朝的属国，替商人打仗、给商人纳贡。传世文献《易经》上则有"高宗（武丁）伐鬼方，三年克之"的说法，可见鬼方的实力之雄厚。后面我们还会提到，纣王时期的"三公"中有个"鬼侯"。但"鬼方"又是何种人种，商末周初在什么区域活动呢？这个问题史学家们的分歧就大了，我们也不把那些种种异说细讲出来给大家添乱了。这里本人要说的是，自20世纪30年代以来，在陕晋黄河两岸地区（即陕西东北部和山西西北部），多有时代相当于晚商的青铜器出土。这些青铜器与商式青铜器有文化关联，又有所不同，它所代表的文化是一种与商朝并行发展又互有影响的文化。1983年，考古工作者在陕西东北部的清涧县李家崖村发现一座晚商、早周城址，出土了城墙、房址、窖藏、墓葬等丰富的文化遗物，因此将这种陕晋黄河两岸的青铜文化命名为"李家崖文化"。"李家崖文化"的时间主要相当于殷墟二、三、四期（即从商王武丁到帝乙、纣王）。该文化中的青铜兵器如戈、斧、戚、刀多带有长管形銎，各类兵器或工具柄端多用蛇首、马首、蛙首、鸟首等动物纹样作装饰，仿佛预示它与北方草原游牧文化有着较多的关联。尤其是在李家崖古城中的一件三足瓮上，考古工作者发现了一个字酷似"鬼"字，因此很多历史研究者认为，"李家崖文化"就是鬼方文化。不过李家崖古城遗址的漫长使用时间显示，鬼方人并不是古今很多历史学家想象的那样是游牧民族，他们其实也是以农业为主的定居民族（发现有粮食窖穴），只不过畜牧业和狩猎活动同样很发达很频繁而已。

　　鬼方文化的范围圈我们既然大致认定了，那"西落鬼戎"又在哪里呢？有学者认为，"西落"应该就是"西洛"，也即陕西北部的洛河，"西落鬼戎"就是陕西洛河附近的鬼方部族（鬼方是一个部落集群，分为很多方国和部族）。这种猜测极有可能接近事实。话说季历在攻占今咸阳东北的程国后，再往东挺进，确实容易与从北洛河南下的鬼方人发生冲突。不过这时候的季历，就像开了挂一样，神挡杀神、佛挡杀佛，他指挥周军大败西落鬼戎，并一口气俘虏了西落鬼戎二十个部族首领。

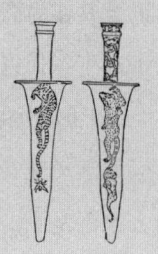

◎08
武乙的武功和他的"射天"闹剧

上节我们说到,周君季历自继位后四面出击,连战连捷,宛如"地区小霸王"一般。周人一再扩张尤其是向东发展,按理说当时的天下共主商王武乙应该坐不住了,从帝王之术讲,为平衡各方势力,该打压打压周人了。但奇怪的是,传统文献中却没讲当时的商王武乙对周人有什么动作。这是怎么回事呢?难道是武乙仁慈,或者是警惕性太低?不过这其实不太可能。因为商王"武乙"这个日名(按《今本竹书纪年》记载,武乙本名瞿),里面就带个"武"字,他可是商朝君王中继武丁之后又一个日名中带"武"的人。也就是说,武乙和他太爷爷(曾祖父)武丁一样,都是喜欢打仗、战功赫赫的主儿。那就更奇怪了,为什么武乙这个日名中带"武"字爱打仗的主儿,对季历的扩张不进行遏制呢?这个古人没说清甚至没想到的事,因为甲骨文的出土,我们也许能理出点儿头绪。原来殷墟卜辞显示,武乙在位时期,正忙着跟对商朝威胁更大更直接的一些方国作战。

当时武乙的头号敌人,要数一个名为"方"的国家或部族。"方"位于商朝的北方,具体位置不详。甲骨文记载,早在武乙的太爷爷商王武丁时期,"方"就经常侵扰商朝边境,掳掠人口和粮食。他们进犯的地区包括现在的晋南、河北等地,范围非常广阔,好像是一股机动性极强的游牧势力。很多史家认为,这个"方"应该就是《古本竹书纪年》中在夏朝少康时代提到过的"方夷"。日名中带"武"字的武丁当然不能容忍这种骚扰,曾采取各种手段反击,但是每次俘获的"方"人都不多,也就是一二十人的样子。这除了可以说明"方"人机动性强很难捕获外,还可以看出那时"方"对商朝骚扰的规模比较小。到了商王廪辛(武乙的伯父)和商王康丁(武乙的父亲）在位时期，这个"方"逐渐强大起来，对商朝的侵扰也加剧了。只是这两位商王在位时期，商朝主要对西北羌人用兵，一时抽不出空来对付"方"这个敌人。武乙继位以后，由于商朝对羌人的战争取得了一定的阶段性胜利，而"方"还继续挑战商朝边军，于是武乙开始把商人的主攻目标锁定在"方"身上。

武乙时期卜辞：癸酉贞，方大出，立史于北土

武乙时期卜辞显示，武乙为解决"方"这个严重威胁，先后派遣了甾、子画、吴等很多将领，出动了大批军队，这在晚商对外用兵里是不多见的。最终武乙对"方"的征伐取得了很大的胜利，因为卜辞里出现有武乙用俘虏的"方"人甚至首领祭祀先王的记录。当然，可能因为"方"的游牧性，武乙也并未能将"方"彻底消灭。后来武乙的儿子文丁以及孙子帝乙、重孙纣王时期，卜辞中依然有少量"方"人侵扰的记录。

武乙时另一个令商朝头疼的方国是"召方"。召方，卜辞中又写作"刀方""邵方"，位置在商朝西北，具体地点也不详，有人认为可能在今天山西中北部一带。卜辞中，从盘庚到武丁时期，召方曾与商朝为敌；到廪辛、康丁在位时期，召方则一度臣服于商朝，商王还曾到召方的地盘上打猎；但武乙时期，召方不知为何又和商朝翻脸。卜辞中有很多武乙亲征召方的记录，武乙还曾命令多名将领前往助战，可见召方也是当时商朝的劲敌。

现在我们就大致可以知道，为什么武乙当时对周侯季历的扩张没有采取行动了。从卜辞和文献可知，当时"方"和"召方"这两股势力离商朝更近，又频频直接侵犯商朝本土，而周侯季历虽然在西部有称霸倾向，但毕竟离商人本土很远，更没有直接入侵商朝，所以任何人坐在商王位子上，都会选择把主要精力放在对付"方"和"召方"身上，暂时把周国放在一边。当然，反过来从周人角度来讲，也许是季历看准了商王武乙正陷于征伐"方"与"召方"的泥潭，所以他才敢放手到处扩张势力。前面我们说过，武乙曾在季历入朝时赏赐他，这可能就是武乙在多方受敌情况下的无奈之举：武乙明白那时自己没余力也没空去管季历，故而只有采取怀柔政策先稳住他，至少要尽量想办法让周人不要加入"方"或"召方"的阵营一起反商。

在此，我们还要纠正很多人心中的错误观念：有些人因为知道后来周国灭了商朝，就以为商朝后期的矛盾主线就是商周之间的斗争，其实这不过是一种"事后诸葛亮"式的想法。通过传世文献尤其是甲骨文卜辞我们知道，商朝后期，商人周边的方国部族数以千计，离商人本土更近、对商人的威胁更直接的"刺头"非常多，周国开始在其中并不算突出，甚至最初看起来是威胁很小的，商人没理由一开始就重视它。这就像很多人替明朝万历皇帝着急一样，埋怨他为什么不在努尔哈赤势力尚弱的时候掐死他。其实万历时期，明朝面临蒙古、西南、日本等多方威胁和挑衅，谁能知道后来灭掉明朝的是它建州女真？努尔哈赤正是趁着明朝四方征战，实力损耗，才闷声大发财、悄悄崛起的。等明朝发现努尔哈赤"尾大不掉"成为严重威胁时，为时晚矣。周国在商朝末年的崛起其实和明末局势是一样的，当时的商朝面临周边很多方国的入侵和叛扰，根本不会想到较为遥远的周国才是商朝的"终结者"。周国也正是瞅准商朝与其他方国战争的机会悄然壮大的。

话说从卜辞上，我们知道了商王武乙很多过去不为人知的"赫赫武功"，而传统文献则主要记载了一些有关他的荒诞故事。《史记》说，商王武乙非常暴虐，他有一天做了一个木偶，说它就是"天神"，还装模作样地跟这个"天神"赌博，结果当然是哑巴"天神"输了。于是武乙就以赢家自居，对着木偶又打又骂，肆意侮辱"天

08 武乙的武功和他的"射天"闹剧

神"。这还不算完,后来武乙更变本加厉,把一个盛满鲜血的皮囊高高挂起,自己拿弓箭射这个皮囊,说自己是在"射天神"。这就是"武乙射天"的故事。

后世史家,都从"残暴无道"这个角度来评价武乙的行为。但是我们综合一下文献记载和甲骨文卜辞,想想当时的商朝形势和周人举动,武乙所谓"侮辱天神"乃至"射天"的"荒唐行为",也许并不能简单地解读。我们前面分析过,武乙时期主要从事于讨伐"方"和"召方"的战争,而这时候周国季历又开始四处扩张。武乙的两只拳头显然打不了三个敌人,怎么办呢?也许武乙"射天",就是在封赏稳住季历之外,对周人采取的第二种应对手段——对周人实行"巫术"中的"厌(yā)胜之术"。

可能有人不明白"厌胜之术"是啥,其实在小说和电视剧里我们经常能看到一个情节:某人(多数是女人)极其讨厌憎恨一个人,盼他死盼他倒霉,现实中又奈何他不得,于是就弄个人偶,写上这个人的名字,天天对着这个人偶诅咒,甚至用针扎或用剪子剪,这就是厌胜之术的典型形式之一。商王武乙现在就是那个"怨妇",他恨周人趁机扩张,但是忙于打"方"和"召方",一时又奈何不了周人,无奈之下甚至还得封赏季历来拉拢他,这多憋屈?这不得逼着武乙使点儿"下三滥"的巫术手段吗?

之所以"下三滥"三字要加引号,是因为在现在的我们看来,武乙的手段有点儿上不得台面,但在上古人眼里,巫术可是很"高大上"的技能。那时的人,是真诚地相信各路神灵和各种通灵的巫术的,巫师在上古的地位也非常高。上古人认为,在部族与部族、国家与国家有冲突的时候使用巫术,那是不亚于武力的"大规模杀伤性武器"。话说古代的"神",是具有地域性或民族性、部族性的。其实一直到现在也是如此,比如基督教、佛教、伊斯兰教、道教的主神名称都不一样。尽管我们在翻译古书、卜辞的时候经常把商人祭祀"上帝"翻译成祭"天",但事实上,商人信的世间最高神"上帝"和周人信的最高神"天"是不一样的。季历为首的周人的势力急剧扩张,商人从宗教的角度来看,那就是周人的信仰神"天"变得太厉害了的结果。因此所谓"武乙射天",很可能就是武乙在用侮辱、射击周人"天"神的方式来打击周人,从而希望在商朝军事力量一时无暇西顾的情况下,用巫术来实现遏制季历扩张的目的。

不过，武乙这套装神弄鬼的迷信举动显然没有奏效。反而在武乙三十五年（也即季历伐西落鬼戎那年），商王武乙自己以非常蹊跷的方式驾崩了。据《史记·殷本纪》和《今本竹书纪年》的记载，武乙居然是在黄河和渭水交汇的地带打猎时被暴雷"震死"的。俗语有句话，"坏事做绝天打雷劈"，因为之前史书上说过武乙曾侮辱天神并"射天"，所以自古以来人们都说武乙是遭了报应。但唯物主义的史学家们当然是不信这种荒诞说辞的，他们分析，上古的畋猎往往是震慑敌人的军事演习（即"大蒐礼"），而史书中说的"河、渭之间"当时应是周人的地盘，或接近周人地盘（河渭之间的地区毕竟非常大），因此可能是商王武乙看到当时周人有"冒尖"的苗头，所以特地到周国周边来搞军事演习，以打探侦察周国情况并做威吓，结果不小心遇到什么意外死的。甚至还有史学家大胆猜测，武乙是在为遏制周人而亲自发动的战争中被周人杀死的。不过后一种的猜想实在有点儿太过了。如果武乙真是被季历率领的周军直接杀死的，那商王朝得知消息后必然会立即发布讨周檄文，并出兵攻打周国，来为死去的商王报仇，但是史书上却并没有这样的记载。而且后来商人与周人表面上的良好关系又维持了十几年，这显然表明当时商王朝不认为武乙之死与周人有直接关系。其实就是前一种猜测也不一定靠谱。当时方国部族林立，西北的戎狄也是商朝的大敌，武乙来河渭之间畋猎，也未必就是找周人麻烦。

因为史料的缺乏，武功赫赫的商王武乙到底是怎么死的，现在仍然是个谜。但不管武乙的死因跟周人沾边不沾边，总归他的死对商人的精神士气是一大打击——堂堂商王居然死于荒野，这是上帝在厌弃商人吗？从这个角度讲，商朝周边所有与商朝明里暗里不对付的国家、部族（包括周人），都可以偷着乐呵一阵。

◎09 文丁杀季历

武功赫赫的商王武乙蹊跷驾崩后,继位的商王是他儿子"托"。托死后的日名为"文丁",甲骨文中称他作"文武丁"。

文丁时期,季历照样向东方用兵,一点儿也不懂得"韬光养晦"。季历之所以如此胆大,可能是因为文丁初期,商朝还一直在跟"方"和"召方"这两个强敌作战,仍然抽不出空来管他的缘故。

《古本竹书纪年》载,商王文丁二年,季历指挥周军进攻"燕京之戎"("燕京"为山名),也就是居住在今天山西汾河上游、太原市一带的戎族部落。不过常胜将军季历这次吃了亏,周军被打得大败亏输。

但季历笃信"胜败乃兵家常事",他回去后整军经武,加紧训练。商王文丁四年,周军再次进攻今天山西东南部屯留一带的"余无之戎",又取得了胜利。余无之戎应该也是商朝的劲敌,因为这次胜利,商王文丁册封季历为商朝的"牧师"。此"牧师"可不是基督教中的牧师。甲骨文显示,商朝有一种官员,名称叫作"牧",其职责就是给商王管理一方的畜牧业。但商朝时官职划分并不是那么严格,只要你表现好,商王信任你,也可能派你办其他差事,卜辞中就有"牧"领军打仗的记载。显然,文丁这时也还无力遏制周人,只能封其首领官职,用父亲使用过的怀柔政策来继续拉拢季历。当然这又证明,前商王武乙的死应该跟季历没有直接关系。

为了方便东进,《今本竹书纪年》说受封为"牧师"的第二年(文丁五年),季历把十几年前攻下的程国都城程邑(今陕西咸阳市东北)整修了一番,并迁居至此。

接下来文丁七年和文丁十一年,周人又分别讨伐了"始乎之戎"和"翳(yì)徒之戎"，都取得了胜利。翳徒之戎据说在今山西东部，这始乎之戎不知道是现在哪里，一说在今山西平遥。

《竹书》讲述季历在今山西境内伐戎的一系列胜利，言语都非常简略。实际上当时周人能取得这些战绩，可不是件容易的事情，要知道即便从程邑（今咸阳东北）出发，到达今天的山西中东部，航空距离也足有四五百公里，还要渡过黄河这样的大河，十足是长途大远征了。周人在山西当地如果没有配合，没有补给点，取得以上战绩是难以想象的。这个当地的配合人、补给点，应该就是在山西平陆的太伯、虞仲的"吴国"（虞国）。由此可见，"太伯封吴（虞）"尽管不是太王有意为之，但客观上确实为周人的未来扩张起到了重要的战略作用。

回过头来，话说在文丁十一年季历讨伐翳徒之戎胜利时，周军还俘虏了他们三个大头目。季历于是亲自到商都安阳去向商王献俘。这个献俘活动仿佛暗示，至少季历讨伐翳徒之戎的活动是出于商王的命令。热衷开疆拓土的季历战功赫赫，军事指挥能力确实有一手，可惜他的政治眼光和洞察力，显然比不上他的武功。他没想到的是，这一去，他最终就没能再回到周国。这是怎么回事呢？

原来季历刚到商都时，商王文丁对他非常热情，又是赐予玉器美酒，又是封为西伯（西方诸侯之长）。但是没多久，事情发生了戏剧性变化，文丁突然变脸，将季历拘禁在一个叫"塞库"的地方。

文丁为何要拘禁季历？这其中缘由太容易琢磨了。周国原本是位于商朝遥远西垂的一个小属国，最初都城在陕西偏西部的岐山脚下。季历继位做周君后，带领周人征战四方，迅速扩张，居然仅用短短二十多年时间，实力就强大到足以击败千里之外的山西戎狄的地步，而从山西东南部到商都安阳殷墟，仅隔着一座太行山，航空距离不过约两百公里。周人力量再照这样速度发展下去，那还了得？所以不要说文丁，不要说商朝，换了任何朝代的任何君王，面对这种情形，都要削一削季历了。何况商王容许或者命令季历在今天的山西境内大肆讨伐戎狄，应该有"以夷制夷""鹬蚌相争，渔翁得利"的想法。现在威胁商人的山西戎狄势力既然已经遭到季历严重打击，季历的价值显然也利用得差不多了，可以"狡兔死、走狗烹"了。可怜的是，季历居然不自知，还亲自跑到商都去献捷。

不过季历虽然已经被商人认定是潜在的巨大威胁，但他毕竟既没有公开反商也没有入侵商土，甚至还曾遵从商王之命讨伐戎狄，所以文丁也没有理由公开杀他，否则商朝也没法向天下交代。故而文丁对季历的拘禁，应该是属于软禁性质的——不让你回国，但是好吃好喝伺候着，对外宣称是留在朝廷做大官。可是季历这样的人，无疑是个心高气傲的主儿，雄鹰一般的人物被关在金色鸟笼中，如何受得了这份打击，咽得下这口窝囊气？因此没多久，季历就抑郁懊丧而死。文丁虽没有直接杀季历，但季历确是因文丁拘禁而死的，所以史书上还是留下了"文丁杀季历"的记载。

　　季历虽死，但他的几十年征战，显然为周国未来进一步发展奠定了一定基础：一、周国的疆域扩大，声威大增。太王时，周人的地盘不过是岐邑及周边一带，而经季历开疆拓土，周国不但在陕东获得不少地盘，还将影响扩大到今天山西省内，声威更是远播。二、周国的军队得到了锻炼。季历长期对外用兵，增强了周人的尚武精神，把原来的"农民周人"练成了"军人周人"。确实，看看季历的作为，说是他最初开启了周人"翦商大业"，也不为过，因此后来周人追尊季历为"王季"。但是事情都有两面性，因为他扩张得太急，引起了商朝的警觉和反弹，又使周人的事业陷于顿挫之中，所以《诗经》中对他的歌颂远不如对太王和文王多。

◎10 姬昌复仇与韬光养晦

《古本竹书纪年》说，文丁十一年季历死后不久，商王文丁自己的阳寿也到了头，商周两位君主竟于同一年前后脚走了。文丁驾崩后，商朝继位的君主是他的儿子"羡"，后来其日名叫作"帝乙"。

再说周国那边。季历困死商朝的消息传回去后，他那据说天生异象、长着四个乳房的儿子昌继承了周君的位子，这就是后来的周文王。

据《国语》和《今本竹书纪年》记载，文王即位时，有成群的凤凰飞来，翱翔在岐山上空鸣叫不止，这就是古人所盛称的"凤鸣岐山"的典故。该故事无外乎是想说文王有圣兆，预示周国将因他而兴。当然这时候文王其实还并没有称"王"，我们姑且先把称王前的文王称作周侯姬昌。不过还要多说一句的是，其实我们把文王的名字叫"姬昌"是错误的，因为中国上古时代男人的名字一般是"氏+名（或字）"的形式，而不是"姓+名（或字）"的形式，所以不能在文王的名字"昌"前面加"姬"这个姓。按"氏+名（或字）"的形式，文王的名字应该叫作"周昌"。因为文王是周国国君，所以他的"氏"就是"周"，但文王的名字自古以来就被很多人错误称呼为"姬昌"，我们也只能将错就错了。

话说父亲季历被商朝拘禁而死，做儿子的自然不能善罢甘休，"杀父之仇不共戴天"嘛！《古本竹书纪年》记载，季历被杀后，商王帝乙二年，"周人伐商"。此时周国主持伐商的，自然只能是周侯姬昌。不过这怒发冲冠、急不可耐复仇的样子，显然与大家熟知的"老成稳重"的文王形象大相径庭。但如果我提醒您姬昌当时的年龄才十来岁[1],您就能理解了。十来岁的少年姬昌,自然是血气方刚、初生牛犊不怕虎、毫无城府,哪能天生就一副老成相?得让一个年轻人多吃一些亏,多受一些挫折,把棱角磨平了以后,他才能变得"老成稳重"起来。

之前周人在季历的领导下,虽然征伐四方,所向披靡,罕有败绩,但他们的敌人也不是什么重量级选手。现在后起的"小邦周"居然要跟树大根深的"大邑商"硬碰,实力还是太单薄了些。姬昌的进攻,显然是自不量力之举。姬昌指挥周军伐商的结果,史书上没有明确记载。但从后来他又韬光养晦服侍商朝几十年的结果看,此次周人伐商应该是吃了大大的败仗,败到让姬昌之后几十年都懂得"低调做人"。商朝则再次向天下证明,自己是一头真猛虎,可不是"纸老虎"。不过商王帝乙自觉理亏(季历毕竟没有公开反商且有功却被囚杀),而且当时商朝还面临着其他方向的威胁,也不值得发动远征在周国身上多耗实力。于是帝乙不但没有乘胜追击,反而决定缓和与周人的关系。那边姬昌吃了败仗,小牛犊知道了猛虎的厉害正惶惶不可终日,没想到商王居然如此"大度",自然也是求之不得,商周两国于是又恢复了和平。

虽说商朝不再追究周国的"反叛"行为,但帝乙二年周人这次惨败后,应该丧失了山西和陕西东部的大部分新得据点,重新龟缩到岐山一带(顶多还保有程邑)。《孟子·公孙丑》上说,"文王以百里(兴)",虽然不免夸张,但姬昌早年时周人的地盘又变得很小应该是事实。这真是老子季历辛辛苦苦几十年,儿子姬昌一夜回到解放前。

俗话说,屋漏偏逢连夜雨。《今本竹书纪年》称周军伐商失败的第二年,也就是帝乙三年,周国又发生了地震。这时候的姬昌,虽然才十来岁,但毕竟是挚国贵族之女太任的儿子,从小从母亲那里接受了良好的贵族教育,因此没有被接踵而来的沉重打击打倒,反而显现出极大的坚韧。他吸取教训,冷静头脑,制定了正确的对策:对外恭顺商朝、交友诸国,对内卧薪尝胆、生聚教训(当然那时还没这俩

---

[1] 注:西汉成书的《礼记》上说文王终年九十七岁,在位五十年,也即四十七岁继位,但这种说法显然不实。文王死前数年内还带兵亲征很多方国,这是九十多岁的老人能做的事吗?何况文王去世几年后他的孙子成王继位时还年少,需要周公辅政,一个如不死要百多岁的人,长孙怎会这么小?这显然有违逻辑和常识。《古本竹书纪年》里曾提到文王次子武王享年五十四岁,而武王去世时文王已经逝世五六年了,也即文王逝世时武王才四十余岁。古人结婚早,按文王比武王大二十余岁算,文王的享年也就是六十多岁接近七十岁,扣除他在位的五十年,姬昌继位时显然还是一个十多岁不到二十岁的毛头小子。

词），以待时机。

《吕氏春秋》记载，文王在岐邑时，虽然受商朝的欺侮慢待，依然谨守臣节，早晚朝拜一定按时，进献贡品一定适宜，祭祀商朝先王一定恭敬。（"文王处岐事纣，冤侮雅逊，朝夕必时，上贡必适，祭祀必敬。"）当代出土的周原甲骨文也证实，当时姬昌曾在周原的宗庙里，虔诚恭敬地祭祀成汤和其他商王，甚至包括拘死他老爹的文丁。一个能做到"忍人所不能忍"的君王，显然是个可怕的君王。

周侯姬昌在位初年还有一件"外交"和发展的大事，那就是周国又与莘国（有莘氏）联姻。《诗经·大雅·大明》有云：

天监在下，有命既集。文王初载，天作之合。在洽（hé）之阳，在渭之涘（sì）。

文王嘉止，大邦有子。大邦有子，伣（qiàn）天之妹。文定厥祥，亲迎于渭。造舟为梁，不显其光。

有命自天，命此文王。于周于京，缵女维莘……

诗文说，当时的莘国位于今天陕西东部合阳县一带，姬昌亲自到渭水边迎亲。只见那莘国之女太姒美若天仙，周人为之串舟做浮桥，场面风光盛大。周人之所以对文王娶莘女太姒洋洋自得，是因为有莘氏是比文王之母的挚国更显赫的家族。据《世本》载，有莘氏是夏王室的支族，姒姓，"莘"又作"辛"。众多史书说，夏末时成汤娶有莘氏之女为夫人，有莘氏的庖正（膳食官）伊尹辅佐成汤夺得天下，因此有莘氏在商朝也非常吃得开。故而在《诗经》中，周人称莘国为"大邦"。周国怎么又攀上莘国这高枝的呢？《易经》（又名《周易》）中有"帝乙归妹"一句，疑古派大师顾颉刚曾考证，《周易》中的卦辞，多与商周历史有关，"帝乙归妹"可能就是说商王帝乙嫁女给当时的周侯姬昌。不过顾颉刚认为姬昌是娶了两次老婆——最初娶的"大邦"之女是殷商之女，续娶的是莘国之女。其实顾大师应该是误读了古诗。笔者以为，所谓"帝乙归妹"应该就是指商王帝乙做媒，把莘国之女嫁给姬昌。帝乙为什么这么"好心"呢？个人猜测，可能这就是因季历无罪死于商朝，帝乙给予他儿子姬昌的一种补偿吧。其实不管"帝乙归妹"是否是指帝乙赐婚周人，总归姬昌娶了太姒以后，通过周莘两国联姻，周人的政治势力又有所扩大且学到更多的先进文化。此外，太姒的到来，让姬家人丁极为兴旺。

《诗经·大雅·思齐》云："太姒嗣徽音，则百斯男矣。"意思是说太姒的德行美好，生了一百个儿子，这就是"文王百子"传说的由来。当然太姒就是一个劲儿地生，一辈子也生不了一百个儿子，这显然是夸张。不过《史记》载，太姒至少给姬昌生了十个儿子：长子伯邑考，次子武王发，三子管叔鲜，四子周公旦，五子蔡叔度，六子曹叔振铎，七子成叔武，八子霍叔处，九子康叔封，十子冉季载。（他们的本名只是最后一个字或两个字，前面的某叔、某公的某，是指他们后来的封邑或封国名。）如果算上女儿，那太姒生育的孩子至少也得有将近二十个，肯定能评上"英雄母亲"。

此处既然说到太姒为文王生的儿子，我们索性就把姬昌所有的儿子都说完。《左传·僖公二十四年》中，东周周襄王的大臣富辰曾提到"文昭十六国"的说法，也就是说，文王的儿子封了十六个国家。算上早亡未得封的伯邑考，再加上做了周君的武王发，文王至少有嫡庶十八位儿子。去掉正妃太姒所生的十位嫡子，文王另八位庶子分别是毛叔郑、郜叔、雍伯、滕叔绣、毕公高、原伯、丰叔、郇（荀）叔。

有人可能会说，你咋没提到一些史书上认为是文王庶子的召公奭呢？其实召公奭并非文王之子，只是也属姬姓而已，这一点太史公在《燕召公世家》中的描述是对的（"召公奭与周同姓"）。首先，周襄王大臣富辰在历数"文昭之国"时明显没算上召公奭之后的北燕国（周代还有一个姞姓的南燕国）。北燕国也是周初分封的重要诸侯国，而且春秋战国时一直存在，如果召公奭是文王之子，富辰作为王室大臣没理由漏掉燕国。而且现代考古发现，周初北燕国和周王畿内召公家族的成员在青铜器铭文中的名字，往往是"日名"形式，如匽（燕）侯旨作父辛鼎、伯宪盉等都提到"召伯父辛"这个人，而《叔遂尊》则提到"父乙"。我们知道，商人惯用"日名"，如武丁、武乙、帝乙、武庚，而周人是没这习俗的。召公家族的青铜器上，往往带有族徽，这族徽也是商人而非周人的习惯。以上证明，召公家族受殷人的影响比较深，他们这支姬姓族人在商末最初时应该住得离商人比较近。显然召公家族虽然也姓姬，但跟周王室关系较疏远，并非周王室成员。有人又要问，那你说召公奭是何方人氏呢？不知大家还记得不，前面我们讲过，殷墟卜辞显示商王武乙时期，曾经讨伐过一个位于今山西中北部一带名叫"召方"的方国。因此很多历史学者推测，召公奭应该本是商代山西"召方"人，后来"召方"因受武乙等商王的打击，被迫向西迁移，最终归附了同姓的周文王。可能因为召公奭是"召方"归附文王时的首领，拥有丰富的对商人作战经验，熟悉商朝内情，所以被周文王重用，甚至可能被收为义子，以至于后世一些人误认为他是文王庶子。按传统说法，召公奭是因为文王时被分封在召地（今陕西岐山县西南刘家原一带），故称召公。但根据上述推测，召公奭称号中的"召"是源于山西"召方"，而陕西岐山的召地，其实是召公奭把原来的国名带到当地而已。

  对外关系如此，关于内政方面，《尚书·无逸》篇中是这样描写姬昌的："文王秉承着太王和季历两位先王谦抑畏惧的德行，亲身管理平整道路并重视农业；他的性格仁爱恭敬，关心爱护小民，普施恩惠给那些孤苦无依之人；从早晨到中午乃至晚上，常常都忙得没空吃饭，为的是让万民和睦生活。文王不敢沉湎于游玩和打猎，只忙于和许多属邦国君共同推行政事。"用一句话来说，周侯姬昌是勤于政事，广施仁政。

  姬昌在周国施政时，还非常注重"集思广益"，任用贤良。对他帮助最大的，首先是他的家人。

  《国语·晋语四》说，文王自继位以来，遇事"询于八虞，而资于二虢"。我们首先来说说后面的"二虢"。这"二虢"，就是指姬昌的二弟虢仲和三弟虢叔。当然虢仲和虢叔并不是这哥俩的真名，只不过因为武王伐纣后把虢仲封在今天河南荥阳的东虢国，把虢叔后代（伐纣时虢叔已死）封在今天陕西宝鸡的西虢国，所以他们才有了这种称号。《左传·僖公五年》还说，姬昌在位时，两位弟弟虢仲、虢叔都位居卿士（执政大臣），帮助哥哥一同治国，为周族的振兴出力甚多。"二虢"中尤其以虢叔更为贤能，《尚书·君奭》篇中把他列为文王贤臣之首。现在再来说说"八虞"。"八虞"具体是说哪八个人呢？《论语·微子》篇说"周有八士，伯达、伯适、伯突、仲忽、叔夜、叔夏、季随、季騧（guā）"，"八虞"应该就是指上面这八个人。那这八个人的身份是什么呢？旧时的注疏者，都把"八虞"说成是八个"虞官"（掌管山地和池泽的官员）。其实这种说法显然不对，要知道周人"亲亲"，也就是选拔人才是以亲疏为第一标准的，所以"八虞"能排在文王弟弟"二虢"之前，说明他们必是姬姓近支而且地位高过"二虢"的人，怎么可能只是"八个虞官"这么简单呢？其实当时在老姬家内，地位高于"二虢"又与"虞"有关联的，用脚趾头也能想出来，那就是姬昌二伯父虞仲的儿子们（太伯无后）。这种猜想也能得到考古支持。因为"八虞"中的伯达、伯适、仲忽，在《尚书》《逸周书》里又称南宫伯达、南宫括

（适）、南宫忽，而2013年考古工作者在湖北随州文峰塔东周墓地出土的曾侯舆编钟铭文里，曾侯舆说曾国始封君就是"伯括（适）"，又自称是"（后）稷之玄孙"，证实南宫适（括）为代表的南宫家族确确实实是后稷的后代、根红苗正的老姬家人。现在我们就明白了，古书中所谓的文王"询于八虞，而资于二虢"，就是说姬昌每遇到事情，总是和自家的哥哥弟弟们商量，而不是独断专行。这也就是后世儒家所盛赞的"孝友"之德。

当然，姬昌在任用自家人之余，也礼贤下士，注重广罗并任用周国之外的人才。《史记》说，姬昌每天接待士人忙到中午还顾不上吃早饭（古人一日两餐），所以太颠、闳夭、散宜生、鬻子、辛甲大夫等一大批周国之外的贤士能臣聚集在他身边。这些人中，太颠和闳夭因为相关记载太少，族属至今不明，而散宜生，虽然传世文献中记载也少，但幸运的是我们出土了很多西周散国带铭文的青铜器，现在史学界一般认为散国也是姬姓（但和周国并非同族）。至于那鬻子，名为鬻熊，其族属史书上记载得很清楚，他就是芈姓楚国的先祖，楚国的历史渊源我们后面会详述。最后说那辛甲大夫，他又被称作"辛公甲"，其人是姬昌的老岳丈家——姒姓莘国的贵族，因为古书中"莘国"又常写作"辛国"。当然按其他史书记载，辛甲大夫投奔周国其实是在文王后期，这里太史公胡子眉毛一把抓，提前写了。关于辛甲大夫的详细事迹，我们以后会继续讲。

这些本家能人和四方贤士汇聚在一起，无疑让姬昌的周国拥有了一个强大的智囊团和干练的行政班底。尤其要注意的是，在部族方国时代，一个贵族或族长，往往代表他们所在的方国或部族，如鬻子代表芈姓的一支部族、散宜生代表散国。也就是说，周文王吸纳外邦贤士，不单是吸纳到许多个人的归附，其实等于争取到一个个方国或部族的支持。

显然，经历失败和挫折后，少年姬昌迅速长大。他不再急于求成，而是学会了喜怒不形于色，并逐渐体现出了一个成熟政治家的风范。

就这样，一晃数十年过去。太王所选的周原宝地本就水草丰美、自然条件优越，再加上姬昌长期脚踏实地苦心经营，周国的实力又渐渐恢复，重新成为商朝西部诸侯与方国中的强国。

在此我们要多说几句的是，古往今来，各种史书都把周侯姬昌韬光养晦策略的成功完全归功于他自身的能力，也即对外运筹帷幄，对内励精图治。姬昌自身的能力当然不可否认，但自古以来任何事情要成功，内因、外因都是缺一不可的，这就是所谓的"谋事在人，成事在天"。"人"是内因，"天"也即当时的外部环境。姬昌的"天"，说白了当时主要就是指商朝。换句话说，如果当时商朝时刻紧盯周国，打压姬昌，姬昌再"韬光养晦"，他的周国也难以复兴并壮大。所以姬昌的成功，其实还要多亏商朝方面的"配合"，也即商朝那时没有注意姬昌，没有去打断周国这时期的闷声大发展。

帝乙为什么会"配合"姬昌的"韬光养晦"，不去打扰周国的发展呢？其实这个原因和武乙时期"放任"季历一样，就是商朝作为天下霸主、"世界警察"，实在太忙，有太多的诸侯、方国时不时和它作对，不是反叛就是犯边，牵制了商朝的力量。据卜辞记载，因为西边的盂国（传世文献写作"邘"，在今河南沁阳西北）进犯商朝的属国，帝乙九年十月到十年九月，商王帝乙曾经动员多个诸侯国的军力，发起对盂国历时一年的大规模讨伐。当时还有一些反商方国结成联盟对抗商朝，西有羌人四国组成的"四邦方"，东有东夷二国组成的"二邦方"，帝乙也不得不多次对其进行征伐。所以当时商王帝乙是按下葫芦浮起瓢，商王畿近边的那些公开的"叛乱分子"尚且处理不完，帝乙哪有工夫去盯表面上装得极其恭顺的遥远的周国？这个事实再次证明，地理位置是一个部族或国家兴起的重要因素之一。（岐邑在今陕西西部，距离商朝王畿十分遥远。）

◎11

纣王宠佞臣

旧时评书常说"花开两头，各表一枝"，本节我们又要再来说说商朝那边的情况。

我们上节说过，周侯姬昌前半生的对手是商王帝乙。那帝乙在位多少年呢？根据《今本竹书纪年》记载，帝乙在位九年；但西晋皇甫谧《帝王世纪》则说帝乙在位三十七年；而通过研究殷墟帝乙时期卜辞，夏商周断代工程又提出一个新说法——帝乙在位二十六年。我们在此还是选择相信断代工程的说法吧，毕竟有卜辞作依据。商王帝乙驾崩后，他的儿子"受"继位，后来日名叫"帝辛"。当然这帝辛还有一个更为大家熟悉的名号，那就是"纣王"。

"纣王"的名号是怎么得来的呢？这其实非常简单，因为帝辛本名"受"，上古史书《尚书》中称他作"商王受"，而古代"受""纣"音近形近，两字通假，所以"商王受"又可写作"商王纣"（《逸周书》中就是如此），于是后世有些人就翻过来误称他为"商纣王"（商受王）了。自古以来不少人认为"纣王"是商王受的"谥号"，还说谥法里"纣"是"残义损善"之意，其实这完全是倒果为因。按传统说法，谥号是周公旦安葬周武王时发明的，但现在历史研究者多认为谥号制度大约在西周中期以后才逐渐确立。商末周初的时候，还没有谥号制度，"纣王"怎么能是谥号呢？退一步讲，就算商末周初已经有谥号制度，谥字也是放在前面的，该写作"×（谥字）王"，而不能写作"王×"，而古书《逸周书》中称纣王为"商王纣"，"纣"字在后，显见这是指商王帝辛的名字，而非谥字。"纣"之所以被后世误认为是"谥字"，完全是因为"纣王"在后世的名声太臭，人们"恨屋及乌"，提到

"纣"字本能地觉得这就是个坏字眼，就如"人从宋后少名桧，我到坟前愧姓秦"一般。"桧"本非坏字眼，却因为秦桧，后世取名时再无人用。

话说这纣王本是帝乙的小儿子，他还有个大哥叫启。因启后来封于微地（在今山西境内），所以史书上称他为微子启。微子启虽年长，却是帝乙的小老婆生的，是庶子，而纣王是帝乙的正妻所生，是嫡子中的长子，因而得以继承父亲帝乙之位。由此可见，商朝后期已经确定了继位的"嫡长子"制度。

传统史书说，这纣王天资甚高，能言善辩，脑子聪明过人，而且身体力大无穷，能空手跟猛兽格斗，真是文武全才。

在即位之初，纣王就做了一次重要的人事调整：任命周侯姬昌和鬼侯（又作九侯）、鄂侯（又作邘侯）为"三公"。（这时周侯姬昌应该约有四十岁了，因为他即位时十余岁，帝乙又执政二十多年。）上面这三位，都被传统史书认为是"贤人"。大家想必会认为，这是刚登上宝座的纣王希望"励精图治"的表现。其实纣王的真实用意未必如此。

周侯姬昌的情况我们知道，他即位初期为父报仇伐商大败，此后改变策略韬光养晦，对商朝极为恭顺，几十年下来周国力量又重新变得强大起来。

那位鄂侯则是姞（jí）姓，与密须国和南燕国同姓，文献上又写作"邘侯"。前面我们说过，传世文献中的"邘"国在甲骨文里写作"盂"国，位于商王畿西南今河南沁阳西北一带。在甲骨文里，往往"鄂""盂"两地并称，如"二田鄂、盂有大雨"。历史学者一般认为商代时鄂在今河南沁阳，与沁阳西北的盂地相距仅有几十里。可能是两地太近，所以统治现在沁阳一片的商末诸侯既可以称为"鄂侯"，又可以叫作"盂（邘）侯"吧。现在有些人该记起来了，原来鄂国就是盂（邘）国，也就是我们前面介绍过的曾被商王帝乙用了一年时间大力征讨过的那个国家啊！当然纣王时期的鄂侯（邘/盂侯），很可能是帝乙时期征讨的那位盂侯的儿子了。从帝乙时期曾大力打击盂国，我们猜测，纣王封鄂侯（邘/盂侯）为三公，显然是在军事打击之后，又用官爵来笼络鄂国（邘/盂国）的首领。说白了，商王朝实际上是在用大棒加胡萝卜双管齐下的方式来对付鄂国（邘/盂国）。我们是否还记得，帝乙当年在大败兴兵报仇的周侯姬昌后，也用赐婚的方式笼络过他（即"帝乙归妹"）。可见，作为几百年中原霸主的商朝，玩又打又拉这套把戏极为纯熟。

殷墟卜辞：二田噩（鄂）盂有大雨

至于纣王时期的鬼侯（又作九侯），自然是晚商时期北方鬼方部落集团中的一国。我们先前也介绍过，鬼方是商朝的劲敌，曾为武丁所讨伐，商朝晚期又臣服于商朝，替商王打仗、祭祀、贡献人牲和官吏。

介绍完三国的情况后我们会豁然发现，周国在商朝西面，鬼国在商朝北面，鄂国（邢/盂国）在商朝南面。所以与其说纣王是真的信任并想重用这三公，倒不如认为他是为了笼络商朝西、北、南三个方向的强藩代表。不过不管怎么说，即位之初的纣王采取这些措施，说明他心里还是蛮顾及稳定商朝边疆大局的。

但接下来史书又说，"文武全才"的纣王，骨子里又是个贪图享乐的主儿——他嗜美酒，好歌舞，更爱美色。没多久，他就逐渐现出原形。他用象牙做的筷子吃饭，用犀牛角和美玉做的杯子喝酒，还命令一个名叫涓的乐师给他创作淫词浪曲，并编排各种鄙俗的舞蹈。吃喝玩乐之后，纣王又开始扩充宫室，大兴土木。史载北到邯郸、沙丘（今河北邢台市广宗县），南到朝歌（zhāo gē，今河南淇县），都建有他的离宫别馆，尤其以朝歌宫室最为豪华，传说中的鹿台、摘星楼都在朝歌城里。后来，纣王经常驻跸朝歌，这里俨然成了商都安阳殷墟以外的另一个重要政治中心，犹如副都一般。当然我们这里要补充说明一下的是，朝歌离宫别馆的修建，并非始自纣王。《水经·淇水注》、唐代《括地志》等书说从纣王的六世祖武丁时起，商人即开始经营位于安阳殷墟以南百余里的沫（mèi）邑，这就是朝歌城。武丁是把沫邑当作军事据点建设的，因为考古发现殷墟没有外郭城墙，只是北靠洹水、漳河，西以太行山为屏，东以黄河为障，唯独南面却是开阔的平原，是防御的缺口。因此在殷墟南面建立一个有城墙的军事基地，无疑对保证商人都城的安全非常必要。《史记》《帝王世纪》说后来纣王的太爷爷武乙、爸爸帝乙就曾迁都于朝歌，这两位商王自然必定在朝歌建立离宫别馆。武乙、帝乙包括纣王之所以看重朝歌，一方面可能是因为商末时都城殷墟里的人口已经过于密集，另一方面则是商朝后期以来国力逐渐衰落，四方战乱不断，找个有城墙的城池做副都，商王们也许觉得更安全吧。

回过头来说纣王。他喜好玩乐，自然得有玩伴；要大兴土木，更得有人给他搜刮民财并督办工程。这些方面，自古被誉为"贤人"的三公显然没法满足纣王，因为这些事只有"小人"才办得来。于是纣王便宠信重用费仲、恶来、崇侯虎等著名的"奸佞"。

先说这崇侯虎，明代神魔小说《封神演义》里说他有个弟弟叫崇黑虎，显然是把"崇"字当他的姓，把"侯虎"当成名。其实"崇侯虎"这个称呼中，"崇"是国名也是"氏"，"侯"是爵位，"虎"才是他的私名，意思是"崇国的诸侯，名虎"。根据姜太公所作的《六韬》一书记载，崇侯虎能力举五十石的重沙，显然是个猛将的角色。

至于费仲和恶来都为东夷系统的嬴姓人。传说大禹治水时有个重要帮手叫伯益，功成之后被舜帝赐予"嬴"姓。伯益生有二子，长子名叫大廉，为"鸟俗氏"，次子名叫若木，为"费氏"。夏末时若木有个子孙叫费昌，因见夏桀无道，就投奔了成汤，并在著名的鸣条之战中担任成汤所乘战车的驭手（驾车人）立下大功。到商朝第九代国君、中宗太戊在位时，伯益长子大廉的一个子孙中衍又被太戊任用为自己的驭手。纣王时期的费仲就是费昌的子孙，而恶来就是中衍的子孙。《史记》说费仲善于"溜须拍马"，并天天替纣王出馊点子来搜刮钱财。恶来是当时著名的大力士，他的父亲飞廉则以"飞毛腿"闻名于世，他们父子二人自然是充当纣王的打手爪牙。据战国大儒荀子说，纣王时扩大宫室、修筑园林的活儿，都是由这爷俩做监工。和人们的想象不一样的是，这大力士恶来并不是头脑简单四肢发达的主儿，他还有个"特长"，那就是喜欢打小报告、说人坏话，所以诸侯们也都怕他。

纣王有了费仲、恶来、崇侯虎这些人，就如同后世宋徽宗有了蔡京、童贯等"六贼"，简直是如鱼得水。

眼见纣王越来越不上道，朝中很多正直的臣子纷纷劝谏。面对这种情况，纣王充分发挥了能言善辩的天资，给自己贪图享乐的行为找各种理由辩护，文过饰非，朝臣们居然还真辩他不过。

不久，纣王发兵讨伐北方的己姓有苏氏（今河北邢台沙河市）。小小有苏氏哪里挡得住商朝大军，于是献上了一个天仙般的美人儿请降，这自然就是著名的苏妲己了。得了妲己以后，好色的纣王就"三千宠爱在一身"，妲己让他干啥他就干啥。为博美人笑，史书载此后的他越发加重赋税，搜刮钱粮，以收罗狗马奇物，充实后宫。纣王甚至还在沙丘离宫（今河北邢台市广宗县）搞大型宴会，把酒倒进池塘，肉脯挂满树梢，让男女光着身子在其间追逐淫乐。当然，最后"酒池肉林"的说法显然夸张了些，肉脯倒是能挂在树枝上，但当时的酒都是低度米酒，一大池塘的米酒一次喝不完，太阳底下还不得晒酸了？

随着纣王愈加荒淫残暴，百姓更加不满和怨愤，很多诸侯也纷纷反叛。纣王不但不思悔改，反而制定了"炮烙之刑"来震慑天下。据说这"炮烙之刑"，就是在火中横一根铜柱，上面涂上油脂，让犯人光着脚从上面走。犯人站不住跌下铜柱，自然掉进下面火堆里被活活烧死。纣王和妲己见了则哈哈大笑，以此取乐。

纣王时期，商朝与周边诸侯国、方国的战争也一直不断，最有名的当然就是"纣王伐东夷"了。

东夷是古文献中对东方各部族的泛称。广义上，东方北到幽燕，南至江淮的族群，都属于东夷；狭义的东夷，则指的是中原正东方的夷人，也就是指上古时位于现在山东一带的部族。但如果到殷墟甲骨文中找"东夷"或"×夷"，你会发现根本找不到。这并不是因为商人没有"东夷"的概念，而是因为商人实际是把表示东方民族的"夷"字写作"人"，如"东人（夷）""东北人（夷）""归人（夷）""人（夷）方"。在西周金文里，文献里的"东夷""淮夷""南夷"，依旧写作"东人""淮人""南人"。因此国学大师王献唐等人考证，甲骨文里的"人"字，最初并不是指一般概念的“人类”，而是特指“东方之人”，也即文献里的“东夷”人；在甲骨文里凡是提到“人”，身份都是比较低下的，不是奴隶就是平民，甲骨文里的“人”字字形也明显是人作低头垂手的顺从状。这种说法应该很正确。“人”字概念的演变历程应为：甲骨文中“人”最初是特指“东夷”人，慢慢概念扩大为指所有地位不高的“下等人”，大概到了西周后期概念继续扩大才变为“人类”之意。因为“人”的含义扩大了，从专指变为泛指，所以西周末、东周之后，人们就用另外一个字“夷”来特指“东夷”人，这才有春秋战国文献中“东夷”“淮夷”的写法。（当然“夷”字也不是西周末新造的，甲骨文、金文中本有“夷”字，但作动词“平息”解，并不作族名。甲骨文、金文中的夷，是由“箭（矢）”和“弓（S）”组成，意思是箭搭在弓上要平正。）

卜辞中的“东人（夷）”

西周后期㝬钟中的“东人（夷）”

卜辞中的“夷”字

说完了作为民族之意的“夷”字的变迁，我们再来说说东夷各部族的图腾。《左传·昭公十七年》记载，春秋时期的郯国国君说自己祖宗东夷少昊氏的朝廷里，全是以鸟命名职官——凤鸟氏是掌管天文历法的官，玄鸟氏是掌管春分秋分的官，伯劳氏掌管冬至夏至，青鸟氏是掌管立春立夏的官，丹鸟氏是掌管立秋立冬的官，祝鸠氏是掌管教化民众的司徒官，雎鸠氏是掌管司法的司马官……史学家和社会学家都认为，这就是表明少昊氏为首的东夷部落联盟里，各部落都是以鸟为图腾的，区分这些不同的部落，就是看他们不同的鸟的徽记。这一点也为考古所证实。考古学者发现，鸟的形象反复出现在今天山东境内出土的大汶口文化、龙山文化的陶器、玉器上。我们知道商人的图腾也是鸟——玄鸟,甲骨文里商人先公王亥的"亥"字,很多时候上面就带有一个鸟字头,而且商人起源于河北北部或东北,表明商人最早应该也是广义东夷的一支。只不过后来商人占领了中原,成了"城里大富豪",就逐渐认为自己高于东夷这些穷亲戚一等了。

左图为甲骨文中"亥"字的常见写法,中图、右图为加"鸟"字头的"亥"。

不过细说起来,商朝前期商人和东夷的关系还是很好的,要知道当年成汤灭夏,就是和东夷结成联盟。我们前面介绍过,商汤曾与有莘氏联姻得到名臣伊尹,而有莘氏当时的位置就在今天豫东、鲁西一带(商末文王迎娶太姒时有莘氏或其一部已经迁徙到今陕西合阳);担任商汤左相的仲虺,则是东夷薛国的国君。考古工作者也发现,商朝前期,其文化向北、西、南三方强势扩张,唯独在东方,商人文化和一般认为是东夷文化的岳石文化以豫东杞县为界,双方和平共处。

既然商朝前期和东夷关系不错,那纣王时商人怎么又征伐东夷(人方)呢?《左传·昭公四年》云,"商纣为黎之蒐(sōu),东夷叛之"。这句翻译成白话为:纣王在黎国(今山西壶关)进行了一次狩猎形式的大规模军事演习("大蒐礼"),所以东夷反叛了。意思好像是说,商朝与东夷(人方)间之所以发生战争,是因为纣王上台后耀武扬威、压迫诸国,所以激反了东夷人。不过我们再多看看传统文献和考古成果,就会发现,商朝和东夷交恶其实并非始自纣王,更不是纣王单方面挑起的。

《古本竹书纪年》记载,早在商代前期的商王仲丁(成汤五世孙)时期,东夷中的一支——"蓝夷",就大举进犯中原(这是文献中记载的夷商交恶之始)。之后的三百多年，东夷人一直叛服不定。到商朝后期的武乙（纣王太爷爷）时期，由于商朝逐渐衰败，东夷人更加向中原渗透。

甲骨文中也证实商朝中后期，商人与东夷间确实战争不断。殷墟自商王武丁到康丁（武乙之父）、武乙、文丁时期的卜辞中，都有与东夷开战的记录。

而且通过发掘山东地区的商代文化遗址，考古学家又发现一些古文献上没有说清楚的地方。我们刚刚介绍过，商代前期，商人文化和据认为属于东夷人的岳石文化，是大概以今天的豫东杞县为分界线的；而商代中期（盘庚迁殷）以后，商人的文化遗址开始出现在这条分界线以东的山东济南、泗水、滕州一线。也就是说，在商王仲丁之后商朝与东夷的三百年战争时期，商朝其实是取得了很大胜利的，而且占领了原属于东夷势力范围的豫东以及鲁西地区的大量地盘。显然，在与东夷的战争中，商人是占了大大的便宜。不过，商人并未能一举完全压倒东夷人，通过挖掘当地的文化遗址，考古学家发现，双方曾在济南、泗水、滕州那条新分界线上反复拉锯，经常互有进退，这种对峙的局面一直保持到晚商时期。因此《后汉书》上说武乙时期东夷人向中原渗透，言辞显然夸张。如果真有此事，顶多只能说是东夷人看到当时商朝日趋衰落，于是就试图夺回原属于自己后来被商人占去的鲁西旧地盘而已。

因此晚商时期纣王与东夷的战争，显然就是双方数百年战争的延续。《左传》中"商纣为黎之蒐，东夷叛之"的记载，充其量是东夷在为反商寻找一个合适时机而已。

前面我们讲过，商王武乙、文丁时期，商人主要对"方"和召方用兵。帝乙在位时，则主要忙于讨伐盂国（邘国）和西北部的羌人"四邦方"（四国反商联盟），虽然商人也与东夷的二邦方（两国反商联盟）作战，但此时东方还不是帝乙的主要用兵方向。纣王继位后，商朝北部、西北部和西部的敌人羌人、"方"、召方、盂国等都已经被严重削弱或暂时解决，纣王这时显然可以腾出手来，将商人的主要打击方向改为东方。文献和卜辞显示，纣王时期与东夷的战争，可以说是商朝与东夷数百年战争的最高潮。

◎12 纣王伐东夷及背后的隐秘

纣王时期的卜辞显示，纣王九年三四月间东夷（人方）曾进攻商朝东部地区。纣王为大举讨伐东夷，首先发起"舆论战"——向东方诸侯们遍告东夷无故犯边的累累罪行。随即，他开始征调王师和东方诸侯军队，进行战前准备。到第二年（纣王十年）九月，纣王先在宗庙进行祭祀，随后御驾亲征东夷，并命令东方的诸侯攸侯喜配合，因为此次东征的主战场就在攸地。（据已故古文字大家陈梦家考证，攸地在今天河南永城以南、安徽宿州西北一带。）

纣王率领商军主力自安阳殷墟出发后，并没有直奔东南的攸地，而是先沿太行山向西南行进，然后才折向东南。纣王在沿途王畿内要地巡行，每到一地都占卜吉凶，给后人留下了征程的印迹，最后于当年十二月抵达主战场攸地。在攸地，纣王所带领的商王师在攸侯喜指挥的攸国军队的配合下，与东夷人大战月余，最终取得胜利，并俘虏了东夷的国君。随后纣王决定班师，回程途中他又巡狩各地，举行"大蒐礼"，也就是以田猎的方式来检阅军队，以继续震慑东夷。到十一年五月，纣王才辗转回到王畿内盂地（今河南沁阳附近）的田猎区。卜辞显示，纣王此次亲征东夷，耗时达二百多天，经过的重要地点有五十多处，可见规模浩大。

纣王十年的这次战争，只是纣王时期对东夷发动的所有战争中规模较大且保留信息最完整的一次。清末出土于山东寿张县梁山脚下（今属梁山县）的"梁山七器"之一的小臣艅犀尊，其铭文又记载了纣王十五年对东夷的一次征伐。历史学家和古文字学家郭沫若也曾根据一组卜辞，指出纣王二十年至二十一年征伐东夷的一次行程。这次出征，纣王一连在外达十个月，想必规模也不小。有人还具体考证，此次纣王是从今山东北部的潍河流域,一直向南打到山东东南部的莒县一带。此外,商末的卜辞和青铜器铭文里还有一些零散的、不知年月的征伐东夷的记录,记载了商人征伐擒获东夷首领无斁、䚷(méi)等人的史事。这说明,纣王时期对东夷的战争,连续进行了很多次,其中至少有两次的出征时间都超过大半年。据《吕氏春秋》记载,纣王伐东夷的时候甚至还使用了战象这种超级武器("商人服象,为虐于东夷。")。巧的是,在殷墟一个出土了刻着"王来征人方"卜辞的土坑中,同时出土了鲸鱼的肩胛骨和巨象的下颚骨。这里的鲸鱼骨,自然应该是商人征伐东夷从海边得到的,巨象的骨头则很可能就是参加商军作战"殉国"的战象的骨头了。可见商人为了取得对东夷战争的胜利是下了血本的。

小臣艅犀尊(现藏美国)

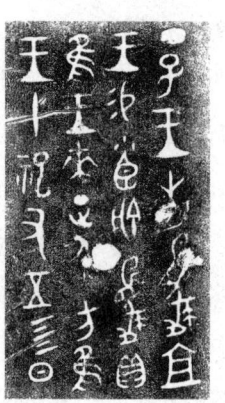

小臣艅犀尊铭文

纣王这本钱没白下,他对东夷的战争,确实取得了很大的胜利成果。考古证明,晚商时期商文化遗址,从商朝中期的山东济南、泗水、滕州一线,推进到山东潍河和沂河一线,而东夷人的地盘则缩小到大致只剩下今天的胶东半岛和鲁东南沿海一带了。因此近现代以来,毛泽东和郭沫若等人,都曾从开拓东南、民族融合角度,大赞纣王征东夷的丰功伟绩。

不过俗话说得好,杀敌一千,自伤八百。纣王对东夷的战争虽然取得了丰硕成果,但因为一打常常就是经年,严重消耗国力。众所周知,打仗就是打人打钱打物资。为了维持长期战争,纣王只有进一步横征暴敛,这又加剧了王朝内部矛盾和王朝与诸侯国间的矛盾。为了稳定新征服地区,商朝还要留驻兵力、迁徙商民到当地驻守乃至屯田。1963年，考古学家在鲁苏两省交界处山东一侧的苍山县（兰陵县），出土了一批商代青铜器，上面带有商朝贵族的族徽"犾"。一些史学家认为，这应是纣王二十年征伐东夷取得阶段性胜利后留驻此地镇守的商人将领。因此纣王在东夷的开拓活动，势必会进一步分散商王朝的军力。所以在传统史籍《左传》中，一直有商纣王征伐东夷导致后来亡国的记载——"纣克东夷，而陨其身"，意思是纣王对东夷的胜利，赢了战争，却掏空了国家，导致日后的灭亡。

有人可能会把商朝末期日益衰败背景下纣王发动征讨东夷的战争称为"穷兵黩武"。不过如果仅仅是纣王愚不可及，那为什么商朝自商王仲丁以后，几乎历代商王都一再地和东夷打仗并谋求向东开疆拓土呢？所以这显然不是简单的一句"纣王穷兵黩武"能解释得了的。随着考古发现，很多人猜测，自仲丁以后包括纣王在内的历代商王，之所以非要打东夷东扩不可，除了扩大疆土外，可能还有一条重要原因，那就是为了获取一些重要的战略资源！

一般认为是战国时成书的《尚书·禹贡》篇，记载了古青州（今山东大部）的"贡物"，分别为盐、丝、麻、细葛布、铅、砺石、似玉的石头、海产品、畜产、田赋等。有心人会注意，那排在第一位的贡物可是盐！

一些读者可能会觉得盐再普通不过了，认为它只是生活中非常普通的调味品，什么时候缺了，到附近小店或超市，几块钱就能拎回来几袋，有什么值得大惊小怪的呢？可是令很多现代人想象不到的是，无论中外，古代盐都是了不得的"战略物资"。首先盐对古人的生活不可或缺。大家都知道，人类身体离不开盐，人若长期不吃盐就会浑身乏力，甚至眩晕昏厥。传说中年轻的白毛女，就是因为长期得不到充足的盐分而成为"白发魔女"的！而且在古代，盐还不仅仅用于食用。古代没有冰箱，要把肉、菜、鱼等食品长期保存下来，只有采取用盐腌制的办法。所以你可以想象一下，没有盐，古人的日子该怎么过，连咸菜都吃不上。正因为盐的巨大作用，古罗马人一度曾用食盐充作军饷，英语里"薪水"这个词salary就源于"盐"salt。在世界上的很多民族中，都有用盐做祭品来祭祀神灵和祖先的习俗，可见盐的地位之高。但是古代时期，产盐的地方有限。除了渤海湾的青州海盐外，商周时期，也就还有现在山西运城和宁夏灵州等地的池盐、重庆一带的泉盐产量比较大。但是这些地方，除了山西运城外，离中原都比较远。考古学家发现，本来在商朝前期，山西运城夏县一带的产盐区存在商人文化遗址，意味着这里当时应该被商人控制；但到商代中期的时候，那里的商文化遗址就消失了，换句话说，该地区可能已经被其他族群控制了。没有盐，商人连走路都没劲，更别说腌东西、祭祖先了。所以自商代中期商人失去对山西运城产盐地的直接控制后，它就只有另辟蹊径，以获得新的食盐供给渠道。我们前面介绍过的商周产盐区，除了山西运城外，离商人最近、开采技术也比较简单、适于大规模生产的，就只有山东渤海湾沿岸的海盐产区了。然而我们知道，在商朝中后期，这个产盐区却是东夷人的控制区！

20世纪50年代，考古人员在山东莱州湾的东营市和潍坊市一带，发现了海量的商末周初陶制盔形器，也就是一种像头盔一样形状的陶制玩意儿。一开始大伙不知道这种陶制的容器是干啥用的，后来科学家一检测，发现这陶器的内部表面含有大量盐分。大家这才恍然大悟，这玩意儿原来是商末时人们煮海盐用的！而且在出土这种陶制盔形器的地方还出土了不少商人特征明显的青铜器，尤其是潍坊市西部的县级市青州市，是鲁北出土商代青铜器最多的地方。著名的商代"亚醜"家族的青铜器，就是出自这里。显然，这些煮盐用的盔形器应该属于商人所有。

陶制盔形器

综合上面的各种资料，我们可以大概得出结论：商人失去对山西产盐区的直接控制后，就觊觎渤海湾的海盐产地。但对于盐这种当时超级重要的物资，东夷人当然不可能拱手相让给商人，所以商人要想得到现在环渤海湾的产盐地，只有用拳头说话，武力夺取。这应该就是商朝中期以后,商王仲丁要向山东扩张,尤其是商末帝乙和纣王除了开疆拓土外一定要征服东夷的重要原因之一!

所以,纣王在商朝后期国力渐衰的情况下也要打东夷,并不能简单地用"穷兵黩武"来解释,而是不得不为之。当然那时的纣王肯定万万没想到,自己为商人夺取重要战略物资而发动的战争,虽然赢得了胜利,却埋下了王朝覆灭的祸根。

◎13 姬昌为何被囚羑里？

前面我们用大篇幅讲了纣王伐东夷之事，那么纣王忙着为争夺战略物资食盐而讨伐东夷的时候，周侯姬昌在干什么呢？据《今本竹书纪年》记载，这时被纣王任命为三公之一的姬昌，一边继续整修内政、拉拢人心，一边把蛰伏了多年的翅膀挥动起来，开始进攻位于今天陕西和山西北部的戎狄。姬昌此举，显然是在继续着他父亲季历当年的事业。

得知了姬昌的表现，纣王心里肯定是气不打一处来。我们前面讲过，纣王继位之初，就把周侯姬昌、鬼侯、鄂侯（邗侯）这三位诸侯招进朝廷封为"三公"。而且当时我们还分析过，纣王这么做，是为了笼络西、北、南三个方向颇具实力但却并不可靠的强藩。其实在讲述了纣王伐东夷的战事之后，我们还可以更进一步认清纣王的战略意图：纣王东征之前笼络这三个方向的强藩，更是想利用他们帮助自己稳定商朝西、北、南三个方向，避免商军征伐东夷之际另外某个方向"后院起火"。谁知道这西方的周侯姬昌不但不"体察圣意"，反而趁机在背后扩张自己的势力，岂不是可气得紧？

还是据《今本竹书纪年》记载，周侯姬昌攻打戎狄几年后，纣王就带兵在今陕西渭河流域进行了一次大规模狩猎活动。我们知道，古代的这种狩猎活动可不仅仅是打猎这么简单，它实际上是借田猎来进行军事演习。纣王此举，显然是在敲打震慑周人——别以为我们大商在和东夷作战，就不知道你们周国在背后搞的那些小动作，就没有余力来对付你们！

如果说搞军事演习还只是对姬昌"敲警钟"，那姬昌真正的麻烦很快就降临了。

据《史记》记载，不久后，好色的纣王因为嫌鬼侯进献的女儿不会侍奉君王，一怒之下杀了她，并且连带着迁怒鬼侯，把他也剁成了肉酱。鄂侯（邢侯）听说后，愤而替鬼侯父女辩冤，言辞激烈，又被纣王杀了腌成肉干。俗话说，物伤其类，姬昌见三公被纣王干掉了两公，现在只剩下自己，不由得心惊胆战。当然异常谨慎的姬昌没敢流露任何表情，据说只是"叹息"了一下。不过就是这"一声叹息"，不知怎么被纣王宠信的崇侯虎听到了。他立刻向纣王打了小报告："姬昌这家伙一直行善积德，诸侯都心向于他，恐怕会对大王您不利哦！现在那老头听说您杀了鬼侯、鄂侯又叹气，他这是什么意思？"纣王听了崇侯虎的话，眉头一皱，于是就把来朝的周侯姬昌扣了下来，拘禁在都城殷墟南边约十里的"羑里城"。

太史公司马迁在《史记》中把崇侯虎的这种行为称为"谮"（zèn），字典意思就是"进谗言，诬陷，中伤"。按太史公的用词，好像姬昌并没有"不利于纣王"之心，是崇侯虎无中生有造谣一样。其实大家细想想，商朝囚死了姬昌的老爹季历，他曾兴兵报仇，只不过是被商朝打得大败才被逼称臣服软的，而服软的背后，姬昌又在家里搞"励精图治"，尤其是趁着纣王伐东夷而进攻戎狄，扩充势力。但凡有点儿政治经验或看过几本史书的人，都显然会怀疑姬昌有不臣之心。现在纣王杀了三公中的两位——鬼侯、鄂侯，同为三公的姬昌恐怕想造反的心思更重了。崇侯虎说的明明是实情，哪里算得上"诬陷"呢？自古以来很多史书包括演义戏曲，都把崇侯虎描绘成告密的小人、暴虐百姓的奸臣，京剧里崇侯虎的脸谱更是代表阴险奸诈的白色。实际上，崇侯虎作为商朝的臣子为纣王出谋划策、尽心尽力，那也是各为其主，不能因为后来周人胜利了，商朝和崇国失败了，就把崇侯虎抹得一团黑。

后世对于纣王杀鬼侯、鄂侯及拘禁姬昌的举动，多从荒淫、残暴、听信谗言、不辨是非这些角度和层面来叙述。其实我们回过头来看《史记》中的这段记载，完全像是小说家之言。纣王驾前以妲己为首的美女一大堆，犯得着为了一个妃子"不喜淫乐"就杀了她，还连带杀了她那贵为一方方伯（此指一方诸侯之长）的爹爹鬼侯吗？鄂侯、周侯也都是商朝南部、西部的重要诸侯，难道就因为劝谏和叹息了一下，就被聪明绝顶的纣王杀掉或囚禁吗？事实显然不会是《史记》讲述得这么简单戏剧化。真实的历史上若确有这一连串的事件发生，很可能是因为纣王看到鬼侯、鄂侯、周侯这三个原本就不大可靠的强藩不但不受笼络，根本起不到替自己稳定一方的作用，甚至还趁机扩张，即将成为商朝新的威胁，而纣王这时对东夷的战争已经取得了一些阶段性胜利，能腾出一些精力和兵力，于是就借机找茬，先下手为强，除掉了这三个对商朝来说的"不稳定因素"。如果历史真是这样的话，那崇侯虎打不打西伯姬昌的小报告，他们的命运也早已经决定了。

西伯昌被拘，虽说算不上"冤枉"，但对其本人和周国来说当然是很不幸了。他的父亲季历被商朝囚禁而死，大仇未报，自己也步父亲的后尘又被商人所拘，怎一个"惨"字了得？但是从商朝、纣王的角度看，其实这是中国古代君王的必然之举。哪个君王不要消灭潜在的威胁？不这么干的君王，肯定早就被掀下台了！

在此再说一下鄂国。根据考古资料，鄂侯被杀后，其族人为了躲避兵灾，辗转迁徙到今天的湖北随州安居镇一带重新建国，继续以"鄂"为国名。史书说，商末还有一个子姓的邘国，这应该是姞姓鄂国被商人逼走后，商朝又封同姓（子姓）贵族到现在的沁阳一带所建的新国。

不过有人可能会问，为什么纣王对鬼侯和鄂侯是直接杀掉，而对周侯姬昌却只把他拘禁起来呢？古代就有书籍回答了这个问题。《韩非子·外储说左下·说三》有如下描写：

纣王的宠臣费仲曾劝说纣王："姬昌贤德仁义，百姓喜欢，诸侯归附，不能不杀，不杀必为祸患。"而纣王却回答："你既然说姬昌仁义，又怎么能杀呢？"费仲劝了多次，纣王都不听，没杀姬昌。所以后来商朝亡了。

不过《韩非子》中的这个故事，本来就是法家们用来抨击儒家仁义道德之说的，以此来证明君王绝不可搞什么仁义道德，所以其可信度可想而知。真实的历史上，商朝时还没有仁义、仁政的概念，纣王显然不可能以这种理由不杀姬昌。笔者猜测，纣王之所以不杀西方的周侯姬昌而杀了北方的鬼侯和南方的鄂侯，应该是出于以下的考虑：鬼国和鄂国的势力相对较弱，而且商朝的北方和南方都相对安定，杀了鬼侯和鄂侯，纣王也有信心摆平鬼国和鄂国的反叛，而且不用太担心北方和南方这两个区域有诸侯跟着这两国造反。（事实证明鄂侯被杀后，鄂国确实也无力复仇，而是被迫南迁。）但纣王时周国势力已经今非昔比，一旦杀了周侯姬昌，周国必然反叛。况且西方一直是商朝祸患较多的一方，如果周国造反，也许会引起连锁反应，造成整个西部的动荡。商朝要在东征东夷的同时平定周国为首的西方大叛乱，可能真的心有余而力

13 姬昌为何被囚羑里?

不足,这自然是纣王最不愿看到的。有鉴于此,纣王难以下杀姬昌的决心。相反,纣王可能认为不杀姬昌只拘禁他,使他成为人质,周人投鼠忌器,反倒应该不会做出什么出格的事情来。事实显然也朝着纣王的预期发展,纣王拘禁姬昌期间,周人果然没敢反叛。

有人可能会说,你比较袒护纣王嘛,把纣王写得比较有政治手腕。其实不是我袒护纣王,历史上真正的纣王绝不是像传统说法中那么昏聩残暴。且听下一节咱们慢慢讲来。

◎14
纣王——失败的改革者

中国自古以来的书籍上，对纣王的评价就是"昏君""暴君"，乃至"桀纣"成为坏蛋君主的代名词。前面我们写纣王时，也提到传统史书上对他的一些记载，如奢靡享乐、滥用民力、发明炮烙之刑，迫害忠良、滥杀大臣。除了杀鬼侯、鄂侯，囚禁周侯姬昌，后面我们还会提到，《史记》说纣王杀了向自己进谏的叔叔比干（据说是挖心），废掉了重臣商容，并逼跑了王室贵族、贤臣箕子。（关于箕子的具体身份，一种说法是纣王的叔父，一种说法是纣王的庶兄。）

上面说的都还是历代昏君暴君比较常规的"恶行"，此外不少古书还记载了纣王很多"变态"级的暴行：什么砍开徒步涉水人的腿，看骨髓是多是少啊；什么破开孕妇的肚子，看婴儿是男是女啊；挖名为虿（chài）盆的大坑养千万条毒蛇，把犯人推里面活活咬死啊……总之，人们都说纣王在残酷折磨人方面很有创意和成就。

不过，古书上记载纣王的种种恶行，难道都是真的吗？纣王真的坏到令人发指的地步吗？其实我们上面也曾对纣王的一些行为做过一些剖析，进行过一点儿"翻案"。比如我们说过，广修宫室、大建离宫别馆，并不是纣王时才搞的，多代商王都是如此，而且这也是出于加强对全国统治的目的需要；再比如，纣王杀死鬼侯、鄂侯，囚禁姬昌，也并不是简单的"滥杀贤臣"，而应该是为了给商朝去除隐患。从这几点我们就可以看出，纣王的很多所作所为，都被后世简单地"污名化"了。

其实早在东周，就有人质疑这种污名化了的纣王形象。春秋时孔子的著名弟子端木赐（字子贡）就说过："纣之不善，不如是之甚也。是以君子恶居下流，天下之恶皆归焉。"子贡的话并不是什么难懂的文言文，意思就是说其实这纣王的坏啊，也没到传说中那么厉害。只不过君子们厌恶下流的人，人一旦名声不好成了坏人的总代表，就什么过错都扣他头上了。

在打败商人才得天下的周朝时期，有人能怀疑当时社会上的主流观点（即"纣王坏到家"），显然是很大胆的，也说明孔子的这位得意弟子不是浪得虚名，确实有独立思考的优良品质和透过迷雾看穿真相的独到眼光。不过子贡的这番话，只是结论，并没有论证的过程，说服力好像不太强。

到了20世纪前期，著名疑古派史学家顾颉刚老先生写了一篇名为《纣恶七十事的发生次第》的考据文章，专门对纣王的所谓罪行进行了系统的考证、辨析。顾老先生把各种古书里记载的纣王罪行，按照古书的成书早晚，一条条地罗列出来，如：西周时期，春秋时期，战国时期，秦汉时期……列完表后大家可以非常直观地发现，西周时期（《尚书》中公认较早的几篇）记载的纣王罪行只不过才六条，也就是"酗酒、信有命在天、不用贵戚旧臣、任用小人（上古指地位低下的人）、听信妇人之言、不留心祭祀"，而且只是概况性的模糊语言，没有什么具体的详细事件描述；而到了春秋、战国乃至秦汉以后，纣王的罪行就越来越多，而且情节描写得越来越细致，越来越离谱。举一个具体例子，关于纣王大臣比干的遭遇，《尚书》中公认较早的几个篇章里压根没有提到；而到春秋时期的《论语》里，提到比干在纣王时期死了，但是不过说"比干谏而死"，没有讲纣王具体是怎么杀死比干的；到了战国末期吕不韦门客编的《吕氏春秋》里，就写为"杀比干而观其心"，加入了比干死亡的具体情形——"被挖心"，后来西汉太史公的《史记》也采用了这种说法。顾老先生通过这种罗列直观地向大家证明，纣王不少所谓罪行，其实都是后世杜撰出来的；一些罪行即便最初古书上有那么个模糊的影子，但是那些残暴的具体细节，却是后世一代代添油加醋加上的。这也符合顾颉刚著名的"古史层累说"。

所以现在我们基本可以下这样的论断：古书中关于纣王的那些"变态"级的暴行，什么砍腿看骨髓、为验证是男婴女婴而剖孕妇肚子、挖蛋盆养毒蛇咬人、让男女裸体追逐于酒池肉林间等，都是较晚的古书（战国以后的古书）中才有的情节，可信度很低；即便是那些比较常规的昏君、暴君的举动，如好酒好色、广修宫室、任用奸佞、迫害忠良、滥杀大臣等，夸大其词之处也甚多，而且其动机并不能简单地归于纣王骨子里残暴，我们有的已经分析过。

即使时代最古老、可信度相对最高的西周史料《尚书》中关于纣王的六条罪行，也就是"酗酒、信有命在天、不用贵戚旧臣、任用小人、听信妇人之言、不留心祭祀"，也值得说道说道。

我们首先要强调的是，这六条罪行，也都是胜利者周人讲的，不是第三方的中立记述。尤其是其中四条——不用贵戚旧臣、用小人、宠妲己、不留心祭祀，更是后来周人伐纣时武王战场动员演讲词《牧誓》中的话。打仗前揭发对方的罪状，激发自家的士气，以表明自己是正义之师、对方是必须消灭的坏蛋，骂人时自然只会夸大绝不会缩小。不过即便如此，骂出的纣王罪行，也不过尔尔。

下面，我们就来一条条细分析一下周人描述的"纣王六大罪"。

第一条"酗酒"，这条算确实是真的。古籍《尚书》中，周公在《酒诰》《无逸》等对周人内部的讲话中，就谆谆告诫周人一定不要学商人酗酒误事误国。而且考古上，殷商遗址中出土的青铜器，也以酒器为多。酗酒本身算不上多么滔天的暴行和罪恶，但继之而后的奢靡享乐、骄奢淫逸、横征暴敛，当然会让商朝王侯贵戚丧失民心。而且商人酗酒，还会导致一个在古代不为人知的严重问题。据考古学家检测商代贵族遗骸，发现商人贵族长期用含铅的青铜器饮酒（青铜是铜、锡、铅的合金），遗骨中含铅量大大超过正常数值。现代医学证明，铅中毒可以导致人头疼、烦躁、内脏受损，甚至影响人的智力，这势必会影响商王和贵族的执政能力。但是话说回来，商人贵族的酗酒和骄奢淫逸，并非始自纣王。一个大国立国几百年，当权贵族免不了奢侈无度，中国历朝历代莫不如此。把酗酒之罪归在纣王头上，显然没找对源头。

第二条"信有命在天"，这就有点儿找碴了。中国自古就有君权神授的思想，朱元璋时圣旨的开头就是"奉天承运皇帝，制曰"。上古之时更是鬼神信仰浓厚，殷人尤其好鬼神之事，我们知道那些殷墟卜辞都是占卜用的。当时不要说纣王，就是文王自己，也占卜弄筮，甚至他后来要称王、要伐商，也自称是"受命于天"。文王"信有命在天"就行，甚至周人还在《诗经》、钟鼎文里大加歌颂，怎么纣王"信有命在天"就成罪过了呢？

第三条和第四条，即"不用贵戚旧臣""任用小人"，其实是一个问题的两个方面，也就是用人问题。这条其实看你从哪个角度讲。首先我们要解释一下"小人"的意思，众所周知，在上古，"小人"是指地位低下的人，而不是从道德品质方面来讲的。从贵族时代的"政治正确"来说,一个君王当然要依靠贵族老臣才是对的;提拔任用非贵族的平民、贱民,当然是错误的。但是从历史发展角度来讲,中国历史乃至世界历史的趋势,就是从贵族政治往平民政治发展,因为贵族门阀垄断政治,会造成阶层不流动、利益固化。在中国,贵族世袭政治和盛于南北朝的变相贵族世袭政治——九品中正制,历来都是被大加批判的。把平民纳入朝堂的科举制,则一直是被中外大加褒赞的。纣王不用贵族老臣,提拔一些地位低的人做官,换个方式说,难道不是"不拘一格降人才"吗?当然,在选拔的方式、选拔的人是否得当这些问题上,可以进一步讨论。

第五条"听信妇人之言",当然指的就是宠信妲己。这条,其实从商人的传统看,应该也不算啥。从考古发掘来看,商人的女性本来地位就较高。我们知道商王武丁就有一个著名的老婆叫"妇好",她坟墓里的陪葬有代表征伐大权的斧钺,卜辞里也多次记载她领兵出征,可见女人有权在商人那里算不了什么大事。要说妲己干了什么具体的坏事,早期的史料里也没讲出什么,只有到西汉刘向编的《列女传》里,才说纣王好为长夜之饮是因为妲己喜欢,说纣王剖比干的心是妲己怂恿。至于纣王砍人腿看骨髓、挖虿盆用毒蛇咬人都是妲己撺掇的,古籍上并无记载,这些不过是明朝神魔小说《封神演义》中编出的情节。(战国时的《吕氏春秋》倒是记载过纣王砍人腿看骨髓,不过书中说这些是纣王自己的主意,并没有涉及妲己。)

第六条"不留心祭祀"。通过挖掘殷墟遗址,考古学家发现纣王时期殷商的祭祀确实是减少了,但制度更加完善。纣王时的祭祀制度,把对王室旁宗远支的祭祀和对上帝、自然神等的祭祀废除了,用牲也不像商朝前期和中期那样,不再动辄数百地杀牲畜和杀人了。但这种倾向,显然也是历史的进步,说明商人对鬼神的崇信不像以前那样强烈了,人本的思想可能有一定抬头。尤其是祭祀时杀人杀牲减少了,有利于保存劳动力,避免家畜的浪费。最后值得一提的是,纣王取消对王室旁宗远支的祭祀,应该也是为了限制、剥夺一些王室旁宗远支后裔的旧贵族的权势。

也就是说,从今天人的角度看,纣王的这"六大罪",只有酗酒还能算是罪。而从当时人的角度看,也只能说"酗酒、不用贵戚旧臣、任用小人、不留心祭祀"这四条算罪过。总之,罪过虽有,但说纣王多么残酷暴虐,恐怕是算不上的。尤其是那些残酷折磨人的酷刑和做法,基本都是战国以后才有的说法,没有什么可信度。

当然了，很多人会问，既然纣王没有传说中那么残暴，为什么商朝后来会灭亡在他手里呢？这说来其实挺复杂的。首先一个重要的原因，那就是上节我们提到的，"纣克东夷，而陨其身"。也就是说，对东夷的战争耗尽了商朝的最后几滴血。关于这事我们也分析过，不能简单地用纣王"穷兵黩武"来解释。商末时期纣王对东夷的战争，其实是商人与东夷数百年战争的延续，商代末期帝乙、纣王打东夷，更是在为商人夺取东夷地区的重要战略物资，尤其是食盐。

当然，纣王征伐东夷大耗国力，只不过是商朝灭亡的外因。商朝灭亡的主因，自然还是内因。然而一个重要的事实是，纣王接手的商朝，本来也是一个烂摊子。

纣王时期的商朝其实早已经积重难返。要知道，商朝自公元前16世纪成汤打跑夏桀成为中原霸主算起，到纣王时已经近六百年。即便在世界历史上，一个王朝延续近六百年，也是比较罕见的。综观中国历代王朝，一般只有二三百年的寿数，只有周朝的寿数超过了商朝，达近八百年。但是众所周知，周朝后面大半段——东周阶段，王室早已经衰落到不如一个小诸侯国，所以周朝真正比较强大的时期也就是西周二百五十多年而已。而且任何一朝的帝王贵族，除了开国前期尚能克勤克俭、兢兢业业，一旦承平，都是迅速腐化。号称"满万不可敌"的女真满洲，八旗入关才几十年，到康熙时就不行了，平定三藩几乎全靠绿营；而到乾隆时期，乾隆皇帝在杭州亲自阅兵时，居然当着御驾面出现八旗兵射箭箭虚发、驰马人坠地的笑话。建朝近六百年的商朝，到了商纣时期，贵族酗酒无度、奢靡享乐、骄奢淫逸、腐化堕落，其实也是正常得不能再正常的事情了。相比其他朝代，这腐化速度其实已经够慢了。历史上纣王个人，当然也不是个像明朝末代皇帝崇祯一样勤俭的皇帝，否则也不会有他奢靡享乐的传说（尽管那些具体的奢靡事应该是夸张的）。他没有试图扭转这种风气，反而有所助长，自然是难辞其咎。但是话又说回来，就算纣王企图扭转这种风气，他又能扭转得过来吗？一个王朝就如一部机器，一旦这台机器运转日久，部件磨损，任谁也是翻新不了的。这用迷信的说法，叫作"气数已尽"。明朝的崇祯、清朝的道光，都是出了名勤俭节约的皇帝，但他们的努力根本出不了紫禁城，甚至连紫禁城内都不能改变，更别说改变当时的奢靡风气。所以说，商朝末年，就算不是纣王而是其他人当政，商朝也不可能再撑多久。

其实历史上的纣王，虽然不是个节俭的君王，但也绝不是一个只知玩乐、不图作为的人。实际上他一直在为扭转商朝的颓势、为"重振大商"而努力奋斗着。前面周人指责纣王的很多"罪行",细想想,换一个角度也可以说是纣王加强王权的改革措施。比如"不用贵戚旧臣、任用小人",换句话说,何尝不是纣王在改革用人制度?要知道封建时代(指封邦建国时代),贵族权重,君王不过是贵族中最大者。到了王朝末世,贵族势力更是盘根错节、尾大不掉。纣王要想扩大财源、有所作为,一举一动难免掣肘。提拔任用没背景且听话的新人,打击旧贵族的权势,加强对朝政的掌控,是他和处于类似情境的君王们的必然选择。史书上所说的"纣王用费仲敛财",应该就是这方面的具体体现,而不能单纯看作是纣王为了奢侈享乐。上面提到的纣王另一罪行——"不留心祭祀",也是纣王改革祭祀制度的表现。把对旁系先王(指这个先王的后代没有继承王位)的祭祀取消,可以直接减少商王朝在祭祀方面的巨额花费;从政治改革局面讲,这样可以把旁系远支的王室贵族划出王室之外,从而达到在根源上削弱一些旧贵族影响力的目的。纣王的其他一些举措,虽然称不上改革,但同样是为维护商朝统治而实施的。如纣王伐东夷夺青州产盐区,自然也可算作他广开财源的一种努力。东周史书《左传》上提到纣王一个罪行——"纣为天下逋逃主,萃渊薮",意思是纣王收留天下各国各族逃亡的罪人、奴隶。纣王此举,显然有快速增加王室控制人口数量的目的,而这种"招降纳叛"的行为,也能起到削弱对手、削弱各诸侯国、方国力量的作用。至于纣王登基后任命周侯姬昌和鬼侯、鄂侯为三公的举动,则无疑是纣王为加强对外服控制而采取的手段。

当然,纣王的改革虽然有些看起来有一定进步意义,很多为政措施算盘打得也很精确,但众所周知,他最终却没能得到自己想要的结果。纣王这个人前面也说过,是个极聪明又勇武的人。这样文武双全的人,多半都自以为是,或者说刚愎自用。他的那些想法虽然是为了巩固王权,加强商朝的统治,但是因为操之过急、举措不当,最终反而加速了商朝的灭亡。首先,"不用贵戚旧臣、任用小人"的做法,严重激化了商朝内部新老势力之间的矛盾。纣王起用提拔那些无根基、听话好使的近臣、小人,旧贵族们自然是百般不满;加之他手段强硬,用炮烙之刑等严刑峻法打击异己,企图消弭旧贵族的反抗,自然更加得罪丧了权的旧贵族。过去都说商朝贵族如微子、比干、商容等人都是因为纣王荒淫享乐而与他产生矛盾,但是古代帝王私生活上吃喝玩乐再正常不过,何况一个帝王再能吃喝,又能耗费多少?这些贵族之所以反对纣王,更可能是因为纣王打击旧贵族，影响了他们的切实利益和旧的"价值观"。尤其纣王提拔的这些"小人"，为了给纣王解决财政问题而聚敛财富，与贵族平民争利，除了贵族他也得罪了平民百姓（平民被征敛），如此一来，纣王就把国内上下贵族平民都得罪完了。商朝的旧贵族，面对纣王的高压，有的逃亡，有的甚至搞暗杀叛乱。《韩诗外传》有云，"商容尝执羽籥（yuè），冯于马徒，欲以伐纣而不能"。也就是说，商朝重臣商容，曾想刺杀纣王没有成功，而暗中勾结周人意图借外力推翻纣王的商朝贵族，也为数不少。可见末世商朝内部矛盾之激烈。后面我们会提到，纣王的失败，与旧贵族的反叛有直接关系。至于纣王收取天下的逃奴，招降纳叛，虽然一时扩充了"人力资源"，但这种做法必然严重得罪各国，招致天下诸侯怨恨是免不了的。纣王企图用征召诸侯到朝廷任职的方式来加强对外服控制的目的，显然也没有达成。周侯姬昌当时趁机扩大自身实力，传世史书上没提过鬼侯和鄂侯有什么举动，但在真实的历史上，鬼侯和鄂侯可能也跟周侯姬昌一个样。羁縻不成，所以纣王最终才不得不用强硬手段来对付他们。但这样做，显然又加剧了商朝与外服诸侯国的矛盾。

除此之外，古人常说，"国之将亡，天有异象"。其实这是把因果说颠倒了。众所周知，唐朝的灭亡、明朝的灭亡，都与当时气候转冷进入小冰河期、环境愈加恶劣导致北方少数民族南下有关。现代气象学家通过研究商代的气候也发现，商代的总体温度比现在要高两三度，降水也多，但商朝末年商王文丁以后，气候有一段转冷的趋势。文献记载，商朝末期发生了大范围的自然灾害，天气干旱，江河绝流，蝗灾不断。内部积重难返，连老天都不断降灾，纣王的位子，显然是很难坐。

所以最后我们总结一下历史上真实的纣王：他有缺点，好色享乐，但说他如何荒淫残暴，恐怕言过其实，尤其是那些离谱暴行，应该都是后人编出来安在他头上的。他精明有才干，想有所作为、扭转乾坤，力图振兴商朝，但是王朝作为一条六百年大船早已经千疮百孔，难以裱糊。他面对内忧外患（内部纷争和外部东夷、周人等的反叛），却刚愎自用，一意孤行，没有缓和而是加剧了各方矛盾，反而加速了王朝覆灭。说到底，纣王只不过是一场末代王朝"悲剧"中的代表人物，一位失败的改革者而已。

◎15 纣王释放姬昌的真相

我们这本书的"主角"是周朝,所以我们剖析了半天纣王之后,还得回过头来,继续讲周人的故事。

姬昌被纣王扣押,拘禁在距离殷都不远的羑里城。后世一些画家画"文王拘羑里",常画成姬昌坐在牢房中,其实这应该是不对的。比照后世帝王对待不放心的大臣、诸侯的事例,我们可以想见,纣王应该只是把姬昌软禁起来不让他回周国,居住、衣食的待遇是不会差的。

不过失去自由,即便平日里美酒佳肴,也食不甘味。遭软禁中的姬昌,如何打发危险而又漫长的时光呢?司马迁在《报任安书》中有一段名句:"盖文王拘而演《周易》;仲尼厄而做《春秋》;屈原放逐,乃赋《离骚》;左丘失明,厥有《国语》;孙子膑脚,《兵法》修列;不韦迁蜀,世传《吕览》;韩非囚秦,《说难》《孤愤》;《诗》三百篇,大抵圣贤发愤之所为作也。"按司马迁的说法,姬昌在羑里,就是天天"演《周易》"。那姬昌是怎么个"演"法呢?太史公在《史记·周本纪》里说得更明确些:"(姬昌)其囚羑里,盖益《易》之八卦为六十四卦"。所以后世之人大都说文王在羑里时是重叠八卦,增为六十四卦。不过也有古书记载,传说中的伏羲之时就有重卦了;而据考古发现,一些史学家认为我国新石器时代的陶器上已经有六个数字组成的数字卦(六数即六爻,相当于重卦),商代甲骨中这样六个数字的数字卦更是常见,这证实六十四卦出现的年代应该远远早于文王。故而文王发明六十四卦的说法,应该可以休矣。

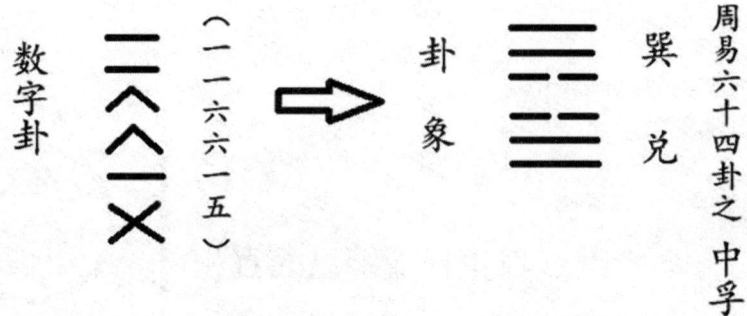

数字卦与周易六十四卦对应示例图

  当然在这里,关于六十四卦的出现时间和发明权属问题,咱们就不细说了。只说被拘禁起来的姬昌,宛如刀俎上的鱼肉,那时候肯定是对自己和周族的命运感到忧心忡忡,不知哪天纣王动了杀念,自己可能就会步了老爸季历的后尘,死在羑里城中,甚至周国都会被商人灭族。偏偏这一切,他又丝毫无力改变,能干的只是整天算卦占卜罢了。记得有本叫《末代皇帝立嗣纪实》的回忆录曾讲,抗战结束后,被苏联人抓到西伯利亚去的溥仪,不知道自己会有什么下场,也是整天诵经念咒,并且拿着铜钱占卜算卦。当然有些人会说,你把历来被称为圣人的周文王和溥仪这亡国之君放在一起说,有点儿过分吧?其实无论什么人,在命运难测、朝不保夕的情况下,心境应该是相同的,做出同样的事情来也正常得很。不管怎么说,想想当年羑里城里,一个曾是一国之君的老头,多年来不知自己哪天会死,又不敢流露任何心迹,只得天天低着头颤巍巍地算卦,那样子确实够心酸。要是拍电影,肯定得多来几个特写。好在姬昌早年就曾遭遇过大挫折(帝乙二年为父报仇失败不得不低头隐忍),他在逆境之下的抗压能力要比他一直打胜仗的父亲季历强得多,所以他一直顽强地活着。

  被软禁的姬昌只能算卦度日,那外面的周国人都在干什么呢?当然他们也没闲着,忙着多方营救自家国君。周国的大臣,也就是前面提到的闳夭等人,先到姬昌老岳丈家即有莘氏之国去求来美女,再到骊戎这个部落弄来有斑纹的骏马,又到有熊氏之国搞到九辆高档马车,并且从其他地方弄来数不清的珍宝奇物。他们通过贿赂纣王的宠臣费仲,把这些"礼物"进献给了纣王。据说纣王得了礼物很高兴,说:"这些宝贝中有一样就足够放西伯了,何况这么多?"说完纣王挥一挥衣袖,姬昌就被放了出来。这时，距离姬昌被拘禁在羑里城，已经过去了七年。

《史记》上把纣王释放姬昌的原因和过程说得极其简单，但这显然不会是真实的历史。如果送上珍宝美女纣王就肯放人，那周国人怎么会那么傻，直到自家国君被关了七年，才脑筋开窍，知道要行贿？何况纣王作为一个大国帝王，难道是土包子没见过世面，真能为了那点儿东西就猪油蒙了心？尤其史书说纣王聪明绝顶，怎么会仅仅因为一些宝物，就放了一个潜在的大敌？后人也发现太史公的这种说法用脚趾头想想也不太对劲儿，难以服人。

其实除了太史公的这种说法，在《左传·襄公三十一年》里还有另一个纣王为何释放文王的说法。这说法是，姬昌被纣王囚禁后，诸侯都跟着一起来坐牢（"纣囚文王七年，诸侯皆从之囚"），纣王觉得犯了众怒，于是释放了文王。但是这种说法，显然比太史公的说法更不靠谱——姬昌作为一方诸侯、一介臣子，越得人心，纣王岂不是越不放心？那岂不是更放不得了！

上面两种说法都难以解释纣王为啥肯放姬昌，于是三国西晋时的史学家、医学家皇甫谧，又在他写的《帝王世纪》一书里加了点儿猛料。

《帝王世纪》一书中说，纣王拘禁姬昌后，姬昌的长子伯邑考，主动来到商朝请求做人质，希望纣王放了自己父亲。结果纣王却把伯邑考给烹杀了，也就是给煮了，并做成人肉羹，赐给姬昌吃。古人都信圣人能未卜先知，所以纣王赐羹前对身边的人说："如果姬昌真是圣人，就不会吃他自己的儿子。"结果姬昌不知是没看出这是自己儿子的肉，还是装着不知道，愣把这人肉羹给喝了。这下纣王高兴坏了，说："谁说姬昌是圣人？他吃了自己儿子肉做的羹都不知道哩！"按《帝王世纪》的说法，纣王是觉得已经证实姬昌不是啥圣人，威胁不了商朝天下，才在得了财宝美女后顺水推舟放了他。

不过，这种文王吃伯邑考肉羹的故事出现得较晚（西晋距离纣王时期足足有近一千三百年），可信度显然更低，这说法也不可能是纣王释放姬昌的深层次原因。话说在比《帝王世纪》早三百余年的《史记》中，只提到姬昌的长子伯邑考早死，但没提具体原因。更早的《左传》中，东周大臣富辰在历数"文昭十六国"时，也没有提到伯邑考或其后代的封国，显然伯邑考去世时还没有子嗣。因此，历史上的伯邑考应该在十余岁的少年时期就早早夭亡，而且死因与商朝无关，可能是在周国因病亡故。伯邑考夭亡时，姬昌应该还没有被纣王拘禁在羑里。

那纣王释放姬昌,除了周人走费仲的后门、献宝讨好纣王,到底还有什么原因呢?传世古籍中没有其他说法了,好在我们现代人很幸运,能看到很多太史公司马迁都看不到的上古资料,那就是出土的先秦简帛书。话说20世纪90年代,上海博物馆从香港得到一批流散在文物市场上的战国楚简,这就是所谓的"上博简"。学者们经整理研究发现,"上博简"中有一篇早已经失传的古文《容成氏》,里面即讲到了纣王释放姬昌不为人知的原因。

《容成氏》云,因为纣王失德,有九国叛商(还具体提到分别是丰、镐、郍、石、邘、鹿、黎、崇、密须九国)。被拘禁的文王听说后,立即表态:"虽然君王无道,臣子能因此不侍奉吗?虽然父亲无道,儿子能因此不侍奉吗?天子是能反的吗?"纣王听说了文王严申君臣大义的这番话,就把他从羑里城里提了出来,并问他道:"你能让这九国归顺朝廷吗?"文王立即说"能"。于是纣王就让文王去降服这九国,让他们重新归顺商朝。

接着下面,《容成氏》一文就大讲文王如何"以德服人",只用自己的文德就感召七国君主来降,并使不降的丰、镐二国百姓主动抛弃了自己的君主。

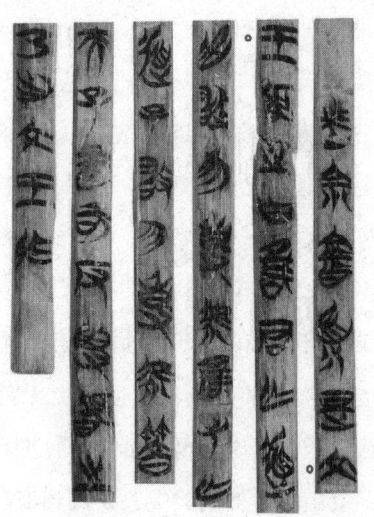

文王闻之(九国叛商),曰:"唯(虽)君亡道,臣敢勿事乎?唯父亡道,子敢勿事乎?孰天子而可反?"受(纣)闻之,乃出文王于……

——战国楚简《容成氏》

15 纣王释放姬昌的真相

战国楚简《容成氏》一文中，文王兵不血刃，只用文德就能摆平九国的故事，显然是后世儒家美化出来的。而且《容成氏》一文中提到的"叛商九国"中的一些国家，比如邢国、黎国、崇国，或商朝自己分封的同姓之国（邢国、黎国），或纣王宠臣之国（崇国），它们都是商朝的铁杆属国，当时不会叛商，所以《容成氏》一文中说的"叛商九国"名单，其实可能是战国时的作者根据后来文王曾征伐的国家的名单凑出来的。但是它前面提到的纣王释放姬昌的原因——让他替商朝平叛，倒是传世史书中未见的，而且很合乎情理，应该是真实的。

因此综合传世文献和考古资料，纣王释放姬昌的历史背景可能是这样的：纣王囚禁姬昌多年后，因为纣王内政外交处理不当，得罪了内部很多勋旧老臣，并导致外部很多同姓异姓诸侯叛商。前一节我们还提到，这时商朝与东夷的战争仍在继续，牵制了商人大量兵力。正在商王朝四处烽烟、内外交困、纣王大感头疼的时候，被软禁于羑里城的姬昌通过某种方式向纣王大表忠心，说自己愿意为纣王分忧，平息多国叛乱（古代"九"往往并不一定是指实数）。当然同时，周人多年来也不断地向纣王孝敬大批珍宝，请求让姬昌归国。纣王一看，得了，商朝这时也没有力量顾头又顾尾，不能既镇压东夷又讨平其他国家的叛乱，不如把姬昌放出去，让他去打那些叛商的诸侯国。反正不论谁输谁赢，都是削弱反商势力。于是纣王最终选择借坡下驴，释放了姬昌。

这种解释，正好又和《史记》后面的一段说辞对上了号。因为《史记》在"纣王得宝释姬昌"后面说，纣王不但放了姬昌，还封姬昌为"西伯"（西方诸侯之长），并赐给他弓、矢、斧、钺，也就是赋予姬昌以征杀大权（弓矢象征征讨之权，斧钺代表杀戮之权）。在没见到《容成氏》一文之前，大家肯定会对纣王此举感到很突兀——如果纣王只是因为得到周国大臣献的宝物才答应放姬昌，那他放就放了，何必放了之后还主动给姬昌征伐之权？读了《容成氏》一文之后，我们就明白了，纣王之所以放姬昌，主要目的是让他为商朝平叛，因此纣王放了姬昌以后还赐给他征伐之权，就显得顺理成章了。

当然，从此以后，随着姬昌职位的升级（从周侯升级为西伯），我们对他的称呼也该升级了，下面我们就改称他为"西伯昌"。

◎16
西伯修德

  《史记》云，纣王得了珍宝美女后一高兴，除了放了西伯昌并赐予他征伐大权，还一转脸把崇侯虎给卖了——他对西伯昌说，就是这家伙说你坏话，要我抓你的。不过真实的历史上，纣王是否曾真的向西伯昌"出卖"过崇侯虎，显然是很可疑的，因为按史书的说法，这纣王可是绝顶聪明的人，并非糊涂蛋。退一步，假如纣王真的曾把崇侯虎"卖了"，恐怕也不是因为他一时"昏庸""犯傻"。也许纣王是故意想让西伯昌去恨崇侯虎，让西伯昌即使想为失去自由的七年报仇出气，也找崇侯虎报去，而不至于直接来找自己复仇，好以此缓解商朝的军事压力。

  再说西伯昌被释放后，马上献出了今天陕西洛河以西的周人地盘给纣王做酬谢、表孝心。接着他又上书，请求纣王废除残酷的炮烙之刑。纣王也顺水推舟地答应了。后世都说西伯昌此举既揭露了纣王的暴行，又为自己赢得了仁德的名声。但纣王纳谏，岂不也能算是知错就改？谁说纣王一点儿不懂得收买人心？

  回到故国的西伯昌，内心自然是百感交集。没有步父亲季历的后尘死在殷商，还能活着返回周原，可能连他自己都没有想到。不过侥幸逃得性命的西伯昌，绝对不会因此就感激纣王，反而更坚定了他要为父亲和自己报仇、兴周灭商的决心。

  当然表面上，西伯昌首先还得继续韬光养晦来麻痹纣王。《淮南子·道应》篇说他采取的一个策略就是，自毁节俭勤政的形象，故意在商人面前表现出一副看破人世、变得贪图享乐的样子——他用珍贵的玉石装饰房门，还修筑了高大的灵台，并挑选美女歌姬，经常在灵台上奏乐玩乐。纣王知道后，大喜过望，说："西伯昌终于改弦易辙，那我就没有什么可担忧的了！"

至于私下里，西伯昌依然广施仁政，极力聚拢人心。

后世孟子在游说魏惠王的时候，这样形容西伯昌（文王）的仁政：

从前周文王治理西岐之地，农业税只收九分之一，做官的人能世代承袭俸禄（仕者世禄）；在关卡和市场上，只维持秩序，不征收赋税；湖泊向所有人敞开，人们能随意捕鱼而不加禁止；犯法的人，只追究其本身，而不株连妻子儿女。鳏寡孤独的人，是世界上最穷苦而又无依靠的人，而文王施行仁政，一定最先考虑他们。

20世纪初，美国总统西奥多·罗斯福曾说过一句名言："检验我们进步的标准，并不在于我们为那些家境富裕的人增添了多少财富，而要看我们是否为那些穷困贫寒的人提供了充足的生活保障。"看来，西伯昌在这方面的意识要比西奥多·罗斯福超前了三千多年啊！

吕不韦门客编的《吕氏春秋·孟冬纪》和北宋刘恕写的《资治通鉴外纪》等书里，还记载了如下一个表现文王仁义的故事：

有一次西伯昌派人挖池塘，挖着挖着突然挖到一具枯骨。官吏报告西伯昌后，他连忙吩咐把这具枯骨换个地方好好安葬。官吏说，这不过是个无主的枯骨，埋他作甚？西伯昌则说："我是一国之主，这枯骨生前也是周国的老百姓，我不就是他的主人吗？"于是他坚持让人把这具枯骨安葬好。天下的人听说后，都极为感叹："西伯的仁慈，都能惠及无主的枯骨，更何况是活人呢？"

这个故事，显然与《战国策》里面那个燕昭王"千金买骨"的故事有异曲同工之妙。

在施政时，西伯昌还特别注意吸取商纣王不招人待见的教训，故意反其道而行之。前面说过，纣王用人喜欢任用"小人"，以架空旧贵族，加强王权。与之相对，为了鞭挞纣王的"不用贵戚勋旧"，西伯昌则保证"做官的人能世代承袭俸禄"。这政策在孟子的那段赞美文王的话里其实已经提到过了，可能大家没有注意到这句话对周政权的重要意义。其次，纣王"为天下逋逃主"，也就是收留各国的逃奴来增加自己的人口。你纣王收留逃奴，不尊重奴隶主们的"财产权"，惹贵族和诸侯不高兴，我西伯昌就搞"有亡荒阅"——有奴隶逃亡，就进行大规模清查，努力追捕逃奴并交还原主，保证谁的奴隶还归谁。

看了这些政策，大家应该明白了，当时的西伯昌其实是以旧秩序和奴隶旧制度的维护者自居,将自己打造为那个时代的"政治正确"者,他努力维护本国和各国贵族、奴隶主的地位、利益,来争取他们的忠心和支持。西伯昌的这项举措,也确实得到周国和各诸侯国贵族奴隶主的拥护,因此对巩固周国内部、拉拢其他诸侯国起到了重大作用。(看到这里,可能会有人按现代的"人权"思想来批评姬昌,但这种以几千年后的标准来评判古人的做法,显然是不太合适的。)

当然,我们上面也提到,西伯昌对本国平民尤其是鳏寡孤独者也很照顾,显然他是在极力争取多数阶层的人心。有人可能会嘀咕了,既要拉拢到贵族、奴隶主("有亡荒阅"、仕者世禄),又要得到平民和贫民的心,这是很难办的事情啊。因为一般情况下,给予某一方的照顾多了,给予另一方的必然就少了,西伯昌是如何做到两面都讨好的呢?其实这说起来也很简单,那自然就是把"蛋糕"做大啰!此时的周国正处在勃兴的阶段,后面我们会提到西伯昌在这一时期发动了一系列的对外战争并取得胜利,这些战争使周国掳获了大量的财富、资源和战俘、奴隶。手里有钱有人,西伯昌自然既不会舍不得把一些逃奴送回原主人那里,也不会吝啬改善一些本国鳏寡孤独的贫苦百姓的生活,自然就能够一方面拉拢到本国和列国的贵族,一方面赢得本国普通百姓的拥护了。说白了,当时的周国就像17、18、19世纪在全球扩张的大英帝国一样,举国上下都能从殖民战争中获利,故而英国上自贵族官僚和资本家,下自平民百姓,个个都支持殖民战争。这就导致了"良性循环"。(相反,纣王这个敢于"改革"、企图打破旧贵族对政权的垄断、大胆提拔地位低贱者的"维新人士",反倒落得悲惨的下场。当然我们也说过,纣王做的这一切,也并不是他主观上多么具有"民主""平等"的思想,而是处在王朝末世,贵族权重,王权衰弱,他为了巩固自身权利,振兴王朝,不得不从人事改革着手。但是他这样做触犯了三代时期"贵族共治"的"政治正确",遭到强力的反弹,又不得不暴力压制。当政、用兵万事离不开钱,纣王自然也该懂得"做大蛋糕"才能有本钱应对一切的道理。可他打东夷虽然取胜,却陷入泥潭,没有取得多大收益,却成了无底洞;他向旧贵族的钱袋伸手,自然遭到嫉恨;对平民搜刮,更是激起下层的怒火。于是纣王的商朝,就陷入"恶性循环"之中。)

前面提到西伯昌一直在招贤纳士,他能走出羑里城,也与他招纳来的大臣闳夭、散宜生等人为他多方奔走分不开。西伯昌回来后,当然更加广求人才。大概在这时期,有个叫辛甲大夫(又称辛公甲)的贤臣来到周国。很多史家认为辛甲就是西伯昌亲家莘国之人。西汉末年著名的古文献整理者刘向，在他的《别录》一书中这样记述辛甲的故事：辛甲原在商朝为官，后来因为不满纣王的所作所为，先后向他"七十五谏"，却都没有任何结果，心灰意冷之下投奔周国。不知道是通过什么途径，辛甲在周国见到了十分受西伯昌信任的召公奭。召公奭听了辛甲的一番谈论后，立即为其深远见识所折服，于是向西伯昌引荐。西伯昌则亲自出迎，把辛甲请入朝中，并任命他为周国的太史。西伯昌的信用与纣王的不加理睬形成了鲜明的对比，辛甲自然感念"知遇之恩"，为周国出谋划策不遗余力，后来成为周朝的重臣。周人吸纳商朝内部的官员贵族为周国所用，既分化了商朝的统治基础，又可以吸收商王朝的先进制度和经验，真可谓一举两得。辛甲大夫，应该不是姬昌从商朝挖墙脚挖来的唯一贤士。

当然，西伯昌这时期求得的最著名贤才，则要属在民间大名鼎鼎的姜子牙了。说起姜子牙，很多人都能说出不少关于他的传说故事。但是，历史就怕认真。历史上真实的姜子牙到底是个什么样的人，您真的认识姜子牙吗？下面我们将向大家介绍这个您自以为熟悉但实际上并不真正了解的历史人物。

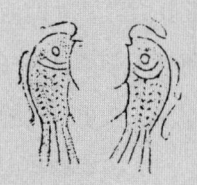

◎17
吕尚的两副面孔（上）

有人看了小节题目会说，你起错了吧？上节末尾还说姜子牙，这会儿怎么叫"吕尚的两副面孔"？其实提起姜子牙，他的名字就值得一说。我们民间整天姜子牙长、姜太公短地叫着，其实史书上对他的正式称呼是吕尚，姜子牙倒是不规范叫法。为什么呢？我们在说姬昌的名称时曾提及，上古时称呼一个男人，不是秦汉以后通常的"姓+名（或字）"的模式，而主要是"氏+名（或字）"的模式。秦汉以后"姓"和"氏"已经不分了，司马迁写《史记》的时候就"姓""氏"混同；但是周朝时，"姓"和"氏"还是区分得很严的。所谓"姓"，通俗地说，就是一个血缘共同体总的符号代称；而所谓"氏"，则是这个血缘共同体壮大之后，每个分支的符号代称。如我们熟知的大诗人屈原，其实他是楚国王室贵族，自然也是姓"芈"，但是你却不能叫他"芈原"，而只能按"氏+名（字）"的先秦男性称谓模式，叫他"屈平"或"屈原"（"原"是他的字，他本名为"平"）。楚国王室成员太庞大了，屈原他那一分支的始祖即楚武王之子瑕，曾被分封在"屈"地，后来瑕的子孙就以"屈"为"氏"。

回过头说吕尚，他确实是姓姜。但起源于西部的姜姓是一个大姓，光是姜姓的古国就有不少，其中一个就是吕国，所以姜姓有一个分支是以"吕"为"氏"的。姜子牙是姜姓吕国那一支的后代，按"氏+名（字）"的先秦男子称谓格式，自然就该叫"吕尚"或"吕子牙"，而不是"姜尚"或"姜子牙"。当然吕尚还有几个其他称呼，如"太公望""师尚父"。为什么又会有这几个称呼，后面都会一一提到。

说完了吕尚即姜子牙的姓氏、称呼问题，我们下面开始进入正题，要说他的"两副面孔"了。这第一副面孔，自然就是绝大多数人熟悉的面孔，也即传统史书和演义小说中的那个面孔。

吕尚面孔一：

出生地：东海边

出身：远祖为贵族

现实身份：穷困平民，半生潦倒

形象：白胡子老头

能力：养活不了自己，但却精通韬略、有安邦定国的本领

发迹原因：渭水边"钓"到周文王

咱们再来具体地说说吕尚这第一个面孔。传统说法认为，吕尚出生在东海边上，是东夷人。他的祖先在五帝时担任过四岳的职务（即太岳，战国古文中的"太"容易误写为"四"），并辅佐大禹治水有功。不过到了商末，吕尚已经失去了贵族身份，成了平民百姓。

传说中吕尚的前半生，可以用"倒霉"一词来形容——干啥啥不顺，做啥啥不行。明代神魔小说《封神演义》中，关于姜子牙有以下的桥段：七十二岁高龄的姜子牙从学艺数十年的昆仑山下山后，到朝歌投靠朋友宋异人，并在宋异人做媒下，娶了六十八岁的老太太马氏当老婆。婚后马氏提醒姜子牙不要总是寄人篱下，催他做点儿小生意小买卖。姜子牙最初选择编笊篱卖，却一个也卖不掉；改行磨面粉去卖，结果遇到军士马惊，踏翻了盛面粉的箩筐；开饭店，饭菜臭、酒肉馊，也无人上门；贩卖猪羊，遇到纣王祈雨，下令禁屠，猪羊被官家没收……总之怎一个"霉"字了得！

有人说，你也讲了，那《封神演义》是神话小说而已，怎么能作数呢？不过有一句俗话大家肯定也听说过，那就是"艺术来源于生活，高于生活"。《封神演义》中关于姜子牙的这些小故事，其实不少也是有传统古籍记载做依据的，只不过夸张细化了一下。

《史记》中就记载，"吕尚盖尝穷困"，也就是说吕尚大概以前很穷困。《战国策·秦策五》中，魏国人姚贾曾对秦王说，太公望是被齐地妇人赶出门的上门女婿，是朝歌市场上连肉都卖不出去的蹩脚屠夫，是被一个叫"子良"的贵族驱逐出去的没用家臣，是在棘津这地方出卖劳力都没人雇用的人。另外，西汉韩婴的《韩诗外传》、西汉刘向的《说苑》《楚辞·九章·惜往日》里，都有吕尚当过上门女婿或市

场屠夫、小贩等的记载。可见关于吕尚的前半生，战国和汉代的古籍都说是很穷困潦倒、很倒霉的。

《封神演义》里面还说，姜子牙因为会看风水算卦，在坐馆算命时拿住了狐狸精假妲己的好朋友琵琶精，被丞相比干发现，推荐给纣王做了名大夫。但是后来假妲己陷害姜子牙，让纣王命他督建摘星楼；姜子牙不忍百姓受苦，于是劝谏纣王停建摘星楼，被纣王追杀，又丢官逃遁。

在古籍《孟子》《史记》中，也有吕尚曾在商朝为官后来又离开的记载。《孙子兵法·用间篇》甚至说，"周之兴也，吕牙在殷"，也就是声称吕尚在朝歌当官做间谍。

那么吕尚这个半生潦倒的倒霉蛋，是怎么得遇西伯昌而发迹的呢？因为年代久远，这个具体过程，连西汉时候的太史公都理不清了，所以他在《史记·齐太公世家》里把几种说法全罗列了上去。

这第一种，也是流传最广泛的说法，自然就是大家熟悉的"直钩钓到周文王"的故事。该故事说当时吕尚听说西伯昌贤德，擅养老，就跑到渭河边钓鱼，希望遇到西伯昌被他"招聘"。后来唐朝的所谓"隐士"们也学会这招，"隐居"不去人迹罕至的深山老林，偏去长安附近的终南山，因为这是容易见到皇帝的"终南捷径"。回过头来说吕尚。话说有一天，西伯昌勤政之余寻思放松消遣一下，也就是想出去打打猎。他这个爱算命的人，出门前照例占了一卦，卦象说，这次打猎得到的不是龙也不是螭（无角龙），不是熊也不是罴，而是能帮你成就霸业的辅佐之臣。西伯昌见了卦象自然是大喜，于是出猎时格外注意，见到渭水北岸有个老翁相貌不凡，就上去攀谈。元代的《武王伐纣平话》还说是因为姜太公是直钩钓鱼，离水三尺，才吸引了文王。西伯昌经过与吕尚交谈，非常钦佩他的才能，高兴地说："我太公（爷爷）公亶父曾预言说，以后将有圣人来到周国，周国会因此兴盛。你就是这个圣人吧？我家太公盼望你很久了！"于是就给吕尚起了个号，叫"太公望"（爷爷盼望的人），并让吕尚跟他同乘一辆车回宫，还任命他为国师。

第二种说法，说的是西伯昌被囚羑里期间，周国大臣闳夭、散宜生急于救主，得知吕尚的才能，将他招来，三人一起四处求得美女、骏马和其他珍宝，救出了西伯昌。此后，吕尚就跟着西伯昌一起来到周国。

当然，还有不少人把《史记》和《楚辞》、《孙子兵法》等书的几种说法综合在一起,说吕尚应该在殷都的时候就见过或参与营救过西伯昌,但是之后并没有立即跟着西伯昌、闳夭等人回周国,而是继续在殷都做"间谍",侦察商朝的内情和动向。之后他完成任务,才西行来到周国。西伯昌虽然早已经了解到吕尚的才能,但是因为他身份低微,怕贸然起用不能服众,所以才装神弄鬼地搞算卦占卜,说将会遇到能治国平天下的圣人,然后演出了一幕"渭水得贤"的剧目。

至于吕尚得遇西伯昌时的年龄,春秋以前的史料,如《尚书》《易经》《诗经》甲骨文、金文等,都没有明确提及。战国到两汉的古籍,则开始把初见周文王时的姜太公,说成是一位白胡子老头。如《荀子》和《韩诗外传》《尉缭子》《说苑》里说,吕尚遇到周文王时是七十多岁了;《楚辞》说得更邪乎,说吕尚遇周文王时已经九十多岁了。

一介布衣甚至可以说贱民,前半生怀才不遇,潦倒不堪,连自己都养活不了;到了须发皆白的七十多岁或九十多岁高龄,遇到文王识人,居然一下子发达起来,成为帝王师。后世因此就把吕尚当作大器晚成的典型。这样的故事,简直太励志了!难怪很早以来,吕尚(姜子牙)就被塑造成神仙形象。

不过吕尚的这些故事显然过于传奇了些,不由得让人想起鲁迅先生评价《三国演义》描写诸葛亮的那句名言——状诸葛之多智而近妖。想必很多人会怀疑,历史上真实的吕尚,难道真的像上面那些古书中描述的那样吗?我们下节,就要来详细探讨一番。

◎18 吕尚的两副面孔（下）

上节说的吕尚（姜子牙）的这第一个面孔，自古以来深入人心，几乎无人怀疑。但是进入近现代，很多人却开始质疑起来：历史上真实的吕尚确实是上面这样的吗？人们的怀疑，首先是从吕尚的年龄开始的。

前面说过，春秋以前的史料并未对吕尚的年龄有明确的记载。但是战国和汉代古籍里说吕尚见文王时都七十多岁了，甚至还有一种说法是九十多岁了，这真的可能吗？在《诗经》和《逸周书》里却记载了两件事可以证明，吕尚在文王去世多年后的武王伐纣之时，也绝非八九十岁以上的耄耋老人！

《诗经·大雅·大明》有诗句云："牧野洋洋，檀车煌煌，驷原彭彭，维师尚父，时维鹰扬。"诗句描写的是武王伐纣牧野之战时（此时距离文王得吕尚已经有十余年），吕尚乘着战车，像盘旋而起的雄鹰一样猛冲敌阵的情景。

我们试想一下，如果按战国和汉代古籍描写，吕尚遇文王时已经七十多岁或九十多岁，那十多年后牧野之战时，就该八十多岁或一百多岁了。一个那么大年纪的老人，乘坐在古代那种没有减震系统、没有橡胶充气轮胎的木轮战车中，飞驰于坑坑洼洼的纯天然原野上，一把老骨头不被颠散架就算不错了，还能像雄鹰一样迅猛冲击敌阵吗？

有人可能会辩解，诗歌都是喜欢夸张的嘛，你较什么真儿？人家艺术加工难道不行？李白还写"白发三千丈，缘愁似个长"，你也去量吗？八十多岁或一百多岁的老吕尚，像雄鹰一样冲锋敌阵肯定不可能，但是打仗时坐在战车里，在军阵之中出谋划策做做指挥工作，总可以的嘛！写《大雅·大明》的诗人把吕尚在阵中指挥写成如雄鹰般冲锋,吹牛程度还比不上李白呢。确实,如果仅仅只《诗经》说吕尚"时维鹰扬",那可能真的是诗人夸张。不过很可惜,先秦《逸周书·克殷解》也记载,吕尚在牧野之战中确确实实是带头冲锋陷阵的"先锋官",起到冲破商军军阵的"开罐器"的作用,而并不是坐在战车里轻摇羽扇,仅仅指挥出主意而已。

这《逸周书》,是由《尚书》编余的篇章缀合而成的古书,内容庞杂,成篇年代不一,其中很多篇章被近现代史学家公认是西周早期的文献,《克殷解》就是其中之一。《逸周书·克殷解》云:"周车三百五十乘,阵于牧野,帝辛从。武王以尚父与伯夫致师。"这"致师"是什么意思?汉代大儒郑玄注释说:"致师者,致其必战之志。古者将战,先使勇力之士犯敌焉。"这文言文极其简单,谁都看得懂。说白了,所谓"致师",就是像一些古典小说、演义里描写的那样,两军对垒时,派出猛将出阵挑战,或者是派猛将率少数精锐直接冲击敌阵,以挫败敌人锋芒,鼓舞本方士气。既然《逸周书》里明确写牧野之战中吕尚的任务是"致师",那《诗经》里描写的吕尚如雄鹰般猛冲敌阵,就不是文学夸张而是写实了。换句话说,《逸周书·克殷解》是用简单的纪实语言描写吕尚在牧野之战的任务("致师"),而《诗经·大雅·大明》则是用诗歌的手法形象地描写吕尚在履行这个任务时的战斗英姿。两者完全可以互相印证。

吕尚在牧野之战中的一项任务我们已经证明,那么问题来了:如前所述,如果吕尚真的是八十多岁乃至一百多岁的白胡子老头,他怎么可能被周武王赋予"致师"的任务?要知道,"致师"的成败,对对阵双方的士气影响极大。自古以来"致师",都是选择本方最勇猛的武士。尤其我们后面还会说到,牧野之战时周武王其实并没有必胜的把握,他斟酌"致师"的人选时,必定非常谨慎,因为这事关灭商成败,甚至周国存亡。这种关键时刻若派八十多岁乃至一百多岁老头子去"致师",那岂不是拿本方士气开玩笑,拿三军将士的性命和国运开玩笑?众所周知,按生理学的常识,人过了二三十岁,体力就随年龄的增长而逐步衰竭,那种越是白胡子老头、越是残疾人越厉害的桥段,只可能在金庸的武侠小说里出现。历史上真实的吕尚,也当然不会像《封神演义》里描写的那样,是大神元始天尊的弟子,拥有威力无比的打神鞭等神器!显然,周武王是绝对不会在商周决战时派个耄耋老人上场"致师"!反过来说,既然历史上周武王确实是派吕尚担任致师任务,那我们可以认定,当时的吕尚,绝对是周人阵营中最厉害的猛将！所以牧野之战时的吕尚，绝对是正值壮年。不说三四十岁，至少应该不超过五六十岁才合乎生理规律。

其实还有一处资料，能大概算出吕尚在牧野之战时的年龄。西晋时期碑刻《齐太公吕望表》（原碑已失，现存拓片），引述当时刚从汲冢挖出不久的战国史书《竹书纪年》，指出齐太公吕尚死于周康王六年。该表还推测吕尚享年大约一百一十岁。《史记》也说，"盖太公之卒百有余岁"，就是说太公死时大概一百岁还多一些。结合《齐太公吕望表》和《史记》的记载，吕尚的享年应该是超过一百岁不到一百一十岁。从牧野之战到周康王六年，间隔大约四十七年（武王克商后在位约四年，成王在位三十七年，再加康王六年），所以最后算下来，吕尚在牧野之战时应该是五十多接近六十岁。如果当时太公年纪比这再大，很难想象能作为周方猛将去"致师"了。既然牧野之战时吕尚才五六十岁，那他十几年前遇到文王时，应该只有四十多岁而已，自然还算壮年，而不是什么白须白发的老头子（除非他是个"少白头"）。

除了吕尚的年龄外，他的身份地位，也很值得怀疑。

前面我们讲过，纣王不重用贵族勋旧，用人多用地位低下的"小人"，且喜欢收罗各方犯法之人和逃奴；而西伯昌则反其道行之，保持贵族的世禄（仕者世禄），一抓到逃奴和"流窜犯"，就遣返他们回本国本地。如果真的如战国古籍所说，吕尚当过上门赘婿、蹩脚屠夫、无用仆人、水滨钓翁等，那他即便不算逃奴和流窜犯，也属于贱民无疑了。标榜自己恪守贵族时代的"政治正确"、自诩坚决维护贵族利益、抨击纣王用"小人"的西伯昌，怎么会用这种"小人中的小人"呢？这不是在诸侯面前自取其辱吗？

而且我们知道，吕尚在历史上，是以军事谋略出名的，传说他还写过名为《六韬》（又称《太公兵法》）的兵书。当时能精通谋略并写书的人，必然得是饱学之士。要知道上古之时，"学在官府"，直到春秋时期都是如此。孔老夫子以后，才开始"有教无类"，平民才能有机会学知识、学文化。历史上真实的吕尚若是地位低下的"小人"，吃了上顿没下顿，怎么可能有钱有闲去学知识？何况当时知识都掌握在贵族阶层，你就是有点儿钱有时间，人家贵族也不可能低下高贵的头颅教你文化，尤其不可能教你兵法、治国这些属于贵族的"专业"——你一介贫民学兵法、治国，你想干吗？所以上古之时的吕尚若真是个军事家、谋略家，他的身份就不可能是平民、贱民，而只能是贵族。

其实史书上还明确记载了吕尚的一个高贵身份，很多人不知道。《左传·昭公元年》中"武王、邑姜方震（娠）大叔"这一句原文下，有晋代历史大家杜预写的一个注脚："邑姜，武王后，齐太公之女。"众所周知，吕尚后来封于齐国，又称"齐太公"。原来这吕尚还是周武王的老丈人！有人会疑惑了，这又怎么样？其实这个信息非常重要——这证明吕尚的历史真实身份绝不是贱民，而是贵族！上古贵族和平民、贱民之间的界限是像鸿沟一样严格的，绝不像战国以后，贵族、平民身份转换相对容易和频繁。那时王公贵族的婚姻都是政治婚姻，因为要通过婚姻巩固扩大政治势力，所以最讲门当户对。也就是说，那时王公贵族，必与王公贵族通婚，不可能跟平民通婚。看看武王之前周国君主的正妻：季历的老婆是殷商挚国的次女，文王的老婆是夏朝支系有莘氏之国的女儿。周君的正妻，都是其他国家的"公主"。如果真的如战国古籍所说，吕尚以前是个贱民，背后没有强大的政治势力做支撑，那周人的君主怎么可能娶这样人家的女儿当王后？周国君主娶平民、贱民之女为王后，这岂不是白白浪费了一次用联姻来扩张政治势力的机会？尤其当时周人正企图灭商，在这背景下浪费联姻其他国家的机会，更是令人匪夷所思！周国、文王，显然不会这样做。

因此武王娶吕尚女儿邑姜为王后正妻一事，足以证明当时吕尚家绝非平民，必是当权贵族无疑！吕尚当时应该是姜姓吕国的高级贵族，甚至可能是公子、国君之类的人物。文王安排儿子太子发娶吕尚之女，不但是笼络吕尚这个人，更是要以联姻的方式，联合吕尚背后的这个姜姓国家。战国古籍中称吕尚前半生潦倒，干过各种贱业，要么是战国时士人们为了励志、为了宣扬"朝为田舍郎、暮登天子堂"而编出来的；要么是如《孙子兵法》所说，是吕尚潜伏在商朝当间谍时用的掩护身份。

吕尚的出生地，我们也得来纠正一下。传统史籍如《史记》说，吕尚是东海边人，也即东夷人。但是我们知道，古代姜与羌同字，羌人起源于西方，姜姓也为起源于西方之姓，吕尚怎么可能是东夷人？何况古籍《礼记·檀弓上》记载："太公封于营丘，比及五世，皆反葬于周。"古人又有诗云："狐死必首丘，越鸟巢南枝。"之所以从齐太公吕尚开始，一连五代齐国君主死后都要从齐国返回周原安葬，显然西方才是他们的祖居地。故而历史上真实的吕尚，应该是西方人；而且我们说过，按古人以国为氏、以地为氏的传统，他应该就是当时的吕国人。据王玉哲等历史学家考证，最初的吕国位于现在山西西南部的霍太山附近一带，霍太山即古代姜姓神山四岳（四岳并非四座山，而是一座山，王玉哲考证"四岳"应写为"太岳"，战国古文中"太""四"形近，故而讹误为"四岳"）。所以吕尚应为西边的山西人，而不是东海边人。所谓吕尚是东海边人的说法，无疑应该是因为后来吕尚被分封在东海边的齐国，后人才倒果为因产生错误。

因此吕尚的第二个面孔，即接近历史的真实面孔，应该是下面这样的：

出生地：西方吕国（今山西霍太山一带）

出身：远祖为贵族

现实身份：当权高级贵族、文王亲家、武王丈人

形象：壮年猛将（遇文王时）

能力：熟悉谋略、韬略，惯于冲锋陷阵

吕尚的历史真实形象既然如此，那么所谓"文王渭水得贤人"的故事，显然是后世编造的神话而已。"文王渭水得贤人"的故事既然是编造的，那么吕尚那个"太公望"的称呼，自然也不可能是"我（指文王）太公（爷爷公亶父）盼望已久的人"的意思。其实"太公"就是对祖上或老者的尊称，而"望"则是吕尚的名字。西晋时期的碑刻《齐太公吕望表》中就记载了一个"天帝托梦文王向其推荐吕望"的故事。该故事中还有一个文王问吕尚名字的桥段——文王问："你名叫望吗？"吕尚答："是的，叫望"。既然吕尚本名"望"，那么"尚"自然就应该是他的字。当然吕尚字的全称应该是"尚父"，因为《诗经》里就把吕尚叫作"师尚父"，"师"为太师之意，是武官名。至于"子牙"，很可能是吕尚的又一个字。现在我们就能弄懂吕尚的称呼了：吕尚，名望，字尚父，又字子牙。叫他"吕尚"，是"氏+字"的称谓模式。如按"氏+名"的称谓模式，我们其实该叫他"吕望"。

笔者推想，历史上吕尚的真实事迹应该如下：因为姬姓周人与姜姓国家长期通婚，况且吕尚所在的吕国（山西一带）也在周国东边不远，关系本就密切，西伯昌也许很早就认识吕尚，知道他的能力。后来西伯昌被纣王拘禁在羑里，闳夭等人又找能力超群的吕尚一同到商朝营救西伯昌。可能西伯昌被囚羑里七年间，吕尚还曾深入到殷商以各种贱民身份做卧底，甚至打入商朝朝廷，侦察商朝民间、朝堂的动向，故而留下很多他是贱民身份（屠夫、小贩、仆人、上门女婿等）的传说。由于吕尚在策划

营救文王一事中出了大力，所以西伯昌回来后就重用于他。西伯昌出于笼络吕尚本人和其所代表的姜姓吕国的目的，再加上姬姓与姜姓长期通婚的亲密关系，所以让儿子太子发娶了吕尚的女儿邑姜作为正妻。按古代的习俗，女子"十五及笄"，出嫁都很早，邑姜嫁给武王时应该只有十几岁。可以想见，吕尚在被西伯昌重用并跟西伯昌结成亲家时，正在四十岁上下的壮年时期。

由以上可知，那就是吕尚被西伯昌重用，绝不是像战国时期幻想"一步登天"的穷士人宣传的那样，是一日成为励志典型，也不是"大器晚成"的典型，而是一个有权势、有能力的壮年贵族，在贵族时代，顺理成章地被另一个国家的君主重用的普通事。因为吕尚本就是当权贵族，所以他被文王重用，也算不得"发迹"，只不过是贵上加贵罢了。

虽然吕尚的真实身份和我们的传统认识大相径庭，但是有一点应该是毫无疑问的，用太史公司马迁的原话来说，就是"言吕尚所以事周虽异，然要之为文武师"。也就是说，虽然关于吕尚的出身、怎么到周国做官的故事版本很多，但吕尚是文王、武王的国师这点，是大家公认、众口一词的。并且太史公还写道，"天下三分，其二归周者，太公之谋计居多"，指出了吕尚对于周国崛起的非凡作用。

◎19 文王因何"受命称王"?

探讨了吕尚的真实身份,我们还得回过头来继续说西伯昌。西伯昌在更加积极地笼络各国、争取人心、招贤纳士的同时,还做了一件意义非凡的大事——按周人的说法是,当时出现瑞兆,标明这时"天命"已经归周了,这就是古籍、周代青铜器铭文上一再提及的"文王受命"或"文武受命";而打这以后,西伯昌就开始"称王",并宣布改元了。于是后世称文王改元的那一年为"文王受命元年"。

古籍、金文上关于"文王受命"或"文武受命"的资料有:

《诗经·大雅·文王有声》:"文王受命,有此武功。"

《诗经·大雅·大明》:"有命自天,命此文王,于周于京。"

《尚书·康诰》:"天乃大命文王,殪戎商,诞受厥命越厥邦厥民。"

《尚书·文侯之命》:"惟时上帝,集天有大命。"

訇簋铭文:"王若曰:訇,丕显文武受命,则乃祖奠周邦。"

大盂鼎铭文:"王若曰:盂,丕显玟王,受天有大命。"

……

周人宣称自己的王朝、祖宗是受命于天的,这没有什么好奇怪的,自古以来、历朝历代都是这样神化自己王朝与开国君主的。不过周人借之宣布受命称王并改元的"瑞兆",具体是指哪件事呢?周人早期文献《诗经》《尚书》以及出土的西周金文里,却都没有明确提及。

文王身后约一千年,太史公在《史记·周本纪》里倒是提了一个具体说法:话说西伯昌内修政理,友善诸侯,在诸侯中威望日隆。诸侯间有什么矛盾,不再去找当

◎ 19 文王因何"受命称王"？

时的天下共主商纣王来主持公道，而是都来请公平公正的西伯昌评理。当时虞国（今陕西平陆）和芮国（今陕西大荔县朝邑镇南，一说在山西芮城）有矛盾，据说是争夺边境，都觉自己有理，互不相让，没办法就到周国找西伯昌来理论。谁知道进了周国境内，看见种田的人互相让地边子，民俗十分敬老。虞国和芮国来的人还没见到西伯昌，就都觉得很惭愧，互相说："我们争的东西，都是周人觉得耻于争抢的，还去找西伯干什么？去了是自取其辱啊！"于是他们就偷偷溜回去了。这事传开后，诸侯们极为感叹："西伯大概是受命于天的君王啊！"太史公说，诸侯都觉得西伯昌的文德配称王了，这就是西伯昌受命称王的原因，也就是那个所谓的"瑞兆"。

上面这个故事，显然也有浓厚的后世儒家味道在里面，恐怕后人搀进的水分很多。不过虞芮两国都曾因为什么事情去找周国的文王评过理，则是真实发生过的事情，因为比《史记》早得多的《诗经·大雅·緜》里也提到过，"虞芮质厥成，文王厥蹶生"。但问题是，《诗经》里却并没有说这个事件就是文王受命的那个"瑞兆"或由头。何况前面说过，这虞国其实就是太伯、虞仲所建，和周国本就是兄弟之国（商代芮国是哪族建立的现在还不清楚）。虞国就算夸周国、夸文王，也算是夸自家亲戚，其他国家恐怕也会觉得你"不客观"。而且，一个上古君王也不像会拿这个事来作为自己受命称王的"瑞兆"或理由——人家说你文德高（其中一个还是你家亲戚），但是好像又没集体劝进，你怎么就自己承认自己文德高而自我称起王来了呢？

话说太史公司马迁是个有民本思想、推崇仁政的史学家。他在《史记》中说西伯昌是因为仁厚公平才被大家认为是"有命在天"，显然也是有深意的，即希望他所处时代和后世的君王们，为政时能以"仁德"为本。不过太史公的愿望和初衷虽然是好的，但是这样的说法，明显不符合商周交替之际的社会文化心理。虽然史学界有"殷人事鬼，周人尚德"的说法，周朝也确实更讲德政对政权兴替的作用，但是社会风气的变化，不是一蹴而就的。而且即便是周代和后世，在崇德尚民的思想抬头后，相信鬼神之事、相信王朝命运由天决定的风气一直也没有断过，甚至十分浓厚，尤其是在没有多少文化的懵懂百姓中。后世的历代王朝，在宣扬自己得到天命时，大都会编一些神话来作为瑞兆。如秦末刘邦集团的人就编出个神话，说刘邦是赤帝化身，曾经斩杀象征白帝的蛇，表明刘邦是得到天命、必将取代秦朝拥有天下之人。就连陈胜吴广这两个农夫戍卒想起事，都要搞点儿鱼腹丹书、篝火狐鸣的把戏。直到清代，掀起太平天国浪潮的洪秀全，造反前还宣称自己病中灵魂升天见到上帝，上帝授予他金玺和"云中雪"（宝刀），令他掌管天下、斩妖除魔。周人在商末那个鬼神气氛浓厚的时代，想宣扬自己受命于天，怎么会那么"理性"地不提一点儿鬼神之事，只说自己"有德行"呢？显然在商末那个时代，周人宣称文王受命，肯定得"应"在一件神叨叨的事情上，才合乎当时的时代背景和心理。不过，这个神叨叨的事情，到底是啥事呢？

在《墨子》一书中，倒是有个"天命文王"的神话故事。《墨子·非攻下》云："赤乌衔珪，降周之岐社，曰：'天命周文王伐殷有国。'"翻译成白话就是说，商朝末年，有一只红色的神鸟，嘴里衔着玉圭，降落到周国岐山脚下的神社中，玉圭上写着："老天命令周文王伐商并拥有天下。"

唐朝学者张守节在他所撰写的《史记正义》中，也引用了汉代谶（chèn）纬书籍《尚书帝命验》上的语句，提到一个类似故事：某年秋天最后一个月的甲子日，有一只红色神鸟嘴里叼着丹书来到西伯昌门上。（"季秋之月甲子，赤爵（雀）衔丹书入于丰，止于昌户。"）

当然现在大家都明白，神鸟衔着带字的玉圭或丹书送给周国姬昌的事情，铁定不可能是真的，必然是周人编出来的。但是这种编法，显然比真实的"虞芮之讼"更符合那个时代人们的心理和要求。

除了神鸟衔玉珪或丹书赐给文王的说法外，古书《逸周书·程寤》篇中，还记载了一个"文王因老婆太姒之梦而受命"的故事。本来《逸周书·程寤》篇早已经散佚，因为其他古书上曾摘引了这个故事的部分内容，我们才知道该故事的大致轮廓。但前些年清华大学从海外得到了一批战国中晚期竹简（即世称的"清华简"），其中正好有一篇《程寤》全文，因此这种"文王因老婆太姒之梦而受命"的说法，一时间又被炒得很热。

《程寤》篇的大致内容是说：

西伯昌被纣王放出羑里后，居住在周国的程邑中。一天晚上，西伯昌的夫人太姒在睡梦中梦见商朝的朝廷中长满了荆棘，而儿子太子发（武王）取了周廷的梓树种在商廷中，这些梓树后来都变成了常青或茂密的松树、柏树、棫（yù）树、柞（zuò）树。太姒惊醒后，赶紧把梦中情景告诉了西伯昌。（《说文》云，睡觉醒来说的话叫作"寤"，"程寤"即指太姒在程邑睡觉醒来后说的话。）西伯昌也觉得这梦太神异了，吓得都不敢占卜吉凶，就把太子发叫来，命太子发直接让巫师说这是凶梦，并让巫师为自己一家三口（西伯昌、太姒、太子发）举行攘除灾祸的袚（fú）祭。随后巫师们用玉帛祭告宗庙社稷，向天地四方和山川祈祷，并攻击殷商的神灵。经过"望"祭（遥祭山川）和"蒸"祭（冬祭宗庙）后，在明堂占卜，结果大吉大利。于是西伯昌和太子发一起拜谢吉梦，因而从皇天上帝那里接受了商命。

有人可能会看出来，之前我们讲述的那个"神鸟衔玉圭或丹书"的故事，只提到文王受命，没有提到武王啥事儿；而这个"因梦受命"的故事，则不单单是讲"文王受命"，而是讲"文王武王共同受命"。尤其值得注意的是，"因梦受命"中周人判断是否受命的方式是占卜！

大家都知道，商人万事都靠占卜来决定，下至虫鸣鸟叫，上至祭祀战争（"祀与戎"），无不靠占卜来定吉凶可否，殷墟里那成窖的卜辞就是明证。其实那个时代，不但商人迷信占卜，周人同样迷信，1977年考古工作者在陕西周原也出土大批甲骨，学界一般认为大都属于文王时期。在这样的大背景下，周人宣称的"受命"，怎么可能离得开占卜呢？再说姬昌本人，虽然前面我们引用陶文、甲骨文证明他并不是六十四卦的发明者，但众所周知他也是以喜欢占卜打卦闻名的。《尚书》中的《周书·大诰》一篇，自古至今都被认为是可靠的西周文献。《大诰》是周公东征平叛前以成王的口吻所作，其中有一句"天休于文王，兴我小邦周，文王唯卜用，克绥受兹命"，此话并不算太深奥，意思就是"上天降福于文王，使小邦周兴盛起来，文王只以占卜来行事，所以能承受这天命"。"知父莫若子"，既然文王处处靠占卜行事，"受命"这样的大事，姬昌怎么能不用龟卜呢？没有占卜"证实"的东西，当时的人又怎么会信呢？所以姬昌"受天命"的故事，其中必须有占卜！就从周人"因梦受命"的故事里有占卜这一情节来说，它就远胜过"虞芮之讼""神鸟衔玉珪或丹书"这两种说法。

尤其"因梦受命"这个故事，对姬昌心理的变化描述是相当到位的。该故事中，太姒梦中梦见商朝朝廷里长满荆棘，而太子发把周朝的梓树种在商廷中，变成了常青或茂密的松树、柏树、棫树、柞树，即便我们这些不懂解梦的人，也能看出绝对是好兆头——荆棘自然代表不好的东西（古人解释说代表小人），周人的常青树长满商廷，则肯定寓意周人代商。但这么一个大吉大利的梦，太姒说与姬昌听后，姬昌不但没有喜出望外，反而十分惊恐，甚至让巫师为自己一家三口举行祓祭消灾去难，这是为什么呢？我们常说"诸葛一生唯谨慎"，其实把"诸葛"换成"姬昌"也十分贴切，"小心翼翼"这个我们大家熟知、惯用的成语，最初就是《诗经》里用来形容文王的。（《诗经·大雅·大明》："维此文王，小心翼翼。"）大家知道，姬昌这大半辈子，除了十来岁时急于替父报仇进攻商朝冒失了一把，此后几十年一直都是小心谨慎做人。他不低调做人不行，因为在庞然大物大商朝面前，周国实在是一个"小邦周"，稍有差池，不但他姬昌个人性命不保，就连周族都有可能彻底被灭族。这不，他刚在羑里被软禁七年，性命长期悬于一线之间。说姬昌不恨商朝绝对是不可能的，杀父之仇、被囚之辱，哪一样不是痛入骨髓？和仇敌商朝翻脸，姬昌绝非没想过，尤其是从羑里侥幸得生后，是继续忍辱臣事商朝还是反商，已经成为他的一个不得不天天思索的"人生终极问题"了。只是周国经他经营几十年虽然实力大涨，但仍与商朝差距不小，所以"一朝遭蛇咬、十年怕井绳"的姬昌迟迟难以下定最后决心。故而太姒做了那个众人一听就觉得吉利的梦之后，异常小心的姬昌反而紧张万分，不知是福是祸。在经历了一遍又一遍的占卜，甚至攻击了商朝的神灵之后，周国众巫师史官一致认定太姒之梦大吉大利，压抑多年且又迷信卜兆的姬昌这才欣喜若狂，相信皇天上帝真的已经将"商命"授予自己，坚定了他一直犹疑的反商决心。姬昌这番复杂的心理历程，若是拍成影视剧，非老戏骨不能演绎出来。

这个"因梦受命"的说法，至少在东周时期就流传很广，在吕不韦门客编的《吕氏春秋》里，伯夷、叔齐这哥俩就提到过。伯夷、叔齐也是上古奇人，传说他们是与商朝同姓（子姓）的孤竹国（今河北卢龙县）的大公子和二公子，因为互让君位，离国出走。后来他们被西伯姬昌尊老养老的美名所吸引，就西行前往周国。关于这哥俩来到周国的具体时间，各种史书记载不一，有的说是文王时，有的说哥俩走到周国时文王都去世了，周国已经是武王在位，当然这一点咱们就不纠结了。在这里我们要说的是，《吕氏春秋》云，伯夷、叔齐在周国住下没多久就发现，其实这里并非清净的养老之所——周人正招降纳叛、磨刀霍霍，时刻准备跟商朝开战。本来这哥俩就是最反对争名夺利的，对于武王欲讨伐诸侯共主、争夺天下、"以乱易暴"的行为，更是十分鄙夷，于是他们就相视而笑，说了一大段讽刺周人所作所为的话，其中有一句就是"扬梦以说众"。这"扬梦以说众"，显然就是指周人在民众中大肆宣扬文王、武

◎ 19 文王因何"受命称王"?

王因太姒之梦而受天命之事。

所以从商末周初人们迷信鬼神卜筮的心理看,从出现的时间看,至少战国时期就已经流传的文王、武王"因梦受命"的说法,显然要比汉代出现的"虞芮之讼"的这种"仁德"故事强万倍,也比"神鸟衔玉珪或天书"的故事更全面且更能表现文王心理,故而很有可能就是周人宣传得到天命的那个"瑞兆"。当然,笔者之所以说"很有可能"而不是肯定,是因为"因梦受命"故事出现的时间目前还只能上推到战国,距离商末周初仍差了一大截,话自然不能说满。不过我们在一点上可以肯定,即便"因梦受命"不是商末周初周人受天命的真实故事,那个我们已经不知的真实故事中,也得有占卜之事。

所以最后我们可以总结,西伯昌从羑里被放回周国不久,他就因某事(很可能是太姒之梦)占卜得到"瑞兆",进而领受"天命"称王了,于是"西伯昌"从此升级为"文王"。显然文王的这个"王",跟公亶父的"太王"称号、季历的"王季"称号不同,后二者的"王"号是死后才由周人追封的,文王则是生前就称王的。当然,文王虽然下定反商决心并称王了,但是已经饱经世事的他,并没有像少年时一样和商朝公开撕破脸,因此这时他称王,只是在本国境内私下称王,没有嚷嚷得天下皆知。在跟商朝交往的时候,他依旧是称臣并自称西伯、周侯而已。这就如明清时期的越南,在国内他们的君主早已经称"皇帝",但是在到北京朝贡的越南使者的国书里,他们还是只自称"国王"。

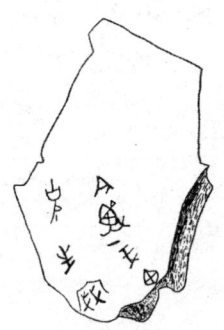

20世纪70年代周原遗址发现的"周原甲骨"中,有一片就刻着"今秋,王囟克往密"的字样。因为文王曾征伐密须国,学者一般认为这里的"王"就是指文王姬昌,证明其生前已经称王。

文王称王这一年，皇甫谧在《帝王世纪》中说是在姬昌即位为周君的第四十二年。文王称王后重新改元，于是周侯姬昌四十二年就变为"文王受命元年"。不过文王称王的那年，相当于纣王多少年呢？按《古本竹书纪年》的说法，季历、文丁在同一年去世，姬昌和帝乙元年在同一年；夏商周断代工程又通过卜辞考证帝乙的在位时间为二十六年。这样算来，纣王元年大约就等于姬昌二十七年；姬昌四十二年受命称王时，即大约相当于纣王十六年[1]。往前推七年，姬昌被囚于羑里的时间应该就是纣王九年前后，这正好与甲骨文卜辞里"帝辛十年征人方"的时间节点非常接近。这样看来，也许纣王拘禁文王，就是为了十年征人方做准备。

---

[1] 注：按《今本竹书纪年》的说法，文王"受命"在纣王三十三年，但该书为伪书，其所说的"受命"也不是指文王接受"天命"，而是说文王接受纣王册封他为"西伯"之命，所以其中关于纣王、文王年数的部分不足为据。

◎20 文王伐九国（上）

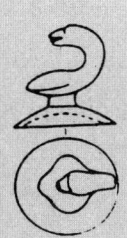

别忘了前面我们讲过，纣王不是白放文王的，其条件是要文王为商朝平定各方叛乱。因此文王虽然要巩固内政、扩充实力乃至制造代商舆论，但是"平叛"的工作同时也要进行。这一则是纣王交代的任务，没跟商朝公开翻脸前还得遵从商朝的"王命"；二则，它也可以实现文王的如意算盘，那就是假公济私，打着"平叛"、勤王的旗号来削弱商朝的力量并扩张自己的势力。所以文王"受命称王"后，立即开始了"替"商纣王"平叛"的事业。

前几节我们讲过，上海博物馆馆藏战国楚简《容成氏》一文中，提到的"叛乱九邦"是丰、镐、郍、石、邘、鹿、黎、崇、密须九国。不过我们前面也对两个方面做了说明：第一，中国古代所说的"九"，常常不一定是实数，很多时候就是"多"的意思，所以咱们也用不着把文王"征伐九国"拘泥于必须九个国家，其实这就是说文王征伐了很多国家的意思。第二，《容成氏》一文中说的很多国家，比如邘国、黎国、崇国等都是商周的铁杆属国，它们当时也不会叛商，所以《容成氏》里面说的"叛商九国"名单，其实可能是战国时的作者以后来文王征伐的国家名字凑成的名单。历史上文王真实的征伐战略，打谁不打谁，先打谁后打谁，当然是以怎么样有利于扩大本国势力、削弱商朝力量为根本的。不过文王征讨的国家中，应该也有一些是真的曾经叛商的国家，因为当时文王毕竟还臣服于商，表面上得对纣王有个交代。

文王征伐九国的历程是从哪里开始的呢？按《史记》上说，文王受命称王后，首先征伐的敌人是周人西北方的犬戎。犬戎，又作畎夷、混夷、昆夷，应该是以犬为图腾的戎族部落。话说在殷墟甲骨文中，就有"犬""犬侯"的记载，一般认为这即指文献中的犬戎和犬戎首领。殷墟卜辞中商王曾卜问到犬地畋猎是否有灾害，显示"犬"地离安阳殷墟应该不远，因此一些史家认为当时的"犬"地可能位于今天晋南或陕东一带。殷墟卜辞里还有卜问"犬"地农业丰收的内容，显然犬戎也有农业，是个农业民族或半农半牧民族，而非如过去一些人想象的那样，是个纯游牧民族。到文王时期，当时犬戎大约已经迁徙到岐山西北方的甘南一带。对比一下前面《容成氏》所列的九国名单，大家就会发现犬戎其实并未名列其中。不过犬戎在周人的背后（按周人准备东向伐商来算），经常侵扰周人，皇甫谧《帝王世纪》说："昆夷侵周，一日三至周之东门，文王闭门修德，而不与战。"周人要向东扩张势力，就不能不先把后方给稳定了，文王自然要先征讨犬戎。文王伐犬戎的具体过程，史书并未有详细描写，但此战文王的目的显然是达到了，因为记述周代历史的史书上很久都没有再提到过犬戎，直到近百年后的周穆王时期。据《国语》载，周穆王想征讨犬戎，但当时的卿士（执政大臣）祭公谋父极力劝阻，说犬戎人一直臣服恭顺，可见犬戎应该是被文王一战打服了近百年。

　　文王受命称王后第二次出征，讨伐的是姞姓的密须国（和那个倒霉的鄂国同姓）。这密须国倒是《容成氏》中提到的九国之一。密须国是当时较强大的国家，它在今天甘肃灵台县西南即岐山的正北方。密须所在的位置，长期以来是西方戎族进入关中的交通要道。周人要"翦商"，本来就要消除密须这个隐患，没想到它自己先折腾起来。《诗经·大雅·皇矣》写道："密人不恭，敢距大邦，侵阮徂共。王赫斯怒，爰整其旅，以按徂旅，以笃于周祜，以对于天下。"这段翻译成白话就是说，密须人先侵略与周人关系不错的阮国和共国（据说这两国都在今甘肃泾川县附近），文王因此勃然大怒，于是整顿兵马，制止密须人的侵略行径，保卫周国社稷，维护国际和平。据皇甫谧《帝王世纪》说，文王伐密须前，他的三子管叔鲜还曾劝阻，说密须国君主贤明，伐之不义。这时吕尚则说："臣闻先王之伐也，伐逆不伐顺，伐险不伐易。"太公一席话，坚定了文王伐密的决心。周原甲骨中对此战也有记载，如有"今秋王囟克往密""王其往密山"等刻写。文王可能是率先占领了密国旁的军事要地密山，从而对其形成泰山压顶之势，所以《帝王世纪》和《吕氏春秋》都说，密须人最后不得不自缚其君出降。后世孟子所说的"文王一怒而安天下之民"，就是指此战。周人胜利后的缴获也颇为丰富。史载文王把缴获密须国的战鼓和战车当作"大蒐礼"（围猎形式的军事演习）的仪仗；后来周成王（武王之子）分封诸侯时，又特意把这密须国战鼓和战车当作礼器,分赏给弟弟唐叔虞(晋国始封君),鼓励他继承祖上尚武精神,建立军功,做好王室屏障。

西北方平定之后,稍微安稳的文王开始大胆经略东方。

文王受命称王后第三次出兵,讨伐的是黎国(又写作耆国)。文王时的黎国为子姓,是商王分封的同姓诸侯国,位于现在的山西省东南部长治县南边的壶关境内。相对于近边的犬戎和密须,黎国距离周人的核心统治区则远得多了。就是从周人东方的行政中心程邑出发,到黎国的地图距离也有近五百公里!文王为什么能从陕西关中一下子跃进千里,进攻山西东南部的黎国?这就要重提前面说过的"虞芮之讼"。这虞国,前面我们详细讲过,是太伯之国,位于今山西平陆一带。季历讨伐今山西戎狄时,虞国就是周人在山西的重要前进据点。文王继位后第一次冒失伐商失败后,虞国可能也被商人收拾,不敢再充当兄弟之国周人的山西基地。但是随着周国势力再次崛起,自"虞芮之讼"后,虞国又成为周人的前进兵站。商末的芮国,在今天山西芮城县。当时芮国是何姓不详(周代的芮国已是姬姓),可能为姜姓,因为北宋时期编修的《广韵》一书说,"神农居姜水,以为姓,其后为齐、甫、申、吕、纪、许、向、芮",提到姜姓诸国中有芮国。也许出于姬姜长期联姻的关系,姜姓芮国跟周人关系很好,故而跟周人的分支国虞国闹矛盾的时候,芮国选择去找西伯昌评理。芮城县东北方的山西永济西,有著名的黄河蒲津渡口(当然商朝时不一定有这渡口名),是关中与山西之间重要的往来通道。芮人倒向周国,周人自然就方便渡河东进山西。因此文王伐黎的行程,可能是从今陕西咸阳市东北的程邑出发,在芮国的接应下自蒲津渡东渡黄河,过了河在虞国进行歇息和物资补充,然后再向东北进发,前往今天山西壶关的黎国。一路都有照应,能得到休整补充,这应该就是周文王能顺利克黎的原因。

再说这黎国,与商朝的都城安阳隔太行山相望,航空距离仅一百公里左右。黎国(今壶关)以北的今长治地区,还是太行八陉中第四陉——滏口陉的西入口。说到这里,我们有必要先简要介绍一下太行八陉在我国军事地理中的重要作用。太行山纵贯河北、河南和山西之间,是华北平原和山西高原的天然分界线。气势磅礴的太行山如一道天然长城,阻隔了东西两边的联系。不过绵延千余里的太行山深处,却有八个自然形成的地势险要、崎岖难行的峡谷,可以沟通河北平原与山西高原,这就是所谓的"太行八陉"。从黎国以北通过滏口陉穿过太行山,东面就是今天的河北省邯郸市所辖的峰峰矿区。从峰峰矿区南下到殷商都城安阳,直线距离仅三十余公里,急行军也就是一两天的路程。因此,商末时的黎国是商都安阳以西的一个重要军事防御据点。黎国有失,太行山对商都的屏障作用就丧失近半了,安阳的西大门也就算半开了。

  正因为黎国的地位对商朝来说非常重要,所以文王打下黎国后,给商人带来的震动可想而知。《尚书》中有一篇叫《西伯戡黎》,说的就是文王打下黎国后,商朝王室贵族祖伊十分震恐,跑去劝谏纣王不要再贪图享乐,并赶紧制定对策。但是纣王的反应却是完全无视、毫不在乎:"哎哟,我难道不是一生下来就有大命在天的吗?"不过《西伯戡黎》这篇的后段,又借祖伊之口大讲商人先王不再庇佑商朝,百姓也希望其灭亡,并指责纣王荒淫,这着实有点儿不太像商朝未亡前贵族臣子敢说或应说的话,很可能是周朝时商人后裔宋国人的追记。因此纣王是否真的曾说自己"有命在天",咱们也不能确定。可周文王这几年征伐灭国,尤其是攻打对商朝极其重要的黎国,传世古籍上也确实没见写纣王有什么行动反应,这到底是怎么回事呢?难道纣王真的相信文王是在自己授予的征伐之权下平定叛国吗?以纣王的聪明,就算前面文王伐犬戎、灭密须,他没看出文王是在打着为商朝平叛的旗号扩充自家实力,那文王讨伐与商同姓的黎国后,他总该明白文王叵测居心了吧?笔者以为,他之所以没有立即反击周人,应该不全是妄自尊大到不顾王朝兴亡、自身性命。在上节末尾笔者曾推测过,"文王受命元年"大约相当于纣王十六年左右;本节记述的文王伐黎一事发生在其"受命"后几年内,那么该事件的发生时间应在纣王二十年前后。在介绍纣王与东夷的战争时我们还提到,据小臣艅犀尊铭文和殷墟卜辞显示,纣王十五年和二十年时商人曾发动对东夷的大规模战争。因此最符合情形的解释恐怕是,当时商朝内有旧贵族不满纣王任用"小人",外需继续对东夷施以重兵,故而内外交困之下的纣王难以东西两线作战,无力在大举用兵东夷的同时再压制姬昌。当时纣王的军事算盘,应该是西守东攻:对西方先取防御状态,守住太行山,最低守住太行山东麓的滏口陉等各陉的东出口;对东方则集中力量尽快彻底安定东夷地区;等到东方缓和下来,他腾出手,再全力对付西方周人。纣王说的"有命在天"的那些话,如果真的存在过,应该也是他安抚惊恐的商朝贵族的话,让他们不要被打到黎国的周人吓倒,从而破坏了自己先东后西的战略计划。

  文王受命称王后第四次出征,讨伐的是邘国。这邘国我们前面也介绍过,甲骨文中写作"盂",其位置在今天河南沁阳西北。因邘(盂)与鄂地非常接近,其国又称"鄂国"。鄂国君主本姓姞。纣王的父亲帝乙在位时,姞姓邘国(鄂国)曾经反叛,并进犯商朝的属国。帝乙九年十月到十年九月,商王帝乙动员多个诸侯国的军力,对姞姓邘国(鄂国)发起了历时一年的大规模讨伐。帝乙驾崩其子纣王上台后,可能是出于先大棒再胡萝卜的政策,一度封姞姓邘侯(鄂侯)为三公。但没多久,纣王就借口邘侯(鄂侯)帮着被剁成肉酱的另一位三公鬼侯说话,把他给杀了,并腌成了肉干。姞姓邘侯(鄂侯)死后,其族人南下逃到了今天湖北随州安居镇一带,重建了鄂国。随后可能纣王为了填补姞姓邘国(鄂国)人南迁留下的空间,重新分封自家的子姓贵族到邘地为侯,仍沿袭"邘国"的国名。文王为什么要讨伐商朝的畿内封国子姓邘国呢?这里我们又要详细分析一下邘国(盂国)的地理位置。沁阳西北的邘国(盂国)位于黄河以北,今山西、河南两省交界处。殷墟卜辞显示,它是商朝的重要粮食产地和田猎区,军事上更是商王畿西南的重要军事基地。邘国(盂国)向西,有太行八陉的第一陉——轵(zhǐ)关陉。经轵关陉通过王屋山、中条山之间的隘道,可以直达今天晋西南的侯马一带。邘国(盂国)的北方则有太行八陉的第二陉——太行陉。经天井关进入太行陉,可以北达今天晋东南的晋城、长治等地。所以此地历来是河南进入山西的交通要道。商代对今天山西一带的反叛诸侯或方国用兵,基本上都是以此为出发基地。战略地位如此重要的地方,自然是兵家必争之地;另外周人如果夺取邘国这个农业、田猎区,也可以严重削弱商朝的经济实力。所以文王兵锋指向邘国,也就毫不奇怪了。

　　文王进攻子姓邘国(盂国),走的很可能是太行八陉的第一陉——轵关陉。已经失传的《尚书·泰誓》中有一句话,就是描述这次文王伐邘国的盛况:"我武惟扬,侵于(邘)之疆,则取于残,杀伐用张,于汤有光。"这句意思就是说,我军威武又凌厉,攻到邘国疆土上,诛除暴君去凶残,杀伐武功震四方,辉煌伟绩胜成汤。可见此次伐邘,也是文王的一桩赫赫武功。从邘国往东北进军,到纣王时期的别都朝歌(今河南淇县一带),不过百余公里,而且是河南平原,毫无险阻。因此对商朝来说,邘国失守所导致的问题严重性远超黎国的失守(黎国毕竟还在太行山的西边)。至此,纣王所期望的太行山防线,其南端已经完全不起作用了。而且周人连下黎国和邘国,还造成了一种可以两面夹击商朝首都圈(安阳—朝歌)的态势,战略意义重大,可以让商人防御时顾此失彼。

◎21
文王伐九国（下）

文王受命称王后第五次出征，讨伐的对象是崇国，他的国君就是那个在纣王面前说文王坏话的崇侯虎。崇国的历史十分悠久。据传说，夏禹的父亲鲧（gǔn），就曾被封在崇国，因此鲧又被叫作"崇伯鲧"。但商汤灭夏后，崇国的国君就也由夏族人换成了商族人。崇国是商朝的重要诸侯国，国势强大，卜辞里多有崇侯跟随商王出征的记载。商末的崇侯虎也是纣王的得力亲信。前面我们介绍过，传说是姜太公所著的《六韬》一书说崇侯虎能力举五百石的重沙，是个猛将的角色；而且从他最先洞悉文王"邀买诸侯"的用心就可以看出，他不仅勇力过人，头脑也并不简单。

不过商末时崇国的具体位置在哪儿呢？古人认为，它就在陕西户县（今西安市鄠邑区）东，也即后来文王所建都的丰邑（今西安市长安区西部沣河中游西岸）一带。他们的依据是《诗经·大雅·文王有声》中的一句话："文王受命，有此武功，既伐于崇，作邑于丰。"古人认为这句就是说，文王灭了崇国，然后在其地建了丰邑。但这种理解显然是错误的。因为据出土战国简书《容成氏》的记载，丰国也是文王所伐"九国"中的一国，丰邑自然就是丰国都城。丰国和崇国明显是两个国家，崇国和丰邑的地点怎么会重合？从地理上讲，崇国在后来文王所建的丰邑一带也不合情理。我们知道丰邑在周国的程邑南边不远（程邑在渭河北，丰邑在渭河南）。周国自季历初期就打下程国，修筑程邑，以此作为向东发展的重要基地。季历、文王都经常待在程邑，当时程邑颇有周国别都的味道。如果崇国真在丰邑一带，季历、文王怎么能让一个商族人的强大国家几十年来驻扎在自己别都程邑边上？如果强大的崇国和程邑距离那么近，文王先举兵讨伐遥远的晋东南黎国，他不怕崇国端他的后方老窝吗？文王征伐纣王的盟友，自然该先打靠近周国而远离商朝的国家，怎么会反过来呢？这怎么看都于理不通，于势不合。所以崇国在户县东（丰邑）的说法既与出土资料《容成氏》冲突，也违反文王的用兵顺序。故而《文王有声》里的那句诗"既伐于崇，作邑于丰"，应该只是指明时间的顺序，也即文王在打下崇国后才修筑了丰邑，并非指地理上崇国、丰邑为一地。

　　崇国既不在户县东（丰邑）一带，那到底在哪里呢？《国语·周语上》有云："昔夏之兴也，（祝）融降于崇山。"三国时吴国的史学家韦昭注解说，崇就是嵩，崇山就是嵩山。显然最早的崇国其实就是"嵩国"（上古无"嵩"字而只有"崇"字），也即嵩山附近的国家。商代崇国应该也在嵩山一带，就是现在的河南嵩县以北，伊洛盆地的南边缘。周人当时要从陕西渭河平原到现在的河南伊洛盆地，也即到崇国附近，中间隔着重重大山，只能且必须走著名的崤函古道。这崤函古道，西起今天的陕西潼关，穿越豫西的崤山，东出口就是伊洛盆地。古道绵延四百余里，其宽度只有几米，可见险要至极。文王率领周国大军从丰邑出发，沿着渭水南岸东行，越出后来的潼关一带（当时尚无关），通过崤函古道，经过艰难的长途跋涉，才来到崇国面前。如果再看地图，可以发现崇国和邘国是隔着黄河的一南一北。之前邘国被周人攻占后，崇国与商朝的联系就被周人切断。先灭邘，再伐崇，自然是文王的精准布局。

　　不过可能有人会问，文王不是已经克黎国、下邘国，为什么不直接从黎国或邘国伐商，怎么还要来打通崤函古道并消灭崇国呢？难道就是因为崇侯虎害得文王被纣王囚禁于羑里七年？其实报告密之仇，自然是周人伐崇的原因之一，但不是主要原因。上面我们说过，黎国毕竟在太行山西麓，周人克黎国，只是夺得了滏口陉的西入口，滏口陉的东出口还是在商人控制下，而该东出口距离商都安阳非常近，必然是商军主力重点防御的地区。商军主力堵住滏口陉的狭窄出口处，从山间小道长途跋涉而来的周军，未必能冲得出去，更别提取胜了。周人若不灭崇国，而是直接取道今天山西，经轵关陉或太行陉到太行山东麓，再从邘国附近北上伐商，崇国等忠于商朝的黄河以南的诸侯军队，则很可能会在背后袭击周军，那样周军就会陷于被商军和崇军南北两面夹击的危险境地。所以为了伐商道路后方的安全，文王必须先除掉今黄河以南地区商朝的铁杆属国们。其为首的自然是崇国。故而文王伐崇，既是要报崇侯虎当年打小报告害自己遭软禁七年的仇恨，更是灭商战略的需要。

但是据西汉末年刘向编纂的《说苑》一书记载，表面上，文王却不提私仇这茬，反而一路宣传放话，说自己是因为崇侯虎轻蔑侮辱父兄，不敬长辈，导致冤假错案堆积，财富分配不均，人民整日奔波却不得温饱，才吊民伐罪，进攻崇侯虎的。这显然是把自己掀起的战争包装成不为利己、只为百姓的大公无私行为。为此文王还对周军宣布了"五项注意"，即要求在进攻崇国的过程中，不得杀人，不得毁屋，不得填井，不得伐树，不得抢牲畜，以此争取崇国民心，分化崇国老百姓和崇侯虎等高层贵族间的关系。

不过尽管文王做足了准备，他的目的却没有达到。原因很简单，因为上古时代，一个国家往往就是一个部族，国君就是族长，两国的战争就如同后世两个家族的械斗，你再分化，人家族人会胳膊肘往外拐吗？果不其然，文王率周军攻打崇国后，崇国百姓并没有自内响应。失去商朝援助的崇侯虎，知道文王恨死了自己，城破后必然没有好下场，更坚定了死战的决心，所以他指挥崇军凭借依山修筑的高大险峻的城池激烈抵抗。在此情况下，周军自然是屡攻不克。

《诗经·大雅·皇矣》记载，为了打破崇国的金城汤池，文王不得不制造并出动了大型攻城车——临车和冲车。如果你不知道用大型攻城车辆攻城是怎样的壮观景象，看看欧美史诗大片《天国王朝》中萨拉丁攻城那一段就会明白了。不过《左传》说，即便动用了重型攻城器械，周军依然用了月余时间也没有打破崇国的城池，文王无奈，不得不暂时退兵修整军备战具。在这期间，文王等周人贵族将士冥思苦想破敌之策，终于想出一个笨办法来。卷土重来后，文王改变战术，他让将士们挖土，顶着崇国人的箭雨和滚木礌石，运到崇城城墙下堆起土山，最终形成了通上城墙的斜坡。周军沿土坡拼死奋勇登城，终于攻上崇国高大的城头。不过如果您以为周军登上城墙，崇国人就投降了，那又错了。顽强的崇国士兵至此也没屈服，依旧在城头与周军进行殊死的搏斗，鲜血染遍了城上的每一寸土地。最先登上城头的那批周军甚至差点儿被崇国人赶下城去。这时幸亏周军后续部队及时攀上，才最终压倒崇人，彻底打垮他们。文王此次攻打崇国之役，声势十分浩大，战斗极端惨烈，伤亡也自不待言。古籍《荀子·议兵》《战国策·苏秦连横约从》都把文王伐崇之战，与尧伐驩兜、舜伐有苗、禹伐共工、汤伐有夏、武王伐纣相提并论，可见文王此次伐崇是他一生中最大最有代表性的进攻。崇国被文王攻破后，崇侯虎的命运如何，所有史书都没有提及，但想来文王自然是饶不了他的。不过文王自称吊民伐罪，所以并没有搞屠城将崇人全部杀尽，报复崇侯虎当年打报告的"小人行径"和崇人当时拼死抵抗的行为，而是允许崇国之人投降作为周人的臣属。这一方面说明文王确实是讲"仁德"的君主，而且政治手段高明；另一方面，想必也是因为崇国是大国，崇人难以斩尽杀绝，何况以后周人还要征伐他国甚至伐商，文王也不愿背上屠杀之名，坚定敌人顽抗到底之心。

不过崇国得手后，此次文王用兵应该还未结束。前面《容成氏》一文提到"叛商九国"中的鹿国和郍国，据说也在河南中部。当代史学家李零认为，鹿国可能在今天的河南嵩县东北，而郍国则可能是在今天河南新郑一带。所以按地理位置看，它们极有可能是文王打下崇国后紧接着拿下的。文王攻下崇国、鹿国、郍国以后，河南中部黄河南岸，就被周人控制在手。加上前一次的伐邘之战，其实河南中部的黄河两岸地区，都在周人的掌握之下。故而文王伐崇后，周军和其他反商诸侯国军队，从商朝王畿的西南方向进军商朝都城安阳殷墟和副都朝歌，就再无后顾之忧了。

打下崇国这一年，文王又把周人的行政中心从别都程邑（今陕西咸阳东北）正式迁到丰邑（今陕西西安市西南沣河中游西岸），也就是从渭水之北迁到渭水之南。20世纪40年代以来，考古工作者在沣河中游西岸，已经发现了宫室区、平民居住区、手工作坊区、墓葬区等西周遗址，总面积约六平方公里。但和岐邑至今未发现商末和西周中前期外郭城墙遗址一样，人们也至今未能在丰邑发现外郭城墙遗址，这显示丰邑从建立到废弃应该从未有过外郭城墙，应是一座不设防的布局松散的城市。当然在此我们还要补充说明的是，周人虽然迁都到丰，但是旧都岐邑一直并未废弃，它作为周人的"龙兴之地"，几乎整个西周时期一直保持着"圣都"的地位，周天子也还经常在岐邑活动。

文王何时打下丰国取得其都城丰邑，史书语焉不详，但是想来为时一定较早，因为文王征伐各国的次序应该大致是由近到远（以岐山为中心来看）。按出土的战国楚简《容成氏》记载，文王之前降服丰镐二国（镐就在丰东十里），是靠着"文德"：文王带着大军来到丰镐二国，击鼓三通前进，又击鼓三通后退，然后说："我知道丰镐二地多灾多祸。这都是国君一人有罪，百姓有何罪过呢？"丰镐二国的百姓听说文王为了不殃及黎民而放弃作战，于是主动归降。《容成氏》的说法当然有后世儒家的美化色彩，不过文王征服离周人较近的丰镐二地可能确实未费多少周章。

到这里，前面《容成氏》提到的"商朝叛乱九邦"——丰、镐、邘、石、邢、鹿、黎、崇、密须，就只剩一个石国我们还未提到，更不知道是文王何时征服的。这石国，有人考证在今河北石家庄鹿泉区即安阳殷墟的正北方。如果真是这样，它应位于太行山东麓，从交通来讲，周人要想抵达这里，必须先抵达今天山西中部最西端的娘子关，再进入并通过太行八陉中的第五陉——井陉。这井陉大家应该比较熟悉，楚汉相争时韩信就是从山西的魏国出井陉口，与守在井陉口东的赵军打了那场著名的"背水一战"。周人从山西中部出兵拿下位于太行山东麓的石国，从距离周人老根据地关中的远近看，应该也是文王后期的事。

不过我们一直说，关于文王所伐之国，不要拘泥于《容成氏》所说的"九邦"，文王所伐的犬戎就不是"九邦"之一。20世纪90年代考古工作者在山西曲沃北赵晋公墓地发现了一只玉环（通称"文王玉环"），上面还记载了文王在今天山西的又一次征战活动，讨伐对象也不在"九邦"之列。文王玉环铭文为：

玟王卜曰：我眔唐人弘战贾人

西周金文里，文王、武王的"文""武"二字，常带王字旁，写作"玟""珷"，该玉环中的"文"字也是如此。玉环铭文中的"我"，自然是指周人。"眔"是甲骨文、金文里的常见字，意思是"和""及"。至于后面"唐人""贾人"，自然是指唐国之人、贾国之人。

说起唐国，很多人可能会觉得有点儿陌生，但是我稍做解释大家就知道它来头不小，它就是所谓"唐尧虞舜"中的"唐尧"的国家。传说中五帝之一的尧帝之所以又被叫作"唐尧"，就是因为他出身于"唐国"，本是唐国的君主。这唐国在尧帝时代又被称为"陶唐氏"，所以尧也常被称为"陶唐氏"。但实际上"陶唐氏"本是这个氏族的名称，并不是人名。之所以带个"陶"字，是因为这个氏族善于做陶器的缘故。其实尧帝的"尧"字，本来写作"垚"，也跟烧陶有关（陶器原料为土）。现代很多历史学家还认为，"尧"也不是某一个人的名字，而是唐国国君在做天下盟主时的称号，就像"王""皇帝"的意思差不多；唐国在做天下盟主的时候，应该出过好多代的"尧"。传说"尧"即唐国国君姓"伊祁"，"伊祁"又简作"祁"，所以尧帝的唐国又被称为"祁姓唐国"。古籍记载"尧都于平阳"。今天临汾市西南，古代曾有一条河叫"平水"（现在已经不存在了），"平阳"也就是"平水之阳（北）"

的意思。20世纪70年代以来，中国考古学家在今临汾市襄汾县东北的陶寺镇一带，挖出一个特大古代聚落、都邑遗址，这个遗址拥有高度的文明，所以很多史学家认为"陶寺遗址"就是尧帝时期唐国的都城所在。再说这唐国后来的历史。据《左传》记载，到了夏朝以后，唐国陶唐氏这个氏族有一支的名号改为了"御龙氏"；进入商朝以后，又改为了"豕韦氏"。在殷墟甲骨文中，也能发现"唐尧之国"。卜辞里，尧帝之国的唐国和商朝的关系一直不错，它的国君经常帮商王打仗，或者是给商王进贡占卜的龟甲版以及牛、狗等牲畜。与之对应的是，商王也挺关心唐国的安全。商末的唐国具体位置不详，可能还在陶寺遗址一带，至少不会出了今天山西西南部的临汾盆地。

　　玉环铭文中的商代贾国，传世文献中几乎没有记载。殷墟卜辞则显示，贾国最晚于殷墟二期的商王武丁时就已经出现。卜辞中的贾国，和商朝关系非常友好密切，经常向商王贡献方物、替商王出征，商王也多次为贾国的安危而占卜。故而商代贾国很可能是子姓。不过通过卜辞我们只能知道贾国在商朝西边，具体位置在哪里无法判断。文献倒是有记载周代姬姓贾国的位置。《新唐书·宰相世系表》说周代姬姓贾国是周康王分封周成王弟弟唐叔虞的一个小儿子公明所建，其地在今天山西襄汾县西南的贾乡。周代的封国，多是因袭原来的旧国，所以商代贾国很有可能也在襄汾西南那里。

　　介绍完唐国、贾国的历史和位置，我们再来说说文王玉环的铭文内容。"我䍙唐人弘战贾人"，应该是指周文王联合位于今天山西襄汾县东北一带的祁姓唐国，进攻襄汾县西南一带的子姓贾国。我们前面说过，本来殷墟卜辞显示祁姓唐国和商朝关系也不错，不知道文王时期唐国和商朝有了什么矛盾，或者文王使了什么拉拢手段，唐人居然跟周人联合起来。可能就是这次大战，子姓贾国被周人和唐人联合灭掉。文王联合唐人灭贾国的时间，按照地理远近来讲，应该大致在文王伐犬戎、密须、丰、镐之后，伐黎国之前。因为只有彻底平定了晋西南地区之后，文王才能毫无后顾之忧地进军晋东南黎国。

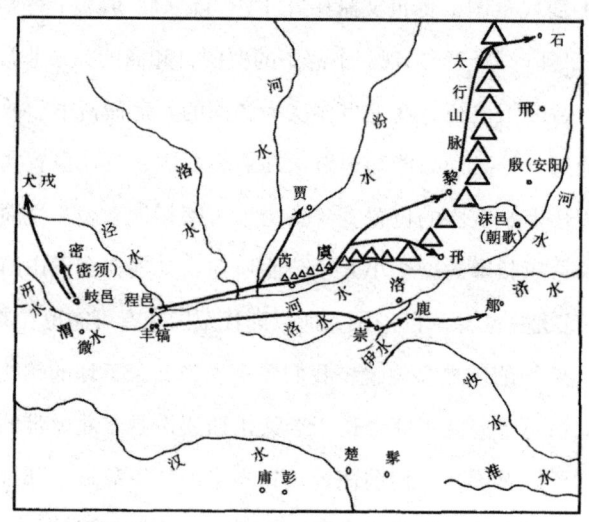

"文王伐九国"路线示意图

◎22

文王经略南土

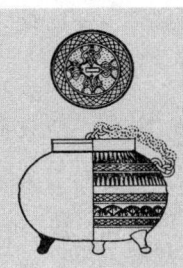

我们上两节说到,通过"征伐九国"(九非实数),文王在位末期,现在陕西关中、山西中南部、河南中部黄河两岸等大片地区,甚至包括太行山以东的今河北少部分区域(如石国),都已经被周人控制或成为周人的属国。其实,文王在世时,周人已经控制或极大影响的区域还远不止这些。很多人知道,后来周武王伐商的牧野之战时,除了周军外,还有"八国联军",也即八家盟国军队,分别来自庸、蜀、羌、髳、微、卢、彭、濮这八国。八国中除了羌可确定为西北部族、微国地望还有待确定外(一说微国在陕西眉县、扶风一带),其他六国都是西南江汉之国:

庸国,在今天湖北竹山、竹溪附近;

蜀国,以四川广汉三星堆为中心,北境达今陕西汉中一带;

髳国,钱穆认为是在河南南阳西南荆山汉水间;

卢国,在今天湖北襄阳以西南漳一带;

彭国,在今湖北房县附近的南河即古彭水一带;

濮国,在今天湖北荆州南部枝江、当阳一带。

(注意,按上面的地望,髳国在汉水北,蜀、庸、彭、卢四国都在汉水与长江之间,濮国在长江以南今湖北湖南两省交界处。)

众所周知,从周武王即位到牧野之战的时间间隔很短,仅仅几年光景。因此牧野之战时的八家盟国(大部分为江汉之国),应该不是武王时期才成为周国盟国的。那周人最早何时开始经略南土,乃至影响力达江汉呢?汉代的经学大家郑玄在《诗谱》里说,"文王之道,被于南国"。可见最迟文王时,周人已经经略南土并卓有成效。

周人经略南土、影响力达于江汉一事，在考古资料中也可见端倪。考古工作者发现周原出土的商末周初甲骨中，有几片上面刻着"伐蜀""克蜀"的字样，这应该就是描述文王时期之事。当然，当时的蜀国是一个文化发达的大国（见著名的四川广汉三星堆考古），所以文王不大可能攻占远在今天四川广汉的蜀国都城，这里所谓的"攻蜀""克蜀"，也许指的是周人进攻并占领蜀国北部汉中一带的部分国土或据点。但是后来蜀国不但没跟周人敌对，反而在武王时助周伐纣，说明文王"攻蜀""克蜀"后，中间一定又发生了一些故事，导致双方"不打不成交"，最后居然成为盟友了。至于这中间发生的故事究竟为何，今人当然是难以猜测了。此外，还有一片周原甲骨上刻着"今秋楚子来告"的字样。我们前面讲过，文王被囚羑里前，招贤纳士招来的贤臣中有一个"鬻子"，他的名字叫鬻熊，也即芈姓楚国的先祖。楚国虽不是牧野之战帮助周人的"八国联军"之一，但在商末鬻熊时期也属于江汉之国，位置大致在今天河南淅川县西南的丹水北岸，即古人所称的"丹阳"（山南水北谓之"阳"）。江汉地区的楚人首领鬻熊能成为文王的臣子，显然也表明文王时周人的影响力已经抵达江汉了。

可见文王经略南土的方式，武力是有的（"伐蜀"），但是"软手段"应该更主流，毕竟文王是要争取建立反商同盟，广交战略合作伙伴，而并非要四处树敌。这样也符合"远交近攻"的策略。至于文王经略汉水诸国的路径，应该是从现在的陕西眉县南，通过褒斜道（褒水、斜水河谷）越过巍峨的秦岭，沿丹江进入汉水，然后顺流而下。

文王经略南土之所以能取得很大成绩，传统史书自然是都往"仁德"上归。其实江汉的一些国家，当时和商朝的关系本也不睦。话说在殷墟卜辞中，我们会发现有不少商人讨伐庸国、濮人的记录。至于卢国，著名的妇好（武丁配偶之一）墓里有一支卢国进贡的大玉戈（上刻"卢方皆入戈五"字样），显示武丁时期卢国还臣服商朝；但后来不知为何卢国和商朝就逐渐交恶，殷墟里发现有一块卜辞，居然是用卢方伯（卢国国君）的人头骨为材料，这在殷墟卜辞中是极为罕见的。商人把卢君的脑袋砍下来还把头骨当成卜骨刻字，卢国人岂能不恨商朝？再说商末位于今湖北房县附近的彭国。其实彭国原本立国在今天江苏徐州市区，故而徐州自古就有"彭城"的称号；商王武丁时期商军攻灭了徐州彭国后，彭国部分族人才向西迁徙，备尝艰辛，辗转又在今天湖北房县建立了一个新的彭国。彭人对商人的仇恨自然也不必多说。（据说彭国从立国到被武丁攻灭，足足八百年时光，于是后世就有了"彭祖八百岁"的传说。）俗话说，敌人的敌人就是朋友。庸、濮、卢、彭等江汉国家历史上都曾和商朝有仇怨，周国也和商朝有仇正准备"翦商"，那双方联络起来自然是倍感亲切，结盟也就顺理成章了。

　　说到这里我们再想想前面讲过的文王伐崇之战，可能也有方便与江汉反商盟国军队会师的战略目的。商朝毕竟是称雄数百年的大国，文王为了保证灭商的绝对把握，自然要借助所有反商诸侯国的力量，争取组成伐商联军。不灭崇国等国，江汉一带的周人同盟国就不方便北上与周军在河南会师。

　　古人云，文王"三分天下有其二"。我们前面介绍过，文王末期，经过征伐九国，今陕西关中、山西中南部、河南中部黄河两岸等大片地区，甚至包括太行山以东的今河北少部分区域（如石国），都已经被周人控制或成为周人的属国；再加上同时期文王在南土的经略、与江汉各国的结盟，周人影响力又抵达陕西南部的汉中、河南至湖北的江汉流域。从地图上看，周人显然已经对商人都城安阳殷墟形成了西、北、南三面的战略包围圈了。而且通过这一系列征服战争和结盟交往，除了地盘的扩张，周国在经济上自然也获利匪浅，大大增强了国力。如前几节我们预先讲到的那样，文王"把蛋糕做大"，有了更多财富、地盘和战俘奴隶后，既能封赏功臣，拉拢本国的贵族、奴隶主，又能向本国的平民和贫民施以恩惠，争取中下阶层的民心。至于把周国境内的别国逃奴送回去更是一点儿不会心疼，文王正好用自己的"有亡荒阅"来"鞭挞"纣王收留各国逃奴的行为，来交好其他诸侯国和方国。尤其是得到甜头的周国武士阶层，恐怕这时就像后来战国时的秦国人或18、19世纪的英国人一样，对于对外扩张掠夺财富十分向往，一听到要对外发动战争就激动不已。

　　再看商纣王那边，此时殷商的势力范围，则仅剩河南北部、东部，河北大部，山东西部，以及新征服的东夷地区即鲁中、皖北、苏北一带。从地图上简单对照看，周人的势力范围和影响地域虽然不能说是商人势力圈的两倍，但前者显然也已经略大于后者了。不过，我们也不能说这时周商实力对比就是周人超过商人了。首先，商朝从人口、经济、科技、文化等方面来讲，还是大大领先的，它的地盘虽不大但开发程度高，周人那边则相反；其次，周人尽管新征服很多国家，新占领了很多地盘，但是时间较短还没能彻底消化巩固,尤其是那些西南诸国,当时与周国的关系也不是"君臣关系"而只是盟友关系,并不算牢靠。从这个角度讲,所谓文王"三分天下有其二",又比较夸张比较"虚",实际上此时周人一方的总体实力应该还是略逊于商朝一筹。

至于古人说的"文王三分天下有其二,以服事殷",则更是溢美之词了。其实文王自继位以来,骨子里就盘算着如何灭大商报父仇,即使早年战败,后来又被囚羑里,他也从未断过灭商的念想,否则也不会费尽周折对安阳殷墟进行战略大包围。只不过可惜的是,就在文王的灭商大布局大致完成、周人已经初步具备与商朝决战的实力时,他的阳寿却已经到头了。

◎23

文王之死——寿终正寝还是死于非命?

《尚书·无逸》篇云,"文王受命惟中身,厥享国五十年",换句话说,也就是文王在成为周君的第五十年去世。《史记·周本纪》也持同样说法,并说文王去世之年又是迁都丰邑的第二年。只有《吕氏春秋》说文王在位五十一年,也不过一年之差,无伤大雅。

那文王去世在"受命"纪年的第多少年呢?关于这史书上主要有两种说法:"七年"说,最早出自西汉《尚书大传》;"九年"说,最早见《逸周书·文传(chuán)解》。(可能有人会说,《史记·周本纪》不还有"十年"的说法吗?其实看《史记》上下文就知道,那里的"十年"是"七年"的书写或传抄讹误而已。你数数《史记》中文王受命后经历的大事年数,也正好是七年。)本书笔者选取文王是受命九年而崩的说法,理由很简单:《逸周书·文传解》的成书时代大约在东周,而《尚书大传》据传是西汉伏生所作,前者要早于后者上百年甚至几百年,而且文王受命九年的说法在古代就是为较多人采纳的说法。

关于文王的享年,古人多认为高寿,西汉成书的《礼记》具体说他寿达九十七岁。但前文中笔者也从《古本竹书纪年》记载的武王享年五十四岁为基点探寻过,文王实际寿数其实应该大约是六十余岁不到七十。何况《尚书·无逸》篇说"文王受命惟中身",古人称上寿为百,"中身"自然就是半百也即五十余。文王五十余岁受命,又活了九年,加起来也正好是六十余岁。这在上古时代,也不算短寿了,毕竟唐朝时的杜甫都说"人生七十古来稀"。

文献记载,文王去世前夕,对身后周国基业如何守住并发展,依旧放心不下。

据《逸周书·文传解》说，文王受命九年的暮春，文王在镐召见太子发说："呜呼，我老矣。我把我所保持和坚守的信条告诉你，你要传之子孙！"（篇名《文传》即"文王传之子孙语"之意）随后文王洋洋近千言，嘱咐交代武王的事情有厚德广施、忠信慈爱、戒奢戒逸、出令驭下的为君道理，有农畋渔牧不违时令、因地制宜种植、工商发展的生产理财法则，可谓事无巨细，不厌其烦。

2008年清华大学收入的战国竹简（简称"清华简"）里，也有一篇《保训》记载了文王临终对武王的遗言。因为"清华简"新出，一时间研究者甚多，成为"显学"，所以在此我们详细说说《保训》。

《保训》篇开篇写道：

在文王五十年，文王突然重病不起。他感到这次自己大限将至，时日无多，心中不安，于是决定向太子发传授安邦保国之道（作者注：即"保训"篇名的由来）。戊子日这天，为表郑重，文王自己洗了脸。（作者注：其实他本该沐浴斋戒，但病重只能简化礼节了。）第二天一早天没亮，他就把太子发叫到面前。文王说："发儿，我的病现在很严重了，担心来不及对你再加教导。过去前人作有关安邦保国的训示，一定要汇集臣属、族人，在隆重典礼上讲，但现在我的病情已经不允许了，所以你现在就拿笔把我的话记下来。一定要谨慎啊，不能骄纵淫逸！"

接下来，文王向儿子述说了上古两位君王的故事：舜耕历山时，求得"中"道，受到尧帝的赏识，得授大位；商人始祖契的七世孙上甲微从河伯处得到"中"道，报了有易氏杀父亲王亥之仇，并将"中"道传给子孙，后世成汤因能传扬此精神而得到"天命"，最终拥有天下。

《保训》篇最后说：

文王勉励道："发儿，你一定要学习啊！我知道我的时间不多了，现在你要一心奉行'中'道不懈怠，必定会有好的结果！我是看不到你身登大位了，你自己一定要谨慎啊,不要骄纵！人生时光短暂，迟缓拖延是不吉祥的。"

在《保训》中，强调了儒家一个重要观点——"中"道。通观《保训》文意，文王显然是希望太子发能够秉持"中"道，只争朝夕,实现周人翦灭大商、一统天下的大业。

不过上面"清华简"《保训》篇叙述的这个故事，因为有很多春秋战国时期的儒

23 文王之死——寿终正寝还是死于非命？

家观念在内，所以并不一定是商末周初的历史实录，很可能是战国时人"托古言志"编出来的。但即便如此，它对于我们今人了解儒家思想史，了解儒家的"道统"观，也有一定帮助。同理，《逸周书·文传解》应该也是一样。

但不管《逸周书·文传解》、"清华简"《保训》的内容有几分真实，总之在文王五十年、受命九年，号称"三分天下有其二"的文王驾崩。前面说过，商王帝乙二年，十余岁的少年姬昌冒失伐商报父仇，结果大败亏输，丧师失地，"老子季历辛辛苦苦几十年，儿子姬昌一夜回到解放前"。经过几十年忍辱负重、励精图治，到文王闭眼前，他不但重新恢复了父亲当年的家业，还拓展得更大。因为文王事实上奠定了周人灭商的基础，所以后世周人都把文王当作西周的开国之君。当然，文王也是名副其实的。

本来文王之死，自古都认为是在周国寿终正寝。本节提到，传世先秦文献《逸周书·文传解》是这样认为，出土资料如战国竹简"清华简"《保训》也是如此意思；另外，《左传·襄公三十一年》《吕氏春秋·行论》均说文王被纣王赦免放出羑里，《孟子·离娄下》亦云"文王生于岐周葬于毕郢"，显然这几种先秦文献的意思全是文王回到周国殁于周国地盘上。汉代以后认为文王寿终正寝于周国的史料就太多了，如《史记》等，就不一一列举了。但是近现代以来，有些历史研究者（如丁山、王玉哲等大家）根据传世史料中的一些文句大胆推测，认为文王是死于非命的——被纣王杀于羑里城。这种推测更贴近历史真相吗？我们首先来看一看他们的推测依据为何。

认为文王死于非命者的推断依据，其实主要是《尚书》中的一句话和《史记》记载武王伐纣时的一个所谓"怪异"行为——那句话，就是西汉《礼记·坊记》篇摘引的《尚书·泰誓》中的一句话："予克纣，非予武，惟朕文考无罪。纣克予，非朕文考有罪，惟予小子无良"；那个武王伐纣时的"怪异"行为，则是指他不自称王而自称"太子发"，尤其是出兵时还把周文王的木主（主即牌位）载在车上带着。

主张文王死在羑里并未能归国的人，就说武王带文王木主伐纣，意味着文王身死尸骨却不在周人手里，武王此行是去替父报仇；《泰誓》中的话，一再说"朕文考（我的先父）无罪"，就是暗示文王是无辜被纣王捏造罪名所杀。

由上面的一句话和一个行为，真的能得出文王是被纣王杀于羑里的结论吗？我们首先来看看那个行为，也即打仗带木主这种事在上古算不算"怪异"。

其实据古籍记载，古代君王出兵亲征时，是一定要带着祖先牌位随行的。一般认为编纂于战国时期的《周礼》一书云："若大师，则帅有司而立军社，奉主车。"意思就是说，君主大举出兵，必定要召集有关官员（太祝）在军中立祭祀土地的社坛，并安奉载有祖先牌位的马车。《礼记·曾子问第七》还讲了一个君主出兵带木主但闹了笑话的具体故事：春秋时齐桓公屡次出师征讨四方，另做了一个副本牌位带着出征（不知是怕弄丢还是咋地），回来以后又把这个副本牌位放进宗庙里，导致出现一个祖先两个牌位的现象，因此遭到孔子的讥笑。

再看殷墟甲骨文我们会发现，君主出征带祖先之"主"（牌位）的这种军礼或习俗，至迟在商代就形成了。甲骨文中无"庙"字，只有"宗"。"宀"像一个大屋子，"示"则像供桌上供着东西，也即"主"。卜辞有"甲申卜，令以示（主）先步""示（主）其从上涉"等记录，研究者认为这就是商王在行军时卜问祖先牌位该先走后走、从什么地方渡河的问题。

显然传世文献和出土资料都证明，商周时期君主出征带祖先牌位是当时军礼的一部分，是正常事儿，它表示祖先神灵与大军同在，君主们以此来凝聚军心（当时军中将士多是同族），更方便随时祭祀祈求先祖，保佑军事行动一帆风顺、马到功成。反过来说，当时君主出征不带祖先牌位反倒"怪"，反倒不合于礼。所以说，当时君王带祖先牌位并不是说该祖先被所讨伐的敌人杀害要带着牌位去复仇的意思。

有人可能又说了，我看过《礼记》，武王带着祖先木主（木牌位）虽是对的，但是带文王的木主则是不合礼的，因为按《礼记》说，君主出征只能带"迁庙主"这种特定的牌位。

《礼记·曾子问第七》云：

曾子问："古者师行，必以'迁庙主'行乎？"孔子曰："天子巡守，以'迁庙主'行，载于齐车，言必有尊也……"

那这"迁庙主"是啥意思呢？《礼记·王制》说，周制"天子七庙，诸侯五庙"。"天子七庙"，即天子只修建供奉七代祖先牌位的七座庙。可如果一个王朝建立很久，已经为七位先祖立了七座庙，当时的老天子又驾崩，新君继位，该怎么安放新君亡父的牌位呢？汉朝儒生说，那就保留始祖庙，把始祖之外关系最远的那位祖先的庙象征性毁掉（一说是把高祖之父的庙象征性毁掉），把他的牌位从该庙中拿出，

23 文王之死——寿终正寝还是死于非命?

放在始祖庙(或祧庙)里,后几位祖先的牌位依次向前挪一个庙,空出最后一个庙,装进继位新君的父亲的牌位,以保持"七庙"之数不变,这就是"毁庙""迁主"。那个本庙已毁被挪进始祖庙(或祧庙)中的祖先牌位,就叫"迁庙主"。显然,"迁庙主"只能是当时在位君王的远祖。

所以主张文王死于羑里的人说,按《礼记》记载,武王伐纣时文王作为周国新死之君、武王之父,其牌位不可能是"迁庙主"。为啥武王伐纣不带"迁庙主"而带文王木主?这种"非常规"的举动,不就是暗示武王伐纣是为死在商人手中的文王报仇吗?

在此笔者要提醒大家,《礼记》所讲之礼基本是周礼。传统史书说周礼是周公所制,但那些繁杂的礼仪显然不是一人一时所能完成的。西周金文显示周代礼仪有一个逐渐完善的过程,也证明了这一点。所以周礼的真正成型要在西周中期以后。武王伐纣在商末,周公还未制礼作乐,周礼还未开始制定,更谈不上成型,所以不能按《礼记》上的周礼规定去检验武王的举动是否合礼、是否是"非常规"。要辨别武王举动是否不合常礼,得用商礼来检验,即看看商代是否有出征只带"迁庙主"的规定。(多说一句,《礼记》作为战国人编辑的古书,它上面记载的一些规范井然的制度,在周代是否真正实施过,还有待讨论。比如有人考证,春秋时期上至天子下至诸侯,其实都是一君一庙,所谓"天子七庙、诸侯五庙"的制度在周代尤其是西周时期是否真的存在过,目前还不能确定。)

谈商代出征时所带神主是否必须是"迁庙主"的问题,首先得从商朝的宗庙制度说起。《礼记·王制》篇说商朝是"六庙",比周人少一庙,但殷墟甲骨文却证实这是不对的。卜辞显示,商人把某王的宗庙叫作"某宗",殷墟里至少有十几"宗",如大乙宗、大丁宗、祖乙宗、武乙宗、文武丁宗等(都是直系先王而非无后代的旁系先王)。商人甚至还给一些女性先祖立"宗",如妣辛宗、母辛宗。殷墟的宗庙区遗址也显示,可能为宗庙建筑物遗址的数量有二十余个。故而学界普遍认为,商人的宗庙远远多过"六庙""七庙",实行一王一庙制度,并没有毁庙、迁主的做法。既然商人不毁庙、迁主,不把某远祖的牌位挪到始祖或其他远祖庙中,那自然就没有《礼记》中所谓的"迁庙主"了。商王出征所带的祖先牌位,又怎么会固定为"迁庙主"?笔者猜想商王出征所带的祖先牌位,应该是他们通过占卜选择的有大功业或亲缘关系近的祖先牌位。我们知道,周国在商朝时只不过是文化落后的小国,一直在亦步亦趋地学习追赶商朝的文化制度,商朝没有毁庙做法和"迁庙主",周武王恐怕也不会懂得这些。

所以在商朝时期,商王或周君出征带祖先牌位,是不会限定为"迁庙主"的,那时还没这概念。武王伐纣时在那么多祖先牌位里之所以选择带文王牌位,古人都说了,是武王表示自己继承的是文王的遗志和功业;当然我们也可以想到,这也是武王希望父亲保佑自己伐商成功之意。武王伐纣带着文王牌位,虽不合后世《礼记》所记的周礼,但并不违背商末之礼。武王的这种行为显然其中没有多么复杂或者隐晦的含义,并非是在暗示文王死于商人之手、武王要替父亲报仇。

可能有人还会说,就算你证明武王伐纣带文王木主合礼(商代军礼)合情,并不异常,那武王伐纣时为什么不自称王而称"太子发",还一个劲儿地说"予克纣,非予武,惟朕文考无罪。纣克予,非朕文考有罪,惟予小子无良"?其实这也好解释。古人都说了,武王不自称王而称"太子发",是表示自己伐纣是奉文王之命,不敢自专;至于《泰誓》中武王一再说"朕文考(我的先父)无罪",与其解释为文王被纣王无罪而杀,不如解释为文王曾被纣王无罪而囚。《泰誓》那句话完全可以翻译为:"如果我灭掉商纣,并非我武功赫赫,而是因为我父亲文王无罪被纣王囚禁七年;万一纣王胜我,也不能表明我父亲文王当年被囚是他确实有罪,只是我自己品行不良而已!"有人可能会质疑,父亲被囚比被杀的仇恨小多了,如果文王只是被纣王囚禁过,武王伐纣时值得把它拿来说事吗?其实你看看历史,后来努尔哈赤起兵反明时宣布的所谓"七大恨",又有几条是真仇大恨?努尔哈赤连明朝偏袒叶赫等部、明朝官员"作威作福"等都拿出当一条"恨"来说。当年文王无罪被纣王囚禁七年的事,总比努尔哈赤"七大恨"中的很多"恨"更真实更大吧?武王伐纣前的演说就是要激起周人对商纣的仇恨,他把父亲无罪被囚之事拿出来"拉仇恨",有什么可奇怪的呢?所以怎么能说《泰誓》中的那句话,就一定证明文王是被纣王所杀的呢?

故而最后笔者的结论是,《泰誓》中的那句话可以有多种解释,武王伐纣时自称"太子发"并带着文王木主的行为也是合情合理,均无法作为"文王被纣王杀于羑里"这一推测的有力支撑。尤其是传世和出土的先秦文献资料都说文王被纣王放出羑里、文王在周国辞世前还给武王教诲,因此在没有新的出土资料能证明文王是被纣王所杀前,笔者坚持文王是寿终正寝于周国的传统说法。

◎24 扑朔迷离的"武王伐黎"

周文王在周国去世后，被安葬在毕原。据《史记》《汉书·刘向传》《逸周书·作雒解》等史书记载，后来武王、周公旦死后也都葬在毕原的文王陵墓附近。但这毕原在哪里呢？古人主要有两种说法：太史公司马迁说毕原在镐京东南的杜地中间，也就是现在的西安市南面长安区郭杜镇一带；唐宋时期人们则普遍认为毕原在咸阳北的北塬。现在在咸阳市北五公里的周陵镇上，有所谓的周文王、周武王陵墓，墓前还有清乾隆年间山西巡抚毕沅所刻立的"周文王陵""周武王陵"石碑，每年吸引众多游客，好像是文王、武王墓在此的"铁证"。但自20世纪70年代以来，考古学者就对这所谓的二陵进行过调查，先后在其周围发现了战国云纹瓦当和战国秦王陵特有的外围壕沟，因而推定它们是战国时期的秦王墓，最有可能是秦惠文王和秦武王之墓。实际上根本不用考古学者出马，就光凭周陵镇上所谓二陵的高大封土坟头，就可以判定这绝不是春秋以前的墓。因为史书载，上古时期的墓都是"不树不封"的，也就是墓周围不种植树木做标志，墓顶上不起坟头。考古证实中国古代墓葬起坟头是春秋末期以后才兴起的习俗。其实不光是周陵镇的周文王陵、周武王陵，陕西其他的所谓西周王陵也都是假的，张冠李戴，即后人把战国秦汉以来的君王、贵族大墓或者自然的山陵误认为成是某周王陵。文王、武王为首的西周王陵既不在咸阳西北的北塬，那在太史公所说的西安市长安区郭杜镇一带吗？很遗憾，20世纪90年代考古工作者在那儿的数十平方公里内进行了三次大规模搜寻，钻了无数的洞，不但没有发现西周君主级别的大墓，连西周普通贵族墓都没发现几座。人们不禁要问，那周文王和周武王、周公旦的墓到底在哪儿呢？

自古以来关于毕原地望还有一种小众说法,那就是在岐山周原上。《逸周书·作雒解》云:

武王(灭商)既归,乃岁十二月崩镐,肂(殡)于岐周……(成王)元年夏六月葬武王于毕。

大约在东汉三国时有个叫李奇的文人在注《汉书》时就说,毕地应该"在岐州(周)之间"。因为按《作雒解》记载,武王死于镐京后,周人将其棺椁运到岐山周原停棺,最后葬在毕地,这里所说的毕地显然应该在岐山周原附近。如果毕地在丰镐附近,周人把武王的棺椁从镐京运到近百公里外的岐山周原停放,停放几个月后又赶了近百公里路运回丰镐附近安葬,这样来回折腾岂不是太奇怪了吗?岐山周原是周人的发祥地、龙兴之地,至少太王(公亶父)应该是葬在那里的;季历虽然死在商朝,但是如果尸体被商人归还回来的话,那文王也只能将他葬在周原。所以文王、武王死后,周人把他们安葬在周原的圣都岐邑旁,跟父祖们在一起,是非常有可能的,这符合"落叶归根"的传统。毕竟在他们去世时丰镐刚刚成为周人的都城,周人对新都丰镐应该还没有心理上的认同感,不会认为丰镐是"根"。虽然这种解释非常合情合理,但是毕地在岐山周原的说法,自古以来相信的人却非常少。不过2003年以来的一次重大考古发现,改写了这一切。

2003年以来,考古学家在陕西岐山县北7.5公里处的凤凰山南麓、唐代始建的周公庙附近,发现了一个规模巨大的西周遗址,其中的大型墓葬区发掘出十座带四条墓道的"亚"字形大墓,还发现有多座三条墓道的大墓。了解考古的人知道,"亚"字形大墓是上古帝王级别墓葬的形式,因此周公庙遗址墓地,成为目前关中地区发现的最高规格的西周墓葬区。这里还出土了上万件西周甲骨,有多块甲骨上面刻有"周公"的字样。只不过可惜的是,考古学家目前发掘的周公庙遗址大墓,基本都被盗掘一空,目前尚无确凿的证据证明这些大墓的主人究竟是谁。但尽管如此,现在多数学者综合各种迹象认为,这里应该就是周公家族墓地所在:因为这些墓葬虽是带四条墓道的天子规格大墓,但是墓室面积要比殷墟"亚"字形商王陵小得多,只与同时期的诸侯墓墓室相当,所以它们是西周天子墓的可能性不大;至于这里发现带"周公"字样的卜骨,众所周知,周公最初封地在"周原"故称周公,而且后来周公旦因为东征平叛、再造周朝的特殊功勋,死后被成王允许享用天子之礼。我们前面说过,史书称周

24 扑朔迷离的"武王伐黎"

公旦是葬在毕地文王墓附近的，周公家族墓地既然在岐邑旁，那么文王、武王墓自然也该在周原之上了。也许不久的将来，考古工作者能在岐山周原发现文王、武王的陵墓，甚至全部西周王陵！

文王身后，周国太子发即位，这就是著名的周武王。因为文王在位达五十年，所以发这位老太子继位时已经年近五旬，典型的"多年媳妇熬成婆"。武王上台后并未改元，继续延续着文王的"受命"特殊纪年方式——文王是"受命九年"去世的，因此武王即位后按"十年""十一年"继续往下数。

在人事上，武王也没有像后世一样搞"一朝天子一朝臣"，而是继续重用父王留下的闳夭、太颠、南宫适（kuò）、散宜生、吕尚等大臣。《论语》上说武王"有乱臣十人"，就是指上述这几人，再加上武王弟弟周公旦、毕公高，以及与周王室同姓的召公奭等贵族。武王的这项举措，自然极大地保持了行政班子和政策的稳定性。再多说一句，史学大家杨宽指出，自古以来人们都把"乱臣"的"乱"解释为"治乱"之意。其实这是因为古人没见过金文。金文中的"司"写作"𤔔"，而繁体字"乱"写作"亂"。古代没有印刷术，都是靠手抄来传播书籍，抄书的人抄错了字，才闹了这个笑话——原来武王"有乱臣十人"是武王"有司臣十人"，即武王拥有各有专司的大臣十人。

周武王登上大位后做的第一件大事，就是把周人的行政中心从沣水西岸的丰邑，又迁到沣水东岸距离丰邑仅五六里左右的镐。镐京的镐字，在甲骨文里不是大金旁而是草字头，写作"蒿"，显示这里原本应该是一片蒿草丛生之地。但因为此地相对于被西边的灵沼河和东边的沣水夹着的丰邑，更有城市发展的前景，所以武王才选择以这里为都城。考古认定西周镐京遗址大约有十平方公里。不过跟丰京一样，至今考古人员也未发现镐京的外郭城墙，所以它应该也是一座不设防的开放性都城。由于丰镐二京距离实在太近，像个双子城，故而后人都把丰、镐当作周人的一个大行政中心来看待。

武王登位后的第二件大事，《史记》等史书都说就是"孟津观兵"了。但是21世纪初的"清华简"当中，却有一篇类似《尚书》的文章叫《耆夜》，记载了武王的一次征战——伐耆（黎）。我们先来看看《耆夜》是怎么说的。

《耆夜》开头就说："武王八年，征伐耆（黎），大戡之。"随后武王班师凯旋回到周都，在文王宗庙举行"饮至"典礼，就是先祭祀祖先报功，随后聚集群臣摆庆功宴。宴会上，毕公高"为客"，即坐在主宾的位子上；召公奭"为夹"，即作辅助宾客行礼的人，可以称之为"主陪"；周公旦"为主"，即担当宴会主人的角色；辛公甲"为立（位）"，就是负责安排席次座位；作策逸（"作策"又作"作册"，为史官官职名）"为东堂之客"，即被当作次于毕公高的客人；吕尚父"命为司政（正），监饮酒"，就是监督谁喝酒偷奸耍滑、纠察谁喝多了失仪违礼。就此，商末周初周国的大人物们就都一同出场了。酒宴开始后，武王先请毕公高饮酒，接下来宾主们互相献酒酬酒[1]，同时还赋诗助兴兼言志。这些唱和应酬的细节，我们就不详述了。

有人可能会奇怪了，庆功宴上武王最大，怎么周公旦却当起了"主人"？这是因为按《礼记》记载，宴会上宾主的关系要对等。这就好比现在某国副总理来华访问，我们也得派副总理级别的人物去接待，主席、总理闲着都不能去，这就是对等原则。但君主举行宴会时，宾客都是臣子，没有哪个"宾"能匹敌君主主人，所以这种情况下君主就要派一个臣子代替自己当宴会主人去招待宾客，《礼记》里把这种代替君主当宴会主人的臣子叫"献主"，因为他要端起酒爵向宾客依次献爵敬酒。周公旦在伐黎庆功宴上就担任献主的角色。不过周公旦做献主也有与传世礼书不符的地方，那就是《礼记》说公卿不能当献主，因为公卿位高权重，他们当献主会让人误以为君王大权旁落。所以《周礼》称天子所摆的宴会上是以膳夫（掌管天子膳食之官）为献主，至于诸侯宴客，《礼记》称是以宰夫（审计官或厨师）为献主。但其实礼书既然说宾主要地位相当，此次宴会上主宾是毕公高，如果真以膳夫这种小臣来做献主，他的地位又低于毕公高了，所以以周公旦做献主，应该是为了宾主能够"匹敌"吧。可能有人又会问，毕公高为什么在这次宴会上做主宾呢？当代历史学家、夏商周断代工程专家组组长李学勤认为，这次武王伐耆（黎）中，毕公高应该担任实际统帅立有大功，所以庆功宴上他以头号功臣的身份做主宾。

除了周公旦为献主外，《耆夜》中的宴会程序还有不少地方不合传世礼书，如按《礼记》关于"燕（通宴）礼"的说法，武王就不该给献主周公旦酬酒，而《耆夜》中的武王却酬了。不但礼仪，《耆夜》中武王、周公等人赋的诗在学界也争论很大，有些学者认为其中很多字句不太合西周的时代背景和宴会气氛。所以学界不少人认

---

1 注：主人敬客为"献"，劝客人饮酒为"酬"，客以酒还敬主人为"酢"。

为,《耆夜》并不是周初史事的原始记录,而是战国时期人们根据西周中后期的一些资料写定的文章。当然《耆夜》中那些礼仪、文学方面的事情咱们就不细说了,只说说该篇中的历史事件,那就是"伐耆(黎)"这件事。我们前面说过,汉代人所写的《尚书大传》《史记》等书都认为伐黎的是周文王,20世纪90年代上海博物馆收藏的古简《容成氏》一文也说文王所伐九国中有"黎"。怎么"清华简"《耆夜》中又有"武王伐耆(黎)"的说法了呢?这伐耆(黎)的到底是文王还是武王呢?

其实关于伐耆(黎)的主角,宋代就有人说是武王了。不过宋人的理由和他们认为文王并未受天命称王的理由一样,都是所谓的"君臣大义"。他们的意思是,文王"天下三分其二归周"犹服事商朝,黎国是商朝西方百余公里的子姓之国、西部屏障,文王怎么会不遵臣道而伐黎国呢?《尚书·西伯戡黎》篇写西伯伐黎后商人非常恐慌,至德的文王怎么可能这么"逼君"呢?所以宋人以为《西伯戡黎》中的"西伯"必须且只能是武王啰!宋人"武王伐黎"的说法后来也被元明时期编辑伪书《今本竹书纪年》的人采纳,列在该书之中。当然宋人认定"武王伐黎"的理由在我们近现代人看起来是非常迂腐的,所以清末以来支持"武王伐黎说"的学者很少。可就在"文王伐黎说"在当代成为主流说法后,偏偏出土了《耆夜》这篇战国古文,上面有"武王伐耆(黎)"的说法,一时间搅得学界沸沸扬扬。

伐黎的到底是文王还是武王呢?现在看来,"文王伐黎说"是不能轻易否定的,因为传世汉代文献和出土资料战国竹简《容成氏》都认为文王曾征伐黎国,这是双重证据。但是"武王伐耆(黎)说"同样有出土战国竹简《耆夜》的支持,也不能简单抹杀。战国时人虽然喜欢"托古言志",但他们"言志"所依托的事件或背景,往往还是真实的,或者说是当时被人们普遍认为是真实的。比如前面笔者曾提到"清华简"《保训》,该篇是用文王临终给武王留遗嘱的形式来引出并推销儒家的"中"道观念;儒家的很多观念商末文王时不一定有,但是文王死在周国、临终前曾给武王留过遗嘱的事情肯定是战国人普遍认同的史事,否则你一篇文章开始的背景就被时人认为是虚假的,大多数人就不会再继续看下去了,你的儒家观点还怎么推广呢?《耆夜》也一样,虽然它主要是讲"伐耆(黎)"后的庆功宴,"伐耆(黎)"只是庆功宴的背景,但这个背景要是被当时的人认为是违背历史的,后边也就没人看了。所以从逻辑上推论,"武王伐耆(黎)"应该是战国时期多数人相信的史实。

除了逻辑推理外，出土西周金文也证实，《耆夜》一篇中蕴含着真实的历史成分。前面讲《耆夜》庆功宴的参宴人员时我们介绍过，该篇作者称毕公高是此次宴会的主宾。这一点，就能证明该篇的作者不是杜撰，是有一定依据的。西周初期青铜器献簋的铭文记载，周代楷国国君楷伯的一个叫"献"的臣子，曾跟着楷伯一起朝见周天子受到奖赏，因而他在铭文最后告诫子孙说，过十代人也不能忘记自己是在毕公之家服务才得到这个荣誉的。从献簋铭文可以推知，楷国一定是毕公高的后代所建的国家，所以楷伯的臣子献才说自己是在为毕公家服务。不过这楷国位于哪里呢？2006年，考古工作者在今天山西东南长治市黎城县发现一处西周墓葬群，其中一座墓出土的青铜鼎、青铜甗上都带有铭文，铭文显示墓主人是楷侯的"宰"官，说明黎城这处墓葬群属于周代楷国贵族墓葬群。但楷国并不见于传世文献，唐太宗李世民第四子李泰编写的《括地志》则说，黎城是周代黎侯国的地盘。当代山西学者从音韵学角度考证，认为古代"皆""黎""耆"等字同音通假，所以西周金文中的"楷国"即文献中的周代"黎（耆）国"。

我们前面已经证明西周金文中的楷国是毕公高后代的封国，楷国既然是黎国，就等于说西周黎国是毕公高后代的封国。但为什么毕公高的后代会被封在黎国呢？其实看了《耆夜》就清楚了，毕公高在武王伐耆（黎）的庆功宴上被当作主宾，说明他应该是伐耆（黎）的统帅或者立功最多最大的功臣，论功行赏的时候，武王把黎国封赏给毕公某一个儿子也就顺理成章了。这证明《耆夜》的战国作者历史学得很不错，对西周黎国的来历还是清楚的，知道西周黎国是毕公高之后。既然《耆夜》的作者说毕公高是伐耆（黎）主将或功臣这一点是对的，那么他说毕公高是在武王时期伐耆（黎）立功的应该也有一定可信度，所以"武王伐耆（黎）说"应该也是不错的了。

◎ 24 扑朔迷离的"武王伐黎"

西周前期献簋

铭文为：

唯九月既望庚寅 楷

伯于遘王 休亡尤朕

辟天子 楷伯 令厥臣献

金车 对朕辟休 作朕文

考光父乙 十世不忘献

身在毕公家 受天子休

话说"文王伐黎说"有证据支持，"武王伐黎说"也有一定证据支持，那么笔者只能说，很可能历史上文王、武王都征伐过黎国。当然因为资料不足，武王为什么伐黎我们已经不清楚了，猜测一下，也许是因为文王伐黎时并没有灭掉黎国只是将它征服，后来武王时黎国又反叛周人的缘故。不过想来，武王伐黎应该和父亲文王一样，也是打着替商朝平叛的旗号的。

◎25 子虚乌有的"孟津观兵"

讲完了战国竹简《耆夜》的内容和由它产生的新问题后,我们再来讲讲《史记》等传统史书中记载的武王时期一件广为人知的大事——"孟津观兵"。

《史记》上记载的"孟津观兵"的故事是这样的:周人受命九年,武王"祭毕"。祭毕是指祭什么?自古有两种说法:一种说武王在毕地祭祀文王之灵,一种说武王在祭祀天上主管兵事的毕宿(二十八宿之一)。随后,他亲率大军东征,实际则是想看看在关键时刻,有多少诸侯能与周人勠力同心、共伐大商。武王此行按传统将文王的木牌位载在车中,一同带着。他又不自称"王"而称"太子发",意思是奉文王之命出征,不敢自专。周军从关中经崤函古道到达盟津(今河南孟津县东北)后,不期而至的诸侯有八百家。于是武王率领诸侯盟军渡河。船行至河中央时,一条白鱼跃入武王所乘的大船(注意"商人尚白"),武王俯身拾起,用作祭祀之物。渡河到达黄河北岸后,又一件怪事发生了:有一股天火从天上覆盖下来,落在武王居住的房舍上,随后散开变成赤色的乌鸦状,声震云霄(注意"周人尚赤")。诸侯们兴奋地说,这些都是伐商必成的吉兆啊,可以开打了!武王却摇头说:"你们还不了解天命,伐商还不是时候!"于是武王和太师吕尚一起做了《泰誓》(又写作《太誓》)一篇,然后周军和各国盟军就班师而回了。后人就把这次武王为试验诸侯人心向背而导演的会师阅兵之事,称为"孟津观兵"。

接下来《史记》又说,过了两年,武王听说纣王更加昏乱暴虐,不仅挖了直言劝谏重臣比干的心,还因其同宗(一说叔父、一说庶兄)箕子。而商朝管音乐的太师疵与少师强,也都抱着他们的乐器投奔周国。武王这才决定正式出兵伐商,继而发生了著名的"牧野之战"。

　　对于《史记》中记载的武王先"观兵"、观完却不打而退兵、两年后再正式伐商的故事，大家看了不知道有什么感觉。反正笔者看了，立刻想起一个著名的西周历史故事——周幽王"烽火戏诸侯"（这个故事的真伪本书最后会另讲）。虽然周武王不是要博哪位美人一笑，存心戏弄诸侯，但是如果他真的这样做，效果不是和"烽火戏诸侯"一样吗？你周武王说要东征伐商，诸侯们听说后，都自发地来了——这个"来"可不是诸侯一个人两个人，而是带着本国的千军万马，推拉着数不清的粮草辎重；这个"来"也不是三里五里，很多盟国军队是要千里跋涉的，这"千里"可不是形容词，而当时行军主要还是靠脚板子。谁知大家风尘仆仆地赶来，还跟你渡过了凶险的黄河，正准备听你一声令下，就豁出命与望而生畏的商朝决一死战时，你"盟主"武王居然在吉兆多多的情况下，突然打出暂停的手势，说："停，不打了！时机不成熟，下次再干吧！现在散伙，各回各家！"如果你是诸侯一员、盟国一兵，你会怎么想？恐怕都要骂出口了："老子们跑了千里路才来到这里，诚心诚意跟着你干，结果你说不干就不干了，这不是存心耍老子们吗？时机不成熟？那你这时候伐什么商？到底是时机不成熟，还是你关键时刻怕了怂了？"自古有云，一鼓作气，再衰三竭。虽然这话是到春秋时才出自鲁将曹刿之口，但是几百年前的商末周初人，在现实生活和军事斗争中，应该也早已经体会到。临战之际，突然中止并退兵，这对周人和各国盟军的士气，该是多大的打击？再说，有军事常识的人都懂得，军队进攻容易、撤退难，尤其是敌前撤退。万一在周人和各国盟军回渡黄河的撤军之际，商军突然从近在咫尺的商王畿掩杀过来怎么办？要知道后世的淝水之战，就是拥兵百万的前秦军队撤退让晋军过河决战之际，被混在军中的晋军降将朱序喊了一嗓子"秦军败了"，才土崩瓦解的。

　　就算不考虑士气和商军反击的问题，如此折腾一番，兴师动众，都跑到商王畿边上了，临了又不打，武王下次再想出兵伐商，还能指望那些诸侯再来吗？恐怕到那时诸侯们心中都会盘算：我们如果再千里迢迢出兵了，谁知道这一次，周武王是不是真的要伐商，他会不会又要什么把戏？现代有句名言想必大家都听说过——用谎言去测试谎言，得到的只能是谎言！因此，如果历史上真的有"孟津观兵"，那周武王想试验别人的伐商诚心，就算试成了一次，但最终结果必然导致自己丢了诚信。这岂不是得不偿失？其实静下心来细琢磨琢磨，"孟津观兵"的疑点和漏洞实在是很多。除了上述会导致反商阵营士气大丧、军事上置于险地、周人在诸侯间丧失信用等严重后果外，经济上对周人和反商同盟国的损失也太大了。周人和诸侯盟军数万人，顶盔掼甲，携带辎重粮草，奔波几百里甚至上千里，这要消耗多少军粮马料？而且他们很多时候走的还是像崤函古道这样的险道，途中损毁的车辆物资、损伤的马匹甚至人员自然也少不了。如果打了仗，可能还能靠缴获战利品来弥补经济损失。不打仗就回师，完全成了来回白折腾、瞎折腾。要知道商末周初时，生产力还是极为低下的。就算要试验诸侯拥周伐商的决心，难道就非得用"孟津观兵"这样的劳民、疲师、伤财的手法不可吗？如此商朝还没伤到毫毛，反商同盟一方却已经消耗严重、筋疲力尽了。所以孟津观兵试验诸侯诚心的事情，在经济账上也是完全说不通的。

孟津观兵从军事保密角度来说，则更是提早暴露了周人和反商盟军的伐商意图，尤其直接暴露了周人的伐商战略战术计划。周武王搞那么大动静的孟津观兵，商纣王不可能不知道。纣王通过此事，不但知道周人要彻底叛商、袭击商朝，还知道将有哪些诸侯国准备跟周人一起干，由此可以计算出反商同盟的总实力大概是什么规模；就连周人及反商同盟国要走什么路线、从什么方向侵入商朝王畿，他也一清二楚了。古今中外打仗，有这么提前把自己的老底揭起来给敌人看的吗？

上面的推断，仅仅是从《史记》的记载，按逻辑、常识推出的违背常理之处。如果再看诸先秦古籍，则"孟津观兵"的问题更多。

首先一点，查阅先秦古籍，无论是史书还是诸子百家书，竟然没有任何一本书曾明确提到有"孟津观兵"这件事的。或者说，先秦古籍中没有任何一本书明确提到，武王和盟国军队首次渡孟津时竟然没打就回师了，直到两年后第二次渡孟津才真正和商朝开打！（注意，《今本竹书纪年》可不算先秦史书，它是元明以后一些文人辑录各种史料而打造的伪书。）那些主张先秦古籍中提到过"孟津观兵"一事的人，举的唯一例子就是《逸周书·商誓解》中的一句话——王曰："……昔我盟津，帝休辨商，其有何国……"他们解释说，这句意思就是，武王说，以前孟津之会时，上帝还佑助眷顾商朝，所以我那时还不能占有商国。但是也有学者不同意这种解释，认为此句应断句为"昔我盟津，帝休，辨商其有何国……"。按这种断句法，这句古文翻译的意思就和上面完全相反了：武王说，当年孟津之会时，上天对周人的佑助遍及商国,纣王怎么还能保有商国?显然,先秦古籍里唯一可能"证明"存在"孟津观兵"的语句,其实大家对它的解释还有歧义。退一步,就算这句可以证明存在"孟津观兵",在先秦古籍里也不过是唯一一例,也就是"孤例"。相反,先秦古籍里有诸多记载,可以看出武王伐纣是一次就成功的,并没有分为"首次孟津观兵""第二次真正伐商"这样的两步。

如在《楚辞·天问》中,屈原对他不理解的上古史事,提了诸多疑问,简直五花八门。屈原提到的西周史事,就包括武王伐纣会盟之事,比如"会鼌(朝)争盟,何践吾期?"这句是问,诸侯们从各方来会盟,通讯那么不发达,怎么保障按时到达的呢?但是即使屈原那么爱"思考"爱"动脑",也没问显然更奇怪的事情——孟津会盟后武王为什么又撤兵了呢?仿佛博学的他,不知道有"孟津观兵"这回事一样。《天问》里还有一句:"武发杀殷,何所悒?载尸集战,何所急?"这句是问,武王杀殷纣,为什么这么不安?载着牌位去会战,为什么这么急切?这一问,就很值得注意了。显然屈原是说,武王伐纣是很急迫的,载着牌位去打仗这次,武王就灭了商纣。然而《史记》里说,武王第一次渡孟津,就是载着文王牌位的。显然,在屈原眼里,武王载牌位这次,就是灭商的那次,不存在两次伐商。

再比方说,前面我们讲过,《史记·齐太公世家》中还提到孟津观兵后武王和吕尚一起做了篇《泰(太)誓》。现在大家所看到的《尚书》中的《泰誓》篇,是晋代以后伪造的,原本《泰誓》早已经在秦末战火中就失传了。汉代也有一篇所谓的《泰誓》在当时的社会上流传,真伪不详,但是汉代的《泰誓》在唐宋时又失传了。好在先秦古籍零星引过一些原本《泰誓》中的语句,绝对是如假包换的真上古资料。如《国语·周语下·单襄公论晋周将得晋国》篇中有一句:"吾(指单襄公)闻之《大誓》,故曰:'朕梦协朕卜,袭于休祥,戎商必克。'"单襄公所引用的那句《太誓》,显然意思就是说,我(指武王)的梦与我占卜的卦象一致,又和吉利的征兆一致,商朝必能攻克。您从这句话,哪能看出周武王作《泰誓》这次仅仅是阅兵而不准备真的攻商呢?

先秦古籍中引用的《泰誓》还有其他几句话,如:

民之所欲,天必从之。——《国语·周语中·单襄公论郤至佻(tiāo)天之功》

纣越厥夷居,不肯事上帝,弃厥先神祇不祀,乃曰吾有命,无廖其务天下,天亦

纵弃纣不葆。——《墨子·天志中》

恶乎君子，天有显德，其行甚章，为鉴不远，在彼殷王，谓人有命，谓敬不可行，谓祭无益，谓暴无伤，上帝不常，九有以亡，上帝不顺，祝降其丧，惟我有周，受之大商。——《墨子·非命下》

……

上面这些话虽然是古文，大家看不太懂，但是肯定能看出，都是说纣王作恶太多，老天爷不会保佑他，周国必然取代商朝的意思。先秦原本《泰誓》中的这些语句，哪里有一丝观过兵就不打了准备回师的意思？如果武王刚在众盟国参加的盛大阅兵仪式上慷慨陈词，说了那么多伐商必胜的鼓劲儿话，下了台就翻脸说本次活动到此结束，大家散了吧下次再聚，你是不是觉得他做事反复无常？

尤其是《逸周书·寤儆解》曾记载，武王伐纣前十分担忧"走漏消息"。有一天他召周公来说："哎呀，计划泄露了！今天我做梦，梦见商人（知道我们的计划，前来讨伐我们），吓死我了。"（王告儆，召周公旦曰："呜呼，谋泄哉！今朕寤，有商惊予。"）由此可见，武王伐纣前，因为商朝树大根深，而周人毕竟是刚兴起的小邦，武王并没有伐商必胜的信心。武王就是做梦，都怕自己伐商的计划会泄露，招致商人的提前反击。如此小心谨慎的武王，怎么会干出"孟津观兵"又回师这种事情呢？这不是把自己伐商的计划完全暴露给纣王吗？《逸周书》的这条记载，显然是对"孟津观兵"说的一个致命打击。

先秦古籍中的很多内容，都与"孟津观兵"的说法相抵触。大家说，这是不是很蹊跷？如果不是先秦古籍的作者们联合起来隐瞒"孟津观兵"的历史，那就是"孟津观兵"这件事本身就是子虚乌有的！

"孟津观兵"的说法，既与逻辑、常识、用兵之道完全违背，又与先秦古籍记载违背，由此我们可以郑重地下一个结论："孟津观兵"的说法，显然并非史实！真正的历史应该是，周武王和诸侯们率领联军渡过孟津，会盟并进行"泰（太）誓"，即大规模誓师之后，就直接北上进军，打了那场牧野之战！

有人可能会追问，那太史公的《史记》为什么会搞错呢？众所周知，周代的历史纪年，包括中国的历史纪年，我们以前往上只能述到公元前841年的"国人暴动"。再往前，商周每个王在位多少年，包括文王死后到底过几年才武王伐纣，资料一直欠

25 子虚乌有的"孟津观兵"

缺,说法有很多种,在太史公司马迁那个时代就搞不清楚了。在汉武帝时期,司马迁应该看过原版《泰誓》的序言,上写:"惟十有一年,武王伐殷。一月戊午,师渡孟津,作《泰誓》三篇。"当时司马迁很可能还看过汉代另一种版本的《泰誓》,正文开头也和晋代传下来的伪《泰誓》一样,写着"惟十有三年春,大会于孟津"。(话说伪《泰誓》虽伪,但应该也是在辑录古《泰誓》零散词句的基础上编出的。)如此一来,汉代《泰誓》的序言和正文,就出现了两个年份(序言是"十有一年"、正文是"十有三年"),估计太史公也左右为难:这两个年份记载哪个对哪个错呢?可能太史公对两个材料都相信,所以最后实在没办法,他就想出来一个弥合的招儿——算两个都对!前一次是渡孟津后只阅兵,没打就撤军了;后一次过两年又渡孟津,才是真打!"孟津观兵"的说法也许就是这样被太史公"发明"出来的。太史公虽然是良史,但是百密一疏,也情有可原。不过我们今人在分析了当时的情势并考证了先秦古籍后,理应放弃太史公的"孟津观兵"的说法,不应迷信《史记》。

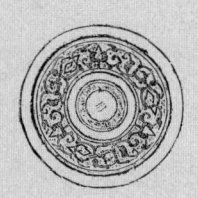

◎26
还原"武王伐纣"的历程

上一节我们经过分析判断,认定所谓"孟津观兵"之事是不存在的。那么真实的武王伐纣的历程是怎么样的呢?下面,我们就试着来还原一下。

前面说到过,文王受命九年去世,之后武王继位,并迁都于镐京,继续任用文王遗留下的贤臣。据《逸周书》等古籍描写,此时的武王,谦恭谨慎,经常召集周公旦等大臣探讨商议政事,并为如何伐商殚精竭虑。那么周人君臣到底商量出来什么办法呢?《逸周书·丰保解》讲到,周人的具体对内措施有选贤举能、规范法度、奖励农业手工业、发展经济、提升武备,等等。

上面的这些举措,当然大都是很"正能量"的方面。但是如果您以为周人的方法就只有这些,那就错了。毕竟周人相对商人是"少数民族",周国相对商朝是初崛起的小邦。尽管文王时期周国灭掉或征服很多诸侯国,但是根基尚浅,对这些新征服地区的控制肯定还不牢固;至于西南那些盟国,关键时刻他们能不能靠得住,周人心里自然也没有百分百的把握。尤其是,虽然周人几十年来开拓扩张,面对众诸侯胜多败少,但是与称霸中原数百年的商朝之间的几次直接正面冲突与较量中,周人却都是以失败告终(季历被商朝囚杀、文王即位初期兴兵报仇大败、文王后期又被纣王囚禁达七年)。这对周人来说,难免有不小的心理阴影。因此武王君臣对于商朝这已趋衰落的庞然大物,内心实际还是颇有些忌惮的。他们认为靠这些常规的"励精图治"的方法,还不足以在短时间内使周人的国力、军力一下子超越商人。和平、常规的竞争方式竞争不过,武王君臣就开始动"歪脑筋"了。于是武王、周公旦等人又想出另一种策略:我一边努力发展我自己,一边千方百计扰乱你的发展,给你使绊子、下套子,努力让你商朝发展不起来乃至倒退！我发展，你倒退，咱们之间的巨大差距不就能迅速缩小了吗？

《逸周书·丰保解》中列出的周人具体"捣蛋"手段有：给纣王和其宠臣送美女娈童、奇珍异宝，让他们贪图享乐不思进取；派能工巧匠为纣王和贵族修建宫室、制造奇巧之物，来消耗商朝的国力；制造流言蜚语让商朝人心惶惶；陷害商朝的贤臣而帮助商朝的奸佞升官；挑动商朝和其他诸侯的战争；挑拨离间商人君臣关系……当然，"清华简"《耆夜》还提到"武王伐黎"，这应该也是武王学习文王，借替纣王平叛为掩护，征讨不服周人的国家，来壮大自己的力量、折断商朝的羽翼。（不过武王封毕公高的儿子为黎国国君以代替子姓的黎国原国君一事，想来应该是武王灭商之后的事情，因为如果武王伐纣前公开把黎国国君换为自己人，肯定会引起商朝的高度关注。）

有人可能会怀疑，说这《逸周书·丰保解》中记载的东西能靠谱吗？周武王和周公旦，自古以来都是明君、圣人的形象，咋能使这些不堪的手段呢？其实，《逸周书·丰保解》中的记载并非"空穴来风"，因为其他史书也记载过周人类似的"厚黑"行动。比如前面提过，《史记》中就有周文王的臣下从各国搜集宝物贿赂纣王和其宠臣费仲以求释放文王的桥段；而《韩非子》一书中也有周人用玉版结好纣王驾前大佞臣费仲的故事。后来我们还会讲到《吕氏春秋》中记载的一件事，说的是周人如何分化纣王君臣、如何在商人贵族中招降纳叛，不过具体内容我们这里先卖个关子。总之，历史上的武王和周公旦，其实并不像后世儒家宣传的那样，是老实仁义的"儒家圣人"，更不是春秋时代"愚蠢"的宋襄公。他们为了胜利，在对待敌人时，也是不择手段，什么"阴招"都使，显然精通我们现在常说的"厚黑学"。我们知道，后来的儒家崇尚"仁义道德"，企图树立"道德榜样"来"正"乱世的"人心"，所以在整理古文献和授徒的时候，就只收集并教授那些体现文王、武王、周公"仁义道德"的古文献，有损他们正面形象的"阴谋诡计"之事则不收不教（《逸周书》里的很多篇章就是儒家删《尚书》剔出来的），从而给后世塑造出了周初三圣的完美形象。他们的初衷是好的，但其实这并不符合真实的历史。

还有一点要说的是，虽然《逸周书》上讲周人对商人实施"阴谋诡计"的这几篇只提到武王和周公旦，但这些"阴谋诡计"应该不是全出自他们哥俩之手。我们前面讲吕尚的时候提到过，《史记》曾说，"天下三分，其二归周者，太公之谋计居多"。文王时期是如此，武王时期姜太公应该也不会闲着，上面《逸周书·丰保解》等书列举的各种损商"阴招"，想必也有很多是出自吕尚之手。相传在为吕尚所做的《六韬》一书中，就有不少篇章是讲如何使用谋略纵容敌国国君、离间敌方君臣、收买敌国臣民、分化敌方联盟的。

当然，周人耍些"阴招"，后来失败了的商人也没资格"鄙夷"他们。因为据史书记载，当年商汤为了灭夏，就曾派大臣伊尹到夏朝那边做间谍，并结交失宠于夏桀的妃子妺喜，来分化瓦解夏朝内部力量。周人只不过是有样学样罢了。其实不单商周，历朝历代群雄逐鹿打天下，没有哪一方是干干净净的。

在武王紧锣密鼓地发展自身力量、频出阴招扰乱商朝的同时，他还有一件事抓得很紧，那就是"保密"——尽量掩饰自己的伐商战略战术意图，以等待最佳时机的到来。祖父被杀之仇，父亲被囚之辱，周国称雄于天下的梦想，都压在武王的肩头，压在那"终极一击"上，武王自然是"压力山大"。他甚至会在睡觉时，因梦到伐商机密泄露而惊醒。

但是俗话说得好，要想人不知，除非己莫为，有些东西是难以长期隐藏的。周人在文王末期，虽是拿着纣王的"令箭"、打着替纣王"讨伐叛国"的旗号东征西讨，但纣王不傻，他理应早就看出周人的威胁。只不过是因为内有贵族争斗，外有诸侯叛乱尤其是东夷的掣肘，他才隐忍不发。他是准备让周人和"叛商九国"火并，自己坐收渔人之利；退一步哪怕是收不了渔人之利，至少给自己争取一些时间也是好的。等到内部清除异己成功，后方东夷稍微安定，纣王就可以集中力量与周人算总账了。武王继位后不久，纣王杀其叔父比干，囚其同宗箕子，其兄微子逃亡，太师疵和少师强抱着他们的乐器、太史向挚带着典籍投奔了周国。史书都说这标志着"纣王愈加昏乱暴虐"，但是从纣王角度来讲，他应该认为这是自己加强王权的重大胜利。因此，虽然此时征讨东夷、坐镇当地的商军兵力尚未回调，但纣王已经开始将对付周人一事提上议事日程了。

据《逸周书·丰谋解》记载，武王继位后第三年（这个年数有误，南宋《史略》作"二年"，该年应为受命十年），有潜伏在商朝的周国间谍回报武王说，商人已经有伐周的阴谋了。武王闻报，不敢怠慢，立即召四弟周公旦前来议事。

26 还原"武王伐纣"的历程

武王对周公旦说:"这商纣王已经成为罪孽,他们现在天天盼望着伐周以建功。谍报人员的消息大多很靠谱,我们该怎么办呢?"

周公旦的回答简单干脆:"伐商的时机到了!"

确实,周人再等待,一旦等到纣王对内集权成功,对外调回驻扎在东夷的商军,伐商取胜就很难有希望了!无论成败,只有在此一搏!

但伐商之事对周国来讲毕竟事关生死存亡,谨慎的武王一时下不了决心。《吕氏春秋》说,他紧接着又召太师吕尚来问计。武王时吕尚担任的这个"太师"职务,可与前几段中我们提到的抱着乐器投奔周国的商朝"太师疵"的"太师"职务不同。"太师疵"的"太师"一职,是指管音乐的官职;而吕尚的"太师",主要是指武职,而且是最高武职。周国在文王时期已经整训了六个师的军队,统领一个师的将领叫"师氏",而管理指挥这些"师氏"的武官,就叫"太师",古文中写作"大师",即武装部队总司令的意思。不过因为战国之前,中国的官职文武区分不严格,所以当时的太师其实也管政事,故而我们说吕尚的太师一职主要指武职。

太师吕尚面见武王后,也从政治上分析,认为商朝此时已经奸佞当道、百姓怨望,表示伐商机不可失,时不我待。

不过这时的武王,对伐商作战的具体军事问题更为关注。根据传说为姜太公吕尚所著作的兵书《六韬》记载,武王曾就伐商的军事忧虑求解于吕尚:"现在如果我们引兵深入商王畿,与敌人对峙的时候,被敌人断绝我粮道,且对我前后夹击。到那时我们想打打不了,想守守不住,该怎么办呢?"

见武王担心的是这个,吕尚胸有成竹地回答说:"深入敌境用兵,一定要根据地形来考虑,必须依靠山陵险要并有水草的地方安营扎寨,谨守关口、桥梁、隘口、要塞。敌人如果仓促来攻,太急了则后援难至,阵势必然混乱,我们迅速出击,定能以少胜多!"

武王接着又就深入敌境可能遇到的各种敌情,向吕尚求教应对之策,吕尚一一都做了解答。吕尚的精妙阐述,使得武王彻底打消了军事上的顾虑。

不过好事多磨,据东汉王充的《论衡》说,周武王在下"是否伐商"的最后决定前,依照当时的惯例在太庙让太史卜了一课,结果却是大凶之兆。周人君臣不禁面面相觑,犹豫起来。正在这时,暴脾气的太师吕尚跳了出来,胳膊猛一挥把卜筮用的蓍（shī）草和龟甲从神案上扫到地下，然后一边用脚狠踩一边大吼道："枯骨死草，知道什么吉凶！"其实武王内心本已经决定出兵，见此情景，决心重新被坚定下来。于是武王最终拍板，下令按原计划的备战方案行动起来，即趁大量商军被牵制在东夷地区尚未回师、商王畿相对空虚之际，对商纣发起先发制人的致命军事打击。周人贵族大臣们见国君和太师都无所畏惧，自然也重新振奋起来。

当然在具体行事时，武王依旧格外谨慎周密。《逸周书·丰谋解》记载，他特别强调，要注意团结同宗、任用贤能、严格保密、控制物价、稳固边关等。就在为出师紧张筹措之际，周人的信使也早已经扬鞭四方，通告诸侯"殷商有重罪，不得不全力讨伐"，并邀约各反商盟国起兵会师。

一切准备停当，武王于毕地郑重祭祀文王（一说祭祀天上主管兵事的毕宿），祈求伐商必胜。受命十年十一月戊子日（前1047年10月16日[1]，周历以夏历十一月为正月），周国出征大军集结完毕。随后车辚辚马萧萧，将士弓箭各在腰，伐商的周人先头部队踏上了征途。

大约两个月后即受命十一年一月二十一癸巳日（前1047年12月20日），武王车驾也出了镐京，向东进发。之所以周人大军先行，武王车驾后发，应该是因为大军中携带辎重，又要通过险峻异常的崤函古道，行军速度很慢之故。

武王此次出征，没有以王的身份自居，而是自称太子发。武王的车驾队伍中，还有一辆车子专门载着文王的木牌位。传统史籍说，武王此举是向世人表明，此次伐商，乃继承文王之事业。实际前面我们已经论证过这个问题：《周礼》和《礼记》两本古书上都已经讲明，上古君王亲征，都是要带着祖先神位的；殷墟卜辞也证明，商代君王在出征时，先王牌位确实都要随军。所以武王伐纣带着文王牌位出征，不像某些学者大胆猜测的那样，是暗示文王被纣王杀于羑里，其实武王此举就是遵循古老的传统，即表示祖先神灵与大军同在，以祈求先祖保佑军事行动一帆风顺，马到功成。

话说大军前行到离丰镐不太远的"鲜原"这个地方时，停下来宿营休息。想到昔日天下盟主纣王因为众叛亲离，即将要遭到自己的讨伐，武王突然感慨万千。他对同姓贵族召公奭、弟弟毕公高说："唉，一定要重视老百姓啊！不与老百姓争利，他们

---

[1] 注：武王灭纣的公历时间，自古说法众多，这里暂从夏商周断代工程的说法，认为在前1046年，前一年即前1047年。

才会忠诚。小民很难抚养，所以事事都要兢兢业业。君王施恩惠给百姓，老百姓就会归服。如果口惠实不惠，就无法取信于民、无法成事。有微小失政的时候不重视，等到民怨沸腾，还怎么收拾呢？"

接下来，武王率师继续沿渭河东行，出后来的潼关一带，通过自古被誉为天险的崤函古道，于受命十一年二月四日丙午日（前1046年1月2日），抵达现在伊洛平原的洛师。（地名，即今洛阳一带，"洛"表示地名，"师"意思是这里为驻扎军队的军事重镇。）

周人大军在洛师稍事休整，又向西北进发，准备从今天的河南孟津一带横渡黄河。其实当时并无"孟津"这个地名，是因为武王马上将在此会盟诸侯，事后才有了"盟津"之名，后来又错写为了"孟津"。

话说就在大军即将抵达黄河渡口（今河南孟津县东北）时，却发生了一个小插曲：有两个人突然跳出来，如螳臂当车般企图阻挡大军前行！这俩人是谁呢？原来他们就是我们先前提到过的子姓孤竹国的两位公子——伯夷与叔齐。

伯夷与叔齐这哥俩为什么来拦武王车驾呢？我们简单介绍过，当年孤竹国这哥俩因为互让君位，从位于今天河北一带的孤竹国出走。后来他们听说西伯姬昌尊老养老，就西行来到周国。不过他们到周国时，文王已经去世，周国已经是武王在位。在周国住下没多久，他们就发现，其实这里并非清净的养老之所：周人正磨刀霍霍，时刻准备跟商朝开战。本来这哥俩就是最反对争名夺利的，对于武王欲讨伐诸侯共主、争夺天下的行为，更是十分鄙夷。这次眼见武王真的出兵伐纣，他们在镐京就想阻止，但没遇到出发的武王，于是一路尾追而来。这时他们哥俩刚好追上周人东征大军，就上来拉住武王御驾的马头，大声说："父亲去世却不安葬，又大动干戈，能算是'孝'吗？作为臣子却想弑君，能算是'仁'吗？"

大军既出，何况关乎国运，岂是伯夷、叔齐几句话就能阻止得了的？武王的左右侍从觉得这哥俩真是脑子被踢坏了，更感到晦气，想杀了这不识好歹的哥俩，太公吕尚见到赶紧拦住了。吕尚深知此次伐纣，必须争取天下人心，尤其是诸侯、贵族之心，孤竹国的公子是万万杀不得的，于是就圆场说："这两个人都是义士啊。"然后让人把这死脑筋的哥俩硬拉到一边去了。现在河南孟津，还有一个地方叫"扣马村"，传说就是当年伯夷、叔齐阻拦武王的地方。既然讲到这里，那我们就再说几句后话。后来武王灭了商纣后，伯夷、叔齐隐居在首阳山，"义不食周粟"，不吃周朝的粮食，而是"采薇而食"，只吃野菜。他们还做了一首讽刺周武王"以暴易暴"的诗歌，整天吟唱："登彼西山兮，采其薇矣。以暴易暴兮，不知其非矣。神农虞夏忽焉没兮，我安适归矣。于嗟徂兮，命之衰矣。"没多久，只吃野菜的这哥俩就饿死于首阳山中。

回过头来，且说撇开伯夷、叔齐二人的周国大军继续前行，很快到达黄河岸边的孟津渡口。孟津一带的黄河本来河面较窄，冬季水量少水流又平缓，所以周人选择在此处渡河。不过《论衡》一书说，周人到来时，却赶上天色阴晦，狂风大作，河水也暴涨起来。原来，商周之际正处于气候学上所谓的"仰韶温暖期"（距今八千五百至三千年间）的末段，气温要比今天高几度，当时黄河流域的温度跟现在长江流域差不多，所以冬季的孟津一带就碰上了类似今天江南的连绵阴雨天气。一些周国将士面对不利的天时地势，脸上现出了难色，认为这是不吉的征兆。武王也十分气愤，传说他挥舞金灿灿的青铜大钺（青铜器本是金黄色的，锈了才现青绿色）大骂道："我在这儿，看谁敢违逆我的伐商之志！"可巧的是，武王挥钺后，狂风一时减弱了很多。众军士自然相信这是"天助我也"，士气又重新振奋起来。

风退之后，太师吕尚左手擎着金黄的青铜钺，右手握着白牦牛尾巴为饰物的旗帜，站在军前誓师曰："如苍（青色）兕般的神勇将领们（这里指主管舟楫的将领），集合你们的队伍，给予你们舟船，务必争先前进，有晚到的必斩不赦！"

在这里，我们还有必要提一句，解释一下"兕"是什么动物。因为自古以来很多人很多书里都把"兕"解释为犀牛，好像已经成了定论，其实这是错误的。"兕"并不是犀牛，证据有很多：首先《山海经》里多次把犀、兕并提，显然不是一种动物；其次，犀牛是喜欢"独居"的动物，而从甲骨文卜辞中我们可以知道，兕是成群活动的；第三，甲骨文里有用射箭方式猎杀兕的记载，但犀牛的皮太厚，是很难射杀的。那"兕"到底是什么呢？1929年考古工作者曾在殷墟遗址里挖出一个大水牛的头骨，而这个头骨的上面正好就刻着"白兕"二字！现在真相大白了，原来"兕"就是一种今天已经灭绝的水牛品种，生物学家后来将这种已灭绝的大水牛命名为"圣水牛"。原来"兕"不是犀牛，而是一种叫"圣水牛"的已灭绝动物，大家不要再搞错了！

太师吕尚把周军的水师将领比喻成大水牛，让他们载着大家奋勇渡河。于是周国大军百舸争流，趁着风浪暂息之际逐次横渡黄河。武王所乘的大船行至河中时，浪花将一条白色大鱼卷到甲板上，这就是所谓的"白鱼跃王舟"。众臣诸将见了，都齐声恭贺武王，说这是上天降下的吉兆，意味着商人的甲兵（商人尚白、鱼有鳞甲）必为武王所擒。武王听了非常高兴，亲自捡起这条大白鱼，把它烧烤了祭祀上天。

受命十一年二月十六戊午日（前1046年1月14日），周军全部抵达北岸。此时，各路反商诸侯也纷纷赶来会师。不过在古老的《尚书》里，前来会师的诸侯可远远没有《史记》等书上所记载的"八百家"，而是只有八家，《史记》等书整整夸大了一百倍。哪八家，我们前面也已经说过了，就是庸、蜀、羌、髳、微、卢、彭、濮这八国。我们再回顾一下他们的位置：

庸国，在今天湖北竹山、竹溪县附近；

蜀国，以四川广汉三星堆为中心，北境达今陕西汉中一带；

羌人，姜姓部族，西北地区长期与周人通婚的老伙伴，吕尚就是姜姓诸国中的吕国贵族；

髳国，钱穆认为是在河南南阳西南荆山汉水间；

微国，一说在今陕西眉县、扶风一带；

卢国，在今天湖北襄阳以西南漳一带；

彭国，在今湖北房县附近的南河即古彭水一带；

濮国，在今天湖北荆州南部枝江、当阳一带。

传统史书都说，这八国，是有感于周国、文王的"仁德"，才来参加"伐商义举"的。其实我们在讲文王经略南土那节就介绍过，庸、濮、卢、彭等国跟商朝的关系都不睦，甚至有大仇。（商朝经常打庸国、濮国，甚至用卢国国君的头骨刻卜辞，还把原位于今江苏徐州的彭国灭了，迫使他们迁徙到今天湖北房县一带。）实际上，除了江汉的那几国，八国中的另几国也和商朝不和。殷墟甲骨文显示，商人杀的人牲，最多的就是羌人了。尤其在殷墟三、四期卜辞（相当于商王廪辛、康丁、武乙、文丁在位时期）里，羌人与商朝的关系以战争为主，甚至很多卜辞都刻有用"羌方伯"（羌人国君）的人头祭祀祖先的字样。髳国主要在一期卜辞（相当于武丁时期）中出现，它出现的唯一面目就是商朝的敌人，商王武丁经常讨伐它……由上述可知，前来襄助武王的八国，大多与商朝有世仇。这些国家之所以响应武王号召来伐商，与其说是被周人的文德所感召，不如说是趁机组团来报自己的冤仇。

周军在黄河北岸的北盟津与八国盟军会师后，武王举行了盛大的联合阅兵式，并在阅兵时做了一次重要的动员演说，这就是著名的《泰（太）誓》。只见武王挥舞着象征军权的金色大钺，高声说道："商纣王实行灭绝人性的暴政，不肯侍奉上帝，不祭祀其祖先和神灵，疏远自己的同祖兄弟，反而听信妇人妲己的妖言。因此老天必定遗弃他，绝不会保佑他！而我先考周文王，普施仁德，如日月光芒照耀四方，尤其是西方之地。文王的武功也威武凌厉，曾攻到邘国疆土上，诛杀暴君去除凶残，杀伐之功威震四方，其辉煌战绩胜过成汤。现在纣王虽有数以十万、百万计的夷人供他驱使，但其实这些人却和他离心离德；而我太子发尽管只有各有专司的大臣十人，但却同心同德！今天我太子发就要恭敬地执行上天对商纣的惩罚！天视自我民视，天听自我民听。民之所欲，天必从之！我的梦与我占卜的卦象一致，又和吉利的征兆一致，商朝必能攻克。我大周一定能接管大商！但我们此次入商，只诛杀独夫民贼纣王一人，并不罪及商国百族百官！我灭掉商纣，并非我武功赫赫，而是因为我父亲文王无罪被纣王囚禁七年；万一纣王胜我，也不能表明我父亲文王当年被囚是他确实有罪，只是我自己品行不良而已！努力吧战士们！我们伐商必会一举成功，绝不会有二次三次！"[1]

武王誓师完毕，与盟的诸侯军队军心振奋。随后以周人为首的伐商联军旌旗蔽日，朝着东北方向的商朝别都朝歌进发。不过据《吕氏春秋·贵因》记载，周军刚行了大概半天的路程到达鲔（wěi）水（黄河北岸不远处一条今天已经消失的古河流），前锋突然向武王回报，前面遇到商朝方面派来的使者。这使者是谁，又是为何而来呢？且听下回分解。

---

[1] 注：现今《尚书》中的《泰誓》是晋代梅赜所献的伪篇。本文所写的《泰誓》内容，是笔者根据先秦古书《墨子》《孟子》《左传》等书中引用的《泰誓》逸文和《史记》《礼记》中提到的《泰誓》文句组织而成。

◎27 兵临牧野，前歌后舞

话说武王率领伐商联军离开黄河北岸往东北方向进发，走出约三十里后，突然碰到了商朝方面派过来的使者。这使者是谁呢？来使向周军自报家门，原来他的名字叫作胶鬲。大家初见此名可能会觉得很陌生，但其实高中时大家学过的《孟子》选篇《生于忧患，死于安乐》中就提到过他——"胶鬲举于鱼盐之中"。大家可想起这句名句了吗？孟子所说的那位从"鱼盐之中"选拔出来的贤臣"胶鬲"，眼下又充任了商朝使者的角色。

胶鬲到伐商联军这来，到底是要干什么呢？武王召见胶鬲后，胶鬲主动开口问武王："西伯您这是要到哪里去？可不要欺骗我噢。"武王答道："咋能骗您呢，我要去讨伐商纣。"胶鬲又问："什么时候到？"武王说："将在二月二十二甲子日那天到朝歌郊外，您就这样回报吧。"

大家看了这对话，是不是觉得特奇怪？打仗自然要"攻其不备，出其不意"。这成语虽然是后世春秋时的著名军事家孙子说的，但武王随父亲文王征战多年，如此浅显道理不可能不懂。武王怎么那么轻易就把联军抵达朝歌的时间告诉敌人的使者了呢？这会不会是武王在诈胶鬲呢？您还别说，真不是！

胶鬲走了之后，伐商联军继续行军，天上忽然又下起雨来。现在下雨时在柏油路上开车骑车也要减速慢行，何况当时都是泥土路，下了雨之后泥泞不堪，行军有多艰难可想而知。武王却命令诸军不能慢下来，必须急速前进。众将一起劝阻武王说："士兵们都很疲惫了，请让他们休息一会儿吧！"武王坚决不允，说："我已经让胶鬲把甲子日到达殷郊的消息回报他的主人。如果甲子日到不了，胶鬲一定会被认为是不诚实没信用，他的主人一定会杀了他。我们现在全速前进，就是为了救胶鬲的命！"

大家看到这里，可能更糊涂了，这武王居然为了让敌人使者"不失信"于其主子，为了救他的命，而在不利的天气下强行急行军。难道是他信奉"一诺千金"，就算拖垮自己的军队，也要对敌人遵守"诺言"吗？其实大家有怀疑就对了，事情当然没有表面这么简单。《吕氏春秋·诚廉》和《庄子·让王》上记载了一个故事，大家看了就什么都明白了。

这故事还要回过头从伯夷、叔齐这哥俩到周国的所见所闻说起。话说伯夷、叔齐当初因听说文王"善养老"而来到周国，但此时文王已经去世，在位的变成了武王。武王见与商王同姓的孤竹国两公子来了，为了分化拉拢殷商内部势力，特地派弟弟周公旦去与他们结盟，许诺会让这哥俩的俸禄增加两级，并居官于最高之列。不过伯夷、叔齐二人，连本国的君位都不在乎，会稀罕武王的封赏吗？不但如此，这哥俩还对武王行贿赂、挖墙脚、欲以暴易暴的行为很鄙夷，于是又逃离。但在与周公旦的接触中，伯夷、叔齐了解到一些惊天秘密：原来周公旦已经和殷商大臣胶鬲私下盟誓，周人许诺以后会让胶鬲俸禄增加三级，并居官于最高之列；而周国同姓重臣召公奭，也已经同纣王的庶兄微子启私下盟誓，周人许诺以后会让微子家世代为诸侯之长，奉守殷商的祭祀，使用殷商天子的《桑林》之乐，并把孟诸这地方作为微子的私人封地。

明白胶鬲、微子启早就暗通周人，回过头来再看武王在进军牧野时与胶鬲的一些怪异言行，大家就应该豁然开朗了。原来胶鬲来探周师是扮演"双面间谍"的角色：他明面上是作为商纣王的使者来刺探周人军情的，私下里则是作为周人在商朝的内应来和武王接头的。武王告诉胶鬲联军将于甲子日到殷郊，就是让胶鬲、微子启等商朝内部的反纣王人士在那一天做好制造内乱、迎接伐商联军的准备。如果甲子日那天伐商联军到不了殷郊，胶鬲有可能受纣王怀疑而被杀不说，胶鬲、微子启等人准备的内乱行动也会因得不到伐商联军的外应而失败。一旦纣王清除了商朝内部潜藏的反对势力，周人"里应外合"的完美灭纣计划就破产了。到那时武王只能与纣王硬碰硬地决战，胜负就难以预知了，毕竟数百年中原霸主的军事力量是不容小觑的。所以武王才会下令排除万难、不怕牺牲，一定要在甲子日到达殷郊！

古人行军一般一日三十里，三十里就是一"舍"，也就是该休息了。但在接下来的几天里，伐商联军在恶劣天气中，以每日行军四五十里的速度，经过怀（今河南温县东)、宁(今修武县城)等地,于二月二十一癸亥日早晨抵达戚(今修武县城东北),并在那儿吃早饭。同日傍晚,联军抵达百泉(今河南辉县西北),早早宿营。

第二天,就是二月二十二甲子日了,正是武王与商纣及胶鬲约定好的日子!大战在即,战士们兴奋紧张得难以入眠。尚未到半夜,联军大营已经人声鼎沸,将士纷纷起床并埋锅造饭,吃起早餐。随后武王率领伐商联军启程,在漆黑的夜空下,浩浩荡荡向纣王别都朝歌(今河南淇县)郊外进发。

谁知行出不远,大军路过共山头时,山上突然轰隆隆地掉下来许多山石。"山崩"在现代人看来不过是自然现象,但在古人眼里可是大大的凶兆,联军将士不由得十分恐慌,连武王的弟弟霍叔都被吓坏了。他对武王说:"出师后短时间就多次碰到不吉利的征兆,恐怕不应该打这场仗吧?"霍叔之所以说"多次",是因为按传说,在此之前周人就已经碰到出师日占卜为凶兆、东向行军迎岁星(古人认为不吉利)、过河河水暴涨、过怀城城墙崩塌等蹊跷事。

武王尚未回答,四王弟周公旦怕动摇军心,就抢着说道:"纣王剖比干、囚箕子,用飞廉、恶来这样的小人当政,我们怎么能不出兵?"武王深为周公之言所激励,慨然下令整顿军马,继续前行。

联军很快到达朝歌以南几十里的郊外原野(今河南卫辉市以北),因为朝歌旧称"沫(mèi)",又写作"妹"或"牧"或"坶(mǔ)"(四字古音近似),所以沫(或妹、牧、坶)郊外的原野,就被称为"牧之野",后世简称"牧野"。

武王指挥军队在黑夜的寒风中抓紧时间排兵布阵。正在调度之间,天上又下起淅沥的小雨,更为即将来临的大战增添了许多肃杀的气氛。

布阵完毕后,身着阙巩国宝甲的武王,左手挥舞黄钺,右手握着白牦牛尾装饰的旗帜(这二者都是最高权力的象征),首先向联军全体将士致以问候:"来自西方的将士们,走了那么远的路到此,辛苦了!"

随后,武王顿了顿又说:"各国的君主,百官将领,以及庸、蜀、羌、髳、微、卢、彭、濮等国的士兵们,举起你们的戈,排好你们的盾,立起你们的矛,我将宣誓了!"

联军中的各国君主和将士们,无不在雨中肃穆地注视着武王。

武王激昂地说道:"古人说过,母鸡不该早上打鸣,如果谁家母鸡早上打鸣,这家必败!现在商纣王只听妇人的话,他背弃自己的祖宗,不进行报答祖先的祭祀;他遗弃自己的家国，丢掉自家兄弟不任用，竟然只推崇、提拔、信任、使用四方有罪逃亡的人，用他们担任大夫卿士等要职，让他们祸害百官百族，在商国为非作歹！今天我太子发就要奉行天命，对他们进行惩罚！"

听到这里，联军将士们兴奋地以武器击盾，一时间欢声雷动。

武王压了压手中的黄钺道："今天我们先来跳一场武舞作演练吧。武舞时，跳六七步，就停下来整顿一下步调。大家努力啊！刺杀不超过四次五次六次七次，就停下来，看齐队伍。奋力吧，战士们！希望大家威风凛凛，像虎豹熊罴一样。在商郊作战，不要杀害那些逃跑投降的敌人，而要让他们为我们西方人服役。奋力吧，战士们！但如果你们谁不努力，我定斩不饶！"

以上武王演讲的内容后来被编入《尚书》，这就是著名的《牧誓》篇。

随后，雄壮的武曲响起，联军将士们豪迈地边歌唱边舞动跳跃起来，此即后世所谓的"武王伐纣，前歌后舞"。（后来牧野之战前联军的歌舞被编成武曲，定名为《武宿夜》。）

有人要说了，打仗是那么严肃、血腥的事情，怎么开战前还又唱又跳起来了呢？其实在上古，在较原始落后的部族中，打仗前靠唱歌跳舞来祈求祖先神灵保佑、鼓舞本方士气、诅咒吓唬敌人是很常见的事情。2014年，新西兰拍过一个电影叫《死亡之地》，讲述了一个古代毛利人复仇的故事，影片中就曾多次出现两方决战前跳舞恐吓对方的场景。在我国，晚至20世纪40年代，西南彝族两个部族"打冤家"（械斗），还要唱战歌。就是到21世纪，很多非洲原始部落间"打仗"，战前都是要由部族首领带着，像跳大神般地又蹦又跳。商周之际，正是中华民族的童年时期，那时的周人和盟军，做出与近现代很多落后地区部族相同的事情，也就能够理解了。

在武王的《牧誓》中，还有一句值得提醒大家注意，那就是"在商郊作战，不要杀害那些逃跑投降的敌人，而要让他们为我们西方人服役"。想想胶鬲，想想微子启，其实这就是武王在战前嘱咐联军不要"误杀"了"自己人"。

在武王发表战前演说之际，淅沥的小雨不知何时已经停了，乌云也逐渐消散，夜空中明亮的岁星（木星）竟然悄然升了起来。

武王和联军在牧野布阵宣誓完毕了，这么大的阵势，商人那边难道没反应吗？要知道商人一方的情形，还得请看下回。

◎28 牧野大战——"纣卒易向"还是"血流漂杵"

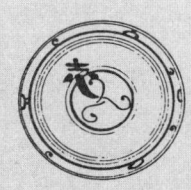

武王率伐商联军到达牧野，近在咫尺的朝歌城里的商纣王自然早有准备。就在武王布阵和联军"前歌后舞"的时候，纣王亲率商朝大军也来到牧野，并在联军的对面排开阵势。商军的阵容非常壮观，《诗经·大雅·大明》篇形容"殷商之旅，其会如林"，就是说，商朝大军的军旗，密集得像茂盛的森林一般。显然纣王也自信满满，他的如意算盘就是"诱敌深入"，以逸待劳地对付千里跋涉、早已疲敝的伐商联军。

两边人喊马嘶，一场恶战即将爆发。不过我们似乎还少交代了点儿重要内容，那就是双方的兵力对比。

先说说伐商联军一方的兵力。按《史记》的说法，伐商联军中仅周人一国，就有战车三百辆，虎贲（精锐敢死之士）三千人，甲士四万五千人，合计四万八千人。至于前来助周伐商的其他盟国的军队数目，《史记》说合计有战车四千辆。众所周知，古时每辆战车除了车兵，还要配备步卒和役夫（后勤人员）。据战国时的兵书《司马法》说，"革车一乘，士十人，徒二十人"，一般认为这是西周和春秋前期的制度。（《司马法》里还有每车七十五人的说法，一般认为七十五人的编制是春秋后期和战国时期的制度。）按西周每车配三十人来算，四千辆战车的军队，至少也该有十二万人。八国联军十二万人加上周人的四万八千人，得有十六万八千人了。一次战争一方出动近十七万人，这在三千多年前，无疑是一个极其惊人的数字，显然不可能！

其实武王伐纣时，不但全部联军（包括周军）的总数不可能有十余万，就是单算周军的数字也绝不可能有《史记》所说的四万八千人。首先，四万八千人配三百辆战车，等于每车有一百六十人跟随，这个随车人数实在太多，太不合理了。其次，我们前面介绍过，武王继位后，周人的武装力量已经扩充到六个师的规模，统领一个师的将领叫"师氏"，六个师的总司令则叫"太师"，由吕尚姜子牙担任。据文献《周礼·地官·小司徒》记载，西周每个师是两千五百人，按这计算，六个师其实也就是一万五千人。

周国一万五千人的军队规模，也与商末时期周国的总人口数相符。已故著名史学家李亚农考证认为，商末时周国总人口顶多十五万人。一个十来万人的小国家，除去妇孺老弱，十人出一兵，能派出的军队也顶多万余人，这已经是极限了。

而且考之于先秦各种古籍，它们在提到武王伐纣的兵力时，无不说是"革车三百乘，虎贲三千人"，从未提到"甲士四万五千人"这一项，不知道太史公是从何处得到"甲士四万五千"这个数字的。实际上所谓的周军"虎贲"，就是甲士，甲士十人里三人在车上，七人在车下做候补。再加每车二十人的步卒、役夫，周军的总数应该是九千人左右，也就是万人上下的规模。毕竟周人虽然远征，老家也不可能不留点儿军队留守。

那其他助周伐商的盟国军队总数会是多少呢？我们知道当时武王是联军的盟主，按谁拳头大谁当老大的原则，其他各盟国每国出动的兵力应该都远少于周军。何况那些什么庸、蜀、羌、髳、微、卢、彭、濮等国，多数不是大国，伐商时平均一国能出一两千人，已经算不错的了，要知道甲骨文中记载的商人出征常见兵力规模不过是三五千人。

周国出兵万余人，另八国出兵万余人（按一国平均出一两千人计算），那么伐商联军的总数，恐怕至多也就是两万多人的样子。当然，在三千多年前的那个时代，一方能聚集两万多人的部队，已算是很罕见的了。要知道三百多年后，人口数量和生产力较商末已经有较大发展的春秋前期，齐桓公拥有三万人的军队，就可以称霸天下了。

说完了进攻方周人及盟友的兵力后，我们再说说防守方商人一方的兵力。《史记》记载的牧野之战商军数量则更惊人，说达到"七十万"。这个数字因太过离谱，所以自古就没人信。于是有古人猜测说，"七十万"应该是"十七万"写颠倒了，商军应该是"十七万"。

其实我们前面说过，考之于商代甲骨文，商人出征常见兵力规模不过是三千人或五千人；商人一次用兵的最高纪录才"一万三千人"，而且这样的例子屈指可数。当代历史学家宋镇豪估算,商末时商朝首都殷墟及周边"卫星城邑"居住的人口总数,只不过二十余万,当然这还包括老弱妇孺。牧野之战时的商军,就算是家门口作战,可以把首都圈和王畿内其他各城邑的男丁全部拉上战场,也绝难达到十七万。牧野商军的实际数字能有四五万人,其实就不错了。

三千多年后的我们,已经无法搞清楚牧野之战时双方的实际兵力数字了。但是商军数量远多于伐商联军这一点,应该是不争的事实,因为这是各种古籍一致强调的。那么以少攻多的武王,具体是如何打这场兵力悬殊的仗呢?

《逸周书·克殷解》称,武王在开战之初,就命令周军中两员最骁勇的悍将——太师吕尚和一名百夫长,前往商军阵营"致师"。这"致师"是何意,我们前面在讲姜太公吕尚的故事时已经讲过了,也就是"致其必战之志。古者将战,先使勇力之士犯敌焉"。

于是在辽阔的牧野之上,只见正值壮年的太师吕尚和那位不知姓名的百夫长,跪立在由四匹雄健的骏马牵引着的高大坚固的檀木战车里,率领百名同样精锐勇悍的战士,如盘旋而起捕食猎物的雄鹰般,猛冲商军的军阵!这就是《诗经》中所歌唱的"牧野洋洋,檀车煌煌,驷𬴊彭彭。惟师尚父,时维鹰扬"!据考古证明,商末时的战车以两马为主,吕尚能乘坐四匹马牵引的檀木战车,可见其地位之尊崇高贵。

不过细心的读者可能会说,你等等,你没写错吧?姜太公是跪立在战车里往前冲的?北京的军事博物馆里有东周战车复原像,车后的两位甲士不都是站着的吗?那我请你注意,军事博物馆都说了,他们复原的是东周时期的战车,而非商代和西周的战车。考古学家测量出土的几百辆殷商、西周战车发现,商周战车车舆的栏杆是非常矮的,一般只有三十五至六十厘米高,也就是在一个身高一米七的成年人的膝盖部位上下。而且,殷商西周时期虽然已经有了用作扶手的车轼,但车轼的高度也很矮,只不过比车舆高出十几厘米而已。人站着时重心本就很高,打仗时手上又拿着武器,重心越发高了,在栏杆、车轼很矮的疾驰的战车上,谁能站得住?不服的找一辆三轮运货车,让人在泥土地上开到二十码的速度,然后你举着根竹竿站在车厢里面,不准扶什么东西,看能站得住?所以很多影视剧的镜头和连环画上的插图都是骗人的,殷商西周时期的战车,行驶时成员并不是站在里面,而是跪立在里面的(古代称之为"跽")。只有战车停下来或速度极慢时,成员才能站起来厮杀,否则必倒无疑。有人会质疑，那战车跑起来时跽坐在车里的人不就使不上劲儿没法打仗了吗？事实上战车飞驰冲阵的时候人并不需要使多大力气，跽坐的武士只要把像大镰刀一样的戈横起来，用车马的冲击力割扫周边的敌人就够了。就像后世骑兵，飞奔起来不需人用力砍或刺，只要把刀横起来，或者把枪杆夹在腋下枪头对着前面，用战马的冲击力就可以把人砍断或刺透。当然到了东周尤其是战国后期以后，随着车舆围栏与车轼的加高，部分战车的驭手和战士，也逐渐能在行驶中站立驾车或作战。

商代和西周时期的车舆围栏低矮，乘车者只能跽坐在其中

回过头来我们再说牧野之战。师尚父跽立在战车里，带领周人精兵锐卒向商人发起试探性攻击。他不愧是久经沙场的老军人，很快就寻找到商人军阵的薄弱点，然后对这里猛敲。商军虽然人数众多，但也挡不住这些如狼似虎的猛人。商人的军阵在他们的冲击下，就如同黄油遇到刀子，阵势中央立即被捅出了一个大豁口。武王看见吕尚"致师"一击得手，也迅速指挥虎贲勇士驾着战车，作为后续部队朝着太师吕尚打开的豁口猛进，以扩大战果。

那边商军面对如此情况，又有怎样的反应呢？很多古书都说商军士卒毫无战斗意志，甚至"盼望"武王来攻打。当武王指挥大军对商军猛攻时，商军士卒干脆都调转武器进攻纣王，为周人做内应去了。

商军士卒为什么会调转武器打纣王做内应？古代的传统说法，都是说纣王对内残酷暴虐，所以商兵巴不得周武王来"解民倒悬"。

28 牧野大战——"纣卒易向"还是"血流漂杵"

到了20世纪，"阶级斗争""五大社会形态"理论传入中国后，中国史学界又流行一种解释，说是因为商军主力还停留在东夷地区镇压，或商军讨伐东夷损失惨重，王畿内商军力量薄弱，纣王手上兵力不多，只得临时把奴隶和俘虏的东夷战俘武装起来，来与武王作战。他们说倒戈攻打纣王的商军士兵，就是这些临时被武装起来、恨透了纣王的奴隶和东夷战俘。不过这种说法显然"左"的烙印太重，也不是太合情理。因为按照上古的惯例，当兵是贵族和平民的权利，奴隶和战俘是没有当兵资格的。就算情势紧急，商朝主力在东夷难以转回，需要变通式地临时武装一些奴隶和战俘，这些人也不可能是商军的主力，顶多发根木棍在阵前当炮灰，阵后必有商人为主的部队压阵。试想如果牧野的商军多数都是临时武装起来的奴隶和战俘，纣王敢"御驾亲征"站在他们中间吗？

其实牧野商军大规模倒戈的原因，我们上面已经透露过了，那就是胶鬲、微子启等商朝贵族大臣"里通外国"的结果。古今中外，打仗时一方有部分人投降、倒戈，不足为奇；但是出现大规模倒戈行为，必然不是"凑巧"，肯定是事先精心策划、组织好的结果。微子启是纣王的庶兄，他应该是看不惯纣王启动触动旧贵族利益的"改革"，甚至是不满自己作为兄长却未能继承商朝王位，所以才暗通周人，希望借周人之手干掉纣王；从周人曾许诺他世代奉守商朝祭祀、用商朝天子之乐的事情，可以大略看出微子的"野心"，那就是取纣王而代之，自己做商人的君主。微子启作为商朝"王兄"，对商朝内部其他贵族大臣、世家大族的影响之大，不说也可想而知。胶鬲不知原本就是周人安插进商朝的"间谍"，还是因为不满纣王的所作所为，反正他也背叛了纣王成为周人的内应；从周公旦这种"王弟"级别的周人贵族亲自出面拉拢他的情形来看，他在商朝的影响力也不小。胶鬲前些日子从武王口中得知伐商联军抵达牧野的预计日期后，肯定暗中和微子启一起，策反了很多不满纣王的商朝将领和族长，并制定了行动方案，这才造成了牧野之战商军出现大规模士兵叛变并转回头攻击纣王的结果，也即古人所说的"纣卒易向"。

《史记》等古书说，因为商军士无战心，倒戈相向，纣王就仓皇逃走了，牧野之战也就顺利结束了。不过在后世已经失传的先秦古书《尚书·武成》篇里，却有不同的记载。《武成》称牧野之战"血流漂杵"，也就是说双方打得异常激烈，血流遍地，木棍子都能在血水里漂起来了。可能有人会问，既然《武成》篇失传了，如何得

153

知里面有"血流漂杵"的描写？这还要多亏战国时孟老夫子和东汉王充的评论。孟子看过先秦原版的《武成》后，曾愤愤然地说道："以至仁伐至不仁，而何其血之流杵也？"孟子主张且坚信"仁者无敌"，积极劝谏诱导当时的战国君王们行"仁政"，所以不相信或不愿相信牧野之战有过"血流漂杵"式的激战。中国有句著名的格言，叫"尽信书，不如无书"，也就是孟子针对《尚书·武成》篇有关"血流漂杵"的记载而说的，而东汉王充在《论衡·语增第二十五》里也说"牧野之战，血流漂杵、赤地千里"。

但同一场"牧野之战"，一边有古书说"纣卒易向"，一边又有古籍记载"血流漂杵"，到底哪个对呢？其实，历史是复杂的，不是非黑即白，以上两个说法可能都存在。也就是说，牧野之战，应该是既有部分商军在胶鬲、微子启等人的策反下成规模地叛变倒戈，又有部分商军与伐商联军进行了殊死战斗，甚至血战到底。那么哪部分商军会这么与伐商联军拼命呢？首先，商纣王自己选拔的亲兵卫队，应该是支持纣王的。第二，俗话说得好，秦桧还有仨好朋友。纣王在位的三十余年间，既有不满纣王政策的人或者失意者，但肯定也有支持纣王政策的人，以及在纣王政策下获利的既得利益者。尤其像那些被纣王从寒微地位提拔上来担任要职的"小人"（古代小人主要指地位），大都理应感激纣王的"知遇之恩"而为纣王死战。退一步讲，就算他们不感激纣王，也该明白，一旦纣王死了、周军获胜，他们作为纣王的亲信必无好下场，为了自己，他们也该与纣王同生死共命运。第三，牧野之战，和后世普通的改朝换代不同，可以说是商、周两族之间的"民族战争"。打个比方，商周易代，有点儿类似后世的"清军入关"，都是偏远地区的落后民族进攻中原地区的先进民族。（当然商人其实也是从中原东北方向来的，只不过已经占据中原几百年了。）一些商军将士，即便对纣王本人忠诚度不够高，但是出于"民族大义"，也会在周军即将攻占本国首都的时候，奋力一战。这些或忠于纣王本人，或忠于商朝商族的势力，在周军突破本方第一线、部分商军叛变倒戈的时候，依然殊死一战，奋力搏杀。所以血肉横飞之下，刚下过雨的牧野之上，坑洼中的积水都被双方将士的鲜血染红了，而且"血水"多得都能漂起木棒来，这就是所谓的"血流漂杵"。

伐商联军与忠于商纣的商军，从甲子日的清晨开始，激战竟日，一直打到当天下午。忠于商纣的军队，尽管在纣王的指挥下拼尽了全力，但因为先前大批商军叛变倒

28 牧野大战——"纣卒易向"还是"血流漂杵"

戈，致使商军阵势早已经千疮百孔，在志在必得的伐商联军的不间断的凌厉攻势下，他们最终无力回天，日落时溃败四散。纣王的亲信大臣费仲等百余人，被周人擒获。曾经骄傲自信的纣王，不得不狼狈逃回别都朝歌城中。

血色残阳下，原本喧嚣的战场，终于变得宁静下来。牧野之战以周人为首的伐商联军取胜而告终，中国历史就此翻开了一页新的篇章。

对牧野之战的胜负原因，现当代不少历史研究者或爱好者，还尝试从双方的军事技术和装备上来解析。比如有些人企图证明周人的战车比商人的战车结构更新颖合理、车身更坚固，武器也更精良。但其实考古证明，商末、周初的战车和武器在形制、材质、种类上都没有明显区别，基本是一样的。如果非要找出不同的话，那就是周人比商人多装备一种短兵器——剑，周人称之为"轻吕"（下一节我们就会提到）。不过剑这种有"百兵之君"称号且在春秋之后成为中国舆服制度重要组成部分的兵器，却并不是中国发明的。在甲骨文里，学者至今没找到"剑"字。

在世界考古中，柳叶形青铜剑最早见于欧亚两洲之交的今土耳其附近，属于公元前3000年左右的安那托利亚文明。按照随后青铜剑在中外各文化遗址中出现的早晚，一般认为剑流入中国的路线可能有两条：一是先自中亚流传到印度，再由印度流传至我国西南地区（中国最早的柳叶形青铜剑出土于距今一千三百年前的成都十二桥晚商遗址）；二是从中亚流传到我国新疆阿尔泰地区，再经蒙古草原南传到陕甘地区。从周人把剑叫作"轻吕"推测，他们应该是从西北那一条线路得到这种新型兵器的，因为"轻吕"一名就来自中亚、新疆一带的吐火罗语"Kare"（剑）一词。后来周人一统天下，剑的使用区域也从中国偏远的局部地区扩大到中原乃至全国。

剑利于刺杀，古往今来的实战证明，在短兵相接时，刺杀造成的伤害效果要远高于劈砍，因此有"刺死砍伤"之说。所以在其他条件相当的情况下，上古大量装备短剑的军队，其在狭窄地形内的肉搏能力要强于装备短戈的军队（戈以啄、钩为主要应用方式）。不过，因为商周决战"牧野之战"的战场在今河南平原，战斗方式是以车战为主，利于长兵器施展威力，剑这种新型短兵器所能起到的作用不能高估。故而笔者依然认为，伐商联军于"牧野之战"取胜的直接原因在于谋略与战术运用得当，而与武器装备没多大关系。

◎29
纣王拥玉自焚，武王平定四方

甲子日傍晚，疲惫、惊慌、气愤的纣王，从牧野逃回了商朝的副都——朝歌城。这时他早上带出的"其会如林"的几万大军，或降或死，已经片甲不剩。以周人为首的伐商联军马上就要乘胜攻入朝歌，而纣王此时已经再也组织不起力量去阻挡了。想想自己登基三十余年，几乎百战百胜；这一次却在优势兵力、以逸待劳的有利局面下，因为部下叛变倒戈，一战输掉老本乃至祖宗打下的近六百年江山，一股英雄末路的悲凉，想必会涌上纣王的心头。他恨周人，当然更恨那些倒戈的"叛臣"，否则自己此战怎么会失败？不过这时朝歌周边的商王畿内外，还有众多属于商朝的城邑和侯国。如果纣王能学习后来的宋高宗赵构，抱定"留得青山在，不怕没柴烧"的宗旨先逃走保命，说不定他还有与周武王继续较量的机会。但不知是因为高傲的纣王无颜面对失败，还是由于他目标太大，被伐商联军和胶鬲、微子启的商朝叛军紧盯不放，纣王最终没能够逃出朝歌城。走投无路之下，他只得回到朝歌的王宫中，登上那高大的鹿台。

鹿台上的纣王，万念俱灰，不得已选择了自杀。他把宫中收藏的大批宝玉，包括五枚最珍贵的"天智玉"，都围裹在自己身上，堆积在自己周围，然后举火自焚。刹那间，朝歌的夜空被火光映红。纣王拥玉自焚，除了不让周人得到自己的遗体，以及把最珍贵的东西烧毁也不给周人这两种想法外，也许还有深意。古人认为，玉乃集天地精华之物，纣王应该是至死也不服气，想在烈火中借助"天地之精"复活或变为厉鬼，来向周武王复仇吧。

回过头来再说武王这边。牧野商军崩溃、胜负已分后，一部分联军继续追剿残敌，武王则以胜利者的姿态，挥动着大白军旗，向联军中的诸侯们致意。和今天人们把白旗当成投降的象征不同，在商周之际，大白旗可是至高军事权力的象征。诸侯们见状，一起礼拜恭贺武王，武王又作揖还礼。随后武王率军浩浩荡荡向朝歌城进发。

来到城郊不远，一帮商人贵族已经带着商朝宗庙里的祭器在此等候迎降，他们就是微子启、胶鬲以及他们拉拢来的反对纣王的殷商贵族大臣。望见武王车驾来到，光着上身、双手反绑、嘴里衔着玉璧的微子启，跪着挪动向前迎接。他左边的侍从牵着羊，右边的侍从则拿着茅草。茅草即苞茅，祭祀时用来缩酒即过滤酒中的酒糟。微子启把祭祀的苞茅拿出，象征放弃祭祀权也即政权。

武王见状连忙下车，亲自解开微子启的绳索，接过其进献的玉璧，并为微子启举行了消灾去祸的仪式，表示接受了以微子启为首的商人贵族的投诚。紧接着他下达命令，宣布保留微子启为首的殷商贵族原来的官位爵禄。

见此商人贵族迎降的情景，武王的臣下和诸侯们都来到他面前，齐声恭贺道："这真是上天降下的大喜之事。"说完，他们又向武王拜了两次。武王答礼后，率先进入城中。

武王等人一路前行，直奔商朝的王宫，最后寻到鹿台前。不知道是否因为纣王身上和周围堆的宝玉太多，他的尸身并没有化为灰烬，而是基本保留下来。武王确定鹿台上的焦尸就是纣王后，先是张弓搭箭，向尸身射了三箭。随后他下了战车，拔出所配的轻吕剑刺砍纣王的尸身，最后又用黄钺砍下其脑袋，取下悬挂在大白军旗上。紧接着武王又来到妲己等两位纣王宠妃居住的宫殿，二妃也已经自缢身死了。武王像刚才一样，分别向她们的尸身连射三箭，再以轻吕剑刺砍，最后用黑色的玄钺斩二女之首，挂在小白军旗之上。对于武王的举动，可能现在人不能理解，会觉得过于残忍。其实古代的一些儒者，读到这儿也觉得太残忍，接受不了。他们囿于后世的"君臣"观念和"仁义"思想，认为作为儒家"仁者"典范的武王，不应该做出这等砍下自己前任君主尸体的脑袋并吊在旗子上的事，于是只得愣说《逸周书》《墨子》《荀子》等先秦古籍的相关记载都是假的。但实际上在商周之际，砍下敌方首领的脑袋并挂在旗子上的做法，是当时的通行惯例。据西周青铜器小盂鼎铭文记载，一直到西周周康王时，周人大将南宫盂讨伐鬼方得胜后，也是扛着挂满鬼方首领脑袋的旗子入太庙献祭。我们后人不能以后世的仁慈观念，去责备上古之人；也不能以后世的君臣观念,去要求商周之际的武王。因为商朝时君臣观念还并不像后世那么严格,那时候世人眼中的商王,更类似于天下盟主的地位。后世"君臣名分"严定的局面,是到后来周公"制礼作乐"以后才逐渐形成的,这个我们接下来的篇章将会讲到。何况对于武王来说,商朝于他有杀祖父之仇、囚父亲之恨,灭商兴周既是争夺天下,又是报仇雪恨,武王怎么会心慈手软?

做完这一切后,已近第二天清晨,武王这才退出城去,回到郊外的联军大营。

1976年,陕西临潼县(现为西安市临潼区)零口镇南罗村的一个农民在刨地时,突然刨出一件周代用来当大碗盛饭的青铜器——簋(guǐ)。这簋通高二十八厘米,口径二十二厘米,上有四行三十二字的铭文,其内容为:

斌征商,唯甲子朝,岁鼎,克昏,夙有商。辛未,王在阑师,赐有事利金,用作檀公宝尊彝。

利簋及铭文

铭文翻译成白话就是说,周武王征伐商纣王,在甲子日凌晨,时值岁星当空,击败商军,迅速占领了商国。在第八天后的辛未日,武王在阑师(即管地,今郑州)赏赐给一位名叫"利"的右史许多铜、锡等金属,右史利用这些金属作此祭器,以纪念其先祖檀公。

因为这个簋是武王的大臣"利"铸造的,所以史学界就把该簋称为"利簋"。利簋的铭文字数虽不多,却是目前发现的有关武王伐纣这一重要事件唯一的"实时文字记录",意义非同凡响。它证实了传世文献中周人克商之日在甲子日、"战一日而破纣之国"等记载的正确性。因为记录了商周易代这一影响中国走向的重大历史事件,2012年"利簋"被评为中国文物九大"镇国之宝"之一。

且说武王回到城外大营时,联军众将士还沉浸在胜利的喜悦中。不过武王却没有被胜利冲昏头脑,他内心很清楚,虽然周人的挖心战术奏效,牧野一战迫使纣王自杀,擒获其多数亲信大臣,但是商王畿内和周边还有无数的商人城邑和亲商诸侯国尤其是在商朝东部和东南部,商人依然保有较强的实力。因此牧野之战并不意味着伐商的结束,必须逐步铲除这些商朝的残余势力,伐商才算真的成功。

确实,从历史来看,武王伐纣的牧野之战和占领朝歌、逼死纣王,有些类似后世的金兵破汴京俘虏北宋徽钦二帝,虽然占领了这个王朝的心脏、控制或杀死了其帝王,但是该王朝的广大区域却还没有被征服掌控,后来就是因为金国没能迅速灭掉宋朝的残余势力,才形成了金国与南宋对峙的局面。

俗话说,怕什么来什么。《逸周书》说纣王的死党"方来"听说朝歌失陷后,立即大举反扑。武王于是下令让太师吕尚率军前往抵御。这"方来"到底是封国名还是将领名,现在已经无从考证了。有人认为它应该就是指纣王驾前的大力士恶来,古书错抄写成"方来"。不过这也都是猜测而已。但是从武王派遣周人最勇悍多谋的将领、总管六师的太师吕尚对付它来看,"方来"应该是个硬茬,这次商军反扑的规模想必不小。不过再硬的茬,碰到了鼎鼎大名的姜太公,也得完蛋。二月二十五丁卯日,也就是甲子牧野之战后的第三天,吕尚消灭"方来"凯旋,并向武王献上俘获的战俘和割下的敌人左耳朵。古代杀敌记功时,脑袋当然是最佳凭证,但是脑袋毕竟大了些,不方便携带,因此也常用割敌人尸体的左耳朵的方式来计算数目。

第二天(二月二十六戊辰日),武王在大营内临时设立的文王宗庙前举行"燎祭",即架起柴堆把玉帛或牺牲之类的物品放在上面焚烧,通过上升的烟气将伐纣成功的消息昭告上天,并上告先祖,同时祭祀文王。同日,武王鉴于此前"方来"的反扑,决定乘胜追击,迅速扫荡商人的残余势力。从这天开始的一个多月内,他下达了一连串对商人的追剿令:

命令将领吕他征讨商朝属国戏方(今河南巩义东南);

命令将领侯来攻打商朝的靡地与陈地(今河南淮阳);

命令将领百弇征伐商朝卫（韦）地（今河南滑县南）；

命令将领陈本征讨商朝的磿（lì）地（今河南禹州）；

命令将领百韦讨伐商朝的属国宣方（今山西垣曲东南）和厉方（今河南鹿邑县东）；

命令将领新荒讨伐商朝的蜀地（今河南新郑西北、禹县东北；一说此"蜀"为"荀"的误写，在今山西南部）；

……

上面这些周人将领受命征伐的地方或方国的具体位置，史学家们还有一些争议，不过可以确定的是，它们基本都在今天河南或山西境内，与朝歌的距离都不算远。当然，因为武王在朝歌停留的时间很短，一些讨伐令的发布是在其离开朝歌的西归途中。几十天内，这些大将们分别得胜而还，并向武王进献斩获的敌人耳朵和战俘，这是后话。

据《逸周书·世俘解》记载，此次武王伐商期间，向四方征讨，共攻灭了99国，征服了652国，总计杀敌177779人，生俘300230人。

《逸周书》中的上述数字不免夸张，但是有一点千真万确，那就是武王伐纣，绝不像很多人误以为的那样，仅仅是打了一场牧野之战、斩了纣王首级就完事了；事实是在牧野之战后，武王又多次遣将调兵，分路出击，继续攻打商朝的残余势力，并杀戮、俘获甚重，才最终实现"灭商兴周"大业。也正是因为这一系列"赫赫武功"，武王才被称为"武"王的。（从周军几十天攻灭了99国、征服了652国还可以看出，当时的"国"是很小的，尤其是那些被征服的国家，应该大多是"传檄而定"的。）

◎30 武王恩威并施，"宅兹中国"

早在牧野之战刚结束时，周武王就已经在思索一个极为棘手的问题——对于数量庞大的商人百官百族到底该怎么处理？确实，武王伐纣的形势，颇有些后世清朝入关的感觉：都是人口很少、文化落后的小国，利用甚至制造对方的内部矛盾，成功地运用各种谋略，打败并征服人口庞大、文化发达的大国。面对心中肯定不服的庞大商人遗民集团，一个处理不慎，周人就可能会把赢到的赌注全输光，甚至倒贴。后世五代时期的辽太宗耶律德光就是一个这样的例子。耶律德光其实也是位有为之君，在政治和经济方面颇有建树。他先是利用后唐内部矛盾，从石敬瑭手中获得燕云十六州，"因俗而治"；后来又率军南下打下了汴京，俘虏了后晋出帝石重贵，并在中原称帝建号。但是因为没能改变契丹人"打谷草"的野蛮抢劫作风，没能处理好与后晋降臣以及汉人百姓的关系，而是到处搜刮掳掠，导致他皇位还没焐热，就被赶出了中原，病死在归途，还被属下腌成了"帝耙（bā）"，成为中国有史记载的第一位被腌成腊肉的皇帝。从辽太宗耶律德光多年励精图治、好不容易入主中原却被赶出病死于荒野的史实可知，打江山不易，固江山更难。当年面对类似难题的武王，该怎么巩固对商人的统治呢？

据《尚书大传》和《说苑·贵德》两部汉代古书记载，武王为处理这一棘手问题，先是招来太师吕尚询问。吕尚显现出牧野战场上"时维鹰扬"的"狠"劲儿来，说："我听说，如果喜爱一个人，就连同他家房顶的乌鸦也喜爱；如果不喜欢一个人，就连他家的院墙篱笆都厌恶。不如把敌对分子全部杀尽，一个不留，大王意下如何？"后世"爱屋及乌"的成语，就是从吕尚的这段答话里来的。但太公的话显然太生猛了些，武王只能摇摇头——敌视周国的商人那么多，在冷兵器时期，作为少数民族的周人哪有能力杀光一个多数民族？

武王于是又招来同姓大臣召公奭咨询。召公奭说："有罪的商人都杀掉，无罪的就留一命，您看怎么样？"武王又摇头——这有罪无罪，恐怕也不好甄别。

武王最后只得召见自己的四弟周公旦。周公旦回答说："让商人各住各家，各种各地，安居乐业。对新臣服的民众和周国旧国人一视同仁，谁有德行就亲近谁。殷人百官百族有过错，都归咎给死鬼纣王一人。"武王点头夸道："这样的胸怀才算宽广，天下应该能安定了！"

上面的这段记载，显然有后世的儒家思想痕迹在里面，恐怕不是商末周初武王与群臣对话的真实原貌。不过这里面也有符合当时情形的地方，那就是武王肯定曾经就如何处理商人遗民的问题，广泛征求过亲信大臣的意见；而且最终武王和诸大臣也达成共识，明白小邦周国要征服数量庞大的商人，并不能单靠武力杀戮，还得使用各种怀柔的手段。于是，武王首先搞了一次隆重盛大的祭祀社神（土地神）的仪式，来宣布商朝已经正式被周朝所取代，以从心理上征服他们。

早在牧野之战后的第二天，武王就命令清扫朝歌道路，修整商朝祭祀土地的社庙和商王宫。

到了卜定的良辰吉日，也就是牧野之战后的第四天即二月二十六戊辰日，这天武王决定继续派吕他、侯来等将领在商王畿内对商朝顽固势力进行扫荡，武王先在军营的临时宗庙里祭祀了文王后，接着起驾再往朝歌城举行"报社"祭典。只见百名士兵每人扛着一面带九条飘带的云罕旗在前面开道，武王一行紧随其后，武王的六弟叔振铎（后封于曹国）护卫在插有太常旗的仪仗车前；四弟周公旦拿着大钺，十五弟毕公高拿着小钺，夹辅着武王；泰颠、闳夭两位大臣，则手持轻吕剑护卫在一旁。众人进入商王宫，武王居社庙南面即天子之位。五十名士兵分列左右，大臣们也全部跟从。武王的弟弟叔郑（排行不详、后封于毛国）捧着高处所得的露水，九弟叔封（后来封于卫国）在地上铺起公明草编的席子，召公奭进献精美的丝织品，太师吕尚则牵着准备祭祀用的牲口。

接下来一位名叫尹佚的太史官朗读册书祝文曰："殷商的末代子孙纣，毁弃先王的明德，侮慢鬼神，不进行祭祀，欺凌商邑的百官百族，其罪恶昭彰，皇天上帝都已经知晓。"念完后，武王拜了两拜，叩头至地，说："承受上天之命，革除殷政，接受上天圣明的旨意。"接着又拜了两拜，然后退出。

通过"报社"祭典，周武王通知土地神后土（传说即共工氏之子句龙），天下土地之主已经换人了。

此后，周武王还命令南宫适（kuò）、史佚两位大臣向商国遗民展示传国之宝——九鼎和大量宝玉。（纣王自焚后的第五天，武王就让人把纣王身上佩戴的五枚没烧坏的天智玉剥了下来，周边没烧坏的万余块上好玉器也落入周人之手。）

武王显然想通过这些庄重祭典和宝物展示告诉商人，天命已经归周，改朝换代已经完成，传国重器都已在周人手里，你们就别存什么心思了，快点儿接受既成事实吧！

接下来，武王又特意把商朝的百官贵族及普通民众召过来，亲自给他们上了一堂"政治课"。后来武王在这堂"政治课"上的讲话稿还流传了下来，这就是《逸周书》中的《商誓》这一篇。这次武王可算是长篇大论，唇枪舌剑。没耐心的朋友，可以略过不看；有耐心的读者，可以听一下武王是怎么"教导"商人的。

《商誓》

武王对这些殷商的百官贵族民众说："殷商的贵族、百官、贤人们，要相信听从我新任命官员的告诫，快听我的话，你们才有光明前程。嗨，你们这些人，我是顺应天命，岂敢违背天命？我来这里是执行上帝威严的命令，并昭示惩罚，现在是初次诰命你们，你们要重视啊。我的话从头到尾每一句都是明白地教诫你们。

"以前我周人先祖后稷顺应天命，能播种百谷，功绩赶得上大禹。凡是天下的民众，没有不用我先祖后稷的好谷物去祭祀、去食用的。商朝的先哲王祭祀上帝、祭祀社稷宗庙，也只能用我们后稷的好谷物以求民和，并用以食用。所以商先哲王因为这原因，就显大我们西土。

"现在商纣王昏聩，扰乱天下，残酷虐待百族，违背上天的旨意。上天因此不佑助他，就命令我父文王说：'杀掉商国罪恶多端的纣王！'以前在我们西土，我父王全都顺应先祖后稷之政，所以上帝说一定要讨伐纣王。故我姬发不敢忘记天命。于是我在甲子日执行了上天的大罚，蒙上帝恩赐，革了纣王的命。我也是不敢违背天命而已。注意啦，我有正式的话告诉你们，商朝的百官百族没有罪，有罪的只是纣王一人。我已经诛杀了纣王，秉承天命，又下达美好的命令给你们贵族百官、里君、君子，你们全要听命！如果有不听我命而敢于作乱者，你们大邦君长没有敢不报告我们周人的。就是这些大邦君长我们也无所爱怜，因为如果他们敢反，上帝一定会说杀了他们。现今我明白地告诉你们，我去追杀纣王的灵魂，到了上帝那儿，上帝命令说，你们百官百族将会获得新生。你们自己要重视有此天命，不要让百姓无所求告。

"我们西土人也厌恶劳累，这样的用兵也不想重复。如果上天要再次惩罚你们，让我们劳苦兴兵，那是怪罪我们不能使你们与周人一条心。你们各位都要自重，帮助上天永远赐福我西土，不要麻烦我们再打仗，你们百官百族也会因此得到安身之地。你们应该遵从天命，不要造反作乱，我会保你们兴盛不衰。虽然我人在周土，但我的命令出自上天。如果有人不听从天命，敢于率先作乱，我就要降罪于他。我只不过是用先王的政令再次治理你们。超越法度的不是我，而是你们这些仗势作乱的。

"商朝的百官百族，我听说商朝的先哲王成汤能帮助上帝，保护商民，能利用三德，使商民安定无他念，用以帮助他们的君王。今纣王背弃了成汤的旧典，所以上帝命令我们小邦周说：'灭掉商国！'这里我明白无误地告诉你们百官百族，如果你们不听从我的命令，我就要全部杀掉你们！

"嗨！你们大邦的君长与百官百族，我的天命已定，你们要是能从我们周人这里承受上天所降的福禄，我们小国一定不会改变对你们的承诺。当年在盟津，上帝保佑大周，你们商朝怎能享有国家？上帝命我伐殷国，指明百事，赐给我好的辅臣，我于是灭掉了殷商。现今我要赐厚福给你们，而我的太史不同意，实际是看到你们还有疑虑。你们都要注意，我讲的这些话敢有不听不信的，我就要依上帝的明命进行惩罚。我虽然要回到西土，可我还会来东方用刑。你们都要记住，全都要听我的话，我不再重复了。"

武王这次对殷商贵族民众的谈话，简单地说，就是赤裸裸地威逼利诱：我武王来打你们是因为殷纣得罪了上天。但殷纣有罪，我只惩罚他一人，其他殷人我不会惩罚！你们都听话，就有好果子吃；如果你们不听话，我还得再来严惩你们！好话别让我说第二遍！

而且武王在训话中，几乎每句话都把"老天""上帝"抬出来，据统计，武王这段话里提到"老天""上帝"达二十多次——说商人当初兴起是老天的旨意；现在纣王被惩、周人兴起,也是老天的旨意;你们要听话,还是老天的旨意!总之我武王说的一切都是老天的旨意!我们知道,商人以"尚鬼""信天命"著称,武王的这次演讲,可算是"见什么人说什么话"的典范了。

打也打了(四方征伐斩俘无数),吓也吓了(以上帝的名义训话),改朝换代的仪式也举行过了,还有一招大家应该想到,武王马上该祭出"胡萝卜"了,也就是该施些"恩惠"给商人了。大棒加胡萝卜,这是古今中外统治策略的标配。

《史记》记载,武王首先"兴灭继绝",让被周人俘虏的纣王之子禄父(后来日名为武庚)继续奉守殷商的祭祀,并将原商王畿主体地区和大部分商人遗民交给他来管理,以减少商人的抵触情绪——怎么样,我们周人还是准许你们商人治商的吧?也就是说,武王伐纣后的商,虽然失去了天下共主的地位,但周人依然允许它作为一个大诸侯国存在,只是由之前的"商朝"降为"商国"了。而且周武王还允许禄父的商国保留天子礼乐,这也是很大的优待。武王这样做,一方面是争取殷人的人心所向,另一方面也是迫于无奈。毕竟周国人少,要直接统治数量庞大的殷商遗民心有余而力不足,不如顺水推舟,以殷治殷。(当然,这里武王为了安抚商人,并没有实现之前对微子启的承诺,没让他做纣王之后的商人之主。由此可见,微子启"里通外国"助周武王灭弟弟纣王的行为,显然是没有得到多数商人支持的,甚至被很多商人唾弃,所以可能周武王因此才不得不顺改立禄父做商人的新君。但武王也没亏待微子启,还是把宋国及大批殷民封给了他,而且这样做还符合"分而治之"的策略。)

不过有人可能会怀疑,周武王逼死了商纣王,还弓射、剑捅其尸身,最后砍下他脑袋挂在白旗上,现在武王又立其子禄父,难道不怕他心怀仇恨吗?要知道杀父之仇不共戴天啊!确实,如果禄父如太史公所述是纣王的亲儿子,那武王的举动确实不合情理。其实《史记·周本纪》上周武王在商都举行"革命"大典和分封禄父(武庚)的这些记载,都是大段抄自先秦古书《逸周书·克殷解》,而《克殷解》上原本没说禄父是纣王之子,只说他身份是"王子"。所以笔者以为,禄父应该并非纣王的亲儿子,只是纣王子侄辈的一个商王室近支王子。我们知道,中国古代人把父辈的叔伯都叫"父",有"诸父"的说法;同样,古人也经常把子侄辈都叫"子"。而且在商代甲骨文中,还用"子"称呼商王室贵族。可能因此,后世才误以为禄父是纣王的亲儿子。

禄父不是纣王之子,金文中也有体现。我们都知道武王死后禄父又掀起反周叛乱,一件周初青铜器"太保簋"的铭文就记录了太保召公奭平定"录子圣"叛乱的战事。清华简中有一部先秦史书《系年》,也记载商人反周叛乱的领头人是"录子耿"。显然竹简《系年》里的"录子耿"和太保簋铭文中的"录子圣",以及传世文献中的"禄父"就是同一个人(史学家认为"耿"与"圣"古音音近通假),都是指武王克商后所封的奉守商朝祭祀的那个商朝王子。"录子圣(耿)"应该是这个商王子的名,"禄父"为其字,"武庚"则是其死后的日名。巧合的是,传世还有一件商末周初青铜器叫"天子圣觚"(觚是酒器),上面有"天子圣作父丁彝"的铭文。这个"天子圣",一些史学家认为就是"录子圣"叛乱后的自称。天子圣(录子圣)给一个叫"父丁"的人做器,虽然古人也把叔父伯父叫"父",但这里的"父"最有可能是天子圣(录子圣)的亲爸爸。我们知道纣王的日名是"帝辛",不是"帝丁",所以录子圣的父亲应该不是纣王(帝辛),而是一个日名为"丁"的高级贵族。这再次证明录子圣即禄父并非纣王亲儿子。

天子圣觚铭文

天子圣作

父丁彝

虽然禄父(名录子圣、日名武庚)应该不是纣王亲子,但他毕竟是商王室贵族,武王难道不怕他以后反周恢复大商朝吗?武王自然也有制衡手段,他同时还命令自己的三弟管叔鲜、五弟蔡叔度、八弟霍叔处辅佐禄父,实际上就是让这三位王弟来监视禄父和商人。管叔、蔡叔、霍叔,就是西周初期著名的"三监"。"监"的制度,据说在传说中的五帝时期就有。《史记·五帝本纪》云:"(黄帝)置左右大监,监于万国。"当然,《史记》的这段记载可能是后人伪托的。一些历史研究者认为,殷墟甲骨文中商代很多驻军于边地的将领,可能就有"监"的性质。武王任命自己的三个弟弟作监,就是让他们各率领一支军队驻扎在商王畿内,用武力来震慑禄父的举动。当然后世很多史书对"三监"具体是哪三个人有争议,比如《史记》等书认为禄父是"三监"之一,而霍叔不是。但禄父本是被监督的对象,不该作"监"。而且"清华简"先秦史书《系年》中也是把录子耿和"三监"分开来表述,所以"三监"应该包括霍叔而不该有禄父。

分封禄父、设立了"三监"后,武王命令召公奭把箕子从牢狱里请了出来,命令毕公高释放了被纣王囚禁的其他商朝官员贵族;又命令闳夭给因进谏纣王而死的比干的墓培土,还派人表彰商容的里巷,以褒扬他的"德行"。不知大家还记得不,这商容曾经意图袭击纣王,失败后逃亡。由此可见,凡是曾反对纣王的旧贵族,武王都作为"贤臣"表彰。这一方面是向世人证明纣王是暴君该伐,另一方面更是在拉拢纣王当政时被排斥、被打击的商朝旧贵族势力。

拉拢完商人贵族,下一步自然也要笼络商朝的普通平民。接下来,武王命令南宫适散发鹿台仓库的钱财,发放钜桥粮仓的粮食,以此赈济商国贫弱的民众,表明自己伐纣不为私利,而是吊民伐罪。当然其实这都是死去的商纣王和亡掉的商朝朝廷的财产,拿这些钱粮来收买商国百姓的人心,自己一个子儿都不用掏,有花可以借来献佛,不借白不借。最后,武王还深入商人民间,问疾苦,拉家常,听取民众意见。据说商人普遍"反映",希望在商国恢复最初迁都到此的商王盘庚时代的那套旧制度旧办法,所以武王也"愉快地答应了商人的殷切要求"。

至此,各种能想到的镇抚殷人的软硬手段,武王都已经施展了一遍,他一时也想不出更多的招数了。伐纣胜利后,周人和各国联军将士都思乡念归,而且商王畿一带毕竟是商人的聚居区,武王带着并不算压倒优势的军队留在这商人的汪洋大海中,心中也觉得不够安全,于是他决定打道回府,返回镐京。武王命令主管祭祀的宗祝官在军中大宴四方宾客,并祭奠阵亡将士的亡灵,然后撤兵西归。

武王的归程并非沿着当日进军朝歌的路线，而是从朝歌一路南下，从今河南新乡西南一带南渡黄河（商末周初的古黄河从今天河南武陟南就开始向东北方向流淌，流经今新乡南、濮阳西）。武王没走来时的路，没从孟津以北南渡黄河，其中一个重要原因就是天气转暖，孟津黄河段水流变得湍急。

二月二十九辛未日，武王车驾来到了金文中所说的"阑师"，也即文献中的管地（今河南郑州），并短暂停留下来。大家应该还记得，牧野之战发生在二月二十二甲子日，由此可知武王在朝歌一带仅仅只待了大约六天而已。

在管地，武王对随驾的灭商功臣做了一次奖赏。前面我们曾介绍过，武王的大臣"利"，就是在这里得到了武王赏赐的铜和锡，后来将之铸成了记载武王伐纣历史的"利簋"。

话说这管地（阑师）是黄河以南的军事重镇（所以金文中带个"师"字），因此武王最初将自己最大的弟弟、三弟管叔鲜分封于此。蔡叔度的封地蔡，传统说法认为在今河南东南部的上蔡，但也有人根据西晋司马彪《续汉书·郡国志》的记载考证，认为蔡叔度最初居住的蔡城在汉代山阳县即今天河南修武一带。修武临近朝歌，方便监视商国新君禄父，这种说法可能更接近事实。当然，管叔鲜、蔡叔度名号前的"管""蔡"字样都是他们得到封地后才有的。据《逸周书》的《大匡解》《文政解》两篇文章记载，武王之所以命令管叔鲜、蔡叔度这两个王弟"辅佐"武庚，担任"三监"中的"二监"，并掌管东方诸侯，是因为他们在灭商后曾主动请缨镇守东方。两位弟弟积极替哥哥分忧，武王当然很高兴。但鉴于管叔鲜和蔡叔度二人的任务极其重要艰巨，武王还是放心不下。因此在管地停留的短短间隙，他特地谆谆教导这两个弟弟，提醒他们在殷商旧地镇抚期间，一定要宽缓节俭，恭敬有礼，尊重老人，亲近正人君子，疏远奸佞小人，谨慎选官，赏罚分明，让民众安居乐业，以不负自己的职责。千叮咛万嘱咐后，武王这才离开管地，踏上西归的路程。

三月四日乙亥日那天，西归途中的武王又登上嵩山的东峰——太室山，祭祀上帝和文王。在这场祭祀中，武王立在太室山之巅，望着群山环绕的伊洛盆地，兴起了在这"天下之中"的位置营建新都的打算。

1963年于陕西宝鸡出土的周初青铜器、国家一级文物何尊上面，记载了武王对上天暗暗许下的愿望：

◎ 30　武王恩威并施，"宅兹中国"

唯珷既克大邑商，则廷告于天，曰：余其宅兹中国，自兹乂（yì）民。

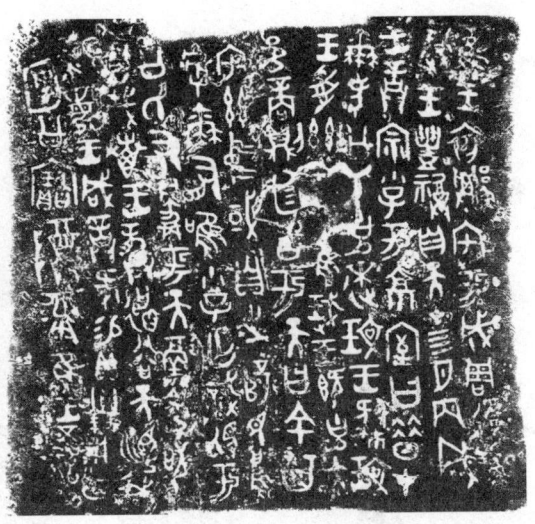

何尊及铭文

这意思也就是说，武王克商后，就在太室山上向老天报告："我要在这天下之中建都，从这里来治理人民。"而何尊铭文，也成为"中國"一词的最早出处。当然这里的"中國"，还不是我们现在所说的中国之意，并非指国名。当时的"國"字并没有外边的"囗"，只有里边的"或"，一些文字学家认为其意思相当于现代的"域"，"中或"即"中域"，就是"中部区域"的意思，也即"天下之中"。

武王为什么想要在伊洛盆地建都呢？其实这里本来就是前代君王定都之所在，王气十足。前面我们介绍过，史载夏朝第三代君主太康和末代君主夏桀的都城斟鄩（xún），就位于伊洛盆地内。20世纪50年代考古学家在洛阳市偃师县西南约八公里处的二里头村，发现了距今三千八百至三千五百年的二里头文化遗址，很多史家认为这就是夏都斟鄩。而史书又载，商汤灭夏桀后建立的新都"西亳"，也在河洛之间。1983年，考古学家在洛

何尊铭文中的"中国（或）"

阳市偃师县西约一公里处发现了一座商代城邑遗址，很多史家认为这就是商汤所居的"西亳"。（二里头遗址和偃师商城遗址相距仅约六公里。）因此周武王想在有"天下之中"称号的伊洛盆地建都，显然有"正统"观念的考虑——夏商两朝都在此建都，周人自然不能例外。不过除此之外，武王显然还有更多迫切的现实打算：

1. 周人的都城丰镐远在西方的关中地区，统治东方鞭长莫及，而伊洛盆地这里作为"天下之中"，方便周人统治新征服的殷商遗民和广大东方区域；

2. 那个交通落后的时代，在"天下之中"的地区建都，也方便征收四方诸侯国的贡赋；

3. 古人迷信，认为太室山可以上通天神，定都于此方便求得圣灵助佑。

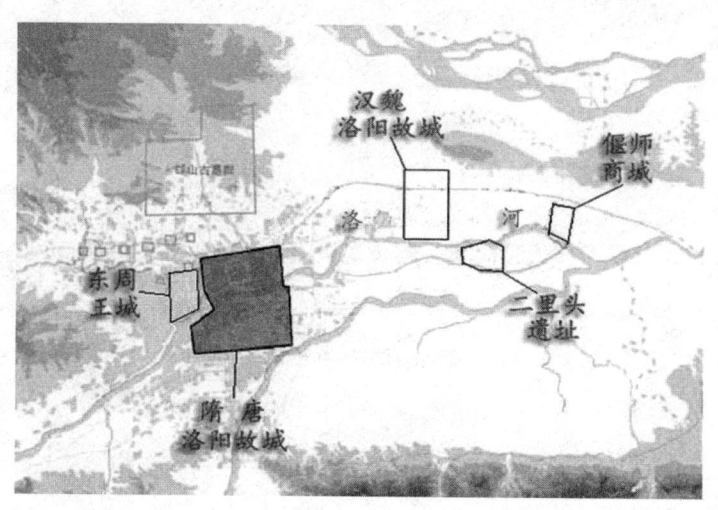

洛阳地区古都城遗址分布示意图

◎31 武王告庙祭祖,分封天下

祭祀大典完成后,武王下了太室山,继续一路向西。传说他走到今天河南偃师的商朝西亳城时,在那里驻扎了不少时日,并取"偃息师戎"、不再动干戈之意,下令将地名改为"偃师"。

话说自朝歌出来后,武王在回程途中其实一直是边行边打猎的。据《逸周书》记载,武王于归程中,一共擒获虎22只,猫2只,麋鹿5235只,犀牛12只,氂(máo,牦牛)721只,熊151只,罴118只,野猪352只,貉18只,麈(zhǔ,鹿的一种)16只,麝50只,麇(jūn,獐子)30只,鹿3508只。当然,你不要以为这数以万计的猎物,都是武王一个人打的,那他就成比兰博还猛的猛男了。这些猎物是武王所率大军的共同成绩,只不过最后史官要把"成果"挂在领导名下罢了。在古代,打猎也是军事演习的一种形式,也就是所谓"大蒐礼"的一部分。在商朝,打仗前后进行田猎就是惯例。我们前面说过,纣王十年伐东夷,次年得胜还朝时,就是一路打猎回去的。武王克商后打猎,显然是遵从古老的传统,既能锻炼军队,更是对商人的另一种军事震慑方式。

四月上旬,武王终于率领群臣、带着大批殷人战俘和海量的战利品,来到周人宗庙所在的岐邑(一说是丰镐)。随后的六天,他进行了一系列盛大的祭祀宗庙的活动。这也就是上古所说的"国之大事,在祀与戎"。咱们就来看看商末周初时,那些祭祀大典是怎样进行的。

话说四月九日庚戌日(祭祀第一天),武王到达岐山周原刚下车,就让史佚向上帝献辞,并命司徒、司马等官员于岐邑南郊初次大祭上帝。随后武王在宫城南门举行献俘礼,俘虏们都身穿号衣排队进城。跟在俘虏后面的,则是战场上斩获的无数死者耳朵。

城内周庙的祭祀活动则由武王亲自主持。太师吕尚雄赳赳气昂昂地背着悬挂商纣王首级的太白旗和悬挂纣王两个妃子首级的红旗，率先进入周庙，紧接着的是战场上斩获的殷人死者耳朵。这时，周庙中生火进行燎祭，也就是把纣王、二妃的头颅和斩获的死者耳朵，一起烧燎了，用其袅袅上升的烟气来祭祀天上的先祖。

祭祀第二天，四月十日辛亥日，周人的祭祀活动还是从郊外祭天开始。武王首先献上所获的商朝九鼎。然后他恭敬地手执玉圭，身着法服，将灭商革命（古指改换天命）的消息敬告天神上苍。紧接着，武王未改换祭服就来到周庙，向祖先汇报周人已经统治了四方诸国的喜讯。这时乐师奏乐九节。周人有功业的先公先王，从太王、太伯、王季，到虞公（虞仲）、文王、伯邑考，他们的神位都依次列于庙堂。武王向先辈的神位历数商纣之罪。此时乐师再奏乐，武王手持象征至高权力的金色大钺，任命了一批管理一方诸侯的方伯们。

祭祀第三天，四月十一日壬子日这天，武王着天子衮服，执琰圭，来到周庙。此时乐师奏乐，武王手持象征至高权力的金色大钺，任命了各国的诸侯们。

祭祀第四天，四月十二日癸丑日，武王又向周庙献上所俘虏的殷商大臣百人。武王命令将这些纣王的邪恶大臣百人断手断足，又杀掉抓获的军中小吏和守鼎官，以及四十个小邦首领及他们的守鼎官。

祭祀第五天，四月十三日甲寅日，武王把牧野克商的战事禀告先公先王。伴随乐师演奏的《武》乐，武王亲自背着赤旗、白旗各一面向宗庙行进。武王入庙后，舞者挥舞干戚跳起《万舞》，乐人又献上新编的《明明》之乐，演奏三节而止。

祭祀第六天，四月十四日乙卯日，武王再次来到周庙，乐师演奏《崇禹生启》乐曲三节。

至此，武王的祭祀活动才算圆满结束。为了这一系列祭祀，周人一共杀了504头牛，2701只羊、狗、猪，还杀了上百人牲。

四月十八日己未日，这时先前武王派出征伐四方的所有将领，都已经派人前来报捷。这标志着天下已经完全征服，武王正式成为天下共主，此句《逸周书·世俘》篇原文写作"武王成辟（君主）"。因此很多史学家认为，《逸周书·世俘》篇其实就是被人们认为已经失传了的《尚书·武成》篇。

可能读者会觉得这六天的祭祀介绍实在是枯燥乏味，都是繁文缛节，且充满血腥——又是烧人头和耳朵,又是砍杀纣王的百名亲信大臣和其他部分战俘。其实这些我们眼中无聊血腥的仪式,对于迷信鬼神的古人来讲,却是极其重要的,甚至要列于"戎事"之前。当然,还有读者会觉得周武王的祭祀方式过于残酷,与商人也没多大区别。其实周人作为落后民族,最初本无自己的告庙献俘制度,武王这里所用的礼仪,本就是"殷礼"。所以在这场祭祀大典中被杀的商人,要怨也只能怨商朝为什么会发明这些残酷的祭祀做法吧。至于周人自己风格的礼仪,则要到未来"周公制礼作乐"后,才开始逐渐形成。

在这六天里,从中国历史的角度讲,有两天的内容确实是影响深远的,也是必讲不可的,可能很多人还没太注意——那就是第三天和第四天武王在周庙任命方伯和诸侯的叙述。这其实就是西周初年的第一次大分封——武王封建诸侯方伯。

武王封建诸侯、方伯是西周初年的一件大事,也是武王巩固西周政权的一个重要举措。据《礼记·乐记》和《史记·乐书》说,早在牧野之战刚结束时,武王进入朝歌城车都还没下,就一口气封了一批上古圣王之后做诸侯:封神农氏的后代于焦国,封尧帝的后代于祝国,封黄帝的后代于蓟国[1],封舜帝的后代于陈国,赐封大禹的后代于杞国。这应该就是武王分封的第一批诸侯。武王分封这批诸侯的目的很明显,就是为了显示自己"兴灭国,继绝世"的"仁心",借以邀买天下人心。其实这批诸侯,人家大多原来就在所封之地有地有人,武王封他们只不过承认既成事实,以新天子的名义给他们个名分,算是空手套白狼。当然,这虽是向天下做个姿态,不过有时候有些姿态还是不得不做的。

武王分封的第二批诸侯,则是降服了的殷人:我们前面说过,武王在朝歌刚举行过"革命大典",就将原商王畿主体地区封给殷商王子禄父(名录子圣、日名武庚),让他奉守商朝的祭祀;此后,武王为了酬劳暗通周国、对周人牧野之战取胜起了重大作用的微子启,把他封在商王畿东南部的宋国。此外,被周人从纣王大牢中释放的商王室贵族箕子(一说是纣王叔父,一说是纣王庶兄),后来率族人出走到了"朝鲜"(其地一说在今朝鲜,一说在辽宁和朝鲜),武王也顺势把朝鲜这地方封给了他。这些措施在安抚殷人之余,同时也把殷人分成了几个系统,便于分而治之。

对武王来讲,最重要的分封,其实还是分封自己的亲戚和功臣。之前我们也写到,武王封三弟叔鲜于管,封五弟叔度于蔡。这里的管蔡之地,都是原来商王畿南

---

[1] 注:《史记·周本纪》误作"封黄帝之后于祝、封帝尧之后于蓟"。

部的地区。此外，武王还将商王畿的西南部、太行山与黄河的夹角地带即古代所称的"河内"地区（今河南省济源、孟州、沁阳、温县、焦作、武陟、修武、获嘉等地），分别分封给周朝重臣苏忿生和檀伯达两人。这苏忿生是己姓，武王灭商后担任周朝的司寇，也就是司法部部长；武王去世后他继续担任此职，辅政的周公旦曾对他执掌刑狱、使天下安定的功绩大加褒扬。而檀伯达，已故历史学家、古文字学家唐兰认为，他就是前面提到的记载武王伐纣历史的青铜器利簋的主人"利"。苏忿生和檀伯达被分封在河内地区，就把关中、晋南进入华北平原的通道牢牢控制住。显然对于周人来讲，这批分封才是最重要的——那就是靠这些亲戚功臣，来广泛控制新征服的东方要地。不过武王这次对亲戚功臣的分封，还处在探索阶段，只是类似设立军事据点，主要是以驻军为主。周朝对亲戚功臣规模盛大、制度成熟的分封，则要到成王时期，我们以后会讲到。

虽然这三批分封，可能在武王返回周原前就全定好了。但是按照当时的礼节，必须在宗庙举行正式的庄重仪式，才算作数。所以武王进行建朝后的一系列大祭祀礼仪时，才专门用了两天的时间来做这个事情。

告庙祭祀和分封诸侯、方伯结束后，武王实行"偃武修文"的政策，以怀柔天下："纵马于华山之阳，放牛于桃林之墟，偃干戈，振兵释旅，示天下不复用也"。后人把武王的这一举动，总结为了成语"刀枪入库、马放南山"。

武王的武功和文德，据说也达到了"怀柔远方"的效果，各方的"蛮夷"都前来进贡。《国语》记载，连远在今天东北地区的肃慎人都前来进贡楛（hù）矢石砮（nǔ），也就是由笔直的楛木做杆、锐利的青石做箭头的箭。另外，晋代人梅赜（zé）伪造的《伪古文尚书》中的《旅獒》篇，还提到西方一个名为"旅"的部族，曾向武王进贡了一只有四尺高的大狗，也就是"獒"。当然有人会说，你既然说《旅獒》这篇并非《尚书》中的"真经"，而是后代伪造的，你还提它做什么？话说现存《旅獒》篇的具体文辞虽伪，但其事应该是真的，因为西汉人、孔子后裔孔安国从孔子旧宅中找出的真《古文尚书》里，就有《旅獒》这一篇。只不过后来真《旅獒》篇在西晋永嘉之乱中失传，东晋人才又辑录古书并发挥，弄出一个伪《旅獒》篇。尤其是伪《旅獒》里面出了两个成语——"玩人丧德、玩物丧志"，已经成为中华文化中著名的古训，所以有必要在此介绍一下。

◎32 武王的忧思

别看武王"刀枪入库、马放南山",表面上一副轻松的样子,实际上他内心并不平静。用现在的话来说,他其实是"外松内紧"。

《逸周书·度邑解》记载,早在克殷之初,武王带领征召来的殷商贤人和诸侯、官吏,登上商王畿内汾地的一座小山头遥望朝歌城,就感叹道:"纣王不能顺应天意,所以一日败亡。这么可怕的事情,怎么能让人忘掉啊!"如果您以为武王只是一时兴起发发感慨,那就错了。武王从原商王畿回到周人旧地后,他时常辗转反侧,彻夜难眠,患了严重的失眠症。

武王的侍从没办法,只好把这种情况告诉了四王弟周公旦。周公旦于是赶紧跑来劝谏武王:"大王您总是这样,会积劳成疾的。是什么事让您夜不能寐?"

武王示意周公旦坐下,然后向弟弟讲述了自己的心事。

武王说:"唉,弟弟,老天爷不保佑帮助商人,从我没生下来到现在,已经六十年啦。当时怪兽出现在商都郊外,飞蝗漫天遍野,天昏地暗。老天不眷顾殷人,所以才有今天我们周人的胜利。当年殷商建立的时候,也曾征召重用贤达贵族三百六十家,虽然说不上政绩卓著,但也不至于灭亡,才维持天下到今天。我担心我周国不能长治久安,几乎无时不忧虑。我们大周的政权还没有得到老天的完全保佑,我怎么能睡得着?"

武王顿了顿,语调突然激昂起来:"阿旦,我能得到上天的明命,确保周国的国运不改,接近天帝的居室。要把我们讨厌的那些殷商恶臣顽民找出来,送去见纣王这死鬼去!我们要日夜操劳来安定我西土。趁现在威德正明的时候,我想使天下大服!"

周公旦见武王身体不佳，依然心忧天下，不由得泪湿衣襟，说不出话来。

这时武王的情绪忽而又低沉下来，他叹口气说："但现在老天已经示意我，说我来日无多了。我没能使天下大治，不过我想咱们家，阿旦你在兄弟中最贤能智慧。祖上从先祖到今天，你都能说得出他们的遗德显义，并把这些告诉我。今天咱们就兄弟相继，哪里还用得着用龟甲、蓍草来占卜吉凶？我现在就要传位给你！"

可能武王很早就觉察到自己身体出了状况，于是从保有姬家天下着想，真心诚意想传位给周公旦。但周公旦听了王兄这话自然是非常恐慌，流着泪只是拱手而已，不敢接受。

武王见周公旦不答应，只得转换话题，提出另一个巩固周人统治的策略，即向弟弟说出了希望建都雒邑（后世常作"洛邑"）的想法："我想降服这些殷人，只有依傍天室（太室山），如果有重要法令，求告上天也不遥远。上天要是高兴，从那里帮助也不困难。从洛水以北直到伊水以北，地势平坦而无险固，那曾是夏人的居地。克殷西归途中我曾登上太室山举行祭祀仪式，当时我在山顶向南望望过三涂（今嵩县东北），向北望望过太岳，观察了黄河，最后审视了伊水、洛水区域，发现伊洛这里离天帝的居室不远，是建都的好地方。我在太室山上做的事情，就算是给我们周国'度邑'（规划新都邑）吧！"

至此，武王在太室山祭天时向天祷告，准备在洛阳盆地建都的想法才为大臣们所知。于是，周人开始在伊洛平原勘察地形，规划在这里建都。武王还命人将伐商战争中俘获的部分殷人战俘迁徙到此地，以便就近管理，并削弱原商王畿地区的商人力量。（但是因为武王早逝，雒邑真正建成，则是在周公、成王时期，当然这是后话了。）

武王自继位以来，殚精竭虑谋划如何伐商；伐商成功后，又日思夜想怎样防止殷人复辟、巩固政权，使周人江山千秋万代传下去。因为操劳过度，他的身体一日不如一日。

身体不佳，就容易噩梦缠身。《逸周书·武儆解》记载，灭商后的第一年四月，即受命十二年四月，武王突然做了一个凶梦。梦醒之后，他对自己的身体越发没了信心。他觉得有必要尽快完成立储之事，以巩固"国本"。武王上次想让位给周公旦，但周公旦惶恐不敢答应。这次他经过深思熟虑，最终决定立自己的嫡长子诵为太子，并命周公替他主持册封大典。

这一年，武王五十三岁，而他的嫡长子诵才十二岁。有人可能会疑惑，武王太子的年龄为什么这么小？确实，古人一般十几岁就会娶妻生子，像武王这样的贵族，更不可能年近四十才有孩子。笔者以为，太子诵年纪比较小，也许是因为以下两个原因：一、可能是武王娶太公之女、王后邑姜的时间比较晚。武王虽有姬妾生的其他儿子，但是按商末逐渐形成的立嫡制度，只有正妻所生的儿子，才是法定接班人。如商末的微子启虽然是纣王的兄长，但因为庶出，继承王位的也只能是纣王。二、太子诵可能也不是邑姜的真正长子。要知道古代儿童的夭折率非常高，曾有人统计，清代几百年间皇帝所生的一百四十六个"龙子龙女"里，十五岁以前夭折的达七十四人，夭折率一半还多。清朝距离现代已经非常近，医药卫生条件比上古好多了，都是如此，商末周初贵族子女的夭折率理应比清朝还高。所以太子诵说不定还有同母的兄长，但是这些兄长都夭折了，所以嫡子里他就成年龄最大的了。

回过来，话说诵被册封为太子后，武王拿出《郊宝》《开和》《宝典》等一堆政治书籍给他，并教导道："你一定要重视这些书讲的内容，早读晚读，勤于学习不懈怠。不知道什么该做，甚至知道了该怎么做也不去做，这就是殷商灭亡的原因。我不敢忘这个教训，你也要好好守着这些书，不要忘记其中所讲的道理！"做父王殷切希望的形象，跃然纸上。

◎33 箕子与"洪范九畴"

话说按照周代的制度,诸侯有定期来王都朝拜的义务。武王立太子的第二年,也即受命十三年这年,被后来的孔子称为"殷末三仁"之一的箕子,从遥远的朝鲜(一说今辽东,一说今朝鲜)来到镐京朝见武王。

武王听说箕子不远数千里而来,十分高兴,为表尊重,特地前往拜访他,并问他商朝灭亡的原因。武王本是想听听商人自己对亡国惨剧的总结,来看看自己在巩固政权方面有什么遗漏,但是他显然忘了一茬——箕子也是商人。果然,箕子听了武王的问话后一言不发。很明显,作为商人的他不愿讲自己故国的坏话。武王瞬间也感觉自己失言了,不过他脑筋转得够快,于是赶紧换了一种问法,问箕子该怎么样顺应天命、治理国家。

这次箕子开口了,他说:"我听说在古时候,鲧用积土壅堵的方式来治理洪水,结果五行的运行都被他搞乱了,于是天帝雷霆大发,不把'洪范九畴'(大法九章)传授给他,治国的常理因此败坏。后来鲧被杀死,禹继承鲧的事业治好了水患,天帝于是将'洪范九畴'赐给了禹,治国的常理就被定了下来。"

武王听说有能治国安民的九条大法,这正是他梦寐以求的,两眼不禁放出光芒。

见听的人有兴趣,说的人自然也有劲头,箕子于是把"洪范九畴"向武王娓娓道来。原来这"洪范九畴",它说的是作为君主要知道并遵从的如下九种统治大规范:

第一,明了物质即五行(水、火、木、金、土)的特点;

第二,注意五件事情(态度恭敬、言语柔顺、观察明晰、听话审辨、思考广泛);

第三,努力办好八种政务(农业、手工和商业、祭祀、内务民政、文化教育、司法、礼宾外交、军事）；

第四，合用五种历算方法（年、月、日、星辰、历数）；

第五，君王要建立最高法则（施惠于民、善于用人，使臣下万民不偏不颇、不结党营私、不为非作歹，一心遵从王命）；

第六，用三种方法统治臣民（对平正康宁的人用正直的方法统治，对倔强不亲附的人和下层百姓要用强硬方法统治，对柔和可亲的人和贵族百官要用温和的方法统治；要把"作威""作福"即赐给臣民惩罚和幸福的权利控制在手——"作威作福"的成语就来源于此）；

第七，怎样用"卜筮"（用龟为卜、用草为筮）的占卜方法来排除疑惑（遇事君王先自己思虑，再征询大臣、庶民意见，最后占卜，但以占卜的吉凶为主要依据）；

第八，细致研究"雨、晴、暖、寒、风"各种征兆，因为这些都是君王政治的反映；

第九，用五福（长寿、富有、康宁、修德、得享天年）来劝勉臣民，用六极（不得好死、疾病、忧患、贫穷、凶恶、衰弱）来惩戒罪恶。

综观全篇，箕子所说的这九种大法的中心就是第五，"君王要建立最高法则"，原文写作"皇建其有极"，以达到"天子做民父母，以为天下王"的目的。现在北京故宫保和殿内（明代永乐始建时称谨身殿、嘉靖以后称建极殿），就高悬着乾隆御笔"皇建有极"四字牌匾，此即出自"洪范九畴"。而故宫太和殿（明代永乐始建时称奉天殿、嘉靖以后称皇极殿）也有块牌匾，上有乾隆御书"建极绥猷"四字，其中的"建极"一词，就是"皇建有极"的缩写。（既然说了"建极"，那就索性再说说"绥猷"。"绥猷"一词出自伪《古文尚书》的《汤诰》篇："惟皇上帝，降衷于下民。若有恒性，克绥厥猷惟后。"绥，甲骨文做"妥"，像用手按住一个女人，引申为安抚、顺应之意。猷，道，法则。"绥猷"即顺乎大道的意思。《汤诰》中那句话的意思为，天帝将善道赋予下民，使民有常性，那么能顺乎其道的人即为天子。"建极""绥猷"合在一起，就是说君王要建立至高统治法则，顺乎治民之道。）

故宫保和殿乾隆御笔"皇建有极"匾额

话说武王听了箕子的论说后,连连点头赞赏,对其更加尊敬。周代史官后来把武王和箕子的问答记录了下来,这就是《尚书》中的《洪范》篇。

这里为什么要把"洪范九畴"详细说一说呢?因为从其内容可以看出,商末周初时的人,虽然也主张君王要施惠、赐福给民众,但这只是君王控制民众听从王命的手段之一;篇中更多的是讲天命,讲卜筮,讲君权至上,要求臣下万民要如何循规蹈矩地遵从王命,甚至赤裸裸地鄙视下层民众(对下层百姓要用强硬方法统治,把庶民比作星星并说日月不能跟着星星转。)。很明显,这里还没有后世重视"德政""仁义"的意思,更没有"民为贵"的思想。箕子显然是一个鼓吹"神权政治"、迷信"天人感应"、强调暴力王权的商朝老式政治家。武王对此看重,也可以看出武王时周人还是像商人一样,并没有多少"重德"的观念。所以讲"洪范九畴",对于了解商人和周初人的思想很有帮助。但后世人们常说"周人尚德",这个转变是什么时候开始的呢?我们后面会详细讲述。

关于箕子,史书里还记载了一些故事,既然这里讲了《洪范》,就一并插叙一下。

《汉书·地理志》说箕子后来把他的这些治国理念带到自己的封国朝鲜,并总结为八条禁令来实施,朝鲜国因此路不拾遗、夜不闭户。五百年后,作为商人后裔的孔子,在自己的政治主张于华夏实施无望后,曾发出"道不行,乘桴浮于海"的感叹。

有人猜测，他就是想渡海，去寻找朝鲜这个殷商贤人箕子曾经治理过的国度。

箕子还是我国最早的诗人之一。《史记》说商朝灭亡十多年后，箕子又一次从朝鲜国出发，西行前往镐京朝拜周王。他在路过商朝故都安阳的时候，看到原来巍峨的宫殿已经变成废墟，上面长满了庄稼，不由得十分伤痛，于是做了一首感怀诗：

麦秀渐渐，禾黍油油。

彼狡童兮，不与我好兮。

诗中的"童"，上古时发音同"纣"。诗中前两句描写麦子已抽穗，庄稼绿油油，本是一派丰收景象；但这些庄稼却是长在亡国之都的废墟上，这一冷酷的对比，怎能不令亡国之人伤感？这不就是那个自以为聪明的纣王刚愎自用、拒纳忠言所导致的结果？该诗虽然篇幅十分短小，意境却深远绵长，这就是中国诗歌史上有名的《麦秀之诗》。

◎34
武王崩逝

话说武王发自克商以来,寝不安席,天天想着如何采取措施来巩固周人对天下的统治,甚至还向以前的敌人箕子讨教"洪范九畴"。虽然武王几年间总结了很多治国安邦的经验教训,可惜人算不如天算,老天却不再给他实施的时间。

在武王问箕子"洪范九畴"这一年,也就是文王受命第十三年(前面说过武王即位未改元,依旧沿袭"文王受命"的纪年方式),武王生了重病,怎么也不见好。

周朝上下焦急万分。在古代王权时期,一个朝代的兴衰治乱,与君主的个人能力和健康程度息息相关。尤其是这时周朝仅仅夺得天下两年多不到三年,政权还未巩固,就像一棵新栽的大树,树根还未扎到泥土深处,说不定一阵狂风,就能将其吹倒在地;而商朝则是"百足之虫,死而不僵",当时那些亡国的商人贵族和遗民远未心服,暗地里想复国作乱的人比比皆是。更令人担忧的是,周朝太子诵这年才刚十三岁,一旦武王有不测,太子诵根本不能掌控凶险的局面。所以武王这一有重病,西周朝廷内外立即人心惶惶。

《尚书·金縢》记载,西周的两位重臣,召公奭和太师吕尚(姜太公),立即就想举行当时的常见巫术即攘除灾祸的"禜(yíng)祭",请求周人的神灵将武王发的病转移到他们身上,以此来救武王的命。(古人非常迷信鬼神,《左传》说直到春秋时期,楚昭王患病,当时东周的史官得知后,还让他举行"禜祭",把病祸转移到臣子身上。后来楚昭王没有听从,病死了,孔子得知后对他盛赞有加。)

周公旦听说后,就拦住他们:"你们二位可能打动不了我周朝的先公先王,还是我来吧!"

周公旦这么说，既是想救召公奭和太公望二人，也是因为他觉得自己与周人先公先王的关系更近，求神可能更"灵验"——周公是文王之子，是周人先公先王的直系子孙；而太公望是姜姓，虽是武王的老丈人，从周王室看只是亲戚；召公奭虽然也是姬姓，但他与周王室血缘很远（前面介绍过他原本很可能是今山西一带的召国贵族）。显然按当时人的观念，周公旦出面求周人的先公先王，才更有效果。

于是周公旦筑了三座祭祀的神坛，分别象征着自己的曾祖太王（公亶父）、祖父季历和父亲文王。然后他立在三座坛南面的另一小坛上，手里拿着古人认为有通天功能的宝玉——玉璧和玉珪，把自己当哥哥武王的替代人，向三位先人祈祷。

与此同时，史官则按当时的常例替周公旦读起祝文："你们的长孙发得了重病，如果三位先王面前需要有人侍奉，那就让你们的子孙旦来代替大王发吧。我（周公旦）又会说话又灵巧，多才多艺，能更好地侍奉鬼神；而你们的大孙子发，不像我这么多才多艺，哪能伺候好鬼神？你们在天庭承接天命，抚有四方，因此能安定凡间你们的子孙，让四方民众无不敬畏。哎呀，只要保住上天降下的大命，先王们的神灵也就可以永远安享于宗庙。现在我就用神龟来占卜，准备接受你们的命令。你们要是答应用我来换哥哥发，我就把玉璧和玉珪献给你们，回去听候你们的召唤。如果你们不答应，我就把玉璧和玉珪拿开了哦。"

这里，周公旦首先以自己比哥哥更会讨鬼神喜欢为理由，来让三位祖先同意以自己替换哥哥上天堂。同时，他也对先人晓以利害：只有保住周人的天命，先人们的灵魂才能安稳地依托于宗庙。这话言下之意就是说，如果正在执政的武王发猝然去世，周朝不能安定，祖先的宗庙就难保，到时候你们的灵魂哪有依托之地呢？最后，周公旦又用玉璧和玉珪来"贿赂"先人，还说不答应他就不给先人玉器了，读来让人不禁想笑，这简直就像大人拿糖哄小孩一样——乖，来帮大人干点儿事，干好有糖吃！不听话就别想吃糖了哦！

史官念完周公旦写的祝词后，周公旦一占卜，征兆都非常吉利；他又打开占卜说明书对着征兆看，兆辞说不但武王发大吉，周公旦自己也是大吉。也就是说，"祖宗显灵"，不但不收武王发上天堂，也不用周公旦替他上天堂了。周公旦自然是非常高兴，于是他就把写的祝文带回去，放在朝廷档案室中的一个匣子里，然后用金线封起。古文就把这样的匣子叫作"金縢（téng）之匮"。

巧得很，第二天，武王发的病居然好了些，周朝上下自然是松了一口气。换了别人，此时可能就会大肆宣扬自己"以身代兄、求神成功"的功劳，但周公旦却毫不声张，反而很低调地命几个知情人隐瞒下此事。

不过其实周公旦和众大臣们高兴得有点儿早了。这次武王病好，实际上颇有点儿像回光返照。没多久，他的病重又复发，而且愈发严重。这次史书没说有谁举行禜祭来救他，但是按之前的情形，周公旦等人少不得又会求祖先神灵允许自己代替武王去死，不过显然这套仪式没再起作用。武王发的病最终还是没能好转，这次他真的去天堂侍奉周人的列祖列宗了。按《古本竹书纪年》说，武王发去世时年仅五十四岁。武王去世的具体时间，按《史记·封禅书》记载是灭商之后的第二年即受命十三年（《史记·封禅书》云"武王克殷二年，天下未宁而崩"；《淮南子·要略》云"武王立三年而崩"）；但按2008年清华大学收的战国楚简《金縢》一文的记载，武王是灭商之后第三年去世的，那就应该在受命十四年。武王灭商在受命十一年年初，也就是说武王灭商后，算上灭商当年，仅做了三四年的天子。算上灭商前做周国君主一年多（文王是受命九年去世，不知是年初还是年尾），他在位总年数只有四五年。

武王发驾崩，对于周人来讲无疑是天崩地裂般的噩耗。如果拍个电影，估计很多导演又要用电闪雷鸣、瓢泼大雨的镜头来渲染了。正如本节前头所说，武王发的去世，必然会给刚统一天下才三四年光景的周朝带来严重的动荡局面。我们看看周朝之前、之后的中国几千年历史，确实还没有一个统一王朝的开国君主，统一天下仅几年内就去世的，周武王算是唯一的一个。从这一点来说，西周王朝的运势确实是差了些。更差的是，他的太子诵这时仅十三岁，尚不具备执政的能力。西周王朝这艘新下水的大船，这时能依靠谁掌舵呢？

俗话说，时势造英雄。就在西周王朝风雨飘摇之际，还真的有一个人站了出来，要力挽狂澜，扶保大周，他就是曾打算代武王上天堂但没上成的周公旦。众所周知，周公旦是文王之子、武王之弟，这大周江山本来就是周公旦他们家的，周公旦怎能忍心眼睁睁看着父兄的基业不保？

武王去世后，首先一个问题就是"国不可一日无君"。周公旦作为先王之弟，第一件事就是拥立太子诵登基为王，这也就是后世所称的周成王。其次，周公旦在没有取得王室贵族和众大臣一致支持的情况下，就以王叔的身份摄政，担任冢宰（相当于宰相）一职，总揽朝政，辅佐成王。

其实关于这一段，自古以来还有另一种说法，说周公旦在武王死后不但摄了政，而且还"称王"了。周公旦摄政到底称没称王呢？我们下回分解。

◎35 周公摄政到底有无称"王"?

其实周公摄政有没有称王,对我们现代人来说无所谓,但是对于古人,这是个大问题。因为周公是后世儒家盛称的"圣人",而儒家最讲"大义名分",所以周公旦摄政是以"冢宰"的名义还是以"王"的名义,那就涉及周公旦是否是忠臣、周公旦行为是否符合儒家道德。

认为周公摄政曾"称王"的人举出一个"铁证",那就是《尚书·康诰》中有一句"王若曰:'朕其弟,小子封'"。过去一般都把这句话翻译成:"大王说:'我的弟弟,小子阿封'"。在秦朝之前人人都可以说"朕",并非只有帝王才能自称"朕",这个大家应该清楚,所以这里面的"朕"说明不了什么。不过这"阿封"是谁呢?我们之前曾提到,周武王有个九弟叫康叔封,武王伐纣后在殷都举行的"革命大典"上,康叔封曾经负责铺用公明草编的席子。本来在西周君王中,只有周武王才可以喊康叔封为"弟弟"。但《尚书·康诰》这篇写的是后来周公旦东征胜利、谋划营造东都时候的事情,这时周武王已经去世多年了。于是一些人就说,那时候的成王是康叔封的侄儿,显然不可能喊康叔封为"弟弟";当时能喊康叔封为弟弟的"王",自然只能是文王的四儿子周公旦了,所以这表明周公旦摄政时是"称王"了的。《荀子·儒效》《淮南子·氾论》等古籍都持这种说法,近现代史家持这种说法的就更多了,知名的如古史辨学派的宗师顾颉刚等人。

周公旦摄政时到底称没称过"王"呢?虽然自古以来正反双方争辩得不亦乐乎,但是争来争去,谁也说服不了谁。好在我们比前人有幸,能看到更多的历史资料。

话说1976年12月,当时的陕西省宝鸡市扶风县法门公社的社员们,在田里平地的时候，无意中发现了一处西周青铜器窖藏。这处窖藏中共出土青铜器一百零三件，其中一件就是铭文字数达二百八十四的史墙盘。这件青铜器为什么叫史墙盘呢？因为据铭文说，这个盘的主人是一位叫"墙"的史官，故名。史墙盘之所以有名，并不仅仅因为它是新中国成立以来发现的铭文最长的青铜器，还因为它记述的内容很有意义：它记载了西周文、武、成、康、昭、穆和当时在位的周王（即周恭王）等七代周王的功绩，证明了古代史书中西周前中期六代周王的名号和顺序的正确性。但我们这里要强调的是，史墙盘记述的西周君王中，武王后面就是成王，显然没有"周公旦"的位置。史墙盘的铸造年代在周恭王时期，这说明在西周中期的贵族尤其是史官眼中，周公旦是算不得"王"的。因此按史墙盘的说法，周公旦并未称过王。

史墙盘铭文

当然有人可能会不服气，他可能会说，也许周公旦摄政时称过王，但是可能成王和后来的西周诸王不承认周公旦是真的"周王"，所以在编写史书的时候把他给"隐蔽"掉了。不错，这种可能也确实存在，后世的历史上，的确有很多朝代的君王因为被赶下台等原因，不被本朝后来的君主承认做过帝王。最典型的莫过于明朝的建文帝朱允炆。朱棣起兵推翻了这位侄子皇帝之后，把侄子的年号"建文"废去，将"建文四年"直接改为"洪武三十五年"，好像朱元璋之后直接就由他朱棣继位一般，等于是把侄子的这段历史给抹去。明成祖朱棣之后，历代明帝也不承认有过这位"建文皇帝"，明朝宗庙里当然没有他的牌位。直到南明弘光时期，可能是为了争取人心，南明弘光帝才给朱允炆上了个庙号叫"惠宗"，算是承认了朱允炆的皇帝身份。周公旦会不会也是这种情况呢？是不是因为后来的成王等西周诸王不满他曾经"僭越"称王，所以下令史官在写史的时候隐去周公旦曾经称王这段史实呢？

如果说史墙盘的铸造时代比较靠后（西周中期），有被后来政治因素影响的可能，那成王前期或者说周公旦在世时候的青铜器，应该能反映当时的真实情况吧？20世纪初出土于陕西凤翔、现藏美国旧金山亚洲美术博物馆的周初青铜器塑方鼎（又名周公东征鼎），其铭文开头说："唯周公于征伐东夷（人），丰伯博姑咸栽。"众所周知，这记载的是周公东征的史事。铭文的后半段则讲，周公凯旋后祭祀宗庙并举行宴饮，席间赏赐大臣塑一百朋（串）贝。显然该鼎的铸造就在周公东征凯旋时。如果当时周公有王号，那么铭文就该说"唯王于征伐东夷"，而不该说"唯周公于征伐东夷"了。

现藏于国家博物馆的传世西周青铜器禽簋，上面也有铭文"王伐盖（奄）侯，周公谋，禽祝……"等字句。这铭文记述的是周公东征时讨伐奄国的故事，铸造这件器物的时间应该也是周公旦还活着的时候，甚至可以再缩小范围，定在周公东征刚结束的那段时间。我们要强调的是，这里的铭文中既出现了"王"，又出现了"周公"，显然"王"和"周公"是两个人。

◎ 35　周公摄政到底有无称"王"？

禽簋铭文

王伐奄侯，周公谋禽

祝，禽有

脤祝，王赐金百孚。

禽用作宝彝。

如果说史墙盘还可能受后来政治因素影响的话，那么周公旦东征时正大权在握、军队在手，他当时要是真称王了，时人为什么不在青铜器塱方鼎里称他为"王"呢？禽簋里为什么既有王又有周公呢？这只能说明，周公东征时并没有用"王"的称号，当时的"王"另有其人，那就是且只能是小天子成王。

不过有人肯定又会问，那《尚书·康诰》里喊康叔封为"弟弟"的"王"不是周公是谁呢？在弄清这个问题前，我们得明白《尚书》里"王若曰"是什么意思——"王曰"就"王曰"，为什么当中加个"若"字？就字面意思来说，"若"就是"像""如"的意思。我们知道，古代帝王高高在上，为了营造神秘感，他说话可不会像现在领导人似的，动不动当众演讲，或者屈尊直接跟谁去面谈。大家看电视也明白，帝王的旨意、话语都是要由宦官或臣下来宣读或转达的。原来《尚书》里的"王若曰"，意思就是指大臣代传王命时，对臣下们说"王这样说……"说白了，这就是大臣转述王命前的开场词。搞清楚这个，问题就豁然开朗了。其实《尚书·康诰》中并不是由王直接跟康叔封对话，而是一位天子使臣当着康叔封的面来传达王命；喊康叔封为"弟弟"的人，是那位传达王命的使臣，当然他就是周公旦。成王本来是要说，"九叔您要如何如何"；但周公旦在当着康叔封的面向他传达王命的时候，自然不方便也喊康叔封为"九叔"，而是按自己与康叔封的关系，改说成"王说弟弟你要如何如何"，也就是他把成王对康叔封的称呼"九叔"转换成了自己对康叔封的称呼"弟弟"，所以让大家产生了误会。这种传话人修改委托人话里的称谓的现象，在现实中十分常见。打个比方，小明本想对妈妈说："老妈，你少做点儿晚饭，我晚上跟朋友一起吃饭。"但小明没直接见到妈妈，只能请爸爸转述。爸爸在说的时候，话肯定变成了这样："儿子让我说，老婆你少做点儿晚饭，他晚上有约会。"爸爸在跟孩子妈妈说话的时候，当然不会用儿子对妈妈的称呼"老妈"，而是用自己对妻子的称呼"老婆"。明白了"转述可以改称呼"这个道理，《尚书·康诰》里的"王若曰：'朕其弟，小子封'"，就不能作为周公称王的证据了。

再结合史墙盘、𥄂方鼎和禽簋的铭文记载，所以笔者认为，武王去世后，周公旦确实摄政，但是却并未称王。

◎36
流言四起,周公居东

上两节我们说到周武王去世,周公旦立年少的太子诵继位,是为周成王;而周公旦自己则担任冢宰(宰相),摄政当国,总揽大权。

周公旦这么做,内心是很坦荡的,因为他自认这一切都是为了迅速稳住局面、防止西周政权的动荡,是在替年少无知、毫无理政经验的侄子成王保住姬家的江山,尤其是震慑那些蠢蠢欲动的殷人。周公旦显然不把自己当外人,他觉得自己作为王叔至亲,有这个资格来看管姬家的江山;而作为武王最看重的弟弟,他也自认宗室中唯有自己有这个能力来主持朝政。总之,此时的周公旦,颇有一份"舍我其谁"的豪情和责任感。

但是不知道周公旦事前有没有想过,他挺身而出"独揽大权"的做法,本身却又成了别人掀起"动荡"的一个由头。

我们作为后人,当然知道后来周公旦又把政权交还给成王,明白他是一心为了保住周朝江山才摄政当国的。但是当时的人并没开天眼,不能看到未来的事。那时成王年幼,"主少国疑",周公旦没有和其他宗室亲贵以及大臣们商议好,就将大权一把抓在手的行为,不由得让众人浮想联翩,疑虑重重。

确实,自古以来,面对最高权力,很少有人能经得住诱惑,不生异心。因此在中国历史上,帝王可是一个高危职业。尤其是小帝王,被摄政大臣、托孤重臣、手握军权的大将篡权或废掉的,比比皆是:西汉末,王莽摄政后从两岁的小汉帝孺子婴手中篡位,改建新朝;曹魏时,顾命大臣司马懿消灭另一顾命大臣、曹魏宗室曹爽,取得朝廷大权,为儿孙废魏建晋奠定基础;五代时,禁军将领赵匡胤"陈桥兵变",从孤儿寡妇手中篡夺后周江山……

有人说，周公旦可是成王的亲叔叔啊！但在权力场上，别说叔侄，就是亲父子、亲兄弟，都不管用：西周末年周幽王和亲儿子太子姬臼（周平王）互相攻杀，秦末匈奴冒顿用鸣镝射杀其父，西晋时皇家兄弟叔侄八位王爷为争权夺位打得天下大乱、导致少数民族南下，唐初秦王李世民靠弑兄杀弟逼父登上大位……人们为了追逐权力，尤其是最高权力，演出一幕幕父子相杀、兄弟相残的悲剧，不胜枚举。虽然上述这些很多耳熟能详的史实都是发生在周公旦之后，但是这样的道理，周人显然会懂，因为不论古今，人性都是相通的。而且其实在周公旦之前，类似的事情也不少。就在离周初很近的商朝中期，自商王仲丁以来，因王室兄弟、子侄争位，就曾造成商朝九世约百年的混乱（史称"九世之乱"），导致王朝衰落、诸侯不朝甚至大批方国叛商的险恶局面，直到盘庚迁殷，商朝的国势才重新振兴。近在咫尺的这段商代历史，周人自然不会不清楚。所以，当时有很多周人，尤其是不少重量级的人物，对周公旦"着急摄政"的行为十分疑虑、警惕甚至不满。这重量级人物中的第一人，可以说就是身在原商王畿负责镇抚东方的管叔鲜。

话说这管叔鲜，是周文王的第三子，而周公旦则是文王的第四子。文王的长子伯邑考死得早（但早期文献中并未说他是被纣王杀死的），现在次子武王发去世后，兄弟中就属管叔鲜最大了。所以管叔鲜对周公旦的不满中，固然有疑心他篡权的原因，但更多透着一股子浓浓的不服和嫉妒的味道：二哥武王去世，我现在就是兄弟中的"老大"了，就算侄子小，需要摄政，这摄政的位子也应该是我的，怎么该轮到他老四？不就是因为我和五弟蔡叔度为了大周江山，自请镇守东方，讨了一个远离权力中心的苦差事，而他老四身在朝廷中，近水楼台先得月，才自己把自己捧成摄政的吗？

历史无数次证明，嫉恨的力量是无穷的，男人为了权利嫉恨起来，那可是比女人更厉害。这管叔鲜自然是越想越气，于是联络身边同样担负监视殷人任务的老五蔡叔度、老八霍叔处，一起大肆散播流言，说周公旦摄政独揽大权，恐有篡逆之心，将会对小成王不利。

前面说过，古人有"文王百子"之说，虽然文王不会真有百子，但是其子嗣众多倒是不假。其他的那些弟弟见老三管叔鲜、老五蔡叔度、老八霍叔处都这样说老四周公旦，很多人或出于公心、或出于私欲，不免也跟着附和起来。

36 流言四起，周公居东

除了这些分封于周朝王畿内外的周公兄弟，周朝朝廷内的大臣中，也有重量级人物不满周公旦的所作所为，周初三公之一的太保召公奭就是其中一人。

我们前面考证并介绍过这位召公奭，在此我们再回顾一下他的身份和事迹：召公奭是与周王室同姓即姬姓的贵族，很有可能是殷墟甲骨文中"召方"这个方国的首领，后召方被商朝讨伐，率族人西逃归周，受到文王重用。也许文王曾收过召公奭做义子，所以自古以来有他是文王庶子的传说。当年牧野之战，召公奭也参与并立下功劳，后来周武王在殷商社庙举行"革命"（改换天命）大典时，太师吕尚给武王牵祭祀用的牲口，召公奭则负责拿祭神用的彩帛，可见他当时在周国的地位很高，属于武王的核心大臣之列。

话说武王去世、成王继位后，召公奭担任了太保的职务，位居"三公"之列。因此，召公奭毫无疑问是西周初年政坛上权势赫赫的风云人物之一。这太保一职，本来就是监护与辅佐国君的，说得再通俗一点儿可以理解为国君的"保姆"。周公旦摄政后独揽大权，成王的"保姆"召公奭，自然是第一个不答应：虽说周公旦是成王的叔父，但人心隔肚皮，亲父子、亲兄弟尚且相争，叔侄关系在巨大的权力面前，是多么的脆弱，又岂能靠得住？召公奭因此对周公旦的揽权行为极为警惕和不满，他要尽自己的职责，维护自己监护对象小成王的权力！

三公中的另一人，也就是太师吕尚，对周公旦也不表支持。大家可别忘了，成王的母亲邑姜就是吕尚的亲闺女，成王可是吕尚的亲外孙！作为外公的吕尚，能愿意看到有人"架空"自己的外孙吗？"三公"中有二公都怀疑周公旦，周朝其他大臣的态度可想而知，怀疑周公旦的人自然少不了。

当时还有一个地位最尊崇的人也对周公旦极为不满，这自然就是当事人——小成王本人！此时的成王虽然才十几岁，但是作为帝王之家的孩子，他从小就要接受贵族教育，自然是早就懂得权力对于国君意味着什么。没有权力的大王，与一个木偶傀儡有什么区别？他甚至不能不往更坏的地方想：一旦叔叔周公旦想篡位，恐怕自己连小命都保不住！

摄政摄出这样的结局，王兄王弟说自己要"不利于成王"，朝中重臣们对自己百般怀疑，侄子成王更对自己横眉冷对、小心提防，周公旦一时间居然成了千夫所指的对象，他不由得傻了眼。他不得不试着向王兄王弟以及朝中大臣们解释自己的本心，

193

但是却丝毫没能消除他们的敌意。

得到这种结果，显然已经出乎周公旦的预料。我们只能说，他当初真是过于自信了。虽然周公旦自认问心无愧，但是如果他再执意这样"摄政"下去，一则没法服众，已经干不下去了；二则恐怕殷商贵族遗民尚未趁机造反，周人自己就闹翻天了。这不是保国不成反祸国？周公旦不由得也慌起来，这就是白居易诗中所说的"周公恐惧流言日"。

怎么办呢？经过一番痛苦思虑，周公旦最终只得做出决定——放弃摄政，离开权力中心，以求得周人自身的团结。清代名臣林则徐曾有一句名言——苟利国家生死以，岂因祸福避趋之。周公旦当时的心境，应该也是如此。至于证明自身的清白，他恐怕想得并不是太多。

成王元年秋，周公旦黯然离开镐京，避居东方，这就是史书上所称的"周公居东"。但周公避居的这个东方之地到底在哪里，自古众说纷纭：有人说就是东方正在初步营建的雒邑，也有人说在东方的芈姓楚国（当时楚国在今河南淅川县西南一带）。不过因为此事无关大局，在这里我们就不对周公的避居地多加探讨了。

周公旦放弃权力、远离朝廷后，天下对他的流言蜚语一下子少了许多。可不是嘛，试问天下有几人能放弃手中的权力，而且是至高权力？他的高风亮节，使得之前很多怀疑他的周人不禁开始重新思索，是不是真的错怪了周公旦？

与此同时，离开朝堂的周公旦，心中并没有放下那份担当。他明白周朝内部不和的局面如果不能迅速结束，殷商遗民必然有人要乘机而动。他自然希望能尽快获得朝中以太保召公奭、太师吕尚为首的大臣们的理解，尤其是侄子成王的理解，早日返回镐京与他们共同面对危局，再为姬家江山尽自己的一份心力。为此，居东的周公旦特地主动写了一封长信给成王信任的太保召公奭，以表明自己的心迹。此信大意如下：

君奭（君为敬称，奭是召公的名字）啊，商纣坏事做绝，所以我们周人得到天命。但是天心难测，还必须尽人事，发扬文王的德行，才能保住周朝的基业。现在我虽然德行浅薄，不能匡正君上，但希望能把文王武王的遗德，转移到成王的身上。当年商朝接受天命后，历代商王还需伊尹、保衡、伊陟、臣扈、巫咸、巫贤、甘盘等贤臣的辅弼。文王能有天命，也依赖虢叔（文王三弟）、闳夭、散宜生、泰颠、南宫适等贤臣的辅佐。这些贤臣中的四位活到武王时，又帮助武王得到天下。现在我正要背负周朝游过大江大河,这亟须与您君奭一起和衷共济,您务必要纠正我的不足和错误,一定不要使成王被迷惑误导。我信赖的君奭,我们必须以商朝的灭亡为鉴。我相信您也一定会认为只有我俩才是志同道合的,国家缺不得你我二人。让我们一起不懈努力,继续文王的功业吧!这样的话我不想多说,只是忧国忧民而已。

后来周公旦致召公奭的这封长信被收入《尚书》,篇名就取信首二字,叫作《君奭》。

召公奭在周公旦放权离京后,本已经感觉他不像是个恋权不放甚至意图谋朝篡位之人。这次召公奭接到周公旦的信后,见他以历代贤臣自比,时刻以殷商之亡为鉴,忧国忧民,把发扬文王的功业当作自己的事业,心中不由得有些感动。当然另一点,想必召公奭尤其对信中周公旦表示出的对自己的尊重和信赖十分满意。如此一来,他心中对周公旦的怀疑完全消除了。

周公旦在致信召公奭的同时,也致信成王的外公太师吕尚,说明自己之所以不避嫌疑总揽国政,是因为武王早逝、成王年少,恐怕天下叛周;如果江山有失,以后到地下无颜面对太王、季历、文王等三位创业先王。太师吕尚慢慢地也理解了周公旦的苦衷。

做通了朝中最重要的两位大臣——召公奭、太公吕尚的思想工作,其他大臣自然就容易争取了。不过这时决定周公旦命运的最关键人物,还是当事人成王本人。古人云,诗言志,周公旦为了让小成王明白自己的心志,煞费苦心地向他献上一首名为《鸱鸮(chī xiāo)》的诗歌。

这《鸱鸮》一诗,说的是何事?周公旦为何选它来进献成王呢?我们有必要来看看。

《鸱鸮》
鸱鸮鸱鸮,——猫头鹰啊猫头鹰,
既取我子,——你已经抓了我的孩子,
无毁我室。——不要再毁坏我的鸟巢!
恩斯勤斯,——我辛勤劳苦养育孩子,
鬻子之闵斯。——可怜他还是被抓走!

迨天之未阴雨,——趁着老天没下雨,

彻彼桑土，——我赶紧剥下桑树皮，
绸缪牖户。——加固鸟巢的门和窗。
今汝下民，——这些树下的人，
或敢侮予？——谁还敢欺负我？

予手拮据，——我的双手疲劳僵硬，
予所捋荼。——我还到处抓取茅草。
予所蓄租，——把这些草儿积蓄起来加固巢，
予口卒瘏（tú），——我的嘴巴累得受不了，
曰予未有室家。——可我的巢儿还没修好。

予羽谯谯（qiáo），——我的羽毛渐稀少，
予尾翛翛（xiāo），——我的尾巴已枯萎，
予室翘翘。——我的巢儿高又险。
风雨所漂摇，——风吹雨打快倒掉，
予维音哓哓（xiāo）！——我只能急得大声叫。

显然，这是一首寓言诗。诗人以一只老鸟的口吻，描述了自己在幼子被猫头鹰捉去后，依旧不辞劳苦地经营自己的巢窝，以抵御外侮的故事。这首诗显然是周公旦的自喻，表达了他对政局忧心忡忡的心情，以及不惜粉身碎骨也要为安定周邦而竭尽全力的决心。当然，从另一面看，这也是他为自己摄政行为的辩词。这首诗在语言文学方面对中国的贡献也很大，"未雨绸缪""拮据""风雨飘摇"等著名成语或常用词语，都是出自此诗；托物言志的写诗手法，也以此为最早。

如果您细细品味这首诗，很可能会被诗中顶风冒雨、忘我补巢的老鸟形象所感动。但可惜咱们感动没用，成王读了诗之后却不置可否，既没有再怪罪周公旦，也没有说原谅他。大王不点头，周公旦就只得一直远离镐京"居东"下去，时间一晃就是近一年。

在此期间，已经明白周公旦心迹的太保召公奭和太师吕尚，应该也在成王和周公旦之间多次说和调解，但是一直没起到什么作用。那最终这个僵局是如何打破的呢？且听下回分解。

◎37
周公归朝，东方叛乱

　　《尚书·金縢》记载，周公旦离开朝廷避居东方的第二年秋天，镐京城外田地里一片金黄，沉甸甸的谷穗压弯了秸秆，真是一派丰收景象。哪知道就在收获前的几天，天上突然狂风暴雨，地里庄稼全被吹倒，甚至很多粗壮大树都被连根拔起，周人不由得大为恐慌。

　　古人迷信，认为天灾是上天给下民的惩罚。身为国君的成王自然更是惊慌失措，因为这天灾很可能预示着自己的失政失德。于是成王和众大臣郑重地穿起朝服，来到朝廷档案室查看旧档，以查验朝廷是否办了什么错事或制造了什么冤假错案，才惹得老天爷如此发怒。

　　这翻箱倒柜一查，就把武王病重时周公旦以自己代死的祷告祝词从金縢之匮（金丝缠绕的石头匣子）中翻了出来。当然可能有人会说，这也太巧了吧？如果我告诉大家，召公奭和太师吕尚也在众大臣中，大家可能就明白为什么会这么巧了：这二位既知道当年周公旦祷告替死的事情，现在又原谅了他曾经的摄政行为，希望他重回朝廷。成王现在来翻看档案，翻不到周公旦的替死祝词才怪。

　　这时，召公奭、太师吕尚又故意引导成王问史官和档案保管员，周公旦是不是真的实行过替武王攘除灾祸的"禜（yíng）祭"，是不是真的要拿自身来代替武王死？

　　史官和档案保管员当然做出了极其肯定的回答，并且说，周公旦还曾一再命令，不得把此事宣扬出去。

　　成王这下深受感动，因此捧着周公旦的祝词哭着说："不用再为上天降灾之事占卜了。以前叔父周公勤劳王室，只有小子我不知道。现在上天动怒降威，彰显周公的德行，小子我应当亲自去迎回他。从国家礼制上，这也是适宜的。"

于是成王派人去请回"居东"的周公旦，并亲自出了国都到郊外去迎接他。叔侄相见后，说来也奇怪，不但天上雨停了，风向更是反转，把以前吹倒的庄稼又吹了起来，周人在这一年仍然获得了大丰收。

周公旦回朝后，因为获得了成王的信任，重新执掌了大权。

我们上面都在讲武王去世后西周朝廷内部的情形，其实武王去世后，东方一直暗流涌动，只不过我们只能先表一头罢了。现在我们就回过头来讲讲东方的情形。

本来周武王灭商，就是趁着商朝内部矛盾重重、商军兵力牵制于东夷，才以小灭大、以落后战胜先进，因此亡国的殷人难免心中极不服气。而且介绍牧野之战时我们讲过，周武王灭商之所以较为顺利，与以微子启为首的很多商朝旧贵族不满纣王的施政和改革，临阵放水倒戈有莫大关系。但那些商人旧贵族，在放水或倒戈的时候，恐怕并没有想让自己的商朝亡"朝"，只不过是意图借周人之手干掉纣王，换成旧贵族这一派掌权罢了。尤其微子启，是在得到周人许诺由自己掌握殷人的祭祀权（也就是立他为殷人之主）的前提下，才答应与周人合作的。可是周武王进了朝歌城以后，事情就由不得这些反纣王、不反商朝的殷人旧贵族决定了——商朝还是亡了，从天下共主降为一个大诸侯国，周武王则趁机占领了天下。

说到这里，笔者不禁想插叙后世五代后晋的一个故事：五代时期后晋武将杜重威，早有篡位的野心，他在跟契丹作战时，主动联络辽太宗耶律德光请降，得到了契丹人立他为中原之主的许诺；但是辽太宗耶律德光进了中原以后，立即在汴京坐殿即位，反客为主，把立杜重威为帝的许诺抛到九霄云外，杜重威只能干瞪眼。（我们以前也介绍过，好在那耶律德光在中原烧杀抢掠，惹得人民纷纷起义反抗，契丹人才没能占据中原，而是灰溜溜地逃回北方。）

再说商末周初，那些暗通周人、意图借周人力量除掉纣王的殷人旧贵族，见到周武王在殷都宣布改换天命时，肯定就和杜重威是一个心情！不过等他们回过味来后，在周人的斧钺之下，已经无可奈何了。商朝亡掉之后，大批商人旧贵族在现实中又感觉尊严、利益遭受到了胜利者周人的损害，驱逐周人、恢复大商的反叛之心就渐渐萌生了。所以武王一去世，殷商的很多贵族遗民就像到了狂欢节。他们的心理很容易理解：周武王你以为你欺骗利用我们夺了天下就完事了吗？你不是给我们"训话"时很威风吗？你不是说一段话能把老天抬出来几十次，说是老天要灭我商朝兴你大周的吗？什么是真正的天命？你攻我大商不到三年就一命呜呼了，这才是真正的天命！这是上天要恢复我大商啊！

紧接着，商人又得到消息，周公旦扶立小成王继位后，自己摄政专权，遭到上下一致的怀疑，尤其是负责监督他们的管叔鲜、蔡叔度、霍叔处，更是极为不满。于是，原商朝东部的诸侯国奄国（在今山东曲阜东部）、蒲姑国（在今山东博兴县东南）的国君就撺掇武王新立的商人之主禄父说："现在周武王死了，周人新君还是个小屁孩，周公摄政又被内外怀疑，这真是千载难逢的复国良机啊！我们赶快起兵吧！"

笔者前面曾考证过，这禄父的身份应该并非纣王之子，而只是商朝的一个近支王子，所以他与周朝并没有"杀父之仇"；而且周武王之所以选他做商人之主，说明他肯定是看起来比较安分守己的类型。但是话又说回来，一个人表面上老实听话，不代表内心也是如此。禄父作为商朝王室贵族，不可能对商人失去天下共主的地位没有悲痛之心，更不可能心甘情愿做周人"三监"监视下的傀儡。咱们知道，清朝末代皇帝溥仪虽然不是上一代清帝光绪的亲儿子，也没有多大的才能，但依旧念念不忘恢复他大清的江山，禄父难道还不如溥仪有"骨气"？何况这天下共主的宝座要是夺回来，他禄父就会成为商朝的"中兴明主"，流芳百世，一个男儿稍微有点儿志气，在他的位置上也不会没有一点儿想法。故而奄国国君和蒲姑国国君说的话，禄父应该也早就想到。现在得到二位国君的支持，他更加坚定了自己"恢复大商"的雄心壮志。不过禄父的行事却并不冒失。他知道周朝尽管"主少国疑"，内部纷争，但是周人还有"三监"管叔鲜、蔡叔度、霍叔处的大军驻扎在东方，这"枪杆子"的威慑还是实实在在的。禄父思量的是，管叔鲜、蔡叔度、霍叔处虽十分嫉恨周公旦摄政，尤其是管叔鲜，心中可能还有觊觎周朝王位之意；但他们毕竟是周人，是周武王的兄弟，他们是否会因此而与自己联合，对抗以周成王、周公旦为首的镐京西周朝廷呢？禄父一时还拿不准。

那管叔鲜、蔡叔度、霍叔处这"三监"，在周公摄政之初，有没有想过与镐京朝廷刀兵相见呢？历史上并无细致的记载。我们只能猜测一下，也许有吧。当然他们即使打算起兵，打的旗号应该也类似后世西汉"七国之乱"时的"清君侧"。但是我们知道，不久后周公旦就因为被上下怀疑而"避居东方"了。因此就算先前三位王叔想用武力来对付周公旦，这时也已经失去起兵的足够理由了。而且此时的管叔鲜，虽然也没得到王位或者摄政之位，但是见周公旦也什么都没得到，估计心理应该平衡了一些。

可周朝初年的这场大戏，剧情反转得实在太快——周公旦居东一段时间后，又因为"上天显灵"的缘故，重新得到成王的信任，被召唤入朝委以重任，再次管理了周朝天下。也就是说，现在周公旦又成了管叔鲜、蔡叔度和霍叔处这"三监"的顶头上司。这下三监的心情自然就如过山车一般，刚从谷底起来，又被抛到谷底：合着我们造了这么长时间的谣，结果竹篮打水一场空，仍要低头受他周公旦的管制？再说当年我们告他谋反，现在他又上台掌权了，能饶得过我们吗？也许是因为愤怒，也许是因为怕遭清算，三位王叔最终把亲情及周武王交给他们镇守东方的重任抛在脑后，决定与镐京朝廷翻脸，夺取最高权力，自己来当家。

禄父想复商，管、蔡、霍想篡权，这时他们的心终于想到一块去了，他们在反对镐京朝廷方面达成了一致。狱卒和犯人居然合起伙来造反，这简直是一个讽刺。咱们也不用管到底是"三监"先主动去联合的禄父，还是禄父先去联系的"三监"，总归他们互相利用、互相抱团，都扯起了造反的旗帜。跟他们一同反叛镐京西周朝廷的，同时还有东方的东国、徐国、奄国、蒲姑国、丰国（非文王所征的西丰国，今山东淄博市高青县），以及其他一些熊姓、盈（通嬴）姓的东夷小国。可能有人记得，我们先前不是说过，东夷是纣王征服的对象，怎么他们又跟商国新君禄父一起造起周人的反了？其实我们以前也介绍过，这东夷并非铁板一块，而是居住在东方有着相近风俗的一群部族的统称；来自东北方向以玄鸟为图腾的商人，本身也算是东夷的一支。纣王时期的东夷，就像汉宣帝以后的匈奴分为亲汉的南匈奴、反汉的北匈奴一样，既有反商的，也有亲商的。这些跟着禄父反周的东夷，自然多是原本亲商的那一部分。当然，过去反商的东夷小国，现在因为发现西来的周人的威胁远大于原来的中原商朝，说不定这时为了共同的敌人，也会有许多与以前的敌人商人联合，加入了反周联盟。因此这次反周叛乱声势十分浩大。据孟子说，这些反周的诸侯、方国加一块儿总共有五十余国。甚至在西方都有国家响应他们，如今天山西南部的祁姓唐国。

面对这场大变乱，新生的西周政权，要如何应对呢？这还得听下回分解。

◎38
《大诰》——周公的东征动员令

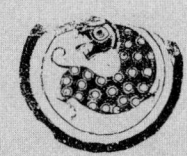

　　管叔鲜、蔡叔度、霍叔处这"三监"和商君禄父一起造反,而且原商朝数十诸侯国一起响应,西周王朝立即塌了半边天。这个最坏的情形,西周君臣在武王去世后可能也设想过,但是当这消息真正传到镐京后,他们中多数人还是震惊不已。因为管、蔡、霍这哥仨手中掌握着在东方震慑商人的精锐周军,再加上禄父手中的殷商军队,以及东夷势力,军事实力之和实在是非常庞大。武王伐纣前,周人在实力上原本对商人就并不占优势,武王灭商取胜很大程度上是沾了殷人内部矛盾的光。现在形势反转,内乱的变成周人,管、蔡、霍与禄父联合,等于周人自己的实力被削弱了一部分,然后削弱的这部分力量又加到殷商那边去了。

　　面对这次里应外合的大叛乱,西周朝廷就像后世一样,马上分裂为主战与主和两派,而且主和派的势力貌似还占上风。

　　主和的西周大臣和诸侯贵族,主要提出以下两种理由:第一,叛军势力太大,难以用武力摆平;第二,管叔鲜、蔡叔度、霍叔处也是王叔,算是王家内部矛盾,理应不动刀兵解决,否则就是不孝不悌(弟弟敬爱兄长叫"悌")。这持第二种说辞的人,恐怕内心还有另一番真实想法——反正无论成王、周公旦这一派掌权,还是管叔鲜、蔡叔度、霍叔处那一派掌权,都是文王的子孙掌权,谁坐殿对他们来说又有什么不一样?他们还不是照样当他们的官,照样保持他们的贵族身份?

　　但是他们的这种想法,以成王、周公为首的一派人显然是不能接受的。别人能说"王家人谁坐殿都一样",对成王来说,那就是要他的宝座,甚至要他的命,他岂能答应?周公不答应,那是周公要保全包括东方在内的大周朝一统江山,而不是守住半壁江山，他岂能容忍祖、父、兄近百年的努力付之东流？成王上次因发现"金縢"原谅并重新信任了叔父周公旦，但这信任中恐怕还有几分保留。但因为这次东方的叛乱，无形中却使成王和周公旦的关系更加紧密，因为他们有了共同的敌人！

因此面对黑云压城，辅政的周公旦临危不惧，以成王的口吻写了一篇文告，痛斥主和派的荒谬，并明令东征平叛。周公旦是怎样作这篇文章的呢？大家可以观赏一下：

周公传达成王的旨意说，上天降灾到我周邦，殷人刚恢复点儿力量，就妄想造反复叛；连我们派出去的自己人（指管、蔡、霍）也不安静老实。面对灾祸，小王我就像站在很深的大河边上，必须想法子渡过去。幸好归顺我们的殷人中，还有"十夫"愿辅助我们周人。我想出兵平叛，用从文王那儿传下来的大宝龟占卜，来请示天命，结果三个龟板上全是吉兆。可我正准备要带着诸侯、大臣东征时，你们中的很多人居然说，困难太大了，而且管叔、蔡叔、霍叔是王家人，出于孝顺友爱考虑，也不好用兵，所以大王您还是不要按占卜的结果办吧。我要说，叛乱分子已经蠢动起来，无辜民众即将受苦受难！你们这时难道不该劝谏我忧劳国事，以完成先王文王的功业吗？小王我绝不敢不听上天的命令！当年文王就是依靠占卜行事，才获得天命。现在上天又指示我出兵东征，我们也只有照办，上天才会赐福给我们周人！你们这些诸侯大臣，很多都是文王的旧臣，你们行事难道不要遵从文王的遗轨？文王为了大周基业，曾那样勤劳国事，我怎能不为先王的大业而争取最后的胜利呢？一个父亲造房子，已经做好了规划和准备，儿子连地基都不打，别说立柱装椽（chuán）、砌墙盖瓦了，能算好儿子吗？一个父亲开好了荒，儿子连播种的活儿都不干，别提能有收获了，能算好儿子吗？所以我不敢不去完成文王所承接的天命！又如一位父亲死了，忽然有坏人攻击他的儿子，家里做臣仆的人，能一起袖手旁观不管吗？你们这些臣子，能在武王去世后，不支持他的儿子小王我东征讨叛吗？我们以前按照天意行事，大周欣欣向荣，这次我们还按天意出征，叛乱之徒必将灭亡！既然占卜已经是吉兆，我就要带着你们进军东方！天命不可不信，上天的预示，在龟甲上已经显示得清清楚楚！

周公的这篇文章后来也被收入著名的《尚书》，篇名就是《大诰》。周公在这里，首先着重强调东征平叛是用文王神龟占卜得来的"天意"，必须遵从天意行事，并用它来威慑那些不愿东征的诸侯大臣。因为在上古那个极为迷信的时代，没有什么比"天意""天命"更有说服力，更能吓唬人的了。同时周公还指出，天下是文王开创的基业。如果姬家子孙后代不能守住并光大这个基业，就不配做文王的好儿孙；而如果大臣们有不支持成王平叛的，就如同老主人死后不管不顾少主人安危的那些丧尽天良的奴仆一般。话已经讲到这个份儿上，那些反对东征的诸侯、贵族、大臣，自然是无法再开口"主和"了。

除了"述天意"和"讲责任"这些我们现代人感觉比较"虚"的东西外，周公旦在这《大诰》里还透露了一个对周人极为有利的实打实的信息——"归顺我们的殷人中，还有'十夫'愿辅助我们周人"。这"十夫"是啥？一般认为，这就是殷商内部的十个大贵族，以及其背后代表的十个大氏族。原来周公旦对群臣表明，他已经掌握了殷人内部的一支"第五纵队"，这"第五纵队"将会在周人东征时或明或暗地帮助周人。这一点对于鼓舞周人的战斗信心，显然起了极大作用。

通过这《大诰》，周公旦指明了"天意"，让大家认识到自身的重大责任，并亮出了制胜法宝——殷人"第五纵队"，朝中的主和风气逐渐消弭，东征的精神动员已经完成，东征序曲正式拉开。

◎39
破管、蔡，诛禄父

周成王二年秋，周公旦作为三军统帅，集结西周大军，踏上了东征的路程。如果把他随武王伐纣的那次算作第一次东征的话，那这一次显然就是第二次了。

在出兵前，周公旦少不得查看地图，并与诸将商讨东征方略。虽然他用《大诰》激发了周人的战斗信心，但那主要是从"天意"来讲的。这次东方叛乱规模如此之大，真打起仗来，周公旦必须回到现实，制定严密适当的战略战术计划。

因为史料的匮乏，周公旦东征前是如何具体谋划的，我们已经不得而知了。但在这里，我们可以穿越回去，替周公旦做个参谋，先来分析一下敌情。

这次东方反周联合阵线，可以看作是"三股势力"——管、蔡、霍的周人叛军一股，禄父（武庚）为首的殷商遗民势力一股，东夷诸国一股。表面上看他们的实力总和非常强大，但是众所周知，中国人合伙做生意，失败的多，成功的少，因为总是很难一条心。"三股势力"虽然为了"反对镐京朝廷"这个大目标联合在一起，但是他们的具体目的还是有差别的，用俗话说叫"各有各的算盘"。再者，他们每一方的力量，真的有表面那么强大吗？其实也未必。所以我们就来详细分析一下三股势力的内部情况和真实实力。

首先说"三监"——管叔鲜、蔡叔度、霍叔处。作为周朝王室贵族，他们造反，所期望的显然是夺取西周朝廷的主导权。因此为达成此目标，他们的军事计划应该是向西进军，攻占丰镐和岐邑。本来他们自己的力量还没有这么大，毕竟他们手中的军队，只是原武王伐纣大军中的三支部队而已。所以他们这次为了夺权，不惜联合昔日的敌人。但是一来人家商人和东夷人可没这个西征远方的动力，人家只是想复国而已；二来三监这样做，他们手下的周人将领士卒，能愿意跟自己的同胞、亲友甚至兄弟刀兵相见吗？显然这是很大的问题。

第二说以禄父为首的殷商遗民势力。禄父造反的具体目的显而易见，就是为了复兴大商朝。但是殷商遗民真的都会聚集在他的旗下吗？自武王伐纣后，殷商遗民实际上已经分裂为好几部分了。第一部分，自然就是禄父自己所管辖的、居住在以商末别都朝歌为中心的原商王畿核心区域的那部分殷人；第二部分，是管叔鲜、蔡叔度、霍叔处管辖下的原商王畿南部和晋南的部分殷人（霍叔处的封地霍国在今山西霍州）；第三部分，则是纣王庶兄微子启管辖下的原商王畿东部即宋国的殷人；第四部分，是箕子的箕氏朝鲜管辖下的殷商遗民；第五部分，是武王分封的苏忿生、檀伯达等周朝重臣统治下的原商王畿西部即古人所谓河内地区的商人遗民。第五部分被周人贵族直接统治的商人遗民是难以聚集到禄父身边的，除非他们挣脱周人的管辖逃走。第四部分箕子管辖下的殷商遗民，已经跟随他远离中原，迁至辽东甚至现在的朝鲜境内，所以禄父造反是指望不上他们策应的。第三部分宋国微子启管辖下的殷商遗民，应该也不会跟禄父走，因为微子启原本就不满纣王，想自己做商人的最高君主，虽然武王没有信守承诺封他为全部商人之主，但他也不会愿意自己的子民跑到禄父那儿去加强他的力量。后来的历史也显示，周公旦平叛后对宋国很好，不但没有追究宋国的罪责，还把商人的祭祀权交给了微子启，显然微子启的宋国没有参与禄父的复国举动。第二部分管、蔡、霍统治下的殷人，在双方合作后，倒是有可能又重归禄父旗下。这样仔细分析一下，五部分商人，只有两部分能真正为禄父所用（就算河内的商人归附禄父，也不过才三部分）。因此禄父所能纠合的力量，要比纣王在位时期小得多。纣王在世时都没敢贸然举兵西征周人的老根据地陕西，禄父力量比他更小，他又哪里敢举兵西进陕西呢？所以禄父起兵之后，应该会在军事上采取守势，满足于守住原来商王畿的地盘。（商末商王畿大概也就是东到今河南濮阳，西到今河南济源沁阳一带。）管、蔡、霍就是想西进，禄父的商军也是不会真帮忙的。

第三说东夷诸国。我们说过，这次跟随禄父造反的东夷诸国，多数应该是商代中后期归附商人的亲商国家，可能也有原来反商的东夷方国。那些亲商的东夷国家，与商人的关系，相对来说本就不算多紧密；而那些原本反商的东夷国家，只是出于唇亡齿寒的危机感，才转而与原来的敌人商人一起合作对抗新来的统治者周人，他们与商人的合作忠诚度更不高。所以综合来说，东夷诸国这次之所以跟着商人一起造周人的反，主要是不满被西来的新统治者周人奴役，另外可能还想趁乱捞点儿中原的财富、扩大他们自己的地盘。至于说什么西进灭周，他们应该是想都没想过的。所以反周的东夷诸国在军事上应该也只满足于防御，顶多在周边抢劫抢劫。周人就是打禄父，他们都不一定会全力帮忙。

这样分析完之后，我们就会发现，反周联合阵线的兵力总和虽然听起来很吓人，貌似阵容庞大，但虚有其表——因为他们的庞大兵力其实捏不到一起去，是五个手指头，而不是一个拳头。真正打起仗来，他们很难共同对敌，因此易被周人各个击破。

我们都能分析出的东西，周公旦和手下的谋臣宿将们自然也能看得到。周公旦东征的具体行军路线是怎样安排的呢？虽然史书并未明言，但据《史记·卫康叔世家》称，管、蔡、霍起兵后一度欲西进攻击朝廷在东方的重镇即规划中的东都雒邑（当时管叔鲜、蔡叔度的封地管、蔡，与雒邑一样都位于河南黄河南岸）。所以周公旦必然是像当年武王伐纣一样，走崤函古道，先进入河南伊洛盆地，以增援西周朝廷在雒邑一带的驻军，阻止三叔占领崤函古道的东出口。

就这样，周公旦的东征大军首先在雒邑以东地区，与管、蔡、霍的叛军交上火。虽然史书没有明确提及，但按照正常的思维，周公旦在两军交战前，肯定会秘密派出大量说客或间谍到三监的军营中去，用"同宗之情、叛国之耻"来教育并分化瓦解他们的部下。所以三监统辖的周军，面对周公旦率领的朝廷讨叛大军，很快就失败了。

失败后的管叔鲜、蔡叔度和霍叔处，仓皇北渡黄河，逃往盟友禄父那里。周公旦则指挥东征大军乘胜追击，又渡河攻击朝歌一带的禄父商军。《逸周书》称，周公大军"临卫征殷"。这个"卫"地，曾多次出现在殷墟甲骨文中，卜辞显示"卫"在殷的东部，后世文献多认为它具体在朝歌城东十公里左右。因此这一仗，周公旦应是率军迂回到禄父商军的后面，首先截断了他与东夷诸国的联系以及东逃的退路。可能是禄父没有料到周公旦会如此用兵，再加上周公旦有"第五纵队"——商人的十个大贵族相助，陷入恐慌中的禄父商军不久也全线溃败，史书称"殷大震溃"。禄父虽然打仗不行，逃跑的功夫倒是一流。他见势不妙，立即拔腿就往有商人统治基础的北方逃窜。因为我们之前介绍过，商人就是起源于河北或辽东的，而且当时孤竹国、箕子朝鲜等商人诸侯国都在北方。

禄父（武庚）北逃的事情，见《逸周书·作雒解》。他北逃后的结局是什么？《逸周书》没提到，而《史记》等书，说他是被周人诛杀了。但禄父这么高级别的人物，是被谁杀死的呢？几千年来一直是个谜。

距周公东征大约两千年后的清朝道光年间，山东寿张县几个农民在小说《水浒传》中众英雄聚义的梁山脚下（1949年后此地属于分出的梁山县）刨地时，居然挖出了七件西周初年的精美青铜器。这就是考古界有名的"梁山七器"。七器中有一方青铜簋——太保簋，其内壁有如下铭文：

王伐录子聖，叡厥反，王降征令于大保，大保克敬亡遣，王永大保，赐休余土，用兹彝对令。

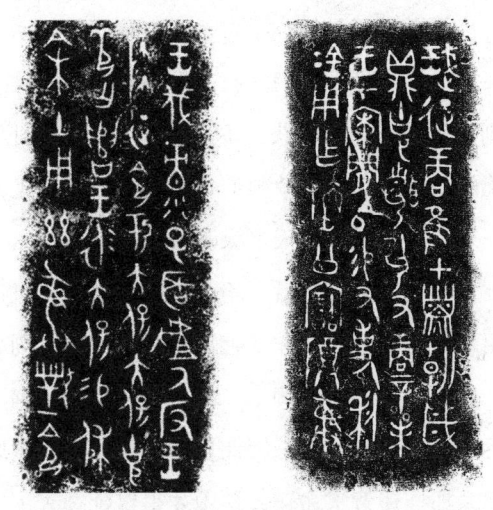

太保簋铭文

翻译成白话文，大意就是说，大王讨伐录子圣，因为他造反，于是大王下达征讨之命给太保，太保恪尽职守没有失职，大王就赏赐给太保一块在余地的土地，太保因此特地铸成此器物来称颂大王的恩德。

这段铭文中的"大保"，显然是指西周初年担任"太保"一职的召公奭，对这一点，自清末太保簋出土以来就无人有异议。至于铭文中的"录子圣"，我们前面曾介绍过，"清华简"《系年》里写作"录子耿"，他就是武王所立的商人新君禄父。

因此周公东征时，禄父之死的真实情形可能是这样的：对于禄父这个在商人遗民中有极大号召力的旗帜般的人物，周人当然是万万不能放过的。禄父战败北逃后，成王（或者是周公旦以天子的名义）命令太保召公奭，立即率领一支大军对他进行追杀。虽然有商人遗民的掩护，但穷追不舍的召公奭几经周折，最终还是抓住了北逃的禄父，将他斩杀。后来，殷商遗民按本族传统给禄父上了一个日名即"武庚"，这就是禄父为什么又叫"武庚"的原因。按金文记载，禄父死后，其家族投降了周人，被周人迁至今天陕西扶风一带异地安置。

禄父有本族人掩护，还多逃得了几天性命，但人生地不熟的管叔鲜、蔡叔度、霍叔处就没那么走运了。

管叔鲜知道自己是"首犯"罪无可赦，在禄父的商军主力溃散之际，眼见无路可逃，又羞于被弟弟周公旦俘虏，于是抹脖子自杀了。管叔鲜死后，管国也被取消，后来其子孙流散各地。据一些古籍记载，春秋时齐国名相管仲就是管叔鲜之后。

蔡叔度和霍叔处则被东征的周军抓获。不过蔡叔度、霍叔处毕竟是周公旦的亲胞弟，讲究"亲亲"传统的周公旦也不好杀他们。于是周公旦就把蔡叔度囚禁在一个叫"郭凌"的地方，后来东征战争结束、天下太平时，周公旦又给了他七十名亲随和七辆马车，将他流放远方。蔡叔度被流放后，不久就死去了。不过比管叔鲜幸运的是，蔡叔度有个二儿子叫胡（又称蔡仲），非常善良，并有德行。周公旦听说了，就将他推荐给自己儿子伯禽，让他做了鲁国的卿士。胡上任后，把鲁国治理得很好。于是周公旦就把胡的表现告诉了天子成王，成王因此重新分封胡为蔡国国君，并在册命文书里告诫他"不要像你父亲那样违背王命"，蔡国才得以延续了下来。成王册封胡（蔡仲）的册命文书被收入《尚书》，这就是《蔡仲之命》篇。只不过这篇古文很早就已经失传，现在我们所见的《蔡仲之命》并不是西周原版，而是东晋人梅赜所编造的伪篇。

最后说霍叔处，伪书《蔡仲之命》说周公旦对他的惩罚是将他废为庶人，但是仍旧保留了霍国。虽然今存的《蔡仲之命》为伪，但是它上面关于周公旦对霍叔处的处置应该还是有点儿依据的，因为霍叔处在三叔中年纪最小（排行老八），于"三监叛乱"中应该属于从犯中的从犯，所以周公旦对他的惩罚理应比蔡叔度更轻一些。霍叔处的霍国直到春秋时才被同姓的晋国所灭，这是后话。

"三监"、武庚两大势力都被周人平定，随后周公旦为巩固胜利，命令在灭禄父之战中立下大功的同母九弟康叔封，率领大军留在商人最后的别都朝歌一带镇守；又命令康叔封的一个儿子中旄父，率领一支军队驻守在原商王畿东部的"东国"，也就是现在的河南濮阳一带。

我们这里讲述周人东征，破"三监"、诛禄父，好像就是转瞬之间的事情，其实在真实的历史上，这大约耗费了周人近一年的时间。周公旦对"三监"、禄父的战事中，定有许多曲折和故事，只不过由于年代过于久远，这些历史细节史书已经失载。所以我们在讲述这一年的宏大战争时，只能简单地几句话带过罢了。

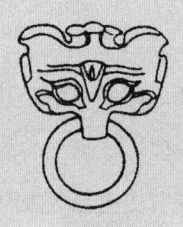

◎40 攻灭奄国

"三监"管、蔡、霍和禄父被周公旦灭掉后,反周联合阵线这时就只剩下属于东夷的奄国、蒲姑国、徐国、丰国和熊姓、盈姓等一众小国。他们中最强大、对商朝最忠诚的,要数奄国。

大家肯定还记得,武王死后有两个东夷国君积极撺掇禄父反周复商,其中一个就是奄国国君。奄国位于今天山东曲阜以东一带,又称"盖",古书上常称之为"商奄"或"商盖",单从这称呼也可以看出它与商朝的关系非比寻常。以前我们在简介商王朝那一节提到过,商人在商王盘庚迁都安阳殷墟以前,曾经多次迁徙国都,有"前八后五"之说(灭夏前迁了八次,灭夏后定都殷墟前迁了五次),这个"奄"就是商人灭夏后第四次迁都所在,也即第十八代商王南庚所迁都之地。后来第二十代商王盘庚迁殷,就是把都城从奄地迁到殷墟。后世一些史书称商末奄国国君是东夷系统的盈(嬴)姓人,本人认为此说有误。既然奄地是商朝旧都城所在,而且是殷墟之前商人的最后一个旧都,其在商朝的地位必然要大大高出商朝其他地方。因此在商朝后期,能被封在奄地当诸侯国国君的人,必非子姓的商王室高级贵族莫属,甚至很可能就是商王南庚的直系后人。(南庚之后并未继承商朝王位,第十九代商王不是南庚之子,而是南庚堂兄、十七代商王祖丁之子阳甲。)

作为原商朝旧都所在的奄国,很久以来就是安阳、朝歌以东最大的商人大本营。而且当年牧野之战后,虽然周武王派出将领征讨四方,但从时间上看,外出的周军都在一二十天内就返回向他报捷了,显然他们攻打的地方距离朝歌都不远。武王时周人的军队,应该没有打到"远东"的奄国。奄国在武王伐纣时期可能只是迫于形势很快就归顺了周朝，军事实力想必损失不大。周公东征后，当禄父失败逃得无影无踪时，那些群龙无首但仍不愿投降周人的殷商顽民，要想再次对抗周人，只有逃到他们最后的抵抗大本营奄国了。

历史上有一个颇有点儿名气的纣王大臣，就是这时候逃到奄国的，他就是飞廉（又作蜚廉）。以前我们说过，飞廉和儿子恶来，都是纣王的宠臣。飞廉善于奔跑，很可能是精于驾车之术，后世因此把他神话为风神；而他儿子恶来则力大无穷，是著名的大力士，后世常用他的名字代指力士。传说飞廉和恶来的远祖就是曾辅佐大禹治水的东夷君长伯益。伯益生有二子，长子名叫大廉，为"鸟俗氏"；次子名叫若木，为"费氏"。夏末时若木有个子孙叫费昌，因见夏桀无道，就投奔了成汤，并在著名的鸣条之战中担任成汤所乘战车的驭手（驾车人）立下大功。到商朝第九代国君、中宗太戊在位时，伯益长子大廉的一个子孙中衍，又被太戊任用为自己的驭手。后来中衍的玄孙中潏（jué）被商王向西分封到霍太山（今山西霍州）一带，以充任商朝的西部屏障。中潏就是飞廉的父亲、恶来的爷爷。武王伐纣时，恶来与纣王另一宠臣费仲（费昌之后）都被周军俘虏，并在周朝于岐山举行的告庙祭祀大典上，被周人杀了祭祀先公先王。但是恶来的父亲飞廉，却因为战前被纣王派到北方担任出使任务（想来应该是去联络北方诸侯以对付周人），侥幸逃脱了性命。飞廉从北方返回后，商朝已经灭亡，周武王也班师西归了。忠于纣王的飞廉听说故主已死，悲痛欲绝，于是回到霍太山筑坛，向纣王的灵魂汇报出使情况。《史记》说飞廉在筑坛时挖到一副石头棺材，上面写着"上帝命令飞廉不得参与殷商之乱，赐你石棺来显耀你的家族"，因此飞廉就死了，并以石棺下葬在霍太山。不过这种说法显然是有问题的，忠心商纣且儿子被杀的飞廉，怎么能不向周人报仇雪恨，就甘心这么死了？与《史记》记载不同，孟子则说，飞廉后来是被周人驱赶到东海边而死的。历史上的飞廉，很可能是先把对纣王的忠心转移到商人新君禄父身上，随禄父起兵反周复商；禄父失败后，誓与周人不共戴天的飞廉，又东逃到奄国一带，准备与周人做最后的一搏。这里还要多说一句的是，奄国东南的叛周之国徐国，还是飞廉的同族。因为飞廉是伯益长子大廉的后人，而传说徐国也是伯益次子若木（费氏）后代的封国。

我们前面还提及，纣王当年为了夺取战略资源海盐，曾大举东征东夷，取得一定胜利后，为了镇压时刻想反扑的东夷人，留下不少兵力在当地驻守。这些留驻东夷地区的商军，很可能也汇聚到了奄国周围。

因此周公旦此时面对的奄国，成了顽固反周的商人们的最后堡垒。再无退路的反周殷人遗民，必将困兽犹斗，与周人做最后的决战。在这种情形下，周公旦在军事上不得不思虑再三：灭奄这一仗，到底该如何打？是先进攻商人聚集的奄国，还是先进攻其他东夷诸国？

周文王时期的旧臣辛甲大夫（又称辛公甲），归周之前曾任商朝的史官，了解东方的情形。《韩非子》一书记载，东征时随军的他向周公旦建议说："大国难以攻取，小国容易降服。不如先降服那些小国，再来拿下这个强大的奄国吧。"

周公旦闻言欣然接受，决定还是采取先弱后强、先扫清外围再攻取坚城的策略。东征的周军，很可能是兵分南北两路进军。北路周军攻打位于今山东北部的蒲姑国（山东博兴县）和丰国（山东淄博高青县）。这蒲姑国，也是东夷系统中一个较强的国家。但北路周军是由西周猛将太师吕尚统率的，所以两国虽然激烈抵抗，最终还是被灭，其君主都被周军抓住杀了头。南路周军进攻位于现在鲁南、苏北一带以徐国为首的一帮盈（嬴）姓、熊姓东夷小国。这徐国，周代青铜器铭文里写作"余"或"郐"（读若涂），当时大概位于奄国（山东曲阜以东）的东南面，也是东夷盈（嬴）姓国中势力较大的一支。但在周公旦东征大军的凌厉攻势下，徐国和附近的其他熊姓、盈（嬴）姓小国，或是投降，或是逃散（当时很多东夷小国还处于游牧或渔猎的经济状态）。那时东夷地区，很多地方都是原始森林。据孟子他老人家讲，周军为了搜索那些密林中的反周夷人，深入险阻，甚至把虎、豹、犀牛、大象等野兽都惊得四散逃跑。

南北方向的敌人都平定后，周公旦开始集中兵力，对付城高池深的强大奄国。已经斩杀禄父（武庚）的召公奭，也率领所部从北方赶来助战。为了鼓舞周军士气，目睹最后的胜利，少年天子成王更是御驾亲临。（据太保簋铭文，成王很可能在周军征讨武庚的时候，就离开镐京前往旧商王畿一带了。）果然，成王的到来，让前线周军士气大振。随后周人东征大军对奄国发动了迅猛的攻势。当时在周王室中担任太祝（掌管祭祀）一职的周公嫡长子伯禽，在战斗中表现尤其英勇。也许是奄国国君见大势已去，失去了抵抗的勇气，所以他选择了投降，周人终于拿下这个东方最大的反周堡垒，并俘获奄国国君。

塱方鼎（又名周公东征鼎）铭文

◎41 平定东方

话说奄国被周人攻取后,纣王的忠心大臣飞廉仍不甘心失败,率残部继续东逃,企图再与周人对抗。周朝大军则紧追穷寇,最终在东海边追上飞廉,击溃其部众,并将飞廉斩杀。

近现代以来,一些中外历史学者还相信,有一部分被周军追得走投无路的商军残部"乘桴浮于海",企图从今山东出海横渡到辽东的商人老家去(殷人起源于东北),结果部分船只被太平洋的洋流带到了现在的美洲。他们认为现在中美洲墨西哥东海岸的奥尔梅克文明就是由东渡的殷人创造的,并为此列举了很多证据,诸如,奥尔梅克人喜欢玉器,众所周知世界上只有中国人爱玉;其玉器上的一些刻画图案和甲骨文类似;奥尔梅克人的雕像中有虎的形象,与殷墟出土的虎的形象相近;奥尔梅克人的很多古老人形雕像都是跽坐的姿势(即屁股坐在脚上),与中国上古类似;中美洲沿岸近海中发现有古代石锚,形制类似中国古代石锚,从其表面附着物推测距今刚好约有三千年……当然,反对"殷人东渡"说、认为奥尔梅克文明与殷人无关的学者,也能举出大量反证,如商人拥有发达的青铜文明,但奥尔梅克人却没有青铜器;所谓像甲骨文的奥尔梅克玉器图案,只不过是图案磨损后巧合地相似;中美洲沿岸的古代石锚的年代是过去被估错了,最新检测实际距今只有几百年;商代中国的造船和航海能力无法支持横渡太平洋,因为商代没有锯,只能造粗劣的小船,也没有风帆、船舵(帆和舵在中国晚至秦汉时期才出现),更没有指南针、星盘等导航设备……直到现在,奥尔梅克文明是否与殷人有关的论战依旧在继续。作为普通人,我们当然也没有能力参与这个论战,我们只要知道有"殷人东渡"这么一种说法,作为茶余饭后的谈资就行啦。

回过头来我们继续说东征的周人。攻灭奄国后，周公旦为了彻底摧毁这个反周巢穴，采取了分散安置的政策：将被俘的奄国国君和一部分居民北迁到蒲姑国一带，交给后来于蒲姑建立齐国的太师吕尚看管；剩下的那部分商奄居民，则留在本地交给自己的长子伯禽管理，变成后来鲁国国民的一部分；据"清华简"《系年》记载，他还把嬴姓的飞廉余族强迫西迁到千里之外的"邾圉"，也就是现在的甘肃甘谷县西南。有人可能会问，我们为什么要一再交代飞廉一族的来龙去脉和迁徙动向？这是因为飞廉的后代后世对中国的影响极为巨大：春秋战国时的秦国，后来统一中国的秦朝，其王室就是飞廉的后裔；春秋时晋国的世家大族赵家，战国时分晋建立了赵国，其王族也是飞廉的后裔。原来一直被大家认为是"西戎"的秦人，其实起源于东方！因为秦人祖先飞廉忠于商纣、禄父，率族人一再反周，才被周人强制迁移到西方！而战国时打来打去的秦赵两国，居然是兄弟之国！这些详情，我们会在后面继续讲述。

征服奄国，兵压东海，标志着周公旦指挥的这次周人大远征，最终以胜利告终。西汉《尚书大传》云，"周公摄政，一年救乱，二年克殷，三年践奄"。这就是指周公自成王继位以来摄政，第一年联合召公奭，"内弭父兄，外抚诸侯"，消除西周朝廷内部纷争，团结了王室、大臣；第二年消灭了管、蔡、霍和禄父叛军；第三年削平东夷，征服奄国。

周公东征胜利的意义，十分重大深远。当年武王伐纣宛如一场闪电掏心战，实际征战时间不到一月，只是斩杀了商纣王、扫荡了商王畿内一些地方，迫使天下诸侯表面臣服；但因为自身力量不足，以及怀柔商人的政策考虑，武王并没有完全肃清商人的势力。周公东征历时近三年，战场范围数千里，真正摧毁了商人的根基，牢牢控制住了商王畿广大区域，彻底消除了商人复辟的可能，并把周人的势力扩张到东部沿海，将东夷地区逐渐纳入中原王朝的管辖之下，完成了纣王想做但没能真正做到的事情。故而周公东征征战的时间和空间，影响的深度与广度，都是武王伐纣的数倍。假设东方大叛乱时，西周王朝真的被主和派势力所把持，没有周公东征，那么周国即便不灭亡，后世一统天下近三百年的西周王朝铁定就不存在了，天下也会重新回到多股势力争雄的乱世。这样一来，中国政治、文化、族群的未来走向会如何，实在是难以预测。正是在西周风雨飘摇之际，周公旦挺身而出，使周朝没有像后世的秦朝、隋朝一样成为短命王朝，从而奠定了中国历史、文化的今貌。中国有个词语，叫"再造之恩"，周公就是那个"再造"西周王朝的人。可以说，周公是位没有"开国之君"名头的西周开国国君之一。（笔者以为，周朝的开国之君可以说有三位，也就是文王、武王、周公。）

当然，为了这次东征的胜利，周人也付出了惨重的代价。周公率领大军，一出就是近三年，跋涉数千里，无日不征战，士卒所受的远征之苦可想而知。《诗经·豳风》中的《东山》《破斧》两首诗，就是周公东征时周人将士所做的诗歌。这两首诗，也是目前可以确认的年代最早的"征夫诗"。《破斧》中，将士们自述跟随周公东征，历经残酷激战，把所带的兵器都打残缺了；在最终平定叛乱后，他们不由得欢呼雀跃，庆幸自己百战余生。

《东山》则描写一位离家日久的老兵，在战事结束后的归乡途中，对故乡和妻子的种种思念：诗人先是庆幸自己能脱离征战之苦，回归家园；回乡途中，他又不断地想象着自己这家中的"顶梁柱"不在时，家园的残破荒芜景象，不禁心怀畏惧；到最后，他幻想着妻子洒扫庭院等待自己的归来，并追忆起当年新婚的幸福，憧憬着久别重逢后的美好生活。后世的诸多名句，如"近乡情更怯，不敢问来人""新归且慰意""夜阑更秉烛，相对如梦寐"等，都能从这首诗中看出影子。这首《东山》诗，俨然是后世唐代边塞诗、征夫诗的起源，奠定了中国文化中对远行和夫妻别离的情感基调。这也算是周公东征对中国诗歌文化的独特贡献吧。

《破斧》
既破我斧，又缺我斨。——我的战斧被打破，方孔斧也缺损了。
周公东征，四国是皇。——周公大军去东征，四方诸国都被匡正。
哀我人斯，亦孔之将。——可怜我们这些战士，生还不是大幸运？

既破我斧，又缺我锜。——我的战斧被打破，三齿锄也缺损了。
周公东征，四国是吪。——周公大军去东征，四方诸国都受感化。
哀我人斯，亦孔之嘉。——可怜我们这些战士，生还不是大喜事？

既破我斧，又缺我锜。——我的战斧被打破，木柄锹也缺损了。
周公东征，四国是遒。——周公大军去东征，四方诸国都被安定。
哀我人斯，亦孔之休。——可怜我们这些战士，生还不是大美事？

《东山》
我徂东山，慆慆不归。——自我远征赴东山，累月经年不回还。
我来自东，零雨其蒙。——我从东山返故乡，满天小雨雾蒙蒙。
我东曰归，我心西悲。——一说要从东山归，我的心儿早西飞。
制彼裳衣，勿士行枚。——家常衣服做一件，不再行军口衔枚。
蜎蜎者蠋，烝在桑野。——野蚕树上蠕蠕爬，田野桑林是它家。
敦彼独宿，亦在车下。——露宿将身缩一团，就在战车底下住。

我徂东山，慆慆不归。——自我远征赴东山，累月经年不回还。
我来自东，零雨其蒙。——我从东山返故乡，满天小雨雾蒙蒙。
果臝之实，亦施于宇。——瓜蒌藤儿四处蔓，果实结到屋檐下。
伊威在室，蠨蛸在户。——地鳖虫儿满屋爬，蜘蛛结网当门挂。
町畽鹿场，熠耀宵行。——野鹿场上跑又逛，萤火虫儿闪闪亮。
不可畏也，伊可怀也。——家园荒凉不可怕，越是如此越想家。

我徂东山，慆慆不归。——自我远征赴东山，累月经年不回还。
我来自东，零雨其蒙。——我从东山返故乡，满天小雨雾蒙蒙。
鹳鸣于垤，妇叹于室。——老鹳丘上轻叫唤，我妻屋里把气叹。
洒扫穹窒，我征聿至。——洒扫房舍塞鼠洞，盼我早早回家转。
有敦瓜苦，烝在栗薪。——苦瓜结了一条条，撂上柴堆没人管。
自我不见，于今三年。——旧物置闲我不见，算来到今已三年。

我徂东山，慆慆不归。——自我远征赴东山，累月经年不回还。
我来自东，零雨其蒙。——我从东山返故乡，满天小雨雾蒙蒙。

仓庚于飞，熠耀其羽。——当年黄莺正飞翔，美丽羽毛有辉光。

之子于归，皇驳其马。——伊人过门做新娘，迎亲骏马白透黄。

亲结其缡，九十其仪。——娘为女儿结佩巾，婚庆礼仪多又繁。

其新孔嘉，其旧如之何？——新婚甫提有多美，重逢又该什么样？

◎42 周公旦的第二次大分封及其内在奥妙

漫长惨烈的东征终于结束，成王和周公旦、召公奭等人带着俘获的众多殷商顽民，班师西归。虽说天下已经基本平定，但周朝君臣却轻松不起来：如何巩固这一来之不易的巨大成果，如何牢牢统治广大的东方区域，建立有效的统治机制和秩序，成为摆在他们面前最迫切的问题。

此次东方叛乱，突出暴露了周人都城位于西方而对东方的控制鞭长莫及的弊病，因此在回程的路上，周公旦就已经决定，抓紧完成武王的遗志，在今洛阳盆地一带建成新都，以便于驻兵震慑东方、就近管理殷人、征收东方的贡赋，来加强对东方的统治。所以他西归时，也像武王时期一样，下令将带回的一部分殷商顽民，留在今天洛阳盆地一带，准备把他们当作未来兴建周人东都的劳工。

成王三年五月丁亥日，成王君臣、东征的周人大军，带着部分殷商俘虏、反周顽民回到镐京，也即宗周。回朝之后，按惯例他们自然是免不了要祭祀上帝和先公先王，报捷献馘（敌人耳朵）。

随后成王命令周公告谕天下诸侯，尤其是原殷商的诸侯和百官：周人灭商，就像当年夏朝的夏桀因荒废祭祀、搜刮民财、荼毒百姓被商朝成汤取代一样，都是天命所归；大家只有认清天命，服从周人的统治，才能安居乐业，否则必然大加惩罚！这篇文告被史官记录下来传诸后世，就是《尚书》中的《多方》这一篇章。

不过西周君臣显然不会相信，仅靠着这样一篇文字，就能保证殷民不再反叛，他们还需从现实着手，从根本上消除殷商顽民的反抗能力。

禄父叛乱和东夷响应，证明以前武王伐纣后让王子禄父统治殷商遗民、保持东方诸侯国完整,并允许他们原地自治的那一套统治方式已经是行不通的了。经过集思广益,总结前人经验,成王四年时,摄政的周公旦开始大规模实施"授土授民",即古人所称的"胙土赐姓"形式的封邦建国制度,这就是古书上所说的"封建亲戚,以藩屏周"。东征的胜利,也让周人具备了这样做的实力和条件。

说起"授土授民"的封邦建国制度,就是周朝通过隆重的册命仪式,把武王尤其是周公东征以来新征服控制的广大土地和一定的臣民,按亲疏、功劳,分割封给王室子弟、异姓功臣们,让他们去各地建立国家,以构成周朝的地方政权、统治基础。周王作为天子,既有保护诸侯权利的义务,也有剥夺诸侯君位和迁地、削地等权力。作为周朝的地方守臣,这些被分封的诸侯,则要恪守定期朝拜周天子、定期缴纳贡赋、提供劳役、战时出兵助周出征等臣节。

上述的周朝封建内容,大家都熟悉,但是有一点可能很多人没太注意,那就是周朝授予周人诸侯的民众,成分除了有诸侯本族人、当地原住民,还有殷商遗民和被周人灭掉的亲商反周的东方诸侯国的人民!

按《左传·定公四年》记载,成王时分给鲁国的有殷人六个族,分给卫国的有殷人七个族,分给唐国(即后来的晋国)的有属于赤狄人的怀姓宗族九个族。虽然《左传》没有提到更多诸侯国的情况,但这三国是这样的,其他诸侯国应该也类似。

将殷商遗民和亲商反周诸侯国的遗民调离其世代居住的原地,并把他们分散开来分配给周人诸侯,显然周公旦此举是继把部分殷商顽民迁徙到宗周、岐邑附近和未来的东都一带之后,进一步打乱东方原有的以血缘为纽带的传统社会基层组织并加以重新编组的措施。他的这一措施,可谓一箭多雕,精妙绝伦。

首先,大大降低了敌对势力像"武庚叛乱"那样再次造反的可能性。这些殷商遗民和亲商、反周诸侯国的遗民,在其原住地经营多年,在当地势力本来是盘根错节,但一把他们调离原地,就好比断了他们的根;再把他们打散分到周人三都和无数的周人新建诸侯国,一地、一国内分配的殷人各族之间并不熟悉。他们如果再想串联造反,就比较困难了。

其次,大大增强了分封的各个诸侯国的力量。我们知道周人相对于商人,原本是一个人口不多的"少数民族",据一些史学家估计,商末时期周人只不过才十五万人左右。如果周朝分封诸侯时,再把自己有限的人口分到众多的诸侯国,那么每个诸

◎ 42　周公旦的第二次大分封及其内在奥妙

侯国的力量就太弱小了，很难在分封的当地立足，尤其是其周边有很多敌对势力的情况下。而且把周人都分封出去，大本营周朝王畿的力量也势必被严重削弱，就如一棵树，主干太细必然立不住。现在周公旦每封一个周朝的诸侯，在分给他们部分周人或其本族民众以及当地原住民的同时，还把一些殷商遗民、亲商反周的前敌对势力掺和进去，等于把"俘虏"按一定比例编进自己的队伍，立刻就使每个诸侯国的力量都壮大了。有人说，难道周公旦不怕这些遗民造反吗？一则前面说过，周朝已经把这些反周族群分散安置了，再串联造反就不容易了；再则，周公旦对这些分封给诸侯的前敌对势力，也采取了很多怀柔政策。这些殷商遗民或敌对国遗民在分给周人诸侯时，并不是全部作为战俘或奴隶分配的，而是基本按照他们之前的身份，待遇不变。比如你原来是商人贵族，到了新诸侯国还是贵族；你原来是属于士人阶层，到了新诸侯国还是士人阶层；当然如果你之前是平民或奴隶，到了新诸侯国还是平民或奴隶。这些敌对势力的贵族、士人，到了新诸侯国，在一定程度上也能和周人贵族一起参与该国的政事，仍然是统治阶层的一员（当然其地位是低于周人贵族的），这样就会降低他们的抵触心理。（其实被周人迁到东西王畿内的那部分殷商遗民，周人也是采取这种怀柔争取的政策，金文里记载很多西周大臣都是殷人之后。）这就如金、元、清等少数民族入主中原后，利用各种形式大量吸纳汉人加入王朝统治阶层一样。

再次，有利于"民族融合"，为华夏族的形成奠定基础。经过长期的共同生活和通婚，尤其是后来接受了统一的周代礼乐文化后，新诸侯国和东西王畿分配来的敌对势力贵族、民众，就与周人贵族、民众慢慢融为一体。我们知道，上古时期的所谓国家往往就是一个大部落，国家内部维系的纽带是血缘，国君就是族长；而周人"授土授民"分封的国家内，来自多个不同族群的人走到一起，这就打破了原始部族方国的国家形态，形成了新型的以文化认同为纽带的国家。经过西周数百年统治，这些有共同文化和心理的国家，对外自称"诸夏""华夏"，一个新民族——华夏族就这样诞生了。

话说周公旦这次到底分封了多少诸侯国呢？按战国时大学者荀子在《荀子·儒效》篇中的说法，周公旦此次一口气分封了七十一个国家，其中姬姓国家就有五十三个。当然通过简单的减法我们能算出，荀子认为周公封的异姓国家仅十八个。

我们这里先说说其中的异姓诸侯国。周公授土授民分封的异姓国家具体是哪十几个，因为文献匮乏，我们今人已经搞不清了，目前能确认的只有齐国、许国等。

齐国大家已经有所了解，对周朝而言，齐国始封君姜太公吕尚既属于功臣，又是亲戚（成王外公）。上节我们曾提到过，周公践奄后就把奄国国君和部分族人迁徙到蒲姑国旧地（即后来齐国地界），并交由太公看管，所以齐国的民众除了太公本族，还有蒲姑国土著和奄民。显然太公的齐国，属于由周公旦授土授民分封的异姓诸侯国。

再说许国（古文中"许"写作"鄦"）。"清华简"中有一篇《封许之命》，就是成王时期封建许国的册命文书原文。《封许之命》说，许国的第一代国君叫吕丁（传世文献称其谥号为许文叔），成王在封他为许君时，赐给他的物品有苍珪、秬鬯（黑黍和郁金香草酿造的美酒）、路车（天子之车）等和大量青铜彝器。虽然册命文里没提到赐予民众的事情，但吕丁到许地（今河南许昌东）立国，管辖的除了自己带去的本家本族，肯定也有当地的土著居民。那么吕丁是何许人也，为什么周朝这么重视他，封他为诸侯并分给他如此多的宝器呢？《封许之命》提到，吕丁曾辅佐过周文王，并随周武王参加了灭商之战，立有战功。学者普遍认为，吕丁应该就是《逸周书》里提到的吕他，也就是在牧野之战后受武王之命扫荡商人属国戏方的那位将领。《逸周书》里的"吕他"，应该是"吕叔"的讹误，因为古文里"叔"写作"弔"，而"弔"与"佗"（"他"的本字）的古文写法又十分相像，所以抄书的人才抄错了字。

由上猜测，周人授土授民分封的异姓诸侯国，很可能大都是与周人有联姻关系的姜姓国家。

接下来，我们再说说周公旦分封的绝大多数国家，也即姬姓国家。

荀子他老人家曾说，凡是周朝王室子弟，只要不憨不傻，都被封了个大诸侯（"周之子孙苟不狂惑者，皆为天下显诸侯"）。从这里可以看出周人的"亲亲"原则，他们认为还是自家人更靠得住。

那五十三个姬姓国家，据文献记载，主要出自三个人的后裔：一类是文王儿子们的国家，古书上称"文之昭"，分别是蔡（复封）、郕（盛）、霍、鲁、卫、毛、聃、郜、雍、曹、滕、毕、原、酆、郇（管国为武王时所封，但东征后被取消了）；一类是武王儿子们的国家，古书上称"武之穆"，分别是邢、唐（晋）、应、韩；还有一类是周公旦儿子们的封国，古书上称"周公之胤（yìn，后代）"，分别有凡、蒋、邢、茅、胙、祭（zhài）。这里周公旦儿子们的封国有六个之多，加上名义上分封

◎ 42 周公旦的第二次大分封及其内在奥妙

给周公旦但实际由他长子伯禽执掌的鲁国则有七个，比武王儿子们的封国还多几个。不过周公之子的七个国家，除了鲁国是周公在世时所封，其他六个应该是周公去世后，才由成王分封的，后人因为周公的大封建盛举，就都记在周公头上罢了。当然除了文王、武王、周公的儿子外，西周时代周王室旁支、远支的姬姓国家、以及后世历代周王子孙的姬姓国家还有不少，著名的如召公奭之后的燕国，以及荣、芮、息、曾（随）、贾、沈、密、郑、虢、滑、樊、杨等国。

不过这里有个问题我们必须说明一下，按传统说法，上述很多姬姓国家，如众所周知的毕、荣、西虢等，是所谓的"畿内国"。这些畿内国在西周时其实只算是王畿内的贵族封地或曰采邑，即古书中所谓的"家"，还不能算诸侯国。实际上周朝的分封制，除了封邦建国，还有"立家"这一项，而且"立家"早于"立国"，"立国"很受"立家"的启发。周国文王或武王时，就已经分封贵族以采邑，如封周公于周（今陕西岐山县北）、召公于召（今陕西岐山县西南刘家原一带），周、召都是采邑性质。商末周初管理方式落后，分封贵族采邑，是当时周国从岐山下的蕞尔小国扩大为横跨今天陕西东西的大国后在管理上的一种尝试。另一方面，赐封贵族采邑也相当于给朝廷官员以俸禄。西周时期，生产落后、交通不便、商品经济不发达，像后世那样由朝廷统一征收天下财物，然后给贵族、官员提供实物、钱粮类型的俸禄，显然不现实不经济，而封给各级贵族、官员一份土地，赐予上面所居的人民，一般准予世袭，该地的产出和人力都归贵族、官员所有，就相当于给他们官俸了。当然因为贵族官员有大有小，所以周天子所封的采邑级别也不同，有公卿大贵族的堪比诸侯国规模的大采邑，也有大夫小贵族的村子般的微型小采邑。天子所封的采邑，基本位于王畿内，但金文显示也有在王畿外的边地的。（上述为"天子立家"，至于各诸侯国，因为初封时地域狭小，可能还没有给属臣"立家"的条件；但到了西周后期、春秋之世，随着诸侯国地域扩大，诸侯们也纷纷开始给自己的卿、大夫分封采邑，这就是"诸侯立家"。）西周时期，天子在王畿内外所封的同姓或异姓的各级采邑主，也掌握封地的土地、民事政事甚至拥有私人武装（族军），从这一点上来说跟分封的诸侯没有什么本质不同。要说区别的话，主要是以下几点：畿内采邑主的身份是朝廷的朝官而非地方守臣，朝见周王站班时不站于诸侯之列；西周对王畿地域的统治已经巩固后，分封贵族以采邑，主要是提供俸禄或进行赏赐的性质，而不是像分封诸侯那样，目的是为了控制、镇守边地和新征服土地，所以身处内地的采邑主一般没有诸侯捍御边境的军事责任和开疆拓土的军事权力；金文中周天子对畿内采邑主封地的处置（增减、转赠、取消）很常见、相对随意，但对诸侯国却很少有削土、取消的例子，显然前者的独立性低于畿外诸侯。只不过因为畿内大采邑主和畿外诸侯在很多地方确实有类似之处，都是有土有民有军的一方封君，西周尤其是东周时期都有王畿内大采邑主升级成为诸侯的实例（如西周初康叔封的康邑升级为康国即卫国，西周末秦邑升级为秦国），所以东周以后，人们逐渐把一些大贵族采邑封地和诸侯国混为一谈了，我们就姑且按后世习惯把这些西周时期的畿内公卿级别的大采邑主称为"畿内诸侯"。

所以，算上历代周王分封的畿内公卿级别大采邑主即畿内诸侯，再加上之前武王时所封的外诸侯国，以及成王之后的历代周王分封的外诸侯国，西周王朝分封的广义诸侯总数其实远远超过七十一国。按《吕氏春秋》的说法，"周之所封四百余，服国八百余"，也就是说周朝共分封了四百余国；至于那些归服了周朝并被周朝承认为诸侯原本就存在的方国，则有八百多个。两者相加，西周时期共有诸侯国一千二百多个。《汉书·地理志》上的数字更庞大，说周代共有一千八百多个诸侯国。无论按哪种说法，周代的广义诸侯国（含畿内诸侯）总数都是很惊人的，数以千计。当然从中我们也可以看出，由周朝"授土授民"分封的诸侯国，显然还是远远少于那些自古就保留下来、被周人承认为诸侯的旧方国的。不过，这些数量较少的由周朝分封建立的诸侯国，才是其统治天下的真正依靠。

◎43 西周时代的爵位与五服制

有人会惊奇,西周时有一千多个诸侯国,那当时一个诸侯国大概有多大呢?

按古代文献《礼记·王制》《孟子·万章下》等记载,当时的诸侯国国君的爵位有五个等级,分别是公、侯、伯、子、男,国家大小也有规定:公爵国、侯爵国的大小是方圆一百里,伯爵国方圆七十里,子爵国、男爵国方圆五十里。("公、侯田百里,伯七十里,子、男五十里")此外还有不满五十里的小国,叫"附庸",只隶属于周边诸侯,不能直接跟周天子打交道,因此就不算天子之臣了。

有人要问了,西周一里有多长呢?古书记载,周代三百步为一里,而一步为八尺。不过可惜的是,西周的尺子至今尚未发现实物,不知折合现在多少厘米。好在有古书说,秦代一步为六尺,但秦代的步与周代的步差不多一样长。秦代的尺子屡有出土,大概是二十三厘米,那秦代一步即西周一步就是约一百三十八厘米,这样算西周一里即等于四百一十四米。

按《礼记》的记载,当时的公爵国、侯爵国方圆百里,约合方圆四十一点四公里即一千七百多平方公里,相当于现在中国东部苏浙两省地区一个县的面积。伯爵国方圆七十里,约等于方圆三十公里,即九百平方公里,只能相当于现在东部地区半个县大。子爵国、男爵国方圆五十里,约等于方圆二十公里,即四百平方公里,只相当于现在东部地区几个乡镇那么大。

当然,古书上诸侯国面积按爵位规定等差有序、整齐划一的记载,在现实中是不可能存在的。但说周初大国方圆不过百余里,小国方圆不过才几十里,应该是接近事实的。

话说西周初年这些所谓的诸侯国，具体形态一般就是一座或大或小的城，再外加周边的城郊一带的乡村、土地。在当时，城池一般有内城和外城两道城墙。外城又叫郭，也写作"国"。从这也可以看出，在上古时所谓"国"就是一个城而已。西周时，与王室或公室同族的各级贵族，还有与王室或公室同族的农夫、百工、商贾等下层人，以及被纳入统治阶层的异族高层，都住在城郭里和城郭近边，所以叫"国（郭）人"，也就是现在说的城里人；与王族血缘疏远的百姓和被征服的异族底层往往住在城外的荒野中，所以叫"野人"，也就是乡野之人。前面我们算过，那时一国诸侯管的地盘，其实也就只相当于现在东部地区一个县或者几个乡镇那么大罢了。至于一国诸侯拥有的人口则更少。据《战国策·赵策三》说，上古时"城虽大，无过三百丈（约七百米）者；人虽众，无过三千家者"。按一家五口算，一国不超过一万五千人，这还是大国，那小国也就只有几千人规模。所以当时一国诸侯能管理的人口，只不过几千人到万余人的样子，放现在也就相当于东部地区一个村书记管的人那么多。

据文献《国语·周语上》《尚书·禹贡》等书说，周朝时还把这些数以千计的诸侯国，按离周朝都城的远近，分为五个层次（《禹贡》还具体指出是五百里一个层次），或者说五个"圈"，这就是"甸、侯、宾（绥）、要、荒"的五服制（"邦内甸服，邦外侯服，侯、卫宾服，蛮、夷要服，戎、狄荒服"）；《周礼》则分得更细，说是有九服即九个"圈"，即"侯、甸、男、采、卫、蛮、夷、镇、蕃"。（也说是五百里一个层次，但它说中央还有个方千里的方块是天子直辖的"国畿"）注意在古人观念中认为"天圆地方"，大地是方形的，所以这五个"圈"或九个"圈"不是圆圈，而是方圈，也即"回"字形。每个"服"的诸侯，对周王的朝拜和贡献义务也不同。《国语》说，甸服者"日祭"，侯服者"月祀"，宾服者"时享"，要服者"岁贡"，荒服者"终王"。古人解释说，"甸"意思为"治田入谷"，甸服就是王畿，王畿内的采邑主跟天子天天见，要提供天子日祭的物品；诸侯一年朝拜天子一次，要提供天子月祀的物品；宾服者几年朝拜天子一次，要提供天子四季祭祀的物品；蛮、夷之国依靠立盟定约，六年朝拜天子一次，要提供天子每年祭祀的物品；戎、狄只要承认天子的天下共主地位，一生朝拜天子一次并带些特产就行。简言之，就是离王都越近，朝拜越勤、贡献越重，反之则越少越轻。

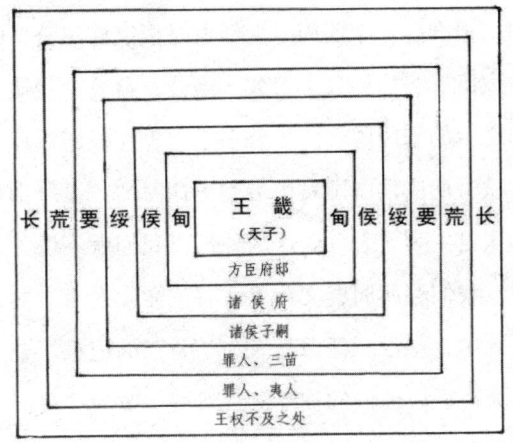

五服图

　　五等爵制和五服制，从秦汉到明清，都被学者信为正史。但是这些极为规整的说法，能是真的吗？下面我们就来细说一下。

　　先说五等爵制。在可靠的西周早期资料《尚书》的周初篇章里，其实并没有"公、侯、伯、子、男"的说法，只有"侯、甸、男"或"侯、甸、男、卫"的说法；在西周金文里，更是见不到"公、侯、伯、子、男"连起来的语句，只有"诸侯：侯甸男"的说法（见西周前期的作册令方彝和小盂鼎），所以在西周前期，真正的诸侯等级应该只有三个，即侯、甸、男。而且检索金文我们会发现，同一国诸侯的称谓，有时会有公、侯，侯、伯或侯、子等多种叫法，并不统一。故而现当代很多学者如傅斯年、郭沫若、杨树达等，通过研究甲骨文、金文，认为战国乃至汉初的这些文献中记载的"五等爵制"，其实是东周以后学者理想化的产物，西周并没有实行。

　　那西周时期，尤其是西周前期的"公""侯""伯""子""男"，到底是什么意思呢？

　　先说"公"。"公"最早应该是上古不少部族方国首领的称呼，在殷墟甲骨文中，商人用"公"来指自己的旁系先王。文献上也记载，周人很多祖先的称呼中就带"公"字，比如公刘、公叔祖类、公亶父。到了商周时期，可能因为商周的首领已经称"王"，"公"这个称呼就成为"王"之下最尊贵的称呼。《春秋公羊传》解释

"公"说，"天子三公称公，王者之后称公"。通过研究甲骨文、金文我们发现，《公羊传》的解释确实很准确。在西周时期活着时候能称"公"的，只有西周朝廷位高权重的卿士（执政大臣），如周公、召公、濂公、益公、虢城公、武公等，以及先代王朝之后，即商朝之后的宋国国君。（公在金文里还被用作死后的尊称、谥号，如鲁公、邵幽公等，春秋时期诸侯国国君都沿袭了这习惯，谥号都是某某公；诸侯的臣子还常在国内尊称本国君主为"公"。这两种情况我们就不说了。）但是西周时期，"公"是不是爵位呢？我们看西周金文，里面有任命某人为"侯"的明确记载（如克罍铭文"令克侯于匽"），却没有任命某人为"公"的记载。金文里，周王任命某称伯、称尹的人为执宰大臣后，他们的称呼就自然而然改为"公"了，好似"公"是职务到达一定级别后的尊称一般。如周穆王时期的班簋铭文里，周穆王命令大臣毛伯接替了虢城公的职务担任西周王朝的执政大臣，后面再提到毛伯时，就改叫他为"毛公"了。所以在真实的历史上，西周时期、至少西周前中期，"公"应该并不是一种"爵位"，而是执政大臣和先王之后的尊称。先王之后如宋国国君可以世代称公，但周朝执宰大臣的尊称"公"，却是不能世袭的，如果老执政大臣去世，儿子没有坐到执政大臣的位子，那就不能称"公"，只能用该家族原本的贵族称号。唯一的例外，好像就是周公这一贵族家族。这个可能与后来周公旦死后被成王追赠很多特权有关。

再说西周时期的"侯"。西周的"侯"含义和商代一样，与军事有莫大关系，是王畿外治民、治军的地方守臣的称呼，都是以官职的职能来命名，强调其军事捍卫守御功能。西周朝廷在王畿外"授土授民"分封的封国君主基本都是侯。（当然按前面介绍的，《尚书》和西周金文显示西周侯的等级有侯、甸、男三级。）

第三说"伯"。商代"伯"是方国之君的意思。文献《尚书·盘庚》中有"邦伯"的说法，古代无轻唇音，"邦""方"同音都读（bāng），"邦伯"就是"方伯"。甲骨文里，也有人方伯、卢方伯、周方伯、盂方伯等。西周的"伯"，开始也是一国之君的意思。《尚书》中周初的篇章里（如《酒诰》《召诰》），有"侯甸男卫邦伯""侯甸男邦伯"的说法，就是指侯、甸、男、卫等各种诸侯国的国君的意思。"伯"还有一个用法，就是通"霸"，也就是"一方诸侯之长"的意思。不过西周时期"伯"最常用的意思，是宗法上而言的：我们知道，中国古代的兄弟排行都按"伯、仲、叔、季"等字来，"伯"有长子、大宗宗长之意，自然也是家族族长、部族首领。所以一般来说，西周的"伯"多是指贵族族长；大贵族一般有采邑，故而采邑主即畿内诸侯多称"伯"。（当然西周还有大批称号里带"仲""叔""季"的贵族。）要说"侯"与"伯"的关系，那就是"侯"一般也能称"伯"，因为从宗法角度讲，一国诸侯自然是家族族长，所以某诸侯在强调其宗法身份时也可以称"伯"；但是反过来，"伯"不一定能称"侯"，因为"侯"是朝廷任命的地方军事守臣，一个贵族家族的族长，不一定有"侯"的官职称号，也有可能只是朝廷的朝官。（如春秋时的郑、秦，众所周知西周时它们都是属于畿内采邑，虽然春秋时期郑、秦已经独立成国，但他们的国君依旧被世人称作"郑伯""秦伯"，而从不被称作"郑侯""秦侯"，显然东周天子并未通过册命正式封给他们"侯"的称号。）

"子"，商代本是指商王、贵族的子弟。笔者认为西周时也沿袭了这种说法，指贵族的庶子、小宗的宗长，与"伯"相对，都是宗法角度产生的称呼。如西周前中期有《沈子它簋》，铭文称沈国国君为"沈子"，是周公之后（《新唐书·宰相世系表》说沈国是文王最小的嫡子冉季载之后，显然是错误的），一些史学家认为沈国是从周公之子的封国鲁国中分出来的，也有人认为是从周公之子的封国凡国中分出来的，总之沈国的始封君应是鲁国或凡国的一个庶子。本人以为，像沈国之君称子，就是"子"的意思在西周的典型代表，即贵族子弟、小宗之君之意。因为在西周"子"的地位相对较低，所以西周时可能就已经用它来称呼那些不是周人"授土授民"分封而只是给予承认的旧方国的君主，如众所周知的"楚子"。

最后说"男"，我们说过，它最早出现在商代，通"任"，是专任某职之意。前面提到，《尚书》和金文里都说，西周时"侯"的等级实际包含"侯、甸、男"三级，"男"名列其中。不过周代具体有哪些国的国君称"男"呢？传世文献中，西周加东周好像只有许国和宿国等两三国国君称"男"；目前西周金文里所见的"男"也只有几个而已。（国名是冷僻字打不出，就不具体说了。）总之整个周代，国君被称"男"的国家无论在文献还是金文里都非常稀少，目前所知的不超过五六个。在西周时期"男"可能和商代一样，是被周天子赋予某种专项任务的诸侯的称呼（古文字大家唐兰认为也是担任种地任务），属于比较低等的诸侯。

由上面可知，西周时期，至少在西周前中期，"公、侯、伯、子、男"其实并非一个概念体系内的称呼，有的是尊称（"公"），有的是标志官职功能

("侯""男"),有的是表示宗族内的地位("伯""子"),构不成一个所谓的"爵位等级制度"。不过可能大家会问,那为什么东周以后的古书中会有"五等爵制"的说法呢?我们知道,中国人自古特别讲究尊卑贵贱的等级(用现在说就是政治排序),但古代又没有"圆桌会议",所以诸侯们到一起的时候,尤其是共同朝见周天子的时候,肯定会有一个站位排位的问题。西周时具体有什么爵制,分多少爵位,我们现在已经不得而知,不过当时举行大朝会的时候,西周时的礼仪官们首先肯定会让三公和宋、杞等国国君站在最前区域,因为前者相当于后世的宰相,后者是先代之后,注意他们大都尊称"公";接下来,天子"授土授民"分封的亲戚功臣,因为镇守一方,手握军权,自然站在第二区域,而他们都是"侯";再往下,天子畿内的那些担任朝廷官职的卿大夫们,他们都有采邑,也即是畿内诸侯,就该站在第三区域,他们往往都是一族族长,大多称"伯"(他们中的很多可能也就是周初文献和金文里所说的"甸");继续往下,应该就是那些始封君的贵族子弟、小宗宗长的小国,也即"子",同时因为"子"的地位低,所以那些并非由周人分封、只是被周人承认的古代部族方国,如楚、巴等国,就也跟他们站一起被称作"子"了;当然,还有"男"没提,他们是周天子为专任某事的诸侯,排第三("侯""甸""男"),所以地位很低,上面说过"男"的数量又非常少,恐怕连一队都凑不齐,就跟"子"们分在一个区域了。因为这个站班的次序,所以慢慢地,西周人形成了"公"最大,"侯""伯"次之,"子""男"又次之的顺序概念,当然也许西周前期中期分得更细,也许西周前期中期的名称不是这样。(如《尚书》和西周金文提到,西周前期还有"甸""采""卫"等名号,但最终在五等爵制里都不见了。)总之笔者认为,作为一个礼乐等级严格的社会,西周王朝不可能没有表明位次高低的爵制,因为这是现实礼仪活动的必然需求;"公""侯""伯""子""男"这些称呼在西周初期甚至中期,应该都还不是爵位名号,但是至迟可能到了西周后期,这些原本不在一个概念系统里的称呼,因在实际中被用作排序的大致标准,就逐渐被当作"爵位"的名号使用了。(爵为酒器,因行酒需有顺序衍生出次序之意。)之所以本人认为至迟在西周后期可能就形成了五等爵制,是因为春秋时期的《春秋》一书已经有五等爵的排序,而一个观念要深入人心,不可能一蹴而就,必然要有较长时间的积淀,所以认为五等爵制是东周儒生编出来的说法,显然疑古太过。我们不能因为西周金文里没有

"公""侯""伯""子""男"的明显排序,就说西周没有爵制;另一方面,我们也不能因为东周文献里记载了的"五等爵制",就说这个制度是从周初就一直这样的。其实这反映了西周的爵制也和西周其他礼制的形成一样,都有一个逐步发展、变化、完善的过程。(虽然古人云"周公制礼作乐",但考古证明,西周册命、用鼎用簋等制度,大约都是西周中期以后逐步形式的。)

再说"畿服制度",历史上西周王朝肯定也是有的。因为周初周公告诫康叔封的《尚书·酒诰》里即说过,"越在外服,侯、甸、男、卫邦伯,越在内服,百僚、庶尹、惟亚、惟服、宗工"。说明在周初,确实有内外服的分法,这应该是沿袭商代旧制。不过东周和汉代儒生所讲的周代五服制或九服制,其实一眼看过去就有大问题,因为我们知道,西周是一个重心严重偏西的朝代,其"天下"东边长,南北次之,西边最短,怎么能形成一个个五百里为间距的方圈?尤其看看最早记载五服制的《国语》(多数学者认为《禹贡》是战国时写定的),上面根本没提到什么五百里一个层次的事情。

不过我们也不能因为五百里一个圈不存在,就说五服制一定不存在。前面已经说过,周天子下面有各种等级的内外臣僚(官员和诸侯)。这些官员和诸侯,它们从位置和血缘上,与西周朝廷的关系都是有亲疏远近的:跟周天子位置近血缘也近的,自然是畿内公卿大夫,他们本人跟周天子几乎天天见面,他们的采邑给天子的贡献最频繁,天子的粮仓,除了由天子直辖的王邑供应,就是由他们供应,他们自然就是所谓的"甸服";跟周天子位置远但关系近的,自然就是天子"授土授民"分封的亲戚功臣,他们主要是"侯"(也包括部分"子""男"),他们朝见、纳贡自然也勤,这些诸侯国就是所谓的"侯服";除了上述这些周天子的嫡系人马外,那些被周天子褒封的先代之后,如宋、杞、陈等国,在周朝又算是宾客,他们朝见、纳贡也不会少,这些国家就是所谓"宾服";至于那些并不是周天子分封而是自古就存在的部族方国,跟周天子的关系最远,自然朝见、纳贡都少,他们就是"要服"和"荒服"。至于为什么又细分蛮夷之国为"要服"、戎狄之国为"荒服"呢?已故疑古派大家顾颉刚老先生解释说,蛮夷是在南面和东面,都是定居的部族方国,想跑也不好跑,他们跟周朝的关系相对稳定,所以朝见和纳贡也相对稳定;而戎狄在西方、北方,多是游牧、半游牧部族方国,经常飘忽不定,不好征服,就算征服了西北苦寒之地也没有什么物产,所以只要求他们承认天子地位、一辈子来朝见天子一次并带点儿礼物就行了。顾大师的解释真是精辟！所以大家应该明白了，所谓的"五服制"，主要是从规范臣子们对周天子纳贡义务的角度来划分的，原本最早记载"五服制"的《国语》上本就没说是按圈划分的，更没说五百里一个圈。真实的"五服制"实际上也不可能有什么圈，因为周天子分封的亲戚功臣和褒封之国以及自古留存下来的部族方国，很多都是混杂在一起的，没法分圈；尤其蛮夷在东南、戎狄在西北，所以"要服"和"荒服"不可能是两个"圈"状的存在。

说到这里，我们再补充说一下周朝分封诸侯的具体布置，这样也能让大家更理解没有方圈的真实的"五服制"。为了发挥周人分封的这些诸侯国在控制天下、屏障周室中的作用，周公旦和以后的历代周王在分封诸侯的时候，对于他们的位置安排是很有规划性的。从地图上我们可以看出，周朝分封的同姓贵族和异姓功臣，首先是沿着黄河中游沿岸步步为营向东排列，如原、邢、温、雍、凡、祭、东虢、卫、胙、滑、戴、曹、告、茅、滕、成等，这样黄河中游的原商王畿地区就被周人牢牢控制。这些国家仿佛构成一条"主动脉"，一直延伸到今天山东中西部，最前锋的就是齐鲁两大国，这两国也是周人抵御东夷、向东方扩张的桥头堡。其次这"主动脉"上又沿着一些其他水系分出支脉：这条主动脉以北，在今山西境内，魏、郇、虞、贾、晋、杨、霍等一列诸侯沿着汾水向北布列，以抵御山西戎狄并向北方拓土；在今天河北境内，邢、韩、燕等国沿着当时的黄河河道北岸直达渤海湾，构成防御河北山戎的屏障。在这条主动脉以南，在今天河南中部，应、许、道、蔡、顿、陈、沈、息、蒋、蓼等国沿着汝水、颍水一直绵延到淮河上游，以抵御淮夷并向东南拓展；而唐、曾（随）等国更深入到南阳盆地以南，占据随枣走廊，进可以下江汉平原，退可以固守南疆。这些诸侯国尤其是周人自己的姬姓国家，不但占据了土地肥沃地区，更控制着战略要地，连成交通线，构筑起边境防御阵地。而且这些姬姓国家，基本上是两个一组、三个一群，形成掎角之势或"品"字阵，以方便互相支援照应，因为他们其实是散布在数量更多的自古就留存下来的部族方国之间。对于一些不令人放心的诸侯国，典型的如殷人后代的"宋国"，为了防止宋国国君变成另一个"武庚"，周人则在它的周围分封了很多异姓和姬姓的诸侯国，将它监视包围起来（周代宋国东面是一些池泽河流等天然屏障）。因此在周公旦主持的这次大分封下，周人不但一次性建立起众多网络化的大小据点，而且以点带面控制住了大片的土地，实现了对全天下的大体控制。

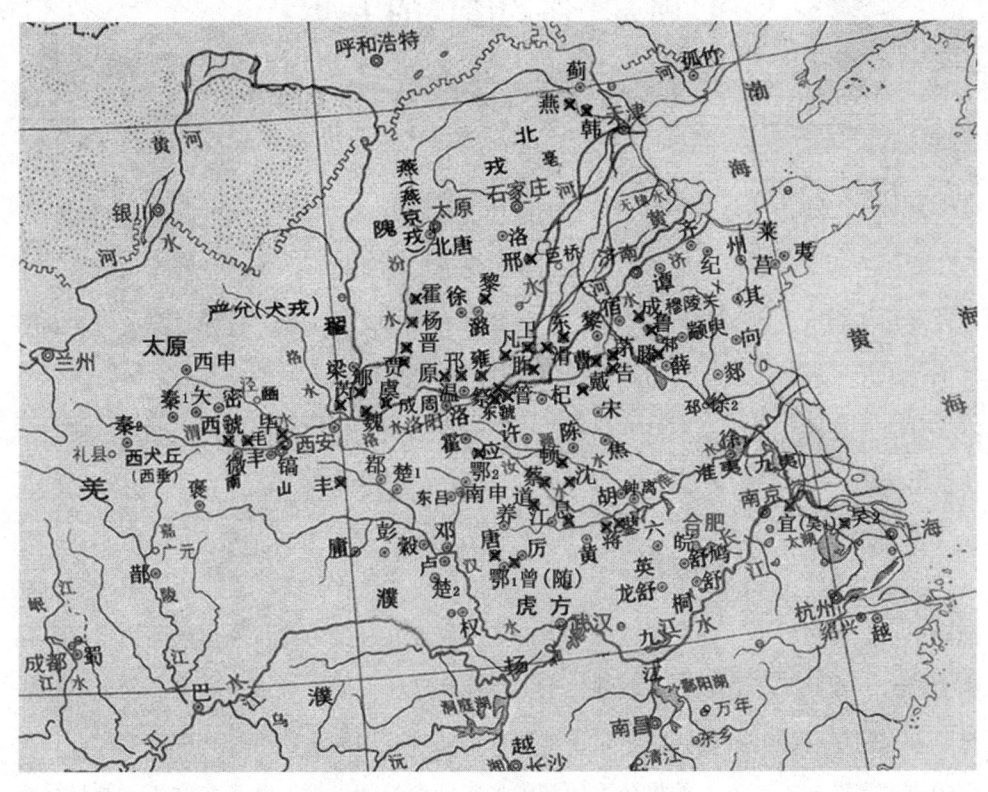

西周时期全图

　　本图以谭其骧《中国历史地图集》中的《西周时期中心区域图》为蓝本，但根据近年考古成果略做修改。图中打叉国家意为姬姓之国。

◎44 周天子制约诸侯的手段

当然,尽管周公这次大分封所封的诸侯大都是可靠的"自己人",但是当年管、蔡、霍作为武王和周公的兄弟都能反叛,可见人心隔肚皮,不能全依赖亲情友情,所以还必须从制度上对他们加以约束,严防尾大不掉情况的出现。首先,众所周知,周代诸侯虽是世袭的,但每代新诸侯继位,都要得到天子的重新册命才算合法,所以周天子拥有干涉诸侯继承人人选的权力。除此以外,为了巩固封建统治,周公旦还沿袭了古老传统,配套实行了古已有之的朝聘、巡狩、盟会制度。

先说朝聘制度,它其实包括"朝"与"聘"两种行为。

所谓"朝",就是"朝觐",即诸侯要定期、不定期地到王都去朝觐天子,前面我们已经简单提过。此举是通过诸侯向天子朝拜行礼的方式,让诸侯明白自己不是独立之君,而是天子之臣,从而强化上下尊卑秩序,同时加强双方联系。而且可以想见,如果诸侯有异心异动,恐怕是不敢到王都朝拜,因为可能会被扣押或处死。如我们曾讲过,商末时期周人的先公季历就曾多次到商都朝见商王武乙与文丁,并且最终被文丁扣留死在商都。所以这个朝觐之制,对于观察诸侯是否有异心、约束诸侯,还是起到了很强的作用。关于诸侯定期朝觐的频率,《礼记·王制》说是"五年一朝",《周礼》则说侯服一年一朝、甸服两年一朝、男服三年一朝、采服四年一朝、卫服五年一朝、要服六年一朝,但看西周金文,好像看不出有这样严格的做法。

所谓"聘",就是"聘问",可分为三种:一是天子派使臣到诸侯国去宣慰或公干,二是诸侯派使臣到朝廷觐见,三是诸侯之间互相遣使交往。后两者我们就不多说了,只说前者,自然也是天子了解诸侯国内部动向的重要手段。

◎ 44　周天子制约诸侯的手段

　　第二说巡狩。巡狩文献上又写作"巡守"，西周金文里常用"兽"（狩）或"省"字来表示，古人解释说是天子到地方或边境巡行视察。不过众所周知"狩"字有畋猎之意，甲骨文中的"省"除了巡视也有畋猎、征伐的意思，所以先秦时期天子巡狩的原型，其实就是上古部落联盟首领率领军队在势力范围内和边界武装狩猎和巡逻，这和动物界里老虎、狮子在领地转悠是一样的性质。直到西周，巡狩依然带有很强的军事性，周天子一般都是带大军同行。因为西周王朝对天下的控制力度虽然高于商朝，但它依然是一个复合制的国家：西周天子直辖的土地仅限于王畿内的王邑王田，连王畿内的畿内贵族采邑都不是天子直接管理；外服诸侯中只有少部分国家是由周人分封亲戚功臣建立的，大部分还是被周人承认的古已有之的旧国，它们与周朝的关系其实并不亲密。西周天子率大军到各地巡狩，就是一种震慑地方和四夷、监督诸侯、进行主权宣誓的行为，好让诸侯们不要忘了"普天之下莫非王土"，天子才是天下所有土地的主人。在巡狩过程中，天子也可以对诸侯进行奖惩，或威逼诸侯缴纳贡赋（如果他们不想交的话）。一些人可能会记得汉初的一个跟巡狩有关的故事：刘邦击败项羽称帝后，对已经被封为楚王的功臣韩信放心不下，于是就按陈平的计策，借率众到云梦泽一带巡狩之机，一举将前来朝见的韩信抓获。至于周代巡狩的时间规定，据《周礼》说天子十二年一巡狩；而《礼记·王制》则说"天子五年一巡守"，还详细规定"二月东巡、五月南巡、八月西巡、十一月北巡"。但上面这些说法恐怕都不能当真。西周天子什么时候到什么地方巡狩，应该与当时的国力情况、地方形势以及天子的意愿有关。

　　第三说盟会。盟会简单说就是有立誓缔约的天子、诸侯之会，它与朝觐、巡狩密切相关。《周礼》说，如果天子十二年没巡狩，天下四方诸侯就要齐集王都朝觐，称为"殷见"；另外天子出外在某地巡狩时，有时也会召集天下诸侯或一方诸侯于某地集会。在或于王都、或于巡狩某地的大会上，周天子可能会和诸侯们歃血为盟，用赌咒发誓的方式来强调某种秩序或遵守某种约定。我们前面讲过，周武王伐纣前在孟津曾和众诸侯就共同伐商一事一起盟过誓，这就是一次"盟会"。现代中国人当然是不相信发了誓就一定会遵守，但古人还是敬畏鬼神的，他们在违誓时所要承受的心理压力非常大。

　　当然，周公旦为了巩固天下，在制度方面也有所创新：他启用了内、外两种对诸侯的监督方式，也即所谓的"监之于内"和"监之于外"。

先说所谓的"监之于外"，就是周天子在重要地带设置"监"这种官职，为加区别，我们可将其称为"军监"。军监和当年的管、蔡、霍类似，都是西周王朝在一些战略要点驻扎大军的首领。他们主要以武力为后盾威慑一方。在出土的西周中期偏后的青铜器仲几父簋中，有"诸侯、诸监"并列的铭文，可见这里的"诸监"和诸侯的地位应该是平级的。至于军监与诸侯的区别，因为文献、金文简略，我们目前尚不得而知。一些学者认为军监只管军，不管民；也有学者认为军监和诸侯一样有军有民，只是名号、任务不同。其实前面说过的西周分封的很多"诸侯国"，严格说最初就是"军监"性质，比如武王儿子的应国。因为西周早期应国青铜器的铭文里有"应监"的明确记载。也许是军监和诸侯本没有多少本质不同，所以西周中后期这种军监就逐渐与诸侯混同了。应国后期青铜器里又出现了"应侯"的铭文，很多历史学者认为就是"应监"改了名号成了诸侯。

再说"监之于内"。这个"监之于内"又分两种，一是指天子直接任命一些官员到诸侯国内担任重要职务，这也就是指所谓的"命卿制度"。《礼记·王制》说："大国，三卿，皆命于天子……次国，三卿，二卿命于天子，一卿命于其君……小国，二卿，皆命于其君。"后面又说："天子使其大夫为三监，监于方伯之国，国三人。"《左传》《国语》等书里也有很多地方提到，春秋时诸侯国中尚有很多官员是周天子任命的，如齐国的国氏、高氏两位上卿，卫国的国子。出土的西周青铜器铭文，更证实上述文献的正确性。西周中期的豆闭簋铭文记载，周王亲自册封一个叫豆闭的官员为某邦君的司马；西周后期的梁其钟铭文记载，周王亲自册封一个叫梁其的官员为某邦君的大正（司法官员）；西周中晚期的引簋铭文记载周王亲自册封一个叫引的官员掌管"齐师"。这"齐师"想必是指齐国军队，而众所周知，齐国是周朝"授土授民"分封的亲戚功臣之国；至于前面两个官员，是封在哪两个国家，这两国是属于周朝"授土授民"分封的国家，还是被周朝承认的旧部族方国，因文献缺乏我们不得而知。总之各种资料证明，西周时期周天子至少能任命由它"授土授民"分封的诸侯国的重要官员，就像后世大一统王朝的皇帝任命州、道、路、省以下的官员一样那么随意。这显示西周王朝对很多诸侯国内部的人事权尤其是军事权抓得都非常紧。所以如果您以前以为西周时期诸侯国内部的官员都是诸侯们自行任免的，那就错了。周天子任命诸侯国内的重要官员，当然有控制诸侯国军政事务、加强对诸侯国监督的意图，不过这种意图还不是摆在明面上的。我们下面要说的周朝对诸侯国的第二种内部监督方式，那就是赤裸裸的明着监督了。

西周铭文显示，西周很多诸侯国内还有一种名号就是"某（国名）监"的官员。如1981年陕西出土的西周晚期青铜器叔赵父禹铭文中，器主叔赵父有"荣监"的头衔，表明他就是西周荣公家族采邑（畿内国荣国）内的监督官员；21世纪初，中国国家博物馆入藏了一件西周前期的鄂监簋，器主人有"鄂监"的头衔，表明他是姞姓鄂国内的一名监督官员。这些"某（国名）监"，自然就是周天子任命并派驻到诸侯国内的专门的监督官员，周天子摆明了告诉诸侯，我封的这种官不负责其他具体事情，专门就是派来监督你们诸侯的。怎么样，西周时期的周天子就是这么霸气。荣国这畿内国按传统说法也是姬姓，而姞姓鄂国，则是自古就保留下来的部族方国，并非周人"授土授民"分封的亲戚功臣。姬姓畿内国荣国和姞姓畿外国鄂国都有"监"的存在，显示西周时期这种诸侯国内的"监"官分布极为广泛，不管是同姓国还是异姓国，不管是畿内国还是畿外国，不管是周人分封的新国还是承认的旧国，都能见到他们的身影。当然笔者猜想，周朝所"授土授民"分封的诸侯国内，可能均有"监"官的存在；至于那些被周人承认的旧部族方国，也许只有一些重要地带的大国，周朝才会派"监"官驻扎。通过周天子对诸侯国的"命卿制度"和委派内部监官的制度，我们可以看出，西周时期尤其是西周强盛时期，当时诸侯国的性质确实属于朝廷的地方政权。

对畿内诸侯，也即王朝内有采邑的那些卿大夫，周天子还有另一套约束的办法，那就是古人所说的"世禄而不世位"。所谓世禄不世位，就是你家老一辈当官，去世后子孙可以世袭采邑，但是老辈的官职，你也许能担任，也许不能担任，是不一定能世袭的。旅美历史学家李峰曾统计大量西周册命金文，发现如下情形：只有大约38.1%的西周官员担任的具体官职是其祖上曾担任过的，反过来说，绝大多数西周官员担任的具体官职与其祖上曾担任的职务无关；而且从一些能反映西周官员履历的金文中也可看出，他们往往有职务调动的经历，有的能明显看出从低级职务升迁到高级职务的过程，所以即便某官员被册命的职务与其祖上担任过的职务相同，也不能认定他得到该职务一定是因为世袭[1]。因为就算是在后世的汉、唐、宋、明，也有几代人都在朝中担任同一官职的现象出现，但大家肯定不会认为汉、唐、宋、明的官员也是世袭的。说白了，西周"世官制"并非"世职制"，就是说贵族子弟都具备出仕做官的资格，但是具体职务一般却并非世袭的（史官等少数对职业技能要求非常高的职务除外，因为研究者至今没有发现册命史官的金文）。一个贵族子弟能担任什么职务，最终能升到什么高度，要看他的个人能力、取得的功劳以及周王对他的信任程度了。周天子也不愚钝，一个家族长期掌握某项权力，尤其是最高权力（如执政大权），肯定会尾大不掉，威胁王权，最次也会打击臣子们的干事热情。反之官位不世袭，就可以调动臣子们的积极性，让大家互相竞争。我们后边介绍西周历代故事的时候大家会发现，每代周天子任用的执政大臣都不同，没有一个西周贵族家族能长期占据执政大臣之位。而且虽说"世禄而不世位"，但一个贵族家族一旦多代都没有官职，家族的势力肯定就衰落了，到时候你家世袭的采邑能不能保得住，也都难说了。因为越到后来周天子手中可以赏赐给臣下的土地就越少，说不定就把你家族的采邑收回转赐给其他家族了；一些正得势的强大世家，也会借机侵蚀这个衰落家族的土地财产。上述情况在西周中后期的金文里都有体现，如西周后期大簋铭文记载，周王把一家贵族的土地转赠给了一位叫"大"的官员。这些现象无疑会逼着那些失去官职的贵族子弟修德行、学技能、向天子表忠心，来争取做官。所以"世禄而不世位"的制度安排，显然有利于周天子牢牢掌握人事大权，选贤举能（当然是在贵族圈内），平衡各支贵族势力，防止"世家权臣架空天子"局面的出现。至于春秋时很多诸侯国有贵族（如鲁国三桓、晋国六卿）世袭执政大臣的情况，这其实并非西周制度，而是君权衰落的不正常现象。《公羊传·隐公三年》就明确说："世卿，非礼也。"

所以我们在此再总结一下周朝分封诸侯、制定畿服制度后对所谓"天下"的统治方式：西周的统治方式跟后世大一统王朝有很大差别——周朝的地方政权是由一系列跟周天子亲疏程度不等、自治程度不同的部分组成。自治程度最高的，是西北方的戎狄部族或方国，周天子对他们仅仅是羁縻而已，只要他们承认天子地位不造反就行，连贡都不需他们纳；自治程度次高的，是东南方的蛮夷部族方国，据金文记载，

---

[1] 注：李峰，《西周的政体——中国早期的官僚制度和国家》，生活·读书·新知三联书店，2010年版，第204页。

周朝要他们交纳粮食、布帛,并为周天子服劳役;自治程度第三的,要数周朝褒封的宋、杞、蓟、焦等国,他们自然也要为天子纳贡;自治程度第四的,是周天子"授土授民"分封的亲戚功臣们,他们是周天子统治天下的支柱,周天子有权决定他们的世子人选、任命他们的重要官员。自治程度第五的,是王畿内公卿大夫们的采邑(畿内国),采邑虽自治,但因靠近天子,自治程度最低,金文里周天子能随意处置采邑主的土地,他们纳贡也很高。为了加强对各诸侯方国的统治,周天子在很多战略要地设置了军监,并在大量诸侯方国内设置了国监。说到最后,周天子真正直辖的地区很小,实际上只有王畿内的一些王邑王田,这是由周天子派遣朝臣或小臣管理的,王邑王田的收入直接归天子所有。周初时期王畿地区的大部分应该属于王邑王田,但随着周天子不停地在王畿内分封畿内诸侯、以田地赏赐功臣,王邑王田占王畿的比例越来越低。多说一句的是,天子王邑王田跟卿大夫的采邑是混杂在一起的(再细说,就算天子直辖的王邑,比如岐邑、丰镐内,也有贵族大臣的宅地、田地);周天子分封的畿内采邑、畿外亲戚功臣的侯国和褒封之国以及自古保留下来的部族方国(或蛮夷或戎狄),也多是混杂在一起的。西周王朝所谓的"天下",就是这么一个极其复杂的构成。

西周王朝的"天下"的范围,大概东至今山东中部,西至今甘肃东部,北到今北京一带,南到汉水、江淮流域。之所以没有用"疆土"或"领土"的字眼,是因为当时地广人稀,所以周朝的这个"天下"内,到处都有大片的无主空地,以及一些不属于周朝甚至反周朝的方国、部族。比如燕国以南、邢国以北就分布很多与周朝敌对的山戎,所以周朝并没有一条明确的边境线,也没有成片的领土概念,西周的势力只存在于那些据点式的诸侯方国内,即一个个的点、块之内。

最后还有一点要指出的是,现在很多人把"授土授民"的封邦建国制度,说成是周公首创,其实不然。在介绍商王朝概况的那一节我们曾经说过,中国的封建制度(此指封邦建国制度)并不是从西周才开始的,在商朝它就已经出现。以前很多人认为,商朝的所谓诸侯只是商人对臣服商朝的原有方国、部族的承认,他们认为商朝没有像周朝周公时期那样由王朝"授土授民"、册封自己同姓、亲戚、功臣为诸侯而人为形成新诸侯国的形式。但是这种看法已经为考古所否定。现代考古证明,很多商朝遗址,如山东大辛庄遗址,其中除了包含典型的商文化,还有与商文化显著不同的土著文化因素。这种商人遗址中有非商人文化存在的现象，显然是商代分封诸侯时，也把被征服民族分配给商人贵族统治所导致的。也就是说，商代分封应该也是有"授民"的，即把被打败的异族人，分给商人诸侯。所以，周公旦并不是授土授民分封制的发明者。他的这种做法也是继承前人。

当然，周公旦的分封也有值得称道之处。商朝因为不是像周初那样，由一个小国突然拓展了极大领土，所以商朝的诸侯国中，由它"授土授民"分封的同姓、亲戚或功臣诸侯国应该更为稀少，而且也没有文献或考古可以证实，商朝的分封有什么规范制度。也就是说，商朝的封建制度还是比较原始和初级的，并没有大规模集中分封，没有形成诸侯的系统性。周公旦的分封，不但是一次性分封众多的国家，其中相当部分是"授土授民"、由"自己人"当家的新建诸侯国，而且位置精心布局，并有极其规范的仪式。这个我们从古籍中对卫、鲁、晋等国的分封记载可以看出。

因此在周公旦主持的这次大分封下，周人不但一次性建立起众多的网络化的大小据点，并以点带面控制住了大片的土地，实现了对全天下的大体控制，真正建立起了周朝的统治秩序，尤其是定下了周王的"天子"地位，明确了"君臣之分"。相对武王的第一次大分封，成王时期周公旦实际主持的这次大分封，就成为周人建朝后的第二次大分封。

番外篇：卫、鲁、齐、晋、燕、曾、楚等国的开国故事

西周分封的诸侯国，在西周时期还是周王室的地方政权；不过到了东周王室衰弱时，他们就成了历史舞台上的主角。大家想必熟知很多春秋战国时期的列国故事，但是对这些诸侯国的"前传"，了解的人可能就不多了。现在我们就来详细讲述一下他们的开国历史。

一、蛇尾虎头的卫国

说起卫国，熟悉春秋战国历史的人可能会说，这个国家在春秋时期就是个"跑龙套"的嘛！东周惠王十七年（公元前660年），因为昏庸的卫懿公给宠物仙鹤们加官进禄，使得卫国上下无不愤慨"人不如鸟"，结果导致卫国被野蛮的狄人所灭。后来是靠着宋国和春秋第一霸主齐桓公相助，卫国才得以复国。受此重创，此后的卫国一直是在列国中充当二三流角色，到了战国时期更是默默无闻，沦为强国的附庸。唯一值得称道的是，因为卫国实在太窝囊，秦始皇统一天下的时候都没兴趣灭它；直到秦始皇死后，二世胡亥废卫国末代君主卫君角为庶民，卫国才正式宣告灭亡。它也算因"弱"得福，成为西周时期一千二百多个诸侯国中最后亡国的诸侯国。

不过，大家千万不要因为卫国在春秋战国时很弱，就以为它一开始就那么弱。相反，在几乎整个西周时期，它都是当时最重要的封国之一，而且差不多是面积最大、军事实力最强的封国，有"诸侯之长"的头衔。那卫国最初为什么会这么厉害呢？这还要从他的第一代国君说起。

卫国公认的第一代国君，是武王的同母九弟康叔封。康叔封本姓姬，名封，西周康侯鼎铭文写作"丰"。他曾参与武王伐纣的牧野之战，并于战后武王在殷人社庙

举行的"革命"大典中负责铺公明草编的席子。周公旦东征时,《史记·三王世家》曾特地提到"康叔后捍禄父之难",显然康叔封又在二次克商的战事中立下了不小的功劳。东征胜利后,周公旦迫切需要寻找一个既有能力又绝对靠得住的人,来接替之前叛乱的管、蔡的原本任务——坐镇商王畿核心区域以镇抚人数众多、心怀怨恨的殷人。康叔封既有战功,最关键的是他乃周公旦最信任的弟弟,如《尚书·康诰》云,"朕心朕德惟乃(指康叔封)知",《左传·定公六年》更说"太姒之子,唯周公、康叔为相睦也"。于是他被周公旦选中,分封在了殷商王畿内,担负起镇抚殷人核心地带的重任。同时《逸周书》说,周公旦还分封了一个叫中旄父的贵族,到原商王畿东部的"东"这个地方(在今天河南濮阳一带)去坐镇。这个"中旄父",一些史学家认为就是康叔封之子"伯懋父",也就是后来第二代卫君康伯髦。这个时间,大约是公元前1040年前后。

康叔封正式受封的时候,仪式是非常隆重的。

首先,由康叔封的十弟、文王最小的嫡子、当时担任周王朝司空的聃季载,向康叔封授予土地,具体做法是把王都大社中的一块五色土象征性地交到他手中。据《左传·定公四年》记载,卫国的疆域,北到武父(今河北大名县),南到圃田(今河南郑州),西近东都雒邑,东至商王相土的东都(今河南濮阳一带),方圆达四五百周里,远超《礼记·王制》中所说的公爵国、侯爵国方圆一百里的常规,是一等一的大国。(当然《左传》中记载的这种卫国疆域四至,应该不是周初的情形,而是卫国最盛时候的情形。)

授土同时,又由担任周王朝司徒的陶叔向康叔封授予人民。至于康叔封得到的民众,前面曾提到过,他被授予商民七族即陶氏(烧陶家族)、施氏(做旌旗家族)、繁氏(制马缨家族)、锜氏(锉刀工、釜工家族)、樊氏(编篱笆家族)、饥氏(不详)、终葵氏(椎工家族)。

册命时授予康叔封的物品,还有代表权力与身份地位的宝器,如大辂(天子之车)、少帛(代表军权的小白旗)、綪茷(qiàn pèi,代表军权的大红旗)、旃旌(zhān jīng,丝帛制的无装饰的曲柄旗子)、大吕(代表礼乐的周庙大钟)等。

宣读册命,授土,授民,分物(赐宝),就是西周分封的标准程序。

虽然周公旦对康叔封的忠诚是无比信任的,但是周人在当时本是少数民族,能让康叔封带到自己封国去的周人自然不多，所以康叔封镇抚心怀怨恨的殷人核心区域的任务，就显得实在太过艰巨。故而周公旦作为当时的执政大臣、康叔封的亲四哥，不得不对康叔封一再地叮咛嘱咐，指导他治国之道。《尚书》里的《康诰》《酒诰》《梓材》等篇，都是当时周公旦专门写给康叔封的。在这些篇章里，周公旦苦口婆心地提醒康叔封要因地制宜，"启以商政，疆以周索"，对殷人以怀柔为上。具体说，周公旦要求九弟学习殷商古代贤王的治国之道，以殷人之刑来治理殷人；同时要注意"明德慎刑"，以周法为补充，宽严相济，公正严明，勤政爱民，以消弭殷人的反抗情绪。针对商人好酒亡国的惨痛教训，周公旦还特地让康叔封宣布戒酒令。

在原商王畿坐镇的康叔封，于是遵从四哥周公旦教导，学习殷人的政治制度、典章刑法，以殷法治殷民，其间济以周法，并启用了很多殷人贵族作为卫国的臣子。比如英国不列颠博物馆保存了一件据说是在20世纪30年代出土于河南北部的青铜簋——沬司徒簋，里面提到成王分封康叔封的事情，而这个器物的主人沬司徒，看他器物上的族徽，可知他其实就是殷人。在康叔的治理下，殷商王畿的殷人贵族、平民、奴隶，依然过着基本和以前一样的生活，最大的区别只不过是换了一个最高统治者，不能再像商末那样酗酒罢了。

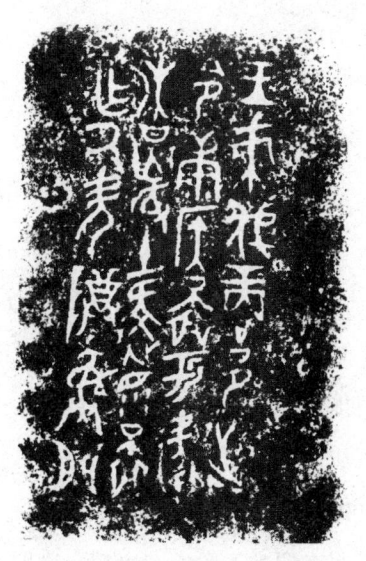

沬司徒簋铭文

王束（剌）伐商邑，征（诞）

令康侯啚（鄙）于衛

沫司土（徒）送眔啚

作厥考尊彝。

释文：

周王大规模征伐商邑，

命令康侯以衛地为边邑（意为将边境扩张到衛地）。

沫地名为"送"的司徒官到达边邑，

为他父亲做了这彝器。

由于采取了种种得当的措施，康叔封最终果然不负周公旦的期望，很好地笼络了殷人民心，殷人再也没有爆发大的叛乱。康叔封因为精心研究商朝刑法，慢慢地变成了当时的"法律专家"。文化相对落后的周人王朝，那会儿正缺乏这种专门人才，据一些文献记载，后来周成王特地把康叔封调回朝廷担任了"司寇"一职，让他掌管周朝的司法和刑狱（在周朝前期的金文里尚未发现"司寇"这种官职）。康叔封回归朝廷后，他的位子就由儿子康伯髦（又称伯懋父、王孙牟）接替，这就是卫国的第二代君主。

不过大家可能有点儿奇怪，康叔封、康伯髦，不是卫国的第一代、第二代君主吗，怎么文献上很少叫"卫叔封"，更从来也没有"卫伯髦"的说法，反而总以"康"字打头呢？

按过去传统的说法，是说康叔封在武王伐纣后，首先被分封在了周王畿内的"康"。（至于这个"康"地在哪里，东汉人都已经说不清楚了，宋朝人认为康是在今河南禹州西北，但估计可能性不大。）周公胜利后，又把康叔封从周王畿内的康地转封到商人别都朝歌，所以史书上仍习惯按最初的封地称其"康叔封"。不过现在这种说法受到了挑战。按照2008年清华大学收藏的战国楚简、历史书《系年》的记载，康叔封是周公东征后直接被封在原商王畿内"康丘"这地方统治殷商遗民的，所以才叫"康叔封"。也就是说《系年》认为，康叔封最初所封的"王畿"，不是"周王畿"，而是原"商王畿"；康叔封被封在原商王畿，不是改封，而是初封。因为封国的首都是"康丘",所以康叔封之国的国号就是"康国",一直到他儿子伯懋父继位的时候,国名都还是"康",所以伯懋父才依旧被称作"康伯髦"。考古也证实了这一点:西周早中期的青铜器铭文里,只有"康侯""康伯"的说法而不见"卫侯""卫伯"的字眼;青铜器上出现"卫"的国名,则要到西周后期了。显然,从金文来看,卫国在西周前中期应该一直是叫"康国"的,直到西周后期才改名叫"卫国"。

清华大学藏战国竹简《系年》第四章:

周成王、周公既迁殷民于洛邑,乃追念夏商之亡由,方(旁)执(埶)出宗子,以作周厚屏,乃先建卫叔封于康丘,以侯殷之余民。卫人自康丘迁于淇卫。

那后来"康国"为何又改名为"卫国"了呢?原来据甲骨文卜辞显示,商朝别都朝歌以东不远,有个地方叫"卫"。西周初年的沬司徒簋铭文记载,卫地在康叔封最初被封为康侯时,就是"康国"的边境城邑。"清华简"《系年》又说,后来"康国"的国都从"康丘"这个地方迁移到了朝歌附近的卫地(但没说具体时间,应在西周中后期)。上古时人们有用都城名来做国名的习惯,比如后世战国时的魏国从安邑(今山西夏县)迁都到大梁(河南开封)后,就常被时人叫作"梁国"。所以康国自从迁都到"卫"以后,就改名为"卫国"了。

西周时期的卫国(康国),还有一件事让古人很疑惑,那就是卫国(康国)君主的爵位。

一些人按《史记·卫康叔世家》的说法,认为卫国前期的国君称号都是"伯"(二代康伯髦、三代考伯、四代嗣伯等);直到第八代君主顷侯,才贿赂当时的周夷王,从而升级为"侯"。但这种说法显然是错误的,因为《尚书》里就明确称呼康叔封为"孟侯"("孟"有人解释为"排行第一",有人解释为"明"),出土周初金文中更直接有"康侯"的字样。显然在卫国还叫"康国"的时代,他们国君就是"侯"而不是"伯"了。那为何文献里的康国(卫国)第二代国君叫"康伯髦",金文里称之为"伯懋父"呢?怎么二代之后卫国国君从"侯"变成"伯"了呢?一些古人认为,这是自康叔封之后,卫国国君被降爵了,从侯爵降到伯爵了。写《史记索隐》的唐代史学家司马贞,则认为卫国(康国)前几代君主称呼中的"伯",应该是"方伯"之意,也就是能管理其他诸侯的"一方诸侯之长"的意思;到顷侯时,卫国衰落,不再担任方伯,所以就只称本爵"侯"了。

其实上述说法应该都不对。我们前面介绍周代爵位时已经说过，西周时期，至少在西周前中期，"侯"和"伯"还并不是指爵位："侯"是强调职务的职责，指畿外具有军事捍御职能的封君；"伯"是从宗法角度产生的称呼，指宗族中的大宗、宗长，多用来称呼畿内封君（采邑主）。两者本没有明确的高低大小之分。所以卫国（康国）的君主称侯也罢，称伯也罢，并不是爵位的升级或降级。卫国（康国）的第一代国君康叔封最初被封为"侯"，应该是因为当时"二次克商"后，天下局势依然紧张，所以成王和周公旦需要卫国（康国）担负起军事镇压和御边功能；但到了康叔封死后，天下已经比较安定，可能不需要强调卫国（康国）的军事职责了，因此成王就没有再封康叔封的儿子为"侯"（尽管康伯髦继承了父亲的土地、民众和军队）；再加上据《尚书·顾命》和《左传·昭公十二年》记载，康伯髦后来入朝担任了朝官，可能之后的卫君也都兼任朝官，被认作是畿内封君，于是就用"伯"来称呼。周夷王时，也许卫国国君卫顷侯不再在朝廷里兼任朝官了，而且周朝自周懿王（周夷王之父）执政开始逐渐衰落，天下重新动荡起来，所以周夷王又再次想发挥卫国的军事捍御功能，就重新给卫国国君封了"侯"的称号，卫国国君于是就又有了"侯"的正式头衔而不称"伯"了。

最后我们要说的是，这卫国（康国）第二代国君康伯髦（又称伯懋父、王孙牟），那可是西周前期的风云人物，当时很多重大的历史事件都有他参与。当然我们现在也不细讲，等到下面具体讲到某事件的时候，我们还会继续提到他。卫国的开国故事，这里就先告一段落。

二、礼乐之邦鲁国

关于鲁国，很多人想必只是了解它在春秋时期的一些基本情况。春秋早期，鲁国还算跻身强国之列，一度能和边上的强国齐国一较长短。但是齐桓公用管仲改革称霸后，鲁国就基本上被齐国压制了。随后由于庆父之乱以及鲁国贵族三桓干政（三桓是鲁桓公三个儿子的后代），春秋中后期，鲁国国君被架空，国势动荡不已，很多人可能以为战国时鲁国就不存在了。其实战国初年，架空鲁君的三桓突然衰落，鲁穆公废除"世卿世禄"制度进行改革，鲁国也像其他国家那样完成了君主集权。之后鲁国在有"万乘之国"之称的战国七雄的夹缝中继续生存，还和宋国、中山国等四个国家一起被当时人称为"千乘之国"。鲁国的灭亡也比较晚，公元前249年它被楚国灭亡，那时距离秦始皇统一天下不过还有约二十年时间，算是基本熬到终场。

不过与鲁国在军事上的不济形成鲜明对比的是，东周时期鲁国礼乐文教非常有名：鲁国当时号称礼乐之邦，时人曾评价说"周礼尽在鲁矣"；中国几千年来号称儒教之国，而孔老夫子就是鲁国人；中国现存最早的编年史，是鲁国的《春秋》；鲁国还是周代诸侯国中罕有的能合法使用天子礼乐的国家（其他诸侯里也就只有杞国和宋国作为夏商之后可以使用天子礼乐）……

为什么东周时期的鲁国，能在"礼乐文教"方面表现得那么突出呢？其实我们看一看鲁国的开国史就会明白了：鲁国是再造西周、制礼作乐的元勋功臣周公旦名义上的封国；而它真正的第一代国君——周公嫡长子伯禽，曾在周王室担任过太祝（掌管祭祀）的官职，本就是玩"礼乐"出身的。

前面我们介绍过，周公旦东征时，亲自灭掉了殷商势力在东方最后的顽抗堡垒——奄国，而且其嫡长子伯禽当时在周王室担任太祝官，也在此战中立下了不小的功劳，因此受到成王"赐金百锊（lüè，重量单位）"的厚赏。（西周时期1锊的重量为多少不详，《中国历代度量衡考》称东周时期1锊约1260克。如果西周1锊重量和东周相同的话，也就是说伯禽得到了126千克的铜。）

鉴于奄地是东方的重地，传说上古曾为炎帝、少昊之都，商朝曾为商王南庚、阳甲之都，周初又是殷商顽民最后的反抗基地，必须派可靠、有力之人镇抚，成王就计划将奄地即所谓的"少昊之墟"分封给王叔周公旦，建立鲁国来"屏藩周室"。所以史书上就把鲁国算成是"文之昭"国家，也就是文王之子的国家。但是实际上，叛乱初定的西周王朝，显然离不开周公旦掌控大局。周公旦抽不出身能留在鲁国就封，成王于是分封他的嫡长子伯禽代为鲁侯，镇守原奄地这个远离宗周的东方前线要地。故而鲁国真正的开国之君，是周公嫡长子鲁侯伯禽，史书上尊称他为"鲁公"。

不过这鲁国的国名，又是什么意思呢？很多人看到"鲁"字，就联想到粗鲁、鲁钝、鲁莽等词语，可是成王分封周公，显然不可能给他王叔的国家起一个这么不好听的国名。其实甲骨文中，"鲁"字上面是"鱼"，下面是"口"，就像一条鱼放在一个容器里，是以美味祭祀上天或祖先的意思，寓意着"美好"。所以"鲁"的本意，就是"嘉"；鲁国，就是"美国（美好之国）"之意。

周代鲁国的中心领域，大约是现在的山东汶河流域和泗河中上游地区。鲁国最初的封疆，孟子说有"方百里"。至于鲁国初封时的国都，传统认为就是"鲁城"，也即后世所称的曲阜。据汉代学者应劭说，之所以叫"曲阜"，是因为鲁城中有一座蜿蜒七八里的小土山（阜）。但是古籍《世本》中还有"炀公徙鲁"的记载，即认为鲁国最初的都城不在现在的曲阜，是在鲁国第三代国君鲁炀公的时候，才从别的地方迁到曲阜的。现代考古工作者经过对曲阜鲁城遗址进行数十年发掘，确实没有发现属于商末周初时代的遗迹和器物，鲁城中最早的遗迹和器物，也只能上溯到西周中期偏前那个时代，这与鲁炀公的时代（相当于西周开国之后五十年左右）比较吻合。曲阜鲁城的外郭城墙遗址，时代更是晚到西周末期、东周初年。因此现代考古证明了《世本》一书有关"炀公徙鲁"记载的正确性，也即现在的曲阜鲁城遗址，并不是鲁公伯禽最初建立鲁国时的都城所在。至于鲁公伯禽最初建国时的都城，到底在现在鲁南地区的哪里，还有待考古的进一步发现。

西周朝廷"授民"时，将条氏、徐氏、萧氏、索氏、长勺氏、尾勺氏等殷民六族分给了鲁公伯禽，让这六族的本宗、分支和所属的奴隶，都成为鲁国的臣民。1973年，考古学家在今天山东曲阜西边的济宁市兖州区出土了两件晚商风格的青铜器，铭文中都有"索"字，这被认为就是封给伯禽的殷民六族中"索氏"的遗物。此外，周人在把奄国末代君主迁往蒲姑国后，奄国地区剩下的一部分原住民奄民，自然也分给了鲁国。也就是说，鲁国之民，是由伯禽带领的少数周人和殷民六族、奄地原住民三部分组成的。先秦典籍里都记载，鲁国有两座社庙（土地庙），一个周社一个亳社。周社自然是鲁国统治者周人的土地庙，而亳社就是鲁国统治下的殷商之民（六族和奄人）的土地庙。

因为鲁国的血统极其尊贵，所以西周王朝对它的封赏也非常丰厚。分给鲁国的宝器有大辂，也就是天子之车；大旂（qí）即画着交龙且挂有铃铛的旗子；夏后氏之璜（半璧为璜），夏朝传下来的玉器；封父国的繁弱即良弓。尤其是那大辂和大旂组合在一起，就是将交龙大旗插在车上，意思是可代天子征伐，这代表很大的权力。此外，一同交给伯禽的还有土地和附庸（不满五十里的小国），祝（祭祀官）、宗（主礼乐）、卜、史等各种专业官员，服饰仪仗，典籍简册，宗庙祭祀用器。可见西周朝廷对鲁国的赏赐可谓应有尽有，周详完备。其中不少器物服饰，是除了天子之外其他

◎ 44　周天子制约诸侯的手段

诸侯享受不到的，如夏后氏之璜就是天子玉器，大旂也是卫国（康国）等姬姓国所没有的，这些足证鲁国地位之尊崇。

周公去世后，成王追念其殊勋，又特赐鲁国可以使用天子礼乐：一是鲁国可以举行南郊祭天之礼，而本来诸侯是没资格祭天的，只有天子才有权与天沟通；二是鲁国可以举行"大禘"之礼祭祀文王；三是鲁国可以用祭祀天子的规格祭祀周公；四是鲁国可以进行祭天祈雨的大雩祭；五是鲁国能演奏四代天子之乐舞，春秋时吴国季札出使鲁国，就看过鲁国乐工演出虞舜的《韶箾（xiāo）》之舞，夏禹的《大夏》之舞，商汤的《韶濩（hù）》之舞，以及周朝文王、武王的《象箾》《南籥（yuè）》《大武》等舞……

话说当初伯禽受天子册命为鲁侯，并得到了那么多人民、土地、宝器、官员、仪仗的封赏，正准备回到鲁国任职，他老爸周公旦又像对弟弟康叔封一样，拉住他对他千叮咛万嘱咐。周公旦授予伯禽的治国方略，也和卫国（康国）一样，就是"启以商政，疆以周索"，也即用殷商先王的旧政来治理殷民，以周人的办法来经营土地。另一方面，周公旦还希望儿子能在鲁国推行自己创制的周礼，"尊尊而亲亲"，也就是尊重尊贵的人、亲近亲人，就是维护等级制度，根据宗法、血缘的亲疏远近来用人。当然，"尊尊而亲亲"之余，周公旦也并不否定"尚贤用能"，即选拔任用一定贤能之士。所以他又告诫儿子要谦恭戒傲，礼贤下士。

周公旦说："我是文王的儿子，武王的弟弟，当今天子的叔父，我的地位也不低了。但是我洗一次头，要三次把头发抓起来，吃一次饭，要三次把嘴里嚼的吐出来，好及时起身接待前来拜访的士人们。就这样，我还怕失去天下的贤人。你到了鲁国，可千万要注意，别仗着自己是拥有土地的国君，就傲慢待人啊！"

成语"一沐三握发，一饭三吐哺"，就出自周公旦对儿子伯禽的这番谆谆教导。后世曹操在《短歌行》中又将此典故化为"周公吐哺，天下归心"的名句，唱出自己吸纳天下英才的宏愿。

鲁公伯禽回到鲁国后，遵照父亲教诲，认真执行宗法制度，在"亲亲尊尊为本、尚贤任能为补"方面做得不错。一直到春秋时期，鲁国的执政大权都掌握在国君后代的公室贵族手中。虽然这期间鲁国也间或启用了一些外姓的贤人，但是都没有主过政。

不过据《史记》记载，在治国方针方面，伯禽却偏离了父亲周公旦"启以商政，疆以周索"的指示。不知道是因为曾经担任过管祭祀的"太祝"有"礼乐强迫症"，还是过于相信自己的能力和地位，他在鲁国强制推行周礼，对臣民大搞"移风易俗"，直到三年后才回去向父亲汇报治理成效。

周公旦见儿子，第一句就问："怎么这么晚才来？"

伯禽说："我改变他们的礼仪和风俗，要求他们服丧三年才能除服，所以来得晚。"

之前，太师吕尚（姜太公）被封在鲁国东北的齐国后，只五个月就回去向周公旦汇报工作。当时周公旦曾问他为什么来得那么快，已经是齐侯的吕尚回答说："我简化他们君臣之礼，入乡随俗来办事，所以来得快。"现在听到儿子伯禽解释自己来晚的原因，周公旦叹息说："哎呀，鲁国后世恐怕要向北称臣侍奉齐国了！政事不简约就不易实行，民众就不会亲近。平易近民，老百姓必然会归附。"

成语"平易近人"，就是出自《史记》里周公旦这段话。它的本意其实是指政事简约容易实行，就能使百姓亲近。到了唐代，因为出了个皇帝叫李世民，他的名字"世""民"二字全要避讳，连"观世音菩萨"都因为"世"犯了讳而改成了"观音菩萨"，"平易近民"的成语于是就被改写成了"平易近人"。字改了以后，成语的意思也慢慢变了，变成指"大人物对小百姓不端架子"了。

当然《史记》记载的这个故事中，周公关于鲁国将臣服齐国的预言，应该不是当时的实录，而是春秋战国时看到鲁国长期被齐国压制的人编的。但是上面故事中反映的伯禽治鲁的实际路线、方针（强推周礼而不是入乡随俗）则是事实。不过，移风易俗也绝不可能仅仅三年就能完成。目前流失海外的西周前期鲁国青铜器敔尊、敔卣，上面的铭文就反映了一些鲁国移风易俗的史实。这几件青铜器上铭文的大意是，一位鲁国国君（大概是第三代鲁侯、伯禽的儿子鲁炀公），赞颂鲁公伯禽将周礼带到鲁国教化万民，并赏赐一位在移风易俗中取得很大成绩的官员。这铭文内容，既证实了《史记》上记载的伯禽治鲁时强制推行周礼一事的真实性，也显示移风易俗花费了多代鲁国国君的精力，绝不是一蹴而就的。

正因为鲁国乃周初元勋周公旦嫡长子之国，土地广，人口众，宝器多，受封时又得到那么多典籍简册，拥有天子礼乐，并由数代统治者强制推行周礼，所以最初鲁国国势强大，地位显赫，在西周时期就是东方的礼乐文化中心。待到春秋，虽然鲁国

◎ 44　周天子制约诸侯的手段

的国力已经下降了，但是在会盟的场合，诸侯按序排班站队，鲁国都是居于"班长"地位，也就是说站在队列前头。当时作为保存周礼最多的国家，其他国家的诸侯贵族都到鲁国去"观周礼"。春秋末年，吴国公子季札过鲁观赏古乐舞，叹为"观止"；晋国韩宣子访问鲁国时在史馆看书，称"周礼尽在鲁矣"。周礼的影响不止在鲁国上层，还一直深入民间。《说苑》和《列女传》都记载了如下一个故事：东周时齐国军队有一次侵入到鲁国境内，路边一个妇人本来怀中抱一小孩，手里牵着一个大孩，而她看见齐军后想跑，却把原本怀里的小孩放下牵着，把大孩抱在怀里。齐国将领感到非常奇怪，就拦下她，问她为什么抱大牵小？妇人回答，大孩是大伯的孩子，小孩是自己的孩子，逃命时，得先人后己。由此可见鲁国讲究"仁义"的民风。孔子这样的思想家后来出现在鲁国的土壤上，也就是顺理成章的事情了。

有人可能会笑鲁国的"迂腐"。但查之史书，鲁国还曾靠"礼乐"，避免了几次亡国之祸。比如春秋前期齐桓公称霸时，正赶上鲁庄公去世，庄公的弟弟庆父杀死继位的庄公之子公子般，拥立庄公另一子即年仅八岁的公子启继位，这就是鲁闵公。齐桓公看鲁国动乱，一度动了吞并这个比邻国家的念头。然而刚从鲁国访问回来的齐国大夫仲孙湫（jiǎo）却阻止说："不能吞并鲁国，鲁国依旧秉持周礼。周礼，是治国的根本。我听说，一个国家要灭亡，必然是树干先倒，枝叶才跟着落下。鲁国不弃周礼，根本尚在，因此是不能动它的。"齐桓公听了深以为然，于是不但没有兴兵灭鲁，反而帮助鲁国稳定国势。这就是"礼乐"软实力的力量。

回过头来继续讲伯禽在鲁国的开国故事。其实在真实的历史上，虽然伯禽重周礼，但对他来讲，鲁国开国后最要紧的事情还不是全面移风易俗，而是生存。之前我们讲过，周公旦在灭奄国之前，曾经先进攻徐国、淮夷等位于现在鲁南、苏北一带的东夷诸国。当时徐国、淮夷等东夷之人被周公打得四处逃散，周军一度深入原始森林去追剿他们。不过俗话说得好，强龙压不过地头蛇，东征的周军虽然所向无敌，但毕竟人生地不熟，面对利用地形大打游击战的东夷人，却也无法真正剿灭他们。等到周公旦的东征大军主力凯旋西归后，徐国、淮夷等东方土著，就像打不死的小强，又从密林中冒了出来，盘踞在鲁国以东的地带。周公旦的东征大军他们打不过，眼下他们看到留在东方立足未稳的周人前哨国——鲁国，自然想讨些便宜。

因为徐国、淮夷不断骚扰进攻，鲁国的东部边境警报不断。显然，不消除他们的威胁，鲁国是没法在此立足扎根的。为此，鲁公伯禽决定积蓄力量，在适当的时候集中鲁国兵力，对徐国、淮夷进行一次狠狠的打击。

经过一段时间的准备，伯禽集中鲁国武士，包括西方带来的本族周人武士，成王授民时分来的殷商六族的武士，以及投降的原奄地本土武士，在鲁国东部的肸（xī，又写作费，音bì）地（在今山东费县），进行战前动员。

伯禽以严厉的口吻说："大家不要再喧哗啦，现在听我的命令！淮夷和徐戎一起作乱，你们赶快准备好盔甲武器！把圈里的牛马放出准备作战，不得伤害。牛马走失，部队里的厮役奴隶逃跑，不得去追逐乱了阵势，否则定要严惩！如果得到了牛马奴隶还给失主，会有奖赏。不得抢掠财物，不得翻墙盗取牛马牲畜，不得引诱收留别人的男女奴隶，否则一定严惩！在甲戌这天，我们将征伐徐戎。你们要准备好干粮草秣，否则处死！鲁国北、西、南三方向的远近郊区居民，要准备好筑墙、筑垒的工具。甲戌日这天，我们进攻徐戎时要修筑进攻的工事，胆敢不供应好，严惩不贷！"

这个动员令，后来被记载在《尚书》中，名为《肸誓》，又写作《费（bì）誓》。

在伯禽的严刑峻法下，鲁国军民军需供应齐备，军纪严肃。甲戌日，伯禽趁其不备深入徐戎巢穴，大败徐戎。经此一役，徐戎实力大损，开始逐渐向南方（今苏北一带）迁移，一时不能再威胁鲁国。从这里也可以看出，鲁公伯禽，不但熟悉礼仪，能做太祝官主持祭祀仪式，军事上也是作风硬朗、虎虎生威。初生的鲁国，不但得以在原奄地扎下根来，还自然而然地肩负起屏藩周室的重任。这也就是周公旦分封诸侯的本意——作为诸侯，要想保住自己的人口、地盘和地位、财富，就要与骚扰、进犯本国的蛮夷戎狄拼命；而保卫了本国的安全，不管你主观上想不想，客观上也就起到了为王屏障的作用。敌人消灭不了周朝外服的诸侯，又如何能威胁到内服的王畿地区呢？

据晋代流传下来的伪孔传（晋人伪托汉代孔安国之名所作的尚书注释）说，周朝还曾册命伯禽为"方伯"，也就是做附近诸侯之长，管控七百里内之诸侯。伪孔传虽伪，七百里的数字也不可能可信，但以鲁国的地位，享有统管一方诸侯的权力，应是符合历史的，还记得成王分封鲁国的宝器里有大辂和大旂吗？

说到这里，鲁国的开国故事也暂且告一段落。不过值得一提的是，鲁公伯禽又是个长寿之人，在位长达四十六年，所以我们还会在后面继续提到一些有关他的事迹。

三、太公之国齐国

说完了鲁国的开国史,就不能不提齐国,因为齐鲁一向是并称:齐国和鲁国都在现在山东省,一个在泰山东北,一个在泰山南面。可以说,正是因为鲁国和齐国的分封以及在当地站稳脚跟,周王朝的东方才真正安定下来。

齐国是太师吕尚的封国,这是众人皆知的事情。关于齐国在后来东周时期的历史,大家想必也有大概了解:春秋前期,齐国在齐桓公和管仲的治理下,成为春秋第一个霸主。但是春秋末期,从陈国来的田(陈)氏家族逐渐窃取了齐国大权,并最终在战国中期正式取代吕氏成为齐国国君。所以实际上战国后期的齐国,已经不是春秋时那个齐国了,公室已经换姓。

回过头来说说太师吕尚(姜子牙)在齐国的开国故事。

关于吕尚本人的真实情况,本书前面已经考证过了,这里我们再回顾一下:吕尚并不是像很多古书说的那样是东海边人,而应该是西方的山西人;吕尚也不是没落贵族、穷苦出身,而是当时的高等贵族,所以才能在那个严格讲究门第的时代,与文王结成亲家,把女儿嫁给武王,成为武王的老丈人;吕尚辅佐文王时,更不是七八十岁的老翁,而是正值壮年,所以才能在牧野之战中亲自冲锋陷阵,"时维鹰扬"。吕尚的那个穷困潦倒、凭着超凡智慧和能力,一朝遇到周文王而发迹的形象,不过是战国时期渴望一步登天的下层士人编出来的。

在讲周公旦东征的时候我们说过,周公旦灭掉"三监"后,本来想先打殷商遗民势力强大的奄国,但是在大臣辛甲大夫(辛公甲)的建议下,实行了"先扫外围再攻中心"的军事策略,先进军压服奄国东南的徐国、淮夷等东夷诸国,又灭了奄国东北的蒲姑国(今山东博兴县)、丰国(今山东淄博高青县),最后才回头集中兵力灭奄国。这攻灭蒲姑国和丰国的将领,就是周人智勇双全的太师吕尚。蒲姑国也是东方的一个较大国家。蒲姑国被灭后,因为局势尚未稳定,太师吕尚的本部人马应该也没有随周公旦的东征主力回师西方,而是就地驻扎在此镇守。成王和周公旦第二次大封诸侯时,伯禽被封在原奄地,控制现在的山东南部一带地域,封住了当时活跃在今天山东、苏北一带的东夷人进犯中原的南通道;而今天山东泰山以北的广大地区,还需要可靠和有力之人镇抚,以封锁东夷人从泰山北部进犯中原的北通道。显然,主持灭蒲姑国、丰国一役,熟悉当地情况的太师吕尚,是担当这一重任的最佳人选。论可靠、吕尚虽然是异姓,但是他属于世代与周人通婚的姜姓一族,尤其是他的女儿邑姜当年嫁给武王成为王后,现在的成王得喊他亲外公。论能力,那就不用说了,吕尚被认为是西周王朝功臣谋士中功劳最大的——文王被囚羑里之所以能返回,有太师吕尚之功;文王伐九国,天下三分其二归周,"太公之谋计居多";武王伐纣,更是太师吕尚在牧野战场"时维鹰扬",一举击败商军。所以成王、周公就将太师吕尚分封在蒲姑国旧地一带,国号齐。

在此,我们再说一说"齐"这个国号的由来。在商末商王征伐人方的卜辞里,就有"齐师"一词出现,显示"齐"应该是商朝时今山东一带已有的地名。所以太公齐国的国名并不是新造的,而是沿袭商代山东旧地名(周初分封的诸侯国的名字基本都是沿袭当地旧国名或旧地名)。

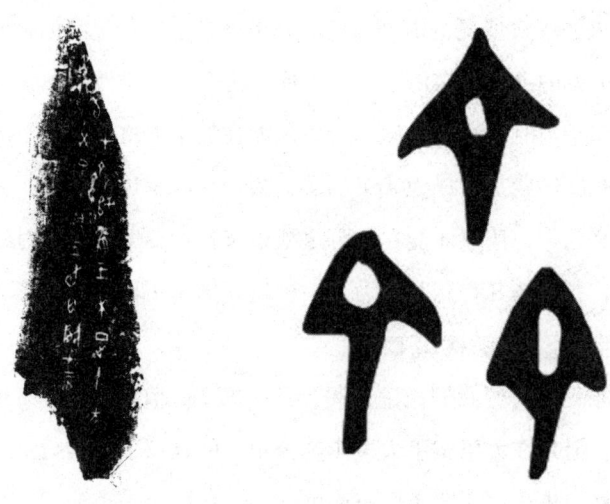

甲骨文中的"齐"字

癸巳卜,贞:王旬亡祸,在二月,

在齐师隹王来征人方

那"齐"字是什么意思呢?东汉许慎在《说文》一书中说齐字是三个麦穗,表示与地面齐平之意。现在也有一些甲骨文研究者认为,"齐"字在甲骨文中仿佛三个箭头,是代表着东夷人善射之意。个人看,甲骨文"齐"字确实更像是仨箭头,而不像麦穗。

鉴于太公与王室的亲戚关系（成王外公）以及太公的勋劳，所以《左传》上说西周朝廷对异姓齐国的赏赐，跟卫国、鲁国、晋国这些同姓国差不多，都十分丰厚。可惜由于史料缺失，西周朝廷具体赏赐了太公什么我们现在已经搞不清楚了。

孟子说，齐国作为太师吕尚之国，最初分得的土地也在百里左右。其都城，没有沿袭蒲姑国的旧都，而是定在营丘（应即甲骨文中的商代齐地），大概位于今天的山东淄博境内。至于齐国的国民，史书上提到周公旦曾把齐国西边的原奄国国君和一些奄国顽民送到齐地让吕尚看管，所以齐国的国民，至少应该包括吕尚本族的姜姓吕氏人、原蒲姑国当地土著，以及少量原奄国人。

作为周王室分封诸国中最东方的大国，周王室对齐国的军事作用也极其倚重。西周时期，"礼乐征伐自天子出"。但是因为齐国距离宗周（丰镐）和成周（洛邑）太远，当时的交通通信又极落后，"远东"地区一旦出事，等报告周王室以后再由天子下征讨命令，黄花菜都凉了。所以《左传》说，为了便宜行事，再加上吕尚原本就是执掌西周王朝军事大权的"太师"，成王特命召公奭给予齐国"征伐大权"，宣布东到大海，西到黄河，南到穆陵（今湖北麻城穆棱山），北到无棣（今河北盐山县，一说在河北卢龙县），这一片广大区域内有叛乱不臣的诸侯，无论公、侯、伯、子、男，还是统领一片小国的方伯，齐太公吕尚都有权征讨。所以西周时期的齐国国君，拥有很大的军事权力，齐军经常配合王师讨伐叛乱不臣之国，我们以后会具体讲到。

当然，西周王朝在赋予吕尚极大权力的同时，也有一些制衡的制度和措施。讲周公大分封的时候，我们曾引用《礼记》介绍过，周代"次国三卿，二卿命于天子，一卿命于其君"，也就是说，次一等的诸侯国，国君下面三个权力最大的大臣（卿），有两个是要由周王朝选人并任命的，《左传》中就明确记载春秋时齐国有国氏、高氏两家由周天子钦命的上卿，而且这两位上卿掌握齐国的军权。因为史料缺乏，齐国立国之初时由周天子册封的两位上卿，是不是就是春秋时期齐国两位上卿国氏、高氏的祖先，我们还难判定。但是周天子在齐国之内任命掌握其国兵权的上卿，监视掌控齐侯、防止叛乱的意图是明显的。（当然我们也说过，命卿制度是西周在诸侯国普遍实施的制度，这也并非是周天子特意针对齐国。）

不过齐国立国之初，也像鲁国开国时那样，并非一帆风顺。《史记》就记载了如下的故事：吕尚在周朝宗庙接受天子正式册封成为第一代齐侯后，带着随从返回齐国上任。不知道是不是因为久历征战后突然得享太平，心里一下子过于放松，一路之上，已经可以称为齐太公的吕尚走得慢慢悠悠，十分闲适。一天傍晚他们一行人行至某地，住进客馆中。客馆里的一个人看到他们悠闲散漫的样子，忍不住就说道："我听说时机难得而易失，我见客官睡得很安稳，恐怕您不是要去封国上任的人吧？"这一句话点醒了齐太公，江山还未真正到手中，确实还不是高枕无忧的时候。他立即穿上衣服连夜赶路，于黎明时分到达了自己的封国齐国。说来也巧，太公进了都城营丘没多久，东边属于东夷一支的莱国(都城在今天山东烟台市龙口市)，就举兵前来攻打。东夷人自然明白，这齐国就是周王朝安插在东方的一颗钉子，等齐国在这里发展壮大，东夷人不要说进图中原之路被封死，恐怕未来要被齐国挤到海里去做"人鱼"了。这不，他们趁周公东征大军已经返回西方、新建的齐国立足未稳，想来个先发制人，把齐国扼杀在摇篮里。莱国人的这个策略本来是非常正确的，不过倒霉的是，他们碰到的对手可是自古就以兵家奇谋著称的姜太公吕尚。及时赶回营丘的吕尚立即布防，莱国人不但没有讨到便宜，反而崩碎了一嘴的牙，只能灰溜溜地东撤。

渡过了最初的危机后，作为齐侯的吕尚，开始好好经营自己这一亩三分地。不过当时齐地的土地状况非常不好。由于靠近现在的渤海莱州湾，那里当时是一片贫瘠的盐碱地，种不出什么庄稼来。像周人的传统那样以农业立国，显然是不可能的。但齐太公吕尚，却能从逆境中寻找机会。他分析齐地的特点，发现这里靠近大海，具有丰富的鱼盐资源，交通比较便利，而且齐地土著居民东夷人，素来有种桑养蚕、纺织、制陶、冶炼等传统手工业。于是他就因地制宜，因势利导，在齐地鼓励发展捕鱼业、各种手工业和商业，尤其是大力发展"煮海为盐"的海盐产业。

我们之前在讲纣王征东夷时曾介绍过，商末的渤海湾尤其是莱州湾，是重要的海盐产地。在现代考古活动中，考古学家曾在渤海湾一带的山东滨州、东营、淄博、潍坊等地，出土了数量巨大的煮盐所用的锅——商周陶制"盔形器"。我们知道，盐在古代可是了不得的"战略物资"。商代、周代中原地区的人们要是吃盐用盐，很大程度上要仰仗东海也就是齐国一带的海盐。相对内地出产的味道苦涩的池盐，海盐还有一个特点，就是味道纯正，没有苦味。所以说，当时成王、周公把太公吕尚分封在地薄人少的齐地，显然并不是"薄待"异姓国，而是把一块"波斯湾"一样的战略宝地送给了太公啊。那时候要是搞食盐禁运，简直就跟现在欧佩克对某些国家搞石油禁运一样厉害。《周礼》一书说，周代祭祀典礼和招待宾客时，都要用到海盐，而周代海盐显然应该就主要是由齐国供应的。（燕国虽也在渤海附近，但其煮盐业到战国时才发达起来。）让太公看着海盐产地，这也显示了周王室对太公的信任。

所以在齐太公的灵活经济政策下，尤其是发展了规模庞大的海盐产业后，齐国的经济很快发展起来。俗话说，人往高处走，水往低处流，齐国一变富了，立马就有大批百姓从四方前来归附。在古代，人多力量大，齐国人口增长了，国力自然就变强了。

在政治上，齐太公吕尚治理齐国的方针更和鲁国截然不同。鲁公伯禽在鲁国是实行"尊尊亲亲"的周礼，也就是按照亲情、血缘的远近为任人的第一标准（任用贤人只是补充），并采取强硬措施大搞移风易俗。吕尚则是"简其礼、从其俗"，也就是简化礼仪、入乡随俗；用人方面更是"尊贤尚功"，也就是不看血缘亲疏远近，而按是否有才能、有功劳来任命官员。相对于周人的"任人唯亲"，显然齐太公吕尚的做法更能赢得我们现代人的赞赏。

齐太公吕尚不拘一格降人才，招贤纳士，奖赏有功之臣，迅速将一帮能人聚集在齐国朝廷之上，这对于齐国在东方扎下根来，起到了至关重要的作用。齐太公的这种"尊贤尚功"的遗风，一直影响千年。春秋时期齐桓公不计较管仲曾经辅佐自己竞争对手公子纠并射了自己一箭的私怨，反而因其卓越才能大胆使用，这才使齐国成为春秋第一霸主。东汉时，班固在《汉书》中写道："当年太公治理齐国，整治道德学问，尊重贤人智者，奖赏有功之人，所以一直到现在齐地之人大多喜好经学，以拥有功名自傲，从容、谦虚、豁达开朗而且足智多谋。"可见到东汉初年，齐地百姓还受到太公的深刻影响。

不过齐太公在尊贤选能的同时，对于拒绝归附的士人，又显现出其残酷的一面。据战国时法家韩非写的《韩非子》一书记载，当时齐国境内有一对兄弟隐士，一个叫狂矞（yù），一个叫华士。这弟俩算得上是当时的"无政府主义者""非暴力不合作者"。他们自称"不臣天子、不友诸侯"（不做天子之臣，不与诸侯交往），不要名位，不食君禄；他们自己种田吃饭，自己挖井吃水，过着自给自足的生活，万事不求人。"尊贤尚功"的齐太公吕尚一开始听说这哥俩的贤名后，曾三顾茅庐去请他们出山做官。但这哥俩却不给面子，三次都不见。吕尚这时把"礼贤下士"的脸一翻，直接就把他们抓起来"咔嚓"掉了。

有人可能觉得这故事颠覆了姜太公在人们心中的光辉形象，而且觉着这故事也和吕尚"尊贤尚功"的政策矛盾。其实我们在讲武王伐纣后咨询大臣如何安定殷人那段就曾讲过，那会儿担任太师一职的吕尚就直愣愣地要求武王"咸刘厥敌，使靡有余（杀光敌对分子，一个不留）"。显然，吕尚的这种杀伐果决的作风是一以贯之的。

周公旦听说吕尚杀了狂矞、华士后，连忙派人送去加急文书，责问吕尚为什么刚建国就杀戮贤士。齐太公吕尚却振振有词地回答说："他们不臣天子，不友诸侯，虽有智慧贤能之名，却不能为我所用，替我建功立业；他们自食其力，万事不求人，我就没法用奖赏和刑法来治理约束他们。先王用来驱使百姓的手段，无外乎就是官爵、俸禄和刑法。现在这些手段对他俩都没用，如果齐国人人都学他们俩，以后我吕尚还给谁当君主去？就像一匹马长得再彪壮，不给人骑，不受我驱使，不杀了它还等什么？"吕尚的回答，活脱脱地暴露出古代君王贵族的真实想法：国君官吏就是牧人（所以后世州官又叫"州牧"），老百姓不过是供驱使的牛马罢了，不为主人提供奶肉毛皮，不愿被骑，要你何用？你一只羊两只羊，想在草原上过吃吃青草、仰望蓝天的自由自在生活，其他羊都跟你一样跑了，我牧人吃谁的奶肉，用谁的毛皮去？所以必须杀一儆百。

弄懂了吕尚的想法，大家就应该明白吕尚的"尊贤尚功"和"杀戮隐士"两者之间其实并不矛盾，一会儿扮红脸，一会儿扮黑脸，不过都是他维护、加强统治的手腕罢了。吕尚其实并不是真的"尊重"贤人能士，那些"贤人""能士"在吕尚眼里不过就是能给他带来更多利益的牛羊而已。独立人格和异端思想，在齐国是决不允许有的。有人替太公辩护，说你不能以现代的民主、人权的思想去要求三千多年前的吕尚，而且那时齐国刚建立，东夷人正蠢蠢欲动，乱世不得不用重典。其实我们不要说跟现代人比，就是跟中国历史上的很多帝王比，吕尚在这点上也做得太过火、太不地道了。众所周知，东汉光武帝刘秀，面对坚持不愿为官的严子陵，听其归隐；清朝康熙帝，也容忍顾炎武这些骨子里反清的名士不赴博学鸿词科。有残暴之名的秦始皇时代，都没听说去捕杀那些对王朝没有实际颠覆行为的隐士；经常屠城的蒙古人，灭了南宋之后，还允许非暴力不合作的郑思肖等大批南宋遗民存在。其实中国历朝历代，一般都允许一些人游离世外，做"山林隐逸"。虽然这些君王、朝代允许隐逸之士存在，也是出于沽名钓誉或者收买人心的目的，但装斯文总比真暴力好一些。吕尚诛杀非暴力不合作者的行为，也只有大杀不愿出仕者并抄其家的明太祖朱元璋与他可以相提并论。

因此从其种种行为可以看出，历史上真实的吕尚姜子牙，实际是个功利主义者，一个马基雅维利主义者。他的这一面，也不能不深深影响齐国。所以班固在《汉书》的后面还写道："齐人的弊端就是过分奢侈，好结朋党，言行不一，虚伪狡诈，脱离实际，危急时一哄而散，平缓时就放任自流。"

不过尽管齐太公在诛杀隐士上不地道，尽管他的功利主义也给齐国带来一定负面影响，但在当时来说，经过他的一番恩威并施、因地制宜、灵活多变的治理，齐国还是迅速在东方站稳脚跟并富裕繁荣起来。齐国的开国故事到此我们就告一段落，后面在一些具体事件中，我们还会提到齐太公和齐国的其他故事。

四、晋国的诞生——"桐叶封弟"还是"徒林射兕"？

说起晋国，那在后世春秋时期绝对是最牛的国家。后来我们会讲到，周平王东迁和天子地位的确立，主要就是靠当时晋国晋文侯的帮助。春秋前期，晋文公继齐桓公之后成为第二个霸主，自那以后，晋国称霸一百多年，成为春秋时期称霸时间最长的诸侯国。当然晋平公、晋昭公以后，晋国的权势逐渐被其国内的智氏、范氏、中行氏、韩氏、赵氏、魏氏等六卿把持。最终在战国初年，晋国被韩、赵、魏三家瓜分。不过晋国虽然一分为三，分裂出来的韩、赵、魏三国依然都属于战国"七雄"之列，可见原来晋国的实力有多强。三家分晋后，其实晋国还没彻底灭亡，三家还给晋侯保留了一两块自留地。直到公元前376年，三家废除了最后一代晋侯晋静公的名号，晋国才最终灭亡。

现在我们讲述周代晋国的开国故事，其实还要从古唐国的叛乱说起。不知道大家还记不记得，之前我们在介绍"文王伐九国"的故事时，曾讲述文王与今天山西临汾盆地内的祁姓唐国联合，共同与商朝的属国贾国大战的故事。显然当时那唐尧之后的祁姓唐国是与周国一伙的。但周公摄政、东方叛乱时，这祁姓唐国不知是不是觉得"反周联合阵线"劲头十足，周朝快完蛋了，它居然也跟着叛乱起来。

对待叛乱，周公旦当然是绝不手软的。周公旦东征胜利后又过了几年，据《今本竹书纪年》记载是在成王八年，周公旦出兵现在晋西南地区，就把这个位于临汾盆地中的祁姓唐国给灭掉了。不过周朝可不像后世一些王朝动不动就搞族诛、搞种族灭绝，周人还是很讲仁义道德的，故而周公对祁姓唐国之人并没有斩尽杀绝，而是把这些尧帝的后代又迁徙分封到"杜"这个地方，也就是今天的陕西西安市长安区东南。所以被迁到西安市的这支唐尧后代，后来又被称为"杜唐氏"。春秋时期晋国六卿之一的范氏，就是杜唐氏的后代。

旧唐国被周公旦灭掉后，一个问题随之而来：派谁在这里镇守呢？要知道旧唐国所在的位置，也是一个重要的战略要地。话说今天山西省境内山岭峪谷纵横交错，从东北到西南分布着一系列盆地，依次为大同盆地、忻定盆地、太原盆地、临汾盆地和运城盆地。旧唐国所在的这晋西南临汾盆地，位于汾河下游两岸，地势平坦，土地肥沃，气候宜人，适于农耕，文化底蕴深厚，上古以来就有人类聚居，是中华古代文明的重要发源地之一，曾是尧帝之都所在。在军事上，控制了临汾盆地，北可以阻遏晋北戎狄，东可以连接山西东南部地高势险的战略要地上党地区（文王所伐的黎国就在这一地区），南可以通向雒邑（成周），西可以控制黄河渡口。这么重要的地区，周朝显然也要找可靠、有力之人来镇守。

周朝会选谁呢？其实不少人已经知道了，最后唐国的国君之位，落到了武王之子、成王胞弟唐叔虞的头上。当然唐叔虞名号里的"唐"字，是他封到唐国后才加上的，唐叔虞本姓姬，名虞，据《史记》说字子于。

关于唐叔虞的出生，《左传》和《史记》共同记载了一个神异传说：当年武王跟王后邑姜（姜太公之女）恩爱造人以后，做了一个梦，梦见天帝对他说："我让你生个儿子，他的名字叫虞，我把唐地赐给他。"等到王后邑姜十月怀胎一朝分娩后，武王抱起这个宝贝儿子一看，他的手心纹路真的好像一个"虞"字。于是武王大喜，就把这个儿子命名为"虞"。

按上面的故事，叔虞还没出世，已经被上帝选中作为唐国的君主了。不过是个人应该都明白，这个上帝托梦的故事绝对是后来叔虞被分封到唐国后，他的子孙或其他人编出来的神话，当不得真。

《吕氏春秋》和《史记》上还有一个关于分封唐叔虞的著名故事，这就是"桐叶封弟"。这个故事说的是，西周初年的某天，少年天子成王和弟弟叔虞在后宫玩耍游戏。玩着玩着成王不知道哪根筋动了，在梧桐树上摘下一片叶子，剪成帝王与诸侯朝会、祭祀时拿的玉圭的模样，然后递给弟弟叔虞说："我赐给你玉圭，封你做诸侯。"成王本是闹着玩，叔虞却不晓得是真傻还是装傻，立即跑到辅政大臣、王叔周公旦那里，喜滋滋地对他说，王兄封自己做诸侯了。周公旦听了叔虞的话以后，马上去面见成王，问成王有没有这回事。成王呆萌地回答："我这是和他做游戏的呀！"周公旦此时板起脸一本正经地对成王说："天子无戏言！天子说一句话，史官要记录、乐工要演唱、士人要称颂，怎么能随便说呢？"成王无可奈何，于是就把弟弟叔虞真的封为诸侯，将唐国之地赐给他。

"桐叶封弟"的故事千古流传，成了教育人们尤其是教育当权者应谨言慎行、言而有信的经典范例。但尽管如此，想必大家也能看出来，这故事的真实度其实也很值得怀疑——分封一个要地的诸侯，哪能真的像这么过家家似的？

既然"天帝命虞""桐叶封弟"的说法都很离谱，那有稍微靠谱点儿的说法吗？其实在古籍《国语》里，另有一个叔虞为什么被封为诸侯的说法，我们再看看。《国语·晋语八》说，叔虞有一次在徒林（位置不详，一说在今陕西麟游县）这个地方打猎时，突然遇到一只大咒（圣水牛），叔虞毫不慌张，张弓搭箭只一箭就射死了这巨兽；满载而归后，叔虞还把这只大咒的厚皮剥了下来，做成了一副大铠甲。因为他的箭术超群，所以被兄长成王分封在唐国做了国君。

在叔虞为何被封于唐国做诸侯的种种说法中，其实就数最后这种"徒林射咒"的说法最贴合商周之际的真实情况了。我们介绍过，在甲骨文中诸侯的"侯"字，就是写作"𠂇"，也就是像一支箭射到箭靶上。"侯"的本意，就是射箭的箭靶子，进而又引申为善于射箭的人。在中国古代，从三代一直到清末，射箭一直是考核一个人武艺的重要内容。孔子说一个士人必须掌握六种技艺，就是"礼、乐、射、御、书、数"。显然在孔子眼里，"武艺"就是由"射"（射箭）和"御"（驾驶战车）这两项技能来代表的。在商代，"侯"最初就是武艺超群（善射）的边地武官。因为在上古时代，战乱频仍，一个封国要在边境地带立国，担负屏障王室的重任，没有强大的武力是不行的。所以作为封国国君的"侯"，拥有超群武艺是第一必备技能。商代所谓分封诸"侯"，其实就是把善于射箭、武艺超群的宗室、大臣封在商王朝的边疆地区，作为商朝的屏藩。周朝初年，虽然分封的诸侯国不像商朝那样主要集中在边疆地区，但是周朝分封诸侯的军事目的也非常明显，因此封国国君的军事才能同样是重要的考量，尤其是对边疆地区或军事要地的封君来说。前面我们讲过的周初分封的几个大国，他们的国君，如负责镇守商人老巢的卫国（康国）开国之君康叔封、负责镇守东方边疆的鲁国开国之君伯禽、齐国开国之君吕尚（姜太公），都是拥有战功在身的贵族。一直到后世的春秋早期，每有战事也都是由国君亲自带兵出征。这种国君亲自带兵作战的习俗，直到春秋中后期，才随着国家规模的逐渐扩大，官员分工越来越细而逐渐消失。

回过头来说周朝对新唐国国君的选择。作为成王同胞弟弟，叔虞的可靠性就不必说了，加之其弓箭娴熟，武艺超群，而且《左传》中还说他与周公旦、康叔封一样都有"令德"（美好的品德），显然是重地唐国国君的极佳人选。

据《今本竹书纪年》记载，在成王十年，成王封叔虞为唐侯，叔虞因此成为周代姬姓唐国的开国君主。成王十三岁即位，十年后，成王有二十三岁了。作为成王胞弟的叔虞这时应该二十岁光景，正是年少有为之时。

成王分封弟弟叔虞为唐侯时，也和分封卫国、鲁国一样，赏赐了很多宝物。当年文王灭密须国时缴获的战鼓、大辂（天子之车），后来被文王当作举行"大蒐礼"的礼器，现在则被成王赐给了弟弟唐叔虞；武王灭商时所穿的阙巩国的精良铠甲，这时也成了唐国的宝器。此外成王分给唐国的还有一口叫"沽洗"的大钟。从分给唐叔虞的宝物多是文王武王征讨四方所用的军事器物可以看出，成王显然是希望唐国能出色地肩负起平定戎狄、镇守北疆的军事重任的。因此唐叔虞应和康叔封、鲁公伯禽、齐太公吕尚一样，不但是一国的国君，还是统管一方诸侯的方伯。至于分给唐叔虞的人民，则有被周人征服的戎狄怀（隗）姓九个宗族。像分封鲁国一样，成王封给唐国的还有各种专业官员。

唐叔虞的初封地，据《史记》记载在黄河和汾河以东的"夏墟"，方圆约百里。有人会疑惑，唐叔虞的封地不是祁姓旧唐国吗？怎么又叫夏墟呢？这是因为晋西南在夏朝时，也是夏人的核心活动区域之一（夏人的核心活动区域除了晋南还有豫西），那里有很多夏人遗民，并保存浓厚的夏代风俗。

至于唐叔虞初封时的都城，据说在"鄂"这个地方。不过鄂地在哪里，自古一直是众说纷纭。有人说"鄂"在今山西乡宁县，但这地方不在汾河以东而是在以西，显然不对。20世纪以来，中国考古学家先后在今山西洪洞县、浮山县等地发掘出一些商代后期、西周初年的古文化遗址。所以唐叔虞最初的都城"鄂"，很有可能就在临汾盆地北部的洪洞县、临汾市区、浮山县这三地之间。

唐叔虞到封地后，按照成王、周公的指示，"启以夏政，疆以戎索"，也就是沿用当地原有的夏朝政治制度，按照戎狄的方式来划分田界。因为能因地制宜并宽容地对待祁姓旧唐国遗民和戎狄之人，姬姓唐国很快也安定下来。

临汾盆地土地肥沃，唐叔虞在这里发展经济时，自然是以周人的老本行农业为主。据说唐叔虞分封到唐国不久，唐国人种地时在田地里发现了两棵奇怪的谷子（粟）——正常的谷子都是一根茎秆上长一个谷穗，这两棵谷子生在相邻的两个田垄里，两根茎秆却合长了一个谷穗！古人迷信，认为这寓意着"天下归一"，是大大的吉兆，唐叔虞于是就命人把这两棵"连体"的谷子拔出来，进献给成王。成王见了这"嘉禾"，心里自然也很高兴，但他又不敢把"天下和同"的功劳都归于自己，就命令唐叔虞把"嘉禾"转送给劳苦功高的周公旦，并做了《归（同馈）禾》一文一同赐给周公旦，意思是这吉兆其实是王叔周公旦辛勤换来的。周公旦当然也不敢居功，又做了《嘉禾》一文颂扬成王的功勋。《归禾》《嘉禾》都曾被收在《尚书》里，但可惜后世都散轶失传了。

有人会说，本节不是要讲晋国的开国故事吗？怎么你一直在讲唐国呢？原来据班固《汉书》记载，唐叔虞去世、其子燮父继位后，因唐国内有一条晋水，周天子于是改封燮父为晋侯，晋南的姬姓唐国自然就变为"晋国"。

唐国国君被改为晋侯一事，现在又得到了西周金文的证实。话说当代香港有位私人收藏家，不知何时收藏了一件周初有铭青铜器——叡（jué，或读yáo）公簋。21世纪初，历史学家朱凤瀚先生将这件叡公簋上面的铭文公之于世，原来其内容为：叡公作妻姚簋，遵于王令，易白（唐伯）侯于晋，唯王廿又八祀。

翻译成现代汉语就是说，叡公给妻子姚铸造了一个簋，当时正逢天子下王命，封唐国国君于晋为侯，那一年是今王二十八年。

燮公簋铭文

说来还多亏这位叫"燮公"的人爱老婆,给老婆造了一个盛饭的簋,不经意间记下了中国历史上的一桩天子改封诸侯的大事。该器铭文中的时间落款是"二十八祀",而按传统史书记载,周初的周成王在位三十七年,周成王之子周康王在位二十六年。如果传统说法无误的话,那么这个有"二十八祀"的周初天子,自然只能是周成王,不可能是周康王。也就是说在周成王二十八年,天子成王又改封第二代唐伯燮父到"晋"这个地方,更名为晋侯。燮父受王命"侯于晋"后,姬姓唐国就改称为晋国,并将这一国号沿用了六百多年,直到灭亡。

那"晋"这个地方在哪儿呢?前面说过,"晋"是因为"晋水"而得名,所以找"晋"之前我们先得找到"晋水"。汉代一些人认为晋水在当时的晋阳即现在的山西省会太原西南,但这显然大错特错,因为当时晋北一带是戎狄的势力范围,周人那时不可能在晋北建立诸侯国。据唐太宗第四子魏王李泰编写的地理书《括地志》记载,今山西临汾市西南有一条古河叫平水(今天已经消失),这平水上古又名晋水,燮父所迁的晋地,应该就离《括地志》说的这条晋水(平水)不远。不过燮父的都城在晋水的东西南北什么方位,我们还是不得而知。好在我们比古人幸运,除了参考古文献,还有考古学帮忙,现代考古发现又让我们离找到燮父的都城更近一步。

1979年,考古工作者在临汾市最南边的冀县(冀州市)和曲沃县交界处的天马村、曲村一带，挖掘出一个以周代晋文化为主的大型遗址，这就是20世纪我国西周考古最重大的发现之一——天马—曲村遗址。这里出土了数以万计的青铜器、陶器、石器、骨器等遗物，时代从西周早期一直延续到春秋早期。尤其重要的是，在这个遗址中的北赵晋侯墓地里，考古工作者挖掘出包括第二代唐伯、第一代晋侯燮父在内的九位晋侯及其夫人墓共十九座。在据认为墓主是燮父的M114号墓中，考古学家还出土了一个大方鼎——叔夨方鼎。很多历史学家认为，"夨"通"虞"，这里的"叔夨"就是"叔虞"，该器铭文内容讲的就是周成王在成周举行祭祀典礼并大会群臣之后赏赐唐叔虞一事。

叔夨方鼎铭文

这一重大考古发现证明，燮父所迁居的"晋"地，就在现临汾市最南边的冀县（冀州市）和曲沃县一带。为什么这么说呢？因为晋国最初顶多只有百里之地，而按古人传统，君王墓地不会离都城很远，一般都是在都城近边。所以反过来说，燮父迁徙后的晋国都城也必然在离晋侯墓地不远的某个地方，有待于考古学者发现。前面我们说过，唐叔虞的都城鄂可能在洪洞县、浮山县、临汾市区这一三角地带间，所以所谓的"燮父迁晋"，实际就是把国家和都城从临汾盆地的北部迁到临汾盆地的中部，南移了大约几十公里。

燮父为什么要把国都南迁呢？这应该与周初姬姓唐国所面临的困境有密切关系：

唐叔虞带着少量周人来到旧唐国，统治着怀姓九宗和大批祁姓唐国原住民，本就不易；而当时的山西北部是戎狄横行的地区，想必新生的姬姓唐国也像鲁国、齐国立国之初受淮夷、东夷的进犯一样，面临戎狄的威胁，十分艰难。所以可能是成王得知了唐国的困难情况主动下令，或者是燮父先向朝廷反映，总之成王最终命令燮父向南迁徙，以摆脱被动局面，重新开局。

自成王二十八年成王下令改封原唐伯燮父于晋后，燮父就逐渐着手在现在的冀县（冀州市）、曲沃一带选址修筑新都城并营造宫室。这自然也不是一年两年就能完成的事情。等到晋国新都修成，成王已经去世，周天子换成了成王的儿子康王。康王九年，康王听说燮父的晋国新宫室修建得十分壮丽宏伟，还特地派使者前往责备训诫一番。这从另一面也说明，燮父南迁后，晋国的国力已经逐渐发展起来，否则晋侯燮父也没有"资本"奢侈。

晋国的开国故事我们就到此结束，不过燮父作为康王、昭王之际的名臣，我们今后也还会多次提到他。

五、湮没三千年的燕国开国史事

大家对于周代燕国的历史，可能知道的并不多，估计多数人只记得秦朝统一前，燕国太子丹派荆轲刺杀秦始皇的故事。了解历史多一些的人，可能还知道战国中后期燕王哙（kuài）禅让王位给国相子之导致内乱、燕昭王筑黄金台招贤、燕将乐毅伐齐的故事。除了这些外，再让大家多讲一些有关燕国的事情，恐怕就比较困难了。确实，燕国因为地处很远的北方，跟中原诸国无论是交往还是战争都比较少；战国时期，燕国虽被列为"战国七雄"之一，但却是七雄中的二流国家，在七国争霸中基本没啥戏份。其实不要说现代人，早在两千多年前的西汉时期，关于燕国的历史，尤其是西周时期的燕国历史，人们知道的就很少了。管理国家历史、档案库的太史公在《史记·燕召公世家》里，关于燕国的开国，只写了"周武王灭纣，封召公于北燕"这一句话。这句话有两个意思：北燕国的第一代国君是召公奭；北燕国是在周武王时期分封的。（太史公之所以强调说"北燕"，是因为周代还有一个姞姓的南燕国，其位置在今天河南延津一带。）至于北方姬姓燕国最初的都城在哪里，周朝有没有分封给燕国什么氏族、宝器，太史公都没有写。甚至召公奭之后的燕国第二代、第三代等一连

44 周天子制约诸侯的手段

七代国君的谥号、名字为何，太史公也都说不上来。召公奭以后太史公知道名号的燕侯，就是大约二百年后周厉王时期的召公奭九世孙燕惠侯了。显然太史公查遍当时能找到的所有史料，都弄不清楚燕国在西周前中期的国君世系这一最基本的史实。《史记》中关于燕国在西周前中期的历史，自然更是一片空白。当然这怪不得太史公，只能说汉初时留存的燕国资料就少到令太史公挠头的地步。正因为后世了解的周代北方燕国的早期历史太少太模糊，所以20世纪疑古之风大盛的时候，有些史学家，如齐思和先生和童书业先生，认为周初地位显赫的召公家族，不应该被"发配"似的分封到当时距离西周王畿极其遥远且戎狄环伺的北方建国；他们甚至怀疑东周时的北燕不是真的姬姓国家、召公之后，而是后世由北方戎狄之国冒充冒认的。

其实《史记》上写的姬姓燕国建国初期的有限内容，确实也不大靠谱。比如说北燕国初封在周武王时期这一点，显然就不合当时的情势。因为我们在讲武王伐纣时讲过，周武王时期，仅仅只征服了商王畿一带；从武王派出的各将领的出征、回程日期看，当时周军并未远征到东方和北方。如此一来，武王时期西周朝廷如何能把召公奭分封到远离中原的河北一带建立燕国呢？有人会说，前面你讲过，周武王灭商后，不是曾经立即分封黄帝的后代于蓟国即现北京市区一带吗？怎么就不能分封召公奭到蓟国附近呢？其实关于"武王分封黄帝后代于蓟"，我们之前也解释过，这是属于"褒封"而不是"实封"。也就是说黄帝后代的一支，原本就已经占据蓟地并在那里繁衍生活了，武王只不过是出于拉拢的目的，重新给予承认，发个"委任状"而已。这就像后世的王朝，给边疆的少数民族首领封个王、侯的称号，其实你封不封，人家这些首领都是当地的实际掌控者。所以说武王时代，能"褒封"黄帝后代于蓟，但是没法以"授土授民"的方式实封召公奭于北方建立燕国。

假如北方燕国真的是周初所建的姬姓之国，那么它的建立该是在什么时候呢？之前讲周公旦东征时我们介绍过，清末出土的"梁山七器"之一的太保簋，其铭文曾揭示了一段被隐匿了三千年的周初重大史实——周公东征时，召公奭曾率军追击北逃的商国国君禄父（日名为武庚，又称录子圣），并将其斩杀，因而获得周王嘉奖。显然，后来北方姬姓燕国的诞生，应与成王时期的这一重要战事有莫大的关系。我们可以想象，召公奭在追杀禄父的过程中，自然一路上也征服和控制了很多北方反周诸侯国，并一直向东北方向打到现在的河北北部一带。只有周人以武力实际控制河北北部一带后，才能使西周朝廷"实封燕国"一事成为可能。所以考察历史形势，结合出土文物，西周北方姬姓燕国的建立只能在周成王时期或者再往后。

《史记》上记载北燕国的第一代君主是召公奭，其实这种观点自古也是有争议的。虽然19世纪末太保簋的出土，证明召公奭确实曾北征过，但它并不能证明燕国第一代君主就一定是召公奭（甚至不能证明北燕就一定是召公或召公后裔之国）。诚然，对于当时的成王来说，要筑起王朝的东北大门，最方便、最合情理的选择，就是命令德才兼备、已经打到北方并熟悉当地地理民情的召公本人，率军就地驻扎下来并建国。不过这一选择也有一个问题，那就是召公奭当时也和周公旦一样，是朝廷的股肱重臣。在周人刚刚东征胜利，天下还未巩固的时候，成王和朝廷显然也离不开召公奭。故而当时的情势，又不允许召公奭真的长久待在北方。而且各种史书都表明，召公奭后来确确实实一直在朝廷任职，不但一直辅佐成王，后来还辅佐了成王的儿子康王。因此自古以来在召公奭是不是燕国第一代封君的问题上，史学家们分成两派：一派认为，燕国的第一代国君应该还是召公奭，只不过他受封后待在燕国的时间并不长，很快就被调回朝廷任职了，可能他回朝后就把燕国君位让给了儿子第二代燕侯；另一派认为，燕国的分封应该和鲁国的情形一样，虽然名义上燕国是分封给召公奭的，但实际上召公奭并未真的就封，燕国的第一代国君应该是召公奭的长子。

因为两派都没有确凿的证据，所以自古以来的史学家们为燕国第一代国君是召公奭还是召公奭的儿子，争论了近两千年也没争出个结果来；当然除了这两派外，我们前面还说过，20世纪很多疑古的史学家还怀疑这北燕压根就不是召公家族之国，而是北方戎狄冒充的。幸运的是，20世纪后期经过中国考古学家的努力，不但解决西周北方燕国始封地的问题，还为今天的我们揭开了"西周燕国第一代国君到底是谁"这一千古谜团。

这最早还要从1962年的夏天说起。当时考古学家邹衡先生在北京西南房山区琉璃河一带进行田野考古调查，发现了很多周初古陶片，他敏感地猜想这里应该就是西周北燕国早期都城所在地。自20世纪70年代开始，考古学家陆续在琉璃河一带进行了几十年的考古挖掘，挖出了西周初年的古城遗址和墓葬群，并发现很多带有"匽侯"（"匽""燕"相通）字样的青铜器。至此考古学界基本认定，北京房山区琉璃河一带地方，就是西周初年北燕国的都城所在。两千多年前掌管国家档案、典籍的太史公司马迁都没搞清楚的北燕国始封地问题，两千年后的我们搞清楚了。

惊喜还不仅于此。琉璃河遗址内，有一座被考古工作者编号为M1193的四条墓道大墓。这座大墓虽然早在唐宋时期就已经被盗掘，但是众所周知，三代时期四条墓道的"亚"字形大墓都是属于帝王级别的，所以考古队员不死心，想看看从这座高规格大墓里能不能再淘出点儿宝贝来。那是1986年的冬天，考古队员冒着严寒在大墓里小心翼翼地清理时，天空中突然飘起了雪花。为了赶在封冻前将墓葬清理完毕，人们不得不加快了速度，冒雪工作。可能是老天爷想给敬业的队员们一点儿酬劳吧，他们竟然意外地从墓坑东南部的泥水中掏出了两件完整的青铜盛酒器具——铜罍（léi）和铜盉（hé）。更令考古学家振奋不已的是，经过清理，他们发现在这两件器物上居然都刻着同样的四十三字铭文：

王曰："太保，惟乃明乃鬯，享于乃辟。余大对乃享。令克侯于匽，使羌、马、叡、雩、驭、微。"克宅匽，入土眔（dà）又（有）司，用作宝尊彝。

翻译成白话，铭文的大意是：周王说："太保，你用盟誓和清酒来奉事你的君王。我非常满意你的供享，命令'克'做匽国（燕国）的君侯，管理羌、马、叡、雩、驭、微六族人。"克到达匽（燕）地，接收了土地和属官，为了纪念此事做了这件宝贵的器物。

克盉铭文

我们知道，太保是周初召公奭的头衔，西周金文里凡是提到太保都特指召公奭。所以后来被命名为"克罍"和"克盉"的酒器上的铭文虽不算长，但是意义可不得了。通过这铭文我们可知：1. 这匽国（燕国）确实是周王为褒奖召公奭而分封的，匽国（燕国）是货真价实、如假包换的召公后裔的姬姓诸侯国，齐思和先生和童书业先生疑古疑得显然过头了；2. 匽国（燕国）的第一代"侯"，不是召公奭，而是一个叫"克"的人，按商末周初的惯例，他最有可能是召公奭的嫡长子；3. 西周朝廷在分封时，待召公后裔的匽国（燕国）也不薄，也像分封卫国（康国）、鲁国、唐国（晋国）一样，分了很多氏族给匽（燕）侯。

至此，湮没了三千多年的西周北方燕国的开国情况，我们就可以基本还原出来了：成王初年，周公旦东征击败叛乱的"三监"和禄父后，禄父向北逃窜。为了清除这个对殷人有极大号召力的前朝余孽，西周朝廷命令召公奭率军对禄父进行追杀。召公奭循着禄父的踪迹一路北追，顺带征服了很多北方的反周诸侯、方国，并一直打到今天河北北部、北京一带。很可能禄父就是在这附近被召公奭追上并斩杀的。古人常说，"沙场亲兄弟，上阵父子兵"。尤其在商周时期，强宗大族一般都会有自己的"族军"。召公奭北征时，所统率的除了西周朝廷军队，自然还带有召氏一族的族军；包括"克"在内的召公子侄们，应该也随同出征，并立有战功。召公奭北伐成功后，周成王为褒奖召公奭为朝廷立下的功勋，也因为召公家族曾北征到今河北、北京一带，熟悉当地的民情、地理，所以就分封召公嫡长子"克"为周朝东北方向的"匽国"（燕国）的第一代国君。

成王朝廷最初封给召公奭长子——燕侯克的地盘，就是现在以北京房山区琉璃河为中心的一带。话说北京地区，左临渤海，右拥太行山，自古是华北通往东北的战略要冲之地，说燕国是西周王朝的"北门锁钥"那是一点儿不夸张。燕国的疆域，按周初的通例，最初应该也是方圆百里左右，和鲁国、唐国（晋国）差不多。燕国最早的都城，应该就是考古学家在琉璃河挖出的董家林西周古城遗址。该古城北城墙全长八百二十九米；东、西城墙仅北段残存三百米左右，总长尚不清楚；南城墙则因完全破坏，踪迹全无。根据该古城遗址使用情况，考古学家认为董家林古城的燕国都城地位，至少保持到西周中期（也有学者认为到西周末期），也就是说，董家林古城做了不下百余年的燕国都城。朝廷分给第一代燕侯克的人民，则有羌、马、叔、雩、驭、微六族人。这六族人的族属很复杂，有的属于殷人，有的则属于其他方国或部族。

燕国作为"侯国"，王朝赋予其最主要的作用自然是"屏藩周室"。已发掘的琉璃河周初燕国墓地里，几乎每座墓都出土了兵器，这说明它是极其重视武备的。当然，琉璃河的燕国也是东北方向周王朝声威和文化的传播者。《史记》等古籍记载，成王初年东北的息慎（肃慎）曾前来朝拜天子，这其中应该少不了燕国的宣慰之功。周初的燕国，国力在北方诸侯中也是佼佼者。《今本竹书纪年》说，成王十二年时，成王将弟弟分封到今河北固安县一带做韩侯，因为韩国初建人力不足，所以就出动周王师并征调就近的燕国军队一起帮着韩国修筑都城。故而《诗经》有云，"溥彼韩城，燕师所完"。（韩国都城宽又大，那是燕人所营造。）而由于召公的地位，燕国也自然是周朝东北方的一方方伯，统管周边一众小国。据清末于卢沟桥出土的周初青铜器亚矣侯父乙盉记载，匽（燕）侯曾赏赐给同样位于北京一带的矣国君主矣侯很多海贝，矣侯得了赏感觉很荣耀，所以专门为亡父父乙铸造了一件盛酒的盉以作纪念。可见虽然大家都是"侯"，匽（燕）侯的地位显然比矣侯高贵尊崇多了。

在此多说一句的是，以前很多人以为这里的矣侯就是箕氏朝鲜的开国君主箕子或其后裔，其实这是搞错了。虽然"矣"字与"箕"很形似，虽然周初矣国位于北京一带、辽宁也发现过矣国的青铜窖藏，显示其位置与传说中箕氏朝鲜的位置也接近（一些人认为箕子是一步步从今河北、辽宁迁到朝鲜的），但矣国与箕氏朝鲜真的不是一个国家。这证据有二：一是考古学家曾在山东出土了大量的西周晚期、春秋时期的矣国器物，证明后来矣国是迁徙到了山东的，但箕氏朝鲜可一直在朝鲜；二是大量矣国青铜器铭文显示矣国其实是姜姓之国，而众所周知箕子作为商朝贵族是子姓。所以大家不要再把矣国误认为是箕氏朝鲜了。

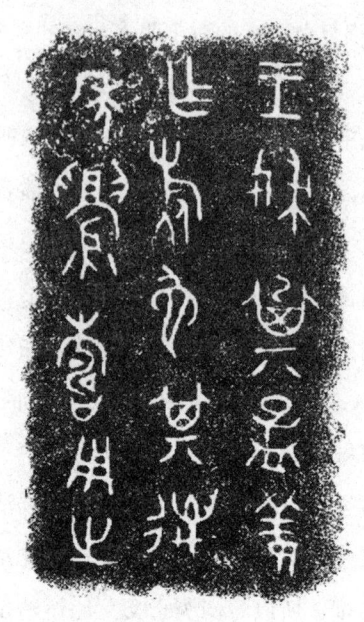

西周晚期瞏孟姜匜铭文

王妇瞏孟姜

作旅匜 其万

年眉寿用之

琉璃河的燕国虽然与周王畿相隔万水千山，但是亲情是斩不断的，立国初期匽（燕）侯与身在朝廷的召公依旧来往密切。据琉璃河出土的青铜器堇（jǐn）鼎铭文记载，匽（燕）侯曾派一位叫堇的臣子（据族徽看应为殷人之后），到宗周去向太保召公奭赠送食品；召公奭接到亲人的礼物也十分高兴，赏赐给堇很多海贝，堇以之为"大子癸"制作了一件大鼎以作纪念。当然，召公奭更惦念在燕国的子孙，据小臣䖒（xī）鼎铭文说，召公亦曾派人赠送物品到燕国（一说是召公亲自去燕国），一个叫䖒的小臣也因此沾光，得到五串贝的奖赏。

不过堇鼎中派人去宗周的匽（燕）侯，可能已经不是第一代燕侯克了，因为堇鼎的年代已经到成王后期或康王时期。其实在克盉、克罍出土前，有关燕国，曾有两件匽侯旨鼎青铜器出土；琉璃河还出土了带有"匽侯舞"字样的青铜戟和铜泡。现在史学界一般认为"匽侯旨"应该是燕侯克的儿子（也有人认为是燕侯克的弟弟），"匽侯旨"就是继燕侯克之后的第二代燕侯。至于燕侯舞,有人认为他应该就是第三代燕侯。所以堇鼎中的匽侯,很可能是二代燕侯燕侯旨。

西周金文里也记载了燕侯旨的一些事迹。现藏日本名古屋市的匽侯旨鼎铭文说,燕侯旨继位为燕侯后第一次到宗周朝见周天子时,天子曾一次赏赐他海贝二十串。21世纪初,考古学者在山西翼城县大河口西周霸国墓地中又出土了几件带"匽侯旨"铭文的青铜器,其中一个青铜卣的盖子和卣底部都写着"匽侯旨作姑妹宝尊彝"。山西省考古研究所所长谢尧亭认为,铭文中的"姑妹"应为召公奭的小女儿、燕侯旨的小姑姑,后来她嫁给霸国君主霸伯为妻,所以作为侄子的燕侯旨送了很多青铜器做贺礼,因此在霸国的墓地里才出现了燕国的宝器。(山西省考古研究所后来进京布置霸国文物展,命名为"呦呦鹿鸣——燕国公主眼里的霸国"展。不过按谢尧亭的解释,这个"姑妹"既是召公奭之女就该算是召国公主,而不应该算是燕国公主。)

至于三代燕侯燕侯舞,我们目前还不知道他的什么事迹,只能略过不提了。

在本节最后,我们再来说说西周燕国国都的迁徙。前面说过,燕国在琉璃河董家林古城至少定都了百多年。到了西周中后期,大概是因为水患的缘故(董家林古城不见南城墙,应是被古称圣水的大石河即琉璃河冲坏的),所以燕国不再以董家林古城为都。至于燕人把都城又迁到哪里,现在我们还不得而知,因为考古工作者并未在河北北部和北京一带发现西周后期都城规模的古城遗址。一些史学家猜测,西周后期燕国可能兼并了北京城区一带的蓟国,并从董家林古城迁都于蓟国的都城蓟城。不过上述猜想还有待考古证实,因为北京蓟城遗址目前尚未发现早于东周的文化遗物。

六、解密文献失载的西周南土大国——曾国

在描述周公第二次分封诸侯的时候,我们提到周朝在东方分封了周公之国鲁国、太公之国齐国,在北方分封了唐叔虞之国晋国(唐国),在东北方分封了召公之国燕国,在中原分封了卫康叔之国卫国(康国),这些国家都是周王朝在该方向的支柱性诸侯国。至于西方这个方向,是西周王朝的王畿所在,西周时周人的丰镐二京和圣都岐邑本就在西方,自然是王朝力量最强的地方。那审视"东、西、南、北、中",只剩下南方,好像没有与周人关系密切的大国在当地担当"南天之柱"的重任。这难道是周人疏忽了南方吗?其实有些问题,既然天资并不算高的我们都能看到,西周初年

的那些明君贤臣们又怎么会看不到呢？实际上在西周初年，周人在南方也封建了一个与王朝关系极其密切的大国，这个国家就是"曾国"。

提到"曾国"这个国名，比起鲁、齐、晋、燕、卫来说，那知名度简直是太小了，可能很多人会说自己压根不知道有这个国家。其实您再想想您的中学历史课本或音乐课本前面的彩图，记不记得有幅图是套大编钟，下面文字标注为"曾侯乙编钟"？您的历史老师或音乐老师可能还介绍过，这套编钟是迄今发现的最大最完整的一套青铜编钟。它由六十五件青铜编钟组成，重达2.5吨，其音域跨五个半八度，十二个半音齐备，改写了世界音乐史。没错，这套编钟的主人——曾侯乙，就是战国初年的曾国国君。

要说起这个曾国的历史，还得先从"曾随之谜"说起。

话说传世古籍记载，周朝的南土上有个随国，其姓氏有的说是姜姓（炎帝之后），有的说是姬姓，位置在今天湖北随州一带。虽然随国不是啥有名气的大国，但在春秋初年，它还是个实力不容小觑的国家。公元前706年楚国国君楚子熊通东侵随国，想不战而屈人之兵，于是先派使者去吓唬随人，让他们来请和。楚国的大臣斗伯比（斗为氏，比为名）却说："吾不得志于汉东也……汉东之国随为大。"可见，当时随国的位置在汉水以东，而且它还是汉水以东最强大的诸侯国，有它在，使得当时在汉水以西的楚人不能把势力扩张到汉水以东。两年后，自称"我是蛮夷我怕谁"的熊通在沈鹿（今湖北钟祥东）僭号自立为王，史称楚武王，江汉、江淮间的诸侯大都被迫前来捧场，又只有黄国和随国不来。恼怒之下的楚武王再次举兵攻打随国，随国虽然战败签订了城下之盟，但因其势力较强，楚国也没能灭随国。随国在楚国逐渐强盛的时候还敢屡次抗拒它，确实不愧"汉东大国"的称号。又过了六十多年，楚成王三十二年的时候（前640年），不服楚的随国再次率领汉东诸国叛楚，结果被楚国令尹子文率领的楚军打得大败，败得很惨。这次之后随国才彻底被楚国打服并成了它的附属国。春秋之后，随国逐渐在古籍中消失，应该不知在何时被楚国所灭。

除了在春秋前期对楚强硬，东周时期的随国还以拥有价值连城的宝贝著称——传说随侯有一颗令诸侯眼馋的夜明珠。

据东晋时期干宝写的《搜神记》记载，有次某位隋（随）侯出行，恰好看到一条大蛇被人拦腰斩断奄奄一息。隋侯见这蛇体形硕大，好像很灵异，就让御医把携带的药物敷在大蛇伤口上。那条蛇慢慢恢复了知觉，逐渐移动着身体游走了。过了一年多，大蛇居然嘴里衔了颗色泽纯白、直径逾寸的珍珠来报答隋侯。更为神异的是，这珠子到了夜里，会发出如月光般的光芒，可以把室内照得如同白昼。后来这颗宝珠就被人称作"随侯珠"，或曰"灵蛇珠"，或曰"明月珠"。所以东周时提起异常珍贵的宝贝，人们就会说"和氏之璧，隋（随）侯之珠"。众所周知，"和氏璧"价值连城，"隋侯之珠"与"和氏璧"齐名，其价值就不言自明了。

但奇怪的是，自古以来直到21世纪初，在据古籍记载是随国地盘的湖北随州一带，却很少出土"汉东大国"随国的器物（目前出土的随国器物仅有随大司马戈和随仲嬭加鼎两件）。反倒是自宋代以来到近现代，湖北一带出土了很多带有"曾"字铭文的青铜器。1978年，在今天湖北随州城西两公里处，考古学家更挖出了大名鼎鼎的曾侯乙墓，一次性出土文物七千多件，其中青铜器达十吨，包括著名的曾侯乙编钟，这证明曾国在战国初年还是个规模不小、经济文化发展水平很高的国家。然而令人匪夷所思的是，传世古籍文献上从来没提过随枣走廊这一带有个经济文化较繁盛的曾国。（传世古籍中倒是记载商周时有缯国和鄫国，但鄫国在今山东，缯国靠近西申国在今陕西附近，都和随枣走廊相距遥远。）古文献上属于随国的随州一带几乎不出随国器物，却出土了曾国的墓地和大量器物，这是怎么回事呢？于是很多历史学家就争论不休：这随国和曾国是什么关系？如果是两国，那挨得也太近了吧，而且为什么一个只见于古文献，另一个只见于考古？如果是一国，又如何证明？这问题就成为史学界一个难题，被人们称作"曾随之谜"。

不过在历史学上，有时候真的是"山重水复疑无路，柳暗花明又一村"。2009年，考古学家在随州市区内的文峰塔社区发现了属于春秋到东汉年间的古墓群。2012年因为当地拆迁，考古学家得以大展拳脚，在当地进行大规模考古勘探。这一勘探不得了，居然发现了一片大型的东周曾国墓地群，这就是所谓的"随州文峰塔曾侯墓地"。在这个墓地群中发现的最有历史价值的文物，莫过于一套"曾侯舆编钟"（现存共八件）。正是这套曾侯舆编钟，终结了持续数十年的"曾随之谜"大争论。因为曾侯舆编钟里的一件钟上有以下一段铭文：

吴恃有众庶，行乱，西征，南伐，乃加于楚。荆邦既变，而天命将误。有严曾侯，业业厥圣，亲搏武功，楚命是靖，复定楚王……

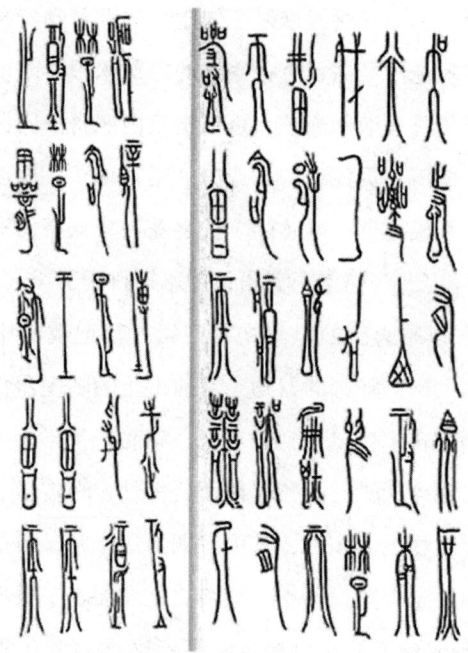

曾侯舆编钟铭文摹写（部分）

　　这段古文的意思大家基本都能看出来，就是说，吴国征伐楚国，楚国快完蛋了，幸亏有威严、高大且聪明的曾侯，亲自搏杀立下武功，才把楚国给救下来。

　　为什么曾侯舆编钟上的这段铭文能解决"曾随之谜"呢？熟悉东周历史的人，肯定会记得传世史籍《左传》等书记载，在春秋末期（公元前506年），吴王阖闾曾以伍子胥、孙子、伯嚭为将，联合唐、蔡两国攻打楚国，这就是著名的"柏举之战"。此次吴军伐楚，楚军大败，吴军攻入楚国郢都，楚国已死的上任国君楚平王被伍子胥掘墓鞭尸，现任的楚昭王则狼狈逃窜，躲到"随国"才幸免一死。曾侯舆编钟铭文，恰恰与《左传》等传世史籍的记载对上了号。要注意，曾侯舆编钟铭文说吴国伐楚是曾侯救了楚国和楚王，《左传》说吴国伐楚是随人救了楚昭王，那显然曾国和随国就是一个国家！一国两名在三代时期并不鲜见，比如楚国又叫荆国，魏国又叫梁国。

　　搞清了考古发现的随州曾国就是传世古文献上的随国后，我们自然还要再说一说这随州曾国的高贵出身。

　　我们前面提到，在中国传世古文献上，其实还有鄋国（在今山东阳谷或平阴一带）、缯国（在今陕西）这两个国家，这两个国家都是姒姓。于是很早就有人怀疑，这随州曾国是不是就是姒姓鄫国或缯国从陕西或山东迁过来的。如果是这样的话，那曾国也该是姒姓。但大约20世纪30年代，一件战国青铜壶在安徽寿县出土，壶上三十九字铭文中有"夫人曾姬无卹"一句。我们介绍过，周代时期男人的称呼一般是"氏+名（字）"，而女人的称呼比较复杂，有一种是"氏+姓"模式，如春秋时晋文公的一个夫人是齐国宗室之女，所以被称作"齐姜"，齐是国名也是氏，姜是其姓。明白了这个，我们就知道"曾姬无卹壶"里的"曾姬"，就表示这个夫人是曾国姬姓之女。显然，东周时候，除了姒姓鄫国和缯国，还有个曾国是姬姓的。

那安徽寿县出土器物上的姬姓曾国，是随州这个曾国吗？1979年，随州义地岗墓地出土了两件春秋中期的青铜戈，上面分别有铭文"周王孙季怠"及"(曾)穆侯之子……季怠"。显然，这两个戈上面的"季怠"是同一个人。要注意的是，曾穆侯的儿子"季怠"，又被称为"周王孙"。这下确凿无疑，原来随枣走廊里的曾国，不但是姬姓，而且与鲁、卫、晋一样，都是周王的子孙哩！

我们知道，鲁国公室是周公长子伯禽的后裔，卫国公室是文王子、武王九弟康叔封的后裔，晋国公室是武王子、成王弟唐叔虞的后裔，那曾国到底是出自周王室的哪一支脉呢？

2010年，考古学家还在随州市区东北方的经济开发区淅河镇蒋寨村叶家山一带发现西周曾国早期墓地。2013年，在随州叶家山西周墓地的第二次考古发掘中，人们于M111号大墓中的一件青铜方座簋上，发现有铭文"犺作剌（烈）考南公宝彝"。"犺"（kàng），从叶家山出土的其他青铜器可知，他是西周早期的一位曾国国君。曾侯犺说他的父亲是"南公"，这应该就是曾国始祖的封号了。之前在1979年时，考古学者已经在陕西扶风县豹子沟出土了一件西周晚期的青铜钟——南宫乎钟。这个钟的主人南宫乎在该器的铭文里说，他的祖先就是"南公"。南宫乎的祖先，自然也该是"南宫某某"。由此可知，所谓"南公"，就是"南宫公"的简称。

那曾国的始祖"南宫公"又是谁呢？不知大家还记得不，在西周初年文王、武王时期，以"南宫"为氏的最活跃的人，莫过于南宫适了。他是所谓"文王四友"之一。《国语·晋语四》记载，文王在位时，经常和南宫适一起磋商谋略；《尚书大传》说，南宫适还参与了献宝给纣王、营救文王出羑里的活动。武王时，他又是武王

277

"乱臣十人"中的一员。南宫适曾参加武王伐纣的战争,武王在殷都举行"革命大典"后,他奉命向殷商遗民展示传国之宝——九鼎和众多美玉,后来又负责散发鹿台的钱财和钜桥粮仓的粮食。

那么,曾国的始祖到底是不是南宫适呢?我们的这一猜想,正好被我们前面提过2013年在随州文峰塔东周墓地出土的曾侯舆编钟所证实。曾侯舆编钟上的铭文头一段就写道:

曾侯舆曰:伯括上庸,佐佑文武,挞殷之命,抚定天下。王谴命南公,营宅汭土,君比淮夷,临有江夏……

这段铭文大意是,曾侯舆说,我祖宗伯括(通适)被君上任用,辅佐文王武王,参加灭商之战,夺取天下。大王命令南公到南方,营建城邑,统治淮夷,监视江夏的蛮族……

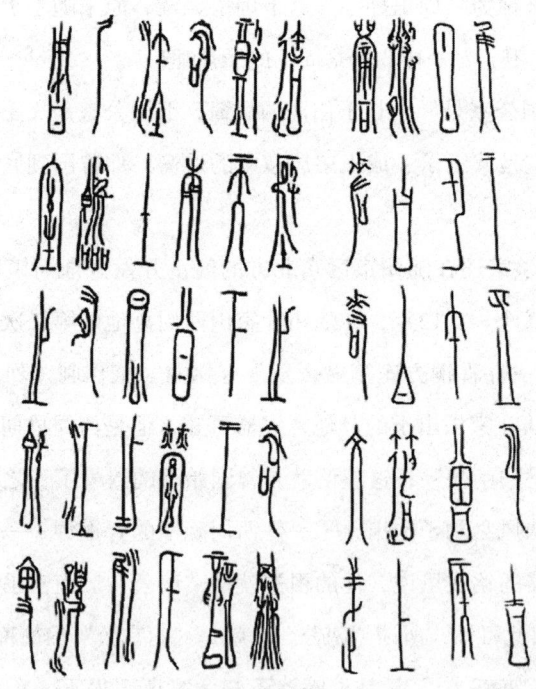

曾侯舆编钟铭文(局部)

曾侯舆编钟上的铭文,清清楚楚地表明,曾国就是"伯括"即南宫适的封国,是

44 周天子制约诸侯的手段

周王（应该是成王）把南宫适分封到南方，来镇抚淮夷和蛮族。曾国的开国之谜，彻底揭开。尤其要提的是，曾侯舆编钟里还有一件残损的破钟，上面铭文说"（曾侯）舆曰：余稷之玄孙"。也就是说，曾侯舆自称是后稷的后代，再次证明南宫适及南宫家族是周王室的一支。

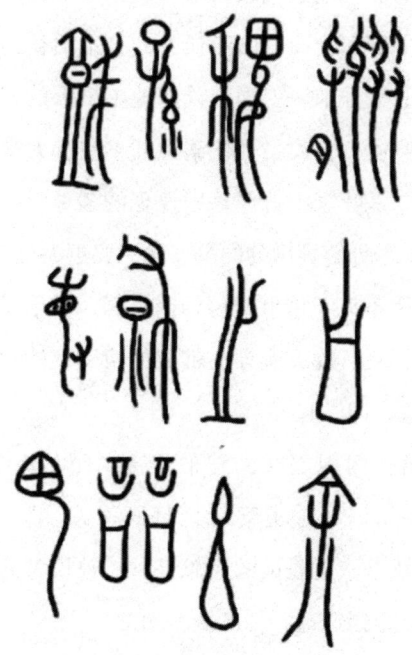

曾侯舆编钟铭文（局部）

传世古籍上，没有记载南宫适的族属，但一般认为南宫适是周文王招贤纳士从外边招来的，如西晋皇甫谧的《帝王世纪》就是这样说的。然而经过几十年考古发现，现在我们可以说古书上的这个说法应是错误的，南宫适不是周国的"外来户"，而是王室成员。从他被称为"文王四友"来看，他应该是周王室中与文王同辈的叔伯兄弟，不过年龄应该小于文王，因为直到武王时他还继续建功立业。至于有史学家猜测他是文王最小的儿子冉季载，还说"冉"通"南"，笔者难以认同。冉季载是文王的儿子，虽然我们现代人经常说"父母要做孩子的朋友"，但是三千多年前的周人显然不会有这种理念，那时的人，怎么会把周文王的儿子说成是他的"友"呢？这岂不是乱了辈分吗？所以南宫适应该是文王的本家同辈才对。笔者在介绍虞国历史时曾猜测，南宫适很有可能是虞仲的一个儿子。

其实考古学家通过对比叶家山曾侯墓与周初很重要的鲁、卫、晋、燕等姬姓国的诸侯墓，还发现一个超出我们想象的现象，那就是叶家山曾侯墓远比后面那些在史籍上名气更大的姬姓诸侯国的墓地更气派。这种气派体现在两方面：一是叶家山曾侯犺墓的墓室面积有四十七平方米，而燕国燕侯克的墓室面积为四十一平方米，晋国晋侯燮父的墓室面积为三十七平方米，卫国卫侯墓地中最大的一座墓的墓室是三十八平方米，曾侯犺墓的墓室比燕侯、晋侯、卫侯墓地的墓室都大得多，是目前考古发现西周早期诸侯墓中最大的。二是叶家山曾侯墓中发现的各种鼎、簋、壶、卣、尊等青铜器，相比鲁、卫、晋、应、燕等姬姓国的同类器物，要更大更重更精美。

问题又来了，曾国这个不见于传世经传的诸侯国，其诸侯墓的墓室和随葬青铜器的规格，怎么会比同期鲁、卫、晋、燕等文献上的西周姬姓大国还高呢？要解释这个问题，得从"金道锡行"这个词讲起。

"金道锡行"一词出自两周之交的曾伯霥簠（fǔ）铭文。该器铭文中有一句说道："克狄淮夷，抑燮繁汤，金道锡行，具既俾方。"这里"金道锡行"中的"行"，与"道"是一个意思。这段话的意思是，（曾侯）惩治淮夷，安定交通枢纽繁汤（今河南新蔡东北），金锡通道，都已恢复如常。

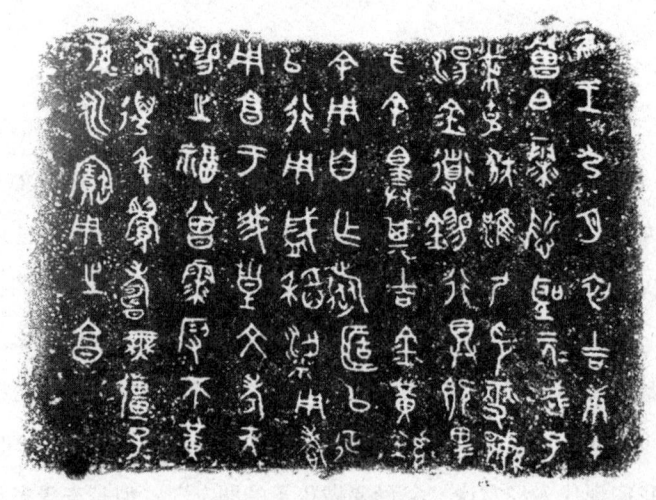

曾伯霥簠铭文

44　周天子制约诸侯的手段

通过曾伯桼簠铭文，我们知道了一个重要信息：原来南方的曾侯，在周代还肩负着朝廷赋予的一项极其重大的使命，那就是维护"金锡通道"的畅通！

要说清曾侯的这个使命，我们又要先探索一下商周青铜器的功用、原料尤其是产地。

古人说，"国之大事，在祀与戎"，即国家大事，一个是祭祀，一个是打仗。而商周之时祭祀用的各种钟、鼎、簠、盘、爵等礼器，打仗用的戈、矛、剑、钺、镞（箭头）等兵器，都是用青铜铸造。大家知道，青铜是铜、锡、铅的合金。青铜器的金属比例因器物用途的不同而不同：要硬度高，就得多加锡，反之就得多加铜。一般来说是铜占百分之七八十，锡占百分之一二十，铅的比例最小。铜、锡、铅这三种金属，在上古三代时期的重要性不言而喻。没了青铜原料，青铜时代的上古帝王贵族们，既没法祭祀通神、宴饮享乐，也没金属武器打仗，还怎么行礼如仪，还怎么打天下、固天下？尤其到商周时期，随着社会经济的发展，中原帝王贵族们的青铜使用量剧增，考古学家仅从商王武丁的三位王后之一的妇好墓中，就发掘出1625公斤以上的各种铜器。

不过与海量的需求矛盾的是，我国中原地区的铜矿储量在全国相对不多，锡矿则几乎没有。只有铅，因为在青铜器中的用量少，而且铅矿在全国到处都有，尽管中原的铅矿储量在全国也不算多，但还足够使用。那上古中原王朝，要到哪里补充中原不足的铜，获取中原没有的锡呢？

先说铜。据现代地质勘探，中国的铜矿资源，以西南川、藏、云、贵几省和长江中下游地区最为集中丰富。科学家通过测量商代青铜器中的异常铅同位素，发现商代的一些青铜器原料，甚至可能来自云贵一带，这显示我们以前对商人活动的范围和贸易能力是极为小瞧了的。不过因为路途过于遥远，中原地区使用的铜，来自西南的部分应该不多；而离中原较近的长江中下游产铜地区，自然很早也进入中原王朝的视线。战国时期成书的《尚书·禹贡》篇就记载，九州中的扬州和荆州即盛产古人所说的"金"，也就是现代我们所说的铜。现代考古发现在今天的江南，西起湖北大冶，经江西北部东至安徽繁昌的沿江一线，都有大量的古代铜矿遗址，而且开采量极大。考古学者根据这些铜矿遗址的规模和废弃铜渣估算，仅皖南地区的铜产量就应在十万吨以上，而这中间的大部分是在先秦时冶炼的。所以商代时，长江中下游地区应该就是中原王朝补充铜原料的主要地方。

再说锡。据现代地质勘探，中国的锡矿以云南、两广、内蒙古、湖南、江西这六省最为丰富，这六省的锡保有储量占到全国的近98%。而这六省中，又以江西离中原最近，其次是湖南。可巧的是，江西的锡矿，也在赣北靠近长江一带，与江南的铜矿交错在一起。所以中原王朝要获得中原所产的锡，最近的地方也在长江中下游地区，而且正好能和铜一起打包收购。

于是为了直接获得长江中下游的铜尤其是锡，打通运输通道，早在商代前中期，商人就在今天的湖北武汉黄陂区盘龙湖附近建立了一个重要的军事据点——盘龙城，以实施其"南料北运工程"。不过大约到了商王武丁以后，由于商朝日益衰落，商人逐渐失去了对盘龙城的控制。

周朝建立后，随着对青铜原料的需求日益增长，它也十分重视从长江中下游地区获取铜、锡资源。成王之所以封王室近支、重臣南宫适之后于今湖北随州一带建立曾国，目的除了曾侯舆编钟铭文上所说的"君比淮夷、临于江夏"（统治淮夷、监视江夏的蛮族），应该还有重要的一项，那就是要曾国负责维护"金道锡行"（金锡通道）的畅通，为周王朝源源不断地提供制作青铜器的珍贵铜、锡原料。曾国的战略意义显然超出我们想象，曾侯在周初的地位，自然也非常崇高。俗话说靠山吃山、靠水吃水，因为曾国地理上靠近长江中下游铜锡产地，是周朝维护南方铜锡运输通道的第一负责人，是铜、锡货物第一转运站，也自然"近水楼台先得月"，其本国拥有的铜、锡原料远远超过北方诸国，曾侯的青铜器又怎么会不厚重、不精美呢？

所以最后我们根据考古成果，可以这样推想一下南宫家族与曾国的故事：

文王武王时，虞仲之子南宫适作为周家子弟、两朝重臣，立下不小功勋。于是周初周公、成王大分封阶段，"南公"南宫适的长子，就被分封于南土建立曾国，作为西周王朝在南方的支柱性诸侯国，负责镇抚江夏地区，统治淮夷，并维护"金道锡行"（金锡通道）的畅通和安全。由此可以看出，西周王朝在用人方面确实是坚持"任人唯亲"，王朝北方、东北方、东方、中原、南方的支柱性诸侯国晋国、燕国、鲁国、卫国（康国）、曾国，无不是姬姓的自家人。随州叶家山曾侯墓地里目前发现了两位曾侯的名号——曾侯谏和曾侯犺，考古学家认为他们应该是兄弟二人，第一代曾侯很可能是哥哥曾侯谏，第二代曾侯很可能是弟弟曾侯犺。上古时期诸侯墓地一般在都城城郊，而考古工作者在距叶家山曾侯墓地不足千米的庙台子遗址发掘出西周早期城墙、城壕等遗迹，显示庙台子遗址应该就是曾国初封时的都城所在。

像周公家族和召公家族一样，周初南宫适家族，除了长子到封国曾国就封，还有次子留在王畿内继承家族在朝廷的官位和采邑，这就是南宫乎钟、南宫柳鼎等大量"南宫氏"青铜器又在陕西一带出土的原因。后来我们会提到，成王去世时王宫内有个宿卫大臣叫南宫毛，这个人很有可能就是留在朝廷任职的南宫适次子，而曾国的作用和相关故事，我们很快也会再次提及。

七、芈姓楚国的由来

前面我们讲述的卫、鲁、齐、晋、燕、曾等国，全是周初"授土授民"分封的重要国家、一方方伯。其中卫、鲁、晋、燕、曾都是姬姓国家，齐国虽然是外姓——姜姓，但姜姓是与周人长期通婚的部族，而且其开国君主太公吕尚是武王老丈人、成王外祖父，与周初王室的关系亲近得不能再亲近了。这篇要讲述的芈姓楚国，它与周人的关系就疏远多了，故而它不是周初以"授土授民"形式分封的；说周人"封楚"，不过是对一个早已经存在的地方小部族在名分上加以承认而已。楚国在西周初年，实力也非常弱小，比不得那些或姬姓或外戚的方伯们。但众所周知的是，芈姓楚国在东周时期可是牛得很：春秋时的楚国，是与晋国并驾齐驱近百余年的南方霸主，一部春秋史，几乎可以说就是"北晋南楚"的争霸史；到了战国时期，楚国也曾一度强盛，疆域几乎占了当时华夏版图的半壁江山，号称"地方五千余里，带甲百万"，秦灭六国打得最艰难的一国就是它。其实就是在西周时期，也有楚国的不少戏份。所以为了让大家理解后面的不少历史情节，在此我们还是有必要叙述一下芈姓楚国的渊源。

按太史公司马迁在《史记》中的说法，芈姓楚国是黄帝之孙颛顼高阳氏的后代。《史记》所列的楚国受封前的世系如下：

黄帝—（子）昌意—（子）颛顼高阳氏—（子）称—（子）卷章（《世本》作老童）—（子）重黎（祝融）—（弟）吴回（祝融）—（子）陆终—（子）季连—（子）附沮—（子）穴熊……鬻熊—（子）熊丽—（子）熊狂—（子）熊绎[1]

---

[1] 注：在这个世系表里，吴回是前一位重黎的弟弟，穴熊和鬻熊之间之所以有"省略号"，是因为太史公说这中间又经过了N代，世系不明。其他的都是"父子"关系。

《史记》是这样叙述楚人祖先的具体故事的：黄帝的玄孙帝喾（黄帝—玄嚣—蟜极—帝喾）在位时，曾赐予他的侄孙辈的火正重黎以"祝融"的称号。但不久因为重黎剿灭作乱的共工氏不力，帝喾又杀了重黎，而让重黎的弟弟吴回继承了"祝融"的称号。吴回的儿子陆终后来生了六个儿子，分别是老大昆吾、老二参胡、老三彭祖（就是那个传说八百岁的彭祖），老四会人、老五曹姓、老六季连。季连是芈姓。周代芈姓楚国的王族，就是陆终第六子季连的后裔。此后季连又生了儿子附沮，附沮生了穴熊。穴熊之后，其族人有的在中原，有的在蛮夷地区，因此当中很多世系搞不清了。到了鬻熊的时候，他曾臣事周文王，做过文王的老师。后来鬻熊生了熊丽，熊丽又生了熊狂。熊狂之子熊绎与周成王同时代。当时成王为了褒奖文王、武王时期功臣的后裔，于是封熊绎在"楚蛮"之间，授予他"子爵"的爵位和相应的土地（五十里之地）。熊绎那时定都在"丹阳"。

不过对太史公的这段记载，大家千万不要迷信。比如太史公所说的成王授予熊绎"子爵"一事，这显然就是不符合历史事实的。因为我们前面说过，西周金文显示西周时期，尤其是西周初年，还没有"公、侯、伯、子、男"的五等爵制，所谓"子"在西周时期只不过是指贵族小宗的宗长而已。因为小宗宗长地位较低，所以东周以后人们才用"子"来称呼那些小国之君，尤其是周人瞧不起的蛮夷之君。

当然爵位表述的错误还只是小事，笔者要强调的重点并不是它，而是太史公对楚人先祖的世系叙述。在本书最初我们就说过，对那些上古的"帝王将相神话谱系"，您千万别当作真历史看，因为它毕竟是神话传说，而且不同的版本说法各异。上面太史公叙述的楚人世系故事，也是如此。

首先说这楚人始祖"颛顼高阳氏"。战国时楚国王室贵族、大诗人屈原在其著名诗篇《离骚》中就说，自己是"帝高阳之苗裔兮"，因此"高阳氏"是楚人自认的最早始祖，这应该没啥可质疑的。但屈原在另一首诗《远游》里又写道："高阳邈以远兮，余将焉所程？……轶迅风于清源兮，从颛顼乎增冰（高阳氏太邈远了，我将如何去继承他的风轨呢？……超越大风来到清气的源头，跟着颛顼到达冰天雪地之所）。"显然，屈原认为他难以追寻高阳氏的遗踪了，但是能找到颛顼。这可看出在楚国王室贵族屈老夫子的眼中，"高阳氏"和"颛顼"并不是一个人。《左传·文公十八年》里鲁国太史克也说："昔高阳氏有才子八人……颛顼氏有不才子……"所以

◎ 44　周天子制约诸侯的手段

在春秋时鲁国太史的眼中,"高阳氏"和"颛顼氏",一个是教子有方的典型,一个是教子无方的典型,自然也是两个人。因此虽然《史记》里是把"颛顼高阳氏"当作一个人,但太史公的这种说法却未必靠谱。更早的说法中"颛顼"和"高阳氏"应该是两个人,楚人的始祖是"高阳氏"而非"颛顼"。(多说一句,其实在先秦一些文献里,黄帝和轩辕氏,炎帝与神农氏,都不是一个人。)

与上面的情况相反,《史记》里说的"重黎"这个人,在《国语·楚语下》《山海经·大荒西经》等先秦古籍里,是写作"重"和"黎"两个人的。另外《左传·昭公二十九年》还说犁(即黎)就是颛顼之子,当中没有称和卷章(老童)这两代人。……总之,这些上古神话谱系分歧太多,对于《史记》里记载的那些楚人早期世系,大家只能当作一种参考。

看完了传世古文献,我们再看看近些年出土的战国楚人简帛书是怎么描述自己祖先的,这就是我们比太史公更有幸的地方。

首先,通过考古人们发现,楚人国姓"芈"姓的"芈"字,在先秦古文里,比如楚王钟、楚屈子赤角簠、曾侯作季汤芈鼎等青铜器铭文里,都是写作"嬭"的。原来楚人的真姓是"嬭",与那些上古姓氏姬、姜、姒、嬴、姞、妘、妊(任)等一样,都带女字旁!后世把"嬭"写成"芈",其实是通假,说白了就是错字,就像我们几千年来错把召公之后的"匽国"称为"燕国"一样。但是因为错太久了,为了照顾大家的习惯,我们也只好将错就错了。

曾侯作季汤芈鼎
铭文中的芈(嬭)

另外,不少地方出土的战国楚人简帛书显示,楚人祭祀先祖常有一种固定的三人组合：老童、祝融、鬻熊（或穴熊）。楚人还把这三人合称"三楚先"，也就是"三位楚人先祖"之意。老童和祝融都属于上古传说时代，出土简帛中也没有什么新说法，咱就不详说了。但"三楚先"中的"鬻熊"，有的简帛书也写作"穴熊"，显示鬻熊和穴熊应该并非《史记》中所说的是相隔若代的两个人，而是且是一个人。

尤其值得一提的是，鬻熊或穴熊的"熊"字，包括后来的熊丽、熊狂、熊绎等后世楚国君主称呼中的"熊"字，出土东周简帛书和金文里其实是写作"酓"（yǎn）的，上古这两个字音近可以通假。这里"酓"是首领、君王的意思。也就是说，"鬻酓"（鬻熊）就是"名为鬻的君主"的意思；后面的"酓丽"（熊丽）、"酓狂"（熊狂）、"酓绎"（熊绎），就是名字分别为"丽""狂""绎"的君主的意思。由此还可以看出，楚人认为自己有"君主"，也即楚人从部族阶段发展到国家阶段，是从"鬻酓"（鬻熊）开始的，因为他是楚人祖先中第一个名字里带"酓"字的。后世有些史学家因为没看到"酓"的本字，只看到传世史书中楚国君主名字里都带个"熊"这个通假字，就把楚人与动物"熊"联系起来，认为楚人可能是用"熊"做图腾，这显然是错的。当然这也怨不得史学家们，要怪只能怪秦始皇的焚书，让汉代以后的学者难以看到更多古文献。据当代学者考证，目前已知的最早把楚王称号里的"酓"写成"熊"的出土东周资料，是战国末期秦惠文王诅咒楚怀王熊槐而写的《诅楚文》。《诅楚文》原文刻在石碑上，宋代出土，该文里就没有把熊槐写作"酓槐"，而是写作"熊相"（"相"与"槐"古音相近），所以很可能是秦人最先在文献里把楚王名号里的"酓"字偷天换日换成了狗熊的"熊"字，以表示对楚王的轻蔑和咒骂；而后来秦始皇统一天下后焚烧了诸国史记，只留下秦国史书，于是汉代学者就把楚王称号按秦人的记载写成了"熊某"。回过头来再看楚国的王姓"嫚"被改成"芈"一事，"芈"本意是羊叫，显然不算好字，所以这种改楚王姓的事儿极有可能也是秦人为了辱骂楚国而故意干的。现在我们该给楚王室正本清源了：楚王室本姓"嫚"、氏"酓"，而不是姓"芈"、氏"熊"！

◎ 44 周天子制约诸侯的手段

楚王酓章镈钟
铭文中的酓

不过要说近年来发现的对楚国王室历史叙述较详细的出土古文献，还得数"清华简"中的《楚居》和安徽大学藏战国竹简中的楚史部分。

21世纪初，清华大学收藏的一批战国楚简中，有一篇记叙楚国世系的无名文章，后被专家们命名为《楚居》。专家推测这篇《楚居》应该是战国时楚国史官所写。楚人写楚史，真实度自然应该很高，故而史学界对这篇《楚居》极其重视。但不知道是竹简残缺，还是楚国史官偷懒，《楚居》里的楚国世系并不是从传说中的高阳氏写起，而只是从"季连"开始写的。

《楚居》前边一段写道：

季连最初降生在騩山之上，随后抵达穴穷（地名）。他一度还曾居住在乔山、爰波等地。后来季连沿着洲（chuàn）水逆流而上，见到盘庚之子住在方山之上。（因为古文中"子"可指男也可指女，所以我们也不知道这里的盘庚之子是指盘庚的儿子还是女儿）。盘庚之子有个女儿叫妣隹（bǐ zhuī），非常美丽温柔。季连听说已经有人到妣隹那下了聘礼，立即就尾随别人的迎亲队伍把她抢了过来。抢亲之后，季连和妣隹生了两个儿子，一个叫䞍（tǐng）伯，一个叫远仲。季连父子先到了京宗这地方，后来穴酓（穴熊）跟着也来了。穴酓在载水（河流名）上看到一个妇人正在乘船逆流而上，耳朵很大，于是就以她为妻（可能也是抢的），这妇人就是妣厉。后来妣厉给穴酓生了两个儿子，分别叫侸叔、丽季。妣厉在生丽季的时候难产，是剖开她的肋骨，从其体内抱出的丽季,妣厉因此死去。后来巫医用"楚"(荆条)把妣厉的尸体伤口裹上下葬。自那以后,为了纪念这位不幸难产去世的母亲,这个部族就以"楚"命名,叫作了"楚人"。丽季之子酓狂(熊狂)也住在京宗这地方。后来酓狂的儿子酓绎(熊绎)和一个叫屈紃(xún)的人,让鄀国的始祖嗌占卜居地,楚人于是又迁徙到"夷屯"这个地方……

说完了"清华简",我们再说安徽大学藏战国竹简的楚史部分。"清华简"我们介绍过多次,这安徽大学藏战国竹简又是哪儿来的呢?原来它和"清华简""上博简"一样,都是被盗墓者盗掘并流失海外的战国竹简。2015年安徽大学把这批战国竹简从海外抢救回来并做整理研究,因此在这之后它们就有了新名字——安徽大学藏战国竹简,简称"安大简"。据新闻披露,"安大简"清理编号总数1167号,竹简的时代约在公元前400年至前350年左右,为战国时期楚国之物;竹简的内容包括《诗经》、孔子语录和儒家著作、楚史、楚辞以及相术等方面。学界一致认为,"安大简"是继"上博简""清华简"之后,先秦珍稀文献的又一次重大发现。不过截至2018年初,"安大简"内容还未公布,但安徽大学黄德宽教授写了一些对"安大简"的简单介绍,其中涉及楚国历史的不少方面,我们就先转述一下。

黄德宽介绍,"安大简"中发现的楚史类文献是目前所知时代最早、最为完整且系统的楚史资料,对先秦史尤其是楚史研究极为重要。与汉代《史记》不同,"安大简"说,楚早期世系为帝颛顼生老童,是为楚先。老童生重及黎、吴及韦(回)。黎氏即祝融,有子六人,其第六子曰季连,是为荆人。"融乃使人下请季连,求之弗得。见人在穴中,问之不言,以火爇其穴,乃惧,告曰:酓(熊)。"使人告融,"融曰:是穴之熊也。乃遂名之曰穴酓(熊),是为荆王"。穴熊生熊麗(丽),穴熊终,熊麗(丽)。[1]

看完"清华简"《楚居》和"安大简"楚史部分,我们可以发现它们与《史记·楚世家》等传世文献有很大不同,我们就来细说说。

先说"安大简"楚史部分与《楚世家》等的不同处,对此黄教授已经有总结:

老童是颛顼所生,不是称所生。老童所生有四子,即"重及黎、吴及韦(回)",而不是"重黎""吴回"两子;

---

[1] 注:内容摘引自黄德宽,《安徽大学藏战国竹简概述》,《文物》,2017 第9期。

祝融是指黎，而不是重或吴、回；

没有陆终这个人，生六个儿子的就是祝融（黎），传世文献里的陆终应是祝融的误写；

季连就是穴熊，两个人其实是一个人，而且"安大简"交代了穴熊名字的由来；

不存在附沮这一世；

穴熊生熊丽，期间并不存在世系的中断，这也证明《楚世家》鬻熊就是穴熊。

再说"清华简"《楚居》与《楚世家》等的不同处：

1. 《楚居》里也没有《史记》所说的附沮这一位人物。《楚居》提到过穴酓（穴熊），但没说穴酓与季连具体是什么关系。可从《楚居》说季连生了两个儿子叫绖伯、远仲，穴酓生了两个儿子叫侸叔、丽季来看，四子正好组成了"伯、仲、叔、季"的排行。那他们的父亲季连与穴酓应该就是一个人。这与"安大简"的描述是一致的。

2. 《楚居》说穴酓（穴熊）有个儿子叫丽季，而《史记》说鬻熊（鬻酓）有个儿子叫熊丽（酓丽），显然熊丽（酓丽）和丽季应是一个人，那么他们的父亲鬻熊（鬻酓）和穴酓（穴熊）也该是一个人。这与之前其他地方出土的楚国简帛书上提到的"三楚先"，其最后一人有时写作"鬻酓"，有时写作"穴酓"，也是对应的。

3. 楚人的得名《楚居》和《史记》的记载不同。《史记》说楚人之所以叫楚人，是因为成王把熊绎封在"楚蛮"地区，也就是封在"灌木丛生的荒蛮之地"。《楚居》则说，是因为鬻酓（鬻熊）的妻子妣厉生丽季（熊丽）时难产死亡，巫医剖开妣厉的肋骨取出丽季，后来又用"楚"（灌木的荆条）为她裹合尸体，他们才以"楚"做自己部族的名字。虽然说法不同，但显然"楚国""楚人"的"楚"，是跟一种灌木有关的。

4. 《史记》说熊绎居住在丹阳，《楚居》说酓绎（熊绎）迁徙到夷屯，显然丹阳与夷屯是指同一个地方。丹阳应该指方位，也就是"丹水之北"的意思；夷屯应该是丹水之北某个地方的具体名称。这夷屯（丹阳）在哪里呢？应该就是在现在河南省西南部丹河北部、淅川县西南这一带。

所以根据"清华简"《楚居》和"安大简"楚史部分来排楚国世系，那就是：

颛顼—老童—祝融（黎）—季连（穴酓/鬻熊）—丽季（酓丽）—酓狂—酓绎

通过这个世系表，大家就应该明白，为什么战国简帛书上楚人所说的"三楚先"（三位重要的楚国祖先）是老童、祝融、季连（穴酓/鬻熊）三位了。

不过上面的世系表也很有问题，那就是按上表，季连（穴酓/鬻熊）之上只有三代人，季连的曾祖父就是颛顼了，与传世文献说颛顼是五帝时期人差距太大，这世系太短了些。而且传世文献说祝融后代有八姓，如彭国就是祝融八姓之一，而《今本竹书纪年》记载彭国在商代中期就被商王武丁首次灭国，殷墟一期卜辞也已经出现有"彭"，说明彭国的历史要早于商代中期，那祝融的时代还得更早。"安大简"所说季连即穴熊（鬻熊），传世文献《鬻子》一书说鬻熊做过周文王老师，显然季连（穴酓/鬻熊）要算是商末人了。那从祝融到季连（穴酓/鬻熊）至少要有几百年以上的距离，故而季连（穴酓/鬻熊）绝不可能是祝融的儿子辈。所以安大简中所说的颛顼生老童、老童生祝融（黎）、祝融（黎）生季连，应该只是说老童是颛顼的后代、祝融（黎）是老童的后代、季连是祝融（黎）的后代，并非说老童就一定是颛顼的儿子、祝融（黎）就一定是老童的儿子、季连就一定是祝融（黎）的儿子。也就是说，楚人追述早期祖先，应只是举有大功德的几位说，当中不出名、没功业的就略去了。楚人的祖先世系真正连贯起来，可能是从季连以后。如此一来，也许用如下示意图表示楚人祖先的世系更接近历史：

颛顼……老童……祝融（黎）……季连（穴酓/鬻熊）—（子）丽季（酓丽）—（子）酓狂—（子）酓绎

讲完了楚国世系的一些问题，我们再来说一说，楚人最初的"籍贯"到底在哪里。安大简更详细内容还没有公布，下面我们只能继续分析传世文献尤其是"清华简"《楚居》。传世文献《左传·昭公十七年》说，"郑，祝融之墟也"，也就是说祝融曾居住在春秋时的郑国，即现在河南新郑、新密一带。至于季连时代楚人（其实当时还没这个叫法）生活在哪里，"清华简"《楚居》中则记载了好多地名、山名、河流名，什么隈山、穷穴、乔山、㳆水、方山、京宗、夷屯等。这些地名因基本不见于传世古籍，所以到底都是现在的什么地方，史学家们也众说纷纭。不过多数研究者认为，这些地方应该都在现河南境内。如据史学家李学勤考证，这隈山应是《山海经》中的騩山即今天新密、新郑间的具茨山；㳆水即均水，也就是现在的河南西南部老灌河。史学家杜勇则认为"京宗"是在今天洛阳一带。说白了史学界多数人还是认为楚族发源于中原。如果真的是这样,那么"芈"(金文作"嬭")姓楚人的先祖并不是我们想象的南方民族,而是一直居住在河南中部的中原民族。到了鬻绎(熊绎)的时期,楚人才迁徙到了"丹水之阳"的夷屯,也就是现在的河南淅川县西南、丹江北岸一带。

说完了楚人的"籍贯"问题,我们继续说说楚人在商末周初的历史故事。

首先,传世文献都说,鬻熊(即穴熊/季连)曾经臣事周文王,因为他当时已经九十高龄,文王因此尊他为师。

其次,据《墨子·非攻下》记载,鬻熊之子熊丽(鬻丽),曾经讨伐过雎山(古人说在湖北南漳县西的荆山一带,但笔者认为应没有那么远,可能仍在丹江一带)。

熊丽之后的熊狂(鬻狂),可能在位短暂,史书上没有记载他什么事迹。

接下来,就是熊狂之子熊绎(鬻绎)迁居到"丹阳"的夷屯了。武王伐纣的时候,可能也是熊绎作楚人首领。但我们知道,《牧誓》中提到的协同周武王伐纣的"八国联军"中并没有楚,显然楚人应没有为周人灭商做出多大贡献。

武王在伐纣后两三年即去世了,接下来就是周公旦摄政,结果被上下一致地怀疑。周公旦没办法,只好离开朝廷避居东方,以表白心迹。这个"周公居东"的"东"地,有一种说法就是楚国,也即熊绎时楚人居住的夷屯。我们知道,楚人与周王室的关系比较疏远,武王伐纣时楚人也没有什么功劳,何以后来成王时熊绎能被"分封"为诸侯呢?难道就是因为传说他爷爷鬻熊做过周文王的老师?有人推测,这也许就与楚人曾友好地接待了王室重臣周公旦有关,后来周公旦重返朝廷执掌大权并实际主持分封诸侯,想来忘不了熊绎的好。

不过成王时期周朝"分封"熊绎为楚国国君,实际只是颁发了一个"委任状",既未实际赐予土地,也未授予他民众,什么珍宝重器,当然也是没有楚人的份的。这个当然一是因为楚人和周王室的关系不够亲密,二是因为楚人也没有在武王伐纣和周公东征中有什么重大贡献,三是当时熊绎被封为楚国国君时,楚人的势力其实还是非常弱小的,把它称为"国"都是抬举了。《左传·昭公十二年》说,熊绎那时坐的车子是破柴车,穿的衣服是褴褛的破衣服,能拿出手进贡给周天子的物品,只有桃木弓、枣木箭。(这桃木弓、枣木箭可不是用来实战打仗的,而是在夏天出冰的时候祭祀司寒之神,以消除冰雹灾害的。)新问世的"清华简"《楚居》也记载了一个有趣的故事，来表现楚国立国之初的贫穷艰难。《楚居》说，酓绎在夷屯的时候修建了宗庙准备搞祭祀活动，国内却连头祭祀用的牛都备不起，于是楚人只得干起了小偷小摸的勾当，从邻近的鄀国偷了头无角小牛回来。因为怕鄀国人看见，熊绎不敢在白天杀牛，只能在夜里偷偷地宰牛悄悄地祭祀。后来，在夜里杀牛祭祀，居然成了楚国祭祀方式中的一种。可见熊绎的时候，楚国有多么窘迫。那时所谓的"楚国"，恐怕人口和势力连现在东部地区的一个村子都不如。

正因当时楚国实力太弱小，所以《国语》说成王六年周成王在岐山之阳（南）举行大蒐礼并进行盟会时，楚国国君熊绎根本没被允许和众诸侯一起进入盟室，只能和鲜卑的君主去摆摆滤酒的茅草束，设立一下望祭山川的木牌位，看守看守庭院中照明的火堆。有人替楚国找面子，说楚国国君被派去干守火堆的这些杂活，并不是周王朝歧视楚人，而是因为楚人是火正祝融的后代，所以周人才"量才委用"。其实前面介绍楚国早期世系的时候我们能看出，祝融的后代又不止芈（嬭）姓这一支，古人有"祝融八姓"之说。除了芈（嬭）姓，还有己、董、彭、秃、妘、曹、斟等姓也是祝融之后。祝融另外一些后代的国家，应该也有参加成王岐阳之会的，比如"牧誓八国"中的彭国在周初时就和周人比较亲近，怎么周人不派祝融之后的彭国或其他国家去守火堆呢？所以"岐阳之会"楚人看火堆，并不是因为他是祝融之后，而确实是因为当时楚人实力太弱小了，不被周王室和天下诸侯看得起。

其实不但成王时期，就是到成王的儿子周康王在位时，周人也还是瞧不起楚人的。《左传》说，周康王时熊绎又和齐侯吕伋（吕尚之子）、卫侯（康侯）康伯髦、晋侯燮父、鲁侯伯禽一起臣事康王。康王当时曾封赏齐、卫、晋、鲁四国宝物，但却没给楚国。以至于五百多年后春秋时期的楚灵王提起此事还耿耿于怀。

那这弱小的楚国，后来是怎么一步步发展壮大起来的呢？因为排篇布局问题，在这里我们就不多讲了。到了后面该楚国出场露面的时候，我们再接着给大家讲述有关楚国的故事。

◎45 东都"成周城"的落成

前面我们花了大段篇幅,介绍了周初地方上几个重要诸侯国的具体开国情况。接下来,我们再次把目光转回到西周中央朝廷上来。

之前我们讲过,成王四年,周公旦开始主持西周王朝的第二次大分封。到了成王五年时,武王的遗志——东都的兴建工作,终于也进入大规模实施阶段。

营建新都是王朝的大事,为此成王五年二月二十一乙未日这天,天子成王为表示隆重和虔诚,步行从镐京前往丰邑去向文王宗庙祭告此事。三月初五戊申日,成王特派太保召公奭来到现在的洛阳盆地一带实地占卜,为规划中的新都选定具体位置。

当时的洛阳盆地一带,以前原属于商朝,本有殷人居住;之前我们还提到过,武王伐纣及周公旦东征胜利后,分别下令把部分俘获的殷商遗民留在洛师,也就是今天洛阳附近。这些殷人,就是西周王朝营造东都的主要劳动力。于是成王五年三月初七日,召公奭先指挥殷人,花了五天时间为周人新都城的宗庙、宫室、市场、作坊等功能区划定基址。第二天,摄政大臣周公旦亲自来到新都城的基址上视察,经过占卜,他肯定了召公奭的选址,即认定洛河以北、邙山以南、古涧水(非今涧河而是今史家沟)以东、瀍河两岸地区是吉地,并遣使把占卜的结果和东都规划送交位于镐京的成王。得到成王的钦定后,周公旦为兴建东都的工程,又先后在当地进行了祭祀天神和土地的仪式。三月二十一甲子日,周公旦召集周人官员和殷商遗民贵族训话,进行精神动员,安排具体分工。随后他一声令下,浩大的建设正式全面启动。大家应该记得,武王伐纣渡过黄河后,与纣王使臣约期会战(即牧野之战),约的日子就是"甲子"日,可见在周人心中,位于干支之首的"甲子"日,应该是个预示"万象更新"

的好日子。周人干什么大事，都喜欢选在这个日子进行。

东方新都兴建的时间是成王五年，这为1963年于陕西宝鸡出土的著名青铜器何尊所证明。这何尊我们以前在讲武王伐纣成功后返回镐京、经过豫西登上太室山立下建都河洛一带的愿望时也曾提起过。

经历了大约两年的施工后，周人在东方的新都终于建成。一些古代典籍和西周青铜器铭文显示，这个新都最初曾被叫作"新邑"或"新大邑"；因为地处洛水流域，又叫"洛邑"。（汉代一度改"洛"为"雒"，又写作"雒邑"。）不过它还有一个更有名的名字，就是何尊最先提到的"成周"。成周为什么叫成周呢？汉代大儒何休说，"名曰成周者，周道始成，王所都也"。

按《逸周书》记载，西周成周城的内城有1720平方丈，外城有72平方里，看来应该是8里×9里的长方形。城中的重要建筑包括祭祀先祖后稷的太庙，祭祀文王的宗宫，祭祀武王的考宫，周王居住的王宫，以及办公施政的大殿"明堂"（类似明清故宫的太和殿）。这些建筑，都是雕梁画栋，气派非常。东都的中心还有一个叫"太社"的大社坛。这社坛中的土分成五色，中央为黄土，东方为青土，西方为白土，南方为红土，北方为黑土。分封诸侯的时候，把这个诸侯分封在哪个方向，就取那个方向某颜色的土，用黄土包了，放在白茅草上，赐给这个诸侯，作为封土的象征。所谓"裂土封侯"的"裂土"，就是指从大社坛上取一块土。

不过西周初年周公旦修筑的这座"东都"的具体位置在哪，几千年来却一直有重大争议。这争议还得从著名的鲁国编年史《春秋》说起。《春秋》曾明确记载，东周时期在现在的洛阳市一带有两座城，东面一座叫"成周城"（因临近洛阳东北的"狄泉"故可称"狄泉成周城"），西面一座叫"王城"。所以这就把后世的历史学家都搞晕了，两千年来他们一直在争论：西周初年由召、周二公占卜选址、周公督工修建的这个"新大邑"（西周成周城），与东周时期的"狄泉成周城""王城"是什么关系？"新大邑"（西周成周城）是后世的"狄泉成周城"，还是后世的"王城"？因为长期聚讼不休，一些史学家还提出一种好似和稀泥的意见，说周公旦当年修筑的"新大邑"其实本就是"双子城"，认为"狄泉成周城"和"王城"都是周公旦修的。

既然文献已经解决不了这个问题，那我们又只能寄希望于考古了。经过20世纪以来考古学家的努力，目前史学界大体认定，东周时期的"狄泉成周城"的位置，就是后世东汉、曹魏、西晋、北魏修筑的都城洛阳城的位置，即史学界称之为"汉魏洛阳城遗址"的地方，它在今天洛阳市区以东约十五公里处。1984年考古学家经过考古发现，"汉魏洛阳城遗址"中最早的城墙始筑于西周中晚期，所以"狄泉成周城"不可能是周公旦于西周初年兴建的"成周城"；而东周时期的"王城"，就是汉朝的"河南县"县城，位于现在洛阳老城区西边的王城公园一带，该区域的遗址遗物基本是春秋以后的，它应是东周周平王东迁以后才修建的，所以它也不可能是周公旦于西周初年兴建的"成周城"。也就是说，过去那些争来争去的历史学家，全都错了！既然西周初年周公所建的"新大邑"（西周成周城），既不是东周时期的"狄泉成周城"，也不是东周时期的"王城"，那它到底在现在的哪里呢？

话说自20世纪50年代以来，考古工作者在"王城"和"狄泉成周城"之间的地带，即今洛阳老城区东部边缘、横跨瀍河东西两岸的地区，发现了一块东西长约三公里、南北宽约两公里，面积广大的西周遗址。它包括西周贵族墓地、殷顽民墓地、大型铸铜遗址、西周早期大道遗址、祭祀坑遗址、车马坑遗址、大型宫殿基址等遗址遗迹。这块西周遗址，在年代上属于西周早中期，时间上比始建于春秋时期的王城和始建于西周中晚期的"狄泉成周城"要早得多；从位置上讲，它位于洛河以北、邙山以南的瀍河两岸地区，正与《尚书·洛诰》中周公旦占卜后认为吉利的"涧水以东、瀍河两岸"地区吻合；这片遗址中周人贵族墓随葬的青铜器铭文里，提到过太保、康伯、伯懋父、毛伯、丰伯等西周初期的显赫贵族，说明这是个政治中心所在；遗址中又含有殷人墓，符合史书上武王尤其是周公旦迁徙大量殷商顽民来此居住的记载；古人云，"国之大事，在祀与戎"，庞大的祭祀坑，更说明了此地的不同寻常……

不过在欣喜之余，考古学家们却始终为一事非常疑惑，那就是他们一直没能在这里挖到西周初年的成周城外郭城墙。没有城墙，怎么能下定论这里是座"都城"呢？开始时，考古学家以为是他们还没挖到地方。但是经过几十年的挖掘，几乎把当地掘了个遍之后，他们还是没找到城墙的踪影。这时他们结合对殷商后期及西周时期其他王都、诸侯都城的考古发现，终于恍然大悟：那么多历史遗迹和出土文物能与历史文献对应，显然此处应该就是周公旦所修筑的"新大邑"（西周成周城）所在地！而这座西周东都，是一座不存在外郭城墙的不设防城市！（当然周王居住的王宫是有宫墙或宫城的。）

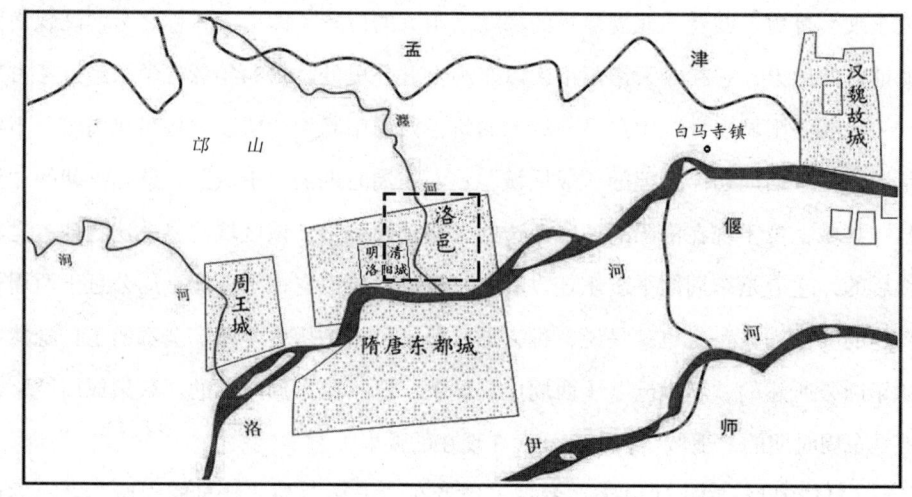

西周洛邑（成周城）位置示意图

听到这里，恐怕多数人一时都会接受不了：赫赫周朝、泱泱大国的东都，没外郭城墙，这怎么可能呢？因为一提起古代都城，中国人立马会想到那种被高大厚实的城墙围起来的城市。尤其是距离现代最近的明清都城北京城，其巍峨的城墙直到20世纪50年代才被拆除，留下了大量的影像资料，一些年纪大的人，还亲身见证过其墙雄伟风姿。人们很难想象古代的一座王朝都城会没有城墙！不过中国考古工作者几十年的考古发现颠覆了这一大家认为的常识。前面笔者也陆续介绍过，如今中国考古学界已经基本证实如下的事实：商朝后期的都城安阳殷墟没有外郭城墙；公亶父始建的周国都城岐邑遗址在大部分时期是没有外郭城墙的（目前发现的城墙遗址属于西周晚期）；文王、武王所建的丰京遗址和镐京遗址终西周一朝都没外郭城墙；鲁国都城鲁城的外郭城墙直到两周之交才修筑；西周中后期成为齐国都城的临淄城，其外郭城墙遗址的修筑时间不早于春秋晚期；春秋中期成为晋国都城的新田，直到晋国灭亡，近两百年间都没有外郭城墙……连秦国后期（包括后来统一的秦朝）都城咸阳城，都是没外郭城墙的。对于以上的考古结论，不知道大家会不会觉得有点儿意外？

其实这些事例证明，中国在殷商后期到春秋时期的近千年间，外郭城墙并不是一个王朝或诸侯国都城的必备要素。关于秦国（包括秦朝）都城咸阳为什么没修外郭城墙，有人曾分析过，这是秦国因强大而产生的极端自信！商代后期都城殷墟没有外

45 东都"成周城"的落成

郭城墙,与上面是一样的道理;周公旦修筑的新大邑(西周成周城)没有城墙,还是同样的理由。当时的周朝,蒸蒸日上,拥有无坚不摧的庞大兵力,已经征服了西起甘肃、东至大海、南达江汉、北至燕山的广大区域,并设置了星罗棋布的诸侯国作为周朝的"屏藩"。之前周人在岐邑和丰、镐都没有修筑被动防御性的城墙,周公旦征服天下后,在庞大国土的中心位置修筑新都,又何必要什么城墙呢?有外围的诸侯做屏障,有都城周边的自然山川做阻隔,就足够了!我们现在也该明白了,古籍《逸周书》中所说的雒邑外城七十二平方里,其实不是指其外郭城墙包围的面积,而是雒邑周围的自然屏障——邙山、洛水等山川围成的面积。可以想见,西周初年的周人,心怀开拓进取之心,是何等的霸气,何等的意气风发!他们建立的都城,都是这么开放,这么不愿受到束缚!

当然有人会说,你前面不是提到,狄泉成周城的城墙是西周中后期开始修筑的吗?后来周人怎么又在不设防的洛邑以东修筑带外郭城墙的新城了呢?在此我们先卖个关子,后来的篇章将会解释这个问题。

◎46
中华文化基调的奠定——周公制礼作乐

话说当初成王五年这座"新大邑"动工时,成王正好是十八岁;等到东都完工后,成王显然就该成为真正的成年人了。古人"二十弱冠",帝王虽然一般登基就行冠礼,《今本竹书纪年》也记载成王在十三岁继位当年的秋天就加过"元服"表示成年了,但毕竟实际年纪在那里摆着。有鉴于成王即将真正成人,周公旦在督建东都的两年时间内,就已经决定等东都建成后便"还政"于成王。他还有一个计划——要让成王率天下诸侯到新落成的东都举行一次盛大的"祭祀大典"。之所以这样打算,周公旦可谓用心良苦。首先,东征胜利结束后,还活着的功臣们已经论功行赏——或封官封侯,或赏赐财物;但是死于此役的众多将士,还需祭祀他们的在天之灵,告慰他们的家族和遗属。作为东征统帅的周公旦,觉得只有让成王以天子的身份作一篇"封神榜",才对得起那些沙场殒命的部下。其次,集合天下诸侯来此与成王共同成礼,可以暗中观察大祭祀中,哪些诸侯是诚心臣服周人,哪些诸侯心怀二志,以做未来赏罚黜陟的依据。再次,这次盛大的祭祀典礼,可以彰显周朝的实力和声威,震慑那些依旧不服周人的殷商贵族和遗民,从精神上消弭他们的反抗企图。

不过在武王时代,周人的祭祀典礼主要还是因袭商代的陈规。为了显示新朝气象,成功实现自己的目的,早在督建东都时,周公旦就开始参考前代夏、商的旧制,为西周王朝制定有周人自己特色的礼乐制度。这就是《左传》《尚书大传》《逸周书》《礼记》等古书上所说的"周公制礼作乐"。

话说甲骨文中的"礼",本没有"示"字旁,写作"豊",就是高脚盘(豆)上放上两串玉。玉在中国古代是通神之物,所以高脚盘里放玉,自然是祭祀鬼神所用。

故而中国著名字典、东汉许慎的《说文解字》里解释"礼"说:"礼,履也,所以事神致福也。"意思是说,最初的"礼",就是祭祀鬼神等宗教活动中要行的礼节、仪式。周代礼仪,据东周时成书的《周礼》一书记载,有"吉、凶、军、宾、嘉"等五种。吉礼,就是对天地、神祇、宗庙、日月星辰、五岳等的祭祀典礼,是统治者最重要的礼,号称"五礼之冠";凶礼,是古代遇到不好的事情时所行之礼,包括对死者的"丧礼",饥荒之年统治者为禳灾、救灾举行的"荒礼",水火灾害时吊问的"吊礼",在别国有外寇内乱时抚恤的"恤礼"等。军礼,是师旅畋猎、校阅、征伐之礼。宾礼,是接待宾客之礼,包括诸侯朝见天子的"朝觐"礼,诸侯之间遣使访问的"聘"礼,天子或诸侯封赐下属爵位、土地的"赐命"礼等。嘉礼,是人们为日常生活中高兴的事举行的和合人际关系、沟通联络感情的庆祝礼仪,内容最为庞杂,包括饮食之礼、婚、冠之礼、宾射之礼、飨燕之礼、贺庆之礼,等等。这五礼,覆盖宗教、政治、生活方方面面,形式十分烦琐。

众多史书都说周公旦"制礼作乐"是在成王六年这一年。其实所谓的"周礼",包罗万象,仪式繁复,绝不可能是他在一年之内能制定完的。成王六年,应该只是周公旦"制礼作乐"的开始时间:此前周公旦忙于残酷的东征,军事问题当先,不可能有思考如何"制礼作乐"的时间;而当东征胜利、天下一统、东都将成之际,他才能有这个空闲。

可周公旦为什么要下那么大的力气来"制礼作乐"呢?

汉代儒生陆贾曾对汉高帝刘邦说过一句名言,"可以马上得天下,不能马上治天下"。虽然西周初年的那个时代,周公旦不可能知道后世陆贾的原话,但不代表作为政治家的周公旦不明白这样的道理——少数族群的周人靠武王伐纣、自己三年东征得到了天下,可显赫的商朝都不能以武力长久维持天下,"小邦周"又如何能靠武力来永远保有现在的成果呢?但不靠或不仅仅靠武力这样的硬力量,那靠什么呢?自然就得是软实力。周公旦看中的软实力,就是"礼乐"。所以周公旦"制礼作乐",其目的实际上就是想为周人建立以"礼乐"为核心的完整统治制度、精神世界,以维系、凝聚天下人心,以期实现大周朝的长治久安。在什么场合用什么礼仪、用什么音乐,不过是"毛皮"、是"表",礼仪、音乐背后的制度、精神,才是其"骨肉"、其"里",这才是周公真正要的东西。

因此说起周公旦的"制礼作乐"，礼仪程式的表面之内，其制度建设是极其丰富的，包括宗法制度、井田制度、分封制度、婚姻制度等方方面面，以及在所有这些之上形成的伦理道德体系。

首先说分封制，我们之前已经在第二次大分封那节，详细介绍过周公分封国家的形式、数量以及封国的权利义务等。不过当时我们没有强调的是，西周的分封制度，实际也是和宗法制度密切结合起来的。宗法制度，是周人的重要制度，中学历史课本里有个树状图来表现它，想必大家记忆深刻：天子之位由老天子的嫡长子继承，老天子庶子分出做诸侯；诸侯之位由老诸侯的嫡长子继承，老诸侯庶子分出做大夫；大夫之位由老大夫的嫡长子继承，老大夫庶子分出做士；士之位由老士的嫡长子继承，老士庶子就成平民了。宗法制的本质，就是把宗族结构中的血统关系，与政权结构中的上下尊卑关系结合起来，也就是以嫡庶、长幼来区分尊卑上下。从"宗族"来讲，天子之于诸侯，诸侯之于大夫，大夫之于士，前者是大宗，后者是小宗，所以前者对后者有支配权。从国家来讲，天子之于诸侯，诸侯之于大夫，大夫之于士，前者是君，后者是臣，前者对后者有支配权，所以族权的"宗统"与政权的"君统"是二位一体的。天子作为天下最大的大宗，也是最高的君主，因而享有最高统治权。这种宗法制度形成了一个以周天子为共主的庞大宗族血缘体系，大大小小的宗主掌握着各级政权，维护着宗族内部的尊卑等级；因为从人一出生，就确立了他们的身份地位，可以在一定程度上避免各级贵族之间为争权夺利造成社会动荡。故而在当时，宗法制对于维护宗族的团结，甚至对于华夏民族向心力的形成，都有着相当积极的作用。

井田制度，则是西周的根本经济制度。战国时的孟子是这样介绍井田制的：井田就是把九百亩田地，划阡陌分成一个"九宫格"，外边八个格八百亩地是各家农民的私田，中间一个格一百亩地是公田，也就是天子等各级贵族之田。那时没有农业税，某地方所有农民先集体在公田里给贵族干完活了，然后再到私田里给自己干活；公田里的收成就相当于该地农民交给当地统治者的赋税了（劳役地租），私田里的收成则归农民自己所有。这就是井田制。当然了，孟子所说的九百亩"九宫格"这样整齐划一的田块形式，历史上不一定真的存在；但土地一部分是公田、一部分是私田，农民耕公田交公、耕私田归己的这种生产形式应该是存在的。在介绍卫国、鲁国的具体分封情况时我们说过，周公旦曾交代弟弟康叔封和儿子鲁公伯禽，要"启以商政，疆以周索",很多史家认为,周公的意思就是让他们在自己的封国内,土地制度实行"井田制"。在井田制下,农民只要帮"公家"干几天活当劳役地租,就可以忙自己的农活了,也不用再交其他税赋,生产积极性自然提高了,这就为西周王朝奠定了雄厚的经济基础。

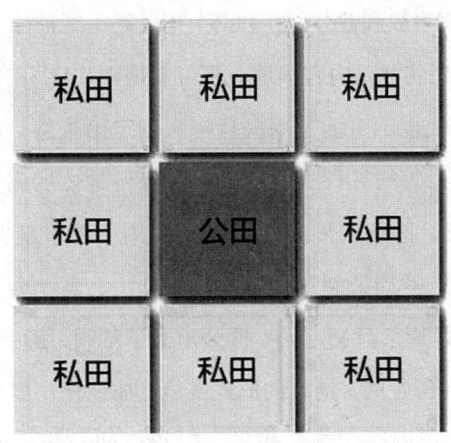

井田制示意图

周代的婚姻制度,在这里也简单提一下。在商朝,同姓之族,六代以后就可以通婚了;而在周代则严格实施"同姓不婚"的制度,甭管过了多少代。这样的规定一实行,那天下贵族,上至天子下至各国诸侯、卿士,都不能在婚姻上"自我消化",都要和异族异姓婚配。如《左传》记载武王的长女大姬嫁给了陈国首封之君妫满,匽侯旨作姑妹宝尊彝记载召公奭的小女儿嫁给了霸国国君霸伯,曾侯谏作媿肆壶记载曾侯谏娶的是媿(怀)姓狄人之女……最后的结果就是天下贵族都互相成了亲戚,结成一张关系大网,这也是周天子在血缘上"一统天下"的策略吧。因为在之前所说的宗法制下,周天子只是姬姓诸侯国的大宗,异姓诸侯国容纳不进来;而联姻之后,周天子就与异姓国家成了"甥舅之国"。

周公旦制定的具体礼仪程式即什么典礼用什么礼仪、用什么音乐舞蹈,其实就是通过让人们一遍遍地履行仪式的方式,潜移默化地来强化人们对他创制的这些制度的认同感。比如通过诸侯朝见天子的"朝觐"之礼与天子分封诸侯的"赐命"之礼,来强化君臣意识(在夏商之时,天子仅是"诸侯之长",至周变为"诸侯之君"。);用高级贵族招待低级贵族的"飨礼"中的食器、音乐的差别,来强化等级差别意识;用乡间尊老敬贤的乡饮酒之礼,明确长幼之序,增进人们的感情;用天子"籍田"之礼,来尊崇农业,并促进经济发展、确保收成……尤其是这些仪式中的音乐舞蹈,又可以调和等级差异带来的隔阂和矛盾,陶冶人的情操。总之,周公的"礼乐制度",就是维持周人封建统治、强调尊卑等级、协调贵族利益分配、和谐上下关系、维护社会秩序的"软力量"。

我们前面说过,西周的礼乐内容烦琐,不可能是周公旦一年制定出来的;这里我们要补充的是,实际上周礼也不可能是周公旦一人制定出来的。出土的西周金文证实,西周的朝会、祭祀、册命等典礼仪式,以及表示身份地位的用簋用鼎等制度,都有一个逐渐演进的变化过程,即从西周初年草创到西周中期日渐完善成熟,绝非一蹴而就。我们之所以依然承认"周公制礼作乐"这一说法,就是因为宗法制、分封制、井田制等周代的基本制度是周公旦制定的。周公定下了基调,确立了方向,赋予了精神,他身后周礼的内容虽然有所发展,周礼的形式虽然更加细化,但也万变不离其宗了。

下面,我们就来谈谈周公"制礼作乐"时给周朝乃至后世中国注入的一种新的精神思想,这就是"敬德"二字。说起这个"德"字,其实商朝的甲骨文里就有,不过甲骨文中的"德",只有双人旁和右上角的"直"字,而没有右下角的"心"。甲骨文的"德",从字形看就像一只眼睛在十字路口的中心看正前方的路,也就是"遵循""沿着"的意思。"遵循"什么?俗话说"商人尚鬼",在商代自然是指遵循"天意",也就是占卜结果是怎样商人就怎样做,没有人的自主和自我约束(心)。"德"字右下角有"心",是从西周金文开始的。从这个"德"字字形的变化就可以看出,从商到周,"德"的概念有了重大变化。如在传世的《尚书·周书》很多篇章里,周公就多次提到"德"与"天命",而且他在前后文解释说,所谓的"天命",所谓的"德"(顺天),就是君主要爱护民众。(《康诰》曰"不敢侮鳏寡",《无逸》称文王"怀保小民")、勤政不放纵(《多士》曰"上帝引逸"。)显然,"天命"与"德"联系在一起,是周公的创新。周公看到商人整天祭祀、占卜,最终还是不免亡了,因此他对"天意"也有了怀疑,所以他才在《尚书》的《君奭》《康诰》等对周人内部的讲话稿中说"天不可信""唯命不于常"。也就是说,在周公这里,虽然讲"天命",但是已经不再尽信"天命",而更重视人,更重视人的"能动性",更相信"事在人为"了。"人"该怎么"为"呢?一个政权该怎样才能长期保有呢？那就是前面说的，要爱民、勤政、远离荒逸等。一个统治者，能做到上述，就是"顺天"，就可以保有统治地位；反之，你就算占卜得吉兆，也是"失德"，"天命"也不会保你。就这样，周代的"德"，慢慢地就与商代最初的"遵循天意"之意分离，变为人的主观的一些"行为规范"。周初这种认识变化对中国文化走向的影响是极其深远的。还记得我们前面用一节篇幅讲过的箕子《洪范九畴》吗？在那里，商朝贵族箕子的治国之道，还完全是"神权政治"。如果周文化继续按照商朝"尚鬼"、万事都靠占卜听取"神意"、大规模杀牲杀人祭祀的路数走下去，那中国很可能就走向神权恐怖主义的道路。是周公旦，降低了"天"的地位，提升了"人"的地位；是周公旦，把中国人从"神本"拉到"人本""民本""重德"的道路上来。一个显著的例子，后世周人虽然也杀牲祭神，但是天子祭典也不过是用太牢（牛、羊、猪三牲）十二，而不是像商朝包括周初武王"告庙祭祀大典"时期那样成百上千地杀，好像杀得越多越虔诚似的。尤其是与商朝大规模、残酷地杀人做人殉、人牲的现象形成鲜明对比，西周早期殉人数量大为减少，到西周中晚期中原地区的人殉、人牲现象基本消失了（主要在属于原东夷地区的今山东齐鲁一带还保存）。这种现象，一方面是生产力的发展进步，让周人贵族奴隶主觉得留着奴隶不杀可以创造更多的财富，另一方面也与周人的传统有关。在目前对先周遗址的考古中，考古人员尚未发现早期周人有搞人殉、人牲的做法。《礼记》云："殷人尊神，率民以事神，先鬼而后礼……周人尊礼尚施，事鬼敬神而远之，近人而忠焉"，说的就是这种巨大的变化。这种巨大变化的转折点，就是在周公时期——自周公开始,中国文化开启了由巫鬼盛行向敬德保民的转化历程，而且周人以"德"作为自己取代商人建立政权的原因，也奠定了中国后世朝代更替和政权革命的理论基础。以后中国的历朝历代，不管自己是如何得天下的，都标榜自己是因为"有德"，才被老天眷顾。

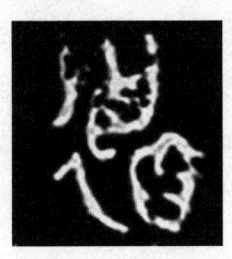

周初何尊中的有心"德"

从周朝的历史看，周公旦"制礼作乐"，显然达到了他最初的目的。首先周礼的制定，标志着周朝由靠"武力征服天下"的暴力统治阶段，进入"文治"阶段，实现了统治的合法性。随着他的这一套制度推行天下，礼乐文化深入人心，成为"普世价值观"，使天下人尤其是当初的反周殷商顽民，逐渐从内心认同了西周王朝的统治，促进了各部族的融合，从而实现了社会的有序和谐，王朝的长治久安。以至于到了东周周王室武力衰微之际（其军事力量已只相当于中小诸侯），因为靠着礼乐文化和由此产生的道德观念、社会心理对诸侯的约束，周朝又得以延续了五百多年国祚（前770年至前256年），是武力强大的西周时期的两倍。可以想象，如果周初没有周公的制礼作乐，周朝仅凭"丛林法则"的武力统治，那么周人的武力衰落之日，肯定就是它的亡国之时了，又哪里来的近八百年国祚，怎么可能成为中国享年最久的王朝呢？

周公旦"制礼作乐"的意义其实还不仅限于周朝本身，更奠定了中华民族文化发展的走向和基调。周公旦剥离"天意"的"德"的内容，后来又逐渐拓宽，形成了一套道德体系。春秋战国时代，周公在"礼乐制度"中体现的思想，如敬天爱民、明德慎刑、君臣之别、长幼之序等，被孔子、孟子等大儒提炼为"仁、义、礼、智、信、忠、孝、悌、恕、让、勇"等，儒家思想由此衍生，并长期支配了中国人的公私生活，影响至今，足有三千年之久。中国之所以称为"礼义之邦"，与"周公制礼作乐"是分不开的。当然，万事有利有弊。周礼在带给中国人礼仪、秩序、和谐、稳定的同时，也给中国人带来了很多弊病，如尊卑贵贱的等级让中国人很难形成现代"平等"思想，长期积累使中国人存有严重的顺从心理，甚至养成对权威和权力的迷信乃至盲目崇拜，不利于发挥个性和改变思想；过于专注人伦和政治，缺乏科学精神；重德治而缺乏法治观念，以人治国，潜规则盛行；过分强调家族、家庭本位思想而不顾国家利益及公共利益，只讲私德不讲公德；待人接物讲面子，繁文缛节、虚假客套，说话拐弯抹角……这一切又都使中国社会难以真正迈进现代社会。总之一句话，不管一个中国人是不是了解周朝历史、喜不喜欢周公制礼作乐所奠定的中华文化基调，他总归是深受周礼影响的，当然也许他自己根本意识不到这点，这就是"只缘身在此山中"。仿照成语"成也萧何，败也萧何"的例子，我们在一定程度上可以说，中国"成也周礼，败也周礼"。

◎47 成周盛会和分陕而治

成王六年摄政大臣周公旦开始忙着思考"制礼作乐"问题的时候，天子成王其实也没闲着。这年春天，成王率领众多诸侯在周人的龙兴之地、岐山之南（古文称"岐阳"）举行"大蒐（搜）礼"，也就是借畋猎来进行军事演习并阅兵。岐阳大蒐，是周人东征胜利后又一次对天下的武力大展示。大蒐礼后，成王和众诸侯进行盟会即古书上所说的"岐阳之会"。我们前面提到过，在这次盟会上，楚国因为弱小，连会盟的资格都没有，只能和鲜卑人一起去摆摆滤酒用的茅草束，设立望祭山川的木牌位。

第二年，成王七年，东都成周正式宣告落成。周公旦再次迁徙更多的原殷商贵族来此居住，这一来可以充实当地，二来也是最重要的，就是便于就近监视他们。后世秦始皇统一天下后，迁徙六国豪强十二万户到咸阳附近居住，应该就是跟周公旦学的。从考古来看，殷商贵族迁到东都后，与周人是分区居住的，具体说殷人住在西周成周城遗址的北部，而周人则住在城南。安顿下来后，周公旦还对东都的全体殷民进行了一次训话。周公旦先是用殷人笃信的天命来恫吓殷人，指明商朝灭亡是纣王不德、失掉天命所致，周朝代殷乃是尊奉天命，把殷人迁来洛邑也是天命，要殷人不要违背天命，而殷人若敢有罪，他必严惩。接着他话锋一转，又丢下一地胡萝卜。他安抚殷民说，他建立洛邑，是为了周朝更好地接待四方诸侯来宾，也是给殷人一个服务新朝的机会，只要他们老老实实接受天命，接受周人的统治，就会让他们永远安居乐业，子孙绵长。这就是《尚书·多士》篇。恩威并施，是周人对殷人的一贯手段。

当然在成王七年最重要的一件大事，就是对周公"制礼作乐"效果的首次检验了。

成王七年底，天子成王应周公旦的建议，率领朝廷百官驾临"新大邑"，天下诸侯也纷纷而至。十二月戊辰日，成王先举行在冬天祭祀先王的"蒸祭"之礼。因为周人喜欢"赤"色，所以准备杀两头红色的牛，来分别祭祀文王和武王。成王按惯例走入清庙之中的太室，进行"祼（guàn）礼"。所谓"祼礼"，目的是为了"请神"。具体做法是由成王用珪瓒（带玉质长柄的酒杯）盛出混合了郁金香草汁液并散发浓郁香气的黑黍酒，交给太室中高坐的假装祖先的人，即古代所称的"尸"。古人祭祀必设"尸"，"尸"的人选一般是被祭祀的神主的孙子或同姓人，"尸"的字形就像一个人坐着。成语"尸位素食"中的"尸"，本就是指这种代祖先享用祭品的替身。"尸"接过成王递来的珪瓒后，先把里面的香酒泼在地上一些，再代替祖先喝一口，随后把珪瓒供在案前。这是"一灌"。接下来，成王王后也要把黑黍酒递给"尸"，"尸"则按前面的样子也洒一点儿，喝一点儿，剩下的供奉在供桌前。这是"二灌"。二灌结束后，乐师们奏起降神的乐曲，唱《九德》之歌，舞《大韶》之舞，以招引先人灵魂下界。文王、武王的灵魂都到齐后（当然是想象的），成王出庙门把两头红牛牵进院子里，亲自射箭杀死并用刀分解。然后他再把牛肉分成两份，一份生肉直接装盘，一份生肉放入鼎中煮熟装盘，一起敬献给"尸"，这祭礼即告完成。看样子在周朝，当天子的若没两把刷子，箭术不精、力气不大，不会杀牲、解牛，还真不行。

《逸周书·王会解》这一篇章，还记载了随后天下诸侯"殷见"（诸侯集体朝拜天子之意）成王的盛况：

这次成周大朝会，南郊外筑起三层的神坛，上面张挂着用黑色羽毛装饰的红色帷帐。天子成王在坛的最上层（第三层），只见他戴着没有旒（liú）即没有玉珠串的冕冠，身穿八彩朝服，腰带上插着玉圭，面向南方而立。成王之弟唐叔虞和成王叔父郜叔（郜国国君）站在天子左侧；周公旦和太师、齐侯吕尚站在天子右侧。他们戴的都是无旒的冕冠，身穿七彩朝服，腰插笏板。在神坛三层与二层之间的正中朝南台阶上，右边（西面）站着唐尧之后的唐公（祝侯或杜唐氏宗长）、虞舜之后的虞公（陈侯），左边（东面）站着商汤之后的宋公、夏禹之后的夏公（杞侯）。他们也都面朝南，戴着有旒的冕冠，身穿五彩朝服，腰插笏板，象征着先代王朝之后都簇拥在周天子的身边。神坛三层与二层间的东边的台阶上，有祝官（掌管祭祀祝祷等的官员）淮氏、荣氏和小宗伯（掌管礼仪的副职官员）三人面朝西而立；西边的台阶上，有司仪太史鱼和大行人（掌管天子诸侯间重大礼仪交往的官员）面朝东而立。他们都着朝服，冕冠上有疏。虢叔（文王之弟老虢叔的儿子）站在坛的第二层东面，替天子登记各地进献的礼品名单，他也戴着无疏的冕冠。坛的第二层的左右两侧，从北到南，分别站立着距东都三千里之内（荒服以内）的各诸侯国国君。坛的第一层，也就是最下层，分东、南、西、北四个方向，每个方向都站立着几十位荒服以外的番邦国君或使者，并带着他们极富地方特色的珍奇贡品。比如有肃慎国使者和他们进贡的麈鹿，青丘国使者和他们进贡的九尾狐狸，黑齿国使者和他们进贡的白鹿和白马，会稽国进贡的扬子鳄，西申国使者和他们进贡的凤鸟，濮国使者和他们进贡的朱砂……

从《王会解》一文可以看出，此次"成周之会"庄重肃穆，仪式周全，四方来朝、八方宾服，规模空前，西周大一统的盛世初步显现。周公旦希望借这一盛会增强诸侯尤其是殷人对西周王朝认可和忠诚的目的，无疑在相当程度上达成了，"周礼"的作用得到了一次很好的检验。后世历代王朝，无不把这样的"万邦来朝"当作盛世的标志，竭力营造这样的气象。

此次盛会，也标志天子成王正式完全亲政。典礼结束后，天子成王返回镐京，天下诸侯也纷纷返国。临行前成王颁布王命，令周公旦留守东都成周，周朝自陕邑（今河南三门峡市陕州区）以东，百官诸侯，都归周公旦管理；而陕邑以西，则归召公奭管理。现在"陕西省"的省名，就是由召公奭管理的"陕邑以西"而简称得来的。西周王朝的行政官署"卿事寮"，也因此分为两个系统，分驻东西二都（丰镐其实是"双子城"，可算一个都城），由周公旦、召公奭分别主持，就像明代北京、南京有两套行政机构一样。（西周王朝的中央官署，除了主管军、政、刑的"卿事寮"，还有"太史寮"，主管册命、图籍、记史、占卜、祭祀、天文、历法、耕作等。）

因为周代文武不分，所以东西二都的"卿事寮"还掌管朝廷两大武装力量，分别是"东八师"和"西六师"。"西六师"是由本土周人组成的部队，早在武王伐纣前就已经成军，因为他们驻守在西边的丰镐、岐邑周边，故名。这"东八师"，又称"成周八师"或"殷八师"，从最后一个称谓就可以看出来，它主要是由原殷商遗民组成的（也包括东方各族的士兵），当然，"殷八师"的高级将领多是由周人贵族担任，他们的驻地是以东都成周为中心的地域。为了方便大家理解，我们可以打个比方："西六师"相当于清代旗人组成的"八旗军"，是周人的起家部队、嫡系部队，显然最受信任和重视；而"东八师"则相当于清代汉人组成的"绿营军"，是周人利用新征服民族组编的军队，其可靠性显然比"西六师"要逊一筹，但是数量更多些。我们前面在武王伐纣时分析周人兵力那会儿也说过，据文献《周礼·地官·小司徒》记载，西周每个师按编制为两千五百人。按上述记载，"西六师"兵力为一万五千人，"东八师"兵力为两万整，两京十四个师也就是三万五千人，这就是西周王朝直接掌握的中央军队的全部军力。这在三千年前，已经是非常庞大的军力了。而且除此之外，战时周朝还有权征调世家大族的族军和地方诸侯的军队参战，这是分封诸侯、贵族时就规定的义务。（当然，当时的军队并非常备军，而是类似唐朝的府兵制，闲时为民耕种，战时自备武器装备出征。）

按成王的分工，"东八师"的统帅自然是周公旦，而"西六师"的统帅则是召公奭。在西周时期，长期的边患都在东方和南方（东夷、淮夷），因此东都成周就成为周人在东方的军事大本营，西周金文中多次记载周人以"东八师"出征东、南各地。

史书上明确说，周公旦修筑东都还有一个目的，就是因为伊洛地区是"天下之中"，在古代交通不便的时代，方便各地进贡贡赋。因此成周在西周时期，成为朝廷重要的物资集散、储备地。

既是政治、军事中心，又是经济中心，西周时东都成周城的重要历史地位可见一斑。

我们知道，西周王朝的疆域是东西长、南北短的形状。周人同时分设东西两个都城来加强对东西两部的统治，这是中国古代政治史上的创举。西周之世，东西两都并存并重，邦畿千里，紧密相连，成为全国政治、经济、军事和文化的中心。两百多年后西周灭亡，平王之所以能够东迁王城，又将周朝的寿命延续五百多年，也与周初这种两个政治中心并建的格局有莫大关系。此后的很多大小朝代，如东汉、隋、唐、明、清都实行两都制，可见其影响深远。

◎48 "元圣"周公的谢幕

再说周公旦，在成王亲政后，他依然对侄子放心不下。为此他又做了《立政》《无逸》等篇文章（均收录入《尚书》），向成王讲解夏商成败的历史，尤其是自己的亲身体验。他教导成王要远离小人、选拔贤能之士、建立健全官制，要敬德保民，要虚怀若谷、接纳批评，并告诫成王不要干预司法刑狱，不要贪图安逸。周公旦的这些话，后来成为帝国时代中国君王的道德标准，其中很多内容直到今天仍有积极意义。

周公旦教育得很起劲儿，教育内容也正确无比，他应该确实是在为了侄儿和大周朝的江山社稷着想。不过不知大家想过没有，面对叔父的"谆谆教导"，当时的被教育者——青年天子周成王是个什么态度呢？史书虽没提，但是我们想象一下，成王这个年轻人恐怕不会很高兴。毕竟作为一个普通年轻人，都不喜欢长辈唠叨，何况这个年轻人是天子呢？假如你是一位年轻领导，却有一位退位的老领导天天在你面前指导你这、教育你那，你在点头之余，内心会迸发出些什么词汇呢？都说"良药苦口利于病，忠言逆耳利于行"，道理谁都会讲，但是真到自己身上，没几个能接受得了的。

其实有一个问题，我们一直还没有说，那就是成王亲政后，与周公旦的关系到底怎么样呢？恐怕很微妙。当时的成王，对这四叔的心情想必比较复杂。一方面，叔父替他平定了叛乱，使他坐稳龙庭，他对叔父肯定有感恩之情；但另一方面，叔父功高盖世，世人只知有周公却不知有天子，自己活在叔父的阴影里，他又不能不有所猜忌。我们这样猜测，并非是以小人之心度君子之腹。在后世的历代王朝里，权臣哪怕是没有篡位之心但为王朝和当时的君主立有大功，君主也罕有不敌视权臣的。举个大家最熟悉的例子，三国时期的诸葛亮和后主刘禅。诸葛亮要算鞠躬尽瘁的典型了，自古从来没有人怀疑他对蜀汉刘氏的忠诚。可是刘禅喜欢诸葛亮吗？诸葛亮病逝五丈原之后，蜀汉官吏百姓就上书要求给诸葛亮立庙，刘禅却以不合古制为借口，怎么也不肯"顺应民意"。直到蜀汉景耀六年（公元263年），也就是蜀汉灭亡的那一年，可能是为了振奋蜀汉士气（该年秋钟会、邓艾开始伐蜀，蜀汉年底灭亡），刘禅才下诏给诸葛亮立庙。可见在刘禅的心底对这位"亚父"诸葛亮有多纠结。

刘禅这样的还算好的，只是不愿给诸葛亮立庙而已，对于诸葛亮的后代，刘禅仍封官封爵，好好照顾着。其他"少年帝王"是怎么对待拥护自己登基的功高震主的权臣呢？我们来看看：西汉汉宣帝是由霍光拥立的，霍光死后，汉宣帝把霍光家族灭族；唐高宗本是唐太宗第九子，是舅舅长孙无忌向李世民极力推荐才被立为太子，不过他登基后嫌长孙无忌擅权，最终将这位亲舅舅赐死；明神宗十岁登基，一直靠老师张居正辅政，张居正搞的"万历新政"为暮气沉沉的大明朝注射了一针强心剂，但张居正死后明神宗就抄了张家，张居正的几个儿子或被逼死或被充军，张居正八十多岁的老母亲被吓死……可见几千年来，帝王对于架空自己的权臣，内心是多么的痛恨。所以我们猜想，尽管见到"金縢"之后成王一度重新信任周公旦，又请他回来辅政，但是周公东征、营建东都功高震主后，成王在心底里对周公旦的猜疑和嫉恨可能又起来了。所以在《史记》里，太史公就是把"周公受猜疑而居东奔楚"这件事写在周公"东征平叛""营造雒邑""还政成王"这三件事之后。虽然本书认为太史公对周初史事的这种排序是错误的，但无意间也透露出一些信息，那就是西汉人认为周公旦还政成王后，成王和周公旦的关系其实并不好。笔者前面讲到，周公旦还政成王后，成王派周公旦分管"陕东"（陕邑以东）、驻守在东都成周，说不定就有不想再见四叔那副动辄教育人的老脸的意思。

史书载，周公旦还政成王仅仅三年后，就因年老体衰而告假，回到了丰京。"年老体衰"是周公告假的唯一原因吗？我们不得而知。也许这几年间，羽翼逐渐丰满的成王已经在刻意疏远自己的四叔，所以周公旦才会或主动或被迫地离职"休假"。不久，也就是成王十一年，为周人立下殊勋的周公旦病重去世，享年约六十岁。有句老话叫"盖棺论定"，汉代的《尚书大传》这样总结周公旦一生的功绩："周公摄政，一年救乱，二年克殷，三年践奄，四年建侯卫，五年营成周，六年制礼作乐，七年致政成王。"

临终前，周公旦还留下遗言，要求把自己葬在成周。成王在"成周大会"后曾命令周公旦镇守东都成周，而且周公患病时成王可能正在成周（西周时周天子都是各京轮流过，但以丰镐为主），周公旦要把自己葬在成周，意思显然是表示自己至死都是成王的忠臣。

不管周公旦生命的最后几年中成王与他的关系到底怎样，既然周公旦已经去世了，成王显然也要做出高姿态，毕竟成王的度量应该还是胜过一千二百年后的刘禅。成王为了表示自己不敢把叔父当"臣子"看待，下诏将劳苦功高的叔父周公旦葬在文王、武王陵寝所在的"毕"地，以陪侍先王，还恩准将周公旦的葬礼规格按天子的标准来办，并下令鲁国可以世世用天子礼乐祭祀周公旦。显然，最终成王对周公旦的亲情和感激还是胜过不满和嫉恨的。

关于文王、武王的葬地"毕"，我们之前也介绍过，自古以来人们一般认为是在丰镐附近——有的说在今咸阳市北的周陵镇，有的说在今西安市长安区。但其实通过考古挖掘，考古学家已经证实周陵镇的所谓"周文王陵""周武王陵"不过是战国墓；至于西安市长安区，考古学家几乎把当地都探了一个遍，也没发现西周王陵级别的大墓。所以周文王、周武王等周王的陵墓应该不在今天咸阳、西安一带，那周公旦的陵墓显然也不会在那里。21世纪以来，考古学家在陕西岐山县北7.5公里处的凤凰山南麓即唐代始建的周公庙附近，发现了一个规模巨大的西周遗址。其中的大型墓葬区，发掘出十座四条墓道的"亚"字形大墓，还发现有多座三条墓道的大墓。目前多数学者认为周公庙遗址应该就是周公家族墓地所在，周公旦应该也埋在那里。只不过因为周公庙遗址的大墓都已经遭到严重盗掘破坏，哪一座墓是周公旦墓，我们已经无法考证了。

最后我们再说一下后人给予周公旦的身后"荣誉"。

因为周公旦"制礼作乐"的丰功伟绩，春秋时期的孔夫子，就把他当成"周礼"的象征，做梦梦不到周公，就极为伤感。《论语·述而》篇云："子曰：'甚矣吾衰也！久矣吾不复梦见周公。'"战国时的孟老夫子对周公也非常推崇。《孟子·公孙丑下》一篇中，齐国大夫陈贾问孟子："周公何人也？"孟老夫子干脆地回答说："古圣人也。"

现在说起文庙里的"圣人",大家立马想到的就是"孔夫子"。其实最早由中国官方认定的文"圣人",不是孔子而是周公旦。早在东汉明帝永平二年（公元59年）,汉明帝就下诏让各郡县在春冬两季用"太牢"（牛、羊、猪三牲）之礼祭祀先圣周公和先师孔子,这是有史以来中国王朝首次明确以周公为先圣、以孔子为先师。

此后,中国王朝有的把孔子当"文圣人"祭祀,如曹魏、两晋、南朝宋、齐、梁、陈和北朝的北魏、北齐等；有的把周公当"文圣人"祭祀,如北周、隋初、唐初。虽然唐代以后,官方的"文圣人"帽子基本落到了孔夫子的头上,但长久以来,因为周公"制礼作乐"、启迪孔子的功绩,世人还经常尊称他为"元圣",也就是"第一圣人"。

◎49 中国历史上第一个盛世——成康之治

话说周公旦去世后,因为其长子伯禽已经被分封到鲁国为君,他的次子君陈("君"为尊称,"陈"为名)就继承了"周公"的名号。但君陈的资历、辈分、能力,显然并不能与父亲相比,所以天子成王只赋予他周公旦的部分职权,如治理成周。此后,君陈后人也世世代代承袭了"周公"的称号爵位。上节提到的陕西岐山县凤凰山周公庙遗址挖出的十座"亚"字形高等级大墓,应该就是这些"周公"的墓地。

说到这里,我们再简单提一下君陈之后周公家族在周朝的情况。之前笔者介绍过,西周实行"世官不世职"的制度,也就是说一个贵族家族只能承袭上一代的封邑,而不一定能承袭上一代的具体官职。传世文献和金文资料都显示,周公家族只有两代人(周公旦和君陈)担任公卿要职,自君陈之后,"周公"二字就长期消失在历史长河中,表明此后近两百年内周公旦家族的宗长"周公"再未担任过西周朝廷的公卿要职,已经远离政治舞台中心沦为一个有虚衔、无实职的大采邑主了。"周公"再次成为焦点并担任西周公卿要职,按《史记》记载是在周厉王被驱逐后的"共和行政"时期。总之一句话,周公旦家族在西周时期并未世代担任朝廷公卿要职,只是世代保有自家的采邑周邑(贵族的采邑一般都是世袭的)。

回过来,话说当时成王除了命令君陈接管了其父的部分职权、继承了其父的名号封邑,还先后把周公旦的另六个儿子也封为诸侯,这就是被《左传》称之为"周公之胤(后代)"的凡、蒋、邢、茅、胙、祭六国(鲁国的分封在周公去世前)。这六国我们在周公旦第二次分封诸侯的时候也提到过,但是我们当时就强调,古书中很多被归于"周公分封"的诸侯,实际上是成王亲政以后才分封的,周公旦之子的六国就是其中的典型。其中，凡国在今河南辉县西南；蒋国在今河南淮滨东南；邢国在今河北邢台（一说先都河南邢丘）；茅国在今山东金乡西北；胙国在今河南延津北；祭国在今河南郑州西北。除了蒋国稍偏南外，周公旦其余五子的封国都彼此相邻并集中在了河、济地区，形成一条西屏成周、东连齐鲁、北接卫沫的控制带。在周代，只有"诸侯"才是真正世袭的官职，当然老诸侯去世、新诸侯上台，形式上也应得到周天子的重新册命才合法。

青铜器麦尊、麦彝（清宫旧藏，现已失踪）的铭文，就详细记录了周公旦的一个儿子被封为邢侯（金文里"邢"写作"井"）时的场景。麦尊、麦彝的铭文说：

周王（成王）命令周公旦的儿子离开坯地到邢地做邢侯。二月，邢侯到镐京去朝见周王，当时周王正在京郊举行裸礼和肜祭（正祭次日的再祭），邢侯见王时行礼如仪没有闪失。第二天，周王泛舟在圆形大池塘"辟雍"里隆重接待邢侯。宴会后，周王又举行射礼。周王乘舟首先射中了一只鸿雁，邢侯登上插着红旗的船随王舟而行，一同射猎。礼仪终了，周王陪同邢侯一起进寝宫休息，并在宫中赏赐给邢侯一只黑色玉戈。后来周王在斥地的时候，办完公事，又赐给邢侯臣属二百家，恩准邢侯使用天子的车马服饰。邢侯返国后，盛赞王的恩宠，并以自己没有过失而告于神明，表示自己一定效法其父亲周公，治理好邢国⋯⋯

在西周金文里，周王对邢侯的礼遇和赏赐是绝无仅有的，可见周王对邢侯的重视。据20世纪20年代出土于邢台、现藏英国不列颠博物馆的邢侯簋铭文记载，不久，周王再次赏赐邢侯，"舍邢侯服，锡臣三品，州人、重人、庸人"。也就是说，周王赐给邢侯官服，又赏赐州人、重人、庸人三种臣仆。邢国版图和实力得到增长，势力范围东临当时的古黄河（西周时古黄河从今邢台东边六七十公里的平乡、曲周一线流过），西界太行，北部达到滹沱河，南到漳河一带。

邢国的首封之君是周公第几子，叫什么名字，传世文献和出土资料上本来都没有记载。唐宋以来的一些书籍上说首任邢侯是周公第四子，名叫苴（jū），又名靖渊，不知道是根据什么资料。说邢侯是周公第四子的人，显然是想当然地认为凡、

麦尊铭文

蒋两国排在邢国上面,周公还有一个长子伯禽被封于鲁,所以邢侯是周公家老四。其实周公还有次子君陈,所以邢侯得排老五才对。

周公后裔的这几个国家,西周时在政治舞台上一直很活跃,后来我们还会提到。在此我们想多说一说的是周天子接待邢侯的地点——辟雍。

说起辟雍,那可是西周时期丰镐二京之间一个著名的多功能场所,对后世影响巨大。辟雍的"辟"原写作"璧",表示辟雍有一个环形的、像玉璧一样的大池塘;辟雍的"雍"则通"壅",指人工堆积起来的土堆。所以合起来,辟雍指的就是一座大池塘和池中的人工湖心岛。正因为池中有岛,所以让池水看起来像环形的玉璧一般。《诗经·大雅·灵台》说,辟雍附近有周文王所建的"灵台""灵沼"以及开放式王家野生动物园"灵囿"。所以周天子和大臣们在辟雍池水里泛舟,能射击岸边灵囿里的飞禽走兽,又不受猛兽的伤害。西周前中期青铜器静簋铭文记载,周天子曾命令一个叫"静"的大臣在"学宫"主持射箭教学活动,并提到周王等人在辟雍大池射箭,看来"学宫"应该就在辟雍的湖心岛上。古人因为客观的环境,必须尚武,故而古代贵族所谓的"学习",其实内容是以武为重,于是后世文献就把贵族学射的辟雍当作西周朝廷的"大学"所在地。文献记载,周天子也在辟雍里用比赛射箭的形式选拔人才,招待老人,行乡饮酒礼。话说我们中国人把负责教育的人叫"老师",也与辟雍这西周"大学"有关。本书前面介绍过,西周的最大军事单位为"师",统管一个师的将领叫"师氏",也简称"师";能担任一个师的统领,"师氏"必然要武艺高强、箭术超群。所以在辟雍教贵族子弟射术的"教官",很多都是现任或前任的"师氏",贵族子弟都喊他们"师"。于是后世就用"师"来称呼教人技艺的人,"老师"一词就是这样来的。

另据汉朝《大戴礼记》等文献记载,天子祭天祭祖、颁布政令、朝会诸侯的明堂的外圈也有辟雍之水,再加上《诗经·大雅·灵台》说灵台和辟雍在一起,因此自古以来有一些史学家认为西周时期的明堂、辟雍、灵台是三位一体的(即认为辟雍为边上一圈水、灵台为湖心岛中高台、明堂为高台上的建筑)。当然认为西周时期明堂、辟雍、灵台是三个独立建筑的说法在后世占主导地位,汉代以后的历代王朝多把明堂、辟雍、灵台分别建立在都城南郊的相近区域内,只有北魏早期都城平城里是把三者建成一体建筑。

清代（乾隆四十九年）国子监（辟雍）模型

回过头来说西周朝廷内部。因为周公旦去世，原来在执政大臣中排名第二的召公奭，现在顺位升任首辅大臣，成了"一人之下、万人之上"最有实权的人物。当了首辅大臣后，召公奭更是兢兢业业，尽心辅佐成王。据说《诗经·大雅》中的《卷（quán）阿》一篇，就是召公奭随成王游览"卷阿"这地方时所作。他在诗中首先颂扬天子的美德，将成王给捧起来；接着他用凤凰和梧桐做比喻，指出只有栽下梧桐树，才能引得凤凰来，以此劝诫成王发愤图强，礼贤下士。"梧桐引凤"的成语，就出自此故事。可见召公奭不但朴素正直，还懂得进谏的技巧。

通过近代以来出土的与召公相关的文物，我们还知道不少传统史籍失载的召公重要事迹。

如清末1902年，当时的一位儒生武敬亭奏请朝廷修理陕西岐山县西南刘家原一带即古召地的召公祠，施工时意外挖出了一对玉戈，其中一件玉戈上的铭文就写道：

六月丙寅，王在丰，令太保省南国，帅汉，遂殷南。令厉侯辟，用鼒走百人。

这后来被命名为"太保玉戈"上的铭文，说的是周公东征胜利后的某年六月，成王命令太保召公奭沿着汉水巡视周朝南疆的江汉诸国，并召集诸侯前往周都集体朝拜周天子一事。太保召公奭此行还代周王分封了厉国（今湖北随州北）这个诸侯国，并赏赐给厉侯很多臣仆。召公奭的南巡，为稳定周初的南疆，增加朝廷贡赋都起到重要作用。

1948年出土于河南洛阳的保卣铭文也提到了召公奭。保卣铭文曰：

乙卯，王令保及殷东或，五侯诞兄六品，蔑历于保，易宾。用乍文父癸宗宝尊彝，遘于四方，迨王大祀，祐于周，在二月既望。

保卣铭文

这段铭文的意思大约是，某年乙卯日，周成王命令太保召公奭参与殷见东方诸侯，一位叫五侯诞的原商朝诸侯交出六族民众，受到太保的嘉奖赏赐，因此为亡父癸做了一件青铜宝器。当时恰逢四方诸侯都汇集到成周参加祭祀大典、助祭周之先祖，时间在二月中旬。

保卣记载召公奭替成王接见赏赐东方诸侯，应该也是成王初年的事情。

从太保玉戈与保卣的铭文，可见召公奭在稳定、巩固西周政权方面的重要贡献。其实还有一点大家可能没注意，那就是前面我们介绍过，周公曾"制礼作乐"，但周公旦还政成王没几年就去世了，他这些制度的具体执行，实际要到召公奭主政的时候了。故而周礼的发展奠定，也有召公奭的莫大功劳在其中。成王时期，正是商末数十年战乱后的恢复期，老天也帮忙，气温逐渐回暖，开始进入持续约百余年的温暖期（但温度不如仰韶温暖期的高峰）。再加上召公奭尽心辅佐成王，奉行礼制，敬德保民，谨慎治理，因而当时周朝政局稳定，政通人和。召公奭本人，也成为周初上至天子、下至庶民心中德高望重的王朝股肱重臣。在西周一些金文中，人们甚至在"太保"之前加上"皇天尹"的前缀，以示对太保召公奭的崇敬。

当然，可能有些人要说了，你怎么把史书上有关召公奭的一段美谈漏写了呢？大家要说的，想必是《史记·燕召公世家》中"甘棠遗爱"的故事，其故事内容是这样的：

召公奭在周公旦去世前分管"陕西"（陕邑以西）时，勤于政事，不愿待在官署里，脱离群众。他经常四处巡行，考核官员、处理政务、体察民情。召公奭的封邑召地（陕西岐山县西南）内有一棵棠梨树，他常坐在此树下断案理事。上至侯伯、各级贵族，下到普通庶民百姓，他都能秉公对待，赏罚分明，不放过一个坏人，也不冤枉一个好人，因此能得到上下的拥戴。

"甘棠遗爱"这个故事实在太有名，以至于后世但凡有贤官廉吏为官一方时给地方做了好事，大家就用"甘棠遗爱"来形容。但在这里笔者要说的是，"甘棠遗爱"这个故事最初见于《诗经·召南·甘棠》，而该篇的主人公原诗是写作"召伯"而非写成"召公"，显然"甘棠遗爱"中的主角并非召公奭而只是后世召公奭家族的一位族长。为什么这么说呢？要知道古人写作，用词用字是非常讲究的，传世文献和西周金文里称呼召公奭，要么称"召公"，要么称"太保"，从来不称其为"召伯"，也不可能称呼其为"召伯"。因为在西周，"公"是指朝廷执政大臣，"太保"是指监护与辅弼天子的长老，这两个称号要比一族宗长、小国之君的"伯"尊贵得多。如果把召公奭叫成"召伯"就等于"降级"了，无疑是犯"政治错误"，是大大的不敬，古人用字不会这么不小心。这里的召伯，最有可能是指后来周宣王时期的召伯虎，因为召公奭之后的历代召族宗长里，数召伯虎最有名，而且《诗经》中的近半篇章都是周宣王时期所作。当然，"甘棠遗爱"的主角并非召公奭而是其后代即宣王时期的召伯虎，可这并不影响召公奭在西周初年的崇高地位。

成王之世，天下太平无事。一晃二十多年过去。

据今本《竹书纪年》记载，成王三十七年四月，天子成王得了重病，不见好转。可能因为太子钊年龄尚轻，病榻上的成王对他未来能否守住大周基业，十分放心不下。

四月甲子日这天，成王强撑着起了床，沐发洗面，穿戴上冕服，靠着玉质的小几，召见了召公奭、芮伯（姬姓畿内诸侯）、彤伯（成王庶子）、毕公高、康叔封、毛叔郑等宗室重臣，预立遗嘱。一同接受召见的还有六师将领"师氏"、禁卫军首领

"虎臣"，以及百官之长。

已经年届五旬的成王，气息微弱地对以召公奭为首的众大臣说："唉，我病得厉害，且一天比一天重，已经到了弥留之际，恐怕没时间交代后事了，所以现在训示你们。昔日先王文王、武王定法令、布德政，才灭商拥有天下。所以我谨遵文、武的遗教，不敢违背。现在老天降下灾病给我，我已经来日无多，神智也快不清了，你们一定要领会我的话，恭敬谨慎地辅佐太子钊，帮他渡过难关，安抚怀柔远方，和谐亲善近邦，抚慰劝导大小诸国。你们还要帮助太子钊，使他自己能树立威信，而不要陷他于不善非礼之地。"

群臣受命后，第二天，一代守成贤君成王龙驭上宾。随后，太保召公奭命令两名宿卫之臣仲桓、南宫毛（南宫适之次子），与吕尚之子齐侯吕伋一起，率领虎贲百人从王宫南门把太子钊迎入。十天后，丧礼完毕，召公奭、毕公高分别率领西方和东方诸侯，拥立太子钊继位，这就是周康王。

周代的史官，把成王临终托孤给召公奭为首的众臣以及众臣拥立康王继位一事记录了下来，这就是《尚书》中的《顾命》这一篇，"顾命"即"临终之命"的意思。于是自那以后，人们就把老帝王临终前托以辅佐新君、担当治国重任的大臣称为"顾命大臣"。召公奭等几位大臣，也成为中国历史上第一批有名有实的"顾命大臣"。（召公奭之前的历朝历代，必有君王将死之前委托大臣辅佐新君的事存在，但"顾命"一词还没有发明。）

下面我们再细说成王选的这个"顾命大臣"班子。召公奭是这个"六人班子"的"班长"，这自然不用讲了。要注意的是，从《尚书·顾命》篇称毕公高率领东方诸侯参加新天子康王的继位典礼来看，当时的毕公高，已经被提升到了"副班长"的地位。前面我们介绍过，西周的官僚分为"卿事寮"和"太史寮"两个系统。卿事寮主管行政、军事、刑法等事务，其首领是太师或太保；太史寮则主管册命、图籍、记史、祭祀、占卜、礼制、天文、历法等文化宗教方面的事务，其首领是太史。召公奭一直担任太保的职务，这大家都知道。传统史籍透露，毕公高当时的职务就是太史。显然，康王继位时，召公奭和毕公高，是以卿事寮首领和太史寮首领的身份，担任排名头两位的执政大臣。至于对外，召公奭还是分管"陕西"（今河南三门峡市陕州区以西），而毕公高则分管东方，所以才由他们分别率领东、西两方向的诸侯。（有人可能会问,那周公旦次子即第二代周公君陈哪里去了呢?他不是分管成周的吗?这个历史上没有明确的记载,很可能成王末期他已经去世了。而且自那以后,周公家族就从西周政治舞台的中心消失了。)

事实证明,成王病重时的担忧是多虑了。康王登基后,在召公奭和毕公高等大臣的辅佐下,继续推行父亲成王在位时所实行的国策,勤政节俭,明德慎刑,显现出一派明君气象。

我们前面在讲晋国(唐国)开国故事中曾提及,康王九年,因为唐叔虞的儿子燮父把晋国新都的宫室修建得十分壮丽堂皇,康王特地派使者前往晋国,严厉批评了燮父铺张奢侈的行为。我们知道,这燮父可是康王的叔伯兄弟,在周朝的地位很尊贵,连他奢侈都被康王批驳,可见康王提倡节俭可不是一句空话。

康王十二年六月,周康王下达诏书,命毕公高划分成周城内的居住区域,安定成周的郊野。这份诏书后来被收入《尚书》,就是《毕命》篇。不过《毕命》篇的原文很早就失传了,现在《尚书》中的该篇是东晋人梅赜伪作。

康王时期,周朝社会经济继续发展,国库丰盈,人民安居乐业,处处呈现出一派盛世景象。所以传统文献称"成康之际,天下安宁,刑错四十余年不用",也就是说当时天下安定,人民安康,没人犯法,导致几十年刑具闲置、监狱空虚。古代史家于是将成王、康王的统治称为"成康之治"。"成康之治",也成为中国史书上记载的第一个"盛世"。

◎50 康王后期的武功

成王曾亲自参与了东征,也算一位"马上天子"。至于康王,如果您以为他这位西周第三代天子是位偃武修文、不知干戈的君王,那又错了。考察出土的西周青铜器铭文我们会发现,周朝开国数十年后,康王和大臣二代、三代们,依旧保持着先辈开拓进取的精神,征伐四方,分封诸侯,巩固周朝的疆域。

康王时期的一项重要武功,就是平定东夷的再次反叛。

据康王时期的小臣谜簋、鲁侯尊(又名明公簋)、弯鼎等青铜器铭文记载,自周公东征后蛰伏许久的东夷人在康王后期突然发难,掀起一次反周叛乱,声势十分浩大。康王于是命令康叔封的儿子、第二代卫侯(康侯)伯懋父(康伯髦),统帅王朝东部的殷八师作为主力征伐东夷。当年周公东征时的少年将领伯懋父,此时已经须发花白,成为久经战阵的老臣宿将。他指挥若定,长驱直入,一口气打到今天山东省的海边上。这次东征平叛,除了伯懋父的主力外,还有多支偏师参与:周公旦之子祭公(金文作"濂公")祭季率领将领弯、史旗和一班诸侯国攻打东夷的腺国;周公旦另一个不见于传世文献记载而只见于金文的儿子明公,遵奉王命率领自己的三族族军配合周军主力东进,战斗中鲁侯(应为伯禽之子鲁考公)立下了卓越战功。另据疐(zhì)鼎铭文,将领遣、疐等人也参加了此次平叛作战。

从这次周朝征伐东夷动员的军队之多,将领之广,可见康王时期周人对东夷作战的规模十分巨大。平叛胜利后,伯懋父带着殷八师回到朝歌,随后他秉承王命,用从东夷五齵之地征收来的钱财犒赏大军。小臣谜因战功不但受到伯懋父勉励,还得了很多赏赐,感到十分荣耀,因此做了一件青铜簋铭刻此事以作为传家宝,数千年后的我们才得以知道史籍失载的此次东夷大叛乱和伯懋父东征之事。

小臣𫍙鼎铭文

康王后期的又一重要武功,则是征伐北边的鬼方。

字数达四百余字的小盂鼎铭文,记载了康王二十五年周初重臣南宫适之孙南宫盂奉王命征伐北方的鬼方一事,从征的诸侯或将领有费伯、明伯(明公)等人。小盂鼎早已失传,只有铭文拓片存世。铭文显示,南宫盂此次北征打了两次大仗,仅第一次战役南宫盂就擒获鬼方酋长2人,斩首割耳4802个,俘虏13081人,缴获战车30辆;至于第二次战役的战果,因为鼎身锈蚀、拓片字迹模糊,只能看出大概是擒获敌酋1人、斩首割耳237个,俘虏人数则不详。

我们知道,当年武王伐纣的时候,周人自己也只不过凑了万人左右的兵力。所以在西周前期,一次战争斩俘敌人近2万人,是非常惊人的数字,此次康王时期伐鬼方的战果,也是西周青铜器铭文中周人战果最多的一次。受此沉重打击,曾经在商代和西周前期名头很响的鬼方一蹶不振,就此逐渐从历史舞台消失,不知所踪。

再说周人的东北方向。

据1978年出土于河北省石家庄市元氏县的臣谏簋铭文记载,成王时期分封在河北南部邢台一带的邢国,这时也担当起重任。当时北方戎族大举进攻位于今天元氏县西张村附近的軧（dǐ）国，邢侯于是命令一位叫"谏"大臣率军北上驻扎在軧国，帮其抵抗戎族。由此也可看出周初"封建诸侯、以屏藩周"的军事效用。

此外，西周还有吕壶、师旂鼎等青铜器铭文，记载了康王时期伯懋父（康伯髦）率师北征的事迹。师旂鼎铭文说，伯懋父此次北征的对象是"方雷"，也即传说中黄帝之妃嫘祖的娘家。这方雷国具体在哪里呢？据古文字大家唐兰考证，"方雷"古音近于"薄落"，方雷国可能就在上古时期的薄落津附近，即今天河北邢台市北部的宁晋县、新河县一带。可这次军事行动却并不顺利，中间出了个小插曲：殷八师中某师"师长"师旂的一些部属，不知何故居然胆敢违抗王命，拒绝出征。这几个部属身后的势力可能比较硬，殷人出身的师旂自己处置不了，于是他派一位名叫"引"的副手到芳地，向正驻扎在那里的殷八师统帅伯懋父告状。伯懋父闻报后对一师之长师旂的统御无方十分不满，本想先罚他三百锊金，但可能考虑到那几个部属确实不是师旂能对付得了的，就决定免了对他的惩罚。他正式下达命令道："应该将这些抗命者处斩，因为他们居然敢不跟从长官出征！但是现在先不杀他们，让他们把罚金交给师旂！"要知道战时违抗军令，无论古今中外都是重罪，看样子师旂的那几个抗命的部属背景还真深，伯懋父也杀不了他们。不过尽管出了这样的事，此次征伐方雷周人应该仍取得了最后的胜利。因为吕壶铭文说，伯懋父的一位部下吕行在北征回还时有所俘获，为此还铸造了壶作纪念。

师旂鼎铭文

康王后期，周人对南方亦有开拓。

《今本竹书纪年》说，周康王十六年，康王曾经去南方巡视，到达九江庐山。1954年出土于江苏镇江丹徒的宜侯夨簋铭文也记载，康王曾将原封于虞国的诸侯"夨"，改封到宜国，并赐给夨大量山川、土地和民众，而这个宜国的位置，大概就在其出土地附近的长江南北岸一带。两相联系，这次夨的改封一事，很可能就发生在康王南巡期间。尤其值得一提的是，很多历史学家认为这个长江附近的宜国，应该就是后世春秋时期吴国的前身。

宜侯夨簋铭文

由上可知，康王之世，不但文治卓越，武功也很盛大。这些武功的取得，一方面是因为伯懋父、南宫盂等将领胸怀韬略，另一方面更是因为数十年的和平发展为周朝积攒下了雄厚的国力。史学家普遍认为，成康时期是西周王朝最强盛的时期，并且奠定了周朝的基本疆域。前面我们提到，康王时期活跃的周朝大臣，已经是西周开国大臣的二代三代了。也就是说，周初的元老重臣们，这时已经纷纷从历史舞台上谢幕。在本节最后，我们就再来介绍一下周初重臣在康王时期的凋零情况。

首先在康王六年，一代传奇人物太公吕尚在封地齐国逝世，享年百余岁。吕尚的身后可谓非常热闹。早在战国时期，他就已经被神话成仙人。到唐朝唐玄宗登基后，因为吕尚"武功卓著"，下诏让天下州郡都立"太公庙"，祭祀规格等同于孔庙；

唐肃宗时,朝廷又追封其为"武成王",太公庙因此改称"武成王庙",简称"武庙"。因此在唐宋时期,姜太公成为与"文圣"孔子平起平坐的"武圣"。吕尚的这个"武圣"头衔,一直到明神宗以后,才被关帝爷夺了去。回过头再说齐国,齐太公吕尚仙逝后,他的长子即曾在康王继位典礼上率领虎贲勇士护卫康王的吕伋(周康王的舅姥爷),继位成了第二代齐侯,史称齐丁公。

康王十二年,武王之弟毛叔郑的儿子毛懿公去世。

康王十六年,周公旦长子、鲁国第一代国君鲁公伯禽薨逝。随后,他的长子酋继承了鲁国君位,这就是鲁考公。不过鲁考公酋的阳寿很短,继位四年后就去世了。接下来他的弟弟熙接了班,史称鲁炀公。前面我们介绍过,鲁公伯禽初建鲁国时候的都城,传统史书都说就是曲阜,但是考古否定了这一点,因为曲阜当地挖出的最早周代历史遗迹,也只是西周中前期的。而且古籍《世本》中有"炀公徙鲁"的记载,《史记》中还说他修筑了鲁国宫城的南门"茅阙门"。再结合曲阜的考古情况,我们可以知道,是周康王后期,鲁炀公把鲁国的国都迁到曲阜并最终定在那里。(至于伯禽、鲁考公时期的鲁国都城,应该就在距离曲阜不远的某个地方。)

康王二十四年,历经文、武、成、康四朝的元老重臣召公奭去世。在一些传世古籍中,召公奭是比姜太公更长寿的超级大寿星,东汉王充《论衡》称他活了一百八十多岁,东汉应劭《风俗通义》说他寿达一百九十余岁。一个吃五谷杂粮的人当然不可能活那么久,但召公奭很长寿这点则应该是真实的。因为春秋后期,吴国一位叫"者减"的王子曾铸造了一套编钟,他在编钟铭文里就向祖先祈祷,说希望能像召公一样长寿,达到"三寿"的上寿,也即百岁(原文为"用祈眉寿繁釐于其皇祖考,若召公寿,若叁寿"),话说春秋后期距离西周康王时代不过约四百年,当时的贵族对西周的历史还是比较了解的,可见在他们心中召公奭是有"上寿"也即百岁之寿的。我们还可以再大略算一算:召公奭的年纪应该与周公旦差不多,周公旦在成王十一年去世时年约六十上下,召公奭比周公旦又多活了约四十年,所以召公奭享寿百年的说法应该不虚。

至于周初的重臣康叔封和毕公高何时去世的,史书虽然没有说,但是想来理应都在召公奭之前。所以到康王后期,不但西周开国第一代的贵族大臣完全退出了历史舞台,就连第二代中的年长者,比如鲁公伯禽,也已经逐渐退场了。

◎51
昭王南征的对象是谁？

据西晋皇甫谧《帝王世纪》一书记载，周康王二十六年天子康王驾崩，康王的太子瑕继位，这就是周昭王，西周金文里写作"邵王"。

上节我们说过，康王时期，周朝开国第一代重臣已经全部凋零，所以昭王时期的首席执政大臣，只能从重臣二代、三代中挑选了。

西周青铜器令方彝铭文显示，昭王某年八月甲申日，昭王命令"周公子"明保主管"三吏四方"，执掌卿事寮。所谓"三吏"，就是指朝廷内以司马、司徒、司空为代表的各种官员；所谓"四方"，就是指四方诸侯；至于卿事寮前面介绍过，就是指西周朝廷的行政办公官署，相当于"国务院"。说白了，昭王就是任命明保为首席执政大臣，统管畿内和外服的所有官员和事务。任命下达后，令方彝铭文接下来再提到明保，就尊称他为"明公"了。现在大家应该回想起来了，明保我们前面也提到过，他就是康王时期率三族族军与鲁侯一起征讨东夷的那个"明公"，也即南宫盂伐鬼方时从征的"明伯"。其中"明"为其封地名，也即他的"氏"；"伯"是他任执政大臣前的称号，"公"是他任执政大臣后新获得的尊称；"保"应为其名或字。明保这人不见于传世文献，只出现在金文里，我们之所以认定他是周公旦的儿子，就是因为令方彝铭文里明确说到他是"周公子"。所以现在我们应该明白，周公旦之子的封国其实至少有九国，除前面提到的鲁、周、凡、蒋、邢、茅、胙、祭外，还有一个明。明地的位置，很可能在盟津（今河南孟津）。按照辈分，明保与成王同辈，昭王是成王的孙子，所以昭王应该喊明保为叔爷爷了。明保的生卒年月我们当然是不知道的，传世文献中没有关于他的丝毫记载，他的些许事迹我们也是从西周青铜器铭文中才得知一二。若按照成王十年周公旦逝世时明保尚未成年来算，他这时也得六十上下了。出身名门，辈分高、年纪大，又立有战功，应该是昭王选明保做首席执政大臣的原因。不过明保执政的时间可能不长，因为在昭王后期的金文里就再未出现过他的名字，说明那时明保应该已经去世了。

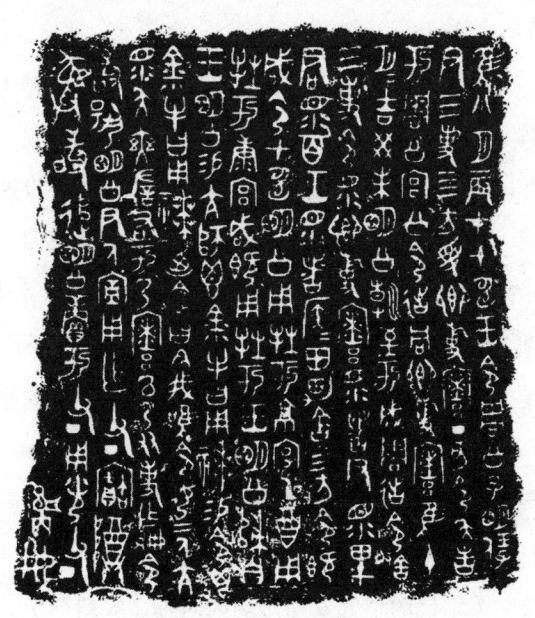

令方彝铭文

昭王时期的执政大臣（卿士），除了明公明保外，从传世文献可知还有祭公祭季。我们知道，明公和祭公都是周公的后裔，所以虽然我们前面说过周公家族的主支在西周王朝仅两代就退出政治舞台中心了，但因为大分封时周公各子都得封，所以周公家族的分支，依旧长期活跃在西周政坛上。在这一点上，召公、毕公家族就远远不如周公家族了。由此可以看出对世家大族来说，"广开枝叶、同气连声"是多么重要。

此外，昭王时期的金文还继续提到伯懋父（康伯髦），他可能也是昭王时期的执政大臣之一。

在此我们再简单说说西周的执政大臣"三公"。"三公"，传世文献一般说是指"太师、太傅、太保"。但西周金文里有"太师""太保"却还未见"太傅"，而且西周金文中的"太保"似乎也是召公奭的专称，西周中后期铭文再不见"太保"一职。所以西周时的"三公",应该还没有固定指具体某三个职务,而是泛指几个辅弼天子的执政重臣。故而大家也不要以为天子的"三公"就必须是三个,也可能是两个,也可能超过三个。

昭王前期史事,史书和金文都失载。至于昭王后期的大事,无论是传世文献和周代金文都显示,那就是南征。

先说传统文献。据《史记》记载,"昭王时,王道微缺,昭王南巡狩不复,卒于江上"。《古本竹书纪年》则说,昭王十六年,昭王伐"荆楚",渡过汉水,碰到了"大兕"(圣水牛);昭王十九年,昭王再次南征,伐的是谁没说,但"天大曀(昏暗有风),雉兔皆震,丧六师于汉",而且这次昭王没能活着回来。此外,《吕氏春秋·音初》等先秦典籍上也记载周昭王征伐"荆蛮"但淹死在汉水中的事。

所以按传统文献的说法,周昭王前后两次南征,第一次征伐的是"荆楚",第二次征伐的目标不详(《吕氏春秋》说是"荆蛮"),但这次周昭王死在汉水(《史记》说在长江上)。

再说说记载周昭王南征的出土青铜器铭文。早在北宋宋徽宗时期,宋人在当时的德安州(今湖北安陆)即今天的湖北孝感市一带就出土了六件西周早期带铭文青铜器,史称"安州六器"(宋代的"德安州"唐朝时称"安州")。这六件青铜器有三件方鼎,两件圆鼎,一件甗(yǎn),上面的铭文记载了周昭王时期一个名叫"中"的大臣在周王亲征"虎方"的战争中立下功绩并受赏的事情。

近现代出世的青铜器铭文,也有不少记载了周昭王曾经征伐过"荆"或"楚荆"的史实。如鼒簋铭文说:"鼒(人名)跟着大王一起去讨伐'荆',有所缴获,用来做宴饮用的簋。"冬驭簋铭文说:"冬驭(人名)跟着大王一起南征,讨伐'楚荆',有所得。于是给父亲'戊'制作了一件宝贝礼器。"过伯簋铭文说得更明确:"过伯(过国君主)跟着大王一起讨伐反叛的'荆',缴获了铜,用作自家宗庙的礼器。"京师畯尊铭文则证实昭王南征曾经渡过汉水:"王涉汉伐楚……"

自宋代到近现代出土的这些青铜器铭文,一方面证实了传世文献的可靠性,也即周昭王确实南征过"荆"或"楚荆""荆楚",还曾渡过汉水;另一方面给我们提供了一个以前从不知晓的信息,那就是周昭王还曾南征过一个叫"虎方"的国家。

这"虎方"是何方神圣呢?其实在殷墟甲骨文里,就有"虎方"的记录,它是南方一个崇拜虎、以虎为图腾的方国的名称。西周时期"虎方"的位置,大约就在"安州六器"出土地湖北孝感附近,也就是湖北安陆、京山以南、汉水以北的这片区域。

那么,周昭王时期昭王为什么要南征呢?因为古代文献上只提到昭王伐"荆"或"荆楚""楚荆",金文上也提到伐"荆""楚荆""反荆",而且自古以来人们都以为昭王伐的就是芈姓楚国,所以很多人就猜,是不是因为周昭王时芈姓楚国强大了,不满周成王在岐阳之会上派熊绎(酓绎)去看火堆,不满周康王时没给楚国分宝器,所以这会儿开始争名位,反叛周朝。过去我们掌握的资料少,所以只能像这样"瞎猜"。但是近现代出土的那些青铜器上面的铭文,却透露出不同寻常的信息。我们回过头再看看前面提到的记录昭王伐"荆"或"楚荆"的青铜器䚄鼎、𫓧驭簋、过伯鼎等,它们都不约而同地提到一件事:周人贵族们随周天子伐"荆"或"楚荆"时,都缴获了很多铜("有得""孚金"),他们用这些铜铸造了很多青铜礼器。如果一件青铜器或两件青铜器的铭文说南征缴获铜,可能还可以说是巧合,但是多件反映昭王南征的青铜器,其上铭文都说缴获铜,这难道是巧合吗?

之前我们在介绍曾国的开国故事时就曾谈及,商周时期,长江中下游地区是重要的铜锡矿产地。商代在今天的湖北武汉黄陂区盘龙湖附近建立重要军事据点——"盘龙城",其任务就是实施"南料北运工程"。成王分封周初重臣南宫适之后到今天的湖北随州一带建国,一个重要的目的也是维护"金道锡行"(金锡通道)。

联系"安州六器"铭文中提及的"昭王伐虎方"的"虎方"位于商代盘龙城以北的湖北孝感一带,大家可能就明白了:应该是虎方的叛乱阻断了"金道锡行"(金锡通道),让周人的青铜器作坊断了原料供应!所以周昭王南征,目的除了开疆拓土,更是为了重新打通"金道锡行"(金锡通道)。

但是这说法与传统史料及金文对比,却有一个问题产生,那就是为了取得铜锡资源,周昭王征伐商代盘龙城北部的"虎方"是可以理解的,但说周昭王征伐芈姓楚国获得铜,就让人很难以理解了。

因为我们前面在介绍芈姓楚国的渊源时讲到过,西周初年周成王、周康王时期,芈姓楚国国君熊绎定都于丹水之阳的夷屯,也就是现在河南省西南部的淅川县西南、丹江水库一带(也有学者认为夷屯在今湖北南漳或枝江一带)。周昭王时期,楚国的国君已经换成了熊绎的儿子熊艾,"清华简"《楚居》中写作"酓只"。熊艾(酓只）在位时,芈姓楚国的都城《楚居》明确说还在夷屯(丹阳)。当时的楚国地盘依然很小,顶多只有方圆百余里,并不像春秋战国以后,拥有几乎整个长江中下游地区。显然,当时的芈姓楚国无论在河南淅川,还是在湖北南漳或枝江,距离商代盘龙城、长江中下游铜矿锡矿的产地都太过遥远了。俗话说,"匹夫无罪,怀璧其罪"。周朝前期时的芈姓楚国境内既然没有铜矿锡矿,周人又为啥要去打它的主意呢?何况周初时期楚国还极其贫弱,"清华简"《楚居》记载,酓绎(熊绎)在位时穷得连祭祀所用的牲口都备不齐,只能偷邻国鄀国的牛,深更半夜宰了悄悄祭祀。昭王时期距离酓绎受封不过才五十余年,楚国就是再"飞跃式发展",也不大可能从一个牛都杀不起的弱小部族强大到惹得周朝出倾国之兵来伐的地步。

虎类青铜器:伏鸟双尾青铜器

有人要说了,既然你说昭王时楚国没有什么宝贝和资源值得周人惦记,楚人也没有实力和周朝对抗,那为什么古籍和金文里会有昭王"伐楚荆""伐楚""伐荆""伐荆蛮"并获铜的记录呢?这"楚""荆""荆蛮"或合称的"楚荆",除了指芈姓楚国,还能指别人吗?

说到这,我们有必要再来回顾一下《史记》中关于分封楚国的原文:

熊绎当周成王之时,举文武勤劳之后嗣,而封熊绎于楚蛮。

从"封熊绎于楚蛮"这句我们可以看出,在芈姓楚国建立前就存在一股叫"楚蛮"的势力,而芈姓楚国,不过是存在于"楚蛮"势力范围中的一个国家。这"楚蛮"到底是指什么呢?我们说过,"楚"本指一种灌木,"蛮"是中原对南方人的蔑称。所以"楚蛮"就是"荆棘丛生之地的野蛮人"的意思,也就是生活在南方灌木丛

◎ 51 昭王南征的对象是谁？

中的诸部族的总称。据说，这些南方灌木丛中的诸部族是上古三苗人的后裔，"蛮"也就是"苗"的音转。因为"楚木"古代又称作"荆"，所以"楚蛮"也被称作"荆蛮"。我们在芈姓楚国渊源那一节介绍过，芈姓的祖先原本居住在今天中原郑州市一带，属于中原部族。只是因为后来鬻酓（鬻熊）带着芈姓族人向南迁徙到现在的丹江水库一带，才逐渐进入了"楚蛮"（荆蛮）的传统区域；而随着生活环境的变化，芈姓部族也不得不逐渐贴近了"楚蛮"（荆蛮）的风俗。所以司马迁说芈姓楚国是被封于"楚蛮"之中的。显然在周初时期，楚国和楚蛮（荆蛮）是两个概念，楚国小、楚蛮（荆蛮）大，楚蛮（荆蛮）包括楚国，楚国只是楚蛮（荆蛮）中的一小部分。打个比方，西周时的楚国与楚蛮，就像现在美国与美洲的关系一样。周昭王时期，湖北南部、江西北部、安徽南部这沿江一带的铜矿、锡矿，都处在"楚蛮"（荆蛮）的地界中。

现在我们该恍然大悟了。原来文献和出土金文中周昭王征伐并获铜的"荆蛮"或"楚荆""荆楚"，指的是楚蛮（荆蛮）这个大集群、大概念，而非当时还很弱小并且远离长江中下游铜锡产地的楚国。正因为长江中下游的铜锡产地在楚蛮（荆蛮）的地界里，周人才要伐它；而且因为楚蛮（荆蛮）是个部落集团，"人丁兴旺"，所以讨伐时周天子必须要带上六个师的大军。只不过到春秋战国时，随着楚国的壮大和扩张，它已经完全占有了古时南方"楚蛮"（荆蛮）活动的区域，并将"楚蛮"（荆蛮）的诸部族融入芈姓楚国中，所以后世的人就傻傻分不清，以为楚国和楚蛮（荆蛮）是一体两称。这最终导致很多人误以为，周昭王时期所征伐的"荆蛮"或"楚荆""荆楚"就是芈姓楚国。实际上大家可以仔细看看《史记》，人家太史公司马迁无论在《周本纪》还是《楚世家》中，都没有说周昭王南征打的就是芈姓楚国。《左传·僖公四年》记载齐桓公南伐芈姓楚国时，管仲曾经责备楚人，称其罪有二：一是不向东周王室进贡滤酒的包茅草，二就是"昭王南征不复"。楚国使臣对管仲说的第一条"罪过"低头认账，而对第二条却完全不认，说："昭王南征不复，你还是到汉水边问吧（君其问诸水滨）！"楚使为啥理直气壮地拒不承认昭王之死与芈姓楚国有关系呢？晋代注释《左传》的大家杜预就解释道："昭王时，汉非楚境，故不受罪。"显然杜预也是明白人，周昭王时期，芈姓楚国还窝在"丹水之阳"的夷屯（今河南淅川县西南），汉水并不在楚国境内，周昭王南征渡汉水出了事，跟当时弱小的楚国有什么关系呢？而对于楚使的答词，齐桓公、管仲这对明君贤臣和联军中的各国贵族也没有一句话可应对，显然他们自己也知道以"昭王南征不复"的理由问罪芈姓楚人，是没事找碴儿、牵强附会。

有人可能又会问，那"安州六器"说周昭王南征的是"虎方"，又怎么解释？笔者认为，文献记载周昭王两次南征，第一次征伐的对象应该是楚荆，因为这是《古本竹书纪年》明确指出的，当然这里的楚荆不是指芈姓楚国而是指"楚蛮"这个大概念；第二次南征，周人打的是谁，《史记》和《古本竹书纪年》都没说，其实这次周人打的具体对象就是"安州六器"上所说的"虎方"。《吕氏春秋》说周昭王第二次南征打的是"荆蛮"，应该也不算错。因为虎方应该也是"楚蛮"（"荆蛮"）或"荆楚"这个大部落集团概念或者说地理概念中的一小部分。

◎52 还原昭王两次南征的历程

通过上面的考证,我们已经知道周昭王所伐的是广义的"楚荆"或称"楚蛮""荆蛮"集团,而不是芈姓楚国。

之前我们介绍成王史事的时候还曾经提到过,西周开国初期对南疆一带就非常重视,成王时位高权重的执政大臣召公奭,曾受王命沿着汉水一带巡视南土,还代成王分封了厉国(今湖北随县北殷店镇)。其实周朝前期在今天河南南部、湖北北部一带分封的诸侯国不止一个厉国,比较重要的还有妫姓的陈国,嫚姓的邓国,任姓的谢国,嬴姓的江国、黄国,姜姓的许国、卢国,姬姓的应国、蔡国、唐国、曾国(又名随国)、息国、蒋国,姞姓的鄂国、项国,芈姓的楚国,不知姓氏的庸国、濮国等。当然,在这群封国中,位于今天随枣走廊中的南宫适之后的曾国,是当时周朝最南方的姬姓封国,也是肩负着为周朝守护"金道锡行"(金锡道路)重任的排头兵。

接下来我们就根据传世古籍尤其是出土的金文资料(过伯簋、鼒簋、令簋、逨簋、逨鼎、"安州六器"、静方鼎、启卣等青铜器铭文),来推测一下昭王时期南征的过程。

成康时期,周人多次东征北伐,东土和北土得到很大开拓,所以昭王时期,周人将开拓的重点转移到了南方。昭王十五年九月,周昭王第一次南征开始,从征的大臣或将领有过国(可能在今山东莱州一带)国君过伯、鼒、䟒驭、生、逨、京师畯(京地的师长名畯)等人。昭王此次征伐的是广义的"楚蛮"或曰"荆蛮",作战区域是江汉一带,但具体位置不详。南征的结果是周王师大胜。按《古本竹书纪年》的记载,昭王十六年,周昭王南征追击楚蛮一直过了汉水(应该是从汉水下游渡汉),还在汉水边上碰到了体型彪悍的"兕",也就是现在已经灭绝的一种水牛——圣水牛。当时的楚蛮地区,临近湖北大冶以东、江西北部、安徽南部的古代铜矿产区和锡矿产区。周人在打击当地蛮族的过程中,缴获了很多战利品,包括大量的铜、锡等青铜原料。大概在昭王十六年八月之前,这次南征结束,周军班师回朝。随征的大臣们都发了或大或小的战争财,所以兴高采烈地制作了很多青铜礼器来纪念这次胜利。为策应这次南征,第二代卫侯(康侯)伯懋父即康伯髦,还率军驻扎在郔国(今山东郔城西),以震慑东夷。

不过第二年,也就是昭王十七年,位于今天汉水以东、湖北京山、安陆以南、长江以北区域的虎方又反叛。上面我们说过,湖北大冶以东、江西北部、安徽南部是古代铜矿产区和锡矿产区,而这些矿产区正在虎方的东南。虎方反叛后,铜锡北运的通道就被阻断了,所以周人自然不能坐视不理,势必要对虎方大加讨伐。昭王于是命令南宫盂即康王时期北征鬼方的那位名将担任主帅,再次兴兵南征反叛的虎方。

这次出兵昭王之所以派南宫盂为统帅,除了因为南宫盂在征伐鬼方的作战中显示了非凡的军事才能,还因为他与周朝在南方的支柱性诸侯国——曾国,本是一家子。我们介绍曾国开国史的时候说过,文王、武王时的重臣南宫适,其家族在成王时一分为二,长子被封于随州一带建立曾国,次子留任朝廷。南宫盂就是南宫家族在朝廷的那一支后人。在大盂鼎铭文中,南宫盂称呼"南公"(南宫适)为祖,显然他是南宫适的孙子辈;而当时的曾国君主应该是曾侯谏或曾侯犹的儿子,也是南宫适的孙子辈,那么南宫盂与当时的曾侯就是叔伯兄弟关系。昭王派南宫盂领兵南征,显然有利于协调南征王师与曾国的关系。

这次南宫盂南征虎方,昭王自己也决定随后进行"巡狩"。不过天子南巡,那可不是小事儿。昭王本人,也不是后世明英宗那样的莽撞人,他南巡前是要做足准备工作的。昭王十七年十月,身在宗周的周昭王就命令名字分别叫"中"和"静"的两位臣子,预先为自己的亲征打前站,做"热身"。

先说静。静尊奉王命,率先前往"相"地,为天子设立了行帐。不过这"相"地在哪里,史学家们还有争议,当代历史大家李学勤猜测,"相"可能是今天湖南湘江流域的某地。

这位大臣"静"的名字,有些人也许会觉得有点儿眼熟。不错,我们前面在介绍"辟雍"的时候，曾提到西周前中期有件静簋，其铭文记载了周天子任命静掌管学宫、教导贵族子弟射箭一事。史学家们普遍认为，这个教人射箭的静和为昭王南巡打前站的静就是一个人。只不过按时间顺序，静为昭王前驱的事情发生在他人生的早年，他执掌学宫的事情要在他人生的晚年了，因为学界普遍认为静簋铸造于昭王之子穆王时期。

再说中。大臣中则首先到达今天南阳盆地的任姓谢国（河南南阳），并在当地的陴真山为天子设立了第一个行帐；随后他又前往湖北随州东北的姬姓曾国（又名随国），为昭王安排了下一站的行帐。

其实这位大臣中的身份，也非常值得说道说道。宋代金石学家薛尚功所写的《历代钟鼎彝器款识法帖》和清末朱希白著录的《孝感县志》都说，"安州六器"中的大臣"中"，也就是替周昭王到曾国安排行帐的那位，全名其实叫"南宫中"。这点也为出土文物所证实。1979年出土于陕西扶风的南宫乎钟铭文说，贵族南宫乎有"先祖南公、亚祖公中"，注意南宫乎的这个"亚祖"就叫"中"。2013年湖北随州叶家山曾国墓地M111号墓也即曾侯犹墓中，出土了曾侯作父乙方鼎，上面有"曾侯做父乙宝尊彝"的铭文，而"安州六器"铭文中，"中"也说他是为"父乙"做的青铜礼器。曾侯犹和"中"的父亲都叫"父乙"，咋能那么巧？显然这个替周昭王到曾国设行帐的大臣"中"，全名就是"南宫中"，从他被后来的南宫氏族人南宫乎尊为"亚祖"来看，他应该也是南宫适留在朝廷任职的一个儿子。南宫中和曾侯犹则应该是亲兄弟的关系，他们的父亲就是南宫适，日名称作"父乙"。（南宫毛、南宫中和曾侯谏、曾侯犹应该是四兄弟的关系，只不过前两位在朝廷任职，后两位在封国为君。）我们前面说过，当时的曾侯应该是曾侯谏或曾侯犹的儿子，那么时任曾侯就应该喊南宫中为叔父或伯父了，而周军南征的统帅南宫盂，则应该是南宫中的子侄辈。俗话说，"沙场亲兄弟，上阵父子兵"，南宫家族的人或负责统帅南征大军（南宫盂），或负责为王探路和联络协调（南宫中），或负责在当地策应（曾侯谏或曾侯犹的儿子、当时的曾侯），可见周昭王的人事安排是精心思考过的。

昭王十七年十二月，南宫盂遵从王命，先行率军出发，征讨虎方。

南宫盂刚走没多久，昭王十八年正月，昭王在宗周又命令一位叫馘的大臣，出使"繁"地，也即金文中的"繁汤"、古文献中所说的"繁阳"，在今河南新蔡县北。

这个大臣敖又是何许人呢？其实记载敖出使繁地一事的青铜器敖甗，是从山西天马——曲沃晋侯墓地编号为M114的大墓中挖出的，史学家普遍认为M114大墓的墓主人是唐叔虞的儿子晋侯燮父。"敖"字和"燮"字，还颇有些联系。东汉许慎的《说文》里有收录"敖"这个字，许慎说其意思是"戾"，即"凶暴"；至于"燮"，其意思则是"和顺"。也就是说，"敖"和"燮"恰好构成一对反义词。我们知道，中国古人的名和字，一般不是近义词就是反义词，名、字构成反义的著名例子如韩愈，字退之。所以一些历史学者认为，这个叫敖的大臣，应该就是文献中大名鼎鼎的晋侯燮父，燮父是这位晋国君主的字，而敖为其名。当然敖和晋侯燮父是不是一个人，在这里不是重点，我们只要知道有这种说法就行；重点是"繁"地在周代是南方铜、锡等金属输送到中原的重要中转站、集散地。1974年，洛阳博物馆的考古工作者在洛阳当地挖掘了一座战国古墓，出土了一把铸工精巧、锋利无比的青铜剑，这把剑的剑身上就刻着铭文"繁阳之金"。可见"繁阳之金"在东周时还是大名鼎鼎，可以当作金字招牌的。周昭王派敖出使到繁地，显然是急于了解南方战事对金锡集散地的影响情况。

另一边，周昭王紧跟着派出了一位名叫"儿"的使臣到曾国，命令已经在曾国的南宫中为王巡视南方各国。南宫中得令后，首先到达方国（位置不详，可能在今湖北方城）巡视，然后又到达嫚姓邓国（今湖北襄阳市西北十余里古邓城），随后他渡过了汜水，北返到已姓鄝（liǎo）国（今河南唐河县南湖阳镇）看了看，最后南下到姞姓鄂国（今湖北随州市西安居镇）驻扎，迎接周昭王的到来。与此同时，南宫中还命令一位名叫"伯买父"的大臣在汉水一带，尤其是汉水中的几个小洲上布置了严密的防线，以确保昭王的安全。

却说率军南征的南宫盂，此时已经和虎方交上了手。这位当年曾大破鬼方的名将在周朝南土各诸侯国的密切配合下，又大破虎方，取得胜利。

昭王十八年八月，到南方"相"地为天子探路并设行帐的大臣静返回成周，向已经到东都的昭王报告南方的情况。昭王大喜，命令静掌管驻扎在曾国和鄂国的周王师，并赏赐了静香酒、旗帜、蔽膝等规格很高的礼物以及一块采邑。

南方已经平定，南巡的路线也安排妥当，于是昭王从东都成周出发，经过嵩山西面的上侯（河南缑氏镇），乘舟从滰（jiàng）川（古代的南汜水）南下。随行的大臣有卿士祭公季以及启、师艅等人。

昭王首先来到南阳盆地的任姓谢国，南宫中在此接驾并献上南方凤鸟一只。随后天子车驾继续南下，到达今天湖北襄阳西北的嫚姓邓国，继而东行穿越随枣走廊，驾临位于今天随州西北四十多公里唐县镇的姬姓唐国。这随枣走廊的姬姓唐国，据南宋郑樵《通志》说，是成康之际周天子将第二代晋侯燮父的子弟分封在此处建立的。周天子在这里召见了汉水北面的姬姓诸侯们，也就是唐侯、曾侯等人。庆功宴上，周昭王还把厉国进献的四匹好马赐给了南宫中，以表彰他"开路"之功。

在今天湖北随州附近的唐、曾、鄂、厉诸国巡视了一番后，周昭王继续南行。昭王十八年闰十三月，在寒地（具体位置不详）的昭王，再次把武王时臣服的褊人和其地盘赏赐给了南宫中。同月，昭王又来到斥地（具体位置不详），在这里他赏赐了一名叫趞的大臣一块采邑，外加贝五串。

昭王在斥地一直停留，转眼到了第二年（昭王十九年）五月，昭王在斥地行宫中，命令担任"作册"一职的官员"析"，代表天子去赏赐相侯五色土，也即正式承认他为周朝诸侯。

通过昭王十六年到十九年的史事我们可以看出，这段时间周昭王可算是春风得意马蹄疾，接连两次南征胜利，又浩浩荡荡地南巡，遍赏南土诸侯和大臣。不过俗话说，乐极生悲，周昭王肯定没想到，他的好运已经用尽，人生也马上要走到头了。这是怎么回事呢？且听下回分解。

◎53

试解昭王"南征不复"的谜团

大约在昭王十九年下半年,昭王从斥地起驾,率领群臣和六师继续南巡。他的目的地应该就是相国,前面介绍过他早就曾派大臣静到相地设置了行帐,这行帐自然不是白设的。相国大约在今湖南一带,所以昭王一行必须再次渡过汉水。之所以说"再次",是因为在三年前的昭王十六年,昭王就渡过一次汉水,还遇见了巨大的兕(圣水牛),被记载在史书里。这次南渡汉水,昭王一行应该也算顺利,很可能还按计划抵达了相国并召见了相侯,成功完成了此次"南巡"所有的既定目标。当然,昭王十九年渡汉后的具体情况,史书、金文并无记载。笔者之所以说昭王成功完成了"南巡"行程,是因为著名西周青铜器史墙盘上的铭文曾这样叙述昭王的伟绩——"弘鲁昭王,广批楚荆,唯寏南行"(宏伟有福的昭王,大规模地打击南方楚蛮,完成政令的南播)。有人会怀疑,史墙盘上的说法会不会是周代史官阿谀奉承之词呢?这倒应该不是,因为战国末期吕不韦的门客们编写的《吕氏春秋》也记载昭王"还返涉汉",显示昭王后来出事,不是在南下时,而是在南巡结束之后的北返阶段。所以结合金文和《吕氏春秋》的记载,昭王"南巡"本身应该是成功的。那昭王北返出事,到底是怎么回事呢?

《吕氏春秋·季夏纪·音初》说,周昭王南巡结束,从南边返回再次经过汉水时,周军在汉水上修了"梁",也就是便桥。至于这便桥是什么材质的,古文简略,并没有明说。有人猜测可能是连舟为浮桥,也有人猜测可能是在汉水水浅的地段筑土为桥,这我们就不细究了。反正是到昭王过便桥的时候,这"梁"突然坏了,昭王和执政大臣祭公季等人,都掉到汉水里。昭王的车右兼贴身保镖辛余靡倒是十分忠心,身高力壮的他在水中奋力施救，先把昭王拖到岸边，接着又返回把祭公捞上岸。不过虽然辛余靡展现了他"陆上猛虎、水底蛟龙"的全能本事，不负"车右"的职责，但昭王和祭公却都因溺水时间太久没能再次睁开眼睛。

关于昭王一行落水的经过，西晋皇甫谧在《帝王世纪》中还记载了另外一个故事版本：周昭王南征，在渡汉水的时候，因为操舟的当地蛮族船夫痛恨周人，于是就想了个损招——用胶粘了一条船给周昭王坐。昭王坐的御船行到汉水中流时，胶被水泡开，船于是解体了，昭王和大臣祭公就都掉到水里淹死了。昭王的车右辛游靡（即辛余靡）胳膊长、力气大，得以在水中捞得了昭王的尸体。

《吕氏春秋》和《帝王世纪》写的昭王之死的故事，大概内容都差不多，都是渡汉水时溺死，区别就在于一个是说昭王落水是因为便桥坏了，一个是说昭王落水是因为船夫给他献了一艘胶船。那昭王落水的原因，哪种说法靠谱、哪种说法不靠谱呢？个人认为，皇甫谧《帝王世纪》的说法相对不靠谱些。一是因为皇甫谧的生活时代更晚，他是三国西晋时期人，《帝王世纪》成书比《吕氏春秋》晚近五百年；二是他说的船夫献胶船的桥段经不起推敲。首先，一艘给国君乘坐的船必然很大，能用胶粘起来吗？第二，就算能在船的一些局部地方用胶水，造船的船夫又不知道昭王具体什么时辰坐船，怎么能精确控制船沉没的时间？万一胶船做好后，昭王晚几天坐船，这船停在水边，岂不要提早泡解体了，还能害得到周昭王吗？船夫不能左右周昭王什么时候上船，所以胶船解体时间无法控制，是这个故事的硬伤。故而昭王落水原因，应该如《吕氏春秋》所说，是因为便桥坏了。但是好端端的便桥为什么会突然坏掉呢？这个《吕氏春秋》却没有细说。我们只得再回过头去仔细品味《古本竹书纪年》中的那些诡异的记载：

周昭王十九年，天大曀，雉兔皆震，丧六师于汉。（昭王十九年，天空昏暗，阴风四起，野鸡野兔都惊恐地四处乱窜，周朝的六师丧身汉水之中。）

周昭王末年，夜清，五色光贯紫微。其年，王南巡不返。（周昭王末年，清净的夜空里，五种彩色光芒贯穿天上三垣二十八宿中代表"天帝所居"的紫微垣。这年，昭王南巡没能返回。）

"天大曀，雉兔皆震"，"夜清，五色光贯紫微"，这些景象到底在描述什么呢？越品味思索，这些越像是在描述地震的征兆！

先说"天大曀"(天空昏暗,阴风四起),这像不像地震时山崩地裂、尘埃四起造成的天昏地暗的景象?再说"雉兔皆震"(野鸡、兔子乱窜),这不就是描写地震前的动物大逃亡吗?至于"夜清,五色光贯紫微"(晴朗夜间五色光芒直冲天空的紫微垣),这很可能为地震前常见的"地光"。

我国自古就有地震前会有异常光芒的记载。如东晋常璩撰写的《华阳国志》记载,西晋元康三年(公元293年),蜀郡(今四川成都)某天晚上一夜都有火光,然后就地震了;明朝《明武宗实录》记载,武宗正德四年(公元1509年),武昌府夜间"见碧光闪烁如电者六七次,隐隐有声如雷鼓,已而地震";清朝光绪《溧阳县志》也记载道光二十六年(1846年),溧阳"夜大风,有赤光自北而南",继而就是一场大地震。现代以来,中外记载的大地震前的地光更多。我国1975年辽宁海城地震,1976年云南龙陵、潞西地震,以及同年的河北唐山地震,震前人们都发现紫色或橘色的耀眼光芒。1968年,日本松代发生一系列地震期间,人们还首次拍到"地光"照片,有的是像北极光一样的红色条纹,有的则像远处低垂的蓝色曙光。所以《古本竹书纪年》记载的"夜清,五色光贯紫微"(晴朗夜间五色光芒直冲天空的紫微垣),非常像地震前的地光现象。

原来,昭王渡汉水溺死,很可能是遭遇到了一次突如其来的地震!这场地震本来是有征兆的:野鸡、野兔等动物敏锐地感觉到大地内部的颤抖,开始仓皇奔逃;夜间,应该是凌晨时分,五彩的地光也开始直冲云霄。但因为缺乏地震预警的知识,再加上沉浸在南巡圆满成功的喜悦中,周昭王和周人大军丝毫没有觉察到危险正在向他们逼近。就在昭王和大臣们通过搭建在汉水上的便桥时,地震不期而至。这时地动山摇,汉水暴涨,临时性的便桥自然垮塌,周昭王和不少大臣一起掉落汉江。虽然周昭王的车右兼保镖辛余靡尽职尽责,在地震引起的大慌乱下依旧冒死相救,但是由于溺水时间过长,他只捞上来昭王和祭公的尸体。天子和重臣都遭遇不幸,可以想见周人的六师将士殒命的也不在少数,周朝的嫡系人马"西六师"就此遭受重创。这应该就是昭王两次南征均大败敌军、顺风顺水胜利完成"南巡"后,回程途中却居然莫名其妙突然身死的原因!确实,试想一下,当时周朝的六师威武勇猛,势不可挡,楚蛮和虎方都已经被打败,南巡前后周人对昭王的安保措施也十分严密谨慎(中甗铭文曾记载,伯买父布置军队在汉水中的小洲上为王戍守),除了自然灾害,还有谁能伤害到周天子呢？

因为在古人眼里，地震是"天谴"，所以周昭王溺死汉江之后，周人出于忌讳，没有在史料中明确记载昭王的死因——说周天子被地震"天谴"而死，岂不是要动摇西周王朝统治的合法性吗？但是《古本竹书纪年》留下的"天大曀，雉兔皆震"，"夜清，五色光贯紫微"等侧面记录，还是透露出了昭王殒身原因的蛛丝马迹。

从上面的记载和推理我们可以看出，周昭王真的是一位太冤的"天子"，他两次南征战无不胜，声威赫赫，没有败给敌人，却败给了突如其来的自然灾害。因为他南巡身死，后世很多史家还只看结果，给昭王戴上一顶"王道微缺"的帽子。那意思是你昭王要是有德，为啥南巡死在外头呢？你南巡死在外头，肯定是因为你没德、缺德。其实，古今中外战争的成败，往往与战略战术、动员组织能力等密切相关，与"道德"没有什么直接关系。所谓"得民心者得天下"，只不过是儒家信徒的一个美好愿景。如果失败了就是没德，那文天祥是不是缺德呢？如果成功了就是有德，残暴荒淫、睡遍儿媳的梁太祖朱温为什么还能中原称帝呢？所谓昭王"王道微缺"，除了他南征不返，史书上还真找不出什么具体事例来支撑。相反，我们前面曾介绍过的著名西周青铜器史墙盘，那上面的铭文分别用一句话来总结了西周前中期七代君王的主要功绩，它对昭王功绩的总结就是"弘鲁昭王，广批楚荆，唯奂南行"（宏伟有福的昭王，大规模地打击南方楚蛮，完成政令的南播）。可见作为西周史官的墙，对周昭王南征的盛举是大加赞颂的。先秦史书《国语·齐语》也记载，春秋时齐国名相管仲曾称赞"昔吾先王昭王、穆王，世法文武远绩以成名（当年先王周昭王、周穆王以效法文王、武王的政绩而成就美名）"。所以历史上的周昭王，应是一位为周朝做出颇多贡献的君主，仅仅是倒霉遇到意外、身死汉水，导致后世名声不佳。

不过周昭王和西六师虽然是因为遭遇意外而身死和受重创的，但这给周朝带来的沉重打击却是不言而喻的。因为天子和大量兵力折损，周人在南国的扩张势头被打断了。而且这件事对周人精神的打击，恐怕比实际损失更大——昭王是南巡后被"天谴"而死的，这是不是老天在暗示，周人不该继续经营南国呢？在这种双重的打击下，西周王朝在南方选择了战略撤退。

在考古学上，有一个显著可见的现象，那就是江汉区域很少发现属于西周中期的周人青铜器和遗址。尤其是我们前面提到的周人在江汉地区的支柱性国家——南宫适之后的姬姓曾国，目前考古发现，叶家山曾侯墓，只埋了曾侯谏、曾侯犺两位西周初年的曾侯，然后这个墓地就被废弃了。考古学家至今未在江汉地区发现西周中期的曾国墓地。等到曾侯墓地再次出现在湖北随州一带，已经到西周晚期了。这可能预示着，昭王南征意外身亡、西六师遭到重创以后，姬姓曾国失去朝廷支援，就无法在随州一带立足了，它随后北迁到离中原更近的某个地区，直到西周后期厉王或宣王重新在南土扩充势力，才返回旧土。还有那个周昭王曾经在其国土上大会姬姓诸侯的唐国，可能也是一样的情形。其实自古以来史学家们对唐国的位置一向有两种说法，一种说法认为它在河南南部的唐河县，一种说法认为它在湖北随州西北的唐县镇。笔者认为，周朝南土的姬姓唐国在昭王时期应该是在随州西北的唐县镇，因为昭王南巡意外死亡，周朝在南国进行战略大收缩，所以唐国才北撤到现在河南南部的唐河县立国。

总之，昭王南征不复，为西周早期的扩张史画上了一个不太圆满的句号，也宣告了西周早期扩张时代的结束。

◎54 穆王中兴

话说周昭王南征成果丰硕、返回渡汉时却遭遇意外身死，西周朝廷因为害怕诸侯和各方笑话"天子遭天谴"，动摇周朝"有命在天"的统治神话，故而没有将昭王死因讣告天下。不过国不可一日无君，昭王太子满在父王去世后继位，成为西周王朝第五位君主，这就是后世所称的周穆王。史学界一般把西周的武王、成王、康王、昭王这四王统治时期称为"西周前期"，把穆王和恭、懿、孝、夷这五王的统治时期划为"西周中期"，后面的厉王、宣王、幽王统治时期算作"西周后期"。所以穆王的上台，标志着西周王朝步入中年。

《史记》说，周穆王即位的时候已经五十岁了，是个"老太子"熬成天子的典型。而且后面《史记》还说，周穆王做了五十五年天子，那算起来他享年足有一百零五岁。不过上古医疗卫生条件那么差，一个人能活百多岁实在罕见，尤其是妃嫔众多的帝王。西晋太康年间著名的《竹书纪年》被学者整理出来后，人们在上面发现另一种说法，也即不是周穆王活了百岁，而是"自周受命至穆王百年"。算一算，文王受命九年崩，武王在位大概四五年，成王在位三十七年，康王在位二十六年，昭王在位十九年，自文王受命到穆王即位约九十五六年，四舍五入取整数恰可称百年。所以穆王有百岁高寿的说法，应该是从"自周受命至穆王百年"的古代记载讹误而来。那么穆王即位的时候，恐怕也不会如《史记》所说有五十岁高龄，很可能是二三十岁光景。

《吕氏春秋》记载，周穆王大权初掌之后，没有忘记辛余靡捞回父亲昭王尸身的功劳，封他为西翟侯，并尊称其为"长公"。从辛余靡的故事我们可以看出，"技多不压身"，真不是一句虚言。

不过不知何故，穆王这位天子，却不太喜欢祖先定下的丰镐二都。他在位第一年，就在南郑（又叫西郑）修建了一座供他游乐的祇（qí）宫。他后来也不常居住在丰镐，而是喜欢住在同样位于南郑一带的郑宫、春宫这两座宫殿里。这个南郑（西郑）在哪里呢？传统说法认为在今天陕西渭南市华州区，但是近现代以来，考古学家在今天陕西凤翔一带多次出土带"奠"（郑）字的西周青铜器，所以当下很多学者认为南郑（西郑）是在今天陕西凤翔一带。

当然，昭王南征意外去世，西周王朝受到较大的冲击，继位后的穆王面临的首要问题就是重新振兴王朝。为此，他对外对内都采取了一系列措施。

对外，穆王改变了父亲昭王的"南进"政策，在周朝的南国采取了"转攻为守"的战略收缩措施。他将驻扎在南方的周王师撤回，还把曾国、唐国等随枣走廊的姬姓诸侯国也后移到河南一带，以缩减开支。当然，金锡道路朝廷仍要维持，当时周人很可能是放弃了江汉线（经随枣走廊在武汉商代"盘龙城"一带渡江南下），而改走东面的江淮线（从"繁汤"即今河南新蔡北南下渡淮河、经安徽桐城渡江至皖南）。

对内，穆王励精图治。周穆王登位不久，就任命一位名叫伯冏（同"囧"）的大臣为太仆，负责掌管王家车队、朝廷牧场并传达王命。虽然这位太仆的名字有点儿"囧"，但是周穆王却很看重他。在册命伯冏时，穆王反复勉励其要注意匡正君王的言行，同时要任用正直贤良的人做天子的近臣仆役，甚至说"君主有德在于臣下，失德也在于臣下（后德惟臣，不德惟臣）"。穆王册命伯冏的那番话，显然不是对伯冏一个人讲的，而是对全体臣子讲的，希望大臣们都能匡正自己的错误，并进贤举能。穆王册命伯冏的内容后来被记载在《尚书》里，篇名就叫作《冏命》。当然，现在传世的《尚书·冏命》篇也已经不是周代的原文，而是晋代梅赜编的伪篇。不过要说穆王时期最有名的贤臣，还是执政大臣祭公谋父，即随同周昭王南巡一起溺死在汉水的那位执政大臣祭公季的儿子、周公旦的孙子。论起辈分来，穆王还要尊称他为叔祖父。这位祭公谋父，也是中国历史上著名的贤臣。

在穆王初年，因为穆王一心求治，任用忠贤，朝廷纲纪大振，西周王朝逐渐从"昭王南征不返"的阴影中走出来，天下又恢复安宁。

后来唐代的贤臣魏徵曾说，"中国既安，远人自服"。眼见周朝声威复振，远方小国纷纷来朝。位于西北方的戎族之国北唐国，前来朝拜穆王的时候，还献上一匹纯黑色的宝马,古文称"骊马"。后来周穆王的"八骏"中有一匹名叫"绿耳"的宝马,就是这北唐国献来的骊马所生。

做了十几年太平天子后,随着国势的恢复以及愈加强盛,周穆王觉得重振王室权威的时候到了。穆王十二年,周穆王以西北方的犬戎不向周朝交纳贡物为由,决定对其大加讨伐。

据战国时成书的古籍《国语》记载,这时执政大臣祭公谋父站出来劝阻说:"大王不可!先王都是以德服人,而不是炫耀武力('先王耀德不观兵')。军队平时收起来,只在适当的时候动用一下,这样它才会显示出威力;总是炫耀武力,时间长了人家就不当一回事了,也就失去了威慑作用。"

接下来,祭公谋父大段地讲述周人的历史,说周人自始祖后稷以来,都是忠厚老实以种地为生,并注意修养德行。到文王、武王更是光大先人之德,敬神爱民,才灭商得到天下,从不崇尚武力。随后他又搬出"先王之制",说周朝把天下按离王畿远近分为"甸、侯、宾、要、荒"这"五服",离王畿越近的诸侯贡献义务越大,反之越小,到荒服就不需进贡了,荒服的诸侯一生能来朝拜天子一次就行了。(我们前面介绍周朝畿服制度时的大量内容,就出自祭公谋父的这段话。)而且如果诸侯有不履行义务的,天子也得先自我检讨,看看自己有什么失德之处,才可以依法处置。犬戎就属于遥远的荒服,他的君长一直按照荒服的职责来朝见,周人是没有理由讨伐他的。最后祭公说,他听说犬戎人秉性纯朴,能遵守先人的德行专一不变,自然有能力抵御周朝的"不义之师"。

因为祭公谋父的这段话就是《国语》一书的第一篇,所以知名度挺高。不过细分析一下,他的话实际上也是有虚有实。

先说他话中"虚"的部分。我们前面介绍过,周人的先王季历,那可不是什么"以德服人"的人,而是东征西讨从不停手的雄主;文王和武王,也是杀伐四方的君王,尤其是为对付庞大的商朝,他爷俩各种阴谋诡计都没少用。作为周公旦之孙的祭公谋父,把周人的先王说成是"不尚武力"的老实人,要么是他被周人自己的宣传给骗了(周人对外一直宣传是因为自己有德才代商拥有天下),要么是他自己为了阻止周穆王北征而编瞎话。当然还有一种可能,就是这些话根本不是祭公谋父的原话,而是战国时期有儒家色彩的人编了安在他名下的。

再说他话中"实"的部分。祭公谋父阻止穆王征伐犬戎,一来可能是怕穆王像他父王昭王那样,远征再出什么意外;二来更是要维护周初建立的五服制度,提醒周穆王必须要按祖制、按规矩办事,不能乱来。祭公谋父"依法执政"的思想显然是具有积极意义的。五服制度,本就是姬家制定出来维持天下秩序的,试想犬戎如真按祭公谋父所说遵守了荒服的职责,无失礼之处,而今穆王却以不进贡(荒服无须进贡)为由前往讨伐,岂不是自己破坏周初立下的规矩?如果王朝的规矩天子自己都不遵守,那么又怎么能要求别人遵守呢?因此祭公谋父坚决反对周穆王破坏"法治"、追求"人治"的行为。

不过周穆王的想法,可跟祭公谋父不在一个频道。他为何要以不纳贡为由攻打犬戎,虽然《国语》中没说,但想来至少应该有两个目的:

第一,他是想借此机会重树因父王南征不返而衰落的王室权威。是啊,周人自季历以来,包括文王、武王、成王、康王、昭王,无一不是征伐四方的马上天子,也无一不是武功赫赫。作为姬家后代的周穆王,骨子里流淌着的就是尚武的血液,天生就有"江山非我家莫属"的豪情。但父亲昭王南征意外身死,导致西周朝廷颜面扫地。作为一个想有所作为的君王,穆王不能容忍列祖列宗的荣耀终结在自己手中。所以穆王想借犬戎人的人头,来杀鸡儆猴,重振周朝声威。他励精图治十余年,不就是为了等这一天的到来吗?

第二,他是想借攻打犬戎,突破周初所制定的"五服制"的约束,加强对天下方国、部族的控制力度。因为按照五服制度,周人对天下的控制相对后世确实是比较松散的。周初的这种制度设计,应该说与周初的国力是非常适应的。但是经过数十年的休养发展,到了穆王时期周朝,已经积攒下雄厚的国力,随着实力的膨胀,周穆王的野心也开始膨胀,他不免希望能够加强对各地的控制力度,以获取更多资源财富。说白了,就是穆王要加强王权和中央集权。

周穆王时周朝国力充沛,以大欺小,胜负自然是没有悬念。据《后汉书·西羌传》记载,穆王这次俘虏了犬戎五名部落酋长和四只白狼、四只白鹿回来。1986年在陕西西安出土的西周中期伯唐父鼎,其铭文记载了周王在辟池进行的一次射牲礼,周王射的动物中,恰好就有白狼和白鹿。有人认为,这应该就是周穆王征伐犬戎胜利后,再行"厌胜之术",即用射杀献祭从犬戎得来"异兽"的方式,来诅咒不够恭顺的犬戎。

史书称，周穆王还把这五部的犬戎人迁徙到"太原"以方便管制。不过这"太原"可不是今天我们的山西省会太原，而是今天宁夏回族自治区南部的固原。因为固原地区的面积超过八十平方公里，平均海拔一千六百米，比泾河上游的所有高原都高。海拔又高、面积又大，所以古人称这里称为"大原"，也即"太原"。

但是《国语》却说，穆王虽然打了胜仗，可无故征伐犬戎，破坏了周朝与远方诸侯的传统政治关系，从此以后荒服地区的诸侯再也不来朝见了。不过《国语》的这篇《祭公谏穆王征犬戎》本身的倾向就是反对穷兵黩武、主张"以德服人"，所以它记载的这个结果是否真实，是有疑问的。

与《国语》把穆王的这次军事行动描写得十分负面不同，有部叫作《穆天子传》的书籍却认为周穆王的西北开拓是成功的。因为该书记录了穆王随后北游西游的盛举，如果周穆王时期西部、北部的部族方国不臣服于周朝的话，显然穆王是不可能组织起这次西北巡游的。也就是说，周穆王征犬戎至少在短期内实现了他的一定目的。下面，我们就来看看《穆天子传》是怎么来描述穆王这次西北大巡游的。

◎ 55

穆天子开启的奇异之旅

要说《穆天子传》中对周穆王西北游的相关记载,还要从这本书的来历说起。《穆天子传》和《竹书纪年》一样,都是西晋太康年间从汲郡的战国魏国大墓中出土的,属于所谓的"汲冢古文"之一。原书共五篇,没有题目,出世后最早被叫作《周王游行记》,后来才改称《穆天子传》。"汲冢古文"里还有一篇杂篇,名字叫《周穆王美人盛姬死事》,因为都是讲周穆王故事的,所以人们后来就把这篇也附在《穆天子传》里,因此这书就变成了六篇。西晋时期汲郡古冢里出土的"汲冢古文",后来大多又散轶了,而《穆天子传》则是其中唯一一部基本完整流传至今的,也算是冥冥之中自有天数。下面我们就来看看《穆天子传》是如何描述周穆王的神奇旅行的。

话说周穆王十三年,穆天子率领大臣祭公谋父、毛公班、井(邢)公利(可能为邢侯之后在朝廷任职者)、逢公固等人以及六师将士,从东都洛邑浩浩荡荡出发,开始巡游西北。此次穆天子带上了他的八匹骏马——赤骥、盗骊、白义、踰轮、山子、渠黄、华骝、绿耳。中国后世国画常画的"八骏"题材,就来源于此。

马儿再好,也得有好的车把式来驾驭。穆王此次带的御用驭手有造父、参百、耿翛(xiāo)、芍及等四人。

不过在一些国画、连环画里,画家想当然地把穆天子的坐车画成是八匹骏马一起拉的车。其实人家《穆天子传·卷四》里说得明明白白,穆天子的那"八骏"是分在主车和次车两辆车上的,也就是说每辆车还是常规的四马拉车而已。话说考古发现商朝和周初的马车都是两马。西周前期虽然已经有套四马的车,但非主流,是有身份的王侯大贵族乘坐的。据金文记载,直到西周后期马车也还是以两马为主。所以西周中期的周穆王乘坐四马拉的车,已经很能彰显天子威风了。至于四马之车的普及,则大约是东周以后的事情。大家都坐四马之车了,东周天子也是四马就显不出与众不同,所以不得不又给车加了两匹马变成六驾,形成所谓的"天子驾六"。

此行中穆天子的主车,驭手是造父,车右是太丙;而次车,驭手是参百,车右是高奔戎。耿翛和芍及这两位驭手,想来应该是备用替补人员。

能担任穆天子"首席驭手"的人,那绝对不是常人,这里我们就多介绍造父这人几句:他就是周公东征时为商朝尽忠到底、战死于东海边的纣王大将飞廉的后代。前面我们讲过,飞廉死后,周朝把嬴姓的飞廉余族,强迫西迁到千里之外的"邾圉"(今甘肃甘谷县西南)这个地方,实际上就是发配他们到西北边疆为周人御边。飞廉除了恶来这个儿子外,还有一个小儿子叫季胜。季胜的儿子孟增,不知有什么本事,受到新朝天子周成王的宠信,成王还把"皋狼"(今山西吕梁市离石区西北)这个地方赐给了孟增,于是孟增就有了一个"宅皋狼"的称号。孟增后来生了儿子衡父,而造父就是衡父之子。算下来,造父即为飞廉的玄孙(飞廉—季胜—孟增—衡父—造父)。据《列子》一书记载,造父曾师从传说中的御马高手泰豆氏,将其驾车绝技完全掌握。《史记》说,凭着这手驾车的看家本事,造父也深受穆王宠信。造父为报穆王的知遇之恩,选取了八匹骏马,并把在桃林(今河南灵宝市以西、陕西潼关以东地区)物色到的宝马盗骊、华骝、绿耳,一并献给了穆王。正是这些骏马和驾车高手,保证了穆王远游的顺利进行。

穆王一行出了洛邑后就北渡黄河,从今天河南沁阳以北的太行陉穿越太行山,来到今山西高平附近的蠲(juān)山,首先接受了当地诸侯的宴请款待。随后穆天子一行继续向北巡行,横渡漳水。两天后,大队人马到达今天山西阳泉市平定县一带。当地部族皋落氏的首领在盘石关上向穆天子敬酒,穆天子则命令乐队演奏"广乐"来助兴。这"广乐"是"六代、四夷之乐",也就是融合了黄帝、唐、虞、夏、商、周等六朝和四方民族的音乐,想来演奏起来场面宏大,乐器众多,应该和现在的大型交响音乐会差不多。在那个时代,能看到这种演奏实在不容易,一时之间,君臣同乐,气氛达到高潮。

狂欢之后,穆天子站在马车上高高兴兴地继续往东北方向行进,通过太行山的井陉口到达铏山(今河北井陉境内的井陉山)。虽然这时已经雪花飘飘,穆王还是兴致不减，到钘山的西山坡打起猎来。在狩猎时，穆王又有意外收获——他找到一条穿越钘山的山谷小道。顺着这条山谷小道穿过了井陉山，穆王一行渡过北面的滹沱河，又翻过今天河北曲阳和涞源之间的古恒山（今大茂山），来到犬戎之地。这犬戎和后世的广义匈奴、突厥类似，都包含多个部落，广泛分布于今天甘肃、陕北、晋北、内蒙古一带。闻听天子驾到，当地一个犬戎部落的酋长赶来接驾，在当水（古恒水）北岸向穆天子敬酒。戎人恭顺，穆天子非常高兴，于是他就给自己名为"七萃"的禁卫军放了个大假，让他们在当地尽情狩猎游乐。

因大雪纷飞，天寒地冻，穆天子在此休整了几日。甲午这一天，穆天子一行人又转向西行。他们翻越了西隃（shù）山即雁门山的山隘，经过焉居、禺知两部落的居地（可能为山西朔州平鲁区一带），准备前往䣙（péng）人国（可能为今内蒙古呼和浩特以西、托克托以东区域，也就是黄河那个大"几"字弯的右上角）。这时，䣙人国的国君伯絮听说天子即将驾临，提前到一个叫"智氏"的地方来迎接，先送上豹皮十张、骏马十二匹作为见面礼。

话说这䣙人国的国君，那可是传说中河伯冯夷的支系子孙（即河伯后裔中的小宗宗长）。有人说，河伯冯夷不是黄河之神吗？神仙也有后代？实际上河伯冯夷应该是上古沿黄河一带游牧的部族河宗氏的首领，后来才被神话为黄河之神的。

到达䣙人国的第三天，穆天子在当地一个叫"渗泽"的大湖边住了一夜，又西行到黄河边钓鱼，并巡视了智氏的风土人情。第四天，穆天子还兴冲冲地在渗泽附近打猎，捕获了白色的狐狸和黑色的貉。因为这样毛色的动物罕见，于是穆王就用它们来祭祀河伯冯夷。第七天，穆天子在黄河岸边宴饮，并命随行的六师军队在䣙国南面的渗泽上聚会。

又过两天，穆天子再次启程西行。他的快马飞驰前进，到达了阳纡（yū）山，也就是阴山山脉中的大青山。这里距离洛邑三千四百里，是河伯冯夷建都的地方，也是河伯家族中的大宗——河宗氏的大本营所在。河伯的嫡系子孙、河宗氏国君伯夭在燕然山（阴山中的某一山）迎接穆天子，用五匹束帛和玉璧做慰劳，并先以白圭作见面之礼。穆天子命祭公收下了他献的礼物。

来到河宗氏之国五天后，穆天子在燕然山下、黄河岸边举行了大朝会。又过五天是戊午日，日子非常吉利，于是穆天子穿戴礼服，站立在黄河北岸边，用玉璧和整体的牛、马、猪、羊、犬五牲隆重地祭祀黄河。河宗氏之君伯夭这时便代替天帝向穆天子传达天命，命他永远治理人间，并西游昆仑山和舂山接受天帝的赐宝。穆天子接受了天帝的旨意，第二天启程继续西巡，而河宗氏国君伯夭则乘坐四匹黄马拉的车，为穆天子做向导和翻译。

启程后，穆天子往西渡过黄河，经过"温谷乐都"（温暖的河谷、欢乐的城邑），来到今天河套地区西北部的积石山下（今甘肃临夏自治州积石山县西），并在南河支流间的沙滩上饮酒休憩。刚养了养精神，穆天子又带着随从出入于当地山林、沼泽之中，打猎、钓鱼、射鸟，玩得不亦乐乎。

正玩得起劲，穆天子不知脑子里哪根筋动了一下，叹气自责说："哎呀，我不能提高德行，却沉溺于游乐，后人也许会追数我的过错吧！"这时穆王的禁卫军"七萃"之士中有一个卫士站出来替他圆场说："后世是希望天子是不要违背了天道。现在在天子治理下，农夫百工已有所得，男女丰衣足食，百姓安乐富裕，官吏各司其职。既然如此，咋能说天子是只谋求享乐，又咋能说天子是忘了德行呢？这只能说是天子与民共利，这才是世上的常规。"

这位名字失载的"七萃"卫士能说会道、善于揣测圣意，好似清朝和珅的前世（和珅也是清宫侍卫出身），马屁拍得十分到位。穆天子听了心中十分舒坦受用，于是立马解下了自己左腰的玉佩赐给他。不过穆天子在游乐之时能想到后人是否会指责他，可见他还并不是那种无法无天、只知享乐的昏君，也是顾及自己后世声誉的，心中还算是有江山和百姓。

◎56
穆天子见西王母

　　《穆天子传》写道，离开积石山，周穆王一路向西，又经过西夏氏之国、珠余氏之国、河首、襄山等地，历时五十多日，行进四千余里，到达昆仑之丘，即今天甘肃祁连山山脉。

　　穆天子一行先在昆仑山脚下住下。几天后的辛酉日是个吉日，穆天子登上了昆仑山，参观了传说中黄帝的宫室，并给传说中黄帝的大臣——雷神丰隆的坟墓培土添坟。两天后，穆天子又准备了洁净的谷物和纯毛色的整体牺牲，放在柴堆上烧烤，用飘上天的烟气来祭祀昆仑山。

　　随后，穆天子踏上北进的征途，夜宿在珠泽即一个大珍珠湖边上。这珠泽水域方圆三十里，水草丰茂，湖波浩渺，风景醉人。珠泽当地人向穆天子献上白玉石，又献马、牛、羊共数千只。穆天子就赏赐珠泽人无数珍宝，并把昆仑山封给了珠泽人，让他们来守护黄帝的宫室和珠泽北面春山上的珍宝。

　　六月丁卯这一天，穆天子登上了春山。他在山顶极目四望，无限风光尽收眼底。而春山之上，温和无风，蓥木花（可能是雪莲）迎寒盛开，清泉潺潺而流，美玉遍地，飞鸟百兽聚集其间。这里有能捕捉犬、羊、猪、鹿的巨大白隼、黑雕，还有红豹、白虎，以及熊、黑、豺狼和野马、野牛、山羊、野猪。最神奇的是，此地有一种能捕食虎豹的怪兽，它外形像麋鹿、骨架似豺狼、头上还长着弯角。有意思的是这种怪兽的幼兽像獐，头很小偏偏却鼻子大。穆天子感慨道："这春山是天下最高的山啊，也是百兽所聚、飞鸟所栖的乐园。这就是古代帝王所说的悬圃仙境吧！"穆天子在春山上流连忘返，足足观赏了五天。他采了很多精美玉石，还采了蓥木花的种子，想要带回中原栽种。最后穆天子命人在这悬圃上树碑立传，铭刻他的功绩，以昭示后人。

第六天，穆天子总算下了春山继续西行。又两天后，穆王一行到达了赤乌氏之国。因为春山十分广大，赤乌氏之国其实还在春山脚下。赤乌氏首领名叫"其"，他向穆天子献上美酒千斛，马、牛、羊数以千计，小米和麦一百车。

祭公谋父替穆天子收下了这批礼物后，对穆天子说："赤乌氏的祖先是和周人同宗的啊。当年太王亶父开始兴起于西方时，封赐他的长子到东吴，称为吴太伯，并把制作金属刀剑的方法传给他，把周王室的碧玉赠给他。太王亶父又封赐他的宠臣长季绰到春山以西，并把长女嫁给他，把制作玉石的方法传给他，让他做祭祀周人祖先的主祭人。赤乌氏就是长季绰和太王亶父长女的后代啊。"

穆天子于是就赏赐赤乌人首领其黑色车四辆，黄金八百两（战国时魏国一两约合15.7克），贝带五十条，朱砂三百袋。他见赤乌氏当地粟米长势非常好，就收取了粟米良种，要带回中原栽种。

穆天子在这里休息了五天，又演奏了大型交响乐"广乐"，来慰劳大臣将士，并让赤乌氏人开开眼界。赤乌人首领其则献上美女二人，以讨好穆天子。见了佳人，穆天子喜笑颜开大赞道："赤乌氏真是出产美女和宝石的地方。"

离开赤乌氏之国，穆天子再次踏上征途。他先后经过了曹奴氏之国、留胥之邦、群玉山、剞（jī）闾氏之国、䳚（zhān）韩氏之国。所经之地的部族、方国首领，无不奉献特产和食物，穆天子的封赏当然更是丰厚。尤其值得一提的是，穆天子在群玉山采得玉石三车，以及大量玉器配饰之物，又用车装载了美玉一万双。

又过了玄池和苦山、黄鼠山这些地方，癸亥这一天，穆天子到达了此次西游的最后一国——西王母之国。这时距离穆天子离开赤乌氏之国已经过去了四十五天，行进了三千七百里。西王母之国，很可能就位于今天甘肃西部或新疆东部某地，具体位置我们已经不得而知了。

到西王母之国的第二天为甲子日，是个吉利日子，穆天子带上白玉圭、黑玉璧去见西王母，为表示友好，他还又献上锦绣丝绢一百匹，白色丝绢三百匹。西王母拜了两拜，欣然接受了穆王的礼物。

说起这西王母，大家可能首先会想起《西游记》里的王母娘娘来。确实，后世王母娘娘的形象就是由西王母逐步演化而来的。至于穆王所见的西王母具体是什么样子,《穆天子传》里并没有说。但同样是战国时期成书的《山海经》里却有详细描写:"西王母其状如人,豹尾虎齿而善啸,蓬发戴胜。"于是有人就说,西王母是个长有豹子尾巴、老虎牙齿,擅长吼叫,蓬头乱发、头上戴着玉饰半人半兽的可怕怪物。其实我们从民俗学来考察,《山海经》上说的"豹尾、虎齿",实际应只不过是说一位女酋长,衣服上装饰着豹尾,脖子上戴着虎齿做成的项链而已。这里穆天子会见的西王母,应该就是周朝时西方一位仍处于母系氏族时期的部落女酋长。该国的势力在当时的西方非常强大,所以穆天子对待其首领西王母是恭敬有加,全然不像对待出巡路上的其他小邦之君那样居高临下。

双方正式会晤的次日,穆天子在瑶池边上与西王母宴饮,并向西王母敬酒。西王母为穆天子唱道:"白云在天,山陵自出。道里悠远,山川间之。将子无死(愿君长寿),尚能复来。"穆天子答唱道:"予归东土,和治诸夏。万民平均,我顾(回来)见汝。比及三年,将复尔野(将要再来你所居的原野)。"西王母又为穆天子吟唱道:"徂彼西土,爰居其野(来到这西方土地,便安居茫茫原野)。虎豹为群,乌鹊与处。嘉命不迁,我惟帝女(天命难改,我是天帝女)。吹笙鼓簧,中心翔翔(心中乐洋洋)。世民之子,惟天之望(世间万民中的您,是天帝唯一的期望)。"

穆天子和西王母把酒对歌,互相十分欣赏。有人说,这西王母华夏文化水平看样子还不低嘛,都能做出像《诗经》一样的四言诗了。其实穆王出游都是带有向导、翻译的,西王母的语言肯定和周人不同,她唱的是什么,只有翻译知道。翻译把西王母的歌翻译成什么体例、什么内容,穆王和我们就以为是什么体例、什么内容。翻译给西王母的话添点儿油加点儿醋,或者去掉什么不恭敬的话语,咱们也不知道。就如乾隆时英使马嘎尔尼带来的英国国书,原本是以平等的姿态要求两国通商的意思,结果经过清廷的官员一翻译,最后就成了英国小番邦要求向天朝朝贡了。不过穆天子西游这次,就算翻译做了点儿手脚,但是穆王和西王母关系相处得还算很不错,应该是事实。至于后世一些人说什么穆天子和西王母互相倾慕,演绎出一段爱情故事,那就太过了,平常人家交往还要说些客套话,两国元首说些外交辞令,大家千万别全当真,何况这还经过翻译的润色。

瑶池边的这次友好欢宴结束后,西王母回到了她的国都。穆天子则余味未尽,兴冲冲地驱马登上了附近的弇(yǎn)山,又把他的西北游历记刻在山中的大石上,还栽上槐树,题写了"西王母之山"五个大字。

离别了西王母,穆天子一行继续西行,来到"旷原"即一片巨大的原野。这里是飞鸟的乐园,巨大的鸟儿生于此、死于此,以至于"积羽千里"。穆天子在这里奏起"广乐",大宴群臣,慰劳禁军卫士,好好休整了一阵子。他还命令六师部属在旷原上尽情游猎,周人在这里猎获的漂亮鸟羽就有一百多车,以至于造成了一次上古的生态大灾难,使当地鸟兽都绝了迹。

己亥这一天,穆天子终于决定东归。他经过智氏之地(不是最初河宗氏之国的智氏之地),渡过献水,通过阏胡氏守卫的瓜纩山,然后向南进入沙漠地带。这片沙漠很是广袤,周人的队伍却没有带足饮水,很快就连穆天子都无水可饮,其他人就不用提了。正当穆天子喉咙冒烟之际,穆王次车的车右高奔戎,急中生智刺破了车子左边骖马的脖子,接取了清血献给穆天子。渴到极点的穆天子有口马血喝,简直如同饮了琼浆玉液,于是立马就赏赐高奔戎玉佩一双。

走出沙漠后,穆天子经过了寿余人之国、浊繇氏之国、骨飦氏之国、重治氏之国、文山、巨蒐氏之国等地,然后回到今天河套地区阳纡山(阴山)下的河宗氏之国。河宗氏之君伯夭回到本国后,又一直把穆天子往南送到同宗的鄌(péng)人国。为了嘉奖河宗氏君主伯夭的带路之功,穆天子亲封伯夭为"河宗正",也就是以天子名义正式承认他为河伯家族的族长。

接下来,穆天子一行顺着来时的原路,穿越钘山(井陉山)峡谷,登太行山,南渡黄河,返回了东都洛邑。回到东都后穆天子等人计算了一下旅程里数:从洛邑到西北大旷原,迂回走了一万四千余里;回来时走的路比较直,共走了一万多里。他们去回合计总共走了约两万五千里。

因为这次奇异的西北巡游,周穆王成为西周乃至中国历史上最富传奇色彩和神话色彩的君王。

介绍完了《穆天子传》上的穆天子西北游、见西王母的奇异故事,很多人可能要问了,这些描述到底是神话还是史实?话说史学家们在这点上却是分为两大派:一派认为《穆天子传》一书是周代史官的实录,相当于后世的"起居注"一类的资料;一派认为这不过是战国时期的虚构小说罢了,历史上并无此事。

要说穆天子西北巡游一事到底是真是假,笔者觉得可以从动机和可行性两方面来探讨一下。

  首先说动机。周穆王有没有巡游西北的动机呢？前面我们介绍过，在三代时期，到各地巡狩是帝王巩固对天下统治的一个重要手段。夏商周时期，天下邦国林立，只有少数国家是天子封建，大多数国家都是被朝廷承认自然形成的旧国；天子也只是对王畿地区控制比较牢靠，各国基本是自治的。那怎么体现朝廷与诸侯（尤其是非分封的旧国）的上下从属关系，加强双方的互动呢？一方面自然是诸侯要定期到王都朝见天子，另一方面就是天子到各诸侯国巡行。天子到地方巡行，就如同狮子、老虎到领地巡视一样，是一种宣示主权的行为。天子巡行时一般都是带领大军的，这一则是必要的安全措施，二则更是向众诸侯展示朝廷实力的一种重要形式。如果所巡地区诸侯宾服，那自然达成了"不战而屈人之兵"的良好效果；如果天子大军来到，一些诸侯依然有不臣的举动或意图，那天子随时可以化"文巡"为"武征"。所以帝王的"巡"与"征"实际上是不分的。有些记性好的读者可能还记得，本书前面讲述纣王十年纣王伐东夷之战时，纣王从都城出发，也是一路巡狩到达东南的攸地前线，当然东夷的"人方"并未被纣王大军吓倒，依旧与商人作对，所以纣王即转"巡"为"征"，大破人方。再说西周，我们介绍过，周公东征时成王曾跟在后面东巡，康王曾经南巡并分封宜侯矢于宜国，昭王的南巡事迹更是众所周知了；在本书的后边，我们还会介绍其他周王的巡行活动。可见在西周时期，帝王到各地巡狩是很普遍的事情。至于穆王，之前我们说过，《国语》曾记载了穆王征伐犬戎之事，那穆王为了巩固对西北的统治，征伐之后巡视当地，就顺理成章了。穆王的父亲昭王，就是两次南征之后，又南巡巩固统治，只不过遇到意外丧生，没能达到效果而已。传世古籍《国语》《左传》《楚辞·天问》等上面都有周穆王喜欢巡行和周游天下的说法，故而对周穆王个人来说，他是个比其他帝王更热衷四方巡狩的主儿。所以从西周帝王的传统、巩固西北征战成果的需要，以及穆王的个人爱好三者来讲，穆王西北巡狩的动机是不存在任何问题的。

  回顾《穆天子传》一书中记载的穆天子旅程，途中他与各方国、部族的君主、首领互赠礼物，还把很多土地山川封给不少部族，并将舂山的檿木花和赤乌氏的"嘉禾"带回中原准备栽种，可见穆天子的这次活动绝非单纯的"游乐""旅游"，而是一次重大的政治、外交、经济活动，是为了把周朝的势力和影响力进一步在西北扩展,这正是帝王巡狩的真实目的。

　　动机既然没有问题,那穆天子西北巡狩的可行性如何呢?换句话说,就是周穆王当时有没有条件完成此次西北巡游?在讲这个问题前,我们首先还得搞清楚周穆王西北游最远到了什么地方。其实《穆天子传》一书中的游历描写还算中规中矩,并没有掺杂多少神仙鬼怪之事,之所以现在很多人认为穆天子西北巡游是神话传说,就是因为一些学者把穆王西北游到达的地区说得太远,说什么穆王已经游到新疆西部、中亚甚至中东地区,在上古时代这自然是不可能的。如果穆王西北游的终点并没有那么远,想必大家就不会怀疑穆王西北游的真实性了。实际上我们可以想一些方法,来大概算算他最远到了今天什么地方。

　　《穆天子传·卷四》末尾曾说,穆天子从西北回到洛邑共走了一万里(去时一万四千里是因为要到各部族邦国去访问,所以走了不少弯路),如果我们能知道其中的"里"到底折合现在多少公里,穆天子西北游的终点位置大致在哪儿我们就能知道了。恰好《穆天子传·卷四》末尾还有一句话,说回程时从阳纡山(今内蒙古大青山)到洛邑是三千里左右,那我们就来量一量现在从河南洛阳到内蒙古大青山大概多少公里,以计算《穆天子传》中"里"的长度。我们找出一幅中国地图,拿一根线,用大头针把线头的一端钉在洛阳,然后顺着穆王北上的路线(高平蠲山—漳水—平定石盘关—井陉山—滹沱河—雁门—朔州平鲁区—托克托—包头大青山),把线捋上去,捋到内蒙古大青山中部。记清楚并量好从洛阳到大青山的线的长度,按地图上的比例尺换算一下公里数,笔者测量的里程大概是九百公里。《穆天子传》说从洛邑到阳纡山是三千里,而我们地图测量从今洛阳到大青山约有九百公里,那《穆天子传》中的"1里"即大约相当于今天0.3公里。

　　不过有人可能还记得,在本书前面介绍西周诸侯国大小时,我们曾按秦尺推测1周里应该是大约414米。这个1里的长度与我们之前的说法不一致,那问题到底出在哪里呢?

　　本来笔者也百思不得解,后来突然想起一件事——笔者老家县城的住宅与市区住宅的距离,在百度地图测量是八十多公里;但笔者每次开车从老家住宅到市区住宅,导航显示的路程都有九十多公里,也就是说实际走的路比地图直线距离多了很多。于是笔者恍然大悟,那就是现实生活中的道路里程总会比地图距离长一些。笔者家乡是平原,地图直线距离和实际驾车行驶距离差距还不算大,驾车行驶的公里数只比地图距离多出八分之一；而穆王一行从洛邑到阳纡山，要翻山越岭、横渡河流，有句俗话叫"望山跑死马"，在山中寻找道路、渡河时避开急流河段，多绕出的距离肯定更多。于是笔者换了一种测量的办法，不测量地图距离，而是按穆王北上路线，用百度地图查询从河南洛阳到内蒙古包头（大青山南麓）的自驾游里程数，最终数字为约一千三百公里，整整比两地间的地图线路测量距离多出四百公里，即多出近二分之一里程！《穆天子传》中从洛邑到阳纡山是三千余里，而按书中路线，从洛阳到包头的自驾游车程是约一千三百公里，那即可算出书中1里即约等于0.433公里，与我们之前推测的西周1里约为414米就非常接近了。现在我们可以确定，《穆天子传》中的1里就是1周里，取个中间值，我们就按1周里等于0.42公里来计算。

如此一来，穆王西北游"一万里"，折合成现在的公里数，也就是大约四千二百公里而已，这个数字就没有原来的那么惊人了。穆王从洛邑到阳纡山已经走了一千三百公里，四千二百公里减去一千三百公里，下面的路程还有二千九百公里。

我们前面说过，因为道路有曲折，真实生活中我们在两地间行走的路程要远比两地间的地图距离长；反过来说，我们在实际生活中走二千九百公里，反映到地图上则远少于二千九百公里。那穆王在西北地面上回程实际走二千九百公里，因为要穿越各种地形，并访问不少国家，绕的弯也不少，地图上的距离该是多远呢？我们前面说过，按穆王路线，测量从洛邑到包头的地图路线距离是九百公里，查百度地图自驾游里程是一千三百公里，自驾游里程比地图距离整整多出二分之一。那我们现在就按这个比例来算，可以认为穆王在西北地面上走的二千九百公里，在地图上显示出来恐怕也就两千公里而已。

下面按你所用地图的比例尺，算出两千公里在该地图上有多少厘米，剪出相应长度的线，我们再把线的一头钉在内蒙古大青山，往西顺着黄河走向把线继续往前捋，可以发现线头的终端只不过落在今甘肃西部敦煌。虽然我们这种测算方法不能很准确，但差距也不会太大。

近三千年前，穆王带着大队人马西北游历到新疆西部或中亚显然不大可能，但到甘肃西部，那就不算什么难事了。周穆王有向导（河宗氏君主栢夭），有盛世王朝的实力做后盾（具备充足的人力物力），有沿途部族小国供应，路上还能靠渔猎方式自我补给（那时自然环境远比今天好），有啥能阻挡他带着大军走到今天的甘肃西部附近？所以穆王西北游的可行性，实际也是没有问题的。说白了，只要穆王想，他和他的队伍就有那个能力到达今天甘肃西部一带。

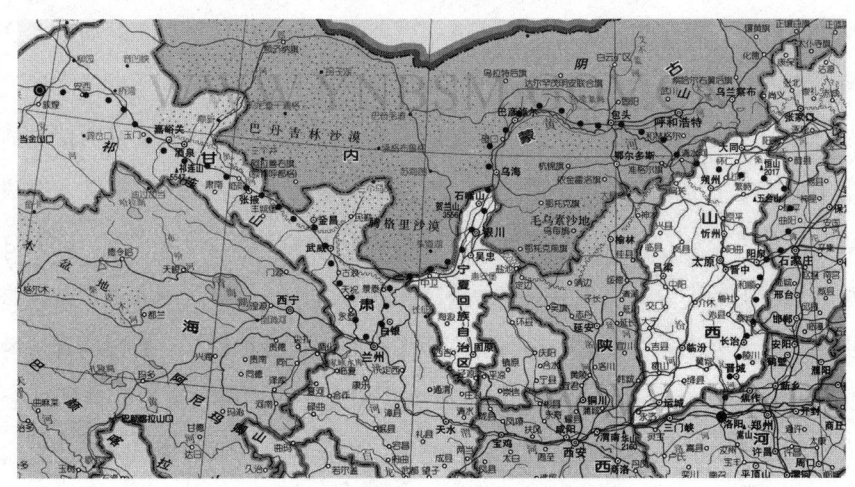

本书推定的《穆天子传》穆王西游路线

当然，还有一个问题很多人会疑惑，那就是周穆王为什么不从周人圣都岐邑或他喜欢的南郑（今陕西凤翔）直接去西北，而是从洛邑北上绕道河套再西行呢？这也是很多人认为《穆天子传》是虚构小说的重要论据。过去有一些相信穆天子西北游历为真实历史的学者，认为是当时的周人不知道逆陕西泾河而上、经六盘山进入西北的这条路线。笔者对此不太认同。既然游牧民族能从此路南下，周人怎么会不知道反过来走此路就能挺进西北呢？笔者认为穆王不从周人的西王畿直接西进北上，其实是出于巡狩新区域的考虑：帝王巡狩的目的本就是要镇抚某地方，而周人的大本营在西王畿，从西王畿到西北，一路上的部族邦国周人本就熟悉，之前的文、武、成、康、昭中的某些周王应该早就巡狩过这条路线，而且不止巡狩过一遍，所以无须穆王再走老路；而今天的晋北、河北、内蒙古一带，过去的周王未曾巡狩过，这条线上的部族邦国跟周朝的关系原不紧密，所以穆王要去加强联络和控制。这道理就和旅游一样，经常去的地方何必再去？要玩当然要走没走过的路线，去没玩过的地方啰！

由此可见，周穆王有西北巡游的动机甚至说是必要性，当时周人也具备西北行的物质技术条件。因此本人认为，周穆王西北巡游不是传说更不是神话，而是真实发生过的历史事件。之前我们曾介绍过商末纣王伐东夷一事，东征时纣王哪天走到什么地方，殷墟卜辞里都有明确记载；再看看《穆天子传》，书中对穆王旅程的干支日期也都标注得十分精确，与殷墟卜辞十分贴合，说明该书的原始底本一定是出自穆王时期的随征史官之手。至于《穆天子传》中有一些夸张的地方和后世加工的痕迹，这也可以理解。上古史经过后世人的代代传写辗转流传下来，渗透入一些后世的文辞，加进去一些夸张的小说笔法的描写，是很常见的事情。即便是一直被我们视为信史的《左传》《史记》等书也时常有这样的现象。所以我们不能因为它里面有些文学描写和后世用语，就整个否定它的历史真实性。反过来从中国文学史的角度来讲，战国时期中国还没有长篇虚构小说，顶多有一些短篇寓言故事而已，那时候的人还不会有意识地以历史真实人物为主角去编造一部内容完全虚构的"长篇小说"。所以笔者认为《穆天子传》这本书即便不是《三国志》，至少也相当于《三国演义》，能达到七实三虚，我们取其大概就好。故而笔者才不吝笔墨，将其内容大致翻译出来，让大家了解这段有趣的上古历史故事。当然，后面我们会讲到，穆王之后不久，西周就开始逐渐衰落，所以穆王西北巡游走的那条路线，后世周王再也没有走过，穆王的西北巡游也成为周人西北开拓的绝响。

本节最后一段，我们再来说说有关穆王出世的一个传说。话说穆王好巡游的名声流传开来后，后世不明就里的人们就开始给他的"好动好游"找原因。还是那本战国时期成书的古籍《国语》，里面讲了这么一个故事：穆王之父昭王的王后来自祁姓房国（在今河南遂平），因此被称为房后（当然按西周金文和《诗经》中的惯例，应该官称她为"王祁"）。这个房后行为有点儿轻佻，不大守妇道，跟房国的始祖、传说中"不肖"的帝尧之子丹朱一个样。好像被祖宗丹朱附体的房后，后来生下儿子满，就是周穆王。俗话说儿子像妈，于是人们就说周穆王之所以如此好动好游，都是随他妈，随他娘家的基因。不过显而易见，《国语》的这种解释是荒唐的附会。编出这种传说的人们，哪里理解周穆王的雄心壮志？周穆王巡游，并不是为玩而玩，其政治目的是明显的；虽然他也有好玩的一面，但能一边办国事一边顺带玩玩，岂不是公私两便？

◎57

传世文献与西周金文中的"徐偃王之乱"

据《史记》的《秦本纪》《赵世家》和《后汉书·东夷传》等历史文献记载，就在穆天子从西北返回的路途上，周朝的东方却出大事了——徐国叛乱了。

徐国这国家我们很早就提起过，它是嬴姓的东夷之国，传说为伯益次子若木（费氏）的后代，更是随"三监"、武庚叛乱的重要帮凶。周公东征时，徐国被打败；而当周人东征大军班师西归后，它又企图冒头，一度威逼得鲁国"东郊不开"，不过最终被鲁公伯禽击退，南迁到今天皖东北、苏西北的淮河两岸一带定居，总算老实了一阵子。

徐国迁移到淮河一带后，就从"东夷"（狭义）之族改籍贯成为"淮夷"之族；又因为其家底本就雄厚，它还成了淮夷中的最强者和代表。到了周穆王时期，徐国出了个国君，据说他施行仁义、收买人心，国势大振，徐国因此扩张成为方圆五百里的超级大国，周围有三十六个诸侯国都前往朝拜。这位徐君于是就膨胀了，居然僭越称起王来，史称"徐偃王"。徐偃王趁着穆天子不在家，率领"九夷"西伐周朝，从淮河一直打到黄河上，也就是当时周人东都洛邑以东的黄河中游一带。

汉代成书的《礼记·檀弓》中，也有如下记载：

春秋时期邾娄国的邾定公去世，徐国大夫容居以天子使臣的派头去吊唁。邾娄国人很生气，容居却骄傲地说："昔我先公驹王西讨，济于河，无所不用斯言也。"（以前我徐国先王驹王向西讨伐，渡过黄河，所以我们徐国说话从来都是天子的派头。）

虽然容居没说驹王是什么时代的人，但是徐国打到黄河上被后世徐人牢记的辉煌时刻应该不多。所以徐偃王在徐国人自己口中，应该是叫"徐驹王"的。因为"驹"字是小骏马的意思，是褒义；而"偃"有倒伏的意思，是贬义。徐人自然不可能把自家大王说成是"徐倒王",只有周人才会那么说。

话说徐夷都打到东都附近了,这还了得?这是自成王、周公营建东都近百年来,周人这个无外郭的东方政治、文化、经济中心首次面临巨大威胁!西北巡游回来的周穆天子十分震怒,他致力中兴,却被徐人一巴掌拍在脸上,丢的丑更甚于父亲昭王"南巡不返"!穆王于是立马组织人马反击,并派遣其首席驭手造父驾着骏马飞驰楚国,命楚国出兵协同王师攻击徐国。不过《后汉书》说当时的楚君是"楚文王"显然是错误的,因为楚文王是春秋前期的楚君;按楚国的世系推算,穆王伐徐时的楚君大约应该是熊绎之孙、熊艾之子熊䵣(zhǎn)。

有意思的是,传说造父一族(即飞廉一族)是伯益长子大廉的后代,而徐国是伯益次子若木(费氏)的后代。那么造父帮助周朝对付徐国,用评书里的话来说,可谓是"大水冲了龙王庙,一家人不认一家人"了。

徐国虽然一时雄起,但周朝当时仍处在兴盛阶段,再加上有楚国等一班诸侯出兵配合,不通权谋的徐偃王被打得大败,向东逃到现在的江苏邳州一带。

徐国的反叛被穆王平定后,穆王为了嘉奖造父在"西游"和"使楚"中的功绩,就把霍太山下的赵城(今山西洪洞县赵城镇东北)分封给了他。我们之前在介绍飞廉和恶来的故事时曾说过,至少在飞廉的父亲中潏的时代,他们这家族就已经从东夷一带西迁到霍太山附近为商朝戍守西部边境,所以穆王把造父封到霍太山下的赵城,等于是把他们家族的祖居地又赐还给了造父(西周前期飞廉后裔被周人发配到今甘肃一带戍边)。从此以后,造父就以赵城的"赵"为氏。春秋末期与魏氏、韩氏一起瓜分了当时超级大国晋国的赵氏,就是造父的后人。

穆王时期徐国反叛、威胁东都之事,在当时的青铜器铭文上也有反映。首先我们就从一件器主为穆王大臣"毛班"的青铜器班簋讲起。

有关班簋的来历,我们在这里细说一下。话说这班簋不知出土于何年何处,清朝乾隆某年,因为恰逢乾隆帝过寿,于是地方上为了拍马屁,就在班簋表面的花纹上多刻了几笔,改成类似古文"寿"字的图形,献给乾隆皇帝祝寿。乾隆对这班簋非常喜爱,随后它就成为清宫藏品。班簋的器形和铭文,还被一部叫《西清古鉴》的古书描摹记录下来。但在所谓"庚子拳乱"即义和团运动时,八国联军打进北京,占领了紫禁城,混乱之际这班簋就流落民间,不知踪迹了。时光飞逝,转眼到了20世纪70年代。1972年，北京文物管理处的两位工作人员，在北京市物资回收公司的废铜仓库里发现了几片带铭文的残破铜片，铭文的内容很像失传已久的班簋上的，于是他们就把这仓库里像山一样的废铜翻了个遍，把相关的碎铜片碎铜块拼合到一起，居然又拼出一个"班簋"来。有人认为这是清宫旧藏班簋失而复得，其实经过专家进一步研究，这个班簋并不是乾隆喜欢的那个班簋。因为这个废品堆里拼出的班簋，外侧花纹并没有被改成"寿"字纹；而且清宫旧藏的青铜器都做过打蜡防锈处理，但这个新出班簋则没有打蜡处理的痕迹。人们于是恍然大悟，这个拼出的班簋，只是清宫旧藏班簋的姊妹簋而已（古代的簋多是成对的）。不过不管怎么说，我们又有一只班簋了，而且上面的铭文和清宫旧藏班簋一样，古文字学家们可以研究实物铭文，而不用再研究古书上的摹写版了。

这班簋上面的铭文写道：

八月初的甲戌日是个吉利日子，周王（穆王）在宗周命令毛伯（毛叔郑的后裔），接替虢城公（东虢国君）的职位，担任王朝的执政大臣，并掌管繁（今河南新蔡县北）、蜀（今河南新郑西北、禹县东北）、巢（今安徽巢湖）三个地区。周王又命令毛公（因为做了执政所以由"伯"改称"公"）带领诸侯的车兵和步兵讨伐东方的"痛（yuān）戎"，同时指派吴国国君吴伯做毛公的左翼军，命令吕国国君吕伯做毛公的右翼军。一位叫遣的大臣，还让毛公的儿子毛班率本族的族军随父出征，并护卫毛公的安全。历经三年战斗，东方的叛乱终于被平定……

穆王命令毛公、毛班以及吴伯、吕伯讨伐的痛戎是什么人呢？古文字大家唐兰认为，"痛"的古音与徐偃王的"偃"相近，二字应该相通，都有"倒伏"之意。所以毛公等人东征"痛戎"三年，应该就是与徐偃王作战三年。

班簋铭文

另据录弢卣、录簋、弢方鼎、弢簋、稽卣、遇甗、贤尊、竷鼎等穆王时期的青铜器铭文记载，当时"淮夷敢伐内国（淮夷胆敢入侵内地）"，穆天子命令一位名弢字伯雍父的贵族为大将，指挥遇、贤、竷、稽、录等将领，抵御淮夷的进攻。其中竷可能是伯雍父的儿子。

弢方鼎铭文

弢曰：呜呼，王唯念弢辟烈

考甲公，王用肇吏（使）乃子弢

率虎臣御淮戎……

伯雍父率领包括周王禁卫军"虎臣"在内的王师，在东都洛邑东南方的䢴（yǐn，今河南漯河市）、堂师（今河南西平县西北）、棫林（今河南叶县东北）等地阻击淮夷。击退淮夷后，伯雍父又带领诸将东进，屯兵戍守在古师（今河南鹿邑县附近）。

此外穆王时期还有青铜器竞卣等，记述了周朝大将伯屖（xī）父率将领竞抵御"南夷"的战争。

我们前面介绍过，徐国南迁到淮河两岸后，作为淮夷中最强大的一国，它俨然成了淮夷的"代表人"。所以青铜器铭文上所说的伯雍父抗击"淮夷入侵"之事，应该也与传世文献所说的徐偃王之乱有关。传世史书上讲，徐偃王叛乱还带动"九夷"

叛乱，我们知道"九"在古代就是"多"的意思，故而很可能江汉地区的"南夷"也参与了徐国为首的淮夷之乱。因此穆王时期青铜器铭文上所说的周人与"南夷"的战争，可能也是周人平定徐偃王叛乱的一部分。只不过伯雍父抗击淮夷、伯屖父抗击南夷这两场战役，是不是和毛公"三年靖东国"同一时间，我们不能确定，因为金文实在很简略，这些可能是同一时期三个战场的战斗，也可能是连绵多年的一连串战斗。总之，穆王时周人平定"徐偃王之乱"的战争，远不是传世古籍上描述的那么容易，而是规模十分浩大，时间持续多年，过程极其残酷。站在周穆王一方共同镇压淮夷、南夷的诸侯，也不止文献中记载的楚国一家，还包括吴国、吕国等多国。

  虽然周穆王最终成功地击退了以徐国为首的淮夷、南夷的进攻，但是这场防御战也预示了周朝逐渐由盛转衰：在穆王之前，周朝都是雄心勃勃的进攻者，掌握着战场主动权，即使昭王南征意外身死，他也一直是在南国敌人的国土上作战，周人本土并未受到战乱的侵扰；而徐偃王之乱时，周朝的东部王畿都陷于战火之中，周人退而变为无可奈何的防御者，失却了战争主动权。如果《国语·周语上·祭公谏穆王征犬戎》一篇所说的"荒服不至"是真实的话，那可能就是因为穆王与徐国为首的淮夷、东夷的战争大大消耗了国力导致的恶果。

◎58

穆王中原巡行，祭公临终遗命

平定徐偃王叛乱后，据《穆天子传》记载，周穆王又前往中原一带巡行。穆天子在洧水（发源于今天河南登封阳城山的双洎河），接见了许国国君许男，也就是古籍上仅有的两位明确称"男"的诸侯之一（另一个是宿国国君）。此后，穆王又到祭公和井（邢）公的封邑与他们见面。

除了会见诸侯大臣，穆王巡行时还进行了一些经济活动，如设置了不少掌管山林池泽的"虞官"。

当然，一向是"公私兼顾"的穆王在巡行途中也少不了游玩、打猎。某年冬十一月，穆王围猎时在芦苇荡中休息，这时恰巧有一只猛虎也躲到芦苇丛中。穆王的车右高奔戎，也就是在西北沙漠中刺马血给穆王喝的那个侍卫，就向穆王请求由自己去活捉它，并保证不会伤害到这老虎的皮毛。穆王将信将疑答应了。只见这高奔戎慢慢接近老虎，一番英勇搏斗把这只大虫活捉了，然后把活虎献到穆王驾前。穆王惊奇不已，让人打了个大木笼子把老虎关了进去，并送到东虢国的王家苑囿（今河南荥阳汜水镇）饲养起来。于是后人就给饲虎之地起了个名字，叫"虎牢"。《三国演义》中有个著名的故事叫"虎牢关三英战吕布"，其中的"虎牢关"，就因穆王于此地饲养老虎而得名。穆天子没有忘了重赏艺高人胆大的高奔戎，赐予他猎马四十匹，还把祭祀后的牛、羊、猪等供品馈赠给他。在古代，天子祭祀用的肉事后都是分给朝廷重臣，不是一般人能得到的。所以高奔戎获赐天子祭祀用的祭肉，是非常高的荣誉。

第二年年初，穆王来到嬴姓的黄国（今河南潢川县西北），随后又前往一个叫"苹泽"的大湖边准备打猎。这时已经是春分时节了，但却突然来了场"倒春寒"，一时间北风呼啸，雨雪纷飞。外面传来消息，路上已经有人冻死了。

周穆王听说后不禁忧心忡忡，亲自作诗一首，翻译为白话文大意为："我往黄竹，雪落天寒，天帝掩埋了九州路，告诫我公侯百官，匡扶万民，早晚勿忘；我往黄竹，雪落天寒，天帝掩埋了九州路，告诫我公侯百官，匡扶万民，莫使穷苦；洁白的鹭鸶，翩翩翱翔，告诫我公侯百官，早晚勿变；居处少欢乐，不如早迁居，教化我百姓，莫若用礼乐。"

穆王紧接着叹息自责说："百姓如此，我还在这放纵游猎，而不去匡扶百姓。"

在黄竹住下时，周穆王又做梦梦到后羿在涂山（今安徽怀远县）射猎。众所周知，后羿本是有穷氏的首领，后来他趁着夏启的儿子太康荒于政事、到处游猎，篡夺了夏朝的王位。不过后羿一点儿也没有吸取太康的教训，他上台之后，更是骄奢淫逸、四处游猎，比太康有过之而无不及。结果螳螂捕蝉，黄雀在后，后羿的家臣寒浞又杀了后羿，还煮了他的肉吃，霸占了他的老婆纯狐（一说是嫦娥），夺取了有穷氏的江山。现在周穆王梦到后羿射猎，可能是觉着这是上天在给自己示警吧，于是不久就启程西还，回到了他喜欢住的别都南郑（今陕西凤翔）。

我们说过，巡狩是三代时期帝王加强对天下统治的重要方式，穆王虽然喜欢借着公事名义游山玩水，有好玩的一面，但是其本性并不坏，他也有挂念百姓疾苦的一面。这样矛盾复杂的周穆王，才更像一个活生生的人，而不是一个脸谱化的帝王。

《今本竹书纪年》称在穆王二十一年，王朝的执政大臣、穆王的叔祖父祭公谋父得了重病，穆王于是亲自带上了三公毕桓（毕公之后）、井利（邢侯之后）、毛班（其父亲老毛公应已逝）三人前往探望。可能是徐国之乱和巡行中所见的百姓疾苦让本有雄心壮志的周穆王有所反思，他言辞诚恳地要求祭公再给自己最后的教诲。

祭公谋父作为穆王的叔祖父，本就有倚老卖老的资格，这时他已经时日无多，说话更无须忌讳什么了。这位公忠体国的老臣首先回顾历史，历数文王武王受天命代商和后代诸王封邦建国、巩固开拓的历史功绩，然后分别向穆王和三公做了具体告诫。

祭公对穆王说："天子，你一定要牢记夏商失败的教训。知道这其中的道理，你才能有施政的方向。一定要记住下面的话：你不要自以为是、违背常理、折腾民众、滥施刑罚而背离大邦之道，你不要亲近宠妾冷落了端庄贤淑的正宫，你不要因小聪明坏了大事，你不要因宠信身边小臣内侍而疏远了朝中的大夫卿士，你不要用陪臣来辅佐王室，却不施惠体恤外庭之臣。你记住，一定要用中道来治理天下万邦。"

说罢,祭公谋父又转脸对三公毕桓、井利、毛班道:"三公,你们凡事一定要遵循先王的德行,用刑于四方要合乎法度。先王昭王在位时,我努力不让大王陷于危难的境地,以免他荒殆政事,我一生都以此来勉励自己。"

祭公前面让三公"用刑于四方要合乎法度",显然暗含责备这三人没有劝阻穆王征讨荒服的犬戎之意;后一句话,祭公的潜台词大家也能看出来,就是要三公也像自己一样,在穆王冒险或贪玩时,不忘拉住他、规劝他。

最后祭公看看穆王又扫视三公说:"天子,三公,我的病是好不了了,你们治国理政可要谨慎啊!你们要保护辅佐天子,使国家康宁,尽力于国事,使我大周的祭祀代代不绝。不然的话,我大周朝也是有刑法的!"祭公对三公的告诫还算相对空泛,但是他要穆王记住的话,那就是刀刀见肉、字字见血了。

我们知道,穆王这人好大喜功、不恤民力,违反祖宗之法"五服制"征讨本不该纳贡的犬戎,而且宠信重用身边的异族小臣近侍,比如信用周人敌人飞廉的后代——"司机"造父。其实除了传世文献,穆王信用小臣近侍在西周青铜器铭文上也有表现。有人曾统计,目前已经发现的穆王时期的带铭文青铜器,有接近百分之三十的器主都是在天子身边服务的"小臣",这在历代周王中是比例最高的。所以祭公一再嘱咐穆王要遵从大邦之道(即文武之道),不要宠信身边异族的小臣近侍,要多亲近重用本族的大夫卿士,说的是非常有针对性的。而且显然祭公对于穆王信用这些身边小臣是很不满甚至是痛恨的。

至于祭公说"你不要宠爱小妾冷落了端庄贤淑的正宫",字面意思自然就是指责穆王当时宠信某些妃子,而疏远了王后。这个我们之前没介绍过,但是史书上也有相关的记载。比如我们前面提到汲冢古文中有一篇《周穆王美人盛姬死事》,后来被好事者附在《穆天子传》后面作为该书的第六卷。该篇就是讲周穆王违背"同姓不婚"的周制,宠幸姬姓盛国(即郕国)的一个美女"盛姬",为她不惜民力修筑高台,并在盛姬因病早逝后逾制为她按王后的规格大办丧事的故事。

除了《周穆王美人盛姬死事》外,在《古文周书》(现已亡佚)里,还记载了穆王的一个宠妃陷害穆王王后姜后的故事。这故事的情节是这样的:

周穆王的王后姜后,白天睡觉莫名其妙有了身孕,后来生下一个孩子。当时一个叫越姬(越国之女)的妃子正受周穆王的宠幸,她可能没有子嗣,居然命人把姜后刚生的孩子偷了过来，又杀了一些玄鸟（燕子）并涂上猪血，放在姜后的身边，伪造出一个"姜后生下怪物"的现场，然后向穆王报告。穆王十分惊恐，自己占卜一次，又命两个史官各占卜一次，三次的结果都暗喻姜后是受冤屈的。但穆王并没有采取什么措施，只是让人把占卜结果归档。过了三个月，越姬突然死了。更诡异的是，七天后她又复活过来，自己坦白说："我见到了先王，先王很生气，说我是个贱婢，怎么敢偷天子之子？如果不把孩子归还王后，先王会降下大灾！"因为祖先显灵动怒，小王子最终才得以被送还到姜后身边。

上面这个"玄鸟换王子"的故事，俨然就是后世包公故事中"狸猫换太子"的西周版本。故事中越姬死而复生，自言其罪，自然是很有神话色彩，但我们要强调的不是这个，我们要说的是，越姬作为妃子敢偷正宫姜后的孩子并陷害她，说明越姬当时必定是非常得宠，骄横跋扈惯了的；而姜后被陷害却没有什么反抗的描写，显示她应该确实如祭公谋父所说，是个贤淑端庄或者说软弱无能的女人；至于周穆王占卜了三次，次次结果都说姜后是被冤枉的，他却还能无动于衷，显然说明他跟正宫姜后的关系很不好，并且他有心偏袒越姬。

穆王为盛姬逾制办丧礼和"玄鸟换王子"这两个小故事，虽然都有演绎的成分，但是它们说明，很早以来（至迟在战国）就有穆王宠爱惯纵妃子而与正宫王后不睦的说法。所以祭公告诫穆王"你不要宠爱小妾冷落了端庄贤淑的正宫"，也是有因而发。

因为周穆王明白祭公谋父的话句句属实，所以他虽然被祭公"连珠炮"般的话语戳到脸上，也没有辩解，而是跪拜叩头至地，赞许叔祖的话是金玉良言，然后退出。这说明穆王此人还算得上是比较有度量、能容人的。

穆王聆听祭公谋父临终劝谏的话，被史官记录下来，这就是先秦《尚书》中的篇章《祭公之顾命》。汉代以后，《祭公之顾命》没有继续被编在《尚书》中，而是保留在《逸周书》里，篇名简化为《祭公》。只不过历经传抄，传世《祭公》篇多有讹误。幸而"清华简"中有一篇就是《祭公之顾命》，它给我们提供了战国版的《祭公之顾命》原文，澄清了《逸周书·祭公》篇的很多错误并有所补充。比如传世《逸周书·祭公》里有一句写为"祭公拜手稽首曰允乃诏毕桓于黎民殷"，自古以来人们大多将该句断句为"祭公拜手稽首，曰：'允乃诏！'毕桓于黎民殷。"但历代注家对"毕桓于黎民殷"怎么解大为挠头，他们绞尽脑汁提出了五花八门的各种解释，有的说其意思是"尽力于治民使万民欢乐",有的说其意思是"合乎百姓的期望"。其实看了"清华简"我们恍然大悟,这句话再简单不过,原来这就是古代抄书人把"毕桓井利毛班"六字的后四字抄错了而已,那一句实际就是"祭公拜手稽首,曰:'允!'乃诏毕桓、井利、毛班"。那位抄错字的古人,真是害人不浅啊,把后世很多大学问家要得团团转!

《祭公》一文是反映儒家思想的重要篇章,该篇中祭公作为国家柱石老臣耿耿献言的形象深入人心,自古以来人们都认为他讲的自然全是对的,而作为被教训对象的穆王则肯定是错的。其实什么是对,什么是错,不同的人站在不同的立场上有不同的看法。

比如祭公要穆王"亲君子(贵族)、远小人(小臣近侍)",站在三代"封建分权""贵族共治"的政治传统上,自然是"政治正确"。但对于追求集权的君王来讲,他们内心自然是抵制的,越是想有作为的君王就越抵制。大家还记得本书前面讲过的商纣王吗?传统史书给他的罪名中也有一项是"不用贵戚旧臣而任用小人"。对这个问题我们当时解释过,纣王此举其实是为了加强王权。因为那些商末的老牌贵族,有土有民,世代把持朝政大权,早已经形成既得利益集团;而三代时期的君王,只不过是贵族中最大者,他们要推行什么政策方针,需要得到贵族们的支持才行,如果君主的举动触及贵族阶层的利益,贵族们往往会集体大打"化骨绵掌",将这些举措化为乌有。有鉴于此,力图扭转王朝衰势的纣王不能不从人事改革入手,启用没什么政治根基但听话的"小人"来贯彻自己的改革意图和主张。纣王时如此,穆王时亦是如此。穆王上台,周朝已经建朝近百年,王朝已经过了"其兴也勃焉"的阶段,各种问题开始显现。西周朝廷内,卿士(执政大臣)职位虽然不世袭,但总归是在周、召、毕、毛、祭等几大家族里打圈圈。政事被这些世家大族把持,周穆王要想不受掣肘、事事自己说了算,那就只能像商纣王一样,任用小臣近侍,以绕开这些外庭的贵族,这也是中国历朝历代的惯例。比如汉武帝为了加强皇权、削弱"外庭"尤其是丞相的权利,于是就选用一些亲信侍从如尚书、常侍等组成宫中的决策班子,称为"中朝"或"内朝",后来到东汉形成"尚书台"机构,取代了丞相府。不过等"尚书台"演变成了"外庭"机关后,魏晋的君王感到其权力过大,又把内廷的中书机构、门下机构推到外庭,来分尚书台的权利……一部中国历代王朝的政治史,某种程度可以说就是帝王不断加强君主集权,不断用原出自内廷的官职和机构来分解外庭贵族集团或官僚集团权力的历史。

所以现在我们对于周穆王喜欢任用"小人"的行为，就能够设身处地地理解了。

回过头再看周穆王，他在聆听祭公教诲时虽然毕恭毕敬，一再点头称是，但他内心肯定是选择性接受的，绝不可能因为祭公的话，就停止自己集权的努力，不再信用听话的小臣近侍。当然，现在一些读者，可能又转而站在穆王的立场上，支持其加强王权，认为祭公的"劝谏"不是忠心为国，而只是为了维护贵族世家的利益。其实持有这种想法的人，又一屁股坐在帝王宝座上思考问题了。可你是帝王吗？中国自秦以后两千年专制帝国的历史，让很多国人不自觉地接受帝王思想，认为国家越集权越好，甚至历史课本上在评论某些帝王时也把他采取的集权措施作为其在位功绩之一。可帝王的权力如果大到毫无约束，这不也是非常恐怖的事情吗？反过来看，近现代民主国家，恰恰是从君权有极大限制的西欧诸国中孕育出来的。所以帝王的权力还是应该有点儿制约的好，用现在的话说，就是"民主"与"集中"间要有平衡才是理想的状态。故而作为后世吃瓜群众，我们既不必一屁股坐在祭公的位置上思考问题，也不能一屁股坐在穆王的位置上思考问题，而应站在第三方立场上"冷眼旁观"。话说纣王时的商朝，已立朝近六百年，所以社会矛盾更加激烈，当时贵族权重、王令不行的现象也更为严重，故而纣王加强集权的行为，虽然事后看来因措施激烈进一步激化了商朝内部矛盾，但当时也有不得不如此的苦衷，有一定的"必要性"。穆王时期的周朝，立国仅百年，还远没到纣王时期商朝的局面。所以穆王追求集权虽然有一定合理性，也是中国王朝政治发展的趋势，但祭公的劝诫也不宜简单看作是为自己阶层代言的自私自利的行为，他其实也是在追求自己心中的"道"而已。

前面说过，祭公谋父去世的具体年份，《今本竹书纪年》记在穆王二十一年。据《逸周书·史记解》记载，祭公去世后某年正月（《今本竹书纪年》记在穆王二十四年），当时人在宗周的穆王晚上突然被噩梦惊醒。早上一起来，穆王就让人把三公和担任"左史"一职的戎夫喊来。他特地嘱咐左史戎夫去辑录历史上重要的可资借鉴的故事，每月在月初、月中讲解给自己听。显然，周穆王做的那个噩梦的内容，很可能是在说周朝天下将不稳定。俗话说，"日有所思，夜有所梦"。这表明周穆王虽然对祭公"顾命"时说的某些话并不认同，但祭公的临终净谏还是深深刺激了他，使得他即使在睡梦里也害怕西周王朝真的毁于自己手里。所以他才要人去编西周版的《资治通鉴》，以便多从历史上去汲取治国安邦的经验教训。

◎59 "涂山之会"与穆王作《吕刑》

转眼十多年过去，时间到了穆王三十七年。《竹书纪年》记载，这一年东南方向又有方国反叛，穆王于是决定大举东征。他率领大军，浩浩荡荡一直打到九江。不过穆王此次东征的对象却像谜一样。为什么这样说呢？因为我们最初就介绍过，《竹书纪年》一书早在北宋时即散佚，我们现在看到的《古本竹书纪年》是清末史学家从各种古籍里辑录来的，可不同的古书摘录的《竹书纪年》"穆王三十七年"条目却有不同的说法，有的说穆王该年东征打的是"荆楚"，有的说打的是"大越"，有的说打的是"纡"。

穆王三十七年东征的主要对象应该是一个，一些古籍对《竹书》的引述肯定是抄错了字，才导致出现多种说法。要弄清穆王这次东征的目标，我们得先弄清"九江"居现在哪里。古人一般认为，古书中的"九江"指的是今天湖北省东南部长江北岸的武穴市、黄梅县一带，也就是现在江西省九江市的北面。

弄清楚九江位置以后，"伐楚"之说首先就可以排除了。因为西周中期，楚国都城还在"丹水之阳"的夷屯（今河南淅川县西南）。据史书记载，楚人势力首次越过汉水渗透到汉水东岸的时间要迟至穆王的曾孙夷王在位时，不过没多久，大概在厉王、宣王时他们又缩回汉水以西；春秋早期楚武王时期，楚国才再度越过汉水东进；而楚人势力抵达今天湖北东南部则要等到春秋中期的楚庄王时代。

至于"纡"是个什么国家或部族，在古书上也没有记载。有人说"纡"通"舒"通"徐"，但徐国当时在淮河以北的今泗洪、睢宁、邳州一带，离古"九江"也遥远得很。故而"周穆王伐纡"说应该是不成立的，是古人抄书抄错字了。

其实古"九江"即今天湖北武穴、黄梅一带，两周时期应该属于越人的地盘。20世纪90年代，考古工作者还在武穴发现春秋时期的越人墓。所以穆王东征至九江，征讨目标毫无疑问是越人。

《古本竹书纪年》还记载这次穆王东征中发生了很多神异的怪事。比如该书说周人渡江时驱赶鼋（大老鳖）和鼍（扬子鳄），为周军搭建了一座浮桥，又说东征时周人将领大臣变化成了仙鹤和猿猴，而普通士兵则变化为猫头鹰、虫子、沙子。上古历史，往往史实与神话传说不分。《古本竹书纪年》说鼋鼍为周人架桥，可能是想表现穆王东征顺天应人，因此怪兽都来相助吧；但说周人将领大臣和士兵变化成飞鸟甚至虫、沙，这是想表达什么意思，或有什么隐喻，我们实在搞不清，干脆也就不瞎猜了。

据《今本竹书纪年》记载，伐越后的第二年即穆王三十九年，穆王巡行东方，在淮河南岸的涂山（今安徽怀远县）大会诸侯。这里是淮夷的地盘，离淮夷的代表人徐国非常近。穆王此举，目的显然是通过展示周天子的诸侯共主的威仪，来震慑淮夷尤其是徐国，稳固周朝对东南的统治。穆王召开的这次"涂山之会"极为成功且影响巨大，以至于后世将之与夏启的均台之会、商汤的景亳之会、周武王的孟津之盟、周成王的岐阳之会、周康王的丰宫之朝、齐桓公的召陵之会、晋文公的践土之盟相提并论。当然可能会有读者记得，在《穆天子传》里曾提到周穆王做梦梦到后羿在涂山（今安徽怀远县）射猎。如果周穆王真的做过这个梦的话，那看来这个梦的寓意不是给周穆王示警（不是暗示周穆王外出游猎会得到后羿那样被家臣谋杀的下场），而是给周穆王的涂山之会埋下伏笔。当然笔者更倾向于另一种解释，那就是《穆天子传》里提到的周穆王梦到后羿射猎于涂山一事，并不是历史实录，而是《穆天子传》的作者根据历史上真实发生过的穆王涂山之会而编造的离奇情节。

不过此时的周穆王，也逐渐进入了耄耋之年。据《史记》记载，穆王晚年诸侯之间多有不睦，吕国国君吕侯于是向穆王建议，重新修订刑法。穆王就口授了一些大的框架原则给吕侯，命令他来主持这项修法工作。吕侯修的具体法规条文虽然失传了，但穆王令吕侯修法这件事却被史官记录并流传至今，这就是《尚书·吕刑》篇。

《吕刑》篇中，穆王如周初先王一样，再次提出"明德慎罚"的大原则，但他的特别贡献是提出一些具体的实施小原则如"贤人执法""疑罪以赎代刑"、治世乱世区别对待等。

所谓"贤人执法",当然是要求用正直公平的人来审案断案。穆王还强调,如果法官有执法不公、办人情案、贪赃枉法的行为,则要与犯人同罪。

"疑罪以赎代刑",就是证据不足或量刑不确定时,以罚款代替全部或部分的刑法。《吕刑》说,判死刑证据不足的犯人,可判罚金(铜)一千锾(huán,1锾约合6两);判宫刑但证据不足的犯人,可判罚金六百锾……当然,"以赎代刑"并不是穆王的发明。据《尚书·舜典》记载,舜帝的时候就已经有"金作赎刑"的规定,只不过《舜典》今人一般认为是春秋战国时人的拟古之作,所以证据力度不够。但是前面我们提到,有件周康王时期的青铜鼎师旂鼎曾明确提及一次"以赎代刑"事件。师旂鼎铭文说,师长旂有一些附庸违抗军令不随周王出征,师长旂大怒,告到统帅伯懋父那里。伯懋父说,这些违抗军令的人,本该放逐,现在就判他们交罚金给师长旂,作为对他们的惩戒吧。师旂鼎铭文不可能作假,显然这是比周穆王更早的"以赎代刑"的记录。但是师旂鼎的"以赎代刑",是否是制度化的,我们看不出。制度化的"疑罪以赎代刑",应该是从穆王开始的。虽然它离现在的"疑罪从无"还有一定距离,但是在三千年前,这种提法也是不简单了。

至于治世乱世区别对待,自然是治世用轻刑,乱世用重典。

在以上做法中,"疑罪以赎代刑"可以说是《吕刑》的主要内容和中心观点。以罚金代替以前残酷的肉刑五刑(死刑、宫刑、刖刑、劓刑、墨刑),显然有人道的一面。比如后世的司马迁因为替李陵辩解,被汉武帝定了死罪,就是交了部分罚款改的宫刑(太史公家太穷交不出更多的钱把刑赎完),才留得性命写完了《史记》。但是这种做法显然也有弊端。首先,能交钱代刑的显然只有有钱人,小贵族小官吏都难交得起,更不要说小民了。其次,虽然《吕刑》中明确规定"疑罪"才代之以赎金,确凿的罪行该杀头杀头、该刖足刖足,但实施起来,免不了会被达官显贵和有钱富豪钻空子,放纵他们有恃无恐地干坏事。更有人认为,自古以来很多朝代,一旦财政出现危机,就往往卖官鬻爵或"以赎代刑",穆王出这招估计也是因他喜好游猎、发动战争,周朝财政亏空,所以穆王着急敛财。

其实穆王这个人听说路有冻死骨,都能赋诗怜悯;打猎兴致浓时,还能想到是否会招后世讥讽;聆听祭公遗言后,他做梦都能惊醒,并让史官月初、月中以可资借鉴的古史提醒自己,所以笔者觉得,穆王心性本善,他就算有用"疑罪以赎代刑"的方式弥补财政亏空的想法，应该也不是主要的。不忍肉刑的残酷，可能确实是他有此想法的主因，就如后世的汉文帝一般。何况用"疑罪以赎代刑"的方式增加财政收入，总比加重普通百姓的负担要好。所以无论从哪个方面来看，穆王在《吕刑》中所指示的那些大小原则，都是具有历史进步意义的，应予以肯定。

因为《吕刑》是吕国国君所作，所以在此我们再插叙一段有关吕国的话题。关于这吕国，本书最早在介绍姜太公吕尚的时候曾提到过，王玉哲等历史学家认为最初的吕国位于现在山西西南部的霍太山附近。不过之后的吕国是否曾迁徙、迁徙地又在哪里，我们不得而知。但穆王时期的班簋铭文记载，穆王曾经在命令毛公征讨东方的"𦎫（yuān）戎"时，指派吴国国君吴伯做毛公的左翼军，指派吕国国君吕伯做毛公的右翼军。这"𦎫戎"我们也解释过，古文字大家唐兰认为它应该就是指徐偃王领导的徐国。吴国在康王时叫宜国，大约在今天江苏镇江一带，穆王时具体位置不详，但应不出今天苏中、苏北一带，恰好在徐国（今皖东北、苏西北）的东方即左方（古代地图是上南下北、左东右西）；那穆王时期的吕国，想来应该就是在当时徐国的西面即右方不远的地方。南朝宋时期的《史记集解》说吕国在"南阳宛县西"，也就是今天的河南南阳市一带，后人根据宣王时期申、吕并举的诗句（《诗经·大雅·崧高》云："维申及吕，维周之翰"，多认为吕国是周宣王时候才跟申国一起迁徙到今河南附近的。但按班簋铭文中吕伯担任讨伐徐国右翼军的说法，吕国应该至迟在西周中期就已经迁徙到今河南南阳一带了，这样吕伯才能与吴伯东西夹击，配合毛公共同镇压徐国。穆王时期吕国国君一直被朝廷重用，可见当时的吕国与周王室关系密切，是一个不容忽视有较大影响力的国家。

又过了若干年，按《史记》记载在穆王五十五年的时候，这位西周在位最久的传奇君王的生命走到了尽头——穆王驾崩在南郑（今陕西凤翔）的祇（qí）宫之中。

俗话说盖棺论定，但是对于周穆王，千百年来却褒贬不一，以贬为主。确实，一方面，穆王伐犬戎，巡行西北，平定徐偃王之乱，东征越国，召开"涂山之会"，武功赫赫；他作《囧诰》澄清吏治，作《吕刑》更新刑法，文治昭昭；他哀寒民作《黄竹》，悲天悯人……因而褒之者，将他与周代文王、武王甚至夏启、商汤等三代明君相提并论。另一方面，穆王"自坏其法"，破坏"五服制"规定，挑起战争征伐本不该纳贡的犬戎；正是穆王的远游疲师劳民，给予徐偃王以可乘之机，使得"荒服不至"；他又重用近臣内侍引得朝臣不满，疏远王后宠信妃子导致后宫不宁；他还违背同姓不婚之制，纳姬姓盛国之女，不惜民力为其建重璧之台，并在盛姬病死后逾制大办丧事……故而贬之者斥其"八骏驹来周室坏""一人荒乐万人愁"（白居易《八骏图》诗）。那么现在的我们，对于周穆王到底该怎么评价呢？其实笔者以为古文字大家、历史学家唐兰先生的评语很贴切，也就是"昭穆时代是相当于汉代的汉武帝、唐代的唐明皇和清代的乾隆"，即昭王、穆王既孕育了极盛之世，使王朝声势到达顶峰，但他们的不少举措又埋下了未来衰败的祸根……

◎60 平淡中孕育大变化的恭王时代

周穆王驾崩后，他的儿子繄扈（yī hù）继位，这就是文献中所说的"周恭王"或"周共王"，西周金文里写作"龚王"。

传世文献中记载的周恭王的事迹特别少，只有一件，那就是恭王灭密国。

据《国语》记载，恭王有一次到泾河上游去游玩（《今本竹书纪年》说在恭王四年），当时位于泾河上游的密国君主密康公，自然要接驾陪侍。话说这密国，其实就是当年文王灭的姞姓密须国，只不过后来君主被周人换成了姬姓人。（由此可以看出，周代诸侯国的公室即便换了家族，但是国号一般不改，战国时田氏代齐也继续使用原来的国号"齐"。）

君臣游玩途中，突然不知道从哪里跑来美女三姐妹，要前来投奔。投奔谁？史书言简意赅没说清楚，只是用代词"之"代替（原文为"恭王游于泾上，密康公从，有三女奔之"）。很多注释、翻译《国语》的学者都说三女是来投奔密康公的。不过这样翻译虽然更符合原文的行文，但是从逻辑上讲却有点儿不通：为什么三个美女放着天子不去勾搭，却勾搭个诸侯呢？所以笔者猜测，这三姐妹多数应该是想来投奔周恭王的，毕竟做王宠爱的女人比做诸侯宠爱的女人获利更多。可是最终这三人落到密康公手里，这很可能是密康公仗着地头蛇的便利，私自把美女截留下来自己享用了。

密康公的母亲得知后，就劝他说："必须把这三个美女献给天子啊！野兽三只成'群'，人三个成'众'，美女三个在一起就叫'粲'。天子打猎打到三只野兽不会全部据为己有，诸侯有大事要跟众人商量，天子娶妇也不会娶同父所生的三姐妹。美女三姐妹，是多令人眼馋之物啊。众人把美好之物送你，你有什么德行能受得起？天子都当不起，何况你这种小人物？小人物占着很多大宝物，一定要灭亡啊！"

虽然母亲这么说，但是密康公依旧舍不得三个娇滴滴的美女，没有把她们献给恭王。《国语》接着说，一年之后，周恭王就灭了密国。后世之人于是都称赞密康公的母亲见微知著，能预见兴衰。

当然，《国语·周语上》的这篇《密康公母论小丑备物终必亡》，看题目也知道是以密康公母亲为主角的，密康公是配角，恭王在里面更是个配角，没有什么鲜明的形象。如果非要从这篇文章中总结出一个周恭王的形象，恐怕大家会得出他是个好色的"小心眼"的结论。因为虽然密康公目无天子、私藏美女，有骄横之色，但密国毕竟是周朝的同姓之国，因几个美女恭王就灭了密国，显然有点儿小题大做了，也有违周人同姓之国友爱互助的精神。

不过关于"恭王灭密"一事，也有一些历史学者有其他解读，即认为周恭王灭密国，真实目的很可能是为了扩大周天子的直属领地，并加强西部防务，所谓"三美女事件"不过是借题发挥。因为密国位于泾河上游，是西北戎族进攻渭河流域周王畿核心区域的重要通道，周天子直辖该地，要比放在诸侯手中更安心。可是上述的观点从《国语》原文里看不出任何依据，思维跳跃有点儿大，只能聊备一说罢了。

如果说在《国语·周语上·密康公母论小丑备物终必亡》一篇里，周恭王的形象偏负面的话，那在《国语·鲁语下·闵马父笑子服景伯》一篇里，周恭王的形象就比较正面了——春秋晚期的鲁国大夫闵马父说"周恭王能庇昭、穆之阙而（谥）为'恭'"。显然这位鲁国大夫对周恭王的评价还挺高，称赞他能纠正爷爷周昭王、父亲周穆王的过错。周昭王和周穆王，后世一般认为他们最大的过错就是穷兵黩武、荒于游乐，所以闵马父这话应该是说恭王不好打仗，不沉溺游乐。（有人可能会说，不对啊，《密康公母论小丑备物终必亡》不是记载了恭王到泾河上游游玩吗？不过这一则是在周王畿内游玩，二则应该也非经常性；至于说恭王灭密国，战事应该不大，周人对付密国这种畿内同姓小诸侯国，说不定就是传檄而定的。）

除了传世文献，别忘了，我们还可以从西周青铜器铭文里来了解恭王时代，现在咱就来看看。

我们介绍过，恭王以上的西周青铜器铭文都记载有大量的战争，而现在能确定为恭王时期的西周青铜器，铭文中还真没发现有战争的记录。这表明，当时既没有外敌大规模入侵周朝（这当然有穆王的功劳），周恭王也不发动对外征服战争。至于周恭王为什么不好战，这可能是因为他性格使然，更可能是因为历经五六代人，这时周人上下已经失去了对外扩张的锐气，而且财力上也支撑不起大远征了——我们知道汉武帝虽然北征匈奴战功赫赫，但是也搞得天下户口减半；昭王、穆王时期周王对外征伐、四方巡狩，不可能不劳民伤财。不管什么原因使恭王放弃对外战争，总之恭王时代对士人、平民来说应该是个和平安宁的好时代。

恭王时期的史墙盘称颂周恭王说："当今天子恭敬地继承文王、武王绵长的功烈，健康长寿，以相敬相爱的远大谋略宣示臣民上下，所以上天照临而不弃。上帝保佑，授予天子美好的命运，以及丰厚的福泽、丰收的年景。四方蛮夷也莫不来朝。"

史官墙称颂当朝天子，当然免不了有些阿谀奉承，但这些话也不全是虚言。我们前面说过，恭王时期确实是一个老天眷顾的太平时代，恭王的命真的够好；就是史官墙所说的四方蛮夷来朝的事，也不是空穴来风。

据青铜器九年卫鼎和乖伯簋的铭文说，周恭王九年正月，眉国国君眉敖派遣使臣到岐邑朝见恭王，受到恭王隆重接待。九月，恭王让大臣益公征召眉敖来朝。第二年二月，眉敖入周，朝见恭王并献上贡品丝帛。传统史书上虽说有异姓诸侯朝见周天子的规定和相关记载，但见之于青铜器铭文的，目前只有这次"眉敖朝周"，而这就是发生在周恭王时期。

中国国家博物馆馆藏的士山盘铭文，还记载周恭王十六年恭王派遣一位叫士山的臣子出使南国征收贡赋一事。铭文说，士山首先来到鄀国（今陕西东南丹江上游的商洛地区）巡视，面见了鄀侯；随后他在鄀侯的支持下，又先后前往鄀国（今河南淅川县西南）、荆国、方国（地址不详）。在上述诸国，士山征用役夫给天子耕田，给各国划定疆界，又征收了大批粮食谷物。最后鄀国、鄀国、方国都给士山献上海贝和金，就是没提到荆国。一些学者认为，这荆国就是指芈姓楚国，如果真的如此，那说明直到周恭王时，楚国都城依然还在丹阳（今河南淅川县附近）。至于它为什么没给士山献贝和金，不知道是因为依然很穷，还是那时它就有些不把朝廷放在眼里。不过尽管有这点儿小"瑕疵"，总体来说，士山这次出使南国并征收贡赋的活动还是成功的。

在介绍周公分封诸侯时我们提到过"五服制"，但相关记载主要见于传世文献，而士山盘铭文是目前发现的时代最早的记载周天子向诸侯、方国征收贡赋的金文。铭文里的荓国，不见于传世文献，但四国中只有它的君主明确称"侯"，周朝使者士山又先去的荓国，说明该国很可能是周朝"授土授民"分封的国家。从士山盘铭文我们可以看出，西周时期周天子确实是以分封的诸侯为地方统治基础，并由它们来影响、管理周边那些只是被周朝承认古已有之的方国，如这里提到的鄀国、荆国、方国三国。诸侯、方国对周朝，不但要贡献实物（该篇铭文只提到粮食），还要出劳力、服劳役。由此可见西周王朝与诸侯、方国间的政治、经济关系，证明西周王朝的经济在相当程度上依赖对诸侯、方国的压榨。

通过"眉敖朝周"和"士山南巡"等事，可以看出恭王时期，周朝确实能说得上是"四夷宾服"。不过，这应该也是仰仗周穆王的余威。

西周中期，周朝的礼仪也基本定型，诸如祭祀礼、朝觐礼，尤其是册命礼。

话说这册命礼，是周穆王晚期开始流行的，它是册封官员职务、赏赐官员物品所举行的礼仪。西周前期，周王虽然也有册封、赏赐诸侯和官员之事，但当时并没有什么周详规范的仪式程序。到恭王时，册命仪式逐步完善。西周青铜器休盘，一般认为就是铸造于恭王时期，它上面的铭文详细记录了一位名叫休的大臣接受天子册命的全过程，我们来看看西周中期的册命仪式到底是怎么进行的：

（周恭王）二十年正月中旬的甲戌日，周王驾临周康宫。清晨，天子进入康宫中的太室，面南即位；益公作为"右者"，引导担任"走马"一职（武职）的休进入康宫的大门，站在太室外面的庭院中，面北而立。天子命令作册尹（史官之长）宣读册命诏书，并赐予休玄衣黹（zhǐ）纯（带花边的黑色礼服）、赤芾（红色蔽膝）、戈琱䤨（有纹饰的戈）、彤沙（戈的缨饰）、厚柲（缠有丝线的戈柄）、銮旗（带铃铛的蛟龙旗）等物品。休跪拜叩首，称颂天子盛德……

从休盘等西周中期青铜器铭文，可以确定以下几点：

册命礼的开始时间一般在凌晨或清晨。

册命地点一般在天子宫庙或被册命人的家庙，表示册命仪式得到神明祖先见证。

册命时会有一名职位较高、威望较隆的大臣担任"右者"，他一般是被册命人的上级，站在被册命人的右前方，负责引导、介绍被册命人。

册命的过程，先由右者向天子简单引介被册命人，随后天子命令史官宣读册命文书、宣布赏赐物品；接下来被册命人自然要跪拜谢恩；最后被册命人由右者导引而出，册命礼仪就算结束了。（金文显示，西周后期册命礼又多了一项程序，就是被册命人接过史官念过的诏书退出宗庙大门后，还要再返回一次，向天子献上玉章，并再次叩首谢恩。）

册命时周天子的赏赐物，多为代表被册命者身份的命服，包括服饰、车马饰、旗帜，也有赏赐金、贝、田地之类，但数量很少。至于赐"采邑"和分封诸侯土地，西周中后期的金文中就基本见不到了。

细心的读者可能还会发现，休盘铭文里的右者益公在"眉敖朝周"一事里也出现过，这里我们就顺便再简单说说"益公"这个人。"益公"不见于传世文献，只见于西周恭王、懿王时期的青铜器铭文。从铭文中他活着时候就称"公"，而且地位十分崇高来看，他无疑是恭王后期到懿王时期的王朝卿士（执政大臣）。"益公"的"益"应为氏，他的姓，一说为姬姓，一说为姜姓。不过按周人的政治传统，益公能当王朝卿士，说明益氏必定是周初哪个显赫家族的分支，也即名门之后。在西周恭、懿、孝、夷、厉等诸王在位的近百年时间里，册命金文中做过右者的大臣很多，但以"井伯""益公""荣伯"三个称呼出现的频率最高，显示在西周中期和晚期早段，井氏、益氏、荣氏等世家大族长期身居高位，把持朝政。显然他们已取代了西周前期的周、召、毕、祭、毛等家族，成为政治上最显赫的家族。益氏我们简单说过。这井氏的"井"文献中写作"邢"，说明其是邢侯的后裔中留居朝廷任职的那一支，穆王时期就有大臣井公利。荣氏大家要熟悉一些，西周初年人们经常说"周、召、毕、荣"，说明第一代荣伯是跟周公、召公、毕公平起平坐的。当年成王、周公东征平叛得胜后，东北的肃慎（息慎）来朝祝贺，成王曾命令荣伯作《贿（赏赐）息慎之命》。只不过第一代荣伯去世后，荣家长期没出大人物，显得有些没落，直到西周中期他们家族才复兴。

不过说起周恭王时代对后世影响最大的变化，莫过于土地方面。

我们知道在西周前期的青铜器铭文中，周王赏赐臣下，采邑、土地是最常见的赏赐物品。但是西周中期自穆王尤其是恭王以后，周王封赏臣下采邑、土地的做法变得少见，而赏赐命服（车马、服饰、旗帜）成主流，显然表明社会发生了重大变化。首先，这显示恭王太平之世，崇尚服饰、车马之风盛行。另外这也表明，周王手里的土地这时已经不富余了。

确实，西周中期周朝停止了对外扩张的步伐，周天子自然无法再从外族手中获得土地，而随着一百多年的分封，诸侯国和采邑已经密布内外，周天子直接掌握的土地越来越少。此外，由于经济的发展和人口的繁衍，王畿内部的很多空地闲田也被贵族、平民们私下开发，然后偷偷据为己有。但是天子缺乏土地赏赐臣下，对于封建社会的周朝来说，却是一个严重到致命的问题。

三代时期君王笼络臣下，让臣下为自己效劳、卖命，主要就是靠爵位和封地。土地可以传之后世，是可再生资源。有了土地，可以年年有收益，犹如"聚宝盆"，那可比周王赏赐一些金、贝、丝帛之类的财富要靠谱得多，因为那些东西说花完就花完了。一直到清末民国时期，商人们有了钱，还要用来置办土地，可见中国人的土地情节之深厚。现在周天子没多余的土地赏给臣下了，还怎么刺激臣下为自己效忠甚至卖命？周天子显然也认识到这一问题，所以没有多余土地而周王又需臣下卖命时，不得不把王畿内王室直辖的土地封给贵族和臣属们。但这样一来，天子直辖之地越来越小，王室的人口和收入势必越来越少，难免越来越衰弱。王室越衰弱，周王遇事时越得倚重有实力的贵族大家，事后还得从有限的王室土地里再划出部分来奖赏他们，这样就成了恶性循环。封建时代的这种恶性循环，终西周之世也没能解决，成为西周瓦解的一个重要原因。其余绪，一直绵延到春秋时期。只不过春秋时期，受这个问题折磨的不再是周天子，而是诸侯们了。

青铜器铭文显示的恭王时期土地问题的另一个重要变化，就是这时候出现土地交易和置换了。

当时有一件叫裘卫盉的青铜器，记载了如下故事：

（周恭王）三年三月上旬壬寅日，周王在丰京举行建旗的典礼。贵族矩伯要去参加，但缺少一些礼器饰品，于是就让仆人去一个叫裘卫的人那里拿瑾璋。这瑾璋价值八十朋（串）的贝，约定以十田（当时的土地单位）的土地换取。矩伯另外又从裘卫那里拿了两个赤玉虎、两件鹿皮裙、一件杂色蔽膝，共价值二十朋的贝，约定以三田的土地交换。裘卫立即跑去报告当时主管民事的伯邑父、荣伯等五位大臣，五位大臣于是就命令属下的司徒、司马、司空三名官员去监督交易的具体执行，把矩伯的十三田土地划给了裘卫……

上面的这次土地交易，是通过官府进行的。其实恭王时涉及土地交易的青铜器铭文,也有不少并没有提到官府的事。

据九祀卫鼎铭文记载,恭王九年时,还是矩伯和裘卫,又做了一次土地交易,具体来说是矩伯用一块林地换了裘卫的一辆马车和成套的豪华车饰。不知道是因为铸造工匠为了省字,还是因为双方打过交道互有"好评",这次铭文里没提到双方通过官府来执行交易。

另有一件倗生簋,记载一个叫格伯的贵族,用三十田的土地从倗生这个人手里换了一辆四匹好马所驾的马车。铭文里也没提到交易曾通过官府。

所以很多学者认为,周恭王时期,可能已经存在私下的土地交易了。

这些或经官或私下的土地交易,说明什么呢?这问题其实大了去了。

我们大家想必都听过这样的话:"溥天之下,莫非王土;率土之滨,莫非王臣。"(《诗经·小雅·北山》)我们在讲周初的"封建制度"时也讲过,周初周王先分封诸侯、大臣以封国或采邑,诸侯和大臣再把土地分封给他们的臣属;而每个等级的有土贵族,都要向他们的上一级封君缴纳贡赋。所以理论上天下土地都是周王所有,诸侯、大臣和他们的属下,只有土地的使用权,没有所有权。因为如果某个贵族能把他的上级封君封给他的地卖了,他还怎么尽自己缴纳贡赋的义务?故而自古以来的史家和儒生,都认为西周是实行"土地国有制"的。"穿越者"王莽在篡汉建立新朝后,还依托"古制"进行了一场两千年前的"土地国有化改革",结果大家自然都知道,王莽不但失败了,最后还把命搭上。其实王莽失败得不冤,因为即便在儒家推崇的西周时期,这套所谓的"土地国有制"顶多也只玩了一百几十年就玩不下去了。

西周"土地国有制"玩不下去的原因很简单:一、周天子手中的土地越来越少,没法再给臣属分配土地了。二、在自然发展下,每个贵族或家族,都有兴衰起落。虽然一开始天子或诸侯曾封给他们一些土地,但是经过几十年上百年发展,随着这些家族自身的或荣或枯,荣的自然会想法增添土地,枯的势必要无奈卖掉土地。三、一个贵族或家族的领地再大,也不能产出他们所需的一切物品,随着商品经济的发展必然要有交换,而土地则是当时最硬的硬通货。

所以西周中期"土地国有制"的解体,其实跟唐朝武后、玄宗时期均田制的瓦解是一样的,都是社会和经济自然发展的结果。

虽然目前我们发现的记载土地交易的青铜器铭文最早只在周恭王时期,但是众所周知，青铜器的发现带有偶然性。周恭王时期官府都不得不承认土地交易，这表明那时土地交易已经公开化和合法化了，这也证明土地交易的现象不可能在恭王时期才刚刚出现。所以很可能在之前的穆王时期，西周社会中就已经出现土地交易了。

土地交易的合法化，实际上等于周天子承认土地的私有制。这说明自那以后，"溥天之下，莫非王土"不过就是句口号：周天子实际上并不能随意处置王室直辖土地以外的其他土地；贵族、富商等大小地主们心里也不再认为自家的土地根本上是属于天子的。正因为如此，后来有位周天子想稍稍扩充一下王室的辖地、增加一些税赋，立马遭到贵族平民的一致强烈反对，当然这事我们以后再表。

◎61 异象之下的懿王衰世

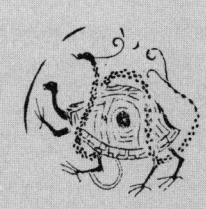

周恭王什么时候驾崩的,早期古籍都没有留下什么说法。据西晋皇甫谧的《帝王世纪》说,周恭王在位二十年,而夏商周断代工程则认为恭王在位二十三年。

恭王晏驾后,继位的是他的儿子囏(同"艰"),这就是后世所称的周懿王。

周懿王刚当上天子,就碰上一次奇异的天象。《古本竹书纪年》称,"懿王元年,天再旦于郑"。

大家可能不解,这"天再旦"是个什么意思?从字面看,"旦"是早晨、天明、明亮之意。"天再旦"难道是说"一天内天亮了两次"?

我们普通人想破脑袋也不明白,为什么一天之内天会亮两次?这难道又是史书中记载的神话传说?但天文学家解释说,这没什么神异的,其实就是发生了一次特殊的日食,具体说,是在南郑(今陕西凤翔)观察到的一次太阳未出时发生的日全食:早上太阳在地平线下还没升起时,天本已经亮了,突然日全食遮住阳光,郑地的古人未看见日全食只感到天又黑了;几分钟后这次地平线下的日全食结束,天再次亮了,太阳正常升起,给人感觉好像天亮了两次,所以古人就把这叫作"天再旦"。

因为"天再旦"现象十分奇异,古人无法理解(他们可不知这是地平线下的日全食),所以史官就把这记录下来。不过对我们今人来说,懿王元年古人在南郑观察到的这次"天再旦"现象,意义可是非同一般。

什么意义呢?我们知道,其实中国一直以来的确切纪年,只能上推到周厉王被"国人暴动"赶跑后的共和元年即公元前841年。再往前,西周早中期的各位天子具体在位多少年,哪年即位哪年驾崩,史书上都没有确切的记载。西周都如此,更不要说夏商了。我们号称五千年文明古国,确切的纪年却只能推到公元前841年,只能数清两千八百多年的历史,这让国人很没面子。尤其20世纪90年代,当时的国务委员、国家科委主任宋健到埃及访问,看到埃及的历史纪年能追溯到五千多年前,而且每个王朝和国王的年数都很清楚,深受触动。宋健回国后,开启了一项文化工程,组织来自历史学、考古学、文献学、古文字学、历史地理学、天文学和测年技术学等领域的一百七十名科学家,研究和排定中国夏商周时期的确切年代,这就是"夏商周断代工程"。"懿王元年天再旦于郑",这是可靠的史书《古本竹书纪年》记载的一次特定地点才能看到的特别天象,概率千年一遇,于是就成为夏商周工程的一个重点研究对象。天文学家推算,只有公元前899年4月21日发生的那次日全食,会给郑地(今陕西凤翔)附近之人以"天再旦"的感觉,所以懿王元年也就确定了即公元前899年。

懿王元年为公元前899年,这是夏商周断代工程西周纪年部分的几大重要"坐标"之一。尽管21世纪后新出土的一些西周青铜器铭文,证明夏商周断代工程西周王年部分有很多错误,但是懿王元年为公元前899年这一点,仍然难以动摇,具有重要价值。

不过我们知道,在古时无论中国还是外国,大都把日食当成是凶兆。虽然当时的人还不懂"天再旦"是地平线下的日全食,但仅仅"天亮了两次"这景象,已经够他们惊异的了。他们可能隐约感到,这对周人来说不是一个好兆头。果不其然,在懿王统治时期,周人和平安宁的好日子到头了,天下再次烽烟四起。班固《汉书·匈奴传》说,"至穆王之孙懿王时,王室遂衰,戎狄交侵,暴虐中国"。

这里,"戎"指西戎,即西边的犬戎。金文和《诗经》里反映,周朝后期西北方的玁狁或猃狁经常入侵周朝。古书说"猃狁"的意思是一种长嘴猎狗,所以他们应该是犬戎的一支。懿王时期,被懿王爷爷穆王修理过的犬戎逐渐强大起来。《诗经·小雅》里有一首诗《采薇》,描述战士远征的故事,其中有"靡室靡家,猃狁之故"的诗句,太史公和班固都认为这就是反映周懿王时周人与玁狁(犬戎一支)作战的诗篇。(名句"昔我往矣,杨柳依依。今我来思,雨雪霏霏。行道迟迟,载渴载饥。我心伤悲,莫知我哀!"就出于《采薇》一诗。)

《今本竹书纪年》还有如下记载:

懿王七年,西戎居然打到周人的都城镐京;

懿王十五年,懿王为了躲避犬戎,把都城从西郑东迁到了丰镐与岐邑中间的槐里

（又名犬丘，今陕西兴平）居住，并以之为别都；

懿王二十一年，懿王命令虢公率军反击犬戎，虢公却打了大败仗仓皇逃回。

至于《汉书·匈奴传》中提到的"狄"，自然是指北狄，即北方的异族。《今本竹书纪年》称在懿王十三年，狄人入侵到岐山一带。

俗话说，福无双至、祸不单行。除了西北方向外患不断，懿王时期的青铜器还显示，同样被穆王压制住的淮夷、东夷，这时也再次猖獗起来，因此周人的东南方向又战火纷飞。

此外，1986年陕西安康出土了一件青铜器史密簋，多数历史研究者认为它应该是周懿王时期的器物。该簋铭文说：

某年十二月，周王命令师俗、史密东征。因为当时淮夷中的卢夷、虎方与东夷中的杞国、舟国联合起来作乱，进攻周朝的东土地区（即今山东一带）。师俗率领齐国正规军和由齐国郊外野人组成的民兵部队，从右侧攻击夷人叛军集结的"长必"这地方；而史密则率领齐国贵族的族军以及莱国、僰（bó）国的军队殿后，从左侧攻击"长必"，抓获战俘百余人……

史密簋记载的这次东方战役，周人应该取得一定胜利。但是我们知道，周人的青铜器铭文几乎全是些歌功颂德的内容。祖上或自己打了胜仗，受封受赏，才做一个青铜器记载功劳，显示荣耀。但要是打了败仗，显然就不会做一个青铜器纪念了。所以懿王时期对东夷、淮夷的战事总体状况如何，是胜多败少，还是败多胜少，我们就不得而知了。

面对东南、西北同时着火的危局，懿王应该是应对乏力。这从他的谥号就能看出来，谥法云："温柔贤善曰懿，性纯淑"。我们知道，谥号这东西，虽然初衷是要有褒贬，但是实际上给本朝帝王上的谥号，基本都是用好字，毕竟总要回护一下嘛。周人给懿王用"懿"这个谥字，说他"温柔贤善""性纯淑"，其实潜台词就是说他是个没用的好人。这就好比现在见到某个女孩不漂亮，没有可夸的地方，就只能夸她"性格好"了。

其实说周懿王是个没用的好人，已经是客气的说法了。中国历史上用"懿"做谥号的君王不多，除了周懿王，还有诸如春秋时期的卫懿公、齐懿公等。我们知道，卫懿公因为宠爱仙鹤，结果导致卫国上下离心，在狄人入侵时他战败身死，连肉都被狄人给吃了；齐桓公之子齐懿公也是骄横昏庸的主儿，他砍了丙戎父亲的脚，还让丙戎做自己的驭手，霸占了庸职的妻子，又让庸职做自己的车右，结果在位四年就让丙戎和庸职给宰了。后世还有庙号用"懿"字的，如唐朝"唐懿宗"。"懿宗"虽然是庙号不是谥号，但庙号选字和谥号有时也差不多。唐懿宗这人也不是个好皇帝，他骄奢淫逸、崇佞佛教，死后两年就发生著名的黄巢之乱，虽然后来平叛，但是唐朝已经名存实亡了。可见谥法中的"懿"虽然也是个好字眼，但实际上以"懿"为谥号（或庙号）的君王，无一不是昏聩无能的负面君王。由此反推，周懿王应该也不例外。所以自古以来史书都说，周懿王时代，周朝开始衰败，诸侯也开始离心离德。

传统史书说周懿王在位二十五年驾崩，夏商周断代工程则说懿王在位八年。但21世纪新出世一件懿王时期的青铜器眱簋，上面却有"十年"的铭文，如此看来，周懿王的真实在位时间应该至少有十几二十年。

◎62 孝王封"秦"

周懿王驾崩后,继位的是周孝王辟方,金文里写作"考王"。但诡异的是,这周孝王却不是周懿王的儿子——《史记》说周孝王是穆王之子、恭王之弟,也即懿王的叔叔!

我们知道,周人君主的继承法则一向都是父子相继。先周早期世系比较模糊咱们就不说了,至少从太王开始直到周懿王,周人君主一连十代都是子继父位,从无例外,这是清清楚楚的。假如是周懿王无后,王室和大臣诸侯不得不立一个姬家近支王子来继位,这倒也情有可原;但问题是,周懿王不是没有儿子,周孝王之后的周夷王燮就是正牌的懿王太子。周懿王死了,他的太子燮未能继位,王位上却坐上了周懿王的叔叔、太子燮的叔祖辟方,这岂不是大大的不合常理?

但可惜的是,周懿王死后西周朝廷内到底发生了怎样的大变故,由于史料的残缺,汉朝的太史公就已经弄不清了,近现代出土的西周青铜器铭文和东周简帛书中也从未有提及的,故而孝王何以继位现在已经成为一个谜团。对此,一些历史研究者开动脑筋,大胆假想。

有的人猜测,懿王时期王叔辟方的势力可能就很大了,懿王之所以迁都槐里,应该就是为了躲避辟方。所以懿王死后,辟方即孝王就凭借强大实力篡夺了懿王太子、小侄孙燮的王位,在镐京称王。

还有人认为,懿王死后,他的太子燮应该还很小。当时西周外敌不断,"国赖长君",所以王室和大臣们就公推年长而又富有政治经验的懿王叔父辟方继位,辟方并非篡位。

笔者以为，第一种说法虽然很富有想象力，但是并没有任何过硬依据。第二种说法可能才接近历史事实，理由很简单：一、后来的史实显示，孝王死后，王位并没有传给孝王子孙，而是重新回到懿王太子燮的手里；二、孝王的谥号"孝"是个好字眼。

我们可以想象，如果孝王是非法篡位，那他肯定想把王位传给自己的后代子孙，不可能再传位给懿王太子燮（即后来的周夷王）。有人可能会说，难道不可能是孝王想传位给自己儿孙，但是他死后懿王太子燮又联合拥护自己的势力反击，击败甚至杀死了孝王的子孙？当然，这种可能是有的；但是如果这样的话，懿王太子燮即周夷王登基后，会承认叔祖辟方曾做过周王，并把"孝"这个好谥字送给他吗？

关于西周前期的王号（如文、武、成、康、昭、穆等）是生前美称还是死后的谥号，学术界还有很大争议。但是一般认为，西周中期以后谥法制度就逐渐完善了。我们前面提到的汲冢古文《周穆王美人盛姬死事》中，就提到穆天子曾赐予死去的盛姬以"哀淑人"的谥号；穆王时期的班簋上，毛班在铭文最后也说，给自己的父亲上了个谥号叫"大政"。所以西周中后期的周王称号就不是生称而是谥号了。孝王的称呼，则公认是谥号而非生前美称。谥法称："五宗安之曰孝。慈惠爱亲曰孝。秉德不回曰孝。协时肇享曰孝。"如此一来，如果辟方当年是篡夺了懿王太子燮的王位，后来又不想把王位还给他，太子燮重新夺得王位后，不废了辟方的周王称号就算便宜他了，能赐予他"孝"的美谥吗？

所以笔者认为，孝王接替懿王继位，虽然不正常，但应该不是孝王使用卑劣手段篡位，历史真相可能是，当时周朝面临西北戎狄和东南东夷、淮夷反叛的巨大压力，懿王驾崩后太子燮年少无法掌控局面，所以大臣、诸侯就推举懿王的叔父、年高德劭的辟方暂时代替太子燮做天子，但条件是辟方死后必须把王位还给太子燮。后来孝王辟方晏驾时，因为各种主客观原因，确实遵守了这个诺言，把王位重新传给了自己的侄孙、懿王太子燮。太子燮即夷王在群臣、诸侯的拥戴下继位后，为了感谢叔祖辟方，于是就给他上了一个"孝王"的美谥。

下面，我们回过头来，再从懿王驾崩、周孝王辟方登基说起。

周孝王辟方即位以后，很想有一番作为。他首先着力整顿人事，力图遏制朝廷上下的腐败混乱局面。据被一些学者认为是周孝王时期青铜器的牧簋铭文记载：

（周孝王）七年闰十三月，周王册命一位叫牧的大臣时说："当年先王命令你做司士（类似后世吏部尚书），现在我再擢升你，让你依法监察百官。现在朝中有事时，官吏不遵守先王的遗法随意把人投入大牢，经常虐待民众；审讯嫌犯时也不公正，一味置之死地。你要认真巡察，让这些赃官墨吏伏法，并弄清罪行。牧，你一定要谨遵先王法度。审案时要明察秋毫，辅政时要尽心竭力。"……

孝王的这段嘱咐，一方面显示他求治的决心，另一方面也说明，当时的西周朝廷确实已经腐败到一定地步，官员们大多漠视法纪、滥用职权，西周初年大臣们齐心协力进取求治的向上景象已经成为明日黄花。

除了整顿人事，孝王还注重加强王师以抵御外患，因此他对马政非常重视。众所周知，马在古代战争中的作用极其重要，后世宋朝就是因为先天丧失了西北和东北的马场，导致对外战争极其被动，败多胜少。

当时有个人叫非子，他是纣王驾前勇将、飞廉长子恶来的后代，具体世系为"飞廉—恶来—女妨—旁皋—太几—大骆—非子"。我们在讲周公东征时介绍过，誓死报效纣王的飞廉在奄国被灭后，依旧不肯投降而是意图继续顽抗，被周人追至东海边斩杀。为了惩罚飞廉余族，周人就把他们流放数千里，西迁到"邾圉"（今甘肃甘谷县）这地方替周人御边。所以自那以后，飞廉后裔就生活在邾圉一带。后来虽然飞廉次子季胜的后代造父得穆王宠幸，受封于其祖先中潏居住过的霍太山下的赵城（今山西洪洞县赵城镇东北），也有一帮子本家跟着造父迁居到那里，但大批飞廉后人依然留在邾圉和它南边的西犬丘（今甘肃礼县）居住。孝王时期的非子，就是留居在西犬丘的飞廉后裔。

俗话说，一方水土养一方人。西北一向是中国历史上的良马牧场所在，造父之所以善于相马、养马、驾马，后来得以被穆王看中，跟他生活在今天甘肃东南那里是绝不可分的。这非子作为造父的远房侄孙，也在这里的大草原上练就了一身养马养畜的过人本事，并且远近闻名。听说周孝王重视马政，于是西犬丘就有人把非子推荐了上去。周孝王听说了非子的本事，可能又得知他是当年穆王驭手造父的侄孙，于是就任命非子主管汧（qiān）水、渭水交汇处的朝廷牧场（今陕西宝鸡一带）。这非子还真没给推荐人和叔祖造父丢脸，在他管理下，朝廷的马儿被养得膘肥体壮，马群也迅速繁殖壮大。

马儿生得多、养得好，自然大大增强了西周王朝的军力。周孝王非常高兴，于是就想立非子做他们家那个小家族的嫡子即当该家族的继承人。可是问题来了：非子只是父亲大骆的一个小儿子，大骆的嫡妻是申国国君申侯之女，她已经生了一个嫡长子，名字叫成。

话说申国地处今天甘肃平凉市区、镇原县以北地区，它可是西周中后期西部地区颇具分量的诸侯国。我们知道，西周的申国和齐国、吕国、许国四个国家都是姜姓，而且姬姓周人千百年来一直和姜姓通婚。据传世文献记载，周人的始祖弃的母亲是姜姓之女姜嫄，太王（公亶父）之妻是姜姓之女太姜，武王王后是太公之女邑姜，西周后期的厉王王后和幽王王后则都是申国之女，宣王王后也是齐国之女齐姜。此外通过研究西周青铜器铭文，一些学者认为康王王后、穆王王后、懿王王后可能也都是姜氏女。姜氏族人和国家，在周人立国和维持天下中都立有大功。这姜姓申国立国也很早，成王"成周大会"上就有西申国前来进献凤鸟，所以它至迟在商末周初就已经建国了。

听说周孝王想让大骆家"废长立幼"，申国国君申侯首先跳出来维护自己的亲外孙。申侯对周孝王说："当年我的祖先骊山之女，嫁给戎胥轩做老婆，生了中潏。因为有了这层亲戚关系，中潏于是归顺了周朝，为朝廷保卫西部边境，朝廷西境才得以和睦安定。现在我又把妻子嫁给了中潏的后代大骆，生下来嫡长子成。我申国与大骆联姻，西戎全都归服，因此大王才能安坐王位。大王您再考虑考虑让非子代替成做大骆继承人的事吧。"

中国古人在谈话引述历史的时候，喜欢为了自己谈话目的随意修改历史。比如申侯说中潏曾归顺周朝、为周人保卫西部边境的事，纯属胡扯。我们介绍过，中潏是商代后期人，他以及他的儿子飞廉、孙子恶来，都是商朝的臣子，保的是商朝的江山，中潏啥时候归顺过周人，啥时候保卫过周人的西部边境？中潏的后人倒是保卫过周人边疆，但那是周公东征胜利后惩罚式地强行把飞廉后裔迁徙到邾圉替周人御边的。然而到了申侯嘴里，中潏后代之所以替周人保卫边疆，居然是看在与申侯的亲戚关系面上，于是成了申侯的功劳。所以申侯对周孝王说的这段话的前半段，完全是歪曲历史，自吹自擂，欺负孝王读书少。当然我们清楚，申侯话的重点其实在后半段——他说眼下是靠申国与大骆家族联姻，才保得周朝西境平安，孝王才能坐稳王位。这潜台词显然是说，你周孝王要是敢强行命令大骆家族废长立幼，废了我外孙在大骆家的嫡子地位，那对不起，就别指望申国和大骆家族保你了，周朝西境会怎样，你自己想想吧。

申侯在说历史的时候敢大喘气，毕竟中潏的事情都已经是大约两百年前的事儿了，不是专业学历史的没几个人清楚。但是他说的现实情况，应该是实情，因为孝王就算不懂偏门儿的历史，但作为天子不可能不清楚时局。当时周朝西部边境的安全，相当程度上应该确实有赖于申国和大骆家族的维持。所以既然申侯开了口，孝王也不得不掂量掂量自己让大骆家族废长立幼的后果：毕竟周朝这时的国力已经不比从前了，需要仰仗姜姓大国申国的帮助，而且废长立幼也不合周朝礼法，孝王其实理亏。但是孝王又实在喜欢非子，尤其是天子金口玉言，许诺给非子的事，不兑现多丢面子？怎么办呢？你别说，孝王经过一番思索，终于想出了一个两全其美的好方法。

周孝王首先安抚申侯，说绝不动他外孙子成在大骆家的嫡子地位，让申侯和大骆、成等人安心地继续为王室效力，维持好朝廷与西戎的和好局面。接着他话锋一转，说："当年伯益为舜帝主管畜牧业，牲畜繁衍得又多又好，所以舜帝封其土地，并赐其嬴姓。现在伯益的后代非子为朕养马也养得又多又好，我自然不能不有所表示。我就按舜帝的前例，也封一块地给他吧，就让非子做周朝的附庸好了。"

孝王对自己的"聪明才智"应该很得意，你们不让非子做大骆家的继承人和未来的族长，可以；我让非子从家中独立出来，另立门户做族长，总归行了吧？

随后孝王就把一个叫"秦邑"的小城邑封给了非子，让他从大骆家分出来别立"小宗"，非子就成为这小宗的宗长。这秦邑在哪里呢？它就在西犬丘的东边不远即今天甘肃清水县城北的李崖遗址一带。因为地方小，够不上诸侯的标准，所以叫"附庸"。孝王还让非子延续嬴姓的祭祀，称作"秦嬴"。说到这里，大家可能都明白了：这个处在"秦邑"的附庸小政权，就是后来鼎鼎大名的"秦国"的雏形吧？没错，恭喜大家都猜对了。

我们当年在学历史的时候，老师经常论证某某历史事件的"必然性"。其实真实的历史，偶然性也非常多。试想一下，如果没有周孝王的非正常继位，没有他赏识非子，哪来的"秦邑"小政权，又怎么会有后来的秦国？没有秦国，自然也不会有秦朝的大一统了，说不定咱们整个中国的历史走向又变了。

有关秦，我们还想多说一句，那就是非子的这个城邑为什么叫"秦"呢？原来，秦人的远祖、传说中与尧舜禹同时代的伯益，其封地就叫"秦"。不过最初的这个

"秦"可不在甘肃,而在今天河南省东北角、黄河北岸的范县。"秦"字的甲骨文写作 ![字符], 就像左右两只手,拿着上面的一根杵,往下捣一棵或两棵禾。也就是说,"秦"字其实就是"舂米"的"舂"的异体字!可能是因为伯益的部族庄稼种得好,又善于舂米,所以他的地盘就叫作"秦"。非子作为伯益的后代,又把祖宗封地的名字带到了现在的居住地。而且巧得很,非子所居的秦邑,也就是今天甘肃天水地区一带,数千年前气候远比现在温润,当时那里森林茂密、水流充沛、黄土肥沃,是个种庄稼的好地方。

周孝王既封了非子在秦邑(今甘肃清水县),又笼络了申国(今甘肃平凉北)和西犬丘(今甘肃礼县)的大骆家族。申国和秦邑、西犬丘他们这三方从东北到西南排成一线,共同组成了一道屏障周室的防线,周朝的西部边境更加稳固了。

说完了西边再说东边。西周青铜器应侯见工鼎、应侯见工簋和应侯见工钟等铭文,还记载了周孝王(一说周夷王)时期应侯见工平定淮夷叛乱、受周王封赏的事情。

以上铭文说,某年正月,淮南夷中的毛(苗)、衰等部族方国反叛,大规模进攻周朝南国。正月丁亥日,周孝王(一说周夷王)在某地的一次宴会上,先赏赐给应侯见工玉五双、马四匹、箭三千,然后命令他率军讨伐淮南夷。应侯见工领命出征,先攻打毛(苗),首战顺利取胜;接下来他又将兵锋指向衰,大败衰人,俘获大批铜戈。二月初,天子从成周回到岐邑,应侯见工向天子献俘报捷。辛未日,天子来到康宫,大臣荣伯(畿内国荣国君主)作为右者引导应侯觐见天子,天子又赏赐应侯赤弓一张,赤箭百支,马四匹。

我们知道,这应国为姬姓,始封君为武王之子、成王之弟,都城在今天河南平顶山市西部。应国与周朝的关系既亲密,地理位置又十分重要,因为它在成周的东南一百多公里,是周人阻挡淮夷入侵成周的重要屏障。所以周天子对应国才会如此重视,一再封赏。后面我们还会提到应国在周朝与淮夷、东夷战争中的作用。

孝王在位时间不长,可能是他辈分高,登基的时候年纪就已经比较大的缘故吧。据《今本竹书纪年》记载,周孝王在位九年驾崩。不过夏商周断代工程认为孝王执政只有区区六年。孰是孰非,我们就不讨论了。孝王晏驾后,西周王位重新传到周懿王的太子燮的手中,这就是后世所称的周夷王。我们前面推理过,孝王应该是按照之前的约定把王位还给侄孙夷王的。但是我们要多说几句的是,周孝王在位那几年,难道就真的没有想过"违约",把王位传给自己的后代吗?

周孝王怎么想的,我们不知道,但是《明史》却记载了一个类似事件。了解点儿明史的人都熟悉"土木之变",当时大太监王振拉着年轻的明英宗仓促北征,结果号称五十万的明军在土木堡溃败,明英宗被俘。明朝朝廷为了不受蒙古瓦剌部的要挟,于是就立了明英宗朱祁镇的弟弟朱祁钰做了明朝新皇帝,也就是史称的明代宗。面对捡来的皇位,明代宗初登大宝时,也信誓旦旦地说自己百年后要把皇位传给自己的侄子、哥哥英宗的太子朱见深。可人都是有私心的,明代宗做了三年皇帝,尝到了权力的滋味后,心就变了。他在景泰三年废了侄子朱见深的太子之位,而立了自己三岁的儿子朱见济为太子。只不过人算不如天算,朱见济被立为太子的第二年就病死了,明代宗也一直再没生出儿子来。景泰八年,明代宗生了大病,这时早已经被瓦剌送回、被代宗软禁多年的前皇帝朱祁镇发动"夺门之变",复辟登基。明英宗重新上台后,代宗朱祁钰蹊跷地马上病死。英宗削去了弟弟的帝号,只以亲王礼下葬,并给其上了一个恶谥"戾"。直到明英宗的太子、明宪宗朱见深当皇帝后,朱见深才追认叔叔做过皇帝。

从明代宗当皇帝前承诺传位给侄子后来又反悔一事,我们猜测,周孝王在位期间,可能也有过内心的斗争,想把王位留在自己这一系。但是周朝和明朝有一点不一样。明朝的官员都是科举上来的文官,权力都是皇上给的,对皇权的限制力有限;而周朝是封建社会,朝廷中的世家大族和朝廷外的诸侯邦君都是世袭的,相对明代文官,他们对王权有很大的制衡作用。史书说,周懿王太子燮即周夷王接替周孝王继位,是得到诸侯拥护的,所以周孝王即使想像后世的明代宗那样反悔,恐怕也有心无力。

不管周孝王内心是怎么个想法,总归在内外诸侯的制衡下,周孝王最终还是遵守了诺言,传位给了侄孙太子燮。所以因为这份恩情,再加上孝王执政期间周朝局势相对稳定,所以夷王就给叔祖辟方上了一个"孝王"的好谥号。

孝王时期形势图

◎63 夷王下堂见诸侯

话说周夷王在叔祖孝王之后能继位，一则多亏周孝王的守诺，二来也是群臣诸侯拥立的结果。因此周夷王在诸侯面前，自然就摆不起谱来。《礼记》说，过去诸侯朝觐周天子的时候，周天子都稳坐朝堂之上等着诸侯前来跪拜；现在周夷王"拿人手短"，为了表示对诸侯的感谢和尊重，只得屈尊下堂迎接诸侯。不过他这一下堂不要紧，周天子的威信，自然也越发下降了。

好在此时孝王时代的余威还有一些。夷王二年，蜀国和吕国来进贡了美玉。夷王命令用这些美玉来祭祀黄河。

周夷王三年，又到了诸侯前来朝周的日子。朝会时，姜姓的纪国（金文作己国）国君纪侯突然悄悄跑到夷王面前，打起齐国国君齐哀公（名不辰）的小报告，说了他很多坏话。这坏话的具体内容是什么，《古本竹书纪年》和《史记》都没说。东汉末期的学者宋忠讲，纪侯是对周夷王说齐哀公"荒淫田游"，就是沉迷打猎和游乐。不过宋忠的话很让人怀疑，比他更早的战国、西汉史官都不清楚的事，他一个东汉末年人怎么知道得那么具体的？

其实当时纪国都城在今天山东寿光南，齐国都城营丘在今天山东淄博一带，两国紧紧挨着。两国虽然都是姜姓，但齐国是周初才被封到现在山东一带的"外来户"，而纪国据出土青铜器可知，早在商代后期就已经立国于山东寿光一带了。所以应该是老地头蛇纪国不满齐国这外来户到此地和自己争地盘、争势力范围，纪侯才向周夷王打的小报告。纪侯打的小报告的内容，恐怕也不是齐哀公"荒淫田游"，这个罪名杀伤力应该不够大，笔者以为纪侯可能是在周夷王面前说齐哀公有不敬天子、蔑视天子之类的言行。

史书接下来说，周夷王听了纪侯的话以后勃然大怒，立即下令将齐哀公抓起来，当着众诸侯的面把他扔到大鼎里活活煮死了。那场面不要说亲眼看，就是想想都可怕。

大家恐怕会纳闷，周夷王这是犯了什么失心疯？俗话说，兼听则明，偏信则暗。纪侯说齐哀公这个那个，周夷王您老人家最起码也要核实一下，判断真假，立马活活煮死有点儿太夸张了吧？周夷王给齐哀公定的惩罚这样残酷，真是有点儿让人匪夷所思。不知道周夷王是不是想借此来杀鸡儆猴，杀人立威，重树因自己下堂迎诸侯而下降的周朝威信？

不过从另一方面讲，周夷王敢煮齐哀公，也说明当时周朝虽然比盛时有所衰弱，但相对诸侯方国，力量还是十分雄厚的，所以周夷王敢随意虐杀大国国君。

话说齐哀公不辰是齐太公吕望的五世玄孙（齐太公吕望—齐丁公伋—齐乙公得—齐癸公慈母—齐哀公不辰）。他被煮死后，周夷王又立了齐哀公的异母弟公子静做齐侯，这就是齐胡公。（齐国是侯爵，史书上所谓的"齐某公"，只是死后的谥号，并非生前称公。）不过周夷王的这些做法，却给齐国带来了几十年的争位之乱。

齐胡公继位后，眼见齐都营丘中哀公的旧势力还很大，心里有点儿打怵，所以把都城又迁到原蒲姑国的都城蒲姑城，也即今天山东博兴东南那里。但齐哀公的同母小弟公子山依旧十分怨恨齐胡公。齐胡公上台约十年后（那时已经是周夷王之子周厉王在位时期），公子山率领营丘城内的同党攻杀齐胡公，自立为齐侯，并把都城迁徙到临淄城。齐侯山，就是后世所称的"齐献公"。齐献公卒后，他的儿子齐武公、齐厉公先后继位。那边齐胡公的后代也几十年没有忘掉仇恨。周宣王十二年，齐胡公的儿子趁着齐厉公暴虐、不得民心的背景下，又起兵攻打厉公，结果齐胡公之子和齐厉公双双都死于这场兵灾。齐国的君位又落到齐厉公之子齐文公手中。您看看周夷王的杀兄立弟之举，把好好的齐国给闹腾成什么样。

回过头来再说周夷王。除了虐杀诸侯外，夷王还用打猎来显示自己的"威武雄壮"。据《古本竹书纪年》记载，他曾在杜林这地方打得一只大犀牛。这杜林，又称徒林，就是今天的陕西宝鸡市麟游县。不知大家还记得不，《国语》记载唐叔虞就是在徒林这里打到一只大兕（圣水牛），所以因武艺高超被封在唐国（晋国）做国君的。不过水牛的皮，毕竟比不得犀牛皮厚。夷王能猎获犀牛，确实也值得史书大肆宣扬一番了。

当然，周夷王在位时也是干了不少正事的。《古本竹书纪年》记载，周夷王时期，遥远的荒服国家不再来朝。夷王大怒，于是命令虢公统帅西六师，讨伐西北"太原之戎"。我们前面讲过，西周时的太原指的是今天宁夏回族自治区南部的固原，而这太原之地的戎人，正是周穆王击败犬戎后安置在此地的五个部落。这时周人的王师也还有一定的战斗力，虢公率军一直打到俞泉这地方，并缴获马儿千余匹之多。

西北方向离周人的统治重心还比较近，所以周夷王能压制得住。不过这时对于遥远的南方，夷王就有心无力了。当年南方那个弱小的楚国，此时悄悄强大起来。

首先，我们再来简要回顾一下楚国的历史：周初成王时，分封楚人的首领熊绎为楚国国君，最初定都于夷屯（丹阳），即今天河南省西南部的淅川县一带。那时的楚国是又穷又弱。熊绎想学中原，搞次盛大祭典，却置办不起牺牲，只得到邻国鄀国去偷了一头无角小牛，夜里偷偷宰了举行祭礼。成王召开岐阳大会，熊绎被周室看不起，连正式参会的资格都没有，被当成下人，分配去和鲜卑人一起看守庭院里的大火把。熊绎的儿子叫熊艾，"清华简"《楚居》里写作"酓只"。熊艾在位时期，大约相当于周昭王时期。很多人认为周昭王南征打的就是楚国，不过我们早就论证过，这是错误的说法。因为金文里记载周人南征曾大量缴获铜料，但当时楚国在河南淅川县一带，与长江中下游的铜矿产地相距甚远，两地可谓风马牛不相及。显然昭王南征打的是广义的"楚蛮"或"荆蛮"，并非当时远离铜矿产地既贫又弱的芈姓楚国。熊艾的儿子叫熊䵣（zhǎn），他大约与周穆王同时代，曾奉穆王使者造父所传王命，参与平定徐国叛乱。穆王平叛时既然能想起动用楚师，说明当时楚国的实力，已经比以前增长了不少了。

接下来我们还要再介绍一下熊䵣以后的楚国世系。熊䵣的儿子《史记》中写作熊胜，"清华简"《楚居》中写作酓樊。熊胜可能没儿子，在他之后继位的是他弟弟熊杨，"清华简"《楚居》中写作酓赐。熊胜和熊杨兄弟二人，大约与周恭王、周懿王、周孝王三位周王同时代。熊杨的儿子叫熊渠，"清华简"《楚居》中写作酓逅。熊渠所处年代就在周夷王时期。

据西汉时成书的《韩诗外传》和《新序》两本古书说，这熊渠的射箭本领非同凡响。有次他夜里赶路，看见路旁卧着一只"猛虎"。一惊之下，熊渠立即摘弓搭箭，嗖地射去，正中虎头。不过奇怪的是，那"老虎"依旧纹丝不动，连哼也没哼一声。熊渠大起胆子凑上前一看，才发现那只不过是一块像虎形的石头，而自己射出的那支箭，居然全部没入石头内，连尾部的箭羽都不剩。熊渠也为自己这一箭的巨大力道所震惊，他退回去又尝试着射了一箭。不过这次箭射到石头上，箭头都崩坏了，石头上也没留下一点儿痕迹。两书接着解释说，熊渠第一箭之所以能射入石头，是因为他最初射虎之心诚恳急切，所以"金石为开"。"金石为开"的成语，就源自于此。

当然，这个射虎的故事很多人可能会觉得很耳熟。不错，您感觉熟就对了，因为吕不韦的《吕氏春秋》和太史公的《史记》也都记载过箭射石头的故事。不过在《吕氏春秋》里，射石头的主人公是春秋时期的神箭手养由基，他射的本是活兕，只不过紧张了误中石头；而在《史记》里，射石头的主人公则是飞将军李广，他射"石虎"的故事已经和熊渠的那个版本一模一样了。

射箭没石的故事，版权到底该归谁，我们就不纠结了。反正熊渠能和养由基、李广并列，成为类似故事的主角之一，可见在古人的眼里，熊渠的武力值绝对是非常高的。

有本事的人，自然闲不住。据"清华简"《楚居》说，从熊渠开始，楚国把都城从夷屯（丹阳）迁徙到"发渐"这地方。发渐在现在哪里，目前史学界也搞不清，有人认为可能在湖北南漳、宜城之间。

《史记》说，因为当时周朝已经显露出衰弱之相，诸侯或者已经不朝觐王室，或者互相攻伐，所以武力值超高的熊渠，就趁机笼络江汉一带的百姓，意图开拓疆土。经过一番经营后，熊渠感到时机成熟，他开始三面出击：向西攻打庸国（今湖北竹山、竹溪县附近），向南攻打杨粤（今湖北江陵、潜江一带），向东攻打鄂国（今湖北随州市西安居镇）。熊渠还十分嚣张地宣称："我是蛮夷，不用中原的称号、谥号！"于是他僭越周礼，封自己三个儿子为王：立自己的大儿子熊毋康为句亶王，统治庸国附近的地盘；立二儿子熊红为鄂王，统治鄂国一带；立自己的小儿子执疵为越章王，统治杨粤一带。

不过，《史记》中熊渠封自己三个儿子为三王、统治今天湖北广大区域的说法，可能是有些夸大其词了。因为据《左传·昭公二十三年》说，直到西周末期、春秋早期，楚国疆域的方圆还不超过一百里（"土不过同"）。要是熊渠的三个儿子真的占有句亶、杨粤、鄂国三地，地盘早已经超过千里，楚人又怎么会到春秋早期还"土不过同"呢？而且我们下一节在讲周厉王故事时会讲到，姞姓鄂国是周朝中后期在南国的支柱性诸侯国，实力雄厚，周夷王时楚人不可能有叫板鄂国的力量和胆量。所以关于西周中后期楚人的扩张故事，我们在讲到厉王时还要继续探讨、考辨一番。

回过头来再说西周朝廷。据《左传·昭公二十六年》说，周夷王晚年，夷王生了重病，诸侯们遍祭国内的名山大川，为夷王祈福，可是这当然没用，夷王还是驾鹤西去。他把一个动荡不安的局面留给了后人。周夷王在位的年数，《今本竹书纪年》和夏商周断代工程认为是八年，皇甫谧的《帝王世纪》则说有十六年。

◎64
厉王原来是"烈王"

周夷王驾崩后，他的儿子胡（金文写作"㝬"）继位，这就是大名鼎鼎、或者说是臭名昭著的周厉王了。一般在给西周史分期的时候，都把厉王、宣王、幽王这三王在位时期，称为"西周后期"。所以厉王的上台，就标志着西周已经步入老年。

据《史记》的佚文说，周孝王七年，冬天下起大冰雹，牛马被冻死砸死，长江和汉水都结了冰，周厉王胡（㝬）就出生于这一年。我们知道，传统史书都把周厉王描述为一个暴君，所以很多人认为史书记载他出生之年的灾祸，可能就是在烘托他未来的暴虐。其实如果您这样想就错了。气候研究学者发现，大约自公元前850年到公元前750年，因太阳活动，全球范围内出现了一次普遍的气温下降现象。所以周厉王出生之年（周孝王年间）江汉结冰，就是全球降温的一个真实具体的表现。我们知道，降温伴随着干旱，会加剧草原游牧民族南下侵扰的力度，当然也会影响农业区域的生产。因此和商朝后期一样，天气这只看不见的"大手"也开始蹂躏着西周王朝。

传统史书记载的厉王时期的战事，也都是败仗。

《古本竹书纪年》说，厉王时东南的淮夷入侵内地，厉王命令虢国国君虢仲前往讨伐，但是"不克"，没能打下。

《史记》说厉王时西方的犬戎也反叛，犬戎向东进攻西犬丘（今甘肃礼县），灭掉了为周人戍边的大骆家族，把周人的西部藩篱踢破了一个洞。

不过，历史上的周厉王真的是那么衰吗？在此，我们有必要再带着大家看看周厉王时期的青铜器铭文，瞧瞧那里是怎么描述厉王时期的对外战争的。

清末民国时期的罗振玉，也就是最早发现甲骨文价值的那位古文字学家，他编著的《三代吉金文存》和《贞松堂集古遗文》收入过一个叫虢仲盨（xǔ，一种椭圆形的盛食物器皿）的青铜器的盖子，盖子上面的铭文就提到"虢仲跟随周王南征讨伐南淮夷"。这证明《古本竹书纪年》上提到的"虢仲南征"一事确实不虚。而且虢仲盨盖铭文没说这次周厉王与虢仲一起征南的胜负如何。这个也好理解，如果这次虢仲打了胜仗，铭文上早就大书特书了；没写胜负，应该就是败了或没啥战果。这与《古本竹书纪年》所说的"不克"也正好符合。

不过在此我们要多说一句的是，这虢仲是当时西虢的国君，还是东虢的国君呢？1991年，考古工作者从河南三门峡市上村岭虢国墓地的一个西周后期诸侯级大墓中，挖出了很多带"虢仲"铭文的青铜器。显然，这个大墓的主人，就是周厉王时期的虢国君主"虢仲"，也即其他传世文献提到的虢公长父。这三门峡虢国，其实就是从陕西宝鸡迁来的西虢国。我们之前介绍过，西虢国是周文王三弟虢叔的封国，地址最初在今天陕西宝鸡市陈仓区一带。过去古人均认为，西虢国是西周灭亡以后才跟随周平王东迁，从宝鸡迁到三门峡的。但考古证明，古人的这种"常识"是错误的，其实早在西周后期，西虢就已经东迁到三门峡了。

另据青铜器无㠱簋、翏生盨、㝬钟（又称宗周钟）、鄂侯驭方鼎等铭文记载，周厉王十三年，当时南方以㠱国为首的淮夷再次侵犯周朝南疆，厉王大怒，立即御驾亲征，将领无㠱、翏生等从征，南方诸侯鄂国（今湖北随州安居镇）国君驭方也参与了战事。周朝大军从淮河下游一直打到上游，最终攻到㠱国的都城下。㠱国国君慌乱之下，赶紧派使者前来向周王讨饶求和。受周人这次南征的盛大军威震慑，南夷和东夷一共有26个国家都来朝拜周厉王，表示臣服。

周厉王凯旋途中，鄂侯驭方在坯地（位置不详）向天子献上醴酒，天子则赐宴招待驭方。饮宴间，天子又和驭方一起行射礼，射箭取乐。宴会结束后，天子还亲自赏赐鄂侯驭方五双玉、四匹马和五束箭，以示恩宠。

周厉王这么厚赏鄂侯驭方，不仅仅是因为他此次平叛立有功劳。我们前面介绍过，自周昭王南征不返，周人在南土封建的同姓诸侯国即今湖北随州附近的姬姓曾国和姬姓唐国，就都从随州后撤了。姬姓唐国北撤到了现在河南的唐河县一带，姬姓曾国撤到哪里则不详。如此一来，昭王之后周王室在南土就没有有力的同姓诸侯可以依靠了，只能依靠姞姓鄂国来稳定当地局势。为了拉拢鄂国，周王室采取了与鄂国联姻的方法——周厉王的父亲周夷王就娶了鄂国之女为王后，金文中称夷王的王后为"王姞"。也就是说，周厉王和鄂侯驭方还是亲戚关系，驭方不是周厉王的舅舅就是表兄弟。周厉王在南征淮夷之后厚待鄂侯驭方，自然是希望自己的舅舅或表兄弟今后继续做周人的南天一柱，替王朝抵御淮夷和东夷，维持南土的秩序。

周厉王返回宗周后，也为自己这次南征大胜洋洋自得。他自称得胜是因为得到皇天上帝的保佑，再加上自己的指挥谋略极其成功，于是制作了一个"宗周宝钟"，把淮夷、东夷26国来朝之事刻在上面纪念显摆，这就是㝬钟（"㝬"即周厉王自己的名字）。

不过人不能过度炫耀，否则老天准要给他脸色看。据青铜器十月敔（yǔ）簋和禹鼎的铭文说，周厉王作㝬钟夸耀自己"谋略高"之后没多少年，这淮夷和东夷又一同反叛，而且这次领头造反的不是别人，正是上次周厉王厚赏过的鄂侯驭方！

鄂侯驭方为啥要造反，金文没有细说，可能是鄂国自恃强盛，不想再做周人的棋子了吧。我们应该还记得，商纣王的三公就分别是周侯姬昌和鄂侯、鬼侯。鬼国已经在周康王时期被南宫盂打得再无消息了，现在三公之国只剩下周和鄂。鄂侯驭方也许心里是想，你们周人以前也不过是一方诸侯，既然你们周人能造商朝的反夺得天子之位，当年跟你们平起平坐的鄂人，现在为什么不能造你们的反去争夺天下呢？

金文虽然在鄂侯造反原因方面没有着墨，但有一点说得还是很清楚的，那就是这次鄂侯驭方领头的淮夷、东夷反叛，规模空前浩大：叛军大举入侵周朝的南土，一直打到洛水的上游（大约在今陕西省东南的洛南县一带），逼近了丰镐二京。这次叛乱，可以说是自周初"三监"、武庚叛乱以来，周朝面临的最严峻的形势，比穆王时期徐偃王叛乱那次还危急（那次徐国只是打到周人东都成周附近）。以至于禹鼎铭文中周人惊恐地哀叹，"呜呼哀哉，用天降大丧于下国！"由此也可见，这鄂侯驭方绝对是个有城府、善表演、精于韬光养晦的人。他上次跟周厉王见面，还一起欢快地吃饭、射箭，毫无叛变的征兆；但从他一下子就掀起这么大的浪花来看，鄂侯驭方的这次反叛，必然是预谋已久的，他多年来肯定早就在拉拢淮夷、东夷的很多国家以便将来为自己所用了。

人，面对的敌人再凶残，他可能都不会恨，因为他知道这是敌人；可如果是亲戚朋友等自己信任的人在背后捅自己的刀子，那恨意可就是绵绵无绝期了。周厉王听说鄂侯驭方叛乱后，那绝对是恨入骨髓——咱们是亲戚，我那么优待你抬举你，你居然扇我脸来回报？羞愤恼怒之下，面对这次席卷半个王朝的空前大动乱，周厉王不得不压上了手中的全部正规军——他命令东八师和西六师共十四个师全体出动。他还恶狠狠地下令，对待鄂国要"勿遗寿幼"，也就是老少不留、全部杀光，实行灭族政策。这次厉王伐鄂国，是目前发现的西周金文里，唯一的一次记载东八师和西六师同时出动，也是唯一一次明确下令对讨伐对象要"勿遗寿幼"的战争。由此可见鄂国当时兵力的强大，更可见厉王对鄂国的仇恨。

可是到厉王时期，随着朝政的腐败、生活的骄奢，周王朝正规军的战斗力已经大不如前了。我们之前曾比喻过，由周人组成的西六师好比清朝的"八旗军"，由东方殷人组成的东八师好比清朝的"绿营军"。像清朝后期"八旗""绿营"不顶用一样，周朝后期他们的"八旗"和"绿营"也不太行了。所以虽然西六师和东八师全面压上，但还是没能彻底击败鄂国。不得已下，厉王又征调世家大族的族军出征。如执政大臣武公就派他手下一位名叫禹、字叔向的家臣（属井氏分支井叔氏），率领战车一百辆、车兵两百人、步卒一千人，帮助朝廷正规军作战；武公还特意向禹重申了厉王"勿遗寿幼"的命令。禹领兵出征后，在其他周军的配合下，奋力搏杀，最终攻破鄂国，俘虏了掀起叛乱的首恶——鄂侯驭方。不过周朝十四个师的正规军都抓不住鄂侯驭方，最后却被贵族的私家族军抓住了，这也是对西周正规军战斗力的巨大讽刺。

除了世家族军外，诸侯之军在此次平叛中也立了不少战功。比如前面提到的十月敔簋记载，大将敔在某次战斗中斩首百人，俘敌四十人，还救出被夷人掳掠的周人四百人，因此受到天子封赏，得到珪瓒一件、贝五十串、两处土地共一百田。这个敔是哪国将领呢？原来他就是应国的公子，后来还曾继位为应君。这里又体现出立国于今河南平顶山一带的应国在抵御淮夷方面的作用。

十月敔簋铭文

　　至于鄂国，可能很多人会觉得，既然厉王下了"勿遗寿幼"的血腥灭族令，鄂人一定像乾隆时期的准噶尔部那样，惨遭灭族的噩运了吧？不过考古却证明，厉王的那个狠命令，最终并没有真正实施——2012年，考古工作者在河南南阳夏响铺发现了西周末期的鄂国贵族墓地。这说明，周厉王攻破鄂国后，可能是由于他母后王姞（鄂国公主）的求情，周朝并没有真的把鄂国人赶尽杀绝，而是把鄂人北迁到今河南南阳一带，就近看管起来。这个姞姓的鄂国，在南阳地区一直存在到春秋前期，后来大约是被崛起的芈姓楚国所灭。

　　在这里，我们有必要再讲一下《史记》所说的周夷王时"熊渠伐鄂"一事。我们当时就说过，《史记》关于熊渠西攻庸国、南攻杨粤、东攻鄂国的记载，有些太夸张，楚人在夷王时根本没有这么大的实力四处出击。尤其是鄂国，厉王时周军东八师加西六师共十四个师都打不下，当时楚人哪有么大本事敢单独挑衅实力雄厚的鄂国？如果说历史上楚人真的攻打过鄂国的话，那应该不是在周夷王时期，而只能是在周厉王时期。周厉王出倾国之兵攻打鄂国时，自然要广泛动员诸侯之军协同攻击，楚国也许就是这时候配合周军攻打过鄂国（楚国很可能是借替周朝讨伐叛逆的机会扩充自己的地盘，就如周文王当年那样）。近千年后，因为史料残缺，人们已经理不清楚国协同王师伐鄂的这个历史背景了，所以太史公才在《史记》中误记为周夷王时熊渠伐鄂。至于太史公说熊渠封自己的二儿子熊红为鄂王，统治鄂国一带，这也可能有点儿历史踪影。因为周厉王伐鄂得胜后，强制把鄂国迁徙到离周人更近的河南南阳一带，旧鄂国即随州安居镇一带一度就成为势力真空了，说不定熊渠当时真有派儿子占据这里的打算。但是熊渠的这个美梦很快就被周朝的新部署给打醒了——考古学者发现，西周晚期，随州一带又大量发现属于曾国的墓地、遗址和青铜器。也就是说，周厉王把鄂国北迁后，西周朝廷为了重新牢固控制随州这一重要地带，周厉王或儿子周宣王又把穆王初年北迁的曾国重新封回到这里来了。曾国回到随州一带后，楚人在这里显然没法再待了。毕竟当时周朝相对于楚人，还是力量庞大的，楚人那时还不敢跟周人硬顶硬。所以《史记》上说的熊渠封次子熊挚红在鄂国之事，即使有，也很短暂。《史记》还说，因为周厉王的凶暴（他对外公之国鄂国都痛下"勿遗寿幼"的屠杀令），熊渠和儿子们就把自封的"王号"给去掉了。《史记》的这个说法，倒是可信度很高，因为能与金文互相印证。

回过头来，话说鄂侯驭方为首的这次淮夷、东夷大叛乱，搞得周人险象环生，东都成周一直处在直接威胁之下。虽然周厉王最终还是将其镇压下去，但是他不能不认真考虑成周城的防御问题。

我们之前在介绍周公营建成周城时曾揭秘过，通过考古挖掘考古人员发现，成周城在西周前中期一直都是一座没有外郭城墙的不设防城市，它的外郭城墙的建造始于西周晚期。鉴于厉王时期淮夷和东夷多次造反并威胁到洛水的上游，因此笔者猜测，成周城外郭的修筑，很可能就是从周厉王开始的。西周晚期，本来作为"天下之中"的成周城逐渐开始变得不再安全，周人不得不增筑防御工事。所以西周后期狄泉成周城和岐邑外郭城墙的出现，其实是周朝日趋衰落的表现——诸侯的屏藩作用在一定程度上已经丧失，周人也很难御敌于王畿之外了！多说一句，进入东周以后，夷狄外患和诸侯国之间的兼并战争更加激烈，所以东周朝廷和列国诸侯都开始给旧都增筑外郭，或在兴建新都时将外郭一并修齐，外郭城墙这才逐渐又成为都城的标配。

果然，鄂侯领头的这次淮夷、东夷大反，并不是夷人反抗周人的最后一战。厉王后期，东夷又造反了。

据青铜器晋侯苏编钟铭文说，周厉王三十三年正月初，厉王巡行周朝的东土和南土，当时晋国国君晋靖侯的孙子苏随驾同行[1]。三月下旬，厉王一行来到东方的范地（今河南东北部范县）。因为东夷中的夙夷（即宿夷，今山东东平）反叛，于是厉王在这里和晋国公孙苏分开行动。厉王亲自命令公孙苏说："你带着你的军队从左边向北行动，我们分进合击讨伐夙夷。"公孙苏于是遵王命从北方包抄夙夷，杀敌一百二十人，俘虏二十三人。与此同时，周厉王亲自率军向东南进发，攻打匍城（今山东郓城）。但夷人抵抗激烈，厉王一时没能得手。公孙苏得胜后迅速南下到匍城，与厉王大军会合。厉王到公孙苏的军队里视察，下车后他又亲自向公孙苏下令说："从西北角攻击匍城！"公孙苏不辱王命，自匍城西北角率先攻进城里，并斩首百级，俘敌十一人。厉王随即指挥大军跟进入城，夙夷人见大势已去，惊恐地弃城逃窜。厉王再次命令公孙苏率众将追歼残敌。公孙苏在追击中又斩首一百一十级，俘敌二十人；其他将领共斩首一百五十级，俘敌六十人。此次征讨东夷的战争，再次以厉王的大胜告终。因为公孙苏屡立战功，厉王回到成周后一连两次赏赐他，共赐给他宝马八匹、香酒一壶、箭矢一百支。

如果说前面的那些青铜器铭文还显不出周厉王在战争指挥上的作用，那在晋侯苏编钟上，则清楚地表明周厉王是如何具体指挥战事的，他甚至连进攻时从哪个点突进都考虑到了。这说明周厉王在自作的㝬钟上说自己指挥谋略高，也不完全是瞎吹，他在军事上还是有几把刷子的。

西周晚期柞伯鼎的铭文也记载了一次周人南征的战事，一些历史研究者认为这也是厉王三十三年厉王东征南征的一部分。柞伯鼎铭文说：

那是四月下旬，大臣虢仲命令柞（胙）伯（周公后裔）说："你的圣祖周公为大周效力的时候，勤勉无人能及，曾率军广伐南国。现在我命令你带领蔡侯从左侧包围昏邑。"柞伯成功从左侧包围昏邑后，让蔡侯去向虢仲汇报进展。虢仲大喜，亲自驾临昏邑。辛酉日，攻城战开始。柞伯亲自上阵，俘虏敌军两人，斩首十人。战后，柞伯将自己的战功向烈祖幽叔汇报，因而铸造了这个宝鼎。

---

[1] 注：晋侯苏编钟铭文本称苏为"晋侯苏"，晋侯苏即传世文献中的晋献侯籍。但查《史记·十二诸侯年表》可知，厉王中后期晋国国君还是晋靖侯，晋献侯籍在位时间相当于周宣王前期。由此可推知，晋侯苏编钟应是苏继位以后铸造的，只不过铭文在追述苏早年经历时提前称他为"晋侯"了。实际上随厉王出征时，苏的身份还只是诸侯之孙，按周代惯例诸侯之孙可称"公孙"，因此我们下文中姑且把这时的苏称为"公孙苏"。

上古"昏""𰻞"二字音同可通（都读hūn），因此一些历史研究者认为，此战中的"昏"邑，应该也就是晋侯苏编钟铭文中的"𰻞"，所以两件青铜器的铭文讲述的是同一次战事，只是叙述的角度不同而已。当时的周军应该是兵分多路（至少有厉王、晋侯苏、虢仲这三大路），只不过青铜器的器主仅记载跟自己相关的部分。

另外，从柞伯鼎铭文我们其实还可以读出不少东西。首先，传世文献中周公之后的胙国，金文里其实是写作"柞"的。其次，柞伯能领导蔡侯，显然蔡侯的地位要比柞伯低，这说明西周后期"伯"和"侯"，依然没有严格的大小关系（此战中柞伯能领导蔡侯，很可能是因为柞伯年龄比蔡侯大）。第三，柞伯祭祀的对象烈祖幽叔，应该就是周公旦之子、胙国的始封君。传世文献从来没说胙国始封君的名字叫什么，通过柞伯鼎，我们现在至少知道他的谥号应该是胙幽叔。

以上青铜器铭文都是介绍厉王与淮夷、东夷的战事。其实青铜器铭文记载，在西北方向，厉王面对犬戎的入侵，也取得一些胜绩。

据多友鼎铭文记载，厉王某年十月，西北方的玁狁（犬戎一支）兴兵侵入周境，一直打到周人先祖公刘迁居的豳地（今陕西彬县），也即周人最早的"京师"。玁狁的进军路线应该是从太原（今宁夏固原）沿清水河谷南下，到今天甘肃平凉再沿泾河河谷向东南行进（此即后来汉朝时所称的"萧关道"），经过龚地（即文王时的共国、今甘肃泾川），抵达周人的京师（今陕西彬县）。玁狁深入的边关急报，很快送达周厉王的手上。从京师继续沿着泾河南下可直达丰镐，按今天的里程算不过一百四十多公里，而且一马平川毫无险阻。厉王大惊，立即命令当时的执政大臣武公派兵遣将，到京师反击敌人。武公接令后，又把这一艰巨任务交给了自己的臣属多友。多友点兵出征之时，那边玁狁也没有闲着，而是又从京师向东前进，攻击筍邑（今陕西旬邑），虏获了大批周人和财物。得了便宜的玁狁得知周人大军出动后，见好就收，撒腿就撤。多友则指挥军队兼程追击，终于在漆地（今彬县西北）追上了玁狁军队，他立即命令将士对撤退中的敌人展开攻击。可能是因为玁狁得了财宝人口无心恋战吧，漆地这一仗，立志复仇的周军斩得敌首二百数十级，俘敌二十三人，缴获敌人战车一百一十七辆，并解救出被玁狁虏获的周朝筍邑人口。多友没有沉醉于眼前的战绩，他又带兵继续紧追不舍，先后在龚地（今甘肃泾川）和世地、杨冢（后两地位置不详）这三地追上西逃的玁狁，共斩得敌首约一百五十级，俘敌多人，缴获战车十辆,并把玁狁掳掠的周朝京师人口给解救下来。因为缴获的玁狁战车实在太多,无法送回朝廷,多友只得命人把这些战车都烧毁了,只把驾车的几百匹战马赶了回来。从多友的战果来看(共斩俘四百余人、缴获战车一百二十七辆),这次玁狁入侵人数应在数千人以上,从当时的社会状况来看,规模不算小了。我们知道,当年武王伐纣,只不过才出动战车三百辆而已。

通过以上记载,我们现在还可以纠正一个流传较广的错误认识:从周人缴获玁狁大批战车可以看出,他们的作战模式和周人一样,都是以车战为主。因此玁狁或说犬戎,并非是很多人认为的像匈奴、突厥那样的马背游牧民族,而是农耕或农耕、渔猎混而有之的定居民族,类似后世的女真人、满人。

多友鼎后面还说,因为这次反击玁狁的胜利,周厉王大大奖赏了执政大臣武公,赐给他大片土地,而武公也没亏待在一线拼杀的将领多友,赏赐他玉礼器一件、编钟一套,外加大量青铜原料。

多友鼎记载的这次战争说明,周厉王时代西周的西王畿已经不安全了,戎人经常入寇掳掠。不过好在厉王的反击能力还不弱,没让入寇的敌人占到太大便宜。但前面介绍过,为了防御起见,西周晚期周人还是为圣都岐邑修筑了外郭城墙。

在此要多说一句的是,有很多历史研究者认为将领多友就是周厉王小儿子、周宣王之弟、后来郑国的开国君主郑伯友。他们的理由是,郑伯友名友、字多父,正好有一个"友"字一个"多"字,可以拼成"多友"这个称呼。其实这种说法很扯淡,因为西周金文里,至今都没发现把一个人的"字"中的一个字和"名"拼起来称呼这个人的先例。其次,将领多友和郑伯友的年龄也不合。因为多友鼎里的多友既然能作为主将独当一面,至少也得有二十多岁。而郑伯友是周幽王十一年死于犬戎之乱的(一说活到平王初年)。如果郑伯友和多友是一个人,假定郑伯友驱逐玁狁的这次战争发生在厉王末期,那经过共和十四年、宣王四十六年、幽王十一年共七十一年,多友该有百岁高龄了。在上古时期,一个人有百岁高龄的概率有多大呢?另外,多友鼎铭文显示,多友出征胜利后,是先向武公献俘,武公再向厉王献俘;厉王赏赐武公后,武公再赏赐多友。显然在这里,多友作为职务较低的将领,连亲见天子的资格都没有,这与郑伯友天子之弟的高贵身份也是不相符的。所以综合以上理由,多友鼎里的将领多友不会是郑伯友。

◎ 64 厉王原来是"烈王"

戬破多友就是郑伯友的传言后，我们再回顾一下周厉王时期的战争。总的来说，根据文献和金文的记载，周厉王时期虽然周朝东南和西北战乱不断，周人也有败绩，但厉王还是取得了最终的战略性胜利。尤其是周厉王平定鄂侯驭方领头的淮夷、东夷的大叛乱，可以说是让周朝渡过了一次几乎亡国的严重危机，对心怀二志的诸侯（如楚国）也起到巨大的震慑作用，重振了自懿王以后就衰落的周朝声威。在很多战事中，周厉王都是亲自出征、具体指挥，作为天子，他也算比较敬业称职了。要知道自昭王南征不返后，文献和金文里就少见周天子亲征的记录（文献里说"穆王征犬戎"，但并未说清是御驾亲征，还是派遣将领出征）。因此在西周青铜器铭文中（如克钟甲器、吴虎鼎、逨盘等），周人都把武功赫赫的周厉王称作"剌王"，从不称之"厉王"。这"剌王"是什么意思呢？原来在青铜器铭文里，"剌"往往通"烈"，为"光明、显赫"之意。比如青铜器铭文里提到某人的"烈祖""烈考"，一般都写作"剌祖""剌考"。所以说，"剌王"其实就等于"烈王"之意，即"光明显赫之王"，是个很高的赞誉。按《谥法》，"有功安民曰烈""秉德尊业曰烈"。显然，西周青铜器铭文里认为厉王是个颇有武功、能兴祖业的"烈王"。

但是问题来了，我们知道传世文献里都把周天子胡（㝬）称为"周厉王"。《谥法》说，"杀戮无辜曰厉"，"暴虐无亲曰厉"。显然"厉王"是个很坏的谥号，跟"剌王"（烈王）完全相反，一个地一个天。为什么传世文献不称周天子胡（㝬）为"烈王"，而称他"厉王"呢？

要说这个问题，可能很多人都猜到了，那就是因为周天子胡（㝬）后来搞"专利"，激起"国人暴动"，被赶下台，所以后世文献就把他"剌王"（烈王）的谥号改为了同音的"厉王"。再细分析一下，"剌王"（烈王）这个谥号应该是他儿子周宣王给的，毕竟父亲再不好，儿子也不会给他上个恶谥；改成"厉王"，可能是东周以后的事情了。因为东周以后的周王毕竟跟周天子胡（㝬）隔了很多代，没有多少亲情了，而且经历过西周灭亡的惨痛经历后，可能东周人在总结亡国史的时候，认为他也需要为亡国承担一定责任。

不过周厉王的所谓"专利"到底是咋回事，他贵为天子为什么要"敛财"，"国人暴动"和"共和行政"的真相到底怎样，大家真的了解吗？下面，我们有必要对这些问题再次探讨一番。

◎65 厉王的"专利"与"弭谤"

关于周厉王(金文中称"㵎王")搞"专利"的文献记录,见于《国语·周语上·芮良夫论荣夷公专利》和《史记·周本纪》。

话说周厉王三十年,厉王任命他宠信的姬姓畿内诸侯荣夷公为执政大臣,而荣夷公上台就搞了一个"专利"制度,厉王对此还非常支持。但这"专利"制度具体是个怎么样的制度呢?很遗憾,《国语》《史记》都没细说。两书只是说,当时另外一个大臣、姬姓的芮国国君芮良夫对荣夷公的"专利"做法极其不满,他抨击说:"利,是百物生长出来的,是天地所承载的。如果有人想独占,那必然遭人恨。天地百物所生之利,人们都能取而用之,怎么能'专'呢?"

根据芮良夫的批评,荣夷公的做法应该是想垄断某些方面的利益。而且这个利益是天然的,不是人们种田做工人为产生的利益;这个利益原本是公共的、人人可有份,不是专属于哪一族群或阶层。所以按这种描述,自古以来史家都认为荣夷公要"专"的"利",应该指的是"山林川泽"等公共自然资源。

其实据东周时期成书的《周礼》一书记载,西周在厉王之前,部分山地、林地、河流、池泽等自然资源一直都有专职官吏管理,这就是"虞官"和"林衡""川衡"等官。其中川衡管理河流,林衡管理平地和山脚的树林,虞官则又分为"山虞"和"泽虞",分别管理山地和池泽。据《尚书·尧典》记载,尧舜时期就有所谓的"虞官",负责管理山泽方面的事务,嬴姓的始祖伯益就曾被舜帝任命为虞官。不过《尧典》的成书一般认为时间很晚,大约在春秋时期,所以《尧典》的记载是史实还是传说,我们不得而知。更可靠的资料,我们还要从出土的金文和简帛书里找。不知大家还记得不,我们前面提过,据西晋汲冢古文《穆天子传》记载,周穆王西游回来、在中原巡行的时候,就任命过一些管理山泽的虞官。另据周朝恭王、懿王时期的青铜器同簋铭文记载,当时周天子曾在宗周册命一个名叫"同"的官员,让他协助大臣"吴大父",管理场人(掌管城内菜园果园的官吏)、林衡、虞官、牧人(掌管牧场和六畜的官吏)等官员。按《周礼》说,场人、林衡、虞官、牧人都归司徒管,所以吴大父很可能就是当时的司徒官。司徒,金文里最初其实写作"司土",这个原始写法正显示了该职务的原意——管理土地(当然后来又增加了土地上的人民)。这些古代和近现代的考古资料足以证明,至少在西周中期,西周朝廷已经逐步开始对各种类型的土地进行管理,并且出现相应的各级官员了。

那西周时期,这些官员是怎么管理山林川泽这类的自然资源呢?还是据《周礼》记载,虞官和林衡、川衡主要是负责为王室提供管理地的资源,并防止百姓违背时令取材或焚林而猎、涸泽而渔。看样子那时并不禁止老百姓正常顺应时节的采摘、伐木或渔猎等行为。

那么,荣夷公的这个"专利"制度,比之前的管理方法又有什么变化,以致遭到芮良夫的激烈批评呢?很遗憾,这个史书上也没有丝毫介绍。一般认为,荣夷公应该是把更多原本属于公共性质的山林川泽资源置于王室的管理下,而且不像以前一样免费向人们开放,而是要收"税"。

那么,荣夷公为什么要出台这样一个明知会招致上下反对的"专利"制度?周厉王为什么还大力支持他呢?关于这问题,自古以来史家的解释都很简单——周厉王和荣夷公是一对暴君佞臣,他们这么做不用问,一定是贪婪好利呗!不过读了本书,大家应该能学会综合传世文献和考古资料深入进行一番思考。

我们前面曾介绍过,大约自公元前850年开始,全球因为太阳活动问题出现了长达百年的气温下降现象,这次大降温导致北方部族南下骚扰加剧,严重影响西周的农业生产。据周厉王时期的青铜器铭文记载,周厉王时期西北獫狁(犬戎一支)入寇,尤其是东南淮夷、东夷大反,战祸绵延,周厉王抵御外患、强力平乱,虽然不是每役皆捷,但却取得了最终的胜利,为自懿王以来就风雨飘摇的周王朝立下汗马功劳。您了解完这段历史后,还会像古代史家一样,简单地认为厉王和荣夷公就是贪婪好利吗?

稍有军事常识的人应该都明白,打仗就是打钱,就是打后勤。厉王与淮夷、东夷以及玁狁旷日持久的战争，无论胜仗、败仗，消耗的财力物力能少得了吗？尤其是为平定鄂侯驭方掀起的淮夷、东夷大反叛，周厉王把全部十四个师的正规军尽数压上，又征发贵族族军以及诸侯之兵，才最终生擒鄂侯、扭转乾坤。仅仅打一场这样堪比"三监"、武庚叛乱的超大规模战争，就足以把西周王朝的家底儿都耗空。战争不但如黑洞般吞噬消耗物资，大量成年劳动力脱离田园从军征战，也耽误了物质的再生产，进而极大影响朝廷赋税收入。我们前面在讲述周恭王时期土地流转的现象时也介绍过，西周的分封制虽然在周初起到迅速稳定局面的积极作用，但是从长远看就是个坑，因为它实质是用"土地换忠诚"，周王不停地分封臣下，结果自己直辖的地盘越来越小，王室能直接控制的资源自然也就越来越少。看到这里，我们应会自然而然地得出一些结论：周厉王和荣夷公搞"专利"，肯定与西周朝廷财源日渐不足（直辖区域日益狭小、降温干旱使得粮食单位亩产下降）、同时大规模用兵平叛导致财政严重亏空有关；周厉王和荣夷公应该是希望借"专利"为朝廷扩大财源、摆脱财政危机。

正因为周厉王和荣夷公实行"专利"制度是朝廷财源短缺、战争消耗惊人背景下不得已之举，所以芮良夫对荣夷公"专利"制度的抨击和劝谏，周厉王自然是无法接纳的。

周厉王肯定会想，朝廷缺钱到这步田地，人家荣夷公的办法虽然会得罪很多人，但毕竟是一条开拓朝廷财源的有效方式，你芮良夫高居"道德高地"上予以指责，虽然说的话正确无比，但是又能解决啥问题？你有本事倒是给朕想一条既有道德又能扩充财源的方法啊？光指责别人的办法不好，你又提不出什么其他办法，不跟白说一样？

确实，就是让我们站在周厉王、荣夷公的位子上，设身处地想一条既能开拓财源又不得罪人的方法，也是很难做到的。就这样，周厉王和荣夷公坚持把"专利"制度在王畿推行了下去。

不过芮良夫虽然是个只会说不会出主意的人，但他的预测还是非常准确的，社会上对"专利"制度的怨恨之声，比想象的还要猛烈：厉王时期长期战争，普通平民本来就生计艰难，现在到山上砍几棵树盖房子、到水里摸几条鱼下锅，还要收税，这不是要他们的命吗？士人贵族虽不缺那交税的钱，可是以前能免费得到的东西现在却不行了，他们自然也不满。何况新政后被划归王室虞官、川衡、林衡管理的山川池泽，说不定有不少以前是在畿内封君的封地里或封地边且已经被一些贵族合法拥有或悄悄霸占的，如今被王室拿去，他们岂能不恨？这样一来，周厉王和荣夷公就把上下所有阶层的人都得罪光了。

其实周厉王晚年，实施的"新政"可能还不止这一个"专利"制度。在《国语·周语下·太子晋谏灵王壅谷水》一篇中，东周周灵王的儿子太子晋曾说"厉始革典"即厉王开始改革周朝的法则。如果周厉王仅仅只推行了"专利"这一个新政，恐怕太子晋不会用"革典"这样的词。由此可见，周厉王时期很可能进行过较大规模的政治、经济改革。只不过因为岁月悠远、史料残缺，除了"专利"制度外，厉王的其他改革措施都不为人知了。但是作为一位君王，尤其是希望有所作为的君王，其改革内容无外乎是一些开拓财源、加强王权、抑制世家大族的措施。

我们已经说过，"专利"制度侵犯了下至平民上自贵族的利益，厉王其他加强王权的改革也必然会得罪既得利益者，尤其是贵族们。因为王权加强了，世家贵族们的权利自然要受到压制和损害，这就像一块固定大小的蛋糕，你割多了别人自然就少了。故而厉王三十年实行改制后，周厉王和荣夷公以及当时另一位执政大臣虢公长父（伐淮夷"不克"的那位），受到了周朝上下普遍的抱怨、指责和抨击。《吕氏春秋·仲春纪·当染》篇就说，虢公长父和荣夷公是带坏周厉王的两个大坏蛋。看样子在厉王时期的改制中，虢公长父也是决策人之一。

眼看厉王的改革不但没起到作用，还使周朝内部矛盾激化。周厉王三十四年，朝中大臣邵公就跑去劝谏厉王说："老百姓们都已经受不了大王您的新政啦。"

这位邵公，胆子怎么那么大，敢当着厉王面指责他的新政呢？原来他就是周初重臣太保召公奭的后代，因为出身尊贵，所以能在厉王面前说些逆耳的话。这位邵公，自古至今多认为就是后来周宣王时期平定淮夷的召伯虎，谥号邵穆公。但是据传世青铜器五年琱（diāo）生簋、六年琱生簋和2006年新出土的琱生大口尊等铭文分析，召伯虎（邵穆公）大概是周宣王五年才成为邵氏家族的宗长，所以周厉王时期的邵公应该是召伯虎的父亲，也即六年琱生簋中所提到的"幽伯"。

周厉王见邵幽伯说大家都反对他的新政，勃然大怒。他的应对方法简单粗暴：他从卫国找来一名巫师，命令他做"密探"，下去监督王畿内臣民的言论。这巫师也非常"尽职尽责"，但凡有人敢对天子新政有非议，他打听到就上报厉王。厉王更不含糊，只要听说谁敢非议新政、诽谤自己，立即就捉来"咔嚓"掉。厉王这脾气和做法，和他当年下令对反叛的鄂国实施"勿遗寿幼"的灭族政策是一模一样的。

厉王的这种做法，再次严重违法了传统。要知道在西周乃至后来的春秋时期，社会上还是有一些部族时代的"民主"遗存，当时的国人对于国家大事，都是有一定发言权的。比如春秋晋楚城濮之战前，卫成公想倒向楚国，卫国国人不愿意，就合起伙来把卫成公驱逐到外地去了；又如宋襄公在宋楚泓之战中坚持"君子不乘人之危"而战败，回国后就受到宋国国人的一致抨击，这在后世大一统王朝下是难以想象的。

现在周厉王不准大家评议政事，显然是剥夺了国人的应有权利。但面对高压政策，周人上上下下也只能敢怒不敢言、"莫谈国事"了。但是俗话说，你能管得了我的人，但你管不了我的心。王畿的人们，平日里互相见了，话虽不说了，眼珠子却瞪来晃去，来表达他们的不满和愤懑，这就是成语"道路以目"的由来。

周厉王见人们不敢议论新政、抨击自己了，高兴坏了。他告诉邵幽伯说："我能消除人们的非议了，你看他们都闭嘴不敢胡说八道了吧？"

如果上面厉王这些应对非议的言谈举措都是真的，不是后世抹黑他而编造的话，那这周厉王看样子和楚霸王一样，都是军事上的巨人，政治上的矮子。

邵幽伯见了厉王的得意样，说了一段后世非常有名的话："大王您这只是堵住了百姓的嘴而已。防民之口，甚于防川。只知道筑坝堵河水，一旦溃堤了，那死伤的人就多了去了，堵老百姓的嘴也是一样的。所以治理河水，要疏通河道让水流畅通；治理百姓，要引导他们把话讲出来。因此天子处理政事，要通过各种渠道，听取各方的民情民意，斟酌取舍，政事才能施行而不违背情理。人有嘴巴，就像土地上有山岭河流一样，人类的财富用度就从这里产生；又好比大地上有高低平洼干湿各种地形一样，百姓的衣食所需都从这里生长出来。让人说话，国家政事的好坏才能反映出来。推行善政防止恶政，才能让老百姓衣食财用增多。老百姓心里想事情，嘴里说出来，这是自然而然的事，怎么能堵人家嘴呢？如果堵他们的嘴，又能堵多久呢？"

邵幽伯苦口婆心说了半天，不过周厉王丝毫没有听进去。周厉王多年来对外敌征战，屡获大胜，显然养成了"武力能解决一切"的思维方式。我们前面说过，据晋侯苏编钟铭文记载，就在邵幽伯进谏的前一年，也就是厉王三十三年，周厉王还曾带着晋国公孙苏，平定了东夷中宿夷的叛乱。他肯定是认为，老子手里有刀，堵你们嘴还怕你们闹事造反不成？

其实我们都明白,邵幽伯说得非常在理。退一步讲,让老百姓说话,统治者就算不听,至少也是给他们一个发泄渠道。大家都有这体会,人有时碰到窝心事,虽然改变不了现实,但是骂骂咧咧一番,至少也能出出气、顺顺心。所以现在不少公司企业,都设有员工发泄室,里面吊个沙袋、弄个假人,让员工有气时进去骂骂踢踢打打。员工把气撒掉了,就不会去打经理、主管了,这就减少了现实中的真闹事和真骚乱。周厉王搞改制,损害了很多阶层人的利益,他不知道调解舒缓,还高压对待,连骂都不准人出声,这无异于是看开水锅冒大气儿了还拿锅盖硬盖,离出事不远了。

◎66
"国人暴动"与"共和行政"的真相

话说邵幽伯警告周厉王"防民之口，甚于防川"后，厉王仍旧一意孤行，施行"专利"等拓宽财源，加强王权的新政不松动，并强力压制不满之声。就这样一晃三年过去了，时间到了周厉王三十七年。

这年的某天夜里，镐京的王宫外突然火炬连天，喊杀声四起。不过这却不是獯狁入寇，而是周人自己忍无可忍发动暴动，联合起来进攻厉王的宫殿。周厉王惊醒得知大概情况后，惶恐万状。他想调兵镇压，但是这时王宫内一片混乱，已经无法和外界联络了。眼看王宫的守卫虎臣们已抵挡不住汹涌的人潮，周厉王只得和身边的近侍从后门溜出，狼狈逃命。这位曾经屡次率军亲征、战胜无数强敌的马上天子，驾车出了都城，不敢停留，马不停蹄地向东方飞驰。他渡过黄河，又向北逃去，直到彘地（今山西霍州）才停下脚步，避居起来。在地图上量一量，他一口气足足跑了有四百公里，折合成周里足有千里。

这边暴动武装没有抓住周厉王，就又去抓周厉王的儿子们。周厉王的一个儿子王子靖从混乱的王宫中逃出，躲到了大臣邵幽伯的家中。不过他的行踪被人发现，于是反叛者就把邵幽伯的府邸给团团包围起来。因为邵幽伯还算是个正派人，以前曾多次向厉王进谏，所以暴动者没有直接冲进他家，而是在外面呼喊要他交人。

邵幽伯对家里人说："当年我屡次劝谏大王，可惜他都不听，才有了现在的大祸。今天要是把王子靖交出去送死，天子会以为我是怨恨他不听我的话，因而愤怒报复。侍奉君主的人，就是身处险境也不该怨恨，有怨气也不能发怒，何况侍奉的是天子呢？"

但是如果真的不交人，外面的暴动者一旦失去耐心攻进府来，那邵家满门恐怕都不能幸免，王子靖肯定也不能逃得性命。耳听院外的催促声一浪响过一浪，邵幽伯情急之下，只得忍痛让自己一个长得像王子靖的儿子换上王子的衣服，然后把他冒充王子靖交了出去。黑夜中愤怒的暴动者以为这就是真王子靖，冲上去拳棒交加，一顿痛打。可怜邵幽公的这个儿子就这样替王子送了命。

暴动者既然敢抓捕厉王和王子，想来应该更不会放过为厉王主政的荣夷公和虢公长父。不过他们二人在暴动中的下场，传世古籍中却没有只言片语交代。我们前面提到，1991年考古工作者从河南三门峡市上村岭虢国墓地挖出了虢仲（字长父）墓。我们没细讲的是，这个虢仲墓中记录随葬品器物的简牍上，还有后来宣王时期著名大臣"南仲"的名字。所以考古学者据此认为，虢公长父应该死于周宣王时期。而且从墓葬丰富的随葬品看，他死前依旧享受着荣华富贵。显然，这虢公长父也像周厉王一样，在暴动时躲得了性命，后来又回到了自己的封国西虢国。

话说堂堂周天子，居然被自己人攻击赶出了都城，这真是破天荒的大事。因为《国语》上屡次提到"国人"不满厉王暴政、"国人"围攻邵公府邸，所以历史上就把这次暴动称为"国人暴动"；又因为厉王最终逃到了彘地，所以后世也有史家将这次暴动称为"彘之乱"。

对于"国人暴动"，近现代以范文澜、郭沫若等为代表的史学家，对其评价甚高，认为这是一场平民（工商业者）反抗暴政的伟大"革命事件"，将其定性为周代下层民众对上层统治贵族的一次"阶级斗争"。多年来，我们的历史教科书也一直沿袭这种说法。不过，这种说法真的对吗？尤其这次"国人暴动"的主导者到底是谁，真的是下层民众、工商业者吗？

要弄清上面的问题，我们首先得知道，"国人"到底指的是谁。

关于"国人"，实际上有"广义"和"狭义"两个概念。

在介绍周公旦进行的周初大分封时，我们曾介绍过一个概念：在当时，城池一般有内城和外郭两道城墙。各级贵族（卿士、大夫、士人），还有与这些贵族同宗有血缘关系的农夫、百工、商贾等下层人士，都住在城郭里或城郭边，所以叫"国（郭）人"，也即我们现在常说的"城里人"。这个概念，就是"国人"的广义概念。

狭义的"国人"概念，一般是去掉上面概念中的中高等贵族即卿士和大夫，也就是说只把"士农工商"这些下层的"城里人"算"国人。狭义的"国人",类似后世的平民阶层,但是我们要明白,当时是没"平民"这种概念的。

那些持"阶级史观"、把"国人暴动"称之为"下层革命"的史学家,显然认为"国人暴动"中的"国人",是狭义的概念。这种观点虽然史学界也有很多人反对,但是却拿不出非常有力的证据。"国人暴动"中的"国人"到底是狭义的概念还是广义的概念,这个问题的水落石出,又要多亏了我们前面屡次提到过的近年出土的简帛书——2008年清华大学得到的战国竹简《系年》。

《系年》这本先秦历史书写道:

厉王大虐于周,卿士、诸正、万民弗忍于厥心,乃归厉王于彻(彘)。

《系年》的这段文言文,跟白话一样,根本用不着翻译。这里面明确写道,攻击厉王并把他赶到彻(彘)地的是"卿士、诸正、万民"三类人。这其中的"万民",自然指的是下层的民众。"卿士、诸正",用现在的话来说就是"执政大臣、各部门长官",指的无疑是上层和中层贵族。显然《系年》认为,暴动的"国人",是广义的概念而非狭义的概念,上层中层贵族也参与了攻击周厉王的斗争。

我们知道,普通下层民众,限于其眼界、知识和能力,如果没有人带头和领导,往往就是一盘散沙。驱逐天子这样的惊天大事能够组织起来并取得成功,绝不可能是一些下层民众自发就搞得成的。中国几千年来暴君那么多,比厉王更坏的大有人在,哪个是被普通百姓自发组织赶下台的?所以厉王被逐这样的事情发生,只能是有上层高人精心策划组织的结果。尤其是王宫被暴动者攻击时,禁卫军虎臣以及世家大族的族军仿佛都没有发挥应有的作用,这也从侧面证实其中必定有问题。因此,虽然暴动武装中的多数人都是下层的士农工商,但是领导者或说主导者,则应该也只能是周人上层贵族。领导驱逐厉王行动的那部分周人上层贵族,肯定是因为周厉王的改革触动到他们的切身利益(政治上遭压制、经济上受削弱),才最终铤而走险的,利用国人(广义)对厉王的普遍不满发动"政变"。当然,因为资料缺乏,西周朝廷内到底是哪些世家贵族在背后领头造厉王的反,我们现在已经无法知晓了。有些学者通过研究西周金文,认为应该是西周中期以来权势显赫且领地主要在西王畿内的益公家族和井公家族(邢侯后裔在朝廷任职的一支)领导了"国人暴动",理由是属于益氏和井氏的青铜器在宣王以后就少见了,很可能是宣王继位后他们两家遭到了清洗。不过世家

◎ 66 "国人暴动"与"共和行政"的真相

兴衰本属常见,益氏和井氏在宣王时代的衰落是否是因为领导了"国人暴动"而遭到宣王报复,还缺乏直接证据,所以这种猜想还有待进一步证实。

所以,"国人暴动"的性质绝不是什么"下层革命",更不是"阶级斗争",而是贵族上层之间争权夺利的斗争,结果是一部分世家大族势力战胜了周天子。至于普通的下层参与者,虽然他们也是在为自己利益而战,但总体来说他们只不过是策划暴动的上层贵族利用的棋子而已。话说古今中外几千年历史中,下层民众哪次不是战争的主力军,但哪次他们是主导者?不过好在"国人暴动"这次,下层的士农工商在"专利"制度随着厉王被逐而人亡政息以后,还是少受一点儿盘剥的,不是白忙活。

其实如果进一步猜想的话,周厉王能够顺利逃到彘地、虢公长父能够平安回到自己的封国虢国,说不定也是策划暴动的上层贵族们在主动"放水"。因为这些上层贵族们应该只是想恢复自己被厉王剥夺的山林池泽之利和其他政治权力,并没有想把事情做绝,以至于背上"弑君""擅杀执政大臣"之名。否则亲厉王和虢公长父、荣夷公的外诸侯一旦发难报复,周朝陷入血腥的长期内战,对上层世家大族也没有一丁点儿好处。

不过周厉王被逐走了,接下来该怎么善后呢?无政府状态肯定也是不符合贵族利益的,总要有人来主持大局。据《史记》记载,暴乱结束后,周公和召公两位大臣联手执政掌握了西周政权,号称"共和"。(当时的周公据《今本竹书纪年》称是周定公,当时的召公我们已经考证过,不是邵穆公而是其父邵幽伯。)

但与上不同,西晋时期出土的汲冢古文《竹书纪年》则记载,厉王之后是一个叫"共伯和"的人摄行天子事。21世纪初清华大学收来的先秦简书《系年》,也说卿士、诸正和万民把周厉王赶到彘地之后,"共伯和立"即共伯和被推上大位。显然古今的考古资料都认为,"共和"是人名,而不是太史公所说的"两位大臣共同维护和平"之意。所以现在史学界已经基本达成共识,认为"国人暴动"后在周朝执政的是共伯和,并非周公、召公联合执政。

不过这共伯和到底是何方神圣,诸侯们为什么把他选出来代替周厉王呢?

西晋史学家司马彪在给《庄子》一书作注的时候介绍说,共伯名和,为人注重修为、礼贤下士,诸侯都认为他是个贤侯,所以"国人暴动"后,诸侯就推举他做天子,但共伯和不答应,只是代行王事做了摄政。

唐代史学家司马贞引述战国诸子百家书《鲁连子》（现已失传），也记载了与司马彪基本相同的说法。不过司马贞的《鲁连子》上还讲，共伯和退位之后回到了卫国，也即指明共伯和是卫国人。

正因为有了司马贞引述《鲁连子》的上述说法，很多史家认为共伯和就是西周末、春秋初的卫国国君卫武公，因为卫武公正好名"和"，共邑（今河南辉县）也在卫国境内，卫国国君似乎亦能称"共伯"，卫武公哥哥的谥号就是"共伯"。不过据《史记》记载，卫武公卒于公元前758年，"国人暴动"（公元前841年）发生于卫武公逝世的八十三年前。卫武公享年多少我们不知道，但即便按卫武公有百岁之寿来计算，"国人暴动"时他也不过十来岁，怎么能被诸侯立为摄政呢？所以卫武公肯定不会是共伯和。

传世文献上我们已经了解不到有关共伯和的更多详情了，接下来我们自然只有把目光再转向金文。

近现代以来，古文字学家在西周青铜器铭文中找到一个叫"伯龢（hé）父"的人，以郭沫若为首的很多学者认为这有可能就是文献中的"共伯和"。为什么这么说呢？因为据西周后期青铜器师毁簋铭文记载，伯龢父这个人曾册命一个叫师毁的大臣，铭文里用的是"伯龢父若曰"的口吻；这个大臣在感谢时，称伯龢父为"皇君"。首先，我们知道在西周金文里主持册命的人几乎都是周王，但师毁簋里主持册命的却是伯龢父，这极不寻常。要知道目前已知的西周金文里，非由周王主持册命的事例不超过两例。其次，在传世文献和金文里，几乎只有周天子和摄政的周公旦说话时能称"若曰"，如"王若曰""周公若曰"，可师毁簋里却用了"伯龢父若曰"的修辞方法。第三，师毁喊伯龢父为"皇君"，这称呼也不得了，就是"伟大君主"之意。一般的诸侯或大贵族是担不起这称呼的。当然最后一条原因大家都看得出，共伯和名"和"，伯龢父里也有个"龢"字，他们认为这是同一个字的不同写法。

一些古文字学家和历史学家于是又从西周青铜器里找出与伯龢父相关的一系列器物，如元年师兑簋、三年师兑簋等，他们经过考证推测，伯龢父即共伯和，此人在厉王初年就已经在朝廷担任司马一职，军权在握。他可能反对周厉王的"专利"剥削之法，因此加入了周人上层贵族驱逐厉王的密谋，并在暴动中起到关键作用。于是厉王被逐走之后，留在西王畿的周人上层贵族们，就推举伯龢父（共伯和）做了摄政。师毁簋,就是共和元年伯龢父以摄政的身份册命师毁后,师毁为纪念而做的器物。

当然,上面的这种考证是否靠谱,金文里的"伯龢父"与文献中的"共伯和"到底是不是一个人,因为传世文献和金文的资料毕竟太少,尤其很多金文字句的解释也多有歧义,我们还不能下定论。看样子,共伯和到底是谁,他的身世履历详情到底如何,还有待新的资料出土来解决。说不定哪天,我们考古工作者又会挖到类似《竹书纪年》或《系年》这样的先秦史书呢!

不过虽然我们还搞不清共伯和其人,但是共伯和从哪一年开始执政、共和元年是哪一年,我们却是清楚的,那就是公元前841年。这一年非常重要,因为从共和元年开始,中国才有了连续不断的确切纪年,此后每位帝王的在位年数才真正可以数得清。之前西周每位王的在位年数,我们虽然也介绍过,但实际上是否符合真实的历史,我们并没有把握。比如武王在位时间(克商后),有两年说、三年说、四年说、五年说,成王在位有二十二年说(夏商周断代工程)、三十年说、三十七年说,康王在位有二十五年说、二十六年说,昭王在位有十九年说、五十一年说。文献虽然称穆王在位五十五年,但金文里却没有发现三十四年之后的穆王时代青铜器;厉王在位年数(奔彘前)有十二年说(《今本竹书纪年》)和三十七年说,但是也有人认为三十七年是包括共和十四年在内的。至于恭、懿、孝、夷几位周王的在位年数,更是乱得一塌糊涂。好在这种连帝王在位年数都搞不清的局面,到共和元年就结束了。

共伯和执政后,惹恼周人上下的"专利"制度自然是废除了。不过除此之外,"共和"期间有何大事发生,史书上却没有什么记载。这一方面是因为"共和"期间的史料十分匮乏,另一方面也因为共伯和的上位应该是周人王畿内上层贵族之间妥协的产物,甚至可能是王畿贵族和彘地的周厉王以及外服诸侯间平衡的产物,所以共伯和这个政府,就是个看守政府而已,它只是维持国家机器的临时性正常运作而已。因为周厉王虽然被赶走了,但是名义上他还是周王,贵族们不敢剥夺他的王号;又因为厉王还在,所以贵族们也无法再立新君。畿内贵族们,恐怕是想等厉王老死,再立一位新王。但是贵族们没想到,他们等这一天居然足足等了十四年,共伯和这个看守政府也足足维持了十四年。

话分两头。话说周厉王被赶到彘地后,关于他的详情,史书上就再无记载。但是一位曾经东征西讨武功赫赫、以振兴王室恢复祖上荣光为己任的周天子,却落得被臣子驱逐的下场，厉王内心的耻辱和痛苦肯定是无以复加的。以他的性格，他应该也尝试过联络忠于自己的诸侯力量打回西王畿去，但是这种尝试肯定失败了。万般无奈之下，厉王只有接受命运的安排，像个小贵族一般在彘地了此残生。因为彘地在山西汾河流域，所以此时的他又有了一个"汾王"的称号。不过厉王个人的生命力却还很顽强，郁郁寡欢的他居然在彘地又度过了十四个春秋才驾崩。如果厉王在位真的有三十七年，那加上共和十四年，就是五十一年。按厉王即位时二十岁上下算，他去世时也得有七十多岁，这在上古也算高寿了。

  俗话说"盖棺论定"，厉王虽然死了，但是对他的论定却不容易。他致力振兴王朝，为平定外患时常御驾亲征，打败无数强敌，延续了周朝的国祚，提升了朝廷威望，无愧"剌王"（烈王）的称号，这是事实；但是他在力图扭转王室财政亏空状况、加强中央集权时，采取的措施却有待商榷，尤其是在面对反对之声时手段简单粗暴，以至于逼反了"国人"（广义），自己也落得被驱逐客死他乡的结局，这也是事实。他姬胡到底是什么样的君王呢？简单地说，他就是一个"烈王"与"厉王"的合体。如果非要找个后代帝王来类比，笔者觉得他有点儿类似五代十国时期的后唐庄宗李存勖，打仗一流，但政治上不成熟。

  回过头来说共和十四年厉王驾崩后，邵幽伯、周定公等朝廷大臣拥立当年逃过一劫的王子靖即位，这就是周宣王。共伯和因此急流勇退，结束了"看守政府首长"的任务回到本国。周朝在天子不在朝廷的情况下，居然十四年没有发生大的变故、没有分崩离析，不能不说这里面也有共伯和勉力维持的功劳。

◎67 宣王求治与"不籍千亩"

上节说到共和十四年（公元前828年），厉王驾崩于彘地，共伯和结束执政生涯隐退，王子靖在周定公、邵幽伯等大臣拥护下继位，是为周宣王。宣王立后于次年改元，所以周宣王元年为公元前827年。

关于周宣王的身份，古籍上多说他是厉王"太子"，也就是说他是周厉王的嫡长子。其实我们仔细分析一下，就知道这是不大可能的。我们前面推测过周厉王的年龄：他掌权三十七年，在彘地又十四年，总共做周王五十一年，按他即位时二十岁左右算，也该有七十多的高寿。古人结婚早，十几二十岁往往就有嫡长子了，所以厉王去世时，他的嫡长子也该有近五十岁了。我们知道，周宣王也是西周一位在位时间很长的君主，执政达四十六年。如果宣王是厉王的太子即嫡长子的话，那他享年也该有百岁左右，这可能吗？我们知道，古代的医疗卫生条件是极差的，人均寿命很短，所以自古就有"人生七十古来稀"的说法。古代帝王虽有当时最好的医疗条件，但是因为心力操劳，再加上女人太多以及政变谋杀，平均寿命比普通百姓还低。有好事者曾统计过，中国自秦到清共有皇帝三百多人，其中寿命超过七十岁的不过十一人，超过八十岁的更只有五人而已。所以周宣王享年百余岁的可能性不是没有，但极其微小。如果周宣王的享年按六七十岁算（这已经大大超过帝王平均寿命了），那他继位时应该是二十多岁，"国人暴动"时他应该是十岁上下。而"国人暴动"时周厉王已经登基三十七年，年龄应该超过五十岁，他的嫡长子显然不会只有十岁上下。所以王子靖即后来的周宣王，应该只是厉王的一个小儿子，并不具有"太子"的身份。厉王驾崩后王子靖之所以能继位，首先可能因为在"国人暴动"时厉王的很多儿子被暴动者打死，活下来的王子不多了；而且活下来的这些王子里，显然王子靖与邵幽伯的关系最亲密——他是被邵幽伯用儿子的性命换下的。在"共和"结束后，邵幽伯和周定公一度掌握了西周朝廷的大权，由他们择立新王，当然要从幸存的厉王王子里找一个和自己这一派关系最亲密的。

话说周宣王因为曾亲身经历过"国人暴动"的动乱，又逃出深宫，在邵幽伯的庇护下长大，自然能体会到不少民间疾苦。所以他登基后，以文、武、成、康等西周圣王、贤王为榜样，力图振兴王室、励精图治。

为政之要，首在用人。除了周定公和邵幽伯外，周宣王又任用了仲山甫、尹吉甫、程伯休父、虢文公等名臣，一时之间西周朝廷上群贤毕集。

"国人暴动"时的汹涌景象，时刻萦绕在周宣王心头。他鉴于父亲厉王的教训，一再告诫臣下，为政要小心谨慎，一定要约束官吏、善待民众。

如著名青铜器毛公鼎铭文记载，周宣王在册封大臣毛公厝时就说："籖籖四方，喧嚣不宁。哎，小子我真怕再陷于艰危之中，因此在先王面前常感到惶恐……我身居王位，惟爱卿你能知我的过失。我若有过，你一定要告诉我。你一定不要荒废自安，而要早晚虔诚地辅助我，筹划国家大小的谋略，不要缄口不言。你要经常告诉我先王的美德，以便我能符合天意，维持天命，安定四方，不给先王之灵添忧……现在我重申先王之命，命卿治理一方，光大我国家与王室。不要荒怠政事，不要壅塞庶民，不要让官吏中饱私囊，不要欺负鳏夫寡妇。好好教导你的僚属，不能酗酒。你不能尸位素食，要日夜恭敬，记住天子威仪不怠慢。你不能不遵循先王所制定的善法，你不要让你的君主陷入困难境地！"

据青铜器塑盨铭文记载，周宣王在册命官员塑时也说："塑，你要有恭敬谨慎、勤勉努力之心，尽心尽力辅佐我，好好地教导你的僚属遵纪守法，严禁他们滥用刑罚、暴虐百姓、巧取豪夺、阻塞道路。没有正当的命令而敢刑讯百姓的，就是助天降下灾祸。凡不遵王命者杀无赦。"

天子都如临深渊、如履薄冰，臣下自然是兢兢业业。如此上下振作，宣王朝廷自然呈现出不同前代的向上景象。

不过虽然宣王时期君臣都有求治之心，但是光凭这还是远远不够的。我们知道，当时正处于全球变冷期，西周王朝此时已经建立近二百二十年，积弊已深。尤其是前面我们说过，因为"土地换忠诚"的分封制，王室直辖的土地越来越少，朝廷财政收入也日益窘迫。俗话说，有钱好办事，反过来说没钱啥事也难办。所以周厉王的"专利"虽然失败了，但是西周王朝的改革之路却必须要走下去，周宣王和他的臣子们依然要首先想法解决财政的难题，否则西周王朝这艘大船还是随时有沉没的可能。

但不搞"专利"，不打山林池泽这些公共自然资源的算盘，那该从哪个方面来增加财政收入呢？那时工商业、第三产业服务业又非常不发达，周宣王只得从最基本的农业方面去想办法。当时周朝的农业是什么状况呢？我们首先得回顾一下周代的土地制度。

我们在介绍周初制度时候就讲过，周朝实行"井田制"。据战国时的孟子讲，井田就是把九百亩田地，划阡陌分成一个"九宫格"，外边八个格八百亩地是各家农民的私田，中间一个格一百亩地是公田，也就是天子等各级贵族之田。那时没有农业税，某地方所有农民先集体在公田里给贵族干完活了，然后再到私田里给自己干活；公田里的收成就相当于该地农民交给当地统治者的赋税了（劳役地租），私田里的收成则归农民自己所有。

明白了周代的这种土地制度和生产状况，我们就知道周天子的农业收入，其实主要就是指西周王畿内周王直辖的公田的收入。

周宣王时周天子的农业收入也非常微薄，原因就是两个：一、天子直辖的公田数量少；二、公田上的劳动效率低。

关于第一点，大家都好理解，那就是经过周朝二百余年的不断分封，天子直辖的土地已经越来越少，天子的公田自然也越来越少。而且经过"国人暴动"，王室无主，当时的王室公田又被各级贵族霸占了一部分。

关于第二点，其实也好理解。农民在公田里种的庄稼都归天子所有，干得好干得坏和自己一点儿关系都没有，他们为啥要积极？农民不傻，还是赶紧把公田里的活儿糊弄完，到自家的田里干活才是正经事，因为只有自家田里的庄稼收获后才归自己。这样一来，公田里长的庄稼苗，自然是很稀疏，没长好，惨不忍睹。

面对这种残酷的现状，要怎么才能提高王室的农业收入呢？周宣王思前想后，终于决定推行一个新办法，这个办法就是传世古籍《国语》上所说的"不籍千亩"。

这"不籍千亩"是个啥意思呢？我们首先还得来解释一下什么叫"千亩"。21世纪初"清华简"先秦史书《系年》写道：

昔周武王监观商王之不恭上帝,禋祀不寅,乃作"帝籍",以登祀上帝天神,名之曰"千亩",以克反商邑,敷政天下。

简文大意就是说,当年周武王看商纣王对上帝不恭,荒废祭祀,于是就圈了块地,把这块地上的出产专门用来祭祀上帝,这就是"帝籍",也叫"千亩"。因为武王对上帝的虔诚,所以才克商拥有天下。

故而这"帝籍"或说"千亩",就是周王室祭祀上帝神祇的祭田,也即是周王室公田的"代表"。"千亩"这名字,很可能是说这块祭田有千亩左右的面积。古籍都说,为了表示对上帝的虔诚以及对农业的重视,每年立春周天子都要在"千亩"这块祭田上行"籍田礼",也就是举行亲耕仪式。天子耕几下后,众大臣也得一一跟着扶几下犁。虽然天子只是象征性地做个"秀",但这个"秀"的意义还是不小的。

这"千亩"的具体位置,传统史书都说在今天的山西介休。但是这种说法自古以来也有很多人怀疑——周天子亲耕之地,理应在都城附近,好方便往来,谁做个"秀"还跑到那么远的地方去?不过众人虽然怀疑,但一直也没有过硬的证据。现在有了"清华简"《系年》,它上面明确说"千亩"是武王克商前设置的,克商前今天的山西介休是否在周人控制下还两说呢,所以"千亩"的位置只能在周人的老地盘上。按常理,"千亩"具体不在周人的新都丰镐二京附近,就该在圣都岐邑附近,而尤以岐邑的可能性更大,因为那里可是周人精神上的圣地。

不过周天子立春行籍田礼的这个老传统,在"共和"期间却断掉了。原因很简单,周天子胡也就是周厉王被赶到彘地了,自然没人去主持籍田礼了。周宣王继位后,他决定不再恢复在"千亩"这最神圣的公田上举行的籍田礼。周宣王废除了籍田礼,表面是取消了天子、大臣的"犁田秀",实际上则是意图废除籍田制,废掉农民们耕种公田的"劳役地租"制度,改行征收农产品的农业税制度。这就是"不籍千亩"。

"不籍千亩"怎么能算财政改革,怎么能增加朝廷的财政收入呢?其实这可以从两个方面来解释。

周宣王"不籍千亩",废除劳役地租,改行实物地租,首先收税的土地范围扩大了:以前周王室是从公田上获取它产出的全部粮食,现在变成从王畿所有土地上按比例获取粮食。后者的范围,显然比前者大多了。虽然周宣王只是从王畿所有土地上收取十分之一的粮食税,但这也大大超过公田的全部产出量。这样一来,周天子手里的公田数量变少也不成问题了。

其次，这大大提高了农民的劳动积极性。就如二十世纪六七十年代，咱们中国农村搞了二十多年"大集体"，农民还是吃不饱饭。到了二十世纪八十年代初，一实行家庭联产承包责任制，分田到户，地还是那些地，人还是那些人，粮食产量却立马就上去了。为什么？前者是在"公田"给公家干活，后者是在"私田"给自己干活啊。西周的井田制下也一样，农民服劳役给公田干活，当然是能躲就躲、能滑就滑，但他们在自己的私田上干活，自然是细致认真。"不籍千亩"后，他们不用浪费时间在公田里，只用照顾自家私田，然后把收成交一部分给王室就行啦。农民给自己干得越积极，王室收的那部分粮食自然就越多。

周宣王的这套办法，应该也不是他本人最先想出来的，说不定当时一些贵族已经在自己封地里搞了这一套，就像"分田到户"是小岗村农民先搞出来的一样。周宣王希望推行实物地租制度，目的虽然是增加王室收入，但往大了看更是顺应当时生产力发展的大趋势，是生产关系的进步。用马克思主义的语言来说，这就是生产关系适应了生产力的发展。

但是新生事物的出现，总免不了要有人反对，这个反对的大臣就是虢文公。

这虢文公是何许人也？很多史学家考证，他应该就是虢公长父的儿子、西虢国的新君主。虢文公认为，天子亲耕的籍田礼必须坚持。天子在"千亩"扶犁虽然只是个形式，但却是最高领袖虔诚事神、鼓励农耕的重要表现。如果废除此礼，上帝神灵没有祭品享用，就不会保佑周朝了。

不过古籍记载，周宣王坚持己见，没有听从虢文公的劝谏，最终废除了籍田礼和籍田制。

周朝王畿实行实物地租制后，就如周宣王所期望的那样，王室农业税的税收所得远大于原来"劳役地租"下的公田收入。这样一来，王室的财政状况就极大改善了。因为宣王时期经济发展、民众富裕，政治清明、财政富足，朝廷有了"钱"（实为物资），雄心勃勃的宣王开始准备大干一番了。

◎68 宣王北征玁狁

话说西周自懿王以后，国势衰落，四方夷狄交侵，边患不断。周厉王振奋武事，一度算压住了台面。但随后厉王"专利"被赶到彘地，周朝由共伯和组织"看守政府"，只不过是能维持国家机器正常运转而已。共和十四年间有何大事，史书失载，但是想来周朝四方也不会安宁。现在宣王中兴，内修政事、仓储足用，自然要继续他父王厉王的事业，外攘夷狄了。

我们知道西周王朝最核心的区域实际上一直在岐邑—丰镐之间，所以对于西周王朝来说，西戎（当时主要是玁狁）才是威胁生存的最大敌人。因为从西戎盘踞的太原（今宁夏固原一带）沿泾河东南行军到达丰镐附近，路程只有三百多公里，接近八百周里。按一日行军三十里的古制算，只需二十多日；若是急行军，西戎十多天便可抵达镐京城下，周人都没有太多防御的时间。所以西周后期的丰镐二京，就如同明朝后期的北京一样，都可以说是边境上的都城。故而宣王继位后，首先就是要加强对西线、北线的防御。

在讲述厉王时期史事时我们说过，厉王时西戎曾攻灭了位于西犬丘（今甘肃礼县）的大骆之族，并占领了西犬丘之地，把周朝西部藩篱踢了个大洞出来。因此周宣王四年（前824年），宣王首先命大夫秦仲反击西戎，以图恢复西犬丘之地。这秦仲是谁呢？他就是周孝王时期分封的非子的曾孙（非子—秦侯—公伯—秦仲）。我们知道，非子家族本是大骆家族分出来的一个"小宗"，所以宣王把这个任务派给秦仲，显然也是经过深思熟虑的——秦仲跟犬戎有灭宗之仇，所以必然会不顾一切伐戎报仇、收复本族旧土，而不会敷衍应付。

秦仲领受王命后，率秦人族兵从自家封地秦邑（甘肃清水县北）出发，讨伐犬戎。不过当时的秦人刚刚兴起，远不能和春秋战国时的秦国相比，而犬戎当时则势力强大，所以秦仲讨戎并不顺利。

据青铜器兮甲盘铭文记载，第二年即宣王五年三月，玁狁（犬戎一支）犯边，宣王亲率大军抵御，大将兮甲（字吉父）从征。双方战于彭衙（今陕西白水县），兮甲取胜，颇有斩俘。

但这次玁狁虽被击退，却并未伤筋动骨。据《诗经·小雅·六月》篇说，三个月后的六月初夏（周历六月相当于夏历四月），玁狁突然再次大举入侵，出其不意地深入到焦获（今陕西泾阳县北）一带，并在那里从容整军，骚扰泾水以南的周人核心区域。焦获距离丰镐不过数十公里，行军只需约两天时间，因此周人大震。

我们知道，中国古代兴兵打仗，一般都在秋季，很少夏季动兵，理由很简单：夏天太热，不要说人顶盔掼甲受不了，连马都热得掉膘。所以这次玁狁在初夏发动大规模突袭，完全出乎周人意料。周人一时之间张皇失措，连失重地。

宣王得报后大怒，迅速部署反击，命令大将尹吉甫率大军迎战抵御。这尹吉甫是谁呢？一般认为，他就是兮甲盘中的兮甲。兮甲氏兮，名甲，字吉父，因为古文中"父""甫"相通，所以吉父又可作"吉甫"。又因为他曾担任西周王朝"尹"（执宰）的官职，所以汉代以后常称之"尹吉甫"。

《诗经·小雅·六月》云：

织文鸟章，白旆（pèi）央央。元戎十乘，以先启行。

只见红色徽记缝在士兵背后，隼鹰图案绣在大旗正中，旗上丝帛飘带色彩鲜明，随风飒飒作响。尹吉甫命令十辆马披战甲的大型战车做先遣，大队人马疾驰奔赴战场。此次周军动员的军力十分充足，他们不但击退了深入周地的玁狁，还乘胜追击，一直反击到玁狁盘踞的太原（今宁夏固原）一带。

周军此战虽然大胜，但是面对玁狁的屡次进犯，这样疲于奔命地出兵反击也不是个事儿。周宣王和大臣们商议之后，决定在镐京北方新筑城池，重整防线。

《诗经·小雅·出车》云：

王命南仲，往城于方。出车彭彭，旂旐（qí zhào）央央。天子命我，城彼朔方。赫赫南仲，玁狁于襄……执讯获丑，薄言还归。赫赫南仲，玁狁于夷。

由诗可知,这个修筑城池的重任最后由大将南仲承担。他不但很好地完成了宣王赋予的筑城任务,还在抵御猃狁入侵的作战中斩首掳俘,屡屡重创敌人,建立赫赫功勋。

不过接下来的宣王六年(前822年),周人在西部战线上却又遭遇了挫折——秦邑大夫秦仲在一次与戎人的战斗中不幸战死了。

周宣王听说秦仲为国牺牲,特地亲自召见了他的五个儿子,对他们表示深切慰问,并册命五兄弟中的老大"其"继承了秦仲的大夫之位,这就是后世所称的秦庄公。五兄弟则声泪俱下,齐声要求出兵为父报仇,于是宣王就借兵七千交给他们。我们知道,周朝西王畿的正规军只有六个师,每师两千五百人。此次宣王相当于把三个师的兵力借给了秦人,可算是大手笔了。

俗话说,哀兵必胜,何况秦人族军再加上七千周军,足有近万人的规模,这在西周时期是非常庞大的军力。所以秦庄公其等五兄弟带着这样一支复仇大军猛攻犬戎,戎人难以抵挡,被打得大败。秦庄公又一鼓作气,收复了本族大宗(大骆家族)的旧地西犬丘。宣王闻报大喜,就顺势把西犬丘也赐给了秦人,并封秦庄公为西垂大夫(西犬丘又名西垂)。就这样,秦人的地盘陡然间扩大了数倍,秦庄公于是就把都城从秦邑又搬到了祖居地西犬丘。

不过这次秦人的大胜,还不能消除一个人心中深深的仇恨。这个人就是秦仲的亲孙子、秦庄公其的长子世父。他说:"戎人杀了我亲爱的爷爷,我不杀戎王誓不罢休,绝不进西犬丘城!"为此,世父把自己的世子之位让给了弟弟即后来的秦襄公,自己则整天带兵在边境上游荡,与戎人搏杀。秦人的血性,在世父的身上体现得淋漓尽致!

转眼到了宣王十一年(前817年)。据青铜器虢季子白盘和不其簋铭文记载,这年盛夏八九月间(周历八九月相当夏历六七月),猃狁沿着北洛水入侵周朝,西虢国贵族虢季子白(虢季为氏、子白为名或字)率领周军在北洛水以南(今陕北黄陵、宜君附近)反击猃狁。可能是因为泾河那条路被周军严防死守,所以猃狁这次才改变了入侵的路径。经过激战,子白所率周军斩首五百级,俘敌五十人,取得较大胜利。子白奉宣王之命一直追击猃狁到甘肃东南的"西"这个地方才停下来,然后他决定先回镐京复命,向天子献俘。临行前子白把部分军队交给了大将不其,让他继续追歼残敌。不其又尾追猃狁到"略"和"高陶"两地,杀俘甚众。这时猃狁集结大军反扑不其,不其率军与之激战，不但顺利冲出重围，又多有斩获。子白闻报，十分惊喜，大大夸奖了他一番，还赏赐他良弓一张、箭矢一束、臣仆五家、土地十田。

　　这个大将"不其"是谁呢？史学家多数认为，先秦行文中"不"字常用作无义助词，仅表语气，所以"不其"就是"其"，也即西垂大夫秦庄公其。虢季子白追击玁狁到达的"西"地，应该就是秦人都城西犬丘附近之地。所以虢季子白盘和不其簋铭文，就是反映周军和秦人族军并肩作战，共抗西戎的故事。

◎69 宣王时期的东征与南征

经过宣王初年这几次对西戎用兵后，戎人的气焰一时被压制，周朝西北边境稍稍安宁下来。因此接下来，我们再把目光转向周朝东南方向。

周朝东南方向最不稳定的因素，那自然就是淮夷了。不过之前厉王时已经把淮夷和东夷一顿"修理"，还把挑起那次大叛乱的首恶鄂国迁徙到河南，所以宣王初年淮夷还算老实。

还是据青铜器兮甲盘的铭文记载，宣王五年尹吉甫（兮甲）出征猃狁得胜还朝后，又被宣王派往东都成周，负责替王朝征收四方诸侯、方国的贡物。尹吉甫到任后，首先前往淮夷地区巡视，督办对淮夷的贡物征收工作。当时周朝向淮夷征收的贡物有哪些呢？铭文记载，这包括丝帛、粮食、劳力，可见周人对淮夷的压榨不轻。而且当时周朝为控制中原与淮夷的贸易、征收赋税，还在和淮夷交界处设置了官方市场，类似后来宋辽金夏之间设立的榷场。尹吉甫在巡视时，又宣布了宣王的严令：淮夷若敢不按时交纳各种贡物，以及不按规定与中原人士进行"黑市交易"，就要对其大加挞伐；另一方面，如果中原诸侯民众敢私自与淮夷商人接洽贸易的，也要严刑对待。

宣王时期对淮夷的这些贡物、贸易方面的规定，应该是从厉王时延续下来的。宣王之所以如此重视征收淮夷的贡物和获取交易税，显然说明它们对于西周王朝来说是财政来源的重要一项。尹吉甫刚率军征讨猃狁回朝，周宣王就派其到淮夷征收贡赋，可能是因为周人虽然在战争中取胜，但也损耗了大批的物资，所以急需补充。虽然铭文记载，尹吉甫这次到淮夷征收贡赋取得了成功，但是如此掠夺式的压榨法，是很难长久维持的，因为有句话说得好，"哪里有压迫，哪里就有反抗"。从厉王中期镇压鄂侯驭方掀起的淮夷、东夷大叛乱，到宣王五年，周人对淮夷的压榨已经又有几十年光景了，淮夷人的怒火很快又要抑制不住了。

据青铜器师寰（huán）簋铭文说，宣王某年（铭文上没写年数），淮夷再次举兵造反。宣王大怒，他命令将领师寰道："师寰，淮夷以前是向我缴纳贡赋的奴仆，现在居然迫使他们的奴隶停止劳作，唆使官吏造反，使我东方出现大逆不道之事。现在我命令你率领齐国、曩国、莱国、秫（僰）国、尸国等国军队，以及由禁卫军虎臣组成的左右两军，征伐淮夷，消灭冉、莽、铃、达这四个敌酋！"

从以上铭文可以看出：一、淮夷在宣王时期反叛，确实是因为周人压榨太狠的缘故。由此上推，之前历次淮夷反叛周朝，可能也都是这个原因。二、此次宣王命师寰率领齐国、曩国、莱国等今山东诸侯国平叛，可知这回叛乱的四个淮夷小国应该位于今山东一带，实际上他们该是算"东夷"。可能因为周朝后期淮夷强大、东夷衰落，所以周人就把东夷也算在淮夷之列了。

师寰簋铭文接着说，师寰谨遵王命，日夜操劳军事，最终获取值得赞颂的战功：斩首和掳掠甚众，俘虏了大批男、女和牛羊，并获得大量青铜。这次淮夷（严格算该是东夷）反抗周朝盘剥的反抗，又被周人镇压下去。

《诗经》里也有描写周宣王伐淮夷的诗篇，这就是《大雅》中的《江汉》《常武》两姊妹篇。这两篇记载的周人讨伐对象，可是正经八百的"淮夷"，而非师寰簋里冒牌的"淮夷"。

先说《江汉》一诗。《江汉》云：

江汉浮浮，武夫滔滔。匪安匪游，淮夷来求。……江汉之浒，王命召虎：'式辟四方，彻我疆土'。……王命召虎，来旬来宣。文武受命，召公维翰。

由诗可知，这次周人南征的区域是"江汉"一带，所以应该是淮夷的西部部族反叛周朝。宣王此次任命的南征统帅是召伯虎（谥号邵穆公）。过去传统说法都说是这位邵穆公在"国人暴动"时救了宣王一命，但我们前面考证过，根据琱生簋等青铜器铭文可知，邵穆公在宣王五年左右才取得邵氏的宗长地位，宣王五年前的邵氏宗长是邵穆公的父亲邵幽伯，所以厉王三十七年救下小宣王的是邵幽伯而不是邵穆公。

召伯虎虽然不是当年救宣王的人，但作为宣王救命恩人之子，宣王对他还是非常重用和信任的。宣王命他遵循王命，行文武之道、效法其祖召公奭，征讨四夷、安定

南疆。召伯虎征伐淮夷取得大胜,还朝后受到宣王的赏赐。诗云:

釐(赉)尔圭瓒,秬鬯一卣。告于文人,锡山土田。

我们前面说过,《诗经·召南》中有一篇《甘棠》,自古以来注释者多认为这是人们为怀念召公奭而作,但根据该诗的主人公称谓"召伯",显而易见诗中歌颂的人应该是召伯虎而非召公奭,古人对名号是非常讲究的,绝不可能把一个有"公"的称号的人降级称为"伯"。人们唱道:"棠梨枝繁叶又茂,不要修剪莫砍伐,召伯曾经住树下;棠梨枝繁叶又茂,不要修剪莫损坏,召伯曾经歇树下;棠梨枝繁叶又茂,不要修剪莫伤害,召伯曾经停树下。"俗话说,金杯银杯,不如老百姓的口碑。一个政治人物能长久地被百姓念在心头,也是值了。一直到后世,人们还经常用"甘棠遗爱"这个词来颂扬离去的曾为当地造福一方的地方官。

召伯虎这个人在历史上还留下一句名言,那就是"兄弟阋(xì)于墙,外御其侮"。他不但嘴上是这样说的,实际行动中也注意维持宗族内部的团结。据琱生簋、琱生尊等铭文记载,宣王初年时邵氏家族分出一个支族琱氏,分家后琱氏得到的一些臣仆不服从小宗宗主琱生的管理,依然认为自己是大宗邵氏人。琱生于是向当时的邵氏宗长邵幽伯告状,同时送上礼品,请求邵幽伯判定这些臣仆到底属于谁。邵幽伯当时年事已高,就命令自己儿子召伯虎来做裁判官处置该事。召伯虎按照父亲的意思,把五分之二闹事的臣仆都明确划归了小宗琱氏。琱生对这个处理结果很满意,于是铸造了一系列青铜器加以纪念,当然也是作为自己分家所得的凭证。由其他青铜器铭文可知,小宗琱氏的宗长琱生做过王朝官员"宰",也算是个有头有脸、颇有权势的人物,但他在大宗宗长面前也得乖乖听话。所以从这件事我们还可以看出,西周时期的大宗宗长在大家族内拥有君王般的至高权威,宗族内部有自己的"法院"裁决纠纷,只要不涉外,无须官府的司法系统介入。

再说《常武》一诗。该诗写的是宣王讨伐淮夷中的徐国的故事。我们知道,这徐国是淮夷中的代表性、支柱性国家。史书明文记载,上次徐国叛乱被周人打得几乎灭国,是在周穆王时期。厉王时期鄂侯驭方掀起的叛乱中有没有徐国参与,因为史料缺乏,我们不得而知。不过宣王时期,徐国经过百余年的休养生息,再次发展壮大,又举起了反周的大旗。周宣王力图振兴王室,自然是不能容忍徐戎的挑衅。他这次御驾亲征,并命太师皇父和大臣南仲、尹吉甫、程伯休父等人随驾出征。

《常武》云：

王奋厥武，如震如怒。进厥虎臣，阚如虓（xiāo）虎。……王师啴啴（tān），如飞如翰，如江如汉，如山之苞，如水之流。绵绵翼翼，不测不克，濯征徐国。

大意是说，宣王整军奋武，如天地震怒；禁卫军虎臣奋勇争先，好似咆哮的猛虎。盛况空前的周朝六师，疾如飞鸟，广如江汉，坚若高山，难阻如水。周朝就是以这样绵延不绝、不可战胜的大军，来征伐徐国！

面对这样一支雷霆般的大军，徐国尚未接战，其气势已经被震慑住了。诗中接下来说，周人沿淮河东下，在徐国南边的淮河岸边高地上设阵，截断了徐人南逃的路径。在随后的交战中，周师大败徐人，俘虏甚众。徐人既受重创，又见周宣王部署缜密、自己逃无可逃，只得乖乖屈膝请降。周宣王接受了徐国的归降后，胜利班师回朝。

《常武》作为诗歌，内容很简略。其实徐国这次被周宣王打击之重，可能超出大家的想象。在此笔者能告诉大家的是，不但一直到西周灭亡徐国再无反叛周人的记录，而且这个曾经屡次对抗周朝的淮上强国，到春秋时期居然变得"泯然众人矣"，《左传》这本记载春秋史事的历史书，在春秋时期的前一百多年间都没提到徐国啥事。说白了，周宣王这次是彻底把徐国给打残废了，而且是不可恢复性的重度残废，徐国自此沦为一个二三流的诸侯国，再也没能站起来。

不过淮夷和徐国的这一次反叛，也让周宣王吸取了一些教训，他不再像以前那样，一味采取高压政策。据驹父盨铭文记载，宣王十八年（前810年）正月，大臣南仲又派使臣驹父到淮夷收取贡赋。我们前面介绍过，宣王五年（前823年）时周朝大臣兮甲（尹吉甫）也曾领过这样的差事，不过那次他是奉宣王的严令，来警告淮夷诸国如果胆敢不交贡赋，周人就要对其大加挞伐。这次南仲却要求驹父在淮夷地区催收贡赋时，一定要尊重淮夷的风俗，不准擅自加大贡赋、"吃拿卡要"。南仲对手下人的这些话，显然应该是周宣王的意思。周宣王这次算是想通了，如果对淮夷压榨得太狠，把他们逼急了来个鱼死网破，周朝就算能打得赢，也要劳师縻饷；不如周人"威"外开点儿"恩"，少剥削一点儿，可以细水长流地从淮夷那里收取贡赋。驹父盨铭文最后说，驹父到了淮河流域，淮夷诸国没有一个敢抗逆王命的，都乖乖地准备好贡赋缴纳上来。驹父在淮夷地区待了大概三个月，收足了贡赋后，才于当年四月返回蔡地。

回过头来我们再说说召伯虎征淮夷和宣王亲征徐国的时间。这两场仗的具体时间,《诗经》上都没讲,《今本竹书纪年》则说在宣王六年。但我们知道《今本竹书纪年》是伪书,它上面的内容虽然是博采古书而来,但事件对应的时间很多都是不知以何为依据的。尤其是宣王初年,周人一直在与西戎玁狁搏战,在西线战事紧急的情况下,周人再开辟东南战场的可能性不大,因为任谁也懂得不要两线作战的道理。现在驹父盨铭文既然记载宣王十八年(前810年)南仲又到淮夷那里收取贡赋,所以笔者猜测,召伯虎征淮夷和宣王亲征徐国的这两仗很可能就发生在宣王十六七年光景。历史的真相可能是,宣王十六七年时,包括徐国在内的淮夷因为周人的压迫太重举兵造反,周宣王先命大臣召伯虎(邵穆公)征讨江汉一带的淮夷部族;待召伯虎取胜后,周宣王又亲率大军向东方进发,征讨淮夷中的翘楚徐国。徐国遭周人重创请降后,周宣王决定采取"恩威并施"的方法,缓和淮夷的矛盾,于是在宣王十八年命南仲派人到淮夷地区再次征收贡赋时,要求他一定要注意尊重淮夷风俗,千万别"涸泽而渔"。

除了征讨东夷、淮夷,《诗经》里还记载了周宣王时周人伐"蛮荆"的战事。《小雅·采芑》云:

方叔涖止,其车三千,师干之试。……蠢尔蛮荆,大邦为雠。方叔元老,克壮其犹。方叔率止,执讯获丑。戎车啴啴,啴啴焞焞,如霆如雷。显允方叔,征伐玁狁,蛮荆来威。

由诗可知,这次周宣王任命元老大臣方叔为统帅,带领拥有三千辆兵车的庞大兵力南征"蛮荆",一路斩首捕俘,迫使"蛮荆"重新臣服。

当然,诗中的"其车三千",应该是诗歌夸张的说法,因为按一车配备甲士、步卒、役夫三十人来算,此次出兵有九万人之多,西周时期的战争恐怕远远达不到如此规模。

至于方叔此次讨伐的对象"蛮荆",过去史家都说就是芈姓楚国。但是我们前面已经多次辨析过,"蛮荆""荆蛮""楚蛮"等名词,在西周时期并不特指芈姓楚国,而是常泛指南方荆棘之地的蛮族部落集团。那这里方叔讨伐的"蛮荆",到底是泛指南方蛮族还是特指芈姓楚国呢?要说这个问题,我们还是先来看一下西周后期的楚国发展史。

《史记》说,厉王后期,那个一度僭越称王但被厉王兵威吓得自去王号的熊渠去世,但他的长子熊毋康早死,于是二子熊挚红继位。但据"清华简"《楚居》记载,熊渠的儿子叫酓𨐌（相当于熊毋康），孙子叫熊挚，显然熊毋康和熊挚红是父子关系而不是兄弟关系。而且按《楚居》的行文，酓𨐌（熊毋康）也是做了楚君的，可能只是在位时间短，所以《史记》误以为熊渠死后就直接由熊挚红继位了。《楚居》说之前熊渠把楚国都城由夷屯迁到发渐，熊挚红在位期间，又把楚国都城由发渐迁徙到旁屽（地址不详）。《史记》接着讲，熊挚红死后，他的弟弟熊延（原叫熊执疵）杀死了熊挚红的儿子抢班夺权，自立为楚君，《楚居》说熊延继续迁都，又从旁屽迁徙到乔多（地址不详）这地方。熊延的儿子叫熊勇，熊勇的儿子是熊霜，熊霜元年相当于周宣王元年（前827年）。《史记》记载，周宣王六年（前822年）楚君熊霜去世，之后他的三个弟弟为争位打得不可开交，最后楚国三个公子争位的结果是，熊霜的二弟仲雪被杀，三弟叔堪战败亡命濮国，四弟季徇最终赢得君位。熊徇在位二十二年，于周宣王二十八年（前800年）去世。随后熊徇之子熊咢继位，在位九年，于周宣王三十七年（前791年）驾崩。接下来熊咢之子熊仪（若敖）继位，他在位时间较长，达二十七年，驾崩时已经是东周周平王七年（前764年）。

　　20世纪90年代，考古工作者在山西北赵晋侯墓地M64号墓发掘出六件楚公逆编钟，学者普遍认为楚公逆即熊咢。楚公逆编钟铭文说，该组编钟是楚公逆为了祭祀祖先和四方神灵所做。为了这次祭祀大典（时间可能在熊咢即位之初），楚人特地外出征战，掳掠俘虏做人牲，多有擒获。可见当时的楚国还很野蛮，仍流行残酷的人牲制度。铭文还记载，一个外邦首领给楚国献上赤金（铜）九万钧。古书说三十斤为一钧，西周时一斤多重我们现在还不知道，就按东周时期一些国家以250克为一斤算，九万钧即约合现在675吨，实在是非常惊人的数字。显然是楚公逆长途奔袭，进攻或震慑了长江中下游产铜区的某个部族或方国，才迫使对方献上如此多的铜。由此也可见当时的楚国在南方宛如小霸王一般，已经罕有人能与之争锋了。

　　回过头来再看《小雅·采芑》一诗所说的方叔伐"蛮荆"，此次周朝动用的军力如此之多，很有可能就是为了遏制熊咢（楚公逆）在南方的扩张行动。楚公逆的铜器出现在晋国墓地里，也许是方叔攻破楚国缴获了该器物，后来该器物又被周天子赏给了晋侯所致。如果上述猜测不错的话，那么方叔伐"蛮荆"，时间应该在宣王三十年（前798年）之后。

◎70 "成周大会"与"宣王中兴"

上节我们讲到,周宣王时期曾多次对西北戎族和东南的东夷、淮夷、蛮荆用兵,恩威并施,打出了周人的气势和声威。为了巩固成果,安定边疆,周宣王又实施了一系列封建和安抚诸侯的策略。

《诗经·大雅·崧高》说,周宣王时期在今河南南阳盆地分封了一个重要国家——申国。有人可能会问,这申国不是早就存在,何须宣王来封?不错,我们之前说过,西周时期,姜姓申国已经立国在今天甘肃平凉一带。所以这次宣王的分封,实际是把原申国迁徙到南方而已,历史书上一般把这种类型的分封称为"徙封"。当然,也许因为申国肩负着抵抗西戎的重任,所以只是迁徙了一部分族人到南阳建立新国,原国继续保留。不过这下子西周就同时有两个申国了,为了区分,人们一般把南阳的新申国称为南申国或东申国,而把旧申国叫作西申国。南申国的具体位置在周代"谢邑",也即今天河南南阳市老城区。话说这南阳盆地,是关中、汉中、中原和湖北的一个"旋转门",从它出发可以向四方出击,当然四方也都可以进入它。在西周、东周时期,控制了南阳盆地,退,可以屏障洛阳以及封锁由武关入关中的通道;进,可以南下控制荆楚地区,所以周宣王下这步棋真是好眼力。

话说周宣王为什么把南阳这么重要的地区交给申国来控制呢?这又要提到西周"姬姜联姻"的传统了。《崧高》篇云,"亹显申伯,王之元舅",原来这南申国的开国君主申伯的身份非同一般,他可是周宣王的大母舅,也即宣王母后的大哥!俗话说,"最亲不过娘舅亲",周宣王派什么人镇守南阳盆地,能比派自己的亲娘舅还放心?而且我们在介绍穆王时期班簋铭文时还曾提到,至迟在穆王时期,姜姓吕国已经被徙封到今南阳市以西十五公里处。如今这两个姜姓国封在一起，正好呈掎角之势，方便互相支援照应。

周宣王在分封南申国时，已经提前命令召伯虎在谢邑帮着申伯去营建宫庙、修筑城池并治理土地。申伯临行前，他的外甥周宣王赏赐他天子车驾和介圭等宝物，还亲自到眉地（今陕西眉县一带）去给他把酒践行，可见宣王对娘舅的尊重，从中也可看出他对南申国的期望之深。申伯也没有给外甥丢脸，因为直到西周灭亡，文献中也没有蛮荆或淮夷又给周朝添乱的记载，这里面应该有申伯的一份镇守之功。

当然，周宣王虽然信任舅舅申伯，但是按周初旧制，监督制度还是不能废弃的。据仲爯父簋记载，周宣王同时执行祖制，把爷爷周夷王的一个儿子即自己的一个叔叔派到南申国去做"监"。可见宣王为人，公私是比较分明的。

周宣王时，因为王室声威复振，很多诸侯又开始来朝见天子。当时在今天的河北省固安县，有一个诸侯国叫韩国。当然此韩国，可不是战国七雄中的韩国。战国韩国的王族是晋国曲沃桓叔之子韩万（春秋初期人）的后人，也即晋国公王室的一个分支；而西周时期的韩国，始封君则是周武王第五子，其都城是周初时朝廷命令燕国帮助修建的。宣王时韩国新君继位，见王室振兴，也不远数千里前来朝见。

远方之国来朝，周宣王当然十分高兴。他在太庙中隆重地举行册命典礼，册封韩国新君为韩侯，并做北方诸侯的方伯。宣王命曰："你要继承祖先之业，无废朕命，勤政不懈怠，恭守你的职位。惩治那些不臣的方国，以辅佐你的君王。"紧接着，周宣王又赐给了韩侯蛟龙大旗、华美车饰以及黑色龙纹礼服、赤色厚木底鞋等命服。

韩侯离朝时，受到了各方热情款待。归程中韩侯又添喜事——姞姓贵族蹶父相中了他，招他做了乘龙快婿。这蹶父来头可不小，他是周宣王的姑夫，他的女儿是周厉王的外甥女即周宣王的表妹。因此韩侯现在又成了周宣王的表妹婿。韩侯受到如此厚待，自然是因为周朝上下想借重他来巩固北部边防。

对东方诸侯，周宣王也有动作。我们知道西周在东方主要依靠齐鲁两国。但齐国自周夷王烹杀齐哀公而立其弟齐胡公后，一直有点儿乱——先是齐哀公的同胞小弟弟齐献公杀了齐胡公自立，齐胡公的儿子几十年后又攻击齐献公的孙子、齐武公之子齐厉公，结果齐胡公之子和齐厉公两个人都死于乱军中，齐国人只得又拥立了齐厉公的儿子赤做了齐君，这就是齐文公。恰好周宣王王后就是齐国姜氏女，因此出于公心

（加强东方边防）和私义（稳固齐国政局），周宣王特派贤臣仲山甫（封于樊地，故又称樊仲）前往齐国帮助其修筑城池。朝廷大臣来齐国筑城，不仅是加强其"硬件"建设，更代表周天子对齐文公地位的承认。

南、北、东我们都说过了，下面自然该说西方了。周宣王二十二年（前806年），宣王在西方郑地新建了一个诸侯国——他分封自己的弟弟友（字多父）为郑国国君。关于这个西郑（又称南郑）的位置，我们之前也介绍过，传统说法认为在今陕西渭南市华州区，但是近现代以来，考古学家在今陕西凤翔一带出土了大量带"奠"（郑）字的青铜器，所以现在史学界一般认为凤翔才是西周时期西郑所在地。周宣王封弟弟友为诸侯，当然主要是出于周人"亲亲"的观念，可能和巩固边防没多大关系。我们之所以在这里要提一下此事，是因为此郑国就是后来东周时期位于今河南中部一带的郑国的前身；宣王弟弟友，就是后来著名的郑桓公。

内修政理，外攘四夷，抚定四方。这一切都做完后，周宣王决定效法先祖周成王，在东都再召开一次"成周大会"，来检验自己二十余年来为政治国的成果，彰显自己的赫赫功业。

据青铜器文盨铭文记载，周宣王二十三年（前805年）八月，宣王命令司寇士曶（hū）到南土巡省，并组织南方诸侯前来成周觐见。宣王还赏赐马匹给士曶手下一位名叫"文"的僚属，让他提前出行，做南方小国君主的向导。（因为这些南方小邦之君罕有朝见天子的机会，所以需要有人引导带路。）第二年五月初，文圆满完成了引导任务，回到成周。

文回到成周的时间，理应在周宣王"成周之会"的前夕，所以这次盛会的正式召开时间应该就是宣王二十四年（前804年）五六月份（相当于夏历三四月份）。《今本竹书纪年》称宣王"成周之会"在宣王九年，显然是不合乎当时形势的。因为《今本竹书纪年》把宣王伐玁狁、征蛮荆、平淮夷徐方、封建南申国、为齐国筑城、成周之会等事全排在宣王五、六、七、八、九这五年间，宣王不是神，怎么可能在西周王统治中断十四年的衰败情况下，仅用短短数年就成就如此多的功业？西周军队也不是铁打的，能几年间马不停蹄地打完西北再打遍东南？显见《今本竹书纪年》中的宣王大事纪年为伪造。

再说文盨，周宣王既然派士曶去征召南方诸侯，想必也另有大臣去征召其他方向的诸侯，只不过因为文献缺失、青铜器出土的偶然性，我们已经不知道其他方向都是由何人去征召的了。

宣王二十四年五六月份的成周之会上，四方大小诸侯毕集。他们首先在太庙觐见宣王，述职、纳贡，然后随宣王一同参加各种祭典，行礼如仪。

大会之余，宣王又依惯例举行大蒐礼，率领众诸侯到郊外纵马畋猎。《诗经·小雅·车攻》云：

萧萧马鸣，悠悠斾旌。徒御不（语助词）惊，大庖不盈。之子于征，有闻无声。允矣君子，展也大成。

诗歌大意为，马儿萧萧长声啸，旌旗悠悠随风飘。徒兵挽者都警戒，厨房野味真充盈。天子猎罢归京城，人马整肃寂无声。守信圣明好天子，会猎胜利大有成。

周宣王的威望，就此达到顶点。这次成周之会，自然是"宣王中兴"无可争辩的标志。

◎71 宣王的离奇之死

宣王前期中期，励精图治，造成可喜的中兴局面。但日复一日处理那些枯燥甚至令人头疼的政务，连个节假日都没有，除非像秦始皇、朱元璋这样的狠人、强人能自始至终坚持几十年，意志和身体稍微差一点儿的君王都挺不住，周宣王也不例外。中兴功业告成后，宣王也懈怠下来。

据西汉刘向《列女传》记载，宣王中年，贪图享乐，懒散萎靡，在后宫里早睡晚起，天天赖在王后姜后（齐国之女）和其他夫人的床上。王后姜后是个贤惠有德的女人，她不愿看到自己夫君不思进取、惰于政事，劝说了多次，但是宣王却不理。这天宣王又在姜后床上睡到太阳老高也不起，姜后思索良久，心生一计。她摘掉簪子、耳环等饰品，自己走到后宫幽禁犯法后妃、宫人的永巷里，好像自己是戴罪听候处理的罪人一般。然后姜后让在后宫里掌管教化贵族子女的傅母给宣王传话："臣妾不才，因为臣妾的荒淫之心，导致君王违礼，很晚才上朝听政，让大家认为君王喜好女色而忘记德行。喜好女色的人，必然奢侈无度、贪得无厌，祸乱也就免不了了。追根溯源，这都是臣妾迷惑君王的罪过，还请天子治臣妾之罪！"

姜后的话说得很有艺术，她不说宣王怠政、贪恋女色，而说自己荒淫迷惑君王。宣王听了傅母的传话后，自己也不好意思起来，连忙说："这是寡人不德，都是我自己的错，关王后什么事？"于是宣王赶紧把姜后从永巷里请出来，自己也重新勤于政事。

《列女传》中的这个"姜后脱簪"故事结局很圆满，不过在真实的历史中，周宣王恢复勤政保持了多久，那就只有天知道了。

宣王后期勤政与否且不说，但说他愈加刚愎昏聩，肯定是没问题的。史书明载，周宣王三十二年（前796年），宣王干了一件大失诸侯之心的事情——他命令王师讨伐东方鲁国。可能有些人要奇怪了，鲁国不是周公之国以及周朝在东方的一大支柱吗，宣王怎么会进攻它呢？这说来话长，还要从宣王十二年（前816年）发生的一件事讲起。

话说周宣王十二年春天，当时鲁国国君鲁武公带着他的大儿子括和小儿子戏来镐京朝见天子。周宣王看鲁武公的小儿子戏相貌不俗、乖巧伶俐，非常喜欢，就要立他为鲁国的世子。大臣仲山甫知道宣王的想法后，出来劝谏道："废长立幼，这不合情理法度啊。我周朝的礼法，就是下级要服从上级，年纪小的要侍奉年纪大的。现在天子封建诸侯，却废长立幼，这不是教人们违背礼法吗？若鲁国服从了废长立幼的王命，诸侯都跟着学违背礼法，以后王命也会推行不下去。如果鲁国不服从废长立幼的王命，大王为了显示朝廷权威又要降罪于它，但这样又伤害了先王制定的礼法。所以一旦大王下令鲁国废长立幼，鲁国无论遵从与否，到最后对朝廷都有损伤，大王要三思啊！"

仲山甫说的话显然很有道理，但是周宣王却没有听从，还是强立了鲁武公小儿子戏做了鲁国的世子。周宣王为啥要不顾朝臣反对让鲁国废长立幼呢？这应该与宣王前期急于重新树立"王权至高无上"的想法有关。但另外一点，可能也因为周宣王本人就不是嫡长子，所以他骨子里就不爱听仲山甫说的那番强调"长幼之序"的话。

再说鲁国，鲁武公回去后没几个月就病死了，他的小儿子戏因为被宣王立为世子，所以就继了鲁君之位，这就是鲁懿公。鲁懿公的大哥括，对于小弟接父亲班自然不满，但他自己也不敢表示反对。没多久，深感憋屈的括就抑郁而死。转眼九年过去了，周宣王二十一年（鲁懿公九年即前807年），括的儿子、鲁武公的长孙伯御及其拥护者突然发难，攻杀了周宣王钦定的鲁懿公戏，然后伯御自封为鲁君。

伯御和其拥护者的行为，显然是对周宣王权威的一次公然挑战。但是不知道因为什么原因，当时周宣王却没有立即派兵讨伐伯御。也许是当时周宣王已经在筹备二十四年的成周大会，怕出兵鲁国会吓跑众诸侯，破坏大会前安定团结的气氛吧。

再一转眼，又过去了十一年，时间到了周宣王三十二年（前796年）。不知道是咋回事，这年周宣王突然又想起伯御攻杀自己钦定的鲁懿公一事，于是派遣周朝王师杀进鲁国，废掉并杀死了伯御。在鲁国未来的国君人选上，他这次倒是听了仲山甫的建议，立了鲁懿公的一个叫"称"的弟弟为鲁国新君，这就是鲁孝公。不过周宣王这次武力干涉鲁国君位一事，却在诸侯中引起了普遍不满。从此，诸侯中多有不遵王命之事发生。

我们知道，中国古代王朝的治乱兴衰，往往和统治者的贤愚有很大关系。而且宣王时期的所谓"中兴"，除了"不籍千亩"算制度改革外，其他都是人治的功劳（宣王初期的勤于政务、虚心纳谏、任用贤良），西周固有的深层次矛盾即天子直辖的土地人口日趋减少、世家大族势力尾大不掉等严峻问题，宣王并未能解决；而全球变冷的趋势，更是周宣王无力扭转的。所以一旦宣王不再虚心求治甚至自满昏聩，这周朝的"中兴"局面也就难以维持了。

在宣王逐渐怠政的同时，老天也来捣乱，频频降下自然灾害。《诗经·大雅·云汉》一篇就记载了宣王时期一次特大旱灾：

天降丧乱，饥馑荐臻（饥荒不断）。……旱既大甚，涤涤山川（山秃无树，河干无水）。旱魃（bá）为虐，如惔（tán）焚烧）如焚。……

从这些诗句的描写，我们就知道这旱灾有多严重。周人毫无办法，只能不停地祭拜神灵祖先，但是"后稷不克，上帝不临"，祖宗不显灵，上帝也不帮忙，周人只能在大灾中煎熬。

《古本竹书纪年》记载，周宣王后期，周朝还发生了很多诡异之事，仿佛在预示"中兴"局面即将消逝。如周宣王三十年（前798年），有只兔子像中了邪一样，在繁华的镐京城里跳起舞来，占卜的人认为这是不祥之兆（可能预示着镐京将沦为荒野之地吧）。周宣王三十三年（前795年），又有人看见一匹马居然变成了一只狐狸！

宣王后期周朝再趋衰落的一个具体表现，就是周人在与戎狄的交战中，又开始落于下风。

《古本竹书纪年》记载：

周宣王三十一年（前797年），宣王派兵征伐犬戎（玁狁）盘踞的太原（今宁夏固原一带），军队长途往返，却劳而无功，毫无所获；

周宣王三十六年（前792年），周军征讨条戎和奔戎（位于今山西运城中条山北部一带），王师却打了败仗。

据《国语》和《史记》记载，周宣王后期最大的败仗，发生在宣王三十九年（前789年）。这年周宣王亲自率领大军与"姜氏之戎"在"千亩"交锋。这"姜氏之戎"，《古本竹书纪年》上说就是"申戎"，也即姜姓的西申国。我们知道，西申国本是周朝在西部抗击戎人的屏障，可不知道是何原因，它在宣王后期居然一度和周朝闹翻了。"千亩"，我们前面根据"清华简"《系年》解释过，这是周武王伐商前开辟的一块专门用其产出来祭祀上帝的祭田。"千亩"的位置，传统史书认为在今天山西介休一带，但这种旧说显然是不合理的。因为周武王伐商前设置的祭祀上帝的祭田，理应在周朝都城附近，最有可能在周人的龙兴之都岐邑周边，不该远在今天山西介休，否则周武王和后代周王去"千亩"搞一次"籍田礼"，还得长途跋涉，非常不方便。尤其武王伐纣前，今天山西介休在不在周人控制下还不好说呢。所以笔者认为，"千亩"最有可能在周人的圣都岐邑附近。

话说在这次周朝与西申国之间爆发的"千亩之战"中，周师大败，溃不成军。幸亏此战中，周宣王车驾的驭手是造父的六世孙奄父（又称公仲），他凭着祖传的高超驾车技巧，带着宣王从败军之中安全逃脱，否则连周宣王本人都要被西申人俘虏了。《国语》说，周宣王之所以败于"千亩"，都是宣王当年不听虢文公劝谏，废除了在"千亩"上的籍田礼所导致的，因为上帝鬼神都没有"千亩"上所产出的供品享用了，故而不保佑周军。当然今天的我们知道，这不过是古人的迷信逻辑罢了。

"千亩之战"战败，周军精锐大丧，对周朝的打击非常大。第二年（周宣王四十年），宣王不得不下令在"太原"进行人口普查，看看自己还剩多少家底，以便之后按户口抽取壮丁补充王师及征收赋税。这里的"太原"，自然不可能是猃狁盘踞的那个"太原"（今宁夏固原），只能是周王畿内天子直辖地区的一块大平原，笔者以为这应该就是周人的核心区域岐山周原。

不过周宣王"料民于太原"的计划，又遭到大臣仲山甫的反对。他对宣王说："人口数字是不能进行公开统计的啊！以前不进行人口普查，也能知道人口多少，因为有各职能部门在管理：司民官登记民众的生老病死，司商官主管赐族受姓的贵族官员，司徒官掌管征兵服役，司寇官管理罪犯数目，牧人统计从事畜牧的民数，百工之官统计手艺人的人数，场人统计菜园果园的收获数字，廪人主管仓库粮食的出入。把这些部门的统计数据一汇总，人民的多少和生死，物资的出入和往来，就都知道了，还用公开专门统计吗？再说天子通过一些具体活动也能了解人口多少，如天子主持籍田和狩猎时。现在刚经过大战就去公开统计人口，这会向外界暴露百姓减少、政事不调的内情啊。"

但周宣王还是没听从仲山甫的话，在太原进行了大规模的公开人口普查。周宣王的这个做法，成为史书上记载的中国首次专门性人口统计活动，因此中国的人口史、户籍史、统计学史等专业史书都把"宣王料民于太原"作为革命性事件收录。不过宣王的这个创新举措，其实完全是被逼迫的，这反映出当时西周社会因为井田制瓦解、战事频繁，人口流动和逃亡现象日增，旧有的官僚系统已经无法掌控人口了。而且宣王"料民"也不是好时候，当时周朝刚打了大败仗，损失惨重，统计出来的人口数字一定很难看。所以这次宣王的人口普查，虽然有利于他摸清家底、充分掌控既有人力资源，但是也如仲山甫所说，客观上把周朝内部的虚弱暴露给了外界，众诸侯尤其是外敌知道了王室控制的人口大减后，轻视朝廷之心自然愈加萌生。

接下来，时间到了宣王四十二年（前786年）。据四十二年逨鼎铭文记载，这年周宣王册封自己的儿子长父（《新唐书》上作"尚父"）为杨国之侯，立国于今天山西洪洞县南一带，并命大臣逨辅佐长父。（据晋国墓地出土青铜器铭文记载，今晋南地区本有姞姓杨国，可能是此杨国被戎狄攻灭，所以宣王又封儿子于此重建杨国。）这逨在杨国表现不俗，前后于井阿、历岩和弓谷等地击败玁狁，颇有斩俘，还缴获不少青铜器和车马。可能这是宣王后期难得的胜利，所以他大为高兴，亲自下令赏赐逨香酒一壶，并赐五十田。

上面杨国取得的胜利，也许是宣王看到的最后一次周人胜利，因为史书说，周宣王的生命很快就要走到尽头了。不过宣王之死，却也充满诡异色彩——据《墨子》一书记载，宣王是被冤死的鬼魂索命而亡的。

《墨子》一书说，周宣王四十三年（前785年）时，宣王听信谗言，把大臣杜伯给杀了。这杜伯是谁呢？我们在讲晋国受封故事时讲过，尧帝之后的祁姓旧唐国在周初"三监"、武庚叛乱时曾起兵响应反周，因此后来被周公旦所灭。不过周人并没有将旧唐国的族人斩尽杀绝，而是把他们西迁到现在的西安市东南一带。这支尧帝后人，后来就改称为"杜唐氏"。宣王杀的杜伯，就是杜唐氏的宗长。

那么又是谁向周宣王进了什么样的谗言，导致杜伯被杀呢？《墨子》一书上没细说。不过据西晋时从汲冢中出土的古书《汲冢琐语》记载，是周宣王有一个妃子叫女鸠，看杜伯长得帅，于是就想勾引他，结果却被正派的杜伯冷酷拒绝。送上门居然不要，这是对女人最大的"侮辱"啊！于是这女鸠由爱生恨，就向宣王诬告杜伯调戏她。"动朕的女人，这还得了？"宣王听后怒火中烧，不顾杜伯的辩解，就下令将他处死。杜伯因为实在冤枉，临刑前就说了一段狠话："我是无辜被天子所杀。如果人死灯灭，也就罢了；如果人死了还有知觉的话，不出三年，我就要让天子知道自己错了！"显然杜伯是在说，如果自己死后能化成厉鬼的话，一定要向周宣王复仇。

转眼过了三年，到了周宣王四十六年（前782年）。这年某天，宣王带了众诸侯在镐京外的猎场打猎。这次畋猎规模盛大，出动有数百辆战车，数千将士跟从，人马满山遍野。谁知正午时分，一辆白马素车飘然而至，车上端坐的正是已死的杜伯！只见杜伯穿戴红色衣冠，拿着红色大弓，操着红色箭矢，追上宣王，一箭射得宣王前胸透后背，把宣王的脊柱都射断了。宣王倒伏在车中的弓箭袋上，痛苦地死去。

墨子他老人家在故事后强调，"杜伯鬼魂射杀宣王"的事儿，当时在场的数千人都亲眼所见，流传得很广，还被记载在周朝史书里，可见绝非虚言。因此他下结论说，鬼神的存在是不容置疑的。

墨子最后的这个结论，我们今人看来当然是可笑的，但他说宣王被杜伯鬼魂射杀众所周知、史书明载（《国语》也说"杜伯射宣王于鄗"），看样子此事的真实性还是蛮大的。我们当然不是相信有鬼神，而是认为确实存在有人装神弄鬼暗杀周宣王的可能。当年杜伯蒙冤被杀前说的那段准备"化鬼复仇"的话，应该流传很广。也许杜伯的后人或者其他跟宣王有仇的人，就利用了杜伯的怨咒，策划了一场"杜伯之鬼索命宣王"的暗杀行动：他们在宣王畋猎时化装成杜伯的样子，伏击射杀了宣王；又趁宣王侍从和众诸侯目瞪口呆之际，从容逃走。

如果宣王真的是被其仇家假扮杜伯鬼魂暗杀的话，那说明当时周朝内部矛盾已经十分激化了，连天子都有人敢暗杀。宣王之死，标志着一个时代的结束。稍微了解一点儿历史的人都知道，周朝这艘巨轮，也即将沉没了。

◎72
有关褒姒的神秘传说

周宣王四十六年（前782年）宣王离奇死亡后，他的儿子宫湦（shēng）继位，并于次年改元，这就是后世所称的周幽王。

周幽王哪年出生的，正史没有记载，东晋人干宝在志怪小说《搜神记》里说，幽王生于宣王三十三年。不过看干宝那书的名字，咱都知道不靠谱，何况周宣王怎么可能那么晚才有嫡子？如果按周宣王继位时年龄二十多岁、在三十岁前生下嫡长子幽王来推算，幽王继位时的年龄，应该在四十岁上下比较合理。

关于周幽王的出生，西晋时在汲冢出土的《汲冢琐语》，还记载了这样一个怪异故事：

宣王王后齐姜嫁给宣王多年也不孕。后来齐姜王后好容易怀上宝宝，高兴劲儿还没过，又出事了——刚一个月（原文为"期月"）她就早产了，生下一个男婴。因为此事太怪，齐姜都不敢让人把那早产儿抱给宣王看。宣王也觉得头皮发麻，于是召集群臣来问问这到底是咋回事。史官们都说："这男婴要是发育得不全，倒还正常；如果短短时间就发育完全、骨骼齐备，那就会对天子不利，还一定使国家覆亡！"周宣王吓坏了，说："这孩子要是对朕不利，就扔了吧！"这时大臣仲山甫出班奏道："天子您年纪不小了，还没有儿子，老天爷不给您孩子，可能就是厌弃周朝的表现了。您就是把这孩子扔了，也破不了老天布下的这局啊！您把孩子扔了，无后了，一样是对您'不利'，国家一样会亡。所以说，何必听这些占卜的话呢？"宣王想想也是，横竖是老天要对自己"不利"，不如先留个后再说吧，就没把这孩子扔掉。

上面的故事，大家自然都知道是个神话传说。众所周知，宝宝一个月时在妈妈肚子里还是"胚胎"状态,都没成形呢,哪能生出来还能成活呢?我们知道《汲冢琐语》是战国人写的书,幽王出生怪异、史官预言他能亡周这件事,肯定是后世之人编出来贬损幽王的,因为大家都知道,周朝就是亡在幽王手里的。其实不光这件事,中国史书中很多"应验"了的"预言故事",都是后世追记的。

周幽王初即位时,在西周朝廷中担任执政大臣的是太师皇父。不知大家还记得不,在讲述宣王亲征徐方时我们介绍过,当时皇父就担任太师一职并兼任征徐大军统帅。我们曾推测,宣王亲征徐方的时间应该在周宣王十六七年左右。即便那时皇父刚刚当上太师,到幽王时,他任太师之职也有三十余年了。不过这位老资格的重臣皇父在幽王继位后的表现却大失人心。他不但没能把幽王领上正道,反而起了非常负面的"表率"作用。《诗经·小雅》中的《节南山》《十月之交》等诗篇,都讽刺这位皇父尸位素餐、任用小人甚至祸害百姓。俗话说,好的开始是成功的一半。与之相反,这坏的开始,仿佛预示着幽王朝廷不会有好的结局。

《国语》载,周幽王登基还没把宝座焐热,老天就给他来了个下马威——周幽王二年(前780年),周朝西部王畿内发生大地震。《诗经·小雅·十月之交》中的诗句描写了地震时的骇人景象:

烨烨震电,不宁不令。百川沸腾,山冢崒(通"碎")崩。高岸为谷,深谷为陵。

诗句大意是,地震时闪闪有如电光,轰轰恰似雷鸣,让人心中惊骇;千百河流翻滚沸腾,大山崩塌,以至于高地变成深谷,深谷变成丘陵。

诗人短短几句话,就把地震时的地光、地声、河水暴涨、地形巨变等现象都写出来了,可见文笔能力之强。史书说,这次地震导致岐山山崩,之后泾河、渭河、北洛水三条河流都枯竭了。

当时周朝的史官伯阳父哀叹道:"周朝要亡了!地震是天地间阴阳二气错乱失序的结果。阳气失位而处于阴气的位置,河流的源头一定会阻塞。水源堵塞,国家必定灭亡。因为水流滋润土地,万物才得以生长。水流不畅、土地干枯,百姓无吃少穿,国家怎能不灭亡?过去伊水、洛水枯竭而夏朝灭亡,黄河枯竭而商朝灭亡。现在周朝的国运就像夏、商二代的末世一样。凡是立国一定要依靠山川,山崩水竭,这是亡国之兆啊。这样的国家不超过十年就会灭亡,因为'十'是数的极限。已经被老天厌弃的国家,是不会挺过这个极限的。"

地震引起地层变动，导致水源堵塞、土地干涸，必然会使当时周人的支柱产业农业受到巨大打击，甚至引发饥荒，这个是大家都能理解的，而对于迷信的古人来说，天灾对人们心理的打击，往往更甚于经济上的实际损失。因为我们知道，古人认为天灾是上帝对下民的惩罚，而岐山是周朝的圣山，泾河、渭河、北洛水是周人核心区域内的三条大河，如今岐山崩，三川竭，对于周人来说，这不是十足的亡国之兆吗？所以一时之间，周朝上下人心惶惶。当然，伯阳父最后准确地预言周朝挺不过十年了，这自然是后世人"马后炮"的追记结果。

仿佛是给周人灾上加灾，第二年即周幽王三年（前779年），幽王派大将伯士统军征讨六济之戎（位置不详），周人又打了大败仗，连主将伯士都战死沙场。

不过对于周人来说，伯士伐六济之戎军败身死还不是周幽王三年最糟糕的事情。这年最糟糕的事儿是，周幽王开始宠信一个导致后来西周亡国的女人——褒姒，并要立她为王后。

关于褒姒的来历，《国语》上有两种说法。这第一种说法出自《晋语》：春秋前中期的晋献公攻打骊戎，获得美女骊姬，晋国的史官史苏认为这非常不吉利。他说，夏桀进攻有施氏得到美女妹喜亡了国，商纣王进攻有苏氏得到美女妲己亡了国，周幽王进攻姒姓褒国（今陕西勉县）得到美女褒姒亡了国。显然按照史苏的说法，褒姒（褒国姒姓之女）是褒国为了谢罪求饶进献给幽王的一个红颜祸水。

上面这种说法还比较简单平实。不过第二种说法即《郑语》中的说法，就非常诡谲离奇了。

据《郑语》记载，周幽王时期的太史伯阳父是这样描述褒姒由来的：夏朝末年，有姒姓褒国的神灵变成两条龙，跑到同为姒姓的夏朝王宫里住下。它们还逢人就自报家门："我们两个是褒国的国君！"两条活大虫跑到王宫里折腾，谁能受得了？夏人见了这怪事不知道该咋办，就求神问卜。结果占卜的说，杀了它们、赶走它们、留下它们，都不吉利，只有把龙的口水唾沫保存下来才吉利。于是夏人就准备了丰厚的祭品，向这两条龙宣读册书、讨要口水。你别说，这两条龙还很配合，张嘴吧嗒吧嗒吐了很多唾沫就不见踪影了。夏人于是把龙的唾沫装在匣子里，贴上标签，年年隆重祭祀。后来夏朝亡了，这匣子落到商人手里，商朝亡了又落到周人手里。近千年间，都没人把这匣子打开。但到了周厉王末年，厉王不知怎的心血来潮，突然命人把匣子开启给他看看，结果这匣子里的龙口水就流到庭院里，怎么也清除不掉。厉王就想出个"以污克污"的办法——他叫一群妇女不穿下衣对着这堆口水大喊大叫。

此处插一句，认为"女人不洁"可以克制邪物的这个想法，在中国可以说源远流长。史书记载，明朝万历年间四川巡抚李化龙平定播州土司杨应龙之乱，拿大炮轰击杨军据守的城墙时，杨应龙就让数百妇人手拿簸箕全裸着站在城墙上向下扇，以此来克制他认为的"邪物"——火炮。第一次鸦片战争期间，清朝名将杨芳面对英国人准确凶狠的炮火，也祭出这样的大招——他让人把广州城里女人的便桶都收集起来，摆成"马桶阵"来破英军的"邪术"，最后当然是落得个"臭名远扬"的下场。

回过来说厉王让妇人不穿下衣对着庭院地上的龙唾沫大吼，这堆龙唾沫居然化成一只黑色大鼋（老鳖），爬进后宫去了。后宫里有个牙还没换的五六岁小宫女倒霉地碰到了这个怪物，当时还没事，谁知大约十年后，等她到十五岁时莫名其妙地自己就怀孕了。后来这小宫女在周宣王在位时期生下了一个女婴。因为没有男人就生孩子，这小宫女吓坏了，于是就把女婴给扔了。恰好当时周朝市井上有童谣，说"檿（yǎn）弧箕服（山桑木弓、箕草箭袋），实亡周国"。这童谣越传越广，以至于连宫中的周宣王都听说了。他一想这还了得，立即下令看到有人卖山桑木弓、箕草箭袋的，就抓住杀掉。当时有一对夫妻正在王畿内卖这两样"违禁品"，听说王令后吓得赶紧逃命。他们夜间走在小道上时，突然听见有婴儿的啼哭声。夫妇二人心地善良，不忍婴儿冻死，就把孩子带上逃亡，一路跑到了褒国。一晃又若干年过去，时间到了周幽王时期。这卖弓夫妻捡来的女婴此时已经长大成人，出落成为一个绝色美女。这时不知因为何事，褒国的国君褒姁（xū）犯法被关进了周朝大狱。为了救出国君，褒国就在国内挑选美女，这一选就把卖弓夫妻的养女选了出来。褒国人把这养女送给周朝，周幽王一见美人立即惊艳不已。他马上下令把褒姁给放了，然后把褒国选送的美女纳入后宫。后来幽王又立她为王后，她还给幽王生了个儿子叫伯服（《竹书纪年》和"清华简"《系年》中都写作"伯盘"）。因为此女是褒国姒姓之女，所以史书就把这女子称为"褒姒"。太史伯阳父最后还强调，这褒姒可是近千年的龙唾沫孕育出来的妖物，所以剧"毒"无比，周朝必将亡在她手上。

《郑语》中这段对褒姒出身的描述，相对于《晋语》，添加了更多的"油"和"醋"，编得更邪乎了，显然是荒唐的神话传说。虽然《郑语》这段故事托言是周幽王时史官伯阳父所说，但是这个故事的实际出现和流传应该很晚。我们之所以一方面认为《郑语》的说法不可能是真的，一方面又把这故事详细叙述一遍，是因为该故事后来被《史记》全盘引用，在中国流传甚广，所以有必要介绍一下。而且从这个故事也可以看出，东周和汉代人是如何看待西周灭亡的——他们把亡国罪责完全归咎于褒姒这个"龙涎妖女"身上！当然作为现代人，我们只要知道褒姒是出身于褒国的姒姓之女，她是褒国为了讨好周朝而进献来的就可以了。

话说周幽王三年（前779年）幽王宠爱褒姒并想立她为后的时候，他本来是有原配王后的——西申国之女申姜王后。申姜王后也为幽王生下一个嫡子叫宜臼（又作宜咎），而且宜臼已经被立为太子。关于褒姒之子伯服和申姜王后之子宜臼谁大谁小的问题，古书上一般认为宜臼大，因为太子该是嫡长子。但我们仔细看看褒姒之子的名字"伯服"，这名字中带个区别长幼的"伯"字，按古人"伯、仲、叔、季"的排行，在真实的历史上，伯服应该才是幽王最大的儿子，只不过他是庶长子，不是嫡子。

其实这里还有个问题可以说道说道，那就是幽王得到褒姒的时间。《史记》记载："三年，幽王嬖爱褒姒。褒姒生子伯服，幽王欲废太子。"对此，自古以来很多人都认为周幽王是在"幽王三年"这年才进攻褒国得到褒姒，伯服的出生肯定要到幽王四年以后。但是笔者对此有不同看法："三年"应该是指"幽王欲废太子"的年份，而不是幽王得到褒姒的年份，幽王一定早就得到褒姒并生有伯服这个庶长子。为什么这么说？因为我们后来会提到，《今本竹书纪年》记载幽王五年时，周幽王废申姜的王后之位、改立褒姒为后，太子宜臼感到地位即将不保，就出奔到外公的西申国去了。我们前面说过，褒姒之子伯服的名字中带个"伯"字，所以他必是幽王长子，年纪肯定比宜臼大。如果幽王三年周幽王才得到褒姒，四年生下伯服，而宜臼又比伯服还小，那幽王五年时宜臼岂不还是一岁以下的婴儿？既然幽王不喜欢申姜王后，他怎么会那么快封不满周岁的宜臼做太子？（史书一致认为宜臼出奔前即具有太子身份。）一个不满周岁的婴儿，又怎么能出奔西申国？故而笔者认为，周幽王可能是在周宣王后期还当太子时就得到褒姒，伯服的出生也很早。只不过申姜王后是宣王为当时还是太子的幽王选的太子妃，所以伯服虽是长子，最初也无缘太子之位。到周幽王三年幽王宠爱褒姒、想废宜臼的太子位时，伯服和宜臼的年纪应该都至少在十岁以上了。

从幽王的年纪，我们也能得出类似结论。我们前面说过，按周宣王二十多岁继位、三十岁前生下周幽王来计算，宣王四十六年幽王继位时的年龄得有四十岁上下了。古代一个四十岁左右的男人，他的庶长子和嫡长子一般也得有一二十岁的样子。所以周幽王得到褒姒的时间，得在他继位前十来年，绝不会在幽王三年。

最后我们再说说幽王娶西申之女申姜的时间。联想宣王三十九年（前789年）西周王师与姜氏之戎（申戎）战于"千亩"并败绩，说不定是周宣王为了重新结好西申国，才于这年之后为还是太子的幽王迎娶了西申之女做太子妃。如果是这样的话，那幽王与申姜王后的感情就可想而知了。

◎73
周幽王失国——烽火何曾戏诸侯?

上节说到,周幽王三年,幽王因宠信褒国之女褒姒,想废掉原配申姜王后。不过咱们知道,普通男人换个老婆都不是个人的事情,会牵扯到两个家族,周天子想换王后,那就更兹事体大了。

首先,周幽王想改换王后与太子,肯定是违背周礼的事情,因为申姜王后和太子宜臼并没有什么过错,至少史书上没有任何相关记载。

其次,周幽王想废掉申姜王后和太子宜臼,更是一件危及周王朝统治根基的事情。我们介绍过,就像后世耶律氏和萧氏世代通婚、共治辽国一样,"姬姜联姻"是贯穿先周、西周近千年的周人政治法则,它奠定了周人的统治基础。在西周,姜姓的齐、申、吕、许等国,是周人统治天下的重要帮手。尤其是周幽王时期,幽王原配申姜王后背后的申国在当时可是举足轻重:申国此时分为西申和南申两个支系,西申一直以来都是西周王朝抵御西戎的桥头堡,而南申则是周宣王为控制江汉而新竖立的一方柱石。周幽王想废掉出身西申国的申姜王后和她所生的太子宜臼,首先必然招致西申国以及刚从西申国分出来的南申国的强烈反弹,其次那些同为姜姓的齐国、吕国、许国等国也会大大不满,因为这个举动可以说是对整个姜姓国家的集体羞辱。当时的周朝已经日趋衰落,虽然宣王一度"中兴",平定了南方的反对势力,但是宣王末年,周人又多次败在西戎手中,周朝的西北局势再趋紧张。所以幽王继位初年,正是周朝需要仰仗西申国的时候。

我们都能看到的事情,古人想必也能看到,没有任何证据证明周幽王是个庸才,所以他理应也会清楚改立王后和太子的后果。但出人意料的是,周幽王后来还是一意孤行。

73 周幽王失国——烽火何曾戏诸侯？

大概在周幽王四五年的时候，幽王最终废除了申姜的王后之位，改立褒姒为后，因为《今本竹书纪年》说，太子宜臼在周幽王五年（前777年）逃到了外祖父的西申国（今甘肃平凉附近）。《古本竹书纪年》还记载，三年后，也就是周幽王八年（前774年），幽王正式改立褒姒所生的伯服（伯盘）为周朝太子。

周幽王为啥不顾申国的势力和当时周朝的不利形势，坚决要改立褒姒做王后呢？关于这个问题，史书上众口一词，都说那就是因为褒姒漂亮狐媚，甚至是妖女，所以才把周幽王迷惑得不顾一切。但这种说法往往是对历史的简单化解读，尤其是我们现代人，既然不相信那个"龙涎妖女"的荒诞传说，自然更不会相信周幽王做这一切的缘由仅仅是被褒姒的美色"鬼迷心窍"。可是因为西周末年的史料稀缺，周幽王废立王后和太子还有什么原因，我们现代人已经无法得知了。正在笔者也陷入沉思之际，突然想起后来唐朝时的一段类似故事。

很多人都知道，唐朝唐高宗也曾经废掉原配王皇后的皇后之位及王皇后养子太子李忠的太子位，改立武则天为皇后、武则天之子李弘为太子。唐高宗坚持改立皇后和太子，自然有喜爱武则天的情感原因在里面，但除此以外，还有借机打破他的舅舅、权臣长孙无忌对朝政的把控这一因素。唐高宗以改立皇后为契机，摸清了哪些大臣是站在舅舅一边的，哪些大臣是站在自己一边的；在立后过程中，唐高宗成功地清除掉长孙无忌一派元老大臣的势力，完全掌握了朝廷大权，实现了真正的亲政。

历史往往有相似之处。回过头来再看西周末年的历史，笔者猜测，也许正是因为姜姓申国在周幽王时的地位举足轻重，出现了骄横跋扈的苗头（宣王末年他们曾大败王师），所以引起了周幽王对申国及申姜王后的不满。周幽王换王后，应该像唐高宗一样，除了有个人情感即宠爱褒姒的因素，但同时更有可能是在借此来巩固王权、树立自己绝对权威、压制申国为首的姜姓诸国。当然后来的历史证明，周幽王不是唐高宗李治，他过高地估计了自身的实力，低估了申姜王后和太子宜臼背后的势力。

周幽王即位之初就岐山崩、三川竭，天降大灾"示警"。这时幽王又违背周礼、不顾现实形势和自身力量，宠爱褒姒、废除姜后，让朝中很多有远见的贵族大臣对朝廷失去了信心，纷纷寻找退路消灾避祸。首先，就是幽王初年的执政大臣太师皇父。

我们前面提到过，《诗经·小雅》中的《节南山》《十月之交》等篇曾讽刺太师皇父这位两朝老臣尸位素餐、任用小人、祸害百姓。《十月之交》篇还说，这皇父居然不顾身份，巴结迎合幽王宠爱的新王后褒姒。不过这位西周老臣晚年时虽然不善"谋公"，却善"谋身"。因为《十月之交》这首诗的后段又说，太师皇父眼见西周政局不稳，就选择了东王畿内的"向"这个地方（今河南尉氏县）作为自己的养老地。周幽王五年时（原太子宜臼逃到外公西申国的那一年），他带着部分官员以及自己积累下的私人财产，归隐于东方向地，远离了幽王朝廷这个政治漩涡。

太师皇父退隐后，周幽王任命西虢国的君主虢石父（又称虢公鼓）为卿士，主持朝政。《国语》和《史记》说，这虢石父更不是个好人：他对幽王和褒姒巴结奉承、献媚逢迎；在君王和朝臣之间，则喜欢挑拨离间、造谣中伤；此外他还有个专长，就是"好利"，搜刮钱财，跟当年厉王驾前的荣夷公一样。所以虢石父当政后，国人都很怨愤，西周政局愈加动荡。

西周王朝中第二个准备离开避祸的重要人物，是周幽王的叔父郑桓公友（字多父）。郑桓公友于周幽王八年即褒姒之子伯服被立为太子那一年，被幽王任命为王朝的司徒，管理西周的土地和民事。郑桓公为人正直，为政有方，所以得到西王畿和东王畿周人的一致好评。但俗话说"大厦将倾，独木难支"，就算郑桓公一个人在朝廷里再公忠体国，也已经难以改变周朝的衰颓大局。郑桓公虽然是王室贵胄，这时看到周朝上下危机四伏，萌生了"独善其身"的打算。可他的封国西郑在今天陕西凤翔一带，与西戎很近，一旦王朝内乱，西戎趁机大举入寇，西郑之地必然会陷入战火之中，该怎么办呢？郑桓公担任司徒的第二年即幽王九年，他听说太史伯阳父博古通今，于是就去请教，询问他如何才能在这多事之秋免遭一死。

伯阳父见郑桓公态度诚恳，于是答应给他支着儿。他首先掰着手指头，细数并分析了当时成周东西南北四方的列国排布形势，然后说："成周东西南北四方，不是亲戚就是顽敌，亲戚不好下手，顽敌不易对付，都不能去。您恐怕应该到济水、洛水、黄河、颍川四条河之间的地方。这一带都是子爵、男爵的小国，只有东虢国和郐（kuài）国大点儿。东虢国国君和郐国国君仗着地势险要，都有骄傲奢侈、疏忽怠慢之心，而且又贪婪。司徒您以周朝将有大难为理由，把妻子儿女和财富寄存在那两国，两国一定不敢不答应。等到周朝真乱起来的时候，这两国国君骄横贪婪，自然会侵吞司徒您留在那的人口和财宝。到时候司徒以成周的大军奉辞伐罪，必然能够取胜。取得东虢和郐国之地后，周围的八个城邑也将归您所有，到时您再修周朝的旧德来守卫

73　周幽王失国——烽火何曾戏诸侯？

这片土地，那就能稍稍稳固了。"

郑桓公听后大喜，于是就联络东虢国和邻国，说要把妻子儿女、部分族人以及积累的财宝寄存在他们两国，两国果然不敢拒绝。就这样，郑国的势力就渗透入东方的这十个城邑中（两国都城加周围八邑）。

原执政大臣太师皇父和现任司徒郑桓公这样的头面人物，都对西周王朝不抱希望，积极准备后路，其他的大臣贵族肯定不会无动于衷。他们中有办法的人，自然也会想尽办法"移民"；至于那些没有什么办法的人，只能自求多福了。一股末日景象，仿佛呈现在大家眼前。

该来的总会来。周幽王因废立王后和太子与申国结下的矛盾，要来个了结了。

《今本竹书纪年》说，就在司徒郑桓公向太史伯阳父问计的那一年，也即幽王九年（前773年），西申国开始派遣使者与附近的姒姓缯国甚至宿敌犬戎联络通好。西申国的举动显然也是必要的。既然周幽王已经不顾礼法和情谊，废了王后申姜和太子宜臼，周、申两家已然算彻底翻脸了，周朝随时可能进攻西申国追捕废太子宜臼，以斩草除根。尽管西申是当时西部强国，但是对付周朝王师，胜算也不足，周朝虽已进入衰世，毕竟瘦死的骆驼比马大。西申自然只能与周边国家乃至自己以前的敌人结成联盟，以对抗周幽王。据《古本竹书纪年》记载，西申国君申侯为了在名分上能与周幽王抗衡，他还联合缯侯[1]、同姓的许文公拥立自己的外孙宜臼为"天王"。

不过西申国拥立宜臼为王的消息彻底惹恼了周幽王。据《今本竹书纪年》记载，第二年也即幽王十年（前772年）春天，周幽王与诸侯在东方的太室山（嵩山东峰）进行盟会。盟会的具体内容史书失载，但想来应该是周幽王在改立王后和太子一事上寻求诸侯们的支持，尤其是要求他们团结在以自己为中心的正统朝廷周围，抵制西申国所立的宜臼"伪朝廷"。

可能是在这次太室之盟中，周幽王在一定程度上达到目的，诸侯们纷纷向幽王表示忠心，所以他的腰杆变得硬起来。于是会后幽王下了一个决定——出师讨伐西申

---

[1] 注：《古本竹书纪年》中"缯侯"原写作"鲁侯"，但这肯定是错误的。因为鲁国与西申一个在远东，一个在极西，又没有什么亲密关系，以守护周礼闻名的姬姓鲁国不可能在周幽王在世时，支持姜姓的西申国和许国拥立废太子宜臼为王。而且从后来的历史看，平王东迁后鲁国一直不朝，显然鲁国一直不愿承认周平王。所以历史大家蒙文通和杨宽等人都认为原书中"鲁侯"是"曾（缯）侯"传抄讹误所致。

国,消灭逆子宜臼那个伪朝廷!"清华简"《系年》记载,"幽王起师,围平王(宜臼)于西申"。

周幽王十一年(前771年),西周王师包围西申国后,要求申侯主动撤销伪朝廷并交出废太子宜臼。这宜臼是申侯的亲外孙,申侯如何能交出?周人眼见申侯敬酒不吃,便斟上罚酒——大军开始猛攻西申国。西申国虽然顽强抵抗,但双方实力悬殊,西申眼见就要不行了。就在这千钧一发之际,突然西申城北方的原野上涌出大队人马,如潮水般向围城的周军杀来——原来西申的盟国缯国投降了犬戎,并招引犬戎大军来解西申之围!周人哪能想到西申会与宿敌犬戎结盟?已经冲杀半天有些疲态的他们顿时傻了眼。这时犬戎、缯国大军在外包围,西申军也从城内杀出,西周王师在内外夹击下阵脚大乱,最终崩溃。

对"清华简"《系年》记载的这一幕,大家是不是觉得似曾相识?大约两千四百年后在山海关外,李自成农民军正把吴三桂的关宁军压在下风之际,突然八旗辫子兵出现在战场上,农民军猝不及防,顿时溃败。历史有时候真是惊人相似!

时间再回到西周末年。西周王师在西申国被西申、缯国、犬戎的联军打败后,溃不成军,往回逃窜。三国联军则乘胜猛追不舍。我们前面介绍过,从泾河上游沿泾河向丰镐进发,按日行三四十里算,不过只要二十天左右。因为西周王师主力已经被击溃,此时周人在沿途已毫无阻挡联军的能力,联军很快就杀到丰镐城下。

这边周幽王刚得到王师败绩于西申的败报,转眼又得知犬戎、西申、缯国的联军即将兵临城下。我们先前早就介绍过,考古证明丰镐二京是没有外郭城墙的无防御能力城市。傻了眼的幽王知道自己手头已经再无本钱组织抵抗,只得"三十六计,走为上计",带着新王后褒姒和新太子伯服(伯盘)向东方逃命。不过他们逃出还没有百里,刚跑到骊山(今西安市临潼区东南)脚下的戏地时,就被联军追上。联军毫不客气地把周幽王和新太子伯服杀死,新王后美人褒姒则被犬戎掳走。可怜那位比较正直的司徒郑桓公保卫幽王东逃,也在混战中战死。幽王之死,宣告了烜赫一时的西周王朝归于灭亡。

有人可能要问,怎么幽王都死了,还没听你讲到"烽火戏诸侯"的故事呢?其实"烽火戏诸侯"的故事,历史上是没有发生过的。

"烽火戏诸侯"的故事出自《史记》,故事情节是这样的:传说褒姒是个冷美人,从来不喜欢笑。幽王想尽一切办法讨她欢心,可她依然天天绷着个脸。周幽王时西周王畿内设有烽火台并备有大鼓,有敌人来犯就举烽火、敲大鼓。一天幽王心血来潮,试着点烽火来博美人笑。诸侯们见了烟火,以为是敌人侵犯王都,于是纷纷提兵赶来救驾。谁知他们跑得人仰马翻,来到丰镐附近后却发现,根本没有敌人入侵。褒姒见诸侯上当受骗、军士跑得灰头土脸的样子,居然笑了起来。幽王一见美人笑,高兴坏了,自以为找到了让美人开怀的妙招,于是后来又多次尝试。一开始,还有诸侯上当,时间长了,诸侯知道这是幽王要他们玩以逗褒姒笑,都非常气愤,看见烽火再也不来了。后来西申、缯国和犬戎真的进攻镐京,幽王连忙举烽火招诸侯之兵来援,但是诸侯没有一个来的。于是幽王和伯服就被杀死在骊山脚下,褒姒也被掳走了。

大家看了"烽火戏诸侯"的故事就明白,这其实就是"狼来了"寓言的豪华版。可我们为什么说这故事完全是不可能发生的呢?很简单,因为据考古发现,中国最早的烽火台是在战国时期才出现的,周幽王时不可能有烽火台,自然也就不会有"烽火戏诸侯"这故事了。其实《史记》中记载的这个"烽火戏诸侯"故事,其原型见于战国末期吕不韦门人编纂的《吕氏春秋》一书,而该书中幽王召唤诸侯之兵的工具其实不是烽火,而仅仅是大鼓。众所周知,鼓声才能传多远?所以《吕氏春秋》中"大鼓戏诸侯"的故事也是不可信的。除了传递军情的方式或穿越或不可实现外,"烽火戏诸侯"或"大鼓戏诸侯"还有一个很明显的问题,那就是让诸侯白跑一趟真的很好笑吗?这种骗人的低级把戏,笑点低的人可能会笑,但是故事开头说了,褒姒是个笑点极高的人,周幽王试了无数方法她都不笑,她为什么会被这种不算好笑的方式逗笑呢?所以"烽火戏诸侯"或"大鼓戏诸侯"的故事,从逻辑上来讲也是完全经不起推敲的。编这种故事的人,应该是想把西周的灭亡与褒姒这个女人直接挂上钩,意思是都怪周幽王宠她,才导致西周遭遇外敌时没有诸侯援救,以进一步强调褒姒是"亡国祸水"。其实,西周的灭亡也罢,夏商的灭亡也罢,都是统治者自己腐化无能、又碰上天灾人祸导致的,跟褒姒或妹喜、妲己有多大关系呢?

◎74
平王成为"正统君王"背后的曲折历程

话说在三国联军攻杀幽王的前后,不少得到军情(当然不是通过烽火)的诸侯或部族首领,纷纷统领本国军队前来救援朝廷。西犬丘的秦襄公(秦庄公之子)集合族军东越陇山,日夜兼程赶来了。不久,东方的卫武公、晋文侯、郑国世子掘突(即后来的郑武公)等诸侯也率军赶到。这些先后赶来救援朝廷的军队,在镐京一带陆续与犬戎军队交上手。在战斗中,耄耋之年、须发皆白的卫武公亲自上阵指挥杀敌,大大鼓舞了救周诸侯联军的士气。而秦襄公率领的彪悍秦军因为长期与戎人作战,熟悉敌情,故而给戎人的打击很大,立功甚多。

接下来,按《史记》的说法,犬戎受到救周诸侯联军的围攻后,把镐京洗劫一空后弃城而去,赶来救周的众诸侯与申侯会合,一起立宜臼为天子,这就是周平王。周平王继位后于次年(平王元年、前770年)东迁洛邑,开启了东周时代。

但是对于《史记》的这段记载,大家想必会觉得不对劲:卫、秦等国救周,救的明明是周幽王,而申侯、宜臼等人,就是引入犬戎的"引狼入室者",还是弑杀周幽王的参与者,救周众诸侯作为周幽王的同盟者,怎么会如此神速地跟申侯、缯侯和解,并一起拥立宜臼做天子呢?

其实大家有怀疑就对了,因为根据晋代出土的《竹书纪年》,尤其是21世纪初新出世的"清华简"《系年》记载,真实的历史远比《史记》的记载曲折得多——救周众诸侯并没有跟申侯一起立宜臼为天子,最初宜臼压根不为天下所承认,而且他东迁也不在平王元年即前770年。所以我们有必要介绍一下平王成为周朝"正统君王"背后的故事,以及"平王东迁"的真正时间,来作为这部《西周史》的结语。

◎ 74　平王成为"正统君王"背后的曲折历程

　　话说周幽王和伯服（伯盘）被杀后，周人世界一片混乱。据《古本竹书纪年》记载，西虢（今河南三门峡市）君主虢公翰于是立了幽王弟弟王子余臣继任周王。余臣的朝廷就设在西虢国境内的携地（具体位置不详），所以史书称他为"携王"。这虢公翰是何许人物呢？有人认为他就是虢石父，因为虢石父名"鼓"，"翰"可能就是"鼓"字的讹误；也有人认为虢公翰是虢石父的儿子即新一代的西虢君主。其实不管虢公翰是虢石父还是虢石父之子，总归他肯定是原幽王一派的人马，他自然是不可能接受政敌宜臼继位为周天子的，所以要立一位由自己掌控的新王。这样一来，周人世界里就出现了两位"天子"——西申国境内的平王和西虢国境内的周平王与周携王。而且此后很长时间内，周朝都处于"二王并立"的局面。《古本竹书纪年》说，直到二十一年时晋文侯杀了携王，这种"二王并立"的对峙局面才结束。

　　这里要插一句，犬戎与救周诸侯联军的镐京之战之后，最初由申侯、缯侯、许文公所立的周平王一开始去了哪儿呢？犬戎从镐京退走后，剩下的申国、缯国军队势单力薄，他们应该也随即分别退回了西部老家。宜臼这个由外公所立的"天王"，想来自然只能跟着西申军队回到西申国。从春秋以后西申国再无消息来看，西申军队应该在之前周王师围攻西申和后来的镐京之战中遭到重创，所以已经再无力帮周平王争夺正统地位了。

　　那么"二王并立"期间，诸侯们更认可谁呢？周平王东迁洛邑具体在哪年呢？"清华简"《系年》让我们了解到很多新鲜的说法。

　　据"清华简"《系年》记载，周幽王和伯服死后，"邦君诸正乃立幽王之弟余臣于虢，是携惠王。立廿又一年，晋文侯仇乃杀惠王于虢。周亡（无）王九年，邦君诸侯焉始不朝于周。晋文侯乃逆平王于少鄂，立之于京师。三年，乃东徙，止于成周"。

　　原来《系年》这段第一句说，诸侯们一开始拥护的并不是平王，而是虢公翰所立的携王，而且携王后来有个很好的谥号叫"惠王"（谥法曰，柔质慈民曰惠，爱民好与曰惠）。诸侯为何拥护携王而不待见平王呢？这个道理其实显而易见——周平王是西申、缯国、许国立的，西申和缯国是杀害幽王的元凶，属于"弑君者"；宜臼虽是原太子，但是跟弑君者搅和在一起，自然也难逃"弑君合谋者"的罪名。周朝重礼法，在诸侯看来，即便幽王一开始废掉申姜王后和太子宜臼不对，但是宜臼集团"弑君"更是大罪。虽说在"嫡长子继位制"的周朝，余臣作为幽王弟弟继位，也不合礼

463

法，但是与"弑君合谋者"相比，他"兄终弟及"也能被诸侯接受。而且，立携王的西虢国是姬姓大国，但立平王的三个国家两个是姜姓、一个是姒姓，没有一个是姬姓国。姬家天子不由姬家人立，怎么能算数呢？所以一句话来总结，幽王死后的这两个周王，继位合法性都不足；但是相对来说周平王更不足，且更为人所不齿。

后来周平王这条咸鱼是怎么翻身的呢？这完全就靠了晋文侯仇的提携（晋文侯不是后来的晋文公）。二十一年时，立国于现在晋西南的晋文侯突然率军袭击了今天河南三门峡的西虢国携地，杀死了当时被很多诸侯承认且名声还不错的携惠王。这下，周平王的竞争对手就被除去了。不过携王死后，道德有缺的平王还是得不到天下诸侯广泛承认，所以《系年》说当时周朝"无王"九年，显然人们根本不把平王当领导。十年后，又是这个晋文侯仇，把周平王从少鄂这个地方迎接到宗周，坐进了丰镐的旧王宫内。因为丰镐毕竟是周人的正式都城，晋文侯让平王在丰镐坐殿，就是要为他镀上一层"正统"的"金光"。当然，当时的丰镐早已经破败不堪，其实并不适合天子驻跸。于是镀了三年"金"后，晋文侯又保护周平王东迁到成周的王城。"东周王朝"，至此才算正式开始。另据其他史书说，护送平王东迁的除了晋文侯外，还有郑桓公之子郑武公掘突、秦庄公之子秦襄公等。当然在这些诸侯中，晋文侯是主力和背后的主要推动者，所以《国语》说，"晋文侯于是乎定天子"。也就是说，有"弑父"污点、最初压根不被各路诸侯承认的周平王，完全是晋文侯一手把他给捧上"正统天子"地位的。

不过这里有个问题必须说一下，那就是这"二十一年"究竟是谁的纪年？按行文"邦君诸正乃立幽王之弟余臣于虢，是携惠王。立廿又一年……"，猛一看应该是"携王二十一年"即前750年（传统史书所说的"平王二十一年"）。但是按"二十一年"为携王二十一年、前750年来算，晋文侯迎立宜臼该在平王三十一年即前740年，助平王东迁则在平王三十四年即前737年。可这样问题就来了，因为《史记》记载，晋文侯在平王二十五年即前746年就死了。一个死人，还怎么在六年后迎立周平王，又怎么在九年后支持平王东迁？而且按"二十一年"为携王二十一年即前750年来算，不但晋文侯的纪年有问题，郑桓公之子郑武公的纪年也有问题了。因为史书载，平王东迁后，郑武公还做过平王朝廷的执政大臣呢。但郑武公卒于前744年，如果"二十一年"是携王纪年，那郑武公就赶不上前737年平王东迁了。你总不能说《史记》等书关于晋文侯、郑武公的纪年都错了吧？其实"二十一年"的记载，也见于《古本竹书纪年》。研究历史的史学家都知道，《古本竹书纪年》在幽王以后是用晋国君主纪年的。所以此处的"二十一年"，不该是"携王二十一年"（前750年），而应该是"晋文侯二十一年"（前760年）即携王十一年、周平王十一年。《系年》可能是因为疏忽，没有把晋文侯的纪年换算为携王的纪年。

所以东周初年的历史时间节点应该是这样的：晋文侯二十一年、携王十一年、周平王十一年（前760年），晋文侯攻杀了位于西虢国携地的周携王。十年后，晋文侯三十一年、周平王二十一年（前750年），晋文侯把周平王从少鄂这地方接到镐京。三年后，晋文侯三十四年、周平王二十四年（前747年），周平王又在晋国、郑国、秦国等国协助下东迁，正式定都成周地区的王城。这样，晋文侯还有一年时间接受平王的封赏，郑武公也还能有三年时间做平王朝廷的卿士（执政大臣）。

不过晋文侯为什么要出头灭携王、立平王呢？郑国、秦国等为什么要支持平王东迁呢？这还值得探讨一番。

要说晋文侯为何支持周平王，还得从他自己的身世说起。晋文侯是晋穆侯之子，晋献侯（铭文中的晋侯苏）之孙。他的母亲是齐国姜姓之女。晋穆侯七年（周宣王二十三年即前805年），晋穆侯跟条戎打了一仗，回来后穆侯夫人齐姜正好生下了长子，于是晋穆侯就给他取名叫"仇"。为啥起这名字？古人说，是因为穆侯伐条戎打了败仗，想记住"仇恨"。然而另据历史学者阮明套考证，"仇"应该是《诗经》中"赳赳武夫，公侯好仇"中"仇"的意思，也即"帮手"之意。毕竟父亲打仗就算败了，给儿子取个"仇恨"之意的名字也太吓人了些，让儿子做"帮手"以后帮自己取胜，这还说得过去。仇到了结婚年龄后，晋穆侯给他讨了房媳妇，也是齐国之女，金文中称"晋姜"。转眼到了晋穆侯二十七年（周宣王四十三年即前785年），晋穆侯去世了。按周礼来说，应该由穆侯的嫡长子仇来继承晋国君位。不过晋穆侯的弟弟殇叔在穆侯死前掌握了大权，殇叔因而篡了侄子的大位，自立为晋侯。当时的太子仇势单力薄，无可奈何，只得逃走避祸。仇逃到哪儿史书没说，但是按常理，他应该是逃回母亲和媳妇的老家齐国去了。转眼过了四年即殇叔四年（周幽王元年即前781年），消失多年的太子仇突然带着纠合的人马重新杀回晋国，杀死了自己的叔父殇叔，自立为侯，这就是晋文侯。从晋文侯的经历我们可以看出，他与周平王颇有同病相怜之处——他们都是正牌嫡长子，原本天生就该继承君位，谁知后来却造化弄人，最终被叔父夺了王位。可能就是这种相同的命运，让晋文侯特别同情周平王、痛恨非嫡长子的继位者吧。当然，人做一件大事，考虑必然是多方面的，尤其是政治人物。除了同情外，"奉天子以令不臣"或说"挟天子以令诸侯"的想法，应该也是促使晋文侯拥立平王的重要因素。尤其是晋国与西虢国临近，之前西虢国立了携王，风头自然压过了晋国，晋文侯还能不想办法反压西虢？历史证明，晋文侯最后也确实做到了这点，他成功杀死了西虢所立的携王，把周平王捧上"正统地位"，并协助平王东迁，扩大了晋国的影响。

下面再说说郑国郑武公为啥要支持周平王。我们知道，郑武公的爸爸郑桓公是在护卫周幽王东撤的时候被西申、缯国、犬戎的联军杀死的。所以按说周平王集团是郑武公的仇人，因此郑武公最初也是不待见平王的。郑桓公死后，郑武公得益于父亲桓公当年的远见，趁着天下大乱，于携王二年和四年（也是平王二年和四年）分别袭击并灭掉郐国和东虢国，把国家从西郑（今陕西凤翔）东迁到中原。郑武公对平王态度的转变，可能发生于携王十年（平王十年即前761年）。因为这一年，郑武公娶了申侯（不知是西申还是南申）的女儿做夫人，这个夫人后人就按照武公的谥号，称她为武姜。（武姜也就是春秋时期著名故事"掘地见母"中的那位母亲，因为她偏爱小儿子共叔段，想废了自己的大儿子郑庄公寤生。）我们前面说过，申国本是郑武公的仇人，是西申引来犬戎攻周，郑桓公才战死的，但是不知这十年内出了什么变故，郑武公居然娶了仇人的女儿。郑武公既然与申国交好，显然他对西申所立的周平王的看法也应该改变了。这应该就是后来郑武公加入支持平王的诸侯之列的原因。

最后说说秦襄公。《史记·秦本纪》说，犬戎、西申、缯国的联军攻杀幽王时，秦襄公曾经率军出死力救驾。按这种说法，秦人和周平王集团也该是敌对的。但列国时代，敌友转换是非常自然的事情。郑武公的父亲郑桓公被联军杀死，郑武公后来都能与申国通婚，而秦人祖先一直和西申国通婚，所以他们和解也就在意料之中了。《史记》说后来秦襄公护送周平王东迁，所以周平王封当时还是大夫的秦襄公为诸侯，并把岐山以西赐给秦，秦人至此方才正式建国。但我们前面辨析过，周平王东迁的真实时间应在周平王二十四年（前747年），而《史记》记载秦襄公死于周平王五年（前766年），秦襄公显然是不可能护送平王东迁的。不过《史记》关于秦国的历史记载来自秦国史书（秦始皇没烧本国的史书），就算秦国的史官把什么事情都弄错，

◎ 74 平王成为"正统君王"背后的曲折历程

也不可能把秦人立国的时间记错。所以笔者猜测，秦国确实是秦襄公时由周平王封建的，但具体时间不是在平王东迁后，而是在平王仍窝在西申国时。因为秦人与西申国很近，所以平王可能很早就用"封诸侯""赐地"的方式来拉拢秦襄公，要求其承认自己的天子地位并提供援助。至于后来周平王二十四年（前747年）平王东迁时护送平王的秦君，当然不可能是秦襄公了，只能是秦襄公之子秦文公，《史记》搞错了护送平王东迁的秦君名号。

有些人还说，你漏掉一位，《史记》不是说卫武公也支持了"平王东迁"吗？其实我们看看《史记》原文，说的是"犬戎杀周幽王，（卫）武公将兵往佐周平戎，甚有功，周平王命武公为公"。从行文看，卫武公更像是站在周幽王一派作战的。而且卫武公死于周平王十三年（前758年），那时晋文侯刚杀死周携王，但还没去迎周平王，周平王依然是偏僻地方里一个不被众诸侯承认的"野天子"，所以卫武公生前是没有辅助过平王东迁的。如果周平王真曾册命卫武公为公，那也是周平王拉拢卫国一厢情愿的举动。回过头来说周平王。原本是山窝里丑小鸭的周平王，在晋、郑、秦等国的鼎力支持下终于熬出头，成为周朝唯一的"正统君王"，他对上述诸侯肯定是感激涕零的。当然他最感激的还是晋文侯。《尚书》中《文侯之命》这篇，就是平王赏赐晋文侯的册命文书。

在《文侯之命》中，平王说："呜呼！可怜小子我继承大位时，上天降下大灾，断绝了先王遗留给百姓的福泽，外患也接连不断。而我面前的臣子，没有老成持重的可用之人，我自己也没有芟夷大难的能力。现在只有靠我的祖辈父辈的诸侯们来体恤我，建立功勋，让我坐稳王位。义和（晋文侯字）伯父，你能继承先君唐叔虞的美德，又能以文王、武王为榜样，来帮我继承大统，以向先人表示孝顺。你有大功，捍卫我于艰难困苦中，足堪嘉奖。"

周平王的这番话，可以说是他的真情流露。随后平王赏赐晋文侯香酒一壶，赤弓一张、赤箭百支，黑弓一张、黑箭百支，宝马四匹。赐给弓矢，代表授予征杀大权，意思是封晋文侯为一方方伯。这样的殊荣，晋国历史上只有开国君主唐叔虞、拥立周平王的晋文侯以及后来帮周襄王平定王子带之乱的晋文公三人拥有过。晋国本来可以利用平王赐给晋文侯的权利影响朝政、对外扩张，可惜人算不如天算，平王东迁后第二年（平王二十五年即前746年），晋文侯就去世了。晋文侯之后的晋国，由于内乱（晋文侯弟弟曲沃桓叔的后代向晋文侯的儿孙们争夺君位），几十年内再也没能顾及东周朝廷。

晋文侯的死，让一个国家占了便宜，这就是郑国。平王东迁后，郑武公做了东周朝廷三年的卿士（执政大臣）。他死后，儿子郑庄公寤生又接班继续干王朝卿士一职。因此郑国逐渐把控了东周王朝的大权。不过郑庄公的揽权行为逐渐引起周平王和平王之孙周桓王的不满和怨恨，当然这是后话了。试想如果晋文侯晚死一些时日，或者晋文侯死后晋国不内乱，周平王说不定就能利用晋国在朝廷里搞派系平衡了；而郑庄公，也许就不会那么嚣张跋扈了。

平王东迁后，周朝的直辖土地，主要只剩下以成周为中心的东王畿六百里（东周初期，今陕西东部也还有部分城邑属于周天子）。虽然这比当时的一等诸侯大国还大得多，但是相比西周鼎盛时，则缩减了一半有余。而且平王东迁不是一个人来，还带了原西王畿内的一大批旧贵族。他们一起涌入东王畿，多聚集在成周附近，一时间僧多粥少，东周朝廷的用度紧张可想而知。土地人口剧减，必然财力窘困、兵力不足，周平王参与弑父的"黑历史"又令许多诸侯不齿，导致其合法性不足。所以东周朝廷无力控制诸侯，威望相比西周一落千丈。然而诡异的是，这时大约持续了百余年的天气变冷现象也停止，气温逐渐回升，这就是春秋温暖期。于是，各诸侯大国发展生产，实力大增，愈发不把朝廷放在眼里，他们侵吞弱小，互相竞争，拉开了春秋争霸的序幕，中国历史就此翻开了新的篇章。

不过要说东周王朝最成功的地方，可能就是对历史的"控制"——它几乎成功地把周携王这个真正的西周末代君主从历史上抹去，又掩盖了周平王最初不被天下承认的事实；要不是西晋时期《竹书纪年》的出土以及21世纪初"清华简"《系年》的问世，我们现在说不定还被蒙在鼓里。

参考文献

一、传世古籍及译注

［1］陈俊英，蒋建元. 诗经注析. 北京：中华书局，1991.

［2］刘起釪. 尚书校释译论. 北京：中华书局，2005.

［3］黄怀信. 逸周书校补注译. 西安：西北大学出版社，1996.

［4］徐元诰. 国语集解. 北京：中华书局，2002.

［5］王国维. 古本竹书纪年辑校 今本竹书纪年疏证. 沈阳：辽宁教育出版社，1997.

［6］李民等. 古本竹书纪年译注. 郑州：中州古籍出版社，1990.

［7］李梦生. 左传译注. 上海：上海古籍出版社，1998.

［8］何建章. 战国策注释. 北京：中华书局，1990.

［9］杨伯峻. 论语译注. 北京：中华书局，2009.

［10］杨伯峻. 孟子译注. 北京：中华书局，2012.

［11］李学勤. 十三经注疏. 北京：北京大学出版社，1999.

［12］蒋南华，等. 荀子全译. 贵阳：贵州人民出版社，1995.

［13］周才珠. 墨子全译. 贵阳：贵州人民出版社，1995.

［14］蒋天枢. 楚辞校释. 上海：上海古籍出版社，1989.

［15］张觉. 韩非子全译. 贵阳：贵州人民出版社，1992.

［16］李万寿. 晏子春秋全译. 贵阳：贵州人民出版社，1992.

［17］袁珂. 山海经全译. 贵阳：贵州人民出版社，1991.

［18］王天海. 穆天子传全译. 贵阳：贵州人民出版社，1997.

［19］陈奇猷. 吕氏春秋新校译. 上海：上海古籍出版社，2002.

[20] 陈鼓应. 庄子今注今译. 北京：商务印书馆, 2007.

[21] 王力波. 列子译注. 哈尔滨：黑龙江人民出版社, 2003.

[22] 秦嘉谟, 等. 世本八种. 北京：书目文献出版社, 2008.

[23] 司马迁. 史记. 北京：中华书局, 1959.

[24] 张涛. 列女传译注. 济南：山东大学出版社, 1990.

[25] 何宁. 淮南子集释. 北京：中华书局, 1998.

[26] 张宗祥. 论衡校注. 上海：上海古籍出版社, 2010.

[27] 王利器. 风俗通义校注. 北京：中华书局, 1981.

[28] 赵善诒. 说苑疏证. 上海：华东师范大学出版社, 1985.

[29] 李华年. 新序全译. 贵阳：贵州人民出版社, 1994.

[30] 许维遹. 韩诗外传集释. 北京：中华书局, 1980.

[31] 皇甫谧. 帝王世纪. 济南：齐鲁书社, 2010.

[32] 干宝. 搜神记. 北京：中华书局, 2012.

[33] 常璩. 华阳国志. 济南：齐鲁书社, 2010.

[34] 陈桥驿. 水经注校证. 北京：中华书局, 2013.

[35] 范晔. 后汉书. 北京：中华书局, 1965.

[36] 房玄龄, 等. 晋书. 北京：中华书局, 1974.

[37] 林宝. 元和姓纂. 北京：中华书局, 1994.

[38] 欧阳修, 等. 新唐书. 北京：中华书局, 1975.

二、今人历史、考古论著

[1] 杨宽. 西周史. 上海：上海人民出版社, 2016.

[2] 许倬云. 西周史. 北京：生活·读书·新知三联书店, 2012.

[3] 黄爱梅. 西周史. 上海：上海人民出版社, 2015.

[4] 杨东晨. 周人秘史. 西安：陕西人民教育出版社, 1993.

[5] 何光岳. 周源流史. 南昌：江西教育出版社, 1997.

[6] 尹盛平. 西周史征. 西安：陕西师范大学出版社, 2004.

[7] 尹盛平. 周原文化与西周文明. 南京：江苏教育出版社, 2005.

［8］李亚农．西周与东周．上海：上海人民出版社，1956．

［9］张广志．西周史与西周文明．上海：上海科学技术文献出版社，2007．

［10］杜正胜．周代城邦．台北：联经出版事业公司，1979．

［11］李峰．西周的灭亡——中国早期国家的地理和政治危机．上海：上海古籍出版社，2007．

［12］李峰．西周的政体——中国早期的官僚制度和国家．北京：生活·读书·新知三联书店，2010．

［13］朱凤瀚．新出金文与西周历史．上海：上海古籍出版社，2011．

［14］何光岳．商源流史．南昌：江西教育出版社，1994．

［15］宋镇豪．商代史（1-11）．北京：中国社会科学出版社，2010．

［16］宋镇豪．夏商社会生活史．北京：中国社会科学出版社，1994．

［17］胡厚宣，胡振宇．殷商史．上海：上海人民出版社，2003．

［18］李雪山．商代分封制度研究．北京：中国社会科学出版社，2004．

［19］王玉哲．中华远古史．上海：上海人民出版社，2000．

［20］顾德融，朱顺龙．春秋史．上海：上海人民出版社，2001．

［21］顾颉刚．古史辨（1-7）．上海：上海古籍出版社，1982．

［22］程平山．竹书纪年与出土文献研究之一：竹书纪年考．北京：中华书局，2013．

［23］郭静云．夏商周——从神话到史实．上海：上海人民出版社，2013．

［24］晁福林．夏商西周的社会变迁．北京：北京师范大学出版社，1996．

［25］李学勤．通向文明之路．北京：商务印书馆，2010．

［26］李学勤．走出疑古时代．沈阳：辽宁大学出版社，1994．

［27］江晓原，钮卫星．回天——武王伐纣与天文历史年代学．上海：上海交通大学出版社，2014．

［28］白川静．金文的世界：殷周社会史．温天河，蔡哲茂，译．台北：联经出版事业公司，1989．

［29］白川静．西周史略．袁林，译．西安：三秦出版社，1992．

［30］杨朝明，等．鲁国史．北京：人民出版社，1994．

[31] 山东省文物考古研究所，山东博物馆，济宁地区文物组，曲阜县文管会．曲阜鲁国故城．济南：齐鲁书社，1982．

[32] 李玉洁．齐国史．北京：新华出版社，2007．

[33] 尹弘兵．楚国都城与核心区探索．武汉：湖北人民出版社，2009．

[34] 石泉．古代荆楚地理新探．武汉：武汉大学出版社，1988．

[35] 徐少华．荆楚历史地理与考古探研．北京：商务印书馆，2010．

[36] 罗运环．出土文献与楚史研究．北京：商务印书馆，2011．

[37] 梁宁森，郑建英．虢国研究．郑州：河南人民出版社，2007．

[38] 曲英杰．史记都城考．北京：商务印书馆，2007．

[39] 王迅．东夷文化与淮夷文化研究．北京：北京大学出版社，1994．

[40] 任伟．西周封国考疑．北京：社会科学文献出版社，2004．

[41] 许宏．大都无城——中国古都的动态解读．北京：生活·读书·新知三联书店，2016．

[42] 许宏．何以中国——公元前2000年的中原图景．北京：生活·读书·新知三联书店，2016．

[43] 夏商周断代工程专家组．夏商周断代工程1996—2000年阶段成果报告．北京：世界图书出版公司，2000．

[44] 姚磊．先秦戎族研究．武汉：武汉大学出版社，2016．

[45] 杜勇．周初八诰研究．北京：中国社会科学出版社，1998．

[46] 饶胜文．布局天下：中国古代军事地理大势．北京：解放军出版社，2006．

[47] 马世之．中原古国历史与文化．郑州：大象出版社，1998．

[48] 苏天钧．北京考古集成11——琉璃河燕国墓地 北京大葆台汉墓．北京：北京出版社，2000．

[49] 张长寿，殷玮璋．中国考古学·两周卷．北京：中国社会科学出版社，2004．

[50] 戴均良，等．中国古今地名大辞典．上海：上海辞书出版社，2005．

三、甲骨文、金文、战国简帛书研究论著

[1] 胡厚宣．甲骨文合集（1-13）．北京：中华书局，1978—1982．

［2］徐锡台. 周原甲骨文综述. 西安：三秦出版社，1987.

［3］王宇信. 西周甲骨探论. 北京：中国社会科学出版社，1984.

［4］中国社会科学院考古研究所. 殷周金文集成（1–18）. 北京：中华书局，1984–1994.

［5］刘雨，卢严. 近出殷周金文集录（1–4）. 北京：中华书局，2002.

［6］刘雨，严志斌. 近出殷周金文集录二编（1–4）. 北京：中华书局，2010.

［7］郭沫若. 两周金文辞大系图录考释. 北京：科学出版社，1957.

［8］唐兰. 西周青铜器铭文分代史征. 北京：中华书局，1986.

［9］陈梦家. 西周铜器断代. 北京：中华书局，2004.

［10］金文今译类检编写组. 金文今译类检·殷商西周卷. 南宁：广西教育出版社，2003.

［11］马承源. 上海博物馆藏战国楚竹简（2）. 上海：上海古籍出版社，2002.

［12］李学勤. 清华大学藏战国竹简（1–2）. 上海：上海文艺出版（集团）有限公司中西书局，2011–2012.

四、今人学术论文及研究生论文

［1］徐昭峰. 商王朝东征与商夷关系. 考古，2012，（2）：61–75.

［2］刘光胜. 真实的历史，还是不断衍生的传说——对清华简文王受命的再考察. 社会科学辑刊，2012，（2）：172–177.

［3］黄怀信. 清华简《保训》篇的性质、时代及真伪. 历史文献研究，2010：133–136.

［4］蔡运章，俞凉亘. 西周成周城的结构布局及其相关问题. 中原文物，2016，（1）：34–48.

［5］吕建昌. 金文所见有关西周军事的若干问题. 军事历史研究，2001，（1）：87–96.

［6］殷玮璋，曹淑琴. 周初太保器综合研究. 考古学报，1991，（1）：1–21.

［7］何平立. 先秦巡狩史迹与制度稽论. 军事历史研究，2003，（1）：79–87.

［8］沈长云. 静方鼎的年代及相关历史问题. 中国国家博物馆馆刊，2013，

（7）：64-70.

[9] 方勤. 曾国历史的考古学观察. 江汉考古, 2014,（4）：109-115.

[10] 孙庆伟. 从新出韦甗看昭王南征与晋侯燮父. 文物, 2007,（1）：64-68.

[11] 尹弘兵. 周昭王南征对象考. 人文杂志, 2008,（2）：159-163.

[12] 黄凤春, 胡刚. 说西周金文中的"南公"——兼论随州叶家山西周曾国墓地的族属. 江汉考古, 2014,（2）：50-56.

[13] 樊森, 黄劲伟. 西周早期"南公"家族世系探略. 西南大学学报, 2016,（5）：173-181.

[14] 凡国栋. 曾侯舆编钟铭文柬释. 江汉考古, 2014,（4）：61-67.

[15] 沈建华. 清华楚简《祭公之顾命》中的三公与西周世卿制度. 中华文史论丛, 2010,（4）：379-389.

[16] 李学勤. 四十三年佐鼎与牧簋. 中国史研究, 2003,（2）：51-54.

[17] 尚秀妍. 兮甲盘铭汇释. 殷都学刊, 2001,（4）：89-94.

[18] 袁俊杰. 胙国史事探析. 河南大学学报, 2008,（3）：108-113.

[19] 彭裕商. 周伐猃狁及相关问题. 历史研究, 2004,（3）：3-16.

[20] 徐少华. "平王走西申"及相关史地考论. 历史研究, 2015,（2）：143-155.

[21] 万德良. 试论西周的监国制度. 烟台：烟台大学, 2014.

[22] 魏芃. 西周春秋时期"五等爵称"研究. 天津：南开大学, 2012.

[23] 王治国. 金文所见西周王朝官制研究. 北京：北京大学, 2013.

[24] 刘亚星. 鄂国历史地理研究. 郑州：郑州大学, 2015.

[25] 赵炳清. 楚国疆域变迁之研究. 上海：复旦大学, 2013.

[26] 韩巍. 西周金文世族研究. 北京：北京大学, 2007.

五、考古发掘报告

[1] 湖北省文物考古研究所, 随州市博物馆. 湖北随州叶家山西周墓地发掘简报. 文物, 2011,（11）：4-60.

[2] 湖北省文物考古研究所, 随州市博物馆. 随州文峰塔M1（曾侯与墓）、M2发掘简报. 江汉考古, 2014,（4）：3-51.